W. Whitehill

# Whitehill's Calculator on the Decimal System

For the Use of Jewelers, Silversmiths and Others

W. Whitehill

**Whitehill's Calculator on the Decimal System**
*For the Use of Jewelers, Silversmiths and Others*

ISBN/EAN: 9783743423664

Manufactured in Europe, USA, Canada, Australia, Japa

Cover: Foto ©Andreas Hilbeck / pixelio.de

Manufactured and distributed by brebook publishing software (www.brebook.com)

W. Whitehill

**Whitehill's Calculator on the Decimal System**

WHITEHILL'S

# CALCULATOR,

## On the Decimal System,

FOR THE USE OF

**Jewellers, Goldsmiths, Silversmiths, and others,**

CONTAINING TABLES SHEWING

**The value of any weight from one-thousandth part of the ounce or grain to 500 ounces, at rates from 1/– to 90/– per ounce or grain ;**

ALSO TABLE OF EQUIVALENTS SHEWING

**The Equivalents of old weights in decimals of the ounce troy.**

---

*NEW EDITION.*

---

THE WHOLE CAREFULLY REVISED BY

WHITEHILL & WHITEHILL, CHARTERED ACCOUNTANTS,
BIRMINGHAM.

---

---

PUBLISHED BY

W. WHITEHILL, 116, UNETT STREET, BIRMINGHAM,
AND 2 SPENCER STREET, CLERKENWELL, LONDON, E.C.

1897.

BIRMINGHAM:
WM. DAVIES & Co.,
PRINTERS AND ACCOUNT BOOK MAKERS,
EDMUND ST. & CHURCH ST.

# PREFACE.

In the following tables each page is set apart for one rate per ounce only, and the value of any required multiple or part is put immediately against such multiple or part; this arrangement will commend itself to those accustomed to the use of Calculators, as it avoids the confusion and liability to error which arise when the eye has to be carried down and across several columns of figures.

The following example will show the method of using the Calculator :—

*Required, the value of* 6·995 *oz., at* £2 19s. 6d. *per oz.*

Turning to page headed £2 19s. 6d.

| | | | £ | *s.* | *d.* |
|---|---|---|---|---|---|
| The value of 6 oz. | | is seen to be | 17 | 17 | 0 |
| ditto | ·9 or $\frac{\text{nine}}{\text{one-tenths}}$ .. | ditto | 2 | 13 | 6½ |
| ditto | ·09 or $\frac{\text{nine}}{\text{one-hundredths}}$ | ditto | 0 | 5 | 4¼ |
| ditto | ·005 or $\frac{\text{five}}{\text{one-thousandths}}$ | ditto | 0 | 0 | 3½ |
| ∴ the value of 6·995 oz. is | .. | .. | £20 | 16 | 2¼ |

The rates per ounce for which tables have been compiled are those in common use among Jewellers, Silversmiths and others, but the value of any weight at rates not specially calculated can be readily ascertained, thus :—

*Required, the value of* 4·264 *oz., at* £3 3*s.* 8*d., per oz.*

In the manner shown on the preceding page the value of :—

| | £ | s. | d. | | £ | s. | d. |
|---|---|---|---|---|---|---|---|
| 4·264 oz. at | 3 | 0 | 0 | per oz. is found to be | 12 | 15 | 10¼ |
| and at | 0 | 3 | 8 | ,, ,, ,, ,, | 0 | 15 | 7¾ |
| ∴ 4·264 oz. at | £3 | 3 | 8 | per oz. is of the value of | £13 | 11 | 6 |

The following rules with regard to the fraction of a penny have been observed :—

| | | | | |
|---|---|---|---|---|
| Less than ⅛th of a penny has been considered *nil.* | | | | |
| ⅛th of a penny, and less than ⅜ths is treated as | | | | 0¼ |
| ⅜ths | ditto | ⅝ths | ditto | 0½d |
| ⅝ths | ditto | ⅞ths | ditto | 0¾d. |
| ⅞ths | ditto | and upwards | ditto | 1d. |

W. Whitehill.

# 1s. per oz.

(For Diamonds, &c., for "oz" read "grain.")

| OUNCES. | | | | OUNCES. | | | | OUNCES. | | | | TENTHS. | | | |
|---|---|---|---|---|---|---|---|---|---|---|---|---|---|---|---|
| oz. | £ | s. | d. | | £ | s. | d. | | £ | s. | d. | | £ | s. | d. |
| 1 | 0 | 1 | 0 | 22 | 1 | 2 | 0 | 43 | 2 | 3 | 0 | ·1 | 0 | 0 | 1¼ |
| 2 | 0 | 2 | 0 | 23 | 1 | 3 | 0 | 44 | 2 | 4 | 0 | ·2 | 0 | 0 | 2½ |
| 3 | 0 | 3 | 0 | 24 | 1 | 4 | 0 | 45 | 2 | 5 | 0 | ·3 | 0 | 0 | 3½ |
| 4 | 0 | 4 | 0 | 25 | 1 | 5 | 0 | 46 | 2 | 6 | 0 | ·4 | 0 | 0 | 4¾ |
| 5 | 0 | 5 | 0 | 26 | 1 | 6 | 0 | 47 | 2 | 7 | 0 | ·5 | 0 | 0 | 6 |
| 6 | 0 | 6 | 0 | 27 | 1 | 7 | 0 | 48 | 2 | 8 | 0 | ·6 | 0 | 0 | 7¼ |
| 7 | 0 | 7 | 0 | 28 | 1 | 8 | 0 | 49 | 2 | 9 | 0 | ·7 | 0 | 0 | 8½ |
| 8 | 0 | 8 | 0 | 29 | 1 | 9 | 0 | 50 | 2 | 10 | 0 | ·8 | 0 | 0 | 9½ |
| 9 | 0 | 9 | 0 | 30 | 1 | 10 | 0 | 55 | 2 | 15 | 0 | ·9 | 0 | 0 | 10¾ |
| 10 | 0 | 10 | 0 | 31 | 1 | 11 | 0 | 60 | 3 | 0 | 0 | | | | |
| 11 | 0 | 11 | 0 | 32 | 1 | 12 | 0 | 65 | 3 | 5 | 0 | HUNDREDTHS. | | | |
| 12 | 0 | 12 | 0 | 33 | 1 | 13 | 0 | 70 | 3 | 10 | 0 | | | | |
| 13 | 0 | 13 | 0 | 34 | 1 | 14 | 0 | 75 | 3 | 15 | 0 | ·01 | 0 | 0 | 0 |
| 14 | 0 | 14 | 0 | 35 | 1 | 15 | 0 | 80 | 4 | 0 | 0 | ·02 | 0 | 0 | 0¼ |
| 15 | 0 | 15 | 0 | 36 | 1 | 16 | 0 | 85 | 4 | 5 | 0 | ·03 | 0 | 0 | 0¼ |
| 16 | 0 | 16 | 0 | 37 | 1 | 17 | 0 | 90 | 4 | 10 | 0 | ·04 | 0 | 0 | 0½ |
| 17 | 0 | 17 | 0 | 38 | 1 | 18 | 0 | 100 | 5 | 0 | 0 | ·05 | 0 | 0 | 0½ |
| 18 | 0 | 18 | 0 | 39 | 1 | 19 | 0 | 200 | 10 | 0 | 0 | ·06 | 0 | 0 | 0¾ |
| 19 | 0 | 19 | 0 | 40 | 2 | 0 | 0 | 300 | 15 | 0 | 0 | ·07 | 0 | 0 | 0¾ |
| 20 | 1 | 0 | 0 | 41 | 2 | 1 | 0 | 400 | 20 | 0 | 0 | ·08 | 0 | 0 | 1 |
| 21 | 1 | 1 | 0 | 42 | 2 | 2 | 0 | 500 | 25 | 0 | 0 | ·09 | 0 | 0 | 1 |

1 grain=two-onethousandths of oz. troy or ·002.

1 carat=3·166 grains.

1 pennyweight=five-onehundredths of oz. troy or ·05.

# 1s. 1d. per oz.

(For Diamonds, &c., for "oz" read "grain.")

| OUNCES. | | | | OUNCES, | | | | OUNCES. | | | |
|---|---|---|---|---|---|---|---|---|---|---|---|
| oz. | £ | s. | d. | | £ | s. | d. | | £ | s. | d. |
| 1 | 0 | 1 | 1 | 22 | 1 | 3 | 10 | 43 | 2 | 6 | 7 |
| 2 | 0 | 2 | 2 | 23 | 1 | 4 | 11 | 44 | 2 | 7 | 8 |
| 3 | 0 | 3 | 3 | 24 | 1 | 6 | 0 | 45 | 2 | 8 | 9 |
| 4 | 0 | 4 | 4 | 25 | 1 | 7 | 1 | 46 | 2 | 9 | 10 |
| 5 | 0 | 5 | 5 | 26 | 1 | 8 | 2 | 47 | 2 | 10 | 11 |
| 6 | 0 | 6 | 6 | 27 | 1 | 9 | 3 | 48 | 2 | 12 | 0 |
| 7 | 0 | 7 | 7 | 28 | 1 | 10 | 4 | 49 | 2 | 13 | 1 |
| 8 | 0 | 8 | 8 | 29 | 1 | 11 | 5 | 50 | 2 | 14 | 2 |
| 9 | 0 | 9 | 9 | 30 | 1 | 12 | 6 | 55 | 2 | 19 | 7 |
| 10 | 0 | 10 | 10 | 31 | 1 | 13 | 7 | 60 | 3 | 5 | 0 |
| 11 | 0 | 11 | 11 | 32 | 1 | 14 | 8 | 65 | 3 | 10 | 5 |
| 12 | 0 | 13 | 0 | 33 | 1 | 15 | 9 | 70 | 3 | 15 | 10 |
| 13 | 0 | 14 | 1 | 34 | 1 | 16 | 10 | 75 | 4 | 1 | 3 |
| 14 | 0 | 15 | 2 | 35 | 1 | 17 | 11 | 80 | 4 | 6 | 8 |
| 15 | 0 | 16 | 3 | 36 | 1 | 19 | 0 | 85 | 4 | 12 | 1 |
| 16 | 0 | 17 | 4 | 37 | 2 | 0 | 1 | 90 | 4 | 17 | 6 |
| 17 | 0 | 18 | 5 | 38 | 2 | 1 | 2 | 100 | 5 | 8 | 4 |
| 18 | 0 | 19 | 6 | 39 | 2 | 2 | 3 | 200 | 10 | 16 | 8 |
| 19 | 1 | 0 | 7 | 40 | 2 | 3 | 4 | 300 | 16 | 5 | 0 |
| 20 | 1 | 1 | 8 | 41 | 2 | 4 | 5 | 400 | 21 | 13 | 4 |
| 21 | 1 | 2 | 9 | 42 | 2 | 5 | 6 | 500 | 27 | 1 | 8 |

| TENTHS. | | | |
|---|---|---|---|
| | £ | s. | d. |
| ·1 | 0 | 0 | 1¼ |
| ·2 | 0 | 0 | 2½ |
| ·3 | 0 | 0 | 4 |
| ·4 | 0 | 0 | 5¼ |
| ·5 | 0 | 0 | 6½ |
| ·6 | 0 | 0 | 7¾ |
| ·7 | 0 | 0 | 9 |
| ·8 | 0 | 0 | 10½ |
| ·9 | 0 | 0 | 11¾ |
| **HUNDREDTHS.** | | | |
| ·01 | 0 | 0 | 0¼ |
| ·02 | 0 | 0 | 0¼ |
| ·03 | 0 | 0 | 0½ |
| ·04 | 0 | 0 | 0½ |
| ·05 | 0 | 0 | 0¾ |
| ·06 | 0 | 0 | 0¾ |
| ·07 | 0 | 0 | 1 |
| ·08 | 0 | 0 | 1 |
| ·09 | 0 | 0 | 1¼ |

1 grain=two-onethousandths of oz. troy or ·002.

1 carat=3·166 grains.

1 pennyweight=five-onehundredths of oz. troy or ·05.

# 1s. 2d. per oz.

(For Diamonds, &c., for "oz" read "grain.")

| OUNCES. | | | | OUNCES. | | | | OUNCES. | | | | TENTHS. | | | |
|---|---|---|---|---|---|---|---|---|---|---|---|---|---|---|---|
| oz. | £ | s. | d. | | £ | s. | d. | | £ | s. | d. | | £ | s. | d. |
| 1 | 0 | 1 | 2 | 22 | 1 | 5 | 8 | 43 | 2 | 10 | 2 | ·1 | 0 | 0 | 1½ |
| 2 | 0 | 2 | 4 | 23 | 1 | 6 | 10 | 44 | 2 | 11 | 4 | ·2 | 0 | 0 | 2¾ |
| 3 | 0 | 3 | 6 | 24 | 1 | 8 | 0 | 45 | 2 | 12 | 6 | ·3 | 0 | 0 | 4¼ |
| 4 | 0 | 4 | 8 | 25 | 1 | 9 | 2 | 46 | 2 | 13 | 8 | ·4 | 0 | 0 | 5½ |
| 5 | 0 | 5 | 10 | 26 | 1 | 10 | 4 | 47 | 2 | 14 | 10 | ·5 | 0 | 0 | 7 |
| 6 | 0 | 7 | 0 | 27 | 1 | 11 | 6 | 48 | 2 | 16 | 0 | ·6 | 0 | 0 | 8½ |
| 7 | 0 | 8 | 2 | 28 | 1 | 12 | 8 | 49 | 2 | 17 | 2 | ·7 | 0 | 0 | 9¾ |
| 8 | 0 | 9 | 4 | 29 | 1 | 13 | 10 | 50 | 2 | 18 | 4 | ·8 | 0 | 0 | 11¼ |
| 9 | 0 | 10 | 6 | 30 | 1 | 15 | 0 | 55 | 3 | 4 | 2 | ·9 | 0 | 1 | 0½ |
| 10 | 0 | 11 | 8 | 31 | 1 | 16 | 2 | 60 | 3 | 10 | 0 | | | | |
| 11 | 0 | 12 | 10 | 32 | 1 | 17 | 4 | 65 | 3 | 15 | 10 | HUNDREDTHS. | | | |
| 12 | 0 | 14 | 0 | 33 | 1 | 18 | 6 | 70 | 4 | 1 | 8 | | | | |
| 13 | 0 | 15 | 2 | 34 | 1 | 19 | 8 | 75 | 4 | 7 | 6 | ·01 | 0 | 0 | 0¼ |
| 14 | 0 | 16 | 4 | 35 | 2 | 0 | 10 | 80 | 4 | 13 | 4 | ·02 | 0 | 0 | 0¼ |
| 15 | 0 | 17 | 6 | 36 | 2 | 2 | 0 | 85 | 4 | 19 | 2 | ·03 | 0 | 0 | 0½ |
| 16 | 0 | 18 | 8 | 37 | 2 | 3 | 2 | 90 | 5 | 5 | 0 | ·04 | 0 | 0 | 0½ |
| 17 | 0 | 19 | 10 | 38 | 2 | 4 | 4 | 100 | 5 | 16 | 8 | ·05 | 0 | 0 | 0¾ |
| 18 | 1 | 1 | 0 | 39 | 2 | 5 | 6 | 200 | 11 | 13 | 4 | ·06 | 0 | 0 | 0¾ |
| 19 | 1 | 2 | 2 | 40 | 2 | 6 | 8 | 300 | 17 | 10 | 0 | ·07 | 0 | 0 | 1 |
| 20 | 1 | 3 | 4 | 41 | 2 | 7 | 10 | 400 | 23 | 6 | 8 | ·08 | 0 | 0 | 1 |
| 21 | 1 | 4 | 6 | 42 | 2 | 9 | 0 | 500 | 29 | 3 | 4 | ·09 | 0 | 0 | 1¼ |

1 grain=two-onethousandths of oz. troy or ·002.

1 carat=3·166 grains.

1 pennyweight=five-onehundredths of oz. troy or ·05.

# 1s. 3d. per oz.

(For Diamonds, &c., for "oz" read "grain.")

| OUNCES. | | | | OUNCES. | | | | OUNCES. | | | | TENTHS. | | | |
|---|---|---|---|---|---|---|---|---|---|---|---|---|---|---|---|
| oz. | £ | s. | d. | | £ | s. | d. | | £ | s. | d. | | £ | s. | d. |
| 1 | 0 | 1 | 3 | 22 | 1 | 7 | 6 | 43 | 2 | 13 | 9 | ·1 | 0 | 0 | 1½ |
| 2 | 0 | 2 | 6 | 23 | 1 | 8 | 9 | 44 | 2 | 15 | 0 | ·2 | 0 | 0 | 3 |
| 3 | 0 | 3 | 9 | 24 | 1 | 10 | 0 | 45 | 2 | 16 | 3 | ·3 | 0 | 0 | 4½ |
| 4 | 0 | 5 | 0 | 25 | 1 | 11 | 3 | 46 | 2 | 17 | 6 | ·4 | 0 | 0 | 6 |
| 5 | 0 | 6 | 3 | 26 | 1 | 12 | 6 | 47 | 2 | 18 | 9 | ·5 | 0 | 0 | 7½ |
| 6 | 0 | 7 | 6 | 27 | 1 | 13 | 9 | 48 | 3 | 0 | 0 | ·6 | 0 | 0 | 9 |
| 7 | 0 | 8 | 9 | 28 | 1 | 15 | 0 | 49 | 3 | 1 | 3 | ·7 | 0 | 0 | 10½ |
| 8 | 0 | 10 | 0 | 29 | 1 | 16 | 3 | 50 | 3 | 2 | 6 | ·8 | 0 | 1 | 0 |
| 9 | 0 | 11 | 3 | 30 | 1 | 17 | 6 | 55 | 3 | 8 | 9 | ·9 | 0 | 1 | 1½ |
| 10 | 0 | 12 | 6 | 31 | 1 | 18 | 9 | 60 | 3 | 15 | 0 | | | | |
| 11 | 0 | 13 | 9 | 32 | 2 | 0 | 0 | 65 | 4 | 1 | 3 | HUNDREDTHS. | | | |
| 12 | 0 | 15 | 0 | 33 | 2 | 1 | 3 | 70 | 4 | 7 | 6 | | | | |
| 13 | 0 | 16 | 3 | 34 | 2 | 2 | 6 | 75 | 4 | 13 | 9 | ·01 | 0 | 0 | 0¼ |
| 14 | 0 | 17 | 6 | 35 | 2 | 3 | 9 | 80 | 5 | 0 | 0 | ·02 | 0 | 0 | 0¼ |
| 15 | 0 | 18 | 9 | 36 | 2 | 5 | 0 | 85 | 5 | 6 | 3 | ·03 | 0 | 0 | 0½ |
| 16 | 1 | 0 | 0 | 37 | 2 | 6 | 3 | 90 | 5 | 12 | 6 | ·04 | 0 | 0 | 0½ |
| 17 | 1 | 1 | 3 | 38 | 2 | 7 | 6 | 100 | 6 | 5 | 0 | ·05 | 0 | 0 | 0¾ |
| 18 | 1 | 2 | 6 | 39 | 2 | 8 | 9 | 200 | 12 | 10 | 0 | ·06 | 0 | 0 | 1 |
| 19 | 1 | 3 | 9 | 40 | 2 | 10 | 0 | 300 | 18 | 15 | 0 | ·07 | 0 | 0 | 1 |
| 20 | 1 | 5 | 0 | 41 | 2 | 11 | 3 | 400 | 25 | 0 | 0 | ·08 | 0 | 0 | 1¼ |
| 21 | 1 | 6 | 3 | 42 | 2 | 12 | 6 | 500 | 31 | 5 | 0 | ·09 | 0 | 0 | 1¼ |

1 grain=two-onethousandths of oz. troy or ·002.

1 carat=3·166 grains.

1 pennyweight=five-onehundredths of oz. troy or ·05.

# 1s. 4d. per oz.

(For Diamonds, &c., for "oz" read "grain.")

| OUNCES. | | | | OUNCES. | | | | OUNCES. | | | | TENTHS. | | | |
|---|---|---|---|---|---|---|---|---|---|---|---|---|---|---|---|
| oz. | £ | s. | d. | | £ | s. | d. | | £ | s. | d. | | £ | s. | d. |
| 1 | 0 | 1 | 4 | 22 | 1 | 9 | 4 | 43 | 2 | 17 | 4 | ·1 | 0 | 0 | 1½ |
| 2 | 0 | 2 | 8 | 23 | 1 | 10 | 8 | 44 | 2 | 18 | 8 | ·2 | 0 | 0 | 3¼ |
| 3 | 0 | 4 | 0 | 24 | 1 | 12 | 0 | 45 | 3 | 0 | 0 | ·3 | 0 | 0 | 5 |
| 4 | 0 | 5 | 4 | 25 | 1 | 13 | 4 | 46 | 3 | 1 | 4 | ·4 | 0 | 0 | 6½ |
| 5 | 0 | 6 | 8 | 26 | 1 | 14 | 8 | 47 | 3 | 2 | 8 | ·5 | 0 | 0 | 8 |
| 6 | 0 | 8 | 0 | 27 | 1 | 16 | 0 | 48 | 3 | 4 | 0 | ·6 | 0 | 0 | 9½ |
| 7 | 0 | 9 | 4 | 28 | 1 | 17 | 4 | 49 | 3 | 5 | 4 | ·7 | 0 | 0 | 11¼ |
| 8 | 0 | 10 | 8 | 29 | 1 | 18 | 8 | 50 | 3 | 6 | 8 | ·8 | 0 | 1 | 0¾ |
| 9 | 0 | 12 | 0 | 30 | 2 | 0 | 0 | 55 | 3 | 13 | 4 | ·9 | 0 | 1 | 2½ |
| 10 | 0 | 13 | 4 | 31 | 2 | 1 | 4 | 60 | 4 | 0 | 0 | | | | |
| 11 | 0 | 14 | 8 | 32 | 2 | 2 | 8 | 65 | 4 | 6 | 8 | HUNDREDTHS. | | | |
| 12 | 0 | 16 | 0 | 33 | 2 | 4 | 0 | 70 | 4 | 13 | 4 | | | | |
| 13 | 0 | 17 | 4 | 34 | 2 | 5 | 4 | 75 | 5 | 0 | 0 | ·01 | 0 | 0 | 0¼ |
| 14 | 0 | 18 | 8 | 35 | 2 | 6 | 8 | 80 | 5 | 6 | 8 | ·02 | 0 | 0 | 0¼ |
| 15 | 1 | 0 | 0 | 36 | 2 | 8 | 0 | 85 | 5 | 13 | 4 | ·03 | 0 | 0 | 0½ |
| 16 | 1 | 1 | 4 | 37 | 2 | 9 | 4 | 90 | 6 | 0 | 0 | ·04 | 0 | 0 | 0¾ |
| 17 | 1 | 2 | 8 | 38 | 2 | 10 | 8 | 100 | 6 | 13 | 4 | ·05 | 0 | 0 | 0¾ |
| 18 | 1 | 4 | 0 | 39 | 2 | 12 | 0 | 200 | 13 | 6 | 8 | ·06 | 0 | 0 | 1 |
| 19 | 1 | 5 | 4 | 40 | 2 | 13 | 4 | 300 | 20 | 0 | 0 | ·07 | 0 | 0 | 1 |
| 20 | 1 | 6 | 8 | 41 | 2 | 14 | 8 | 400 | 26 | 13 | 4 | ·08 | 0 | 0 | 1¼ |
| 21 | 1 | 8 | 0 | 42 | 2 | 16 | 0 | 500 | 33 | 6 | 8 | ·09 | 0 | 0 | 1½ |

1 grain=two-onethousandths of oz. troy or ·002.

1 carat=3·166 grains.

1 pennyweight=five-onehundredths of oz. troy or ·05.

# 1s. 5d. per oz.

(For Diamonds, &c., for "oz" read "grain.")

| OUNCES. | | | | OUNCES. | | | | OUNCES. | | | | TENTHS. | | | |
|---|---|---|---|---|---|---|---|---|---|---|---|---|---|---|---|
| *oz.* | £ | s. | d. | | £ | s. | d. | | £ | s. | d. | | £ | s. | d. |
| 1 | 0 | 1 | 5 | 22 | 1 | 11 | 2 | 43 | 3 | 0 | 11 | ·1 | 0 | 0 | 1¾ |
| 2 | 0 | 2 | 10 | 23 | 1 | 12 | 7 | 44 | 3 | 2 | 4 | ·2 | 0 | 0 | 3½ |
| 3 | 0 | 4 | 3 | 24 | 1 | 14 | 0 | 45 | 3 | 3 | 9 | ·3 | 0 | 0 | 5 |
| 4 | 0 | 5 | 8 | 25 | 1 | 15 | 5 | 46 | 3 | 5 | 2 | ·4 | 0 | 0 | 6¾ |
| 5 | 0 | 7 | 1 | 26 | 1 | 16 | 10 | 47 | 3 | 6 | 7 | ·5 | 0 | 0 | 8½ |
| 6 | 0 | 8 | 6 | 27 | 1 | 18 | 3 | 48 | 3 | 8 | 0 | ·6 | 0 | 0 | 10¼ |
| 7 | 0 | 9 | 11 | 28 | 1 | 19 | 8 | 49 | 3 | 9 | 5 | ·7 | 0 | 1 | 0 |
| 8 | 0 | 11 | 4 | 29 | 2 | 1 | 1 | 50 | 3 | 10 | 10 | ·8 | 0 | 1 | 1½ |
| 9 | 0 | 12 | 9 | 30 | 2 | 2 | 6 | 55 | 3 | 17 | 11 | ·9 | 0 | 1 | 3¼ |
| 10 | 0 | 14 | 2 | 31 | 2 | 3 | 11 | 60 | 4 | 5 | 0 | | | | |
| 11 | 0 | 15 | 7 | 32 | 2 | 5 | 4 | 65 | 4 | 12 | 1 | HUNDREDTHS. | | | |
| 12 | 0 | 17 | 0 | 33 | 2 | 6 | 9 | 70 | 4 | 19 | 2 | | | | |
| 13 | 0 | 18 | 5 | 34 | 2 | 8 | 2 | 75 | 5 | 6 | 3 | ·01 | 0 | 0 | 0¼ |
| 14 | 0 | 19 | 10 | 35 | 2 | 9 | 7 | 80 | 5 | 13 | 4 | ·02 | 0 | 0 | 0¼ |
| 15 | 1 | 1 | 3 | 36 | 2 | 11 | 0 | 85 | 6 | 0 | 5 | ·03 | 0 | 0 | 0½ |
| 16 | 1 | 2 | 8 | 37 | 2 | 12 | 5 | 90 | 6 | 7 | 6 | ·04 | 0 | 0 | 0¾ |
| 17 | 1 | 4 | 1 | 38 | 2 | 13 | 10 | 100 | 7 | 1 | 8 | ·05 | 0 | 0 | 0¾ |
| 18 | 1 | 5 | 6 | 39 | 2 | 15 | 3 | 200 | 14 | 3 | 4 | ·06 | 0 | 0 | 1 |
| 19 | 1 | 6 | 11 | 40 | 2 | 16 | 8 | 300 | 21 | 5 | 0 | ·07 | 0 | 0 | 1¼ |
| 20 | 1 | 8 | 4 | 41 | 2 | 18 | 1 | 400 | 28 | 6 | 8 | ·08 | 0 | 0 | 1¼ |
| 21 | 1 | 9 | 9 | 42 | 2 | 19 | 6 | 500 | 35 | 8 | 4 | ·09 | 0 | 0 | 1½ |

1 grain = two-onethousandths of oz. troy or ·002.

1 carat = 3·166 grains.

1 pennyweight = five-onehundredths of oz. troy or ·05

# 1s. 6d. per oz.

(For Diamonds, &c., for "oz" read "grain.")

| OUNCES. | | | | OUNCES. | | | | OUNCES. | | | | TENTHS. | | | |
|---|---|---|---|---|---|---|---|---|---|---|---|---|---|---|---|
| oz. | £ | s. | d. | | £ | s. | d. | | £ | s. | d. | | £ | s. | d. |
| 1 | 0 | 1 | 6 | 22 | 1 | 13 | 0 | 43 | 3 | 4 | 6 | ·1 | 0 | 0 | 1¾ |
| 2 | 0 | 3 | 0 | 23 | 1 | 14 | 6 | 44 | 3 | 6 | 0 | ·2 | 0 | 0 | 3½ |
| 3 | 0 | 4 | 6 | 24 | 1 | 16 | 0 | 45 | 3 | 7 | 6 | ·3 | 0 | 0 | 5½ |
| 4 | 0 | 6 | 0 | 25 | 1 | 17 | 6 | 46 | 3 | 9 | 0 | ·4 | 0 | 0 | 7¼ |
| 5 | 0 | 7 | 6 | 26 | 1 | 19 | 0 | 47 | 3 | 10 | 6 | ·5 | 0 | 0 | 9 |
| 6 | 0 | 9 | 0 | 27 | 2 | 0 | 6 | 48 | 3 | 12 | 0 | ·6 | 0 | 0 | 10¾ |
| 7 | 0 | 10 | 6 | 28 | 2 | 2 | 0 | 49 | 3 | 13 | 6 | ·7 | 0 | 1 | 0½ |
| 8 | 0 | 12 | 0 | 29 | 2 | 3 | 6 | 50 | 3 | 15 | 0 | ·8 | 0 | 1 | 2½ |
| 9 | 0 | 13 | 6 | 30 | 2 | 5 | 0 | 55 | 4 | 2 | 6 | ·9 | 0 | 1 | 4¼ |
| 10 | 0 | 15 | 0 | 31 | 2 | 6 | 6 | 60 | 4 | 10 | 0 | | | | |
| 11 | 0 | 16 | 6 | 32 | 2 | 8 | 0 | 65 | 4 | 17 | 6 | HUNDREDTHS. | | | |
| 12 | 0 | 18 | 0 | 33 | 2 | 9 | 6 | 70 | 5 | 5 | 0 | | | | |
| 13 | 0 | 19 | 6 | 34 | 2 | 11 | 0 | 75 | 5 | 12 | 6 | ·01 | 0 | 0 | 0¼ |
| 14 | 1 | 1 | 0 | 35 | 2 | 12 | 6 | 80 | 6 | 0 | 0 | ·02 | 0 | 0 | 0¼ |
| 15 | 1 | 2 | 6 | 36 | 2 | 14 | 0 | 85 | 6 | 7 | 6 | ·03 | 0 | 0 | 0½ |
| 16 | 1 | 4 | 0 | 37 | 2 | 15 | 6 | 90 | 6 | 15 | 0 | ·04 | 0 | 0 | 0¾ |
| 17 | 1 | 5 | 6 | 38 | 2 | 17 | 0 | 100 | 7 | 10 | 0 | ·05 | 0 | 0 | 1 |
| 18 | 1 | 7 | 0 | 39 | 2 | 18 | 6 | 200 | 15 | 0 | 0 | ·06 | 0 | 0 | 1 |
| 19 | 1 | 8 | 6 | 40 | 3 | 0 | 0 | 300 | 22 | 10 | 0 | ·07 | 0 | 0 | 1¼ |
| 20 | 1 | 10 | 0 | 41 | 3 | 1 | 6 | 400 | 30 | 0 | 0 | ·08 | 0 | 0 | 1½ |
| 21 | 1 | 11 | 6 | 42 | 3 | 3 | 0 | 500 | 37 | 10 | 0 | ·09 | 0 | 0 | 1½ |

1 grain=two-onethousandths of oz. troy or ·002.

1 carat=3·166 grains.

1 pennyweight=five-onehundredths of oz. troy or ·05.

# 1s. 7d. per oz.

(For Diamonds, &c., for " oz " read " grain.")

| OUNCES. | | | | OUNCES. | | | | OUNCES. | | | | TENTHS. | | | |
|---|---|---|---|---|---|---|---|---|---|---|---|---|---|---|---|
| oz. | £ | s. | d. | | £ | s. | d. | | £ | s. | d. | | £ | s. | d. |
| 1 | 0 | 1 | 7 | 22 | 1 | 14 | 10 | 43 | 3 | 8 | 1 | ·1 | 0 | 0 | 1¾ |
| 2 | 0 | 3 | 2 | 23 | 1 | 16 | 5 | 44 | 3 | 9 | 8 | ·2 | 0 | 0 | 3¾ |
| 3 | 0 | 4 | 9 | 24 | 1 | 18 | 0 | 45 | 3 | 11 | 3 | ·3 | 0 | 0 | 5¾ |
| 4 | 0 | 6 | 4 | 25 | 1 | 19 | 7 | 46 | 3 | 12 | 10 | ·4 | 0 | 0 | 7½ |
| 5 | 0 | 7 | 11 | 26 | 2 | 1 | 2 | 47 | 3 | 14 | 5 | ·5 | 0 | 0 | 9½ |
| 6 | 0 | 9 | 6 | 27 | 2 | 2 | 9 | 48 | 3 | 16 | 0 | ·6 | 0 | 0 | 11½ |
| 7 | 0 | 11 | 1 | 28 | 2 | 4 | 4 | 49 | 3 | 17 | 7 | ·7 | 0 | 1 | 1¼ |
| 8 | 0 | 12 | 8 | 29 | 2 | 5 | 11 | 50 | 3 | 19 | 2 | ·8 | 0 | 1 | 3¼ |
| 9 | 0 | 14 | 3 | 30 | 2 | 7 | 6 | 55 | 4 | 7 | 1 | ·9 | 0 | 1 | 5 |
| 10 | 0 | 15 | 10 | 31 | 2 | 9 | 1 | 60 | 4 | 15 | 0 | | | | |
| 11 | 0 | 17 | 5 | 32 | 2 | 10 | 8 | 65 | 5 | 2 | 11 | HUNDREDTHS. | | | |
| 12 | 0 | 19 | 0 | 33 | 2 | 12 | 3 | 70 | 5 | 10 | 10 | | | | |
| 13 | 1 | 0 | 7 | 34 | 2 | 13 | 10 | 75 | 5 | 18 | 9 | ·01 | 0 | 0 | 0¼ |
| 14 | 1 | 2 | 2 | 35 | 2 | 15 | 5 | 80 | 6 | 6 | 8 | ·02 | 0 | 0 | 0½ |
| 15 | 1 | 3 | 9 | 36 | 2 | 17 | 0 | 85 | 6 | 14 | 7 | ·03 | 0 | 0 | 0½ |
| 16 | 1 | 5 | 4 | 37 | 2 | 18 | 7 | 90 | 7 | 2 | 6 | ·04 | 0 | 0 | 0¾ |
| 17 | 1 | 6 | 11 | 38 | 3 | 0 | 2 | 100 | 7 | 18 | 4 | ·05 | 0 | 0 | 1 |
| 18 | 1 | 8 | 6 | 39 | 3 | 1 | 9 | 200 | 15 | 16 | 8 | ·06 | 0 | 0 | 1¼ |
| 19 | 1 | 10 | 1 | 40 | 3 | 3 | 4 | 300 | 23 | 15 | 0 | ·07 | 0 | 0 | 1¼ |
| 20 | 1 | 11 | 8 | 41 | 3 | 4 | 11 | 400 | 31 | 13 | 4 | ·08 | 0 | 0 | 1½ |
| 21 | 1 | 13 | 3 | 42 | 3 | 6 | 6 | 500 | 39 | 11 | 8 | ·09 | 0 | 0 | 1¾ |

1 grain=two-onethousandths of oz. troy or ·002.

1 carat=3·166 grains.

1 pennyweight=five-onehundredths of oz. troy or ·05.

# 1s. 8d. per oz.

(For Diamonds, &c., for " oz " read " grain.")

| OUNCES. | | | | OUNCES. | | | | OUNCES. | | | | TENTHS. | | | |
|---|---|---|---|---|---|---|---|---|---|---|---|---|---|---|---|
| oz. | £ | s. | d. | | £ | s. | d. | | £ | s. | d. | | £ | s. | d. |
| 1 | 0 | 1 | 8 | 22 | 1 | 16 | 8 | 43 | 3 | 11 | 8 | ·1 | 0 | 0 | 2 |
| 2 | 0 | 3 | 4 | 23 | 1 | 18 | 4 | 44 | 3 | 13 | 4 | ·2 | 0 | 0 | 4 |
| 3 | 0 | 5 | 0 | 24 | 2 | 0 | 0 | 45 | 3 | 15 | 0 | ·3 | 0 | 0 | 6 |
| 4 | 0 | 6 | 8 | 25 | 2 | 1 | 8 | 46 | 3 | 16 | 8 | ·4 | 0 | 0 | 8 |
| 5 | 0 | 8 | 4 | 26 | 2 | 3 | 4 | 47 | 3 | 18 | 4 | ·5 | 0 | 0 | 10 |
| 6 | 0 | 10 | 0 | 27 | 2 | 5 | 0 | 48 | 4 | 0 | 0 | ·6 | 0 | 1 | 0 |
| 7 | 0 | 11 | 8 | 28 | 2 | 6 | 8 | 49 | 4 | 1 | 8 | ·7 | 0 | 1 | 2 |
| 8 | 0 | 13 | 4 | 29 | 2 | 8 | 4 | 50 | 4 | 3 | 4 | ·8 | 0 | 1 | 4 |
| 9 | 0 | 15 | 0 | 30 | 2 | 10 | 0 | 55 | 4 | 11 | 8 | ·9 | 0 | 1 | 6 |
| 10 | 0 | 16 | 8 | 31 | 2 | 11 | 8 | 60 | 5 | 0 | 0 | | | | |
| 11 | 0 | 18 | 4 | 32 | 2 | 13 | 4 | 65 | 5 | 8 | 4 | HUNDREDTHS. | | | |
| 12 | 1 | 0 | 0 | 33 | 2 | 15 | 0 | 70 | 5 | 16 | 8 | | | | |
| 13 | 1 | 1 | 8 | 34 | 2 | 16 | 8 | 75 | 6 | 5 | 0 | ·01 | 0 | 0 | 0¼ |
| 14 | 1 | 3 | 4 | 35 | 2 | 18 | 4 | 80 | 6 | 13 | 4 | ·02 | 0 | 0 | 0½ |
| 15 | 1 | 5 | 0 | 36 | 3 | 0 | 0 | 85 | 7 | 1 | 8 | ·03 | 0 | 0 | 0½ |
| 16 | 1 | 6 | 8 | 37 | 3 | 1 | 8 | 90 | 7 | 10 | 0 | ·04 | 0 | 0 | 0¾ |
| 17 | 1 | 8 | 4 | 38 | 3 | 3 | 4 | 100 | 8 | 6 | 8 | ·05 | 0 | 0 | 1 |
| 18 | 1 | 10 | 0 | 39 | 3 | 5 | 0 | 200 | 16 | 13 | 4 | ·06 | 0 | 0 | 1¼ |
| 19 | 1 | 11 | 8 | 40 | 3 | 6 | 8 | 300 | 25 | 0 | 0 | ·07 | 0 | 0 | 1½ |
| 20 | 1 | 13 | 4 | 41 | 3 | 8 | 4 | 400 | 33 | 6 | 8 | ·08 | 0 | 0 | 1½ |
| 21 | 1 | 15 | 0 | 42 | 3 | 10 | 0 | 500 | 41 | 13 | 4 | ·09 | 0 | 0 | 1¾ |

1 grain=two-onethousandths of oz. troy or ·002.

1 carat=3·166 grains.

1 pennyweight=five-onehundredths of oz. troy or ·05.

# 1s. 9d. per oz.

(For Diamonds, &c., for "oz" read "grain.")

| OUNCES. | | | | OUNCES. | | | | OUNCES. | | | | TENTHS. | | | |
|---|---|---|---|---|---|---|---|---|---|---|---|---|---|---|---|
| oz. | £ | s. | d. | | £ | s. | d. | | £ | s. | d. | | £ | s. | d. |
| 1 | 0 | 1 | 9 | 22 | 1 | 18 | 6 | 43 | 3 | 15 | 3 | ·1 | 0 | 0 | 2 |
| 2 | 0 | 3 | 6 | 23 | 2 | 0 | 3 | 44 | 3 | 17 | 0 | ·2 | 0 | 0 | 4¼ |
| 3 | 0 | 5 | 3 | 24 | 2 | 2 | 0 | 45 | 3 | 18 | 9 | ·3 | 0 | 0 | 6¼ |
| 4 | 0 | 7 | 0 | 25 | 2 | 3 | 9 | 46 | 4 | 0 | 6 | ·4 | 0 | 0 | 8½ |
| 5 | 0 | 8 | 9 | 26 | 2 | 5 | 6 | 47 | 4 | 2 | 3 | ·5 | 0 | 0 | 10½ |
| 6 | 0 | 10 | 6 | 27 | 2 | 7 | 3 | 48 | 4 | 4 | 0 | ·6 | 0 | 1 | 0½ |
| 7 | 0 | 12 | 3 | 28 | 2 | 9 | 0 | 49 | 4 | 5 | 9 | ·7 | 0 | 1 | 2¾ |
| 8 | 0 | 14 | 0 | 29 | 2 | 10 | 9 | 50 | 4 | 7 | 6 | ·8 | 0 | 1 | 4¾ |
| 9 | 0 | 15 | 9 | 30 | 2 | 12 | 6 | 55 | 4 | 16 | 3 | ·9 | 0 | 1 | 7 |
| 10 | 0 | 17 | 6 | 31 | 2 | 14 | 3 | 60 | 5 | 5 | 0 | | | | |
| 11 | 0 | 19 | 3 | 32 | 2 | 16 | 0 | 65 | 5 | 13 | 9 | HUNDREDTHS. | | | |
| 12 | 1 | 1 | 0 | 33 | 2 | 17 | 9 | 70 | 6 | 2 | 6 | | | | |
| 13 | 1 | 2 | 9 | 34 | 2 | 19 | 6 | 75 | 6 | 11 | 3 | ·01 | 0 | 0 | 0¼ |
| 14 | 1 | 4 | 6 | 35 | 3 | 1 | 3 | 80 | 7 | 0 | 0 | ·02 | 0 | 0 | 0½ |
| 15 | 1 | 6 | 3 | 36 | 3 | 3 | 0 | 85 | 7 | 8 | 9 | ·03 | 0 | 0 | 0¾ |
| 16 | 1 | 8 | 0 | 37 | 3 | 4 | 9 | 90 | 7 | 17 | 6 | ·04 | 0 | 0 | 0¾ |
| 17 | 1 | 9 | 9 | 38 | 3 | 6 | 6 | 100 | 8 | 15 | 0 | ·05 | 0 | 0 | 1 |
| 18 | 1 | 11 | 6 | 39 | 3 | 8 | 3 | 200 | 17 | 10 | 0 | ·06 | 0 | 0 | 1¼ |
| 19 | 1 | 13 | 3 | 40 | 3 | 10 | 0 | 300 | 26 | 5 | 0 | ·07 | 0 | 0 | 1½ |
| 20 | 1 | 15 | 0 | 41 | 3 | 11 | 9 | 400 | 35 | 0 | 0 | ·08 | 0 | 0 | 1¾ |
| 21 | 1 | 16 | 9 | 42 | 3 | 13 | 6 | 500 | 43 | 15 | 0 | ·09 | 0 | 0 | 2 |

1 grain=two-onethousandths of oz. troy or ·002.

1 carat=3·166 grains.

1 pennyweight=five-onehundredths of oz. troy or ·05.

# 1s. 10d. per oz.

**(For Diamonds, &c., for "oz" read "grain.")**

| OUNCES. | | | | OUNCES, | | | | OUNCES. | | | |
|---|---|---|---|---|---|---|---|---|---|---|---|
| os. | £ | s. | d. | | £ | s. | d. | | £ | s. | d. |
| 1 | 0 | 1 | 10 | 22 | 2 | 0 | 4 | 43 | 3 | 18 | 10 |
| 2 | 0 | 3 | 8 | 23 | 2 | 2 | 2 | 44 | 4 | 0 | 8 |
| 3 | 0 | 5 | 6 | 24 | 2 | 4 | 0 | 45 | 4 | 2 | 6 |
| 4 | 0 | 7 | 4 | 25 | 2 | 5 | 10 | 46 | 4 | 4 | 4 |
| 5 | 0 | 9 | 2 | 26 | 2 | 7 | 8 | 47 | 4 | 6 | 2 |
| 6 | 0 | 11 | 0 | 27 | 2 | 9 | 6 | 48 | 4 | 8 | 0 |
| 7 | 0 | 12 | 10 | 28 | 2 | 11 | 4 | 49 | 4 | 9 | 10 |
| 8 | 0 | 14 | 8 | 29 | 2 | 13 | 2 | 50 | 4 | 11 | 8 |
| 9 | 0 | 16 | 6 | 30 | 2 | 15 | 0 | 55 | 5 | 0 | 10 |
| 10 | 0 | 18 | 4 | 31 | 2 | 16 | 10 | 60 | 5 | 10 | 0 |
| 11 | 1 | 0 | 2 | 32 | 2 | 18 | 8 | 65 | 5 | 19 | 2 |
| 12 | 1 | 2 | 0 | 33 | 3 | 0 | 6 | 70 | 6 | 8 | 4 |
| 13 | 1 | 3 | 10 | 34 | 3 | 2 | 4 | 75 | 6 | 17 | 6 |
| 14 | 1 | 5 | 8 | 35 | 3 | 4 | 2 | 80 | 7 | 6 | 8 |
| 15 | 1 | 7 | 6 | 36 | 3 | 6 | 0 | 85 | 7 | 15 | 10 |
| 16 | 1 | 9 | 4 | 37 | 3 | 7 | 10 | 90 | 8 | 5 | 0 |
| 17 | 1 | 11 | 2 | 38 | 3 | 9 | 8 | 100 | 9 | 3 | 4 |
| 18 | 1 | 13 | 0 | 39 | 3 | 11 | 6 | 200 | 18 | 6 | 8 |
| 19 | 1 | 14 | 10 | 40 | 3 | 13 | 4 | 300 | 27 | 10 | 0 |
| 20 | 1 | 16 | 8 | 41 | 3 | 15 | 2 | 400 | 36 | 13 | 4 |
| 21 | 1 | 18 | 6 | 42 | 3 | 17 | 0 | 500 | 45 | 16 | 8 |

| TENTHS. | £ | s. | d. |
|---|---|---|---|
| ·1 | 0 | 0 | 2¼ |
| ·2 | 0 | 0 | 4½ |
| ·3 | 0 | 0 | 6½ |
| ·4 | 0 | 0 | 8¾ |
| ·5 | 0 | 0 | 11 |
| ·6 | 0 | 1 | 1¼ |
| ·7 | 0 | 1 | 3½ |
| ·8 | 0 | 1 | 5½ |
| ·9 | 0 | 1 | 7¾ |

| HUNDREDTHS. | £ | s. | d. |
|---|---|---|---|
| ·01 | 0 | 0 | 0¼ |
| ·02 | 0 | 0 | 0½ |
| ·03 | 0 | 0 | 0¾ |
| ·04 | 0 | 0 | 1 |
| ·05 | 0 | 0 | 1 |
| ·06 | 0 | 0 | 1¼ |
| ·07 | 0 | 0 | 1½ |
| ·08 | 0 | 0 | 1¾ |
| ·09 | 0 | 0 | 2 |

**1 graiu=two-onethousaudths of oz. troy or ·002.**

**1 carat=3·166 grains.**

**1 pennyweight=five-onehundredths of oz. troy or ·05.**

# 1s. 11d. per oz.

(For Diamonds, &c., for "oz" read "grain.")

| OUNCES. | | | | OUNCES. | | | | OUNCES. | | | | TENTHS. | | | |
|---|---|---|---|---|---|---|---|---|---|---|---|---|---|---|---|
| oz. | £ | s. | d. | | £ | s. | d. | | £ | s. | d. | | £ | s. | d. |
| 1 | 0 | 1 | 11 | 22 | 2 | 2 | 2 | 43 | 4 | 2 | 5 | ·1 | 0 | 0 | 2¼ |
| 2 | 0 | 3 | 10 | 23 | 2 | 4 | 1 | 44 | 4 | 4 | 4 | ·2 | 0 | 0 | 4½ |
| 3 | 0 | 5 | 9 | 24 | 2 | 6 | 0 | 45 | 4 | 6 | 3 | ·3 | 0 | 0 | 7 |
| 4 | 0 | 7 | 8 | 25 | 2 | 7 | 11 | 46 | 4 | 8 | 2 | ·4 | 0 | 0 | 9¼ |
| 5 | 0 | 9 | 7 | 26 | 2 | 9 | 10 | 47 | 4 | 10 | 1 | ·5 | 0 | 0 | 11½ |
| 6 | 0 | 11 | 6 | 27 | 2 | 11 | 9 | 48 | 4 | 12 | 0 | ·6 | 0 | 1 | 1¾ |
| 7 | 0 | 13 | 5 | 28 | 2 | 13 | 8 | 49 | 4 | 13 | 11 | ·7 | 0 | 1 | 4 |
| 8 | 0 | 15 | 4 | 29 | 2 | 15 | 7 | 50 | 4 | 15 | 10 | ·8 | 0 | 1 | 6½ |
| 9 | 0 | 17 | 3 | 30 | 2 | 17 | 6 | 55 | 5 | 5 | 5 | ·9 | 0 | 1 | 8¾ |
| 10 | 0 | 19 | 2 | 31 | 2 | 19 | 5 | 60 | 5 | 15 | 0 | | | | |
| 11 | 1 | 1 | 1 | 32 | 3 | 1 | 4 | 65 | 6 | 4 | 7 | HUNDREDTHS. | | | |
| 12 | 1 | 3 | 0 | 33 | 3 | 3 | 3 | 70 | 6 | 14 | 2 | | | | |
| 13 | 1 | 4 | 11 | 34 | 3 | 5 | 2 | 75 | 7 | 3 | 9 | ·01 | 0 | 0 | 0¼ |
| 14 | 1 | 6 | 10 | 35 | 3 | 7 | 1 | 80 | 7 | 13 | 4 | ·02 | 0 | 0 | 0½ |
| 15 | 1 | 8 | 9 | 36 | 3 | 9 | 0 | 85 | 8 | 2 | 11 | ·03 | 0 | 0 | 0¾ |
| 16 | 1 | 10 | 8 | 37 | 3 | 10 | 11 | 90 | 8 | 12 | 6 | ·04 | 0 | 0 | 1 |
| 17 | 1 | 12 | 7 | 38 | 3 | 12 | 10 | 100 | 9 | 11 | 8 | ·05 | 0 | 0 | 1¼ |
| 18 | 1 | 14 | 6 | 39 | 3 | 14 | 9 | 200 | 19 | 3 | 4 | ·06 | 0 | 0 | 1½ |
| 19 | 1 | 16 | 5 | 40 | 3 | 16 | 8 | 300 | 28 | 15 | 0 | ·07 | 0 | 0 | 1½ |
| 20 | 1 | 18 | 4 | 41 | 3 | 18 | 7 | 400 | 38 | 6 | 8 | ·08 | 0 | 0 | 1¾ |
| 21 | 2 | 0 | 3 | 42 | 4 | 0 | 6 | 500 | 47 | 18 | 4 | ·09 | 0 | 0 | 2 |

1 grain=two-onethousandths of oz. troy or ·002.

1 carat=3·166 grains.

1 pennyweight=five-onehundredths of oz. troy or ·05.

# 2s. 0d. per oz.

**(For Diamonds, &c., for "oz" read "grain.")**

| OUNCES. | | | | OUNCES. | | | | OUNCES. | | | | TENTHS. | | | |
|---|---|---|---|---|---|---|---|---|---|---|---|---|---|---|---|
| oz. | £ | s. | d. | | £ | s. | d. | | £ | s. | d. | | £ | s. | d. |
| 1 | 0 | 2 | 0 | 22 | 2 | 4 | 0 | 43 | 4 | 6 | 0 | ·1 | 0 | 0 | 2½ |
| 2 | 0 | 4 | 0 | 23 | 2 | 6 | 0 | 44 | 4 | 8 | 0 | ·2 | 0 | 0 | 4¾ |
| 3 | 0 | 6 | 0 | 24 | 2 | 8 | 0 | 45 | 4 | 10 | 0 | ·3 | 0 | 0 | 7¼ |
| 4 | 0 | 8 | 0 | 25 | 2 | 10 | 0 | 46 | 4 | 12 | 0 | ·4 | 0 | 0 | 9½ |
| 5 | 0 | 10 | 0 | 26 | 2 | 12 | 0 | 47 | 4 | 14 | 0 | ·5 | 0 | 1 | 0 |
| 6 | 0 | 12 | 0 | 27 | 2 | 14 | 0 | 48 | 4 | 16 | 0 | ·6 | 0 | 1 | 2½ |
| 7 | 0 | 14 | 0 | 28 | 2 | 16 | 0 | 49 | 4 | 18 | 0 | ·7 | 0 | 1 | 4¾ |
| 8 | 0 | 16 | 0 | 29 | 2 | 18 | 0 | 50 | 5 | 0 | 0 | ·8 | 0 | 1 | 7¼ |
| 9 | 0 | 18 | 0 | 30 | 3 | 0 | 0 | 55 | 5 | 10 | 0 | ·9 | 0 | 1 | 9½ |
| 10 | 1 | 0 | 0 | 31 | 3 | 2 | 0 | 60 | 6 | 0 | 0 | | | | |
| 11 | 1 | 2 | 0 | 32 | 3 | 4 | 0 | 65 | 6 | 10 | 0 | HUNDREDTHS. | | | |
| 12 | 1 | 4 | 0 | 33 | 3 | 6 | 0 | 70 | 7 | 0 | 0 | | | | |
| 13 | 1 | 6 | 0 | 34 | 3 | 8 | 0 | 75 | 7 | 10 | 0 | ·01 | 0 | 0 | 0¼ |
| 14 | 1 | 8 | 0 | 35 | 3 | 10 | 0 | 80 | 8 | 0 | 0 | ·02 | 0 | 0 | 0½ |
| 15 | 1 | 10 | 0 | 36 | 3 | 12 | 0 | 85 | 8 | 10 | 0 | ·03 | 0 | 0 | 0¾ |
| 16 | 1 | 12 | 0 | 37 | 3 | 14 | 0 | 90 | 9 | 0 | 0 | ·04 | 0 | 0 | 1 |
| 17 | 1 | 14 | 0 | 38 | 3 | 16 | 0 | 100 | 10 | 0 | 0 | ·05 | 0 | 0 | 1¼ |
| 18 | 1 | 16 | 0 | 39 | 3 | 18 | 0 | 200 | 20 | 0 | 0 | ·06 | 0 | 0 | 1½ |
| 19 | 1 | 18 | 0 | 40 | 4 | 0 | 0 | 300 | 30 | 0 | 0 | ·07 | 0 | 0 | 1¾ |
| 20 | 2 | 0 | 0 | 41 | 4 | 2 | 0 | 400 | 40 | 0 | 0 | ·08 | 0 | 0 | 2 |
| 21 | 2 | 2 | 0 | 42 | 4 | 4 | 0 | 500 | 50 | 0 | 0 | ·09 | 0 | 0 | 2¼ |

1 grain=two-onethousandths of oz. troy or ·002.

1 carat=3·166 grains.

1 pennyweight=five-onehundredths of oz. troy or ·05.

# 2s. 1d. per oz.

(For Diamonds, &c., for "oz" read "grain.")

| OUNCES. | | | | OUNCES. | | | | OUNCES. | | | | TENTHS. | | | |
|---|---|---|---|---|---|---|---|---|---|---|---|---|---|---|---|
| oz. | £ | s. | d. | | £ | s. | d. | | £ | s. | d. | | £ | s. | d. |
| 1 | 0 | 2 | 1 | 22 | 2 | 5 | 10 | 43 | 4 | 9 | 7 | ·1 | 0 | 0 | 2½ |
| 2 | 0 | 4 | 2 | 23 | 2 | 7 | 11 | 44 | 4 | 11 | 8 | ·2 | 0 | 0 | 5 |
| 3 | 0 | 6 | 3 | 24 | 2 | 10 | 0 | 45 | 4 | 13 | 9 | ·3 | 0 | 0 | 7½ |
| 4 | 0 | 8 | 4 | 25 | 2 | 12 | 1 | 46 | 4 | 15 | 10 | ·4 | 0 | 0 | 10 |
| 5 | 0 | 10 | 5 | 26 | 2 | 14 | 2 | 47 | 4 | 17 | 11 | ·5 | 0 | 1 | 0½ |
| 6 | 0 | 12 | 6 | 27 | 2 | 16 | 3 | 48 | 5 | 0 | 0 | ·6 | 0 | 1 | 3 |
| 7 | 0 | 14 | 7 | 28 | 2 | 18 | 4 | 49 | 5 | 2 | 1 | ·7 | 0 | 1 | 5½ |
| 8 | 0 | 16 | 8 | 29 | 3 | 0 | 5 | 50 | 5 | 4 | 2 | ·8 | 0 | 1 | 8 |
| 9 | 0 | 18 | 9 | 30 | 3 | 2 | 6 | 55 | 5 | 14 | 7 | ·9 | 0 | 1 | 10½ |
| 10 | 1 | 0 | 10 | 31 | 3 | 4 | 7 | 60 | 6 | 5 | 0 | | | | |
| 11 | 1 | 2 | 11 | 32 | 3 | 6 | 8 | 65 | 6 | 15 | 5 | HUNDREDTHS. | | | |
| 12 | 1 | 5 | 0 | 33 | 3 | 8 | 9 | 70 | 7 | 5 | 10 | | | | |
| 13 | 1 | 7 | 1 | 34 | 3 | 10 | 10 | 75 | 7 | 16 | 3 | ·01 | 0 | 0 | 0¼ |
| 14 | 1 | 9 | 2 | 35 | 3 | 12 | 11 | 80 | 8 | 6 | 8 | ·02 | 0 | 0 | 0½ |
| 15 | 1 | 11 | 3 | 36 | 3 | 15 | 0 | 85 | 8 | 17 | 1 | ·03 | 0 | 0 | 0¾ |
| 16 | 1 | 13 | 4 | 37 | 3 | 17 | 1 | 90 | 9 | 7 | 6 | ·04 | 0 | 0 | 1 |
| 17 | 1 | 15 | 5 | 38 | 3 | 19 | 2 | 100 | 10 | 8 | 4 | ·05 | 0 | 0 | 1¼ |
| 18 | 1 | 17 | 6 | 39 | 4 | 1 | 3 | 200 | 20 | 16 | 8 | ·06 | 0 | 0 | 1½ |
| 19 | 1 | 19 | 7 | 40 | 4 | 3 | 4 | 300 | 31 | 5 | 0 | ·07 | 0 | 0 | 1¾ |
| 20 | 2 | 1 | 8 | 41 | 4 | 5 | 5 | 400 | 41 | 13 | 4 | ·08 | 0 | 0 | 2 |
| 21 | 2 | 3 | 9 | 42 | 4 | 7 | 6 | 500 | 52 | 1 | 8 | ·09 | 0 | 0 | 2¼ |

1 grain=two-onethousandths of oz. troy or ·002.

1 carat=3·166 grains.

1 pennyweight=five-onehundredths of oz. troy or ·05

# 2s. 2d. per oz.

(For Diamonds, &c., for "oz" read "grain.")

| OUNCES. | | | | OUNCES, | | | | OUNCES. | | | | TENTHS. | | | |
|---|---|---|---|---|---|---|---|---|---|---|---|---|---|---|---|
| oz. | £ | s. | d. | | £ | s. | d. | | £ | s. | d. | | £ | s. | d. |
| 1 | 0 | 2 | 2 | 22 | 2 | 7 | 8 | 43 | 4 | 13 | 2 | ·1 | 0 | 0 | 2½ |
| 2 | 0 | 4 | 4 | 23 | 2 | 9 | 10 | 44 | 4 | 15 | 4 | ·2 | 0 | 0 | 5¼ |
| 3 | 0 | 6 | 6 | 24 | 2 | 12 | 0 | 45 | 4 | 17 | 6 | ·3 | 0 | 0 | 7¾ |
| 4 | 0 | 8 | 8 | 25 | 2 | 14 | 2 | 46 | 4 | 19 | 8 | ·4 | 0 | 0 | 10½ |
| 5 | 0 | 10 | 10 | 26 | 2 | 16 | 4 | 47 | 5 | 1 | 10 | ·5 | 0 | 1 | 1 |
| 6 | 0 | 13 | 0 | 27 | 2 | 18 | 6 | 48 | 5 | 4 | 0 | ·6 | 0 | 1 | 3½ |
| 7 | 0 | 15 | 2 | 28 | 3 | 0 | 8 | 49 | 5 | 6 | 2 | ·7 | 0 | 1 | 6¼ |
| 8 | 0 | 17 | 4 | 29 | 3 | 2 | 10 | 50 | 5 | 8 | 4 | ·8 | 0 | 1 | 8¾ |
| 9 | 0 | 19 | 6 | 30 | 3 | 5 | 0 | 55 | 5 | 19 | 2 | ·9 | 0 | 1 | 11½ |
| 0 | 1 | 1 | 8 | 31 | 3 | 7 | 2 | 60 | 6 | 10 | 0 | | | | |
| 1 | 1 | 3 | 10 | 32 | 3 | 9 | 4 | 65 | 7 | 0 | 10 | HUNDREDTHS. | | | |
| 2 | 1 | 6 | 0 | 33 | 3 | 11 | 6 | 70 | 7 | 11 | 8 | | | | |
| 3 | 1 | 8 | 2 | 34 | 3 | 13 | 8 | 75 | 8 | 2 | 6 | ·01 | 0 | 0 | 0¼ |
| 4 | 1 | 10 | 4 | 35 | 3 | 15 | 10 | 80 | 8 | 13 | 4 | ·02 | 0 | 0 | 0½ |
| 5 | 1 | 12 | 6 | 36 | 3 | 18 | 0 | 85 | 9 | 4 | 2 | ·03 | 0 | 0 | 0¾ |
| 6 | 1 | 14 | 8 | 37 | 4 | 0 | 2 | 90 | 9 | 15 | 0 | ·04 | 0 | 0 | 1 |
| 7 | 1 | 16 | 10 | 38 | 4 | 2 | 4 | 100 | 10 | 16 | 8 | ·05 | 0 | 0 | 1¼ |
| 8 | 1 | 19 | 0 | 39 | 4 | 4 | 6 | 200 | 21 | 13 | 4 | ·06 | 0 | 0 | 1½ |
| 9 | 2 | 1 | 2 | 40 | 4 | 6 | 8 | 300 | 32 | 10 | 0 | ·07 | 0 | 0 | 1¾ |
| 0 | 2 | 3 | 4 | 41 | 4 | 8 | 10 | 400 | 43 | 6 | 8 | ·08 | 0 | 0 | 2 |
| 1 | 2 | 5 | 6 | 42 | 4 | 11 | 0 | 500 | 54 | 3 | 4 | ·09 | 0 | 0 | 2¼ |

1 grain=two-onethousandths of oz. troy or ·002.

1 carat=3·166 grains.

1 pennyweight=five-onehundredths of oz. troy or ·05.

# 2s. 3d. per oz.

(For Diamonds, &c., for "oz" read "grain.")

| OUNCES. | | | | OUNCES. | | | | OUNCES. | | | | TENTHS. | | | |
|---|---|---|---|---|---|---|---|---|---|---|---|---|---|---|---|
| *oz.* | £ | s. | d. | | £ | s. | d. | | £ | s. | d. | | £ | s. | d. |
| 1 | 0 | 2 | 3 | 22 | 2 | 9 | 6 | 43 | 4 | 16 | 9 | ·1 | 0 | 0 | 2¾ |
| 2 | 0 | 4 | 6 | 23 | 2 | 11 | 9 | 44 | 4 | 19 | 0 | ·2 | 0 | 0 | 5½ |
| 3 | 0 | 6 | 9 | 24 | 2 | 14 | 0 | 45 | 5 | 1 | 3 | ·3 | 0 | 0 | 8 |
| 4 | 0 | 9 | 0 | 25 | 2 | 16 | 3 | 46 | 5 | 3 | 6 | ·4 | 0 | 0 | 10¾ |
| 5 | 0 | 11 | 3 | 26 | 2 | 18 | 6 | 47 | 5 | 5 | 9 | ·5 | 0 | 1 | 1½ |
| 6 | 0 | 13 | 6 | 27 | 3 | 0 | 9 | 48 | 5 | 8 | 0 | ·6 | 0 | 1 | 4¼ |
| 7 | 0 | 15 | 9 | 28 | 3 | 3 | 0 | 49 | 5 | 10 | 3 | ·7 | 0 | 1 | 7 |
| 8 | 0 | 18 | 0 | 29 | 3 | 5 | 3 | 50 | 5 | 12 | 6 | ·8 | 0 | 1 | 9½ |
| 9 | 1 | 0 | 3 | 30 | 3 | 7 | 6 | 55 | 6 | 3 | 9 | ·9 | 0 | 2 | 0¼ |
| 10 | 1 | 2 | 6 | 31 | 3 | 9 | 9 | 60 | 6 | 15 | 0 | | | | |
| 11 | 1 | 4 | 9 | 32 | 3 | 12 | 0 | 65 | 7 | 6 | 3 | HUNDREDTHS. | | | |
| 12 | 1 | 7 | 0 | 33 | 3 | 14 | 3 | 70 | 7 | 17 | 6 | | | | |
| 13 | 1 | 9 | 3 | 34 | 3 | 16 | 6 | 75 | 8 | 8 | 9 | ·01 | 0 | 0 | 0¼ |
| 14 | 1 | 11 | 6 | 35 | 3 | 18 | 9 | 80 | 9 | 0 | 0 | ·02 | 0 | 0 | 0½ |
| 15 | 1 | 13 | 9 | 36 | 4 | 1 | 0 | 85 | 9 | 11 | 3 | ·03 | 0 | 0 | 0¾ |
| 16 | 1 | 16 | 0 | 37 | 4 | 3 | 3 | 90 | 10 | 2 | 6 | ·04 | 0 | 0 | 1 |
| 17 | 1 | 18 | 3 | 38 | 4 | 5 | 6 | 100 | 11 | 5 | 0 | ·05 | 0 | 0 | 1¼ |
| 18 | 2 | 0 | 6 | 39 | 4 | 7 | 9 | 200 | 22 | 10 | 0 | ·06 | 0 | 0 | 1½ |
| 19 | 2 | 2 | 9 | 40 | 4 | 10 | 0 | 300 | 33 | 15 | 0 | ·07 | 0 | 0 | 2 |
| 20 | 2 | 5 | 0 | 41 | 4 | 12 | 3 | 400 | 45 | 0 | 0 | ·08 | 0 | 0 | 2¼ |
| 21 | 2 | 7 | 3 | 42 | 4 | 14 | 6 | 500 | 56 | 5 | 0 | ·09 | 0 | 0 | 2½ |

1 grain=two-onethousandths of oz. troy or ·002.

1 carat=3·166 grains.

1 pennyweight=five-onehundredths of oz. troy or ·05.

# 2s. 4d. per oz.

(For Diamonds, &c., for "oz" read "grain.")

| OUNCES. | | | | OUNCES. | | | | OUNCES. | | | | TENTHS. | | | |
|---|---|---|---|---|---|---|---|---|---|---|---|---|---|---|---|
| *oz.* | £ | s. | d. | | £ | s. | d. | | £ | s. | d. | | £ | s. | d. |
| 1 | 0 | 2 | 4 | 22 | 2 | 11 | 4 | 43 | 5 | 0 | 4 | ·1 | 0 | 0 | 2¾ |
| 2 | 0 | 4 | 8 | 23 | 2 | 13 | 8 | 44 | 5 | 2 | 8 | ·2 | 0 | 0 | 5½ |
| 3 | 0 | 7 | 0 | 24 | 2 | 16 | 0 | 45 | 5 | 5 | 0 | ·3 | 0 | 0 | 8½ |
| 4 | 0 | 9 | 4 | 25 | 2 | 18 | 4 | 46 | 5 | 7 | 4 | ·4 | 0 | 0 | 11¼ |
| 5 | 0 | 11 | 8 | 26 | 3 | 0 | 8 | 47 | 5 | 9 | 8 | ·5 | 0 | 1 | 2 |
| 6 | 0 | 14 | 0 | 27 | 3 | 3 | 0 | 48 | 5 | 12 | 0 | ·6 | 0 | 1 | 4¾ |
| 7 | 0 | 16 | 4 | 28 | 3 | 5 | 4 | 49 | 5 | 14 | 4 | ·7 | 0 | 1 | 7½ |
| 8 | 0 | 18 | 8 | 29 | 3 | 7 | 8 | 50 | 5 | 16 | 8 | ·8 | 0 | 1 | 10½ |
| 9 | 1 | 1 | 0 | 30 | 3 | 10 | 0 | 55 | 6 | 8 | 4 | ·9 | 0 | 2 | 1¼ |
| 10 | 1 | 3 | 4 | 31 | 3 | 12 | 4 | 60 | 7 | 0 | 0 | | | | |
| 11 | 1 | 5 | 8 | 32 | 3 | 14 | 8 | 65 | 7 | 11 | 8 | HUNDREDTHS. | | | |
| 12 | 1 | 8 | 0 | 33 | 3 | 17 | 0 | 70 | 8 | 3 | 4 | | | | |
| 13 | 1 | 10 | 4 | 34 | 3 | 19 | 4 | 75 | 8 | 15 | 0 | ·01 | 0 | 0 | 0¼ |
| 14 | 1 | 12 | 8 | 35 | 4 | 1 | 8 | 80 | 9 | 6 | 8 | ·02 | 0 | 0 | 0½ |
| 15 | 1 | 15 | 0 | 36 | 4 | 4 | 0 | 85 | 9 | 18 | 4 | ·03 | 0 | 0 | 0¾ |
| 16 | 1 | 17 | 4 | 37 | 4 | 6 | 4 | 90 | 10 | 10 | 0 | ·04 | 0 | 0 | 1 |
| 17 | 1 | 19 | 8 | 38 | 4 | 8 | 8 | 100 | 11 | 13 | 4 | ·05 | 0 | 0 | 1½ |
| 18 | 2 | 2 | 0 | 39 | 4 | 11 | 0 | 200 | 23 | 6 | 8 | ·06 | 0 | 0 | 1¾ |
| 19 | 2 | 4 | 4 | 40 | 4 | 13 | 4 | 300 | 35 | 0 | 0 | ·07 | 0 | 0 | 2 |
| 20 | 2 | 6 | 8 | 41 | 4 | 15 | 8 | 400 | 46 | 13 | 4 | ·08 | 0 | 0 | 2¼ |
| 21 | 2 | 9 | 0 | 42 | 4 | 18 | 0 | 500 | 58 | 6 | 8 | ·09 | 0 | 0 | 2½ |

1 grain=two-onethousandths of oz. troy or ·002.

1 carat=3·166 grains.

1 pennyweight=five-onehundredths of oz. troy or ·05.

# 2s. 5d. per oz.

(For Diamonds, &c., for "oz" read "grain.")

| OUNCES. | | | | OUNCES. | | | | OUNCES. | | | | TENTHS. | | | |
|---|---|---|---|---|---|---|---|---|---|---|---|---|---|---|---|
| *oz.* | £ | s. | d. | | £ | s. | d. | | £ | s. | d. | | £ | s. | d. |
| 1 | 0 | 2 | 5 | 22 | 2 | 13 | 2 | 43 | 5 | 3 | 11 | ·1 | 0 | 0 | 3 |
| 2 | 0 | 4 | 10 | 23 | 2 | 15 | 7 | 44 | 5 | 6 | 4 | ·2 | 0 | 0 | 5¾ |
| 3 | 0 | 7 | 3 | 24 | 2 | 18 | 0 | 45 | 5 | 8 | 9 | ·3 | 0 | 0 | 8¾ |
| 4 | 0 | 9 | 8 | 25 | 3 | 0 | 5 | 46 | 5 | 11 | 2 | ·4 | 0 | 0 | 11½ |
| 5 | 0 | 12 | 1 | 26 | 3 | 2 | 10 | 47 | 5 | 13 | 7 | ·5 | 0 | 1 | 2½ |
| 6 | 0 | 14 | 6 | 27 | 3 | 5 | 3 | 48 | 5 | 16 | 0 | ·6 | 0 | 1 | 5½ |
| 7 | 0 | 16 | 11 | 28 | 3 | 7 | 8 | 49 | 5 | 18 | 5 | ·7 | 0 | 1 | 8½ |
| 8 | 0 | 19 | 4 | 29 | 3 | 10 | 1 | 50 | 6 | 0 | 10 | ·8 | 0 | 1 | 11¼ |
| 9 | 1 | 1 | 9 | 30 | 3 | 12 | 6 | 55 | 6 | 12 | 11 | ·9 | 0 | 2 | 2 |
| 10 | 1 | 4 | 2 | 31 | 3 | 14 | 11 | 60 | 7 | 5 | 0 | | | | |
| 11 | 1 | 6 | 7 | 32 | 3 | 17 | 4 | 65 | 7 | 17 | 1 | **HUNDREDTHS.** | | | |
| 12 | 1 | 9 | 0 | 33 | 3 | 19 | 9 | 70 | 8 | 9 | 2 | | | | |
| 13 | 1 | 11 | 5 | 34 | 4 | 2 | 2 | 75 | 9 | 1 | 3 | ·01 | 0 | 0 | 0¼ |
| 14 | 1 | 13 | 10 | 35 | 4 | 4 | 7 | 80 | 9 | 13 | 4 | ·02 | 0 | 0 | 0½ |
| 15 | 1 | 16 | 3 | 36 | 4 | 7 | 0 | 85 | 10 | 5 | 5 | ·03 | 0 | 0 | 0¾ |
| 16 | 1 | 18 | 8 | 37 | 4 | 9 | 5 | 90 | 10 | 17 | 6 | ·04 | 0 | 0 | 1¼ |
| 17 | 2 | 1 | 1 | 38 | 4 | 11 | 10 | 100 | 12 | 1 | 8 | ·05 | 0 | 0 | 1½ |
| 18 | 2 | 3 | 6 | 39 | 4 | 14 | 3 | 200 | 24 | 3 | 4 | ·06 | 0 | 0 | 1¾ |
| 19 | 2 | 5 | 11 | 40 | 4 | 16 | 8 | 300 | 36 | 5 | 0 | ·07 | 0 | 0 | 2 |
| 20 | 2 | 8 | 4 | 41 | 4 | 19 | 1 | 400 | 48 | 6 | 8 | ·08 | 0 | 0 | 2¼ |
| 21 | 2 | 10 | 9 | 42 | 5 | 1 | 6 | 500 | 60 | 8 | 4 | ·09 | 0 | 0 | 2½ |

**1 grain=two-onethousandths of oz. troy or ·002.**

**1 carat=3·166 grains.**

**1 pennyweight=five-onehundredths of oz. troy or ·05.**

# 2s. 6d. per oz.

(For Diamonds, &c., for "oz." read "grain.")

| OUNCES. | | | | TENTHS. | | | | HUNDREDTHS. | | | | THOUSANDTHS. | | | |
|---|---|---|---|---|---|---|---|---|---|---|---|---|---|---|---|
| oz. | £ | s. | d. | | £ | s. | d. | | £ | s. | d. | | £ | s. | d. |
| 1 | 0 | 2 | 6 | ·1 | 0 | 0 | 3 | ·01 | 0 | 0 | 0¼ | ·001 | 0 | 0 | 0 |
| 2 | 0 | 5 | 0 | ·2 | 0 | 0 | 6 | ·02 | 0 | 0 | 0½ | ·002 | 0 | 0 | 0 |
| 3 | 0 | 7 | 6 | ·3 | 0 | 0 | 9 | ·03 | 0 | 0 | 1 | ·003 | 0 | 0 | 0 |
| 4 | 0 | 10 | 0 | ·4 | 0 | 1 | 0 | ·04 | 0 | 0 | 1¼ | ·004 | 0 | 0 | 0 |
| 5 | 0 | 12 | 6 | ·5 | 0 | 1 | 3 | ·05 | 0 | 0 | 1½ | ·005 | 0 | 0 | 0¼ |
| 6 | 0 | 15 | 0 | ·6 | 0 | 1 | 6 | ·06 | 0 | 0 | 1¾ | ·006 | 0 | 0 | 0¼ |
| 7 | 0 | 17 | 6 | ·7 | 0 | 1 | 9 | ·07 | 0 | 0 | 2 | ·007 | 0 | 0 | 0¼ |
| 8 | 1 | 0 | 0 | ·8 | 0 | 2 | 0 | ·08 | 0 | 0 | 2¼ | ·008 | 0 | 0 | 0¼ |
| 9 | 1 | 2 | 6 | ·9 | 0 | 2 | 3 | ·09 | 0 | 0 | 2¾ | ·009 | 0 | 0 | 0¼ |
| 10 | 1 | 5 | 0 | OUNCES. | | | | OUNCES. | | | | OUNCES. | | | |
| 11 | 1 | 7 | 6 | | | | | | | | | | | | |
| 12 | 1 | 10 | 0 | 25 | 3 | 2 | 6 | 38 | 4 | 15 | 0 | 55 | 6 | 17 | 6 |
| 13 | 1 | 12 | 6 | 26 | 3 | 5 | 0 | 39 | 4 | 17 | 6 | 60 | 7 | 10 | 0 |
| 14 | 1 | 15 | 0 | 27 | 3 | 7 | 6 | 40 | 5 | 0 | 0 | 65 | 8 | 2 | 6 |
| 15 | 1 | 17 | 6 | 28 | 3 | 10 | 0 | 41 | 5 | 2 | 6 | 70 | 8 | 15 | 0 |
| 16 | 2 | 0 | 0 | 29 | 3 | 12 | 6 | 42 | 5 | 5 | 0 | 75 | 9 | 7 | 6 |
| 17 | 2 | 2 | 6 | 30 | 3 | 15 | 0 | 43 | 5 | 7 | 6 | 80 | 10 | 0 | 0 |
| 18 | 2 | 5 | 0 | 31 | 3 | 17 | 6 | 44 | 5 | 10 | 0 | 85 | 10 | 12 | 6 |
| 19 | 2 | 7 | 6 | 32 | 4 | 0 | 0 | 45 | 5 | 12 | 6 | 90 | 11 | 5 | 0 |
| 20 | 2 | 10 | 0 | 33 | 4 | 2 | 6 | 46 | 5 | 15 | 0 | 100 | 12 | 10 | 0 |
| 21 | 2 | 12 | 6 | 34 | 4 | 5 | 0 | 47 | 5 | 17 | 6 | 200 | 25 | 0 | 0 |
| 22 | 2 | 15 | 0 | 35 | 4 | 7 | 6 | 48 | 6 | 0 | 0 | 300 | 37 | 10 | 0 |
| 23 | 2 | 17 | 6 | 36 | 4 | 10 | 0 | 49 | 6 | 2 | 6 | 400 | 50 | 0 | 0 |
| 24 | 3 | 0 | 0 | 37 | 4 | 12 | 6 | 50 | 6 | 5 | 0 | 500 | 62 | 10 | 0 |

1 grain = two-onethousandths of oz. troy or ·002.

1 carat = 3·166 grains.

1 pennyweight = five-onehundredths of oz. troy or ·05.

# 2s. 7d. per oz.

(For Diamonds, &c., for "oz." read "grain

| OUNCES. | | | | TENTHS. | | | | HUNDREDTHS | | | | THOUSANDTHS | | | |
|---|---|---|---|---|---|---|---|---|---|---|---|---|---|---|---|
| oz. | £ | s. | d. | | £ | s. | d. | | £ | s. | d. | | £ | s. | d. |
| 1 | 0 | 2 | 7 | ·1 | 0 | 0 | 3 | ·01 | 0 | 0 | 0¼ | ·001 | 0 | 0 | 0 |
| 2 | 0 | 5 | 2 | ·2 | 0 | 0 | 6¼ | ·02 | 0 | 0 | 0½ | ·002 | 0 | 0 | 0 |
| 3 | 0 | 7 | 9 | ·3 | 0 | 0 | 9¼ | ·03 | 0 | 0 | 1 | ·003 | 0 | 0 | 0 |
| 4 | 0 | 10 | 4 | ·4 | 0 | 1 | 0½ | ·04 | 0 | 0 | 1¼ | ·004 | 0 | 0 | 0 |
| 5 | 0 | 12 | 11 | ·5 | 0 | 1 | 3½ | ·05 | 0 | 0 | 1½ | ·005 | 0 | 0 | 0¼ |
| 6 | 0 | 15 | 6 | ·6 | 0 | 1 | 6½ | ·06 | 0 | 0 | 1¾ | ·006 | 0 | 0 | 0¼ |
| 7 | 0 | 18 | 1 | ·7 | 0 | 1 | 9¾ | ·07 | 0 | 0 | 2¼ | ·007 | 0 | 0 | 0¼ |
| 8 | 1 | 0 | 8 | ·8 | 0 | 2 | 0¾ | ·08 | 0 | 0 | 2½ | ·008 | 0 | 0 | 0¼ |
| 9 | 1 | 3 | 3 | ·9 | 0 | 2 | 4 | ·09 | 0 | 0 | 2¾ | ·009 | 0 | 0 | 0¼ |
| 10 | 1 | 5 | 10 | OUNCES | | | | OUNCES. | | | | OUNCES. | | | |
| 11 | 1 | 8 | 5 | | | | | | | | | | | | |
| 12 | 1 | 11 | 0 | 25 | 3 | 4 | 7 | 38 | 4 | 18 | 2 | 55 | 7 | 2 | 1 |
| 13 | 1 | 13 | 7 | 26 | 3 | 7 | 2 | 39 | 5 | 0 | 9 | 60 | 7 | 15 | 0 |
| 14 | 1 | 16 | 2 | 27 | 3 | 9 | 9 | 40 | 5 | 3 | 4 | 65 | 8 | 7 | 11 |
| 15 | 1 | 18 | 9 | 28 | 3 | 12 | 4 | 41 | 5 | 5 | 11 | 70 | 9 | 0 | 10 |
| 16 | 2 | 1 | 4 | 29 | 3 | 14 | 11 | 42 | 5 | 8 | 6 | 75 | 9 | 13 | 9 |
| 17 | 2 | 3 | 11 | 30 | 3 | 17 | 6 | 43 | 5 | 11 | 1 | 80 | 10 | 6 | 8 |
| 18 | 2 | 6 | 6 | 31 | 4 | 0 | 1 | 44 | 5 | 13 | 8 | 85 | 10 | 19 | 7 |
| 19 | 2 | 9 | 1 | 32 | 4 | 2 | 8 | 45 | 5 | 16 | 3 | 90 | 11 | 12 | 6 |
| 20 | 2 | 11 | 8 | 33 | 4 | 5 | 3 | 46 | 5 | 18 | 10 | 100 | 12 | 18 | 4 |
| 21 | 2 | 14 | 3 | 34 | 4 | 7 | 10 | 47 | 6 | 1 | 5 | 200 | 25 | 16 | 8 |
| 22 | 2 | 16 | 10 | 35 | 4 | 10 | 5 | 48 | 6 | 4 | 0 | 300 | 38 | 15 | 0 |
| 23 | 2 | 19 | 5 | 36 | 4 | 13 | 0 | 49 | 6 | 6 | 7 | 400 | 51 | 13 | 4 |
| 24 | 3 | 2 | 0 | 37 | 4 | 15 | 7 | 50 | 6 | 9 | 2 | 500 | 64 | 11 | 8 |

1 grain = two-onethousandths of oz. troy or ·002.

1 carat = 3·166 grains.

1 pennyweight = five-onehundredths of oz. troy or ·05.

# 2s. 8d. per oz.

(For Diamonds, &c., for "oz." read "grain.")

| OUNCES. | | | | TENTHS. | | | | HUNDREDTHS. | | | | THOUSANDTHS. | | | |
|---|---|---|---|---|---|---|---|---|---|---|---|---|---|---|---|
| oz. | £ | s. | d. | | £ | s. | d. | | £ | s. | d. | | £ | s. | d. |
| 1 | 0 | 2 | 8 | ·1 | 0 | 0 | 3¼ | ·01 | 0 | 0 | 0¼ | ·001 | 0 | 0 | 0 |
| 2 | 0 | 5 | 4 | ·2 | 0 | 0 | 6½ | ·02 | 0 | 0 | 0¾ | ·002 | 0 | 0 | 0 |
| 3 | 0 | 8 | 0 | ·3 | 0 | 0 | 9½ | ·03 | 0 | 0 | 1 | ·003 | 0 | 0 | 0 |
| 4 | 0 | 10 | 8 | ·4 | 0 | 1 | 0¾ | ·04 | 0 | 0 | 1¼ | ·004 | 0 | 0 | 0¼ |
| 5 | 0 | 13 | 4 | ·5 | 0 | 1 | 4 | ·05 | 0 | 0 | 1½ | ·005 | 0 | 0 | 0¼ |
| 6 | 0 | 16 | 0 | ·6 | 0 | 1 | 7¼ | ·06 | 0 | 0 | 2 | ·006 | 0 | 0 | 0¼ |
| 7 | 0 | 18 | 8 | ·7 | 0 | 1 | 10½ | ·07 | 0 | 0 | 2¼ | ·007 | 0 | 0 | 0¼ |
| 8 | 1 | 1 | 4 | ·8 | 0 | 2 | 1½ | 08 | 0 | 0 | 2½ | ·008 | 0 | 0 | 0¼ |
| 9 | 1 | 4 | 0 | ·9 | 0 | 2 | 4¾ | ·09 | 0 | 0 | 3 | ·009 | 0 | 0 | 0¼ |
| 10 | 1 | 6 | 8 | OUNCES. | | | | OUNCES. | | | | OUNCES. | | | |
| 11 | 1 | 9 | 4 | | | | | | | | | | | | |
| 12 | 1 | 12 | 0 | 25 | 3 | 6 | 8 | 38 | 5 | 1 | 4 | 55 | 7 | 6 | 8 |
| 13 | 1 | 14 | 8 | 26 | 3 | 9 | 4 | 39 | 5 | 4 | 0 | 60 | 8 | 0 | 0 |
| 14 | 1 | 17 | 4 | 27 | 3 | 12 | 0 | 40 | 5 | 6 | 8 | 65 | 8 | 13 | 4 |
| 15 | 2 | 0 | 0 | 28 | 3 | 14 | 8 | 41 | 5 | 9 | 4 | 70 | 9 | 6 | 8 |
| 16 | 2 | 2 | 8 | 29 | 3 | 17 | 4 | 42 | 5 | 12 | 0 | 75 | 10 | 0 | 0 |
| 17 | 2 | 5 | 4 | 30 | 4 | 0 | 0 | 43 | 5 | 14 | 8 | 80 | 10 | 13 | 4 |
| 18 | 2 | 8 | 0 | 31 | 4 | 2 | 8 | 44 | 5 | 17 | 4 | 85 | 11 | 6 | 8 |
| 19 | 2 | 10 | 8 | 32 | 4 | 5 | 4 | 45 | 6 | 0 | 0 | 90 | 12 | 0 | 0 |
| 20 | 2 | 13 | 4 | 33 | 4 | 8 | 0 | 46 | 6 | 2 | 8 | 100 | 13 | 6 | 8 |
| 21 | 2 | 16 | 0 | 34 | 4 | 10 | 8 | 47 | 6 | 5 | 4 | 200 | 26 | 13 | 4 |
| 22 | 2 | 18 | 8 | 35 | 4 | 13 | 4 | 48 | 6 | 8 | 0 | 300 | 40 | 0 | 0 |
| 23 | 3 | 1 | 4 | 36 | 4 | 16 | 0 | 49 | 6 | 10 | 8 | 400 | 53 | 6 | 8 |
| 24 | 3 | 4 | 0 | 37 | 4 | 18 | 8 | 50 | 6 | 13 | 4 | 500 | 66 | 13 | 4 |

1 grain = two-onethousandths of oz. troy or ·002

1 carat = 3·166 grains.

1 pennyweight = five-onehundredths of oz. troy or ·05.

# 2s. 9d. per oz.

(For Diamonds, &c., for "oz." read "grain.")

| OUNCES. | | | | TENTHS. | | | | HUNDREDTHS. | | | | THOUSANDTHS. | | | |
|---|---|---|---|---|---|---|---|---|---|---|---|---|---|---|---|
| oz. | £ | s. | d. | | £ | s. | d. | | £ | s. | d. | | £ | s. | d. |
| 1 | 0 | 2 | 9 | ·1 | 0 | 0 | 3¼ | ·01 | 0 | 0 | 0¼ | ·001 | 0 | 0 | 0 |
| 2 | 0 | 5 | 6 | ·2 | 0 | 0 | 6½ | ·02 | 0 | 0 | 0¾ | ·002 | 0 | 0 | 0 |
| 3 | 0 | 8 | 3 | ·3 | 0 | 0 | 10 | ·03 | 0 | 0 | 1 | ·003 | 0 | 0 | 0 |
| 4 | 0 | 11 | 0 | ·4 | 0 | 1 | 1¼ | ·04 | 0 | 0 | 1¼ | ·004 | 0 | 0 | 0¼ |
| 5 | 0 | 13 | 9 | ·5 | 0 | 1 | 4½ | ·05 | 0 | 0 | 1¾ | ·005 | 0 | 0 | 0¼ |
| 6 | 0 | 16 | 6 | ·6 | 0 | 1 | 7¾ | ·06 | 0 | 0 | 2 | ·006 | 0 | 0 | 0¼ |
| 7 | 0 | 19 | 3 | ·7 | 0 | 1 | 11 | ·07 | 0 | 0 | 2¼ | ·007 | 0 | 0 | 0¼ |
| 8 | 1 | 2 | 0 | ·8 | 0 | 2 | 2½ | ·08 | 0 | 0 | 2¾ | ·008 | 0 | 0 | 0¼ |
| 9 | 1 | 4 | 9 | ·9 | 0 | 2 | 5¾ | ·09 | 0 | 0 | 3 | ·009 | 0 | 0 | 0¼ |
| 10 | 1 | 7 | 6 | OUNCES. | | | | OUNCES. | | | | OUNCES. | | | |
| 11 | 1 | 10 | 3 | | | | | | | | | | | | |
| 12 | 1 | 13 | 0 | 25 | 3 | 8 | 9 | 38 | 5 | 4 | 6 | 55 | 7 | 11 | 3 |
| 13 | 1 | 15 | 9 | 26 | 3 | 11 | 6 | 39 | 5 | 7 | 3 | 60 | 8 | 5 | 0 |
| 14 | 1 | 18 | 6 | 27 | 3 | 14 | 3 | 40 | 5 | 10 | 0 | 65 | 8 | 18 | 9 |
| 15 | 2 | 1 | 3 | 28 | 3 | 17 | 0 | 41 | 5 | 12 | 9 | 70 | 9 | 12 | 6 |
| 16 | 2 | 4 | 0 | 29 | 3 | 19 | 9 | 42 | 5 | 15 | 6 | 75 | 10 | 6 | 3 |
| 17 | 2 | 6 | 9 | 30 | 4 | 2 | 6 | 43 | 5 | 18 | 3 | 80 | 11 | 0 | 0 |
| 18 | 2 | 9 | 6 | 31 | 4 | 5 | 3 | 44 | 6 | 1 | 0 | 85 | 11 | 13 | 9 |
| 19 | 2 | 12 | 3 | 32 | 4 | 8 | 0 | 45 | 6 | 3 | 9 | 90 | 12 | 7 | 6 |
| 20 | 2 | 15 | 0 | 33 | 4 | 10 | 9 | 46 | 6 | 6 | 6 | 100 | 13 | 15 | 0 |
| 21 | 2 | 17 | 9 | 34 | 4 | 13 | 6 | 47 | 6 | 9 | 3 | 200 | 27 | 10 | 0 |
| 22 | 3 | 0 | 6 | 35 | 4 | 16 | 3 | 48 | 6 | 12 | 0 | 300 | 41 | 5 | 0 |
| 23 | 3 | 3 | 3 | 36 | 4 | 19 | 0 | 49 | 6 | 14 | 9 | 400 | 55 | 0 | 0 |
| 24 | 3 | 6 | 0 | 37 | 5 | 1 | 9 | 50 | 6 | 17 | 6 | 500 | 68 | 15 | 0 |

1 grain = two-onethousandths of oz. troy or ·002.

1 carat = 3·166 grains.

1 pennyweight = five-onehundredths of oz. troy or ·05.

# 2s. 10d. per oz.

(For Diamonds, &c., for "oz." read "grain.")

| OUNCES. | | | | TENTHS. | | | | HUNDREDTHS. | | | | THOUSANDTHS. | | | |
|---|---|---|---|---|---|---|---|---|---|---|---|---|---|---|---|
| oz. | £ | s. | d. | | £ | s. | d. | | £ | s. | d. | | £ | s. | d. |
| 1 | 0 | 2 | 10 | ·1 | 0 | 0 | 3½ | ·01 | 0 | 0 | 0¼ | ·001 | 0 | 0 | 0 |
| 2 | 0 | 5 | 8 | ·2 | 0 | 0 | 6¾ | ·02 | 0 | 0 | 0¾ | ·002 | 0 | 0 | 0 |
| 3 | 0 | 8 | 6 | ·3 | 0 | 0 | 10¼ | ·03 | 0 | 0 | 1 | ·003 | 0 | 0 | 0 |
| 4 | 0 | 11 | 4 | ·4 | 0 | 1 | 1½ | ·04 | 0 | 0 | 1¼ | ·004 | 0 | 0 | 0¼ |
| 5 | 0 | 14 | 2 | ·5 | 0 | 1 | 5 | ·05 | 0 | 0 | 1¾ | ·005 | 0 | 0 | 0¼ |
| 6 | 0 | 17 | 0 | ·6 | 0 | 1 | 8½ | ·06 | 0 | 0 | 2 | ·006 | 0 | 0 | 0¼ |
| 7 | 0 | 19 | 10 | ·7 | 0 | 1 | 11¾ | ·07 | 0 | 0 | 2½ | ·007 | 0 | 0 | 0¼ |
| 8 | 1 | 2 | 8 | ·8 | 0 | 2 | 3¼ | ·08 | 0 | 0 | 2¾ | ·008 | 0 | 0 | 0¼ |
| 9 | 1 | 5 | 6 | ·9 | 0 | 2 | 6½ | ·09 | 0 | 0 | 3 | ·009 | 0 | 0 | 0¼ |
| 10 | 1 | 8 | 4 | OUNCES. | | | | OUNCES. | | | | OUNCES. | | | |
| 11 | 1 | 11 | 2 | | | | | | | | | | | | |
| 12 | 1 | 14 | 0 | 25 | 3 | 10 | 10 | 38 | 5 | 7 | 8 | 55 | 7 | 15 | 10 |
| 13 | 1 | 16 | 10 | 26 | 3 | 13 | 8 | 39 | 5 | 10 | 6 | 60 | 8 | 10 | 0 |
| 14 | 1 | 19 | 8 | 27 | 3 | 16 | 6 | 40 | 5 | 13 | 4 | 65 | 9 | 4 | 2 |
| 15 | 2 | 2 | 6 | 28 | 3 | 19 | 4 | 41 | 5 | 16 | 2 | 70 | 9 | 18 | 4 |
| 16 | 2 | 5 | 4 | 29 | 4 | 2 | 2 | 42 | 5 | 19 | 0 | 75 | 10 | 12 | 6 |
| 17 | 2 | 8 | 2 | 30 | 4 | 5 | 0 | 43 | 6 | 1 | 10 | 80 | 11 | 6 | 8 |
| 18 | 2 | 11 | 0 | 31 | 4 | 7 | 10 | 44 | 6 | 4 | 8 | 85 | 12 | 0 | 10 |
| 19 | 2 | 13 | 10 | 32 | 4 | 10 | 8 | 45 | 6 | 7 | 6 | 90 | 12 | 15 | 0 |
| 20 | 2 | 16 | 8 | 33 | 4 | 13 | 6 | 46 | 6 | 10 | 4 | 100 | 14 | 3 | 4 |
| 21 | 2 | 19 | 6 | 34 | 4 | 16 | 4 | 47 | 6 | 13 | 2 | 200 | 28 | 6 | 8 |
| 22 | 3 | 2 | 4 | 35 | 4 | 19 | 2 | 48 | 6 | 16 | 0 | 300 | 42 | 10 | 0 |
| 23 | 3 | 5 | 2 | 36 | 5 | 2 | 0 | 49 | 6 | 18 | 10 | 400 | 56 | 13 | 4 |
| 24 | 3 | 8 | 0 | 37 | 5 | 4 | 10 | 50 | 7 | 1 | 8 | 500 | 70 | 16 | 8 |

1 grain = two-onethousandths of oz. troy or ·002.

1 carat = 3·166 grains.

1 pennyweight = five-onehundredths of oz. troy or ·05.

# 2s. 11d per oz.

(For Diamonds, &c., for "oz." read "grain.")

**OUNCES.**

| oz. | £ | s. | d. |
|---|---|---|---|
| 1 | 0 | 2 | 11 |
| 2 | 0 | 5 | 10 |
| 3 | 0 | 8 | 9 |
| 4 | 0 | 11 | 8 |
| 5 | 0 | 14 | 7 |
| 6 | 0 | 17 | 6 |
| 7 | 1 | 0 | 5 |
| 8 | 1 | 3 | 4 |
| 9 | 1 | 6 | 3 |
| 10 | 1 | 9 | 2 |
| 11 | 1 | 12 | 1 |
| 12 | 1 | 15 | 0 |
| 13 | 1 | 17 | 11 |
| 14 | 2 | 0 | 10 |
| 15 | 2 | 3 | 9 |
| 16 | 2 | 6 | 8 |
| 17 | 2 | 9 | 7 |
| 18 | 2 | 12 | 6 |
| 19 | 2 | 15 | 5 |
| 20 | 2 | 18 | 4 |
| 21 | 3 | 1 | 3 |
| 22 | 3 | 4 | 2 |
| 23 | 3 | 7 | 1 |
| 24 | 3 | 10 | 0 |

| TENTHS. | £ | s. | d. | HUNDREDTHS. | £ | s. | d. | THOUSANDTHS. | £ | s. | d. |
|---|---|---|---|---|---|---|---|---|---|---|---|
| ·1 | 0 | 0 | 3½ | ·01 | 0 | 0 | 0¼ | ·001 | 0 | 0 | 0 |
| ·2 | 0 | 0 | 7 | ·02 | 0 | 0 | 0¾ | ·002 | 0 | 0 | 0 |
| ·3 | 0 | 0 | 10½ | ·03 | 0 | 0 | 1 | ·003 | 0 | 0 | 0 |
| ·4 | 0 | 1 | 2 | ·04 | 0 | 0 | 1½ | ·004 | 0 | 0 | 0¼ |
| ·5 | 0 | 1 | 5½ | ·05 | 0 | 0 | 1¾ | ·005 | 0 | 0 | 0¼ |
| ·6 | 0 | 1 | 9 | ·06 | 0 | 0 | 2 | ·006 | 0 | 0 | 0¼ |
| ·7 | 0 | 2 | 0½ | ·07 | 0 | 0 | 2½ | ·007 | 0 | 0 | 0¼ |
| ·8 | 0 | 2 | 4 | ·08 | 0 | 0 | 2¾ | ·008 | 0 | 0 | 0¼ |
| ·9 | 0 | 2 | 7½ | ·09 | 0 | 0 | 3¼ | ·009 | 0 | 0 | 0¼ |

| OUNCES. | £ | s. | d. | OUNCES. | £ | s. | d. | OUNCES. | £ | s. | d. |
|---|---|---|---|---|---|---|---|---|---|---|---|
| 25 | 3 | 12 | 11 | 38 | 5 | 10 | 10 | 55 | 8 | 0 | 5 |
| 26 | 3 | 15 | 10 | 39 | 5 | 13 | 9 | 60 | 8 | 15 | 0 |
| 27 | 3 | 18 | 9 | 40 | 5 | 16 | 8 | 65 | 9 | 9 | 7 |
| 28 | 4 | 1 | 8 | 41 | 5 | 19 | 7 | 70 | 10 | 4 | 2 |
| 29 | 4 | 4 | 7 | 42 | 6 | 2 | 6 | 75 | 10 | 18 | 9 |
| 30 | 4 | 7 | 6 | 43 | 6 | 5 | 5 | 80 | 11 | 13 | 4 |
| 31 | 4 | 10 | 5 | 44 | 6 | 8 | 4 | 85 | 12 | 7 | 11 |
| 32 | 4 | 13 | 4 | 45 | 6 | 11 | 3 | 90 | 13 | 2 | 6 |
| 33 | 4 | 16 | 3 | 46 | 6 | 14 | 2 | 100 | 14 | 11 | 8 |
| 34 | 4 | 19 | 2 | 47 | 6 | 17 | 1 | 200 | 29 | 3 | 4 |
| 35 | 5 | 2 | 1 | 48 | 7 | 0 | 0 | 300 | 43 | 15 | 0 |
| 36 | 5 | 5 | 0 | 49 | 7 | 2 | 11 | 400 | 58 | 6 | 8 |
| 37 | 5 | 7 | 11 | 50 | 7 | 5 | 10 | 500 | 72 | 18 | 4 |

1 grain = two-onethousandths of oz. troy or ·002.

1 carat = 3·166 grains.

1 pennyweight = five-onehundredths of oz. troy or ·05.

# 3s. 0d. per oz.

(For Diamonds, &c., for "oz." read "grain.")

| OUNCES. | | | | TENTHS. | | | | HUNDREDTHS. | | | | THOUSANDTHS. | | | |
|---|---|---|---|---|---|---|---|---|---|---|---|---|---|---|---|
| oz. | £ | s. | d. | | £ | s. | d. | | £ | s. | d. | | £ | s. | d. |
| 1 | 0 | 3 | 0 | ·1 | 0 | 0 | 3½ | ·01 | 0 | 0 | 0¼ | ·001 | 0 | 0 | 0 |
| 2 | 0 | 6 | 0 | ·2 | 0 | 0 | 7¼ | ·02 | 0 | 0 | 0¾ | ·002 | 0 | 0 | 0 |
| 3 | 0 | 9 | 0 | ·3 | 0 | 0 | 10¾ | ·03 | 0 | 0 | 1 | ·003 | 0 | 0 | 0 |
| 4 | 0 | 12 | 0 | ·4 | 0 | 1 | 2½ | ·04 | 0 | 0 | 1½ | ·004 | 0 | 0 | 0¼ |
| 5 | 0 | 15 | 0 | ·5 | 0 | 1 | 6 | ·05 | 0 | 0 | 1¾ | ·005 | 0 | 0 | 0¼ |
| 6 | 0 | 18 | 0 | ·6 | 0 | 1 | 9½ | ·06 | 0 | 0 | 2¼ | ·006 | 0 | 0 | 0¼ |
| 7 | 1 | 1 | 0 | ·7 | 0 | 2 | 1¼ | ·07 | 0 | 0 | 2½ | ·007 | 0 | 0 | 0¼ |
| 8 | 1 | 4 | 0 | ·8 | 0 | 2 | 4¾ | ·08 | 0 | 0 | 3 | ·008 | 0 | 0 | 0¼ |
| 9 | 1 | 7 | 0 | ·9 | 0 | 2 | 8½ | ·09 | 0 | 0 | 3¼ | ·009 | 0 | 0 | 0¼ |
| 10 | 1 | 10 | 0 | OUNCES. | | | | OUNCES | | | | OUNCES | | | |
| 11 | 1 | 18 | 0 | | | | | | | | | | | | |
| 12 | 1 | 16 | 0 | 25 | 3 | 15 | 0 | 38 | 5 | 14 | 0 | 55 | 8 | 5 | 0 |
| 13 | 1 | 19 | 0 | 26 | 3 | 18 | 0 | 39 | 5 | 17 | 0 | 60 | 9 | 0 | 0 |
| 14 | 2 | 2 | 0 | 27 | 4 | 1 | 0 | 40 | 6 | 0 | 0 | 65 | 9 | 15 | 0 |
| 15 | 2 | 5 | 0 | 28 | 4 | 4 | 0 | 41 | 6 | 3 | 0 | 70 | 10 | 10 | 0 |
| 16 | 2 | 8 | 0 | 29 | 4 | 7 | 0 | 42 | 6 | 6 | 0 | 75 | 11 | 5 | 0 |
| 17 | 2 | 11 | 0 | 30 | 4 | 10 | 0 | 43 | 6 | 9 | 0 | 80 | 12 | 0 | 0 |
| 18 | 2 | 14 | 0 | 31 | 4 | 13 | 0 | 44 | 6 | 12 | 0 | 85 | 12 | 15 | 0 |
| 19 | 2 | 17 | 0 | 32 | 4 | 16 | 0 | 45 | 6 | 15 | 0 | 90 | 13 | 10 | 0 |
| 20 | 3 | 0 | 0 | 33 | 4 | 19 | 0 | 46 | 6 | 18 | 0 | 100 | 15 | 0 | 0 |
| 21 | 3 | 3 | 0 | 34 | 5 | 2 | 0 | 47 | 7 | 1 | 0 | 200 | 30 | 0 | 0 |
| 22 | 3 | 6 | 0 | 35 | 5 | 5 | 0 | 48 | 7 | 4 | 0 | 300 | 45 | 0 | 0 |
| 23 | 3 | 9 | 0 | 36 | 5 | 8 | 0 | 49 | 7 | 7 | 0 | 400 | 60 | 0 | 0 |
| 24 | 3 | 12 | 0 | 37 | 5 | 11 | 0 | 50 | 7 | 10 | 0 | 500 | 75 | 0 | 0 |

1 grain = two-onethousandths of oz. troy or ·002.

1 carat = 3·166 grains.

1 pennyweight = five-onehundredths of oz. troy or ·05

# 3s. 1d. per oz.

(For Diamonds, &c., for "oz." read "grain.")

| OUNCES. | | | | TENTHS. | | | | HUNDREDTHS. | | | | THOUSANDTHS. | | | |
|---|---|---|---|---|---|---|---|---|---|---|---|---|---|---|---|
| oz. | £ | s. | d. | | £ | s. | d. | | £ | s. | d. | | £ | s. | d. |
| 1 | 0 | 3 | 1 | ·1 | 0 | 0 | 3¾ | ·01 | 0 | 0 | 0¼ | ·001 | 0 | 0 | 0 |
| 2 | 0 | 6 | 2 | ·2 | 0 | 0 | 7½ | ·02 | 0 | 0 | 0¾ | ·002 | 0 | 0 | 0 |
| 3 | 0 | 9 | 3 | ·3 | 0 | 0 | 11 | ·03 | 0 | 0 | 1 | ·003 | 0 | 0 | 0 |
| 4 | 0 | 12 | 4 | ·4 | 0 | 1 | 2¾ | ·04 | 0 | 0 | 1½ | ·004 | 0 | 0 | 0¼ |
| 5 | 0 | 15 | 5 | ·5 | 0 | 1 | 6½ | ·05 | 0 | 0 | 1¾ | ·005 | 0 | 0 | 0¼ |
| 6 | 0 | 18 | 6 | ·6 | 0 | 1 | 10¼ | ·06 | 0 | 0 | 2¼ | ·006 | 0 | 0 | 0¼ |
| 7 | 1 | 1 | 7 | ·7 | 0 | 2 | 2 | ·07 | 0 | 0 | 2½ | ·007 | 0 | 0 | 0¼ |
| 8 | 1 | 4 | 8 | ·8 | 0 | 2 | 5½ | ·08 | 0 | 0 | 3 | ·008 | 0 | 0 | 0¼ |
| 9 | 1 | 7 | 9 | ·9 | 0 | 2 | 9¼ | ·09 | 0 | 0 | 3¼ | ·009 | 0 | 0 | 0¼ |
| 10 | 1 | 10 | 10 | OUNCES. | | | | OUNCES. | | | | OUNCES. | | | |
| 11 | 1 | 13 | 11 | | | | | | | | | | | | |
| 12 | 1 | 17 | 0 | 25 | 3 | 17 | 1 | 38 | 5 | 17 | 2 | 55 | 8 | 9 | 7 |
| 13 | 2 | 0 | 1 | 26 | 4 | 0 | 2 | 39 | 6 | 0 | 3 | 60 | 9 | 5 | 0 |
| 14 | 2 | 3 | 2 | 27 | 4 | 3 | 3 | 40 | 6 | 3 | 4 | 65 | 10 | 0 | 5 |
| 15 | 2 | 6 | 3 | 28 | 4 | 6 | 4 | 41 | 6 | 6 | 5 | 70 | 10 | 15 | 10 |
| 16 | 2 | 9 | 4 | 29 | 4 | 9 | 5 | 42 | 6 | 9 | 6 | 75 | 11 | 11 | 3 |
| 17 | 2 | 12 | 5 | 30 | 4 | 12 | 6 | 43 | 6 | 12 | 7 | 80 | 12 | 6 | 8 |
| 18 | 2 | 15 | 6 | 31 | 4 | 15 | 7 | 44 | 6 | 15 | 8 | 85 | 13 | 2 | 1 |
| 19 | 2 | 18 | 7 | 32 | 4 | 18 | 8 | 45 | 6 | 18 | 9 | 90 | 13 | 17 | 6 |
| 20 | 3 | 1 | 8 | 33 | 5 | 1 | 9 | 46 | 7 | 1 | 10 | 100 | 15 | 8 | 4 |
| 21 | 3 | 4 | 9 | 34 | 5 | 4 | 10 | 47 | 7 | 4 | 11 | 200 | 30 | 16 | 8 |
| 22 | 3 | 7 | 10 | 35 | 5 | 7 | 11 | 48 | 7 | 8 | 0 | 300 | 46 | 5 | 0 |
| 23 | 3 | 10 | 11 | 36 | 5 | 11 | 0 | 49 | 7 | 11 | 1 | 400 | 61 | 13 | 4 |
| 24 | 3 | 14 | 0 | 37 | 5 | 14 | 1 | 50 | 7 | 14 | 2 | 500 | 77 | 1 | 8 |

1 grain = two-onethousandths of oz. troy or ·002.

1 carat = 3·166 grains.

1 pennyweight = five-onehundredths of oz. troy or ·05.

# 3s. 2d. per oz.

(For Diamonds, &c., for " oz." read " grain.")

| OUNCES. | £ | s. | d. | TENTHS. | £ | s. | d. | HUNDREDTHS. | £ | s. | d. | THOUSANDTHS. | £ | s. | d. |
|---|---|---|---|---|---|---|---|---|---|---|---|---|---|---|---|
| 1 | 0 | 3 | 2 | ·1 | 0 | 0 | 3¾ | ·01 | 0 | 0 | 0½ | ·001 | 0 | 0 | 0 |
| 2 | 0 | 6 | 4 | ·2 | 0 | 0 | 7½ | ·02 | 0 | 0 | 0¾ | ·002 | 0 | 0 | 0 |
| 3 | 0 | 9 | 6 | ·3 | 0 | 0 | 11½ | ·03 | 0 | 0 | 1¼ | ·003 | 0 | 0 | 0 |
| 4 | 0 | 12 | 8 | ·4 | 0 | 1 | 3¼ | ·04 | 0 | 0 | 1½ | ·004 | 0 | 0 | 0¼ |
| [illegible] | 0 | 15 | 10 | ·5 | 0 | 1 | 7 | ·05 | 0 | 0 | 2 | ·005 | 0 | 0 | 0¼ |
| [illegible] | 0 | 19 | 0 | ·6 | 0 | 1 | 10¾ | ·06 | 0 | 0 | 2¼ | ·006 | 0 | 0 | 0¼ |
| [illegible] | 1 | 2 | 2 | ·7 | 0 | 2 | 2½ | ·07 | 0 | 0 | 2¾ | ·007 | 0 | 0 | 0¼ |
| [illegible] | 1 | 5 | 4 | ·8 | 0 | 2 | 6½ | ·08 | 0 | 0 | 3 | ·008 | 0 | 0 | 0¼ |
| [illegible] | 1 | 8 | 6 | ·9 | 0 | 2 | 10¼ | ·09 | 0 | 0 | 3½ | ·009 | 0 | 0 | 0¼ |
| [illegible] | 1 | 11 | 8 | OUNCES. | | | | OUNCES. | | | | OUNCES. | | | |
| [illegible] | 1 | 14 | 10 | | | | | | | | | | | | |
| [illegible] | 1 | 18 | 0 | 25 | 3 | 19 | 2 | 38 | 6 | 0 | 4 | 55 | 8 | 14 | 2 |
| [illegible] | 2 | 1 | 2 | 26 | 4 | 2 | 4 | 39 | 6 | 3 | 6 | 60 | 9 | 10 | 0 |
| [illegible] | 2 | 4 | 4 | 27 | 4 | 5 | 6 | 40 | 6 | 6 | 8 | 65 | 10 | 5 | 10 |
| [illegible] | 2 | 7 | 6 | 28 | 4 | 8 | 8 | 41 | 6 | 9 | 10 | 70 | 11 | 1 | 8 |
| [illegible] | 2 | 10 | 8 | 29 | 4 | 11 | 10 | 42 | 6 | 13 | 0 | 75 | 11 | 17 | 6 |
| [illegible] | 2 | 13 | 10 | 30 | 4 | 15 | 0 | 43 | 6 | 16 | 2 | 80 | 12 | 13 | 4 |
| [illegible] | 2 | 17 | 0 | 31 | 4 | 18 | 2 | 44 | 6 | 19 | 4 | 85 | 13 | 9 | 2 |
| [illegible] | 3 | 0 | 2 | 32 | 5 | 1 | 4 | 45 | 7 | 2 | 6 | 90 | 14 | 5 | 0 |
| [illegible] | 3 | 3 | 4 | 33 | 5 | 4 | 6 | 46 | 7 | 5 | 8 | 100 | 15 | 16 | 8 |
| [illegible] | 3 | 6 | 6 | 34 | 5 | 7 | 8 | 47 | 7 | 8 | 10 | 200 | 31 | 13 | 4 |
| [illegible] | 3 | 9 | 8 | 35 | 5 | 10 | 10 | 48 | 7 | 12 | 0 | 300 | 47 | 10 | 0 |
| [illegible] | 3 | 12 | 10 | 36 | 5 | 14 | 0 | 49 | 7 | 15 | 2 | 400 | 63 | 6 | 8 |
| [illegible] | 3 | 16 | 0 | 37 | 5 | 17 | 2 | 50 | 7 | 18 | 4 | 500 | 79 | 3 | 4 |

1 grain=two-onethousandths of oz. troy or ·002.

1 carat=3·166 grains.

1 pennyweight=five-onehundredths of oz. troy or ·05.

# 3s. 3d. per oz

(For Diamonds, &c., for "oz." read "grain."

| OUNCES. | | | |
|---|---|---|---|
| oz. | £ | s. | d. |
| 1 | 0 | 3 | 3 |
| 2 | 0 | 6 | 6 |
| 3 | 0 | 9 | 9 |
| 4 | 0 | 13 | 0 |
| 5 | 0 | 16 | 3 |
| 6 | 0 | 19 | 6 |
| 7 | 1 | 2 | 9 |
| 8 | 1 | 6 | 0 |
| 9 | 1 | 9 | 3 |
| 10 | 1 | 12 | 6 |
| 11 | 1 | 15 | 9 |
| 12 | 1 | 19 | 0 |
| 13 | 2 | 2 | 3 |
| 14 | 2 | 5 | 6 |
| 15 | 2 | 8 | 9 |
| 16 | 2 | 12 | 0 |
| 17 | 2 | 15 | 3 |
| 18 | 2 | 18 | 6 |
| 19 | 3 | 1 | 9 |
| 20 | 3 | 5 | 0 |
| 21 | 3 | 8 | 3 |
| 22 | 3 | 11 | 6 |
| 23 | 3 | 14 | 9 |
| 24 | 3 | 18 | 0 |

| TENTHS. | | | | HUNDREDTHS | | | | THOUSANDTHS. | | | |
|---|---|---|---|---|---|---|---|---|---|---|---|
| | £ | s. | d. | | £ | s. | d. | | £ | s. | d. |
| ·1 | 0 | 0 | 4 | ·01 | 0 | 0 | 0½ | ·001 | 0 | 0 | 0 |
| ·2 | 0 | 0 | 7¾ | ·02 | 0 | 0 | 0¾ | ·002 | 0 | 0 | 0 |
| ·3 | 0 | 0 | 11¾ | ·03 | 0 | 0 | 1¼ | ·003 | 0 | 0 | 0 |
| ·4 | 0 | 1 | 3½ | ·04 | 0 | 0 | 1½ | ·004 | 0 | 0 | 0¼ |
| ·5 | 0 | 1 | 7½ | ·05 | 0 | 0 | 2 | ·005 | 0 | 0 | 0¼ |
| ·6 | 0 | 1 | 11½ | ·06 | 0 | 0 | 2¼ | ·006 | 0 | 0 | 0¼ |
| ·7 | 0 | 2 | 3¼ | ·07 | 0 | 0 | 2¾ | ·007 | 0 | 0 | 0¼ |
| ·8 | 0 | 2 | 7¼ | ·08 | 0 | 0 | 3 | ·008 | 0 | 0 | 0¼ |
| ·9 | 0 | 2 | 11 | ·09 | 0 | 0 | 3½ | ·009 | 0 | 0 | 0¼ |

| OUNCES. | | | | OUNCES. | | | | OUNCES. | | | |
|---|---|---|---|---|---|---|---|---|---|---|---|
| 25 | 4 | 1 | 3 | 38 | 6 | 3 | 6 | 55 | 8 | 18 | 9 |
| 26 | 4 | 4 | 6 | 39 | 6 | 6 | 9 | 60 | 9 | 15 | 0 |
| 27 | 4 | 7 | 9 | 40 | 6 | 10 | 0 | 65 | 10 | 11 | 3 |
| 28 | 4 | 11 | 0 | 41 | 6 | 13 | 3 | 70 | 11 | 7 | 6 |
| 29 | 4 | 14 | 3 | 42 | 6 | 16 | 6 | 75 | 12 | 3 | 9 |
| 30 | 4 | 17 | 6 | 43 | 6 | 19 | 9 | 80 | 13 | 0 | 0 |
| 31 | 5 | 0 | 9 | 44 | 7 | 3 | 0 | 85 | 13 | 16 | 3 |
| 32 | 5 | 4 | 0 | 45 | 7 | 6 | 3 | 90 | 14 | 12 | 6 |
| 33 | 5 | 7 | 3 | 46 | 7 | 9 | 6 | 100 | 16 | 5 | 0 |
| 34 | 5 | 10 | 6 | 47 | 7 | 12 | 9 | 200 | 32 | 10 | 0 |
| 35 | 5 | 13 | 9 | 48 | 7 | 16 | 0 | 300 | 48 | 15 | 0 |
| 36 | 5 | 17 | 0 | 49 | 7 | 19 | 3 | 400 | 65 | 0 | 0 |
| 37 | 6 | 0 | 3 | 50 | 8 | 2 | 6 | 500 | 81 | 5 | 0 |

1 grain = two-onethousandths of oz. troy or ·002.

1 carat = 3·166 grains.

1 pennyweight = five-onehundredths of oz. troy or ·05.

# 3s. 4d. per oz.

(For Diamonds, &c., for "oz." read "grain.")

| OUNCES. | | | | TENTHS. | | | | HUNDREDTHS | | | | THOUSANDTHS. | | | |
|---|---|---|---|---|---|---|---|---|---|---|---|---|---|---|---|
| z. | £ | s. | d. | | £ | s. | d. | | £ | s. | d. | | £ | s. | d. |
| 1 | 0 | 3 | 4 | ·1 | 0 | 0 | 4 | ·01 | 0 | 0 | 0½ | ·001 | 0 | 0 | 0 |
| 2 | 0 | 6 | 8 | ·2 | 0 | 0 | 8 | ·02 | 0 | 0 | 0¾ | ·002 | 0 | 0 | 0 |
| 3 | 0 | 10 | 0 | ·3 | 0 | 1 | 0 | ·03 | 0 | 0 | 1¼ | ·003 | 0 | 0 | 0 |
| 4 | 0 | 13 | 4 | ·4 | 0 | 1 | 4 | ·04 | 0 | 0 | 1½ | ·004 | 0 | 0 | 0¼ |
| 5 | 0 | 16 | 8 | ·5 | 0 | 1 | 8 | ·05 | 0 | 0 | 2 | ·005 | 0 | 0 | 0¼ |
| 6 | 1 | 0 | 0 | ·6 | 0 | 2 | 0 | ·06 | 0 | 0 | 2½ | ·006 | 0 | 0 | 0¼ |
| 7 | 1 | 3 | 4 | ·7 | 0 | 2 | 4 | ·07 | 0 | 0 | 2¾ | ·007 | 0 | 0 | 0¼ |
| 8 | 1 | 6 | 8 | ·8 | 0 | 2 | 8 | ·08 | 0 | 0 | 3¼ | ·008 | 0 | 0 | 0¼ |
| 9 | 1 | 10 | 0 | ·9 | 0 | 3 | 0 | ·09 | 0 | 0 | 3½ | ·009 | 0 | 0 | 0¼ |
| 0 | 1 | 13 | 4 | OUNCES. | | | | OUNCES. | | | | OUNCES. | | | |
| 1 | 1 | 16 | 8 | | | | | | | | | | | | |
| 2 | 2 | 0 | 0 | 25 | 4 | 3 | 4 | 38 | 6 | 6 | 8 | 55 | 9 | 3 | 4 |
| 3 | 2 | 3 | 4 | 26 | 4 | 6 | 8 | 39 | 6 | 10 | 0 | 60 | 10 | 0 | 0 |
| 4 | 2 | 6 | 8 | 27 | 4 | 10 | 0 | 40 | 6 | 13 | 4 | 65 | 10 | 16 | 8 |
| 5 | 2 | 10 | 0 | 28 | 4 | 13 | 4 | 41 | 6 | 16 | 8 | 70 | 11 | 13 | 4 |
| 6 | 2 | 13 | 4 | 29 | 4 | 16 | 8 | 42 | 7 | 0 | 0 | 75 | 12 | 10 | 0 |
| 7 | 2 | 16 | 8 | 30 | 5 | 0 | 0 | 43 | 7 | 3 | 4 | 80 | 13 | 6 | 8 |
| 8 | 3 | 0 | 0 | 31 | 5 | 3 | 4 | 44 | 7 | 6 | 8 | 85 | 14 | 3 | 4 |
| 9 | 3 | 3 | 4 | 32 | 5 | 6 | 8 | 45 | 7 | 10 | 0 | 90 | 15 | 0 | 0 |
| 0 | 3 | 6 | 8 | 33 | 5 | 10 | 0 | 46 | 7 | 13 | 4 | 100 | 16 | 13 | 4 |
| 1 | 3 | 10 | 0 | 34 | 5 | 13 | 4 | 47 | 7 | 16 | 8 | 200 | 33 | 6 | 8 |
| 2 | 3 | 13 | 4 | 35 | 5 | 16 | 8 | 48 | 8 | 0 | 0 | 300 | 50 | 0 | 0 |
| 3 | 3 | 16 | 8 | 36 | 6 | 0 | 0 | 49 | 8 | 3 | 4 | 400 | 66 | 13 | 4 |
| 4 | 4 | 0 | 0 | 37 | 6 | 3 | 4 | 50 | 8 | 6 | 8 | 500 | 83 | 6 | 8 |

1 grain = two-onethousandths of oz. troy or ·002.

1 carat = 3·166 grains.

1 pennyweight = five-onehundredths of oz. troy or ·05.

# 3s. 5d. per oz.

(For Diamonds, &c., for "oz." read "grain.")

| OUNCES. | | | | TENTHS. | | | | HUNDREDTHS. | | | | THOUSANDTHS. | | | |
|---|---|---|---|---|---|---|---|---|---|---|---|---|---|---|---|
| oz. | £ | s. | d. | | £ | s. | d. | | £ | s. | d. | | £ | s. | d. |
| 1 | 0 | 3 | 5 | ·1 | 0 | 0 | 4 | ·01 | 0 | 0 | 0½ | ·001 | 0 | 0 | 0 |
| 2 | 0 | 6 | 10 | ·2 | 0 | 0 | 8¼ | ·02 | 0 | 0 | 0¾ | ·002 | 0 | 0 | 0 |
| 3 | 0 | 10 | 3 | ·3 | 0 | 1 | 0¼ | ·03 | 0 | 0 | 1¼ | ·003 | 0 | 0 | 0 |
| 4 | 0 | 13 | 8 | ·4 | 0 | 1 | 4½ | ·04 | 0 | 0 | 1¾ | ·004 | 0 | 0 | 0¼ |
| 5 | 0 | 17 | 1 | ·5 | 0 | 1 | 8½ | ·05 | 0 | 0 | 2 | ·005 | 0 | 0 | 0¼ |
| 6 | 1 | 0 | 6 | ·6 | 0 | 2 | 0½ | ·06 | 0 | 0 | 2½ | ·006 | 0 | 0 | 0¼ |
| 7 | 1 | 3 | 11 | ·7 | 0 | 2 | 4¾ | ·07 | 0 | 0 | 2¾ | ·007 | 0 | 0 | 0¼ |
| 8 | 1 | 7 | 4 | ·8 | 0 | 2 | 8¾ | ·08 | 0 | 0 | 3¼ | ·008 | 0 | 0 | 0¼ |
| 9 | 1 | 10 | 9 | ·9 | 0 | 3 | 1 | ·09 | 0 | 0 | 3¾ | ·009 | 0 | 0 | 0¼ |
| 10 | 1 | 14 | 2 | OUNCES. | | | | OUNCES. | | | | OUNCES. | | | |
| 11 | 1 | 17 | 7 | | | | | | | | | | | | |
| 12 | 2 | 1 | 0 | 25 | 4 | 5 | 5 | 38 | 6 | 9 | 10 | 55 | 9 | 7 | 11 |
| 13 | 2 | 4 | 5 | 26 | 4 | 8 | 10 | 39 | 6 | 13 | 3 | 60 | 10 | 5 | 0 |
| 14 | 2 | 7 | 10 | 27 | 4 | 12 | 3 | 40 | 6 | 16 | 8 | 65 | 11 | 2 | 1 |
| 15 | 2 | 11 | 3 | 28 | 4 | 15 | 8 | 41 | 7 | 0 | 1 | 70 | 11 | 19 | 2 |
| 16 | 2 | 14 | 8 | 29 | 4 | 19 | 1 | 42 | 7 | 3 | 6 | 75 | 12 | 16 | 3 |
| 17 | 2 | 18 | 1 | 30 | 5 | 2 | 6 | 43 | 7 | 6 | 11 | 80 | 13 | 13 | 4 |
| 18 | 3 | 1 | 6 | 31 | 5 | 5 | 11 | 44 | 7 | 10 | 4 | 85 | 14 | 10 | 5 |
| 19 | 3 | 4 | 11 | 32 | 5 | 9 | 4 | 45 | 7 | 13 | 9 | 90 | 15 | 7 | 6 |
| 20 | 3 | 8 | 4 | 33 | 5 | 12 | 9 | 46 | 7 | 17 | 2 | 100 | 17 | 1 | 8 |
| 21 | 3 | 11 | 9 | 34 | 5 | 16 | 2 | 47 | 8 | 0 | 7 | 200 | 34 | 3 | 4 |
| 22 | 3 | 15 | 2 | 35 | 5 | 19 | 7 | 48 | 8 | 4 | 0 | 300 | 51 | 5 | 0 |
| 23 | 3 | 18 | 7 | 36 | 6 | 3 | 0 | 49 | 8 | 7 | 5 | 400 | 68 | 6 | 8 |
| 24 | 4 | 2 | 0 | 37 | 6 | 6 | 5 | 50 | 8 | 10 | 10 | 500 | 85 | 8 | 4 |

1 grain = two-onethousandths of oz. troy or ·002.

1 carat = 3·166 grains.

1 pennyweight = five-onehundredths of oz. troy or ·05.

# 3s. 6d. per oz.

For Diamonds, &c., for "oz." read "grain,"

| OUNCES. | | | | TENTHS. | | | | HUNDREDTHS. | | | | THOUSANDTHS. | | | |
|---|---|---|---|---|---|---|---|---|---|---|---|---|---|---|---|
| oz. | £ | s. | d. | | £ | s. | d. | | £ | s. | d. | | £ | s. | d. |
| 1 | 0 | 3 | 6 | ·1 | 0 | 0 | 4¼ | ·01 | 0 | 0 | 0½ | ·001 | 0 | 0 | 0 |
| 2 | 0 | 7 | 0 | ·2 | 0 | 0 | 8½ | ·02 | 0 | 0 | 0¾ | ·002 | 0 | 0 | 0 |
| 3 | 0 | 10 | 6 | ·3 | 0 | 1 | 0½ | ·03 | 0 | 0 | 1¼ | ·003 | 0 | 0 | 0¼ |
| 4 | 0 | 14 | 0 | ·4 | 0 | 1 | 4¾ | ·04 | 0 | 0 | 1¾ | ·004 | 0 | 0 | 0¼ |
| 5 | 0 | 17 | 6 | ·5 | 0 | 1 | 9 | ·05 | 0 | 0 | 2 | ·005 | 0 | 0 | 0¼ |
| 6 | 1 | 1 | 0 | ·6 | 0 | 2 | 1¼ | ·06 | 0 | 0 | 2½ | ·006 | 0 | 0 | 0¼ |
| 7 | 1 | 4 | 6 | ·7 | 0 | 2 | 5½ | ·07 | 0 | 0 | 3 | ·007 | 0 | 0 | 0¼ |
| 8 | 1 | 8 | 0 | ·8 | 0 | 2 | 9½ | ·08 | 0 | 0 | 3¼ | ·008 | 0 | 0 | 0¼ |
| 9 | 1 | 11 | 6 | ·9 | 0 | 3 | 1¾ | ·09 | 0 | 0 | 3¾ | ·009 | 0 | 0 | 0½ |
| 10 | 1 | 15 | 0 | OUNCES. | | | | OUNCES. | | | | OUNCES. | | | |
| 11 | 1 | 18 | 6 | | | | | | | | | | | | |
| 12 | 2 | 2 | 0 | 25 | 4 | 7 | 6 | 38 | 6 | 13 | 0 | 55 | 9 | 12 | 6 |
| 13 | 2 | 5 | 6 | 26 | 4 | 11 | 0 | 39 | 6 | 16 | 6 | 60 | 10 | 10 | 0 |
| 14 | 2 | 9 | 0 | 27 | 4 | 14 | 6 | 40 | 7 | 0 | 0 | 65 | 11 | 7 | 6 |
| 15 | 2 | 12 | 6 | 28 | 4 | 18 | 0 | 41 | 7 | 3 | 6 | 70 | 12 | 5 | 0 |
| 16 | 2 | 16 | 0 | 29 | 5 | 1 | 6 | 42 | 7 | 7 | 0 | 75 | 13 | 2 | 6 |
| 17 | 2 | 19 | 6 | 30 | 5 | 5 | 0 | 43 | 7 | 10 | 6 | 80 | 14 | 0 | 0 |
| 18 | 3 | 3 | 0 | 31 | 5 | 8 | 6 | 44 | 7 | 14 | 0 | 85 | 14 | 17 | 6 |
| 19 | 3 | 6 | 6 | 32 | 5 | 12 | 0 | 45 | 7 | 17 | 6 | 90 | 15 | 15 | 0 |
| 20 | 3 | 10 | 0 | 33 | 5 | 15 | 6 | 46 | 8 | 1 | 0 | 100 | 17 | 10 | 0 |
| 21 | 3 | 13 | 6 | 34 | 5 | 19 | 0 | 47 | 8 | 4 | 6 | 200 | 35 | 0 | 0 |
| 22 | 3 | 17 | 0 | 35 | 6 | 2 | 6 | 48 | 8 | 8 | 0 | 300 | 52 | 10 | 0 |
| 23 | 4 | 0 | 6 | 36 | 6 | 6 | 0 | 49 | 8 | 11 | 6 | 400 | 70 | 0 | 0 |
| 24 | 4 | 4 | 0 | 37 | 6 | 9 | 6 | 50 | 8 | 15 | 0 | 500 | 87 | 10 | 0 |

1 grain = two-onethousandths of oz. troy or ·002.

1 carat = 3·166 grains.

1 pennyweight = five one-hundredths of oz. troy or ·05.

# 3s. 7d. per oz.

(For Diamonds, &c., for "oz." read "grain.")

| OUNCES. | | | | TENTHS. | | | | HUNDREDTHS. | | | | THOUSANDTHS. | | | |
|---|---|---|---|---|---|---|---|---|---|---|---|---|---|---|---|
| oz. | £ | s. | d. | | £ | s. | d. | | £ | s. | d. | | £ | s | d. |
| 1 | 0 | 3 | 7 | ·1 | 0 | 0 | 4¼ | ·01 | 0 | 0 | 0½ | ·001 | 0 | 0 | 0 |
| 2 | 0 | 7 | 2 | ·2 | 0 | 0 | 8½ | ·02 | 0 | 0 | 0¾ | ·002 | 0 | 0 | 0 |
| 3 | 0 | 10 | 9 | ·3 | 0 | 1 | 1 | ·03 | 0 | 0 | 1¼ | ·003 | 0 | 0 | 0¼ |
| 4 | 0 | 14 | 4 | ·4 | 0 | 1 | 5¼ | ·04 | 0 | 0 | 1¾ | ·004 | 0 | 0 | 0¼ |
| 5 | 0 | 17 | 11 | ·5 | 0 | 1 | 9½ | ·05 | 0 | 0 | 2¼ | ·005 | 0 | 0 | 0¼ |
| 6 | 1 | 1 | 6 | ·6 | 0 | 2 | 1¾ | ·06 | 0 | 0 | 2½ | ·006 | 0 | 0 | 0¼ |
| 7 | 1 | 5 | 1 | ·7 | 0 | 2 | 6 | ·07 | 0 | 0 | 3 | ·007 | 0 | 0 | 0¼ |
| 8 | 1 | 8 | 8 | ·8 | 0 | 2 | 10½ | ·08 | 0 | 0 | 3½ | ·008 | 0 | 0 | 0¼ |
| 9 | 1 | 12 | 3 | ·9 | 0 | 3 | 2¾ | ·09 | 0 | 0 | 3¾ | ·009 | 0 | 0 | 0½ |
| 10 | 1 | 15 | 10 | OUNCES. | | | | OUNCES. | | | | OUNCES. | | | |
| 11 | 1 | 19 | 5 | | | | | | | | | | | | |
| 12 | 2 | 3 | 0 | 25 | 4 | 9 | 7 | 38 | 6 | 16 | 2 | 55 | 9 | 17 | 1 |
| 13 | 2 | 6 | 7 | 26 | 4 | 13 | 2 | 39 | 6 | 19 | 9 | 60 | 10 | 15 | 0 |
| 14 | 2 | 10 | 2 | 27 | 4 | 16 | 9 | 40 | 7 | 3 | 4 | 65 | 11 | 12 | 11 |
| 15 | 2 | 13 | 9 | 28 | 5 | 0 | 4 | 41 | 7 | 6 | 11 | 70 | 12 | 10 | 10 |
| 16 | 2 | 17 | 4 | 29 | 5 | 3 | 11 | 42 | 7 | 10 | 6 | 75 | 13 | 8 | 9 |
| 17 | 3 | 0 | 11 | 30 | 5 | 7 | 6 | 43 | 7 | 14 | 1 | 80 | 14 | 6 | 8 |
| 18 | 3 | 4 | 6 | 31 | 5 | 11 | 1 | 44 | 7 | 17 | 8 | 85 | 15 | 4 | 7 |
| 19 | 3 | 8 | 1 | 32 | 5 | 14 | 8 | 45 | 8 | 1 | 3 | 90 | 16 | 2 | 6 |
| 20 | 3 | 11 | 8 | 33 | 5 | 18 | 3 | 46 | 8 | 4 | 10 | 100 | 17 | 18 | 4 |
| 21 | 3 | 15 | 3 | 34 | 6 | 1 | 10 | 47 | 8 | 8 | 5 | 200 | 35 | 16 | 8 |
| 22 | 3 | 18 | 10 | 35 | 6 | 5 | 5 | 48 | 8 | 12 | 0 | 300 | 53 | 15 | 0 |
| 23 | 4 | 2 | 5 | 36 | 6 | 9 | 0 | 49 | 8 | 15 | 7 | 400 | 71 | 13 | 4 |
| 24 | 4 | 6 | 0 | 37 | 6 | 12 | 7 | 50 | 8 | 19 | 2 | 500 | 89 | 11 | 8 |

1 grain = two-onethousandths of oz. troy or ·002.

1 carat = 3·166 grains.

1 pennyweight = five-onehundredths of oz. troy or ·05.

# 3s. 8d. per oz.

(For Diamonds, &c., for "oz." read "grain.")

| OUNCES. | | | | TENTHS. | | | | HUNDREDTHS. | | | | THOUSANDTHS. | | | |
|---|---|---|---|---|---|---|---|---|---|---|---|---|---|---|---|
| oz. | £ | s. | d. | | £ | s. | d. | | £ | s. | d. | | £ | s. | d. |
| 1 | 0 | 3 | 8 | ·1 | 0 | 0 | 4½ | ·01 | 0 | 0 | 0½ | ·001 | 0 | 0 | 0 |
| 2 | 0 | 7 | 4 | ·2 | 0 | 0 | 8¾ | ·02 | 0 | 0 | 1 | ·002 | 0 | 0 | 0 |
| 3 | 0 | 11 | 0 | ·3 | 0 | 1 | 1¼ | ·03 | 0 | 0 | 1¼ | ·003 | 0 | 0 | 0¼ |
| 4 | 0 | 14 | 8 | ·4 | 0 | 1 | 5½ | ·04 | 0 | 0 | 1¾ | ·004 | 0 | 0 | 0¼ |
| 5 | 0 | 18 | 4 | ·5 | 0 | 1 | 10 | ·05 | 0 | 0 | 2¼ | ·005 | 0 | 0 | 0¼ |
| 6 | 1 | 2 | 0 | ·6 | 0 | 2 | 2½ | ·06 | 0 | 0 | 2¾ | ·006 | 0 | 0 | 0¼ |
| 7 | 1 | 5 | 8 | ·7 | 0 | 2 | 6¾ | ·07 | 0 | 0 | 3 | ·007 | 0 | 0 | 0¼ |
| 8 | 1 | 9 | 4 | ·8 | 0 | 2 | 11¼ | ·08 | 0 | 0 | 3½ | ·008 | 0 | 0 | 0¼ |
| 9 | 1 | 13 | 0 | ·9 | 0 | 3 | 3½ | ·09 | 0 | 0 | 4 | ·009 | 0 | 0 | 0½ |
| 10 | 1 | 16 | 8 | OUNCES | | | | OUNCES. | | | | OUNCES. | | | |
| 11 | 2 | 0 | 4 | | | | | | | | | | | | |
| 12 | 2 | 4 | 0 | 25 | 4 | 11 | 8 | 38 | 6 | 19 | 4 | 55 | 10 | 1 | 8 |
| 13 | 2 | 7 | 8 | 26 | 4 | 15 | 4 | 39 | 7 | 3 | 0 | 60 | 11 | 0 | 0 |
| 14 | 2 | 11 | 4 | 27 | 4 | 19 | 0 | 40 | 7 | 6 | 8 | 65 | 11 | 18 | 4 |
| 15 | 2 | 15 | 0 | 28 | 5 | 2 | 8 | 41 | 7 | 10 | 4 | 70 | 12 | 16 | 8 |
| 16 | 2 | 18 | 8 | 29 | 5 | 6 | 4 | 42 | 7 | 14 | 0 | 75 | 13 | 15 | 0 |
| 17 | 3 | 2 | 4 | 30 | 5 | 10 | 0 | 43 | 7 | 17 | 8 | 80 | 14 | 13 | 4 |
| 18 | 3 | 6 | 0 | 31 | 5 | 13 | 8 | 44 | 8 | 1 | 4 | 85 | 15 | 11 | 8 |
| 19 | 3 | 9 | 8 | 32 | 5 | 17 | 4 | 45 | 8 | 5 | 0 | 90 | 16 | 10 | 0 |
| 20 | 3 | 13 | 4 | 33 | 6 | 1 | 0 | 46 | 8 | 8 | 8 | 100 | 18 | 6 | 8 |
| 21 | 3 | 17 | 0 | 34 | 6 | 4 | 8 | 47 | 8 | 12 | 4 | 200 | 36 | 13 | 4 |
| 22 | 4 | 0 | 8 | 35 | 6 | 8 | 4 | 48 | 8 | 16 | 0 | 300 | 55 | 0 | 0 |
| 23 | 4 | 4 | 4 | 36 | 6 | 12 | 0 | 49 | 8 | 19 | 8 | 400 | 73 | 6 | 8 |
| 24 | 4 | 8 | 0 | 37 | 6 | 15 | 8 | 50 | 9 | 3 | 4 | 500 | 91 | 13 | 4 |

1 grain = two-onethousandths of oz. troy or ·002.

1 carat = 3·166 grains.

1 pennyweight = five-onehundredths of oz. troy or ·05.

# 3s. 9d. per oz.

(For Diamonds, &c , for "oz" read "grain.")

| OUNCES. | | | | TENTHS. | | | | HUNDREDTHS. | | | | THOUSANDTHS. | | | |
|---|---|---|---|---|---|---|---|---|---|---|---|---|---|---|---|
| oz. | £ | s | d. | | £ | s. | d. | | £ | s. | d. | | £ | s. | d. |
| 1 | 0 | 3 | 9 | ·1 | 0 | 0 | 4½ | ·01 | 0 | 0 | 0½ | ·001 | 0 | 0 | 0 |
| 2 | 0 | 7 | 6 | ·2 | 0 | 0 | 9 | ·02 | 0 | 0 | 1 | ·002 | 0 | 0 | 0 |
| 3 | 0 | 11 | 3 | ·3 | 0 | 1 | 1½ | ·03 | 0 | 0 | 1¼ | ·003 | 0 | 0 | 0¼ |
| 4 | 0 | 15 | 0 | ·4 | 0 | 1 | 6 | ·04 | 0 | 0 | 1¾ | ·004 | 0 | 0 | 0¼ |
| 5 | 0 | 18 | 9 | ·5 | 0 | 1 | 10½ | ·05 | 0 | 0 | 2¼ | ·005 | 0 | 0 | 0¼ |
| 6 | 1 | 2 | 6 | ·6 | 0 | 2 | 3 | ·06 | 0 | 0 | 2¾ | ·006 | 0 | 0 | 0¼ |
| 7 | 1 | 6 | 3 | ·7 | 0 | 2 | 7½ | ·07 | 0 | 0 | 3¼ | ·007 | 0 | 0 | 0¼ |
| 8 | 1 | 10 | 0 | ·8 | 0 | 3 | 0 | ·08 | 0 | 0 | 3½ | ·008 | 0 | 0 | 0¼ |
| 9 | 1 | 13 | 9 | ·9 | 0 | 3 | 4½ | ·09 | 0 | 0 | 4 | ·009 | 0 | 0 | 0½ |
| 10 | 1 | 17 | 6 | | | | | | | | | | | | |
| 11 | 2 | 1 | 3 | OUNCES. | | | | OUNCES. | | | | OUNCES. | | | |
| 12 | 2 | 5 | 0 | 25 | 4 | 13 | 9 | 38 | 7 | 2 | 6 | 55 | 10 | 6 | 3 |
| 13 | 2 | 8 | 9 | 26 | 4 | 17 | 6 | 39 | 7 | 6 | 3 | 60 | 11 | 5 | 0 |
| 14 | 2 | 12 | 6 | 27 | 5 | 1 | 3 | 40 | 7 | 10 | 0 | 65 | 12 | 3 | 9 |
| 15 | 2 | 16 | 3 | 28 | 5 | 5 | 0 | 41 | 7 | 13 | 9 | 70 | 13 | 2 | 6 |
| 16 | 3 | 0 | 0 | 29 | 5 | 8 | 9 | 42 | 7 | 17 | 6 | 75 | 14 | 1 | 3 |
| 17 | 3 | 3 | 9 | 30 | 5 | 12 | 6 | 43 | 8 | 1 | 3 | 80 | 15 | 0 | 0 |
| 18 | 3 | 7 | 6 | 31 | 5 | 16 | 3 | 44 | 8 | 5 | 0 | 85 | 15 | 18 | 9 |
| 19 | 3 | 11 | 3 | 32 | 6 | 0 | 0 | 45 | 8 | 8 | 9 | 90 | 16 | 17 | 6 |
| 20 | 3 | 15 | 0 | 33 | 6 | 3 | 9 | 46 | 8 | 12 | 6 | 100 | 18 | 15 | 0 |
| 21 | 3 | 18 | 9 | 34 | 6 | 7 | 6 | 47 | 8 | 16 | 3 | 200 | 37 | 10 | 0 |
| 22 | 4 | 2 | 6 | 35 | 6 | 11 | 3 | 48 | 9 | 0 | 0 | 300 | 56 | 5 | 0 |
| 23 | 4 | 6 | 3 | 36 | 6 | 15 | 0 | 49 | 9 | 3 | 9 | 400 | 75 | 0 | 0 |
| 24 | 4 | 10 | 0 | 37 | 6 | 18 | 9 | 50 | 9 | 7 | 6 | 500 | 93 | 15 | 0 |

1 grain = two-onethousandths of oz. troy or ·002.

1 carat = 3·166 grains.

1 pennyweight = five-onehundredths of oz. troy or ·05.

# 3s. 10d. per oz.

(For Diamonds, &c., for "oz." read "grain.")

| OUNCES. | | | | TENTHS. | | | | HUNDREDTHS. | | | | THOUSANDTHS. | | | |
|---|---|---|---|---|---|---|---|---|---|---|---|---|---|---|---|
| oz. | £ | s. | d. | | £ | s. | d. | | £ | s. | d. | | £ | s. | d. |
| 1 | 0 | 3 | 10 | ·1 | 0 | 0 | 4½ | ·01 | 0 | 0 | 0½ | ·001 | 0 | 0 | 0 |
| 2 | 0 | 7 | 8 | ·2 | 0 | 0 | 9¼ | ·02 | 0 | 0 | 1 | ·002 | 0 | 0 | 0 |
| 3 | 0 | 11 | 6 | ·3 | 0 | 1 | 1¾ | ·03 | 0 | 0 | 1½ | ·003 | 0 | 0 | 0¼ |
| 4 | 0 | 15 | 4 | ·4 | 0 | 1 | 6½ | ·04 | 0 | 0 | 1¾ | ·004 | 0 | 0 | 0¼ |
| 5 | 0 | 19 | 2 | ·5 | 0 | 1 | 11 | ·05 | 0 | 0 | 2¼ | ·005 | 0 | 0 | 0¼ |
| 6 | 1 | 3 | 0 | ·6 | 0 | 2 | 3½ | ·06 | 0 | 0 | 2¾ | ·006 | 0 | 0 | 0¼ |
| 7 | 1 | 6 | 10 | ·7 | 0 | 2 | 8¼ | ·07 | 0 | 0 | 3¼ | ·007 | 0 | 0 | 0¼ |
| 8 | 1 | 10 | 8 | ·8 | 0 | 3 | 0¾ | ·08 | 0 | 0 | 3¾ | ·008 | 0 | 0 | 0¼ |
| 9 | 1 | 14 | 6 | ·9 | 0 | 3 | 5½ | ·09 | 0 | 0 | 4¼ | ·009 | 0 | 0 | 0½ |
| 10 | 1 | 18 | 4 | OUNCES. | | | | OUNCES. | | | | OUNCES. | | | |
| 11 | 2 | 2 | 2 | | | | | | | | | | | | |
| 12 | 2 | 6 | 0 | 25 | 4 | 15 | 10 | 38 | 7 | 5 | 8 | 55 | 10 | 10 | 10 |
| 13 | 2 | 9 | 10 | 26 | 4 | 19 | 8 | 39 | 7 | 9 | 6 | 60 | 11 | 10 | 0 |
| 14 | 2 | 13 | 8 | 27 | 5 | 3 | 6 | 40 | 7 | 13 | 4 | 65 | 12 | 9 | 2 |
| 15 | 2 | 17 | 6 | 28 | 5 | 7 | 4 | 41 | 7 | 17 | 2 | 70 | 13 | 8 | 4 |
| 16 | 3 | 1 | 4 | 29 | 5 | 11 | 2 | 42 | 8 | 1 | 0 | 75 | 14 | 7 | 6 |
| 17 | 3 | 5 | 2 | 30 | 5 | 15 | 0 | 43 | 8 | 4 | 10 | 80 | 15 | 6 | 8 |
| 18 | 3 | 9 | 0 | 31 | 5 | 18 | 10 | 44 | 8 | 8 | 8 | 85 | 16 | 5 | 10 |
| 19 | 3 | 12 | 10 | 32 | 6 | 2 | 8 | 45 | 8 | 12 | 6 | 90 | 17 | 5 | 0 |
| 20 | 3 | 16 | 8 | 33 | 6 | 6 | 6 | 46 | 8 | 16 | 4 | 100 | 19 | 3 | 4 |
| 21 | 4 | 0 | 6 | 34 | 6 | 10 | 4 | 47 | 9 | 0 | 2 | 200 | 38 | 6 | 8 |
| 22 | 4 | 4 | 4 | 35 | 6 | 14 | 2 | 48 | 9 | 4 | 0 | 300 | 57 | 10 | 0 |
| 23 | 4 | 8 | 2 | 36 | 6 | 18 | 0 | 49 | 9 | 7 | 10 | 400 | 76 | 13 | 4 |
| 24 | 4 | 12 | 0 | 37 | 7 | 1 | 10 | 50 | 9 | 11 | 8 | 500 | 95 | 16 | 8 |

1 grain = two-onethousandths of oz. troy or ·002.

1 carat = 3·166 grains.

1 pennyweight = five-onehundredths of oz. troy or ·05.

# 3s. 11d. per oz.

(For Diamonds, &c., for "oz" read "grain.")

| OUNCES. | | | | TENTHS. | | | | HUNDREDTHS. | | | | THOUSANDTHS. | | | |
|---|---|---|---|---|---|---|---|---|---|---|---|---|---|---|---|
| oz. | £ | s | d | | £ | s. | d. | | £ | s. | d | | £ | s | d. |
| 1 | 0 | 3 | 11 | ·1 | 0 | 0 | 4¾ | ·01 | 0 | 0 | 0½ | ·001 | 0 | 0 | 0 |
| 2 | 0 | 7 | 10 | ·2 | 0 | 0 | 9½ | ·02 | 0 | 0 | 1 | ·002 | 0 | 0 | 0 |
| 3 | 0 | 11 | 9 | ·3 | 0 | 1 | 2 | ·03 | 0 | 0 | 1½ | ·003 | 0 | 0 | 0¼ |
| 4 | 0 | 15 | 8 | ·4 | 0 | 1 | 6¾ | ·04 | 0 | 0 | 2 | ·004 | 0 | 0 | 0¼ |
| 5 | 0 | 19 | 7 | ·5 | 0 | 1 | 11½ | ·05 | 0 | 0 | 2¼ | ·005 | 0 | 0 | 0¼ |
| 6 | 1 | 3 | 6 | ·6 | 0 | 2 | 4¼ | ·06 | 0 | 0 | 2¾ | ·006 | 0 | 0 | 0¼ |
| 7 | 1 | 7 | 5 | ·7 | 0 | 2 | 9 | ·07 | 0 | 0 | 3¼ | ·007 | 0 | 0 | 0¼ |
| 8 | 1 | 11 | 4 | ·8 | 0 | 3 | 1½ | ·08 | 0 | 0 | 3¾ | ·008 | 0 | 0 | 0½ |
| 9 | 1 | 15 | 3 | ·9 | 0 | 3 | 6¼ | ·09 | 0 | 0 | 4¼ | ·009 | 0 | 0 | 0½ |
| 10 | 1 | 19 | 2 | OUNCES. | | | | OUNCES. | | | | OUNCES. | | | |
| 11 | 2 | 3 | 1 | | | | | | | | | | | | |
| 12 | 2 | 7 | 0 | 25 | 4 | 17 | 11 | 38 | 7 | 8 | 10 | 55 | 10 | 15 | 5 |
| 13 | 2 | 10 | 11 | 26 | 5 | 1 | 10 | 39 | 7 | 12 | 9 | 60 | 11 | 15 | 0 |
| 14 | 2 | 14 | 10 | 27 | 5 | 5 | 9 | 40 | 7 | 16 | 8 | 65 | 12 | 14 | 7 |
| 15 | 2 | 18 | 9 | 28 | 5 | 9 | 8 | 41 | 8 | 0 | 7 | 70 | 13 | 14 | 2 |
| 16 | 3 | 2 | 8 | 29 | 5 | 13 | 7 | 42 | 8 | 4 | 6 | 75 | 14 | 13 | 9 |
| 17 | 3 | 6 | 7 | 30 | 5 | 17 | 6 | 43 | 8 | 8 | 5 | 80 | 15 | 13 | 4 |
| 18 | 3 | 10 | 6 | 31 | 6 | 1 | 5 | 44 | 8 | 12 | 4 | 85 | 16 | 12 | 11 |
| 19 | 3 | 14 | 5 | 32 | 6 | 5 | 4 | 45 | 8 | 16 | 3 | 90 | 17 | 12 | 6 |
| 20 | 3 | 18 | 4 | 33 | 6 | 9 | 3 | 46 | 9 | 0 | 2 | 100 | 19 | 11 | 8 |
| 21 | 4 | 2 | 3 | 34 | 6 | 13 | 2 | 47 | 9 | 4 | 1 | 200 | 39 | 3 | 4 |
| 22 | 4 | 6 | 2 | 35 | 6 | 17 | 1 | 48 | 9 | 8 | 0 | 300 | 58 | 15 | 0 |
| 23 | 4 | 10 | 1 | 36 | 7 | 1 | 0 | 49 | 9 | 11 | 11 | 400 | 78 | 6 | 8 |
| 24 | 4 | 14 | 0 | 37 | 7 | 4 | 11 | 50 | 9 | 15 | 10 | 500 | 97 | 18 | 4 |

**1 grain = two-onethousandths of oz. troy or ·002.**

**1 carat = 3·166 grains.**

**1 pennyweight = five-onehundredths of oz. troy or ·05.**

# 4s. 0d. per oz.

(For Diamonds, &c., for "oz." read "grain.")

| OUNCES. | | | | TENTHS. | | | | HUNDREDTHS. | | | | THOUSANDTHS. | | | |
|---|---|---|---|---|---|---|---|---|---|---|---|---|---|---|---|
| oz. | £ | s. | d | | £ | s. | d | | £ | s. | d. | | £ | s. | d. |
| 1 | 0 | 4 | 0 | ·1 | 0 | 0 | 4¾ | ·01 | 0 | 0 | 0½ | ·001 | 0 | 0 | 0 |
| 2 | 0 | 8 | 0 | ·2 | 0 | 0 | 9½ | ·02 | 0 | 0 | 1 | ·002 | 0 | 0 | 0 |
| 3 | 0 | 12 | 0 | ·3 | 0 | 1 | 2¼ | ·03 | 0 | 0 | 1½ | ·003 | 0 | 0 | 0¼ |
| 4 | 0 | 16 | 0 | ·4 | 0 | 1 | 7¼ | ·04 | 0 | 0 | 2 | ·004 | 0 | 0 | 0¼ |
| 5 | 1 | 0 | 0 | ·5 | 0 | 2 | 0 | ·05 | 0 | 0 | 2½ | ·005 | 0 | 0 | 0¼ |
| 6 | 1 | 4 | 0 | ·6 | 0 | 2 | 4¾ | ·06 | 0 | 0 | 3 | ·006 | 0 | 0 | 0¼ |
| 7 | 1 | 8 | 0 | ·7 | 0 | 2 | 9½ | ·07 | 0 | 0 | 3¼ | ·007 | 0 | 0 | 0¼ |
| 8 | 1 | 12 | 0 | ·8 | 0 | 3 | 2½ | ·08 | 0 | 0 | 3¾ | ·008 | 0 | 0 | 0½ |
| 9 | 1 | 16 | 0 | ·9 | 0 | 3 | 7¼ | ·09 | 0 | 0 | 4¼ | ·009 | 0 | 0 | 0½ |
| 10 | 2 | 0 | 0 | OUNCES. | | | | OUNCES. | | | | OUNCES. | | | |
| 11 | 2 | 4 | 0 | | | | | | | | | | | | |
| 12 | 2 | 8 | 0 | 25 | 5 | 0 | 0 | 38 | 7 | 12 | 0 | 55 | 11 | 0 | 0 |
| 13 | 2 | 12 | 0 | 26 | 5 | 4 | 0 | 39 | 7 | 16 | 0 | 60 | 12 | 0 | 0 |
| 14 | 2 | 16 | 0 | 27 | 5 | 8 | 0 | 40 | 8 | 0 | 0 | 65 | 13 | 0 | 0 |
| 15 | 3 | 0 | 0 | 28 | 5 | 12 | 0 | 41 | 8 | 4 | 0 | 70 | 14 | 0 | 0 |
| 16 | 3 | 4 | 0 | 29 | 5 | 16 | 0 | 42 | 8 | 8 | 0 | 75 | 15 | 0 | 0 |
| 17 | 3 | 8 | 0 | 30 | 6 | 0 | 0 | 43 | 8 | 12 | 0 | 80 | 16 | 0 | 0 |
| 18 | 3 | 12 | 0 | 31 | 6 | 4 | 0 | 44 | 8 | 16 | 0 | 85 | 17 | 0 | 0 |
| 19 | 3 | 16 | 0 | 32 | 6 | 8 | 0 | 45 | 9 | 0 | 0 | 90 | 18 | 0 | 0 |
| 20 | 4 | 0 | 0 | 33 | 6 | 12 | 0 | 46 | 9 | 4 | 0 | 100 | 20 | 0 | 0 |
| 21 | 4 | 4 | 0 | 34 | 6 | 16 | 0 | 47 | 9 | 8 | 0 | 200 | 40 | 0 | 0 |
| 22 | 4 | 8 | 0 | 35 | 7 | 0 | 0 | 48 | 9 | 12 | 0 | 300 | 60 | 0 | 0 |
| 23 | 4 | 12 | 0 | 36 | 7 | 4 | 0 | 49 | 9 | 16 | 0 | 400 | 80 | 0 | 0 |
| 24 | 4 | 16 | 0 | 37 | 7 | 8 | 0 | 50 | 10 | 0 | 0 | 500 | 100 | 0 | 0 |

1 grain = two-onethousandths of oz. troy or ·002

1 carat = 3·166 grains.

1 pennyweight = five-onehundredths of oz. troy or ·05.

# 4s. 1d. per oz.

(For Diamonds, &c., for "oz." read "grain.")

| OUNCES. | | | | TENTHS. | | | | HUNDREDTHS. | | | | THOUSANDTHS. | | | |
|---|---|---|---|---|---|---|---|---|---|---|---|---|---|---|---|
| oz. | £ | s. | d. | | £ | s. | d. | | £ | s. | d. | | £ | s. | d. |
| 1 | 0 | 4 | 1 | ·1 | 0 | 0 | 5 | ·01 | 0 | 0 | 0½ | ·001 | 0 | 0 | 0 |
| 2 | 0 | 8 | 2 | ·2 | 0 | 0 | 9¾ | ·02 | 0 | 0 | 1 | ·002 | 0 | 0 | 0 |
| 3 | 0 | 12 | 3 | ·3 | 0 | 1 | 2¾ | ·03 | 0 | 0 | 1½ | ·003 | 0 | 0 | 0¼ |
| 4 | 0 | 16 | 4 | ·4 | 0 | 1 | 7½ | ·04 | 0 | 0 | 2 | ·004 | 0 | 0 | 0¼ |
| 5 | 1 | 0 | 5 | ·5 | 0 | 2 | 0½ | ·05 | 0 | 0 | 2½ | ·005 | 0 | 0 | 0¼ |
| 6 | 1 | 4 | 6 | ·6 | 0 | 2 | 5½ | ·06 | 0 | 0 | 3 | ·006 | 0 | 0 | 0¼ |
| 7 | 1 | 8 | 7 | ·7 | 0 | 2 | 10¼ | ·07 | 0 | 0 | 3½ | ·007 | 0 | 0 | 0¼ |
| 8 | 1 | 12 | 8 | ·8 | 0 | 3 | 3¼ | ·08 | 0 | 0 | 4 | ·008 | 0 | 0 | 0½ |
| 9 | 1 | 16 | 9 | ·9 | 0 | 3 | 8 | ·09 | 0 | 0 | 4½ | ·009 | 0 | 0 | 0½ |
| 10 | 2 | 0 | 10 | | | | | | | | | | | | |
| 11 | 2 | 4 | 11 | OUNCES. | | | | OUNCES. | | | | OUNCES. | | | |
| 12 | 2 | 9 | 0 | 25 | 5 | 2 | 1 | 38 | 7 | 15 | 2 | 55 | 11 | 4 | 7 |
| 13 | 2 | 13 | 1 | 26 | 5 | 6 | 2 | 39 | 7 | 19 | 3 | 60 | 12 | 5 | 0 |
| 14 | 2 | 17 | 2 | 27 | 5 | 10 | 3 | 40 | 8 | 3 | 4 | 65 | 13 | 5 | 5 |
| 15 | 3 | 1 | 3 | 28 | 5 | 14 | 4 | 41 | 8 | 7 | 5 | 70 | 14 | 5 | 10 |
| 16 | 3 | 5 | 4 | 29 | 5 | 18 | 5 | 42 | 8 | 11 | 6 | 75 | 15 | 6 | 3 |
| 17 | 3 | 9 | 5 | 30 | 6 | 2 | 6 | 43 | 8 | 15 | 7 | 80 | 16 | 6 | 8 |
| 18 | 3 | 13 | 6 | 31 | 6 | 6 | 7 | 44 | 8 | 19 | 8 | 85 | 17 | 7 | 1 |
| 19 | 3 | 17 | 7 | 32 | 6 | 10 | 8 | 45 | 9 | 3 | 9 | 90 | 18 | 7 | 6 |
| 20 | 4 | 1 | 8 | 33 | 6 | 14 | 9 | 46 | 9 | 7 | 10 | 100 | 20 | 8 | 4 |
| 21 | 4 | 5 | 9 | 34 | 6 | 18 | 10 | 47 | 9 | 11 | 11 | 200 | 40 | 16 | 8 |
| 22 | 4 | 9 | 10 | 35 | 7 | 2 | 11 | 48 | 9 | 16 | 0 | 300 | 61 | 5 | 0 |
| 23 | 4 | 13 | 11 | 36 | 7 | 7 | 0 | 49 | 10 | 0 | 1 | 400 | 81 | 13 | 4 |
| 24 | 4 | 18 | 0 | 37 | 7 | 11 | 1 | 50 | 10 | 4 | 2 | 500 | 102 | 1 | 8 |

1 grain=two-onethousandths of oz. troy or ·002.

1 carat=3·166 grains.

1 pennyweight=five-onehundredths of oz. troy or ·05.

# 4s. 2d per oz.

(For Diamonds, &c., for "oz." read "grain.")

| OUNCES. | | | | TENTHS. | | | | HUNDREDTHS. | | | | THOUSANDTHS. | | | |
|---|---|---|---|---|---|---|---|---|---|---|---|---|---|---|---|
| oz. | £ | s | d. | | £ | s. | d. | | £ | s. | d. | | £ | s. | d. |
| 1 | 0 | 4 | 2 | ·1 | 0 | 0 | 5 | ·01 | 0 | 0 | 0½ | ·001 | 0 | 0 | 0 |
| 2 | 0 | 8 | 4 | ·2 | 0 | 0 | 10 | ·02 | 0 | 0 | 1 | ·002 | 0 | 0 | 0 |
| 3 | 0 | 12 | 6 | ·3 | 0 | 1 | 3 | ·03 | 0 | 0 | 1½ | ·003 | 0 | 0 | 0¼ |
| 4 | 0 | 16 | 8 | ·4 | 0 | 1 | 8 | ·04 | 0 | 0 | 2 | ·004 | 0 | 0 | 0¼ |
| 5 | 1 | 0 | 10 | ·5 | 0 | 2 | 1 | ·05 | 0 | 0 | 2½ | ·005 | 0 | 0 | 0¼ |
| 6 | 1 | 5 | 0 | ·6 | 0 | 2 | 6 | ·06 | 0 | 0 | 3 | ·006 | 0 | 0 | 0¼ |
| 7 | 1 | 9 | 2 | ·7 | 0 | 2 | 11 | ·07 | 0 | 0 | 3½ | ·007 | 0 | 0 | 0¼ |
| 8 | 1 | 13 | 4 | ·8 | 0 | 3 | 4 | ·08 | 0 | 0 | 4 | ·008 | 0 | 0 | 0½ |
| 9 | 1 | 17 | 6 | ·9 | 0 | 3 | 9 | ·09 | 0 | 0 | 4½ | ·009 | 0 | 0 | 0½ |
| 10 | 2 | 1 | 8 | OUNCES. | | | | OUNCES. | | | | OUNCES. | | | |
| 11 | 2 | 5 | 10 | | | | | | | | | | | | |
| 12 | 2 | 10 | 0 | 25 | 5 | 4 | 2 | 38 | 7 | 18 | 4 | 55 | 11 | 9 | 2 |
| 13 | 2 | 14 | 2 | 26 | 5 | 8 | 4 | 39 | 8 | 2 | 6 | 60 | 12 | 10 | 0 |
| 14 | 2 | 18 | 4 | 27 | 5 | 12 | 6 | 40 | 8 | 6 | 8 | 65 | 13 | 10 | 10 |
| 15 | 3 | 2 | 6 | 28 | 5 | 16 | 8 | 41 | 8 | 10 | 10 | 70 | 14 | 11 | 8 |
| 16 | 3 | 6 | 8 | 29 | 6 | 0 | 10 | 42 | 8 | 15 | 0 | 75 | 15 | 12 | 6 |
| 17 | 3 | 10 | 10 | 30 | 6 | 5 | 0 | 43 | 8 | 19 | 2 | 80 | 16 | 13 | 4 |
| 18 | 3 | 15 | 0 | 31 | 6 | 9 | 2 | 44 | 9 | 3 | 4 | 85 | 17 | 14 | 2 |
| 19 | 3 | 19 | 2 | 32 | 6 | 13 | 4 | 45 | 9 | 7 | 6 | 90 | 18 | 15 | 0 |
| 20 | 4 | 3 | 4 | 33 | 6 | 17 | 6 | 46 | 9 | 11 | 8 | 100 | 20 | 16 | 8 |
| 21 | 4 | 7 | 6 | 34 | 7 | 1 | 8 | 47 | 9 | 15 | 10 | 200 | 41 | 13 | 4 |
| 22 | 4 | 11 | 8 | 35 | 7 | 5 | 10 | 48 | 10 | 0 | 0 | 300 | 62 | 10 | 0 |
| 23 | 4 | 15 | 10 | 36 | 7 | 10 | 0 | 49 | 10 | 4 | 2 | 400 | 83 | 6 | 8 |
| 24 | 5 | 0 | 0 | 37 | 7 | 14 | 2 | 50 | 10 | 8 | 4 | 500 | 104 | 3 | 4 |

1 grain = two-onethousandths of oz. troy or ·002.

1 carat = 3·166 grains.

1 pennyweight = five-onehundredths of oz. troy or ·05.

# 4s. 3d. per oz.

(For Diamonds, &c., for "oz." read "grain.")

| OUNCES. | | | | TENTHS. | | | | HUNDREDTHS. | | | | THOUSANDTHS. | | | |
|---|---|---|---|---|---|---|---|---|---|---|---|---|---|---|---|
| oz. | £ | s. | d. | | £ | s. | d. | | £ | s. | d. | | £ | s. | d. |
| 1 | 0 | 4 | 3 | ·1 | 0 | 0 | 5 | ·01 | 0 | 0 | 0½ | ·001 | 0 | 0 | 0 |
| 2 | 0 | 8 | 6 | ·2 | 0 | 0 | 10¼ | ·02 | 0 | 0 | 1 | ·002 | 0 | 0 | 0 |
| 3 | 0 | 12 | 9 | ·3 | 0 | 1 | 3¼ | ·03 | 0 | 0 | 1½ | ·003 | 0 | 0 | 0¼ |
| 4 | 0 | 17 | 0 | ·4 | 0 | 1 | 8½ | ·04 | 0 | 0 | 2 | ·004 | 0 | 0 | 0¼ |
| 5 | 1 | 1 | 3 | ·5 | 0 | 2 | 1½ | ·05 | 0 | 0 | 2½ | ·005 | 0 | 0 | 0¼ |
| 6 | 1 | 5 | 6 | ·6 | 0 | 2 | 6½ | ·06 | 0 | 0 | 3 | ·006 | 0 | 0 | 0¼ |
| 7 | 1 | 9 | 9 | ·7 | 0 | 2 | 11¾ | ·07 | 0 | 0 | 3½ | ·007 | 0 | 0 | 0¼ |
| 8 | 1 | 14 | 0 | ·8 | 0 | 3 | 4¾ | ·08 | 0 | 0 | 4 | ·008 | 0 | 0 | 0½ |
| 9 | 1 | 18 | 3 | ·9 | 0 | 3 | 10 | ·09 | 0 | 0 | 4½ | ·009 | 0 | 0 | 0½ |
| 10 | 2 | 2 | 6 | OUNCES. | | | | OUNCES. | | | | OUNCES. | | | |
| 11 | 2 | 6 | 9 | | | | | | | | | | | | |
| 12 | 2 | 11 | 0 | 25 | 5 | 6 | 3 | 38 | 8 | 1 | 6 | 55 | 11 | 13 | 9 |
| 13 | 2 | 15 | 3 | 26 | 5 | 10 | 6 | 39 | 8 | 5 | 9 | 60 | 12 | 15 | 0 |
| 14 | 2 | 19 | 6 | 27 | 5 | 14 | 9 | 40 | 8 | 10 | 0 | 65 | 13 | 16 | 3 |
| 15 | 3 | 3 | 9 | 28 | 5 | 19 | 0 | 41 | 8 | 14 | 3 | 70 | 14 | 17 | 6 |
| 16 | 3 | 8 | 0 | 29 | 6 | 3 | 3 | 42 | 8 | 18 | 6 | 75 | 15 | 18 | 9 |
| 17 | 3 | 12 | 3 | 30 | 6 | 7 | 6 | 43 | 9 | 2 | 9 | 80 | 17 | 0 | 0 |
| 18 | 3 | 16 | 6 | 31 | 6 | 11 | 9 | 44 | 9 | 7 | 0 | 85 | 18 | 1 | 3 |
| 19 | 4 | 0 | 9 | 32 | 6 | 16 | 0 | 45 | 9 | 11 | 3 | 90 | 19 | 2 | 6 |
| 20 | 4 | 5 | 0 | 33 | 7 | 0 | 3 | 46 | 9 | 15 | 6 | 100 | 21 | 5 | 0 |
| 21 | 4 | 9 | 3 | 34 | 7 | 4 | 6 | 47 | 9 | 19 | 9 | 200 | 42 | 10 | 0 |
| 22 | 4 | 13 | 6 | 35 | 7 | 8 | 9 | 48 | 10 | 4 | 0 | 300 | 63 | 15 | 0 |
| 23 | 4 | 17 | 9 | 36 | 7 | 13 | 0 | 49 | 10 | 8 | 3 | 400 | 85 | 0 | 0 |
| 24 | 5 | 2 | 0 | 37 | 7 | 17 | 3 | 50 | 10 | 12 | 6 | 500 | 106 | 5 | 0 |

1 grain = two-onethousandths of oz. troy or ·002.

1 carat = 3·166 grains.

pennyweight = five-onehundredths of oz. troy or ·05.

# 4s. 4d. per oz.

(For Diamonds, &c., for "oz." read "grain.")

| OUNCES. | | | | TENTHS. | | | | HUNDREDTHS. | | | | THOUSANDTHS. | | | |
|---|---|---|---|---|---|---|---|---|---|---|---|---|---|---|---|
| oz. | £ | s. | d. | | £ | s. | d. | | £ | s. | d. | | £ | s. | d. |
| 1 | 0 | 4 | 4 | ·1 | 0 | 0 | 5¼ | ·01 | 0 | 0 | 0½ | ·001 | 0 | 0 | 0 |
| 2 | 0 | 8 | 8 | ·2 | 0 | 0 | 10½ | ·02 | 0 | 0 | 1 | ·002 | 0 | 0 | 0 |
| 3 | 0 | 13 | 0 | ·3 | 0 | 1 | 3½ | ·03 | 0 | 0 | 1½ | ·003 | 0 | 0 | 0¼ |
| 4 | 0 | 17 | 4 | ·4 | 0 | 1 | 8¾ | ·04 | 0 | 0 | 2 | ·004 | 0 | 0 | 0¼ |
| 5 | 1 | 1 | 8 | ·5 | 0 | 2 | 2 | ·05 | 0 | 0 | 2½ | ·005 | 0 | 0 | 0¼ |
| 6 | 1 | 6 | 0 | ·6 | 0 | 2 | 7¼ | ·06 | 0 | 0 | 3 | ·006 | 0 | 0 | 0¼ |
| 7 | 1 | 10 | 4 | ·7 | 0 | 3 | 0½ | ·07 | 0 | 0 | 3¾ | ·007 | 0 | 0 | 0¼ |
| 8 | 1 | 14 | 8 | ·8 | 0 | 3 | 5½ | ·08 | 0 | 0 | 4¼ | ·008 | 0 | 0 | 0½ |
| 9 | 1 | 19 | 0 | ·9 | 0 | 3 | 10¾ | ·09 | 0 | 0 | 4¾ | ·009 | 0 | 0 | 0½ |
| 10 | 2 | 3 | 4 | OUNCES | | | | OUNCES | | | | OUNCES. | | | |
| 11 | 2 | 7 | 8 | | | | | | | | | | | | |
| 12 | 2 | 12 | 0 | 25 | 5 | 8 | 4 | 38 | 8 | 4 | 8 | 55 | 11 | 18 | 4 |
| 13 | 2 | 16 | 4 | 26 | 5 | 12 | 8 | 39 | 8 | 9 | 0 | 60 | 13 | 0 | 0 |
| 14 | 3 | 0 | 8 | 27 | 5 | 17 | 0 | 40 | 8 | 13 | 4 | 65 | 14 | 1 | 8 |
| 15 | 3 | 5 | 0 | 28 | 6 | 1 | 4 | 41 | 8 | 17 | 8 | 70 | 15 | 3 | 4 |
| 16 | 3 | 9 | 4 | 29 | 6 | 5 | 8 | 42 | 9 | 2 | 0 | 75 | 16 | 5 | 0 |
| 17 | 3 | 13 | 8 | 30 | 6 | 10 | 0 | 43 | 9 | 6 | 4 | 80 | 17 | 6 | 8 |
| 18 | 3 | 18 | 0 | 31 | 6 | 14 | 4 | 44 | 9 | 10 | 8 | 85 | 18 | 8 | 4 |
| 19 | 4 | 2 | 4 | 32 | 6 | 18 | 8 | 45 | 9 | 15 | 0 | 90 | 19 | 10 | 0 |
| 20 | 4 | 6 | 8 | 33 | 7 | 3 | 0 | 46 | 9 | 19 | 4 | 100 | 21 | 13 | 4 |
| 21 | 4 | 11 | 0 | 34 | 7 | 7 | 4 | 47 | 10 | 3 | 8 | 200 | 43 | 6 | 8 |
| 22 | 4 | 15 | 4 | 35 | 7 | 11 | 8 | 48 | 10 | 8 | 0 | 300 | 65 | 0 | 0 |
| 23 | 4 | 19 | 8 | 36 | 7 | 16 | 0 | 49 | 10 | 12 | 4 | 400 | 86 | 13 | 4 |
| 24 | 5 | 4 | 0 | 37 | 8 | 0 | 4 | 50 | 10 | 16 | 8 | 500 | 108 | 6 | 8 |

1 grain = two-onethousandths of oz troy or ·002.

1 carat = 3·166 grains.

1 pennyweight = five-onehundredths of oz. troy or ·05

# 4s. 5d. per oz.

(For Diamonds, &c., for "oz." read "grain.")

| OUNCES. | | | | TENTHS. | | | | HUNDREDTHS. | | | | THOUSANDTHS. | | | |
|---|---|---|---|---|---|---|---|---|---|---|---|---|---|---|---|
| oz. | £ | s. | d. | | £ | s. | d. | | £ | s. | d. | | £ | s. | d. |
| 1 | 0 | 4 | 5 | ·1 | 0 | 0 | 5¼ | ·01 | 0 | 0 | 0½ | ·001 | 0 | 0 | 0 |
| 2 | 0 | 8 | 10 | ·2 | 0 | 0 | 10½ | ·02 | 0 | 0 | 1 | ·002 | 0 | 0 | 0 |
| 3 | 0 | 13 | 3 | ·3 | 0 | 1 | 4 | ·03 | 0 | 0 | 1½ | ·003 | 0 | 0 | 0¼ |
| 4 | 0 | 17 | 8 | ·4 | 0 | 1 | 9¼ | ·04 | 0 | 0 | 2 | ·004 | 0 | 0 | 0¼ |
| 5 | 1 | 2 | 1 | ·5 | 0 | 2 | 2½ | ·05 | 0 | 0 | 2¾ | ·005 | 0 | 0 | 0¼ |
| 6 | 1 | 6 | 6 | ·6 | 0 | 2 | 7¾ | ·06 | 0 | 0 | 3¼ | ·006 | 0 | 0 | 0¼ |
| 7 | 1 | 10 | 11 | ·7 | 0 | 3 | 1 | ·07 | 0 | 0 | 3¾ | ·007 | 0 | 0 | 0¼ |
| 8 | 1 | 15 | 4 | ·8 | 0 | 3 | 6½ | ·08 | 0 | 0 | 4¼ | ·008 | 0 | 0 | 0½ |
| 9 | 1 | 19 | 9 | ·9 | 0 | 3 | 11¾ | ·09 | 0 | 0 | 4¾ | ·009 | 0 | 0 | 0½ |
| 10 | 2 | 4 | 2 | | | | | | | | | | | | |
| 11 | 2 | 8 | 7 | OUNCES. | | | | OUNCES. | | | | OUNCES. | | | |
| 12 | 2 | 13 | 0 | 25 | 5 | 10 | 5 | 38 | 8 | 7 | 10 | 55 | 12 | 2 | 11 |
| 13 | 2 | 17 | 5 | 26 | 5 | 14 | 10 | 39 | 8 | 12 | 3 | 60 | 13 | 5 | 0 |
| 14 | 3 | 1 | 10 | 27 | 5 | 19 | 3 | 40 | 8 | 16 | 8 | 65 | 14 | 7 | 1 |
| 15 | 3 | 6 | 3 | 28 | 6 | 3 | 8 | 41 | 9 | 1 | 1 | 70 | 15 | 9 | 2 |
| 16 | 3 | 10 | 8 | 29 | 6 | 8 | 1 | 42 | 9 | 5 | 6 | 75 | 16 | 11 | 3 |
| 17 | 3 | 15 | 1 | 30 | 6 | 12 | 6 | 43 | 9 | 9 | 11 | 80 | 17 | 13 | 4 |
| 18 | 3 | 19 | 6 | 31 | 6 | 16 | 11 | 44 | 9 | 14 | 4 | 85 | 18 | 15 | 5 |
| 19 | 4 | 3 | 11 | 32 | 7 | 1 | 4 | 45 | 9 | 18 | 9 | 90 | 19 | 17 | 6 |
| 20 | 4 | 8 | 4 | 33 | 7 | 5 | 9 | 46 | 10 | 3 | 2 | 100 | 22 | 1 | 8 |
| 21 | 4 | 12 | 9 | 34 | 7 | 10 | 2 | 47 | 10 | 7 | 7 | 200 | 44 | 3 | 4 |
| 22 | 4 | 17 | 2 | 35 | 7 | 14 | 7 | 48 | 10 | 12 | 0 | 300 | 66 | 5 | 0 |
| 23 | 5 | 1 | 7 | 36 | 7 | 19 | 0 | 49 | 10 | 16 | 5 | 400 | 88 | 6 | 8 |
| 24 | 5 | 6 | 0 | 37 | 8 | 3 | 5 | 50 | 11 | 0 | 10 | 500 | 110 | 8 | 4 |

1 grain = two-onethousandths of oz. troy or ·002.

1 carat = 3·166 grains.

1 pennyweight = five-onehundredths of oz. troy or ·05.

# 4s. 6d. per oz.

(For Diamonds, &c., for "oz." read "grain.")

| OUNCES. | | | | TENTHS. | | | | HUNDREDTHS. | | | | THOUSANDTHS. | | | |
|---|---|---|---|---|---|---|---|---|---|---|---|---|---|---|---|
| | £ | s. | d. | | £ | s. | d. | | £ | s. | d. | | £ | s. | d. |
| 1 | 0 | 4 | 6 | ·1 | 0 | 0 | 5½ | ·01 | 0 | 0 | 0½ | ·001 | 0 | 0 | 0 |
| 2 | 0 | 9 | 0 | ·2 | 0 | 0 | 10¾ | ·02 | 0 | 0 | 1 | ·002 | 0 | 0 | 0 |
| 3 | 0 | 13 | 6 | ·3 | 0 | 1 | 4¼ | ·03 | 0 | 0 | 1½ | ·003 | 0 | 0 | 0¼ |
| 4 | 0 | 18 | 0 | ·4 | 0 | 1 | 9½ | ·04 | 0 | 0 | 2¼ | ·004 | 0 | 0 | 0¼ |
| 5 | 1 | 2 | 6 | ·5 | 0 | 2 | 3 | ·05 | 0 | 0 | 2¾ | ·005 | 0 | 0 | 0¼ |
| 6 | 1 | 7 | 0 | ·6 | 0 | 2 | 8½ | ·06 | 0 | 0 | 3¼ | ·006 | 0 | 0 | 0¼ |
| 7 | 1 | 11 | 6 | ·7 | 0 | 3 | 1¾ | ·07 | 0 | 0 | 3¾ | ·007 | 0 | 0 | 0½ |
| 8 | 1 | 16 | 0 | ·8 | 0 | 3 | 7¼ | ·08 | 0 | 0 | 4¼ | ·008 | 0 | 0 | 0½ |
| 9 | 2 | 0 | 6 | ·9 | 0 | 4 | 0½ | ·09 | 0 | 0 | 4¾ | ·009 | 0 | 0 | 0½ |
| 0 | 2 | 5 | 0 | OUNCES. | | | | OUNCES. | | | | OUNCES. | | | |
| 1 | 2 | 9 | 6 | | | | | | | | | | | | |
| 2 | 2 | 14 | 0 | 25 | 5 | 12 | 6 | 38 | 8 | 11 | 0 | 55 | 12 | 7 | 6 |
| 3 | 2 | 18 | 6 | 26 | 5 | 17 | 0 | 39 | 8 | 15 | 6 | 60 | 13 | 10 | 0 |
| 4 | 3 | 3 | 0 | 27 | 6 | 1 | 6 | 40 | 9 | 0 | 0 | 65 | 14 | 12 | 6 |
| 5 | 3 | 7 | 6 | 28 | 6 | 6 | 0 | 41 | 9 | 4 | 6 | 70 | 15 | 15 | 0 |
| 6 | 3 | 12 | 0 | 29 | 6 | 10 | 6 | 42 | 9 | 9 | 0 | 75 | 16 | 17 | 6 |
| 7 | 3 | 16 | 6 | 30 | 6 | 15 | 0 | 43 | 9 | 13 | 6 | 80 | 18 | 0 | 0 |
| 8 | 4 | 1 | 0 | 31 | 6 | 19 | 6 | 44 | 9 | 18 | 0 | 85 | 19 | 2 | 6 |
| 9 | 4 | 5 | 6 | 32 | 7 | 4 | 0 | 45 | 10 | 2 | 6 | 90 | 20 | 5 | 0 |
| 0 | 4 | 10 | 0 | 33 | 7 | 8 | 6 | 46 | 10 | 7 | 0 | 100 | 22 | 10 | 0 |
| 1 | 4 | 14 | 6 | 34 | 7 | 13 | 0 | 47 | 10 | 11 | 6 | 200 | 45 | 0 | 0 |
| 2 | 4 | 19 | 0 | 35 | 7 | 17 | 6 | 48 | 10 | 16 | 0 | 300 | 67 | 10 | 0 |
| 3 | 5 | 3 | 6 | 36 | 8 | 2 | 0 | 49 | 11 | 0 | 6 | 400 | 90 | 0 | 0 |
| 4 | 5 | 8 | 0 | 37 | 8 | 6 | 6 | 50 | 11 | 5 | 0 | 500 | 112 | 10 | 0 |

1 grain = two-onethousandths of oz. troy or ·002.

1 carat = 3·166 grains.

1 pennyweight = five-onehundredths of oz. troy or ·05.

# 4s. 7d. per oz.

(For Diamonds, &c., for "oz." read "grain.")

| OUNCES. | | | | TENTHS. | | | | HUNDREDTHS. | | | | THOUSANDTHS. | | | |
|---|---|---|---|---|---|---|---|---|---|---|---|---|---|---|---|
| *oz.* | £ | *s.* | *d.* | | £ | *s.* | *d.* | | £ | *s.* | *d.* | | £ | *s.* | *d.* |
| 1 | 0 | 4 | 7 | ·1 | 0 | 0 | 5½ | ·01 | 0 | 0 | 0½ | ·001 | 0 | 0 | 0 |
| 2 | 0 | 9 | 2 | ·2 | 0 | 0 | 11 | ·02 | 0 | 0 | 1 | ·002 | 0 | 0 | 0 |
| 3 | 0 | 13 | 9 | ·3 | 0 | 1 | 4½ | ·03 | 0 | 0 | 1¾ | ·003 | 0 | 0 | 0¼ |
| 4 | 0 | 18 | 4 | ·4 | 0 | 1 | 10 | ·04 | 0 | 0 | 2¼ | ·004 | 0 | 0 | 0¼ |
| 5 | 1 | 2 | 11 | ·5 | 0 | 2 | 3½ | ·05 | 0 | 0 | 2¾ | ·005 | 0 | 0 | 0¼ |
| 6 | 1 | 7 | 6 | ·6 | 0 | 2 | 9 | ·06 | 0 | 0 | 3¼ | ·006 | 0 | 0 | 0¼ |
| 7 | 1 | 12 | 1 | ·7 | 0 | 3 | 2½ | ·07 | 0 | 0 | 3¾ | ·007 | 0 | 0 | 0½ |
| 8 | 1 | 16 | 8 | ·8 | 0 | 3 | 8 | ·08 | 0 | 0 | 4½ | ·008 | 0 | 0 | 0½ |
| 9 | 2 | 1 | 3 | ·9 | 0 | 4 | 1½ | ·09 | 0 | 0 | 5 | ·009 | 0 | 0 | 0½ |
| 10 | 2 | 5 | 10 | OUNCES. | | | | OUNCES. | | | | OUNCES. | | | |
| 11 | 2 | 10 | 5 | | | | | | | | | | | | |
| 12 | 2 | 15 | 0 | 25 | 5 | 14 | 7 | 38 | 8 | 14 | 2 | 55 | 12 | 12 | 1 |
| 13 | 2 | 19 | 7 | 26 | 5 | 19 | 2 | 39 | 8 | 18 | 9 | 60 | 13 | 15 | 0 |
| 14 | 3 | 4 | 2 | 27 | 6 | 3 | 9 | 40 | 9 | 3 | 4 | 65 | 14 | 17 | 11 |
| 15 | 3 | 8 | 9 | 28 | 6 | 8 | 4 | 41 | 9 | 7 | 11 | 70 | 16 | 0 | 10 |
| 16 | 3 | 13 | 4 | 29 | 6 | 12 | 11 | 42 | 9 | 12 | 6 | 75 | 17 | 3 | 9 |
| 17 | 3 | 17 | 11 | 30 | 6 | 17 | 6 | 43 | 9 | 17 | 1 | 80 | 18 | 6 | 8 |
| 18 | 4 | 2 | 6 | 31 | 7 | 2 | 1 | 44 | 10 | 1 | 8 | 85 | 19 | 9 | 7 |
| 19 | 4 | 7 | 1 | 32 | 7 | 6 | 8 | 45 | 10 | 6 | 3 | 90 | 20 | 12 | 6 |
| 20 | 4 | 11 | 8 | 33 | 7 | 11 | 3 | 46 | 10 | 10 | 10 | 100 | 22 | 18 | 4 |
| 21 | 4 | 16 | 3 | 34 | 7 | 15 | 10 | 47 | 10 | 15 | 5 | 200 | 45 | 16 | 8 |
| 22 | 5 | 0 | 10 | 35 | 8 | 0 | 5 | 48 | 11 | 0 | 0 | 300 | 68 | 15 | 0 |
| 23 | 5 | 5 | 5 | 36 | 8 | 5 | 0 | 49 | 11 | 4 | 7 | 400 | 91 | 13 | 4 |
| 24 | 5 | 10 | 0 | 37 | 8 | 9 | 7 | 50 | 11 | 9 | 2 | 500 | 114 | 11 | 8 |

1 grain=two-onethousandths of oz. troy or ·002.

1 carat=3·166 grains.

1 pennyweight=five-onehundredths of oz. troy or ·05.

# 4s. 8d. per oz.

(For Diamonds, &c., for "oz." read "grain.")

| OUNCES. | | | | TENTHS. | | | | HUNDREDTHS. | | | | THOUSANDTHS. | | | |
|---|---|---|---|---|---|---|---|---|---|---|---|---|---|---|---|
| oz. | £ | s. | d. | | £ | s. | d. | | £ | s. | d. | | £ | s. | d. |
| 1 | 0 | 4 | 8 | ·1 | 0 | 0 | 5½ | ·01 | 0 | 0 | 0½ | ·001 | 0 | 0 | 0 |
| 2 | 0 | 9 | 4 | ·2 | 0 | 0 | 11¼ | ·02 | 0 | 0 | 1 | ·002 | 0 | 0 | 0 |
| 3 | 0 | 14 | 0 | ·3 | 0 | 1 | 4¾ | ·03 | 0 | 0 | 1¾ | ·003 | 0 | 0 | 0¼ |
| 4 | 0 | 18 | 8 | ·4 | 0 | 1 | 10½ | ·04 | 0 | 0 | 2¼ | ·004 | 0 | 0 | 0¼ |
| 5 | 1 | 3 | 4 | ·5 | 0 | 2 | 4 | ·05 | 0 | 0 | 2¾ | ·005 | 0 | 0 | 0¼ |
| 6 | 1 | 8 | 0 | ·6 | 0 | 2 | 9½ | ·06 | 0 | 0 | 3¼ | ·006 | 0 | 0 | 0¼ |
| 7 | 1 | 12 | 8 | ·7 | 0 | 3 | 3¼ | ·07 | 0 | 0 | 4 | ·007 | 0 | 0 | 0½ |
| 8 | 1 | 17 | 4 | ·8 | 0 | 3 | 8¾ | ·08 | 0 | 0 | 4½ | ·008 | 0 | 0 | 0½ |
| 9 | 2 | 2 | 0 | ·9 | 0 | 4 | 2½ | ·09 | 0 | 0 | 5 | ·009 | 0 | 0 | 0½ |
| 10 | 2 | 6 | 8 | OUNCES. | | | | OUNCES. | | | | OUNCES. | | | |
| 11 | 2 | 11 | 4 | | | | | | | | | | | | |
| 12 | 2 | 16 | 0 | 25 | 5 | 16 | 8 | 38 | 8 | 17 | 4 | 55 | 12 | 16 | 8 |
| 13 | 3 | 0 | 8 | 26 | 6 | 1 | 4 | 39 | 9 | 2 | 0 | 60 | 14 | 0 | 0 |
| 14 | 3 | 5 | 4 | 27 | 6 | 6 | 0 | 40 | 9 | 6 | 8 | 65 | 15 | 3 | 4 |
| 15 | 3 | 10 | 0 | 28 | 6 | 10 | 8 | 41 | 9 | 11 | 4 | 70 | 16 | 6 | 8 |
| 16 | 3 | 14 | 8 | 29 | 6 | 15 | 4 | 42 | 9 | 16 | 0 | 75 | 17 | 10 | 0 |
| 17 | 3 | 19 | 4 | 30 | 7 | 0 | 0 | 43 | 10 | 0 | 8 | 80 | 18 | 13 | 4 |
| 18 | 4 | 4 | 0 | 31 | 7 | 4 | 8 | 44 | 10 | 5 | 4 | 85 | 19 | 16 | 8 |
| 19 | 4 | 8 | 8 | 32 | 7 | 9 | 4 | 45 | 10 | 10 | 0 | 90 | 21 | 0 | 0 |
| 20 | 4 | 13 | 4 | 33 | 7 | 14 | 0 | 46 | 10 | 14 | 8 | 100 | 23 | 6 | 8 |
| 21 | 4 | 18 | 0 | 34 | 7 | 18 | 8 | 47 | 10 | 19 | 4 | 200 | 46 | 13 | 4 |
| 22 | 5 | 2 | 8 | 35 | 8 | 3 | 4 | 48 | 11 | 4 | 0 | 300 | 70 | 0 | 0 |
| 23 | 5 | 7 | 4 | 36 | 8 | 8 | 0 | 49 | 11 | 8 | 8 | 400 | 93 | 6 | 8 |
| 24 | 5 | 12 | 0 | 37 | 8 | 12 | 8 | 50 | 11 | 13 | 4 | 500 | 116 | 13 | 4 |

1 grain=two-onethousandths of oz. troy or ·002.

1 carat=3·166 grains.

1 pennyweight=five-onehundredths of oz. troy or ·05.

# 4s. 9d. per oz.

(For Diamonds, &c., for " oz." read " grain.")

| OUNCES. | | | | TENTHS. | | | | HUNDREDTHS. | | | | THOUSANDTHS. | | | |
|---|---|---|---|---|---|---|---|---|---|---|---|---|---|---|---|
| *oz.* | £ | *s.* | *d.* | | £ | *s.* | *d.* | | £ | *s.* | *d.* | | £ | *s.* | *d.* |
| 1 | 0 | 4 | 9 | ·1 | 0 | 0 | 5¾ | ·01 | 0 | 0 | 0½ | ·001 | 0 | 0 | 0 |
| 2 | 0 | 9 | 6 | ·2 | 0 | 0 | 11½ | ·02 | 0 | 0 | 1¼ | ·002 | 0 | 0 | 0 |
| 3 | 0 | 14 | 3 | ·3 | 0 | 1 | 5 | ·03 | 0 | 0 | 1¾ | ·003 | 0 | 0 | 0¼ |
| 4 | 0 | 19 | 0 | ·4 | 0 | 1 | 10¾ | ·04 | 0 | 0 | 2¼ | ·004 | 0 | 0 | 0¼ |
| 5 | 1 | 3 | 9 | ·5 | 0 | 2 | 4½ | ·05 | 0 | 0 | 2¾ | ·005 | 0 | 0 | 0¼ |
| 6 | 1 | 8 | 6 | ·6 | 0 | 2 | 10¼ | ·06 | 0 | 0 | 3½ | ·006 | 0 | 0 | 0¼ |
| 7 | 1 | 13 | 3 | ·7 | 0 | 3 | 4 | ·07 | 0 | 0 | 4 | ·007 | 0 | 0 | 0½ |
| 8 | 1 | 18 | 0 | ·8 | 0 | 3 | 9½ | ·08 | 0 | 0 | 4½ | ·008 | 0 | 0 | 0½ |
| 9 | 2 | 2 | 9 | ·9 | 0 | 4 | 3¼ | ·09 | 0 | 0 | 5¼ | ·009 | 0 | 0 | 0½ |
| 10 | 2 | 7 | 6 | | | | | | | | | | | | |
| 11 | 2 | 12 | 3 | OUNCES. | | | | OUNCES. | | | | OUNCES. | | | |
| 12 | 2 | 17 | 0 | 25 | 5 | 18 | 9 | 38 | 9 | 0 | 6 | 55 | 13 | 1 | 3 |
| 13 | 3 | 1 | 9 | 26 | 6 | 3 | 6 | 39 | 9 | 5 | 3 | 60 | 14 | 5 | 0 |
| 14 | 3 | 6 | 6 | 27 | 6 | 8 | 3 | 40 | 9 | 10 | 0 | 65 | 15 | 8 | 9 |
| 15 | 3 | 11 | 3 | 28 | 6 | 13 | 0 | 41 | 9 | 14 | 9 | 70 | 16 | 12 | 6 |
| 16 | 3 | 16 | 0 | 29 | 6 | 17 | 9 | 42 | 9 | 19 | 6 | 75 | 17 | 16 | 3 |
| 17 | 4 | 0 | 9 | 30 | 7 | 2 | 6 | 43 | 10 | 4 | 3 | 80 | 19 | 0 | 0 |
| 18 | 4 | 5 | 6 | 31 | 7 | 7 | 3 | 44 | 10 | 9 | 0 | 85 | 20 | 3 | 9 |
| 19 | 4 | 10 | 3 | 32 | 7 | 12 | 0 | 45 | 10 | 13 | 9 | 90 | 21 | 7 | 6 |
| 20 | 4 | 15 | 0 | 33 | 7 | 16 | 9 | 46 | 10 | 18 | 6 | 100 | 23 | 15 | 0 |
| 21 | 4 | 19 | 9 | 34 | 8 | 1 | 6 | 47 | 11 | 3 | 3 | 200 | 47 | 10 | 0 |
| 22 | 5 | 4 | 6 | 35 | 8 | 6 | 3 | 48 | 11 | 8 | 0 | 300 | 71 | 5 | 0 |
| 23 | 5 | 9 | 3 | 36 | 8 | 11 | 0 | 49 | 11 | 12 | 9 | 400 | 95 | 0 | 0 |
| 24 | 5 | 14 | 0 | 37 | 8 | 15 | 9 | 50 | 11 | 17 | 6 | 500 | 118 | 15 | 0 |

1 grain=two-onethousandths of oz. troy or ·002.

1 carat=3·166 grains.

1 pennyweight=five-onehundredths of oz. troy or ·05.

# 4s. 10d. per oz.

(For, Diamonds, &c., for "oz." read "grain.")

| OUNCES. | | | | TENTHS. | | | | HUNDREDTHS. | | | | THOUSANDTHS. | | | |
|---|---|---|---|---|---|---|---|---|---|---|---|---|---|---|---|
| oz. | £ | s. | d. | | £ | s. | d. | | £ | s. | d. | | £ | s. | d. |
| 1 | 0 | 4 | 10 | ·1 | 0 | 0 | 5¾ | ·01 | 0 | 0 | 0½ | ·001 | 0 | 0 | 0 |
| 2 | 0 | 9 | 8 | ·2 | 0 | 0 | 11½ | ·02 | 0 | 0 | 1¼ | ·002 | 0 | 0 | 0 |
| 3 | 0 | 14 | 6 | ·3 | 0 | 1 | 5½ | ·03 | 0 | 0 | 1¾ | ·003 | 0 | 0 | 0¼ |
| 4 | 0 | 19 | 4 | ·4 | 0 | 1 | 11¼ | ·04 | 0 | 0 | 2¼ | ·004 | 0 | 0 | 0¼ |
| 5 | 1 | 4 | 2 | ·5 | 0 | 2 | 5 | ·05 | 0 | 0 | 3 | ·005 | 0 | 0 | 0¼ |
| 6 | 1 | 9 | 0 | ·6 | 0 | 2 | 10¾ | ·06 | 0 | 0 | 3½ | ·006 | 0 | 0 | 0¼ |
| 7 | 1 | 13 | 10 | ·7 | 0 | 3 | 4½ | ·07 | 0 | 0 | 4 | ·007 | 0 | 0 | 0½ |
| 8 | 1 | 18 | 8 | ·8 | 0 | 3 | 10½ | ·08 | 0 | 0 | 4¾ | ·008 | 0 | 0 | 0½ |
| 9 | 2 | 3 | 6 | ·9 | 0 | 4 | 4¼ | ·09 | 0 | 0 | 5¼ | ·009 | 0 | 0 | 0½ |
| 10 | 2 | 8 | 4 | OUNCES. | | | | OUNCES. | | | | OUNCES. | | | |
| 11 | 2 | 13 | 2 | | | | | | | | | | | | |
| 12 | 2 | 18 | 0 | 25 | 6 | 0 | 10 | 38 | 9 | 3 | 8 | 55 | 13 | 5 | 10 |
| 13 | 3 | 2 | 10 | 26 | 6 | 5 | 8 | 39 | 9 | 8 | 6 | 60 | 14 | 10 | 0 |
| 14 | 3 | 7 | 8 | 27 | 6 | 10 | 6 | 40 | 9 | 13 | 4 | 65 | 15 | 14 | 2 |
| 15 | 3 | 12 | 6 | 28 | 6 | 15 | 4 | 41 | 9 | 18 | 2 | 70 | 16 | 18 | 4 |
| 16 | 3 | 17 | 4 | 29 | 7 | 0 | 2 | 42 | 10 | 3 | 0 | 75 | 18 | 2 | 6 |
| 17 | 4 | 2 | 2 | 30 | 7 | 5 | 0 | 43 | 10 | 7 | 10 | 80 | 19 | 6 | 8 |
| 18 | 4 | 7 | 0 | 31 | 7 | 9 | 10 | 44 | 10 | 12 | 8 | 85 | 20 | 10 | 10 |
| 19 | 4 | 11 | 10 | 32 | 7 | 14 | 8 | 45 | 10 | 17 | 6 | 90 | 21 | 15 | 0 |
| 20 | 4 | 16 | 8 | 33 | 7 | 19 | 6 | 46 | 11 | 2 | 4 | 100 | 24 | 3 | 4 |
| 21 | 5 | 1 | 6 | 34 | 8 | 4 | 4 | 47 | 11 | 7 | 2 | 200 | 48 | 6 | 8 |
| 22 | 5 | 6 | 4 | 35 | 8 | 9 | 2 | 48 | 11 | 12 | 0 | 300 | 72 | 10 | 0 |
| 23 | 5 | 11 | 2 | 36 | 8 | 14 | 0 | 49 | 11 | 16 | 10 | 400 | 96 | 13 | 4 |
| 24 | 5 | 16 | 0 | 37 | 8 | 18 | 10 | 50 | 12 | 1 | 8 | 500 | 120 | 16 | 8 |

1 grain = two-onethousandths of oz. troy or ·002.

1 carat = 3·166 grains.

1 pennyweight = five-onehundredths of oz. troy or ·05.

# 4s. 11d per oz.

(For Diamonds, &c., for "oz." read "grain.")

| OUNCES. | | | | TENTHS. | | | | HUNDREDTHS. | | | | THOUSANDTHS. | | | |
|---|---|---|---|---|---|---|---|---|---|---|---|---|---|---|---|
| *oz.* | £ | *s.* | *d.* | | £ | *s.* | *d.* | | £ | *s.* | *d.* | | £ | *s.* | *d.* |
| 1 | 0 | 4 | 11 | ·1 | 0 | 0 | 6 | ·01 | 0 | 0 | $0\frac{1}{2}$ | ·001 | 0 | 0 | 0 |
| 2 | 0 | 9 | 10 | ·2 | 0 | 0 | $11\frac{3}{4}$ | ·02 | 0 | 0 | $1\frac{1}{4}$ | ·002 | 0 | 0 | 0 |
| 3 | 0 | 14 | 9 | ·3 | 0 | 1 | $5\frac{3}{4}$ | ·03 | 0 | 0 | $1\frac{3}{4}$ | ·003 | 0 | 0 | $0\frac{1}{4}$ |
| 4 | 0 | 19 | 8 | ·4 | 0 | 1 | $11\frac{1}{2}$ | ·04 | 0 | 0 | $2\frac{1}{4}$ | ·004 | 0 | 0 | $0\frac{1}{4}$ |
| 5 | 1 | 4 | 7 | ·5 | 0 | 2 | $5\frac{1}{2}$ | ·05 | 0 | 0 | 3 | ·005 | 0 | 0 | $0\frac{1}{4}$ |
| 6 | 1 | 9 | 6 | ·6 | 0 | 2 | $11\frac{1}{2}$ | ·06 | 0 | 0 | $3\frac{1}{2}$ | ·006 | 0 | 0 | $0\frac{1}{4}$ |
| 7 | 1 | 14 | 5 | ·7 | 0 | 3 | $5\frac{1}{4}$ | ·07 | 0 | 0 | $4\frac{1}{4}$ | ·007 | 0 | 0 | $0\frac{1}{2}$ |
| 8 | 1 | 19 | 4 | ·8 | 0 | 3 | $11\frac{1}{4}$ | ·08 | 0 | 0 | $4\frac{3}{4}$ | ·008 | 0 | 0 | $0\frac{1}{2}$ |
| 9 | 2 | 4 | 3 | ·9 | 0 | 4 | 5 | ·09 | 0 | 0 | $5\frac{1}{4}$ | ·009 | 0 | 0 | $0\frac{1}{2}$ |
| 10 | 2 | 9 | 2 | OUNCES. | | | | OUNCES. | | | | OUNCES. | | | |
| 11 | 2 | 14 | 1 | | | | | | | | | | | | |
| 12 | 2 | 19 | 0 | 25 | 6 | 2 | 11 | 38 | 9 | 6 | 10 | 55 | 13 | 10 | 5 |
| 13 | 3 | 3 | 11 | 26 | 6 | 7 | 10 | 39 | 9 | 11 | 9 | 60 | 14 | 15 | 0 |
| 14 | 3 | 8 | 10 | 27 | 6 | 12 | 9 | 40 | 9 | 16 | 8 | 65 | 15 | 19 | 7 |
| 15 | 3 | 13 | 9 | 28 | 6 | 17 | 8 | 41 | 10 | 1 | 7 | 70 | 17 | 4 | 2 |
| 16 | 3 | 18 | 8 | 29 | 7 | 2 | 7 | 42 | 10 | 6 | 6 | 75 | 18 | 8 | 9 |
| 17 | 4 | 3 | 7 | 30 | 7 | 7 | 6 | 43 | 10 | 11 | 5 | 80 | 19 | 13 | 4 |
| 18 | 4 | 8 | 6 | 31 | 7 | 12 | 5 | 44 | 10 | 16 | 4 | 85 | 20 | 17 | 11 |
| 19 | 4 | 13 | 5 | 32 | 7 | 17 | 4 | 45 | 11 | 1 | 3 | 90 | 22 | 2 | 6 |
| 20 | 4 | 18 | 4 | 33 | 8 | 2 | 3 | 46 | 11 | 6 | 2 | 100 | 24 | 11 | 8 |
| 21 | 5 | 3 | 3 | 34 | 8 | 7 | 2 | 47 | 11 | 11 | 1 | 200 | 49 | 3 | 4 |
| 22 | 5 | 8 | 2 | 35 | 8 | 12 | 1 | 48 | 11 | 16 | 0 | 300 | 73 | 15 | 0 |
| 23 | 5 | 13 | 1 | 36 | 8 | 17 | 0 | 49 | 12 | 0 | 11 | 400 | 98 | 6 | 8 |
| 24 | 5 | 18 | 0 | 37 | 9 | 1 | 11 | 50 | 12 | 5 | 10 | 500 | 122 | 18 | 4 |

1 grain = two-onethousandths of oz. troy or ·002.

1 carat = 3·166 grains.

1 pennyweight = five-onehundredths of oz. troy or ·05.

# 5s. 0d. per oz.

(For Diamonds, &c., for "oz." read "grain.")

| OUNCES. | | | | TENTHS. | | | | HUNDREDTHS. | | | | THOUSANDTHS. | | | |
|---|---|---|---|---|---|---|---|---|---|---|---|---|---|---|---|
| oz. | £ | s. | d. | | £ | s. | d. | | £ | s. | d. | | £ | s. | d. |
| 1 | 0 | 5 | 0 | ·1 | 0 | 0 | 6 | ·01 | 0 | 0 | 0½ | ·001 | 0 | 0 | 0 |
| 2 | 0 | 10 | 0 | ·2 | 0 | 1 | 0 | ·02 | 0 | 0 | 1¼ | ·002 | 0 | 0 | 0 |
| 3 | 0 | 15 | 0 | ·3 | 0 | 1 | 6 | ·03 | 0 | 0 | 1¾ | ·003 | 0 | 0 | 0¼ |
| 4 | 1 | 0 | 0 | ·4 | 0 | 2 | 0 | ·04 | 0 | 0 | 2½ | ·004 | 0 | 0 | 0¼ |
| 5 | 1 | 5 | 0 | ·5 | 0 | 2 | 6 | ·05 | 0 | 0 | 3 | ·005 | 0 | 0 | 0¼ |
| 6 | 1 | 10 | 0 | ·6 | 0 | 3 | 0 | ·06 | 0 | 0 | 3½ | ·006 | 0 | 0 | 0¼ |
| 7 | 1 | 15 | 0 | ·7 | 0 | 3 | 6 | ·07 | 0 | 0 | 4¼ | ·007 | 0 | 0 | 0½ |
| 8 | 2 | 0 | 0 | ·8 | 0 | 4 | 0 | ·08 | 0 | 0 | 4¾ | ·008 | 0 | 0 | 0½ |
| 9 | 2 | 5 | 0 | ·9 | 0 | 4 | 6 | ·09 | 0 | 0 | 5½ | ·009 | 0 | 0 | 0½ |
| 10 | 2 | 10 | 0 | OUNCES. | | | | OUNCES. | | | | OUNCES. | | | |
| 11 | 2 | 15 | 0 | | | | | | | | | | | | |
| 12 | 3 | 0 | 0 | 25 | 6 | 5 | 0 | 38 | 9 | 10 | 0 | 55 | 13 | 15 | 0 |
| 13 | 3 | 5 | 0 | 26 | 6 | 10 | 0 | 39 | 9 | 15 | 0 | 60 | 15 | 0 | 0 |
| 14 | 3 | 10 | 0 | 27 | 6 | 15 | 0 | 40 | 10 | 0 | 0 | 65 | 16 | 5 | 0 |
| 15 | 3 | 15 | 0 | 28 | 7 | 0 | 0 | 41 | 10 | 5 | 0 | 70 | 17 | 10 | 0 |
| 16 | 4 | 0 | 0 | 29 | 7 | 5 | 0 | 42 | 10 | 10 | 0 | 75 | 18 | 15 | 0 |
| 17 | 4 | 5 | 0 | 30 | 7 | 10 | 0 | 43 | 10 | 15 | 0 | 80 | 20 | 0 | 0 |
| 18 | 4 | 10 | 0 | 31 | 7 | 15 | 0 | 44 | 11 | 0 | 0 | 85 | 21 | 5 | 0 |
| 19 | 4 | 15 | 0 | 32 | 8 | 0 | 0 | 45 | 11 | 5 | 0 | 90 | 22 | 10 | 0 |
| 20 | 5 | 0 | 0 | 33 | 8 | 5 | 0 | 46 | 11 | 10 | 0 | 100 | 25 | 0 | 0 |
| 21 | 5 | 5 | 0 | 34 | 8 | 10 | 0 | 47 | 11 | 15 | 0 | 200 | 50 | 0 | 0 |
| 22 | 5 | 10 | 0 | 35 | 8 | 15 | 0 | 48 | 12 | 0 | 0 | 300 | 75 | 0 | 0 |
| 23 | 5 | 15 | 0 | 36 | 9 | 0 | 0 | 49 | 12 | 5 | 0 | 400 | 100 | 0 | 0 |
| 24 | 6 | 0 | 0 | 37 | 9 | 5 | 0 | 50 | 12 | 10 | 0 | 500 | 125 | 0 | 0 |

1 grain = two-onethousandths of oz. troy or ·002.

1 carat = 3·166 grains.

1 pennyweight = five-onehundredths of oz. troy or ·05.

# 5s. 1d. per oz.

(For Diamonds, &c., for " oz " read " grain.")

| OUNCES. | | | | TENTHS. | | | | HUNDREDTHS. | | | | THOUSANDTHS. | | | |
|---|---|---|---|---|---|---|---|---|---|---|---|---|---|---|---|
| *oz.* | £ | *s.* | *d.* | | £ | *s.* | *d.* | | £ | *s.* | *d.* | | £ | *s.* | *d.* |
| 1 | 0 | 5 | 1 | ·1 | 0 | 0 | 6 | ·01 | 0 | 0 | 0½ | ·001 | 0 | 0 | 0 |
| 2 | 0 | 10 | 2 | ·2 | 0 | 1 | 0¼ | ·02 | 0 | 0 | 1¼ | ·002 | 0 | 0 | 0 |
| 3 | 0 | 15 | 3 | ·3 | 0 | 1 | 6¼ | ·03 | 0 | 0 | 1¾ | ·003 | 0 | 0 | 0¼ |
| 4 | 1 | 0 | 4 | ·4 | 0 | 2 | 0½ | ·04 | 0 | 0 | 2½ | ·004 | 0 | 0 | 0¼ |
| 5 | 1 | 5 | 5 | ·5 | 0 | 2 | 6½ | ·05 | 0 | 0 | 3 | ·005 | 0 | 0 | 0¼ |
| 6 | 1 | 10 | 6 | ·6 | 0 | 3 | 0½ | ·06 | 0 | 0 | 3¾ | ·006 | 0 | 0 | 0¼ |
| 7 | 1 | 15 | 7 | ·7 | 0 | 3 | 6¾ | ·07 | 0 | 0 | 4¼ | ·007 | 0 | 0 | 0½ |
| 8 | 2 | 0 | 8 | ·8 | 0 | 4 | 0¾ | ·08 | 0 | 0 | 5 | ·008 | 0 | 0 | 0½ |
| 9 | 2 | 5 | 9 | ·9 | 0 | 4 | 7 | ·09 | 0 | 0 | 5½ | ·009 | 0 | 0 | 0½ |
| 10 | 2 | 10 | 10 | OUNCES. | | | | OUNCES. | | | | OUNCES. | | | |
| 11 | 2 | 15 | 11 | | | | | | | | | | | | |
| 12 | 3 | 1 | 0 | 25 | 6 | 7 | 1 | 38 | 9 | 13 | 2 | 55 | 13 | 19 | 7 |
| 13 | 3 | 6 | 1 | 26 | 6 | 12 | 2 | 39 | 9 | 18 | 3 | 60 | 15 | 5 | 0 |
| 14 | 3 | 11 | 2 | 27 | 6 | 17 | 3 | 40 | 10 | 3 | 4 | 65 | 16 | 10 | 5 |
| 15 | 3 | 16 | 3 | 28 | 7 | 2 | 4 | 41 | 10 | 8 | 5 | 70 | 17 | 15 | 10 |
| 16 | 4 | 1 | 4 | 29 | 7 | 7 | 5 | 42 | 10 | 13 | 6 | 75 | 19 | 1 | 3 |
| 17 | 4 | 6 | 5 | 30 | 7 | 12 | 6 | 43 | 10 | 18 | 7 | 80 | 20 | 6 | 8 |
| 18 | 4 | 11 | 6 | 31 | 7 | 17 | 7 | 44 | 11 | 3 | 8 | 85 | 21 | 12 | 1 |
| 19 | 4 | 16 | 7 | 32 | 8 | 2 | 8 | 45 | 11 | 8 | 9 | 90 | 22 | 17 | 6 |
| 20 | 5 | 1 | 8 | 33 | 8 | 7 | 9 | 46 | 11 | 13 | 10 | 100 | 25 | 8 | 4 |
| 21 | 5 | 6 | 9 | 34 | 8 | 12 | 10 | 47 | 11 | 18 | 11 | 200 | 50 | 16 | 8 |
| 22 | 5 | 11 | 10 | 35 | 8 | 17 | 11 | 48 | 12 | 4 | 0 | 300 | 76 | 5 | 0 |
| 23 | 5 | 16 | 11 | 36 | 9 | 3 | 0 | 49 | 12 | 9 | 1 | 400 | 101 | 13 | 4 |
| 24 | 6 | 2 | 0 | 37 | 9 | 8 | 1 | 50 | 12 | 14 | 2 | 500 | 127 | 1 | 8 |

1 grain=two-onethousandths of oz. troy or ·002.

1 carat=3·166 grains.

1 pennyweight=five-onehundredths of oz. troy or ·05.

# 5s. 2d. per oz.

(For Diamonds, &c., for "oz." read "grain.")

| OUNCES. | | | | TENTHS. | | | | HUNDREDTHS. | | | | THOUSANDTHS. | | | |
|---|---|---|---|---|---|---|---|---|---|---|---|---|---|---|---|
| oz. | £ | s. | d. | | £ | s. | d. | | £ | s. | d. | | £ | s. | d. |
| 1 | 0 | 5 | 2 | ·1 | 0 | 0 | 6¼ | 01 | 0 | 0 | 0½ | ·001 | 0 | 0 | 0 |
| 2 | 0 | 10 | 4 | ·2 | 0 | 1 | 0½ | ·02 | 0 | 0 | 1¼ | ·002 | 0 | 0 | 0 |
| 3 | 0 | 15 | 6 | ·3 | 0 | 1 | 6½ | ·03 | 0 | 0 | 1¾ | ·003 | 0 | 0 | 0¼ |
| 4 | 1 | 0 | 8 | ·4 | 0 | 2 | 0¾ | ·04 | 0 | 0 | 2½ | 004 | 0 | 0 | 0¼ |
| 5 | 1 | 5 | 10 | ·5 | 0 | 2 | 7 | ·05 | 0 | 0 | 3 | ·005 | 0 | 0 | 0¼ |
| 6 | 1 | 11 | 0 | ·6 | 0 | 3 | 1¼ | ·06 | 0 | 0 | 3¾ | ·006 | 0 | 0 | 0¼ |
| 7 | 1 | 16 | 2 | ·7 | 0 | 3 | 7½ | ·07 | 0 | 0 | 4¼ | ·007 | 0 | 0 | 0½ |
| 8 | 2 | 1 | 4 | ·8 | 0 | 4 | 1½ | ·08 | 0 | 0 | 5 | ·008 | 0 | 0 | 0½ |
| 9 | 2 | 6 | 6 | ·9 | 0 | 4 | 7¾ | ·09 | 0 | 0 | 5½ | ·009 | 0 | 0 | 0½ |

| OUNCES. | | | | OUNCES. | | | | OUNCES. | | | | OUNCES. | | | |
|---|---|---|---|---|---|---|---|---|---|---|---|---|---|---|---|
| 10 | 2 | 11 | 8 | | | | | | | | | | | | |
| 11 | 2 | 16 | 10 | | | | | | | | | | | | |
| 12 | 3 | 2 | 0 | 25 | 6 | 9 | 2 | 38 | 9 | 16 | 4 | 55 | 14 | 4 | 2 |
| 13 | 3 | 7 | 2 | 26 | 6 | 14 | 4 | 39 | 10 | 1 | 6 | 60 | 15 | 10 | 0 |
| 14 | 3 | 12 | 4 | 27 | 6 | 19 | 6 | 40 | 10 | 6 | 8 | 65 | 16 | 15 | 10 |
| 15 | 3 | 17 | 6 | 28 | 7 | 4 | 8 | 41 | 10 | 11 | 10 | 70 | 18 | 1 | 8 |
| 16 | 4 | 2 | 8 | 29 | 7 | 9 | 10 | 42 | 10 | 17 | 0 | 75 | 19 | 7 | 6 |
| 17 | 4 | 7 | 10 | 30 | 7 | 15 | 0 | 43 | 11 | 2 | 2 | 80 | 20 | 13 | 4 |
| 18 | 4 | 13 | 0 | 31 | 8 | 0 | 2 | 44 | 11 | 7 | 4 | 85 | 21 | 19 | 2 |
| 19 | 4 | 18 | 2 | 32 | 8 | 5 | 4 | 45 | 11 | 12 | 6 | 90 | 23 | 5 | 0 |
| 20 | 5 | 3 | 4 | 33 | 8 | 10 | 6 | 46 | 11 | 17 | 8 | 100 | 25 | 16 | 8 |
| 21 | 5 | 8 | 6 | 34 | 8 | 15 | 8 | 47 | 12 | 2 | 10 | 200 | 51 | 13 | 4 |
| 22 | 5 | 13 | 8 | 35 | 9 | 0 | 10 | 48 | 12 | 8 | 0 | 300 | 77 | 10 | 0 |
| 23 | 5 | 18 | 10 | 36 | 9 | 6 | 0 | 49 | 12 | 13 | 2 | 400 | 103 | 6 | 8 |
| 24 | 6 | 4 | 0 | 37 | 9 | 11 | 2 | 50 | 12 | 18 | 4 | 500 | 129 | 3 | 4 |

1 grain=two-onethousandths of oz. troy or ·002.

1 carat=3·166 grains.

1 pennyweight=five onehundredths of oz. troy or ·05.

# 5s. 3d. per oz.

(For Diamonds, &c., for "oz." read "grain.")

| OUNCES. | | | | TENTHS. | | | | HUNDREDTHS. | | | | THOUSANDTHS. | | | |
|---|---|---|---|---|---|---|---|---|---|---|---|---|---|---|---|
| oz. | £ | s. | d. | | £ | s. | d. | | £ | s. | d. | | £ | s. | d. |
| 1 | 0 | 5 | 3 | ·1 | 0 | 0 | 6¼ | ·01 | 0 | 0 | 0¾ | ·001 | 0 | 0 | 0 |
| 2 | 0 | 10 | 6 | ·2 | 0 | 1 | 0½ | ·02 | 0 | 0 | 1¼ | ·002 | 0 | 0 | 0¼ |
| 3 | 0 | 15 | 9 | ·3 | 0 | 1 | 7 | ·03 | 0 | 0 | 2 | ·003 | 0 | 0 | 0¼ |
| 4 | 1 | 1 | 0 | ·4 | 0 | 2 | 1¼ | ·04 | 0 | 0 | 2½ | ·004 | 0 | 0 | 0¼ |
| 5 | 1 | 6 | 3 | ·5 | 0 | 2 | 7½ | ·05 | 0 | 0 | 3¼ | ·005 | 0 | 0 | 0¼ |
| 6 | 1 | 11 | 6 | ·6 | 0 | 3 | 1¾ | ·06 | 0 | 0 | 3¾ | ·006 | 0 | 0 | 0½ |
| 7 | 1 | 16 | 9 | ·7 | 0 | 3 | 8 | ·07 | 0 | 0 | 4½ | ·007 | 0 | 0 | 0½ |
| 8 | 2 | 2 | 0 | ·8 | 0 | 4 | 2½ | ·08 | 0 | 0 | 5 | ·008 | 0 | 0 | 0½ |
| 9 | 2 | 7 | 3 | ·9 | 0 | 4 | 8¾ | ·09 | 0 | 0 | 5¾ | ·009 | 0 | 0 | 0½ |
| 10 | 2 | 12 | 6 | OUNCES. | | | | OUNCES. | | | | OUNCES. | | | |
| 11 | 2 | 17 | 9 | | | | | | | | | | | | |
| 12 | 3 | 3 | 0 | 25 | 6 | 11 | 3 | 38 | 9 | 19 | 6 | 55 | 14 | 8 | 9 |
| 13 | 3 | 8 | 3 | 26 | 6 | 16 | 6 | 39 | 10 | 4 | 9 | 60 | 15 | 15 | 0 |
| 14 | 3 | 13 | 6 | 27 | 7 | 1 | 9 | 40 | 10 | 10 | 0 | 65 | 17 | 1 | 3 |
| 15 | 3 | 18 | 9 | 28 | 7 | 7 | 0 | 41 | 10 | 15 | 3 | 70 | 18 | 7 | 6 |
| 16 | 4 | 4 | 0 | 29 | 7 | 12 | 3 | 42 | 11 | 0 | 6 | 75 | 19 | 13 | 9 |
| 17 | 4 | 9 | 3 | 30 | 7 | 17 | 6 | 43 | 11 | 5 | 9 | 80 | 21 | 0 | 0 |
| 18 | 4 | 14 | 6 | 31 | 8 | 2 | 9 | 44 | 11 | 11 | 0 | 85 | 22 | 6 | 3 |
| 19 | 4 | 19 | 9 | 32 | 8 | 8 | 0 | 45 | 11 | 16 | 3 | 90 | 23 | 12 | 6 |
| 20 | 5 | 5 | 0 | 33 | 8 | 13 | 3 | 46 | 12 | 1 | 6 | 100 | 26 | 5 | 0 |
| 21 | 5 | 10 | 3 | 34 | 8 | 18 | 6 | 47 | 12 | 6 | 9 | 200 | 52 | 10 | 0 |
| 22 | 5 | 15 | 6 | 35 | 9 | 3 | 9 | 48 | 12 | 12 | 0 | 300 | 78 | 15 | 0 |
| 23 | 6 | 0 | 9 | 36 | 9 | 9 | 0 | 49 | 12 | 17 | 3 | 400 | 105 | 0 | 0 |
| 24 | 6 | 6 | 0 | 37 | 9 | 14 | 3 | 50 | 13 | 2 | 6 | 500 | 131 | 5 | 0 |

1 grain = two-onethousandths of oz. troy or ·002.

1 carat = 3·166 grains.

1 pennyweight = five-onehundredths of oz. troy or ·05.

# 5s. 4d. per oz.

(For Diamonds, &c., for "oz." read "grain.")

| OUNCES. | | | | TENTHS. | | | | HUNDREDTHS. | | | | THOUSANDTHS. | | | |
|---|---|---|---|---|---|---|---|---|---|---|---|---|---|---|---|
| oz. | £ | s. | d. | | £ | s. | d. | | £ | s. | d. | | £ | s. | d. |
| 1 | 0 | 5 | 4 | ·1 | 0 | 0 | 6½ | ·01 | 0 | 0 | 0¾ | ·001 | 0 | 0 | 0 |
| 2 | 0 | 10 | 8 | ·2 | 0 | 1 | 0¾ | ·02 | 0 | 0 | 1¼ | ·002 | 0 | 0 | 0¼ |
| 3 | 0 | 16 | 0 | ·3 | 0 | 1 | 7¼ | ·03 | 0 | 0 | 2 | ·003 | 0 | 0 | 0¼ |
| 4 | 1 | 1 | 4 | ·4 | 0 | 2 | 1½ | ·04 | 0 | 0 | 2½ | ·004 | 0 | 0 | 0¼ |
| 5 | 1 | 6 | 8 | ·5 | 0 | 2 | 8 | ·05 | 0 | 0 | 3¼ | ·005 | 0 | 0 | 0¼ |
| 6 | 1 | 12 | 0 | ·6 | 0 | 3 | 2½ | ·06 | 0 | 0 | 3¾ | ·006 | 0 | 0 | 0½ |
| 7 | 1 | 17 | 4 | ·7 | 0 | 3 | 8¾ | ·07 | 0 | 0 | 4½ | ·007 | 0 | 0 | 0½ |
| 8 | 2 | 2 | 8 | ·8 | 0 | 4 | 3¼ | ·08 | 0 | 0 | 5 | ·008 | 0 | 0 | 0½ |
| 9 | 2 | 8 | 0 | ·9 | 0 | 4 | 9½ | ·09 | 0 | 0 | 5¾ | ·009 | 0 | 0 | 0½ |
| 10 | 2 | 13 | 4 | OUNCES. | | | | OUNCES. | | | | OUNCES. | | | |
| 11 | 2 | 18 | 8 | | | | | | | | | | | | |
| 2 | 3 | 4 | 0 | 25 | 6 | 13 | 4 | 38 | 10 | 2 | 8 | 55 | 14 | 13 | 4 |
| 3 | 3 | 9 | 4 | 26 | 6 | 18 | 8 | 39 | 10 | 8 | 0 | 60 | 16 | 0 | 0 |
| 4 | 3 | 14 | 8 | 27 | 7 | 4 | 0 | 40 | 10 | 13 | 4 | 65 | 17 | 6 | 8 |
| 5 | 4 | 0 | 0 | 28 | 7 | 9 | 4 | 41 | 10 | 18 | 8 | 70 | 18 | 13 | 4 |
| 6 | 4 | 5 | 4 | 29 | 7 | 14 | 8 | 42 | 11 | 4 | 0 | 75 | 20 | 0 | 0 |
| 7 | 4 | 10 | 8 | 30 | 8 | 0 | 0 | 43 | 11 | 9 | 4 | 80 | 21 | 6 | 8 |
| 8 | 4 | 16 | 0 | 31 | 8 | 5 | 4 | 44 | 11 | 14 | 8 | 85 | 22 | 13 | 4 |
| 9 | 5 | 1 | 4 | 32 | 8 | 10 | 8 | 45 | 12 | 0 | 0 | 90 | 24 | 0 | 0 |
| 0 | 5 | 6 | 8 | 33 | 8 | 16 | 0 | 46 | 12 | 5 | 4 | 100 | 26 | 13 | 4 |
| 1 | 5 | 12 | 0 | 34 | 9 | 1 | 4 | 47 | 12 | 10 | 8 | 200 | 53 | 6 | 8 |
| 2 | 5 | 17 | 4 | 35 | 9 | 6 | 8 | 48 | 12 | 16 | 0 | 300 | 80 | 0 | 0 |
| 3 | 6 | 2 | 8 | 36 | 9 | 12 | 0 | 49 | 13 | 1 | 4 | 400 | 106 | 13 | 4 |
| 4 | 6 | 8 | 0 | 37 | 9 | 17 | 4 | 50 | 13 | 6 | 8 | 500 | 133 | 6 | 8 |

1 grain = two-onethousandths of oz. troy or ·002.

1 carat = 3·166 grains.

1 pennyweight = five-onehundredths of oz. troy or ·05.

# 5s. 5d. per oz.

(For Diamonds, &c., for " oz." read " grain.")

| OUNCES. | | | | TENTHS. | | | | HUNDREDTHS. | | | | THOUSANDTHS. | | | |
|---|---|---|---|---|---|---|---|---|---|---|---|---|---|---|---|
| oz. | £ | s. | d. | | £ | s. | d. | | £ | s. | d. | | £ | s. | d. |
| 1 | 0 | 5 | 5 | ·1 | 0 | 0 | 6½ | ·01 | 0 | 0 | 0¾ | ·001 | 0 | 0 | 0 |
| 2 | 0 | 10 | 10 | ·2 | 0 | 1 | 1 | ·02 | 0 | 0 | 1¼ | ·002 | 0 | 0 | 0¼ |
| 3 | 0 | 16 | 3 | ·3 | 0 | 1 | 7½ | ·03 | 0 | 0 | 2 | ·003 | 0 | 0 | 0¼ |
| 4 | 1 | 1 | 8 | ·4 | 0 | 2 | 2 | ·04 | 0 | 0 | 2½ | ·004 | 0 | 0 | 0¼ |
| 5 | 1 | 7 | 1 | ·5 | 0 | 2 | 8½ | ·05 | 0 | 0 | 3¼ | ·005 | 0 | 0 | 0¼ |
| 6 | 1 | 12 | 6 | ·6 | 0 | 3 | 3 | ·06 | 0 | 0 | 4 | ·006 | 0 | 0 | 0½ |
| 7 | 1 | 17 | 11 | ·7 | 0 | 3 | 9½ | ·07 | 0 | 0 | 4½ | ·007 | 0 | 0 | 0½ |
| 8 | 2 | 3 | 4 | ·8 | 0 | 4 | 4 | ·08 | 0 | 0 | 5¼ | ·008 | 0 | 0 | 0½ |
| 9 | 2 | 8 | 9 | ·9 | 0 | 4 | 10½ | ·09 | 0 | 0 | 5¾ | ·009 | 0 | 0 | 0½ |
| 10 | 2 | 14 | 2 | OUNCES. | | | | OUNCES. | | | | OUNCES. | | | |
| 11 | 2 | 19 | 7 | | | | | | | | | | | | |
| 12 | 3 | 5 | 0 | 25 | 6 | 15 | 5 | 38 | 10 | 5 | 10 | 55 | 14 | 17 | 11 |
| 13 | 3 | 10 | 5 | 26 | 7 | 0 | 10 | 39 | 10 | 11 | 3 | 60 | 16 | 5 | 0 |
| 14 | 3 | 15 | 10 | 27 | 7 | 6 | 3 | 40 | 10 | 16 | 8 | 65 | 17 | 12 | 1 |
| 15 | 4 | 1 | 3 | 28 | 7 | 11 | 8 | 41 | 11 | 2 | 1 | 70 | 18 | 19 | 2 |
| 16 | 4 | 6 | 8 | 29 | 7 | 17 | 1 | 42 | 11 | 7 | 6 | 75 | 20 | 6 | 3 |
| 17 | 4 | 12 | 1 | 30 | 8 | 2 | 6 | 43 | 11 | 12 | 11 | 80 | 21 | 13 | 4 |
| 18 | 4 | 17 | 6 | 31 | 8 | 7 | 11 | 44 | 11 | 18 | 4 | 85 | 23 | 0 | 5 |
| 19 | 5 | 2 | 11 | 32 | 8 | 13 | 4 | 45 | 12 | 3 | 9 | 90 | 24 | 7 | 6 |
| 20 | 5 | 8 | 4 | 33 | 8 | 18 | 9 | 46 | 12 | 9 | 2 | 100 | 27 | 1 | 8 |
| 21 | 5 | 13 | 9 | 34 | 9 | 4 | 2 | 47 | 12 | 14 | 7 | 200 | 54 | 3 | 4 |
| 22 | 5 | 19 | 2 | 35 | 9 | 9 | 7 | 48 | 13 | 0 | 0 | 300 | 81 | 5 | 0 |
| 23 | 6 | 4 | 7 | 36 | 9 | 15 | 0 | 49 | 13 | 5 | 5 | 400 | 108 | 6 | 8 |
| 24 | 6 | 10 | 0 | 37 | 10 | 0 | 5 | 50 | 13 | 10 | 10 | 500 | 135 | 8 | 4 |

**1 grain = two-onethousandths of oz. troy or ·002.**

**1 carat = 3·166 grains.**

**1 pennyweight = five-onehundredths of oz. troy or ·05**

# 5s. 6d. per oz.

(For Diamonds, &c., for "oz." read "grain,"

| OUNCES. | | | | TENTHS. | | | | HUNDREDTHS. | | | | THOUSANDTHS. | | | |
|---|---|---|---|---|---|---|---|---|---|---|---|---|---|---|---|
| oz. | £ | s. | d. | | £ | s. | d. | | £ | s. | d. | | £ | s. | d. |
| 1 | 0 | 5 | 6 | ·1 | 0 | 0 | 6½ | ·01 | 0 | 0 | 0¾ | ·001 | 0 | 0 | 0 |
| 2 | 0 | 11 | 0 | ·2 | 0 | 1 | 1¼ | ·02 | 0 | 0 | 1¼ | ·002 | 0 | 0 | 0¼ |
| 3 | 0 | 16 | 6 | ·3 | 0 | 1 | 7¾ | ·03 | 0 | 0 | 2 | ·003 | 0 | 0 | 0¼ |
| 4 | 1 | 2 | 0 | ·4 | 0 | 2 | 2½ | ·04 | 0 | 0 | 2¾ | ·004 | 0 | 0 | 0¼ |
| 5 | 1 | 7 | 6 | ·5 | 0 | 2 | 9 | ·05 | 0 | 0 | 3¼ | ·005 | 0 | 0 | 0¼ |
| 6 | 1 | 13 | 0 | ·6 | 0 | 3 | 3½ | ·06 | 0 | 0 | 4 | ·006 | 0 | 0 | 0½ |
| 7 | 1 | 18 | 6 | ·7 | 0 | 3 | 10¼ | ·07 | 0 | 0 | 4½ | ·007 | 0 | 0 | 0½ |
| 8 | 2 | 4 | 0 | ·8 | 0 | 4 | 4¾ | ·08 | 0 | 0 | 5¼ | ·008 | 0 | 0 | 0½ |
| 9 | 2 | 9 | 6 | ·9 | 0 | 4 | 11½ | ·09 | 0 | 0 | 6 | ·009 | 0 | 0 | 0½ |
| 10 | 2 | 15 | 0 | OUNCES. | | | | OUNCES. | | | | OUNCES. | | | |
| 11 | 3 | 0 | 6 | | | | | | | | | | | | |
| 12 | 3 | 6 | 0 | 25 | 6 | 17 | 6 | 38 | 10 | 9 | 0 | 55 | 15 | 2 | 6 |
| 13 | 3 | 11 | 6 | 26 | 7 | 3 | 0 | 39 | 10 | 14 | 6 | 60 | 16 | 10 | 0 |
| 14 | 3 | 17 | 0 | 27 | 7 | 8 | 6 | 40 | 11 | 0 | 0 | 65 | 17 | 17 | 6 |
| 15 | 4 | 2 | 6 | 28 | 7 | 14 | 0 | 41 | 11 | 5 | 6 | 70 | 19 | 5 | 0 |
| 16 | 4 | 8 | 0 | 29 | 7 | 19 | 6 | 42 | 11 | 11 | 0 | 75 | 20 | 12 | 6 |
| 17 | 4 | 13 | 6 | 30 | 8 | 5 | 0 | 43 | 11 | 16 | 6 | 80 | 22 | 0 | 0 |
| 18 | 4 | 19 | 0 | 31 | 8 | 10 | 6 | 44 | 12 | 2 | 0 | 85 | 23 | 7 | 6 |
| 19 | 5 | 4 | 6 | 32 | 8 | 16 | 0 | 45 | 12 | 7 | 6 | 90 | 24 | 15 | 0 |
| 20 | 5 | 10 | 0 | 33 | 9 | 1 | 6 | 46 | 12 | 13 | 0 | 100 | 27 | 10 | 0 |
| 21 | 5 | 15 | 6 | 34 | 9 | 7 | 0 | 47 | 12 | 18 | 6 | 200 | 55 | 0 | 0 |
| 22 | 6 | 1 | 0 | 35 | 9 | 12 | 6 | 48 | 13 | 4 | 0 | 300 | 82 | 10 | 0 |
| 23 | 6 | 6 | 6 | 36 | 9 | 18 | 0 | 49 | 13 | 9 | 6 | 400 | 110 | 0 | 0 |
| 24 | 6 | 12 | 0 | 37 | 10 | 3 | 6 | 50 | 13 | 15 | 0 | 500 | 137 | 10 | 0 |

1 grain = two-onethousandths of oz. troy or ·002.

1 carat = 3·166 grains.

1 pennyweight = five one-hundredths of oz. troy or ·05.

# 5s 7d. per oz.

(For Diamonds, &c., for "oz." read "grain.")

| OUNCES. | | | | TENTHS. | | | | HUNDREDTHS. | | | | THOUSANDTHS. | | | |
|---|---|---|---|---|---|---|---|---|---|---|---|---|---|---|---|
| oz. | £ | s. | d. | | £ | s. | d. | | £ | s. | d. | | £ | s. | d. |
| 1 | 0 | 5 | 7 | ·1 | 0 | 0 | 6¾ | ·01 | 0 | 0 | 0¾ | ·001 | 0 | 0 | 0 |
| 2 | 0 | 11 | 2 | ·2 | 0 | 1 | 1½ | ·02 | 0 | 0 | 1¼ | ·002 | 0 | 0 | 0¼ |
| 3 | 0 | 16 | 9 | ·3 | 0 | 1 | 8 | ·03 | 0 | 0 | 2 | ·003 | 0 | 0 | 0¼ |
| 4 | 1 | 2 | 4 | ·4 | 0 | 2 | 2¾ | ·04 | 0 | 0 | 2¾ | ·004 | 0 | 0 | 0¼ |
| 5 | 1 | 7 | 11 | ·5 | 0 | 2 | 9½ | ·05 | 0 | 0 | 3¼ | ·005 | 0 | 0 | 0¼ |
| 6 | 1 | 13 | 6 | ·6 | 0 | 3 | 4¼ | ·06 | 0 | 0 | 4 | ·006 | 0 | 0 | 0½ |
| 7 | 1 | 19 | 1 | ·7 | 0 | 3 | 11 | ·07 | 0 | 0 | 4¾ | ·007 | 0 | 0 | 0½ |
| 8 | 2 | 4 | 8 | ·8 | 0 | 4 | 5½ | ·08 | 0 | 0 | 5¼ | ·008 | 0 | 0 | 0½ |
| 9 | 2 | 10 | 3 | ·9 | 0 | 5 | 0¼ | ·09 | 0 | 0 | 6 | ·009 | 0 | 0 | 0½ |
| 10 | 2 | 15 | 10 | OUNCES. | | | | OUNCES. | | | | OUNCES. | | | |
| 11 | 3 | 1 | 5 | | | | | | | | | | | | |
| 12 | 3 | 7 | 0 | 25 | 6 | 19 | 7 | 38 | 10 | 12 | 2 | 55 | 15 | 7 | 1 |
| 13 | 3 | 12 | 7 | 26 | 7 | 5 | 2 | 39 | 10 | 17 | 9 | 60 | 16 | 15 | 0 |
| 14 | 3 | 18 | 2 | 27 | 7 | 10 | 9 | 40 | 11 | 3 | 4 | 65 | 18 | 2 | 11 |
| 15 | 4 | 3 | 9 | 28 | 7 | 16 | 4 | 41 | 11 | 8 | 11 | 70 | 19 | 10 | 10 |
| 16 | 4 | 9 | 4 | 29 | 8 | 1 | 11 | 42 | 11 | 14 | 6 | 75 | 20 | 18 | 9 |
| 17 | 4 | 14 | 11 | 30 | 8 | 7 | 6 | 43 | 12 | 0 | 1 | 80 | 22 | 6 | 8 |
| 18 | 5 | 0 | 6 | 31 | 8 | 13 | 1 | 44 | 12 | 5 | 8 | 85 | 23 | 14 | 7 |
| 19 | 5 | 6 | 1 | 32 | 8 | 18 | 8 | 45 | 12 | 11 | 3 | 90 | 25 | 2 | 6 |
| 20 | 5 | 11 | 8 | 33 | 9 | 4 | 3 | 46 | 12 | 16 | 10 | 100 | 27 | 18 | 4 |
| 21 | 5 | 17 | 3 | 34 | 9 | 9 | 10 | 47 | 13 | 2 | 5 | 200 | 55 | 16 | 8 |
| 22 | 6 | 2 | 10 | 35 | 9 | 15 | 5 | 48 | 13 | 8 | 0 | 300 | 83 | 15 | 0 |
| 23 | 6 | 8 | 5 | 36 | 10 | 1 | 0 | 49 | 13 | 13 | 7 | 400 | 111 | 13 | 4 |
| 24 | 6 | 14 | 0 | 37 | 10 | 6 | 7 | 50 | 13 | 19 | 2 | 500 | 139 | 11 | 8 |

1 grain = two-onethousandths of oz. troy or ·002.

1 carat = 3·166 grains.

1 pennyweight = five-onehundredths of oz. troy or ·05.

# 5s. 8d. per oz.

(For Diamo‑ds, &c., for "oz." read "grain.")

| OUNCES. | | | TENTHS. | | | | HUNDREDTHS. | | | | THOUSANDTHS. | | | |
|---|---|---|---|---|---|---|---|---|---|---|---|---|---|---|
| £ | s. | d. | | £ | s. | d. | | £ | s. | d. | | £ | s. | d. |
| 0 | 5 | 8 | ·1 | 0 | 0 | 6¾ | ·01 | 0 | 0 | 0¾ | ·001 | 0 | 0 | 0 |
| 0 | 11 | 4 | ·2 | 0 | 1 | 1½ | ·02 | 0 | 0 | 1¼ | ·002 | 0 | 0 | 0¼ |
| 0 | 17 | 0 | ·3 | 0 | 1 | 8½ | ·03 | 0 | 0 | 2 | ·003 | 0 | 0 | 0¼ |
| 1 | 2 | 8 | ·4 | 0 | 2 | 3¼ | ·04 | 0 | 0 | 2¾ | ·004 | 0 | 0 | 0¼ |
| 1 | 8 | 4 | ·5 | 0 | 2 | 10 | ·05 | 0 | 0 | 3½ | ·005 | 0 | 0 | 0¼ |
| 1 | 14 | 0 | ·6 | 0 | 3 | 4¾ | ·06 | 0 | 0 | 4 | ·006 | 0 | 0 | 0½ |
| 1 | 19 | 8 | ·7 | 0 | 3 | 11½ | ·07 | 0 | 0 | 4¾ | ·007 | 0 | 0 | 0½ |
| 2 | 5 | 4 | ·8 | 0 | 4 | 6½ | ·08 | 0 | 0 | 5½ | ·008 | 0 | 0 | 0½ |
| 2 | 11 | 0 | ·9 | 0 | 5 | 1¼ | ·09 | 0 | 0 | 6 | ·009 | 0 | 0 | 0½ |
| 2 | 16 | 8 | OUNCES. | | | | OUNCES. | | | | OUNCES. | | | |
| 3 | 2 | 4 | | | | | | | | | | | | |
| 3 | 8 | 0 | 25 | 7 | 1 | 8 | 38 | 10 | 15 | 4 | 55 | 15 | 11 | 8 |
| 3 | 13 | 8 | 26 | 7 | 7 | 4 | 39 | 11 | 1 | 0 | 60 | 17 | 0 | 0 |
| 3 | 19 | 4 | 27 | 7 | 13 | 0 | 40 | 11 | 6 | 8 | 65 | 18 | 8 | 4 |
| 4 | 5 | 0 | 28 | 7 | 18 | 8 | 41 | 11 | 12 | 4 | 70 | 19 | 16 | 8 |
| 4 | 10 | 8 | 29 | 8 | 4 | 4 | 42 | 11 | 18 | 0 | 75 | 21 | 5 | 0 |
| 4 | 16 | 4 | 30 | 8 | 10 | 0 | 43 | 12 | 3 | 8 | 80 | 22 | 13 | 4 |
| 5 | 2 | 0 | 31 | 8 | 15 | 8 | 44 | 12 | 9 | 4 | 85 | 24 | 1 | 8 |
| 5 | 7 | 8 | 32 | 9 | 1 | 4 | 45 | 12 | 15 | 0 | 90 | 25 | 10 | 0 |
| 5 | 13 | 4 | 33 | 9 | 7 | 0 | 46 | 13 | 0 | 8 | 100 | 28 | 6 | 8 |
| 5 | 19 | 0 | 34 | 9 | 12 | 8 | 47 | 13 | 6 | 4 | 200 | 56 | 13 | 4 |
| 6 | 4 | 8 | 35 | 9 | 18 | 4 | 48 | 13 | 12 | 0 | 300 | 85 | 0 | 0 |
| 6 | 10 | 4 | 36 | 10 | 4 | 0 | 49 | 13 | 17 | 8 | 400 | 113 | 6 | 8 |
| 6 | 16 | 0 | 37 | 10 | 9 | 8 | 50 | 14 | 3 | 4 | 500 | 141 | 13 | 4 |

1 graiu = two-onethousandths of oz. troy or ·002.

1 carat = 3·166 grains.

1 pennyweight = five-onehundredths of oz. troy or ·05.

# 5s. 9d. per oz.

(For Diamonds, &c , for "oz" read "grain.")

| OUNCES. | | | | TENTHS. | | | | HUNDREDTHS. | | | | THOUSANDTHS. | | | |
|---|---|---|---|---|---|---|---|---|---|---|---|---|---|---|---|
| Oz. | £ | s | d. | | £ | s. | d. | | £ | s. | d. | | £ | s. | d. |
| 1 | 0 | 5 | 9 | ·1 | 0 | 0 | 7 | ·01 | 0 | 0 | 0¾ | ·001 | 0 | 0 | 0 |
| 2 | 0 | 11 | 6 | ·2 | 0 | 1 | 1¾ | ·02 | 0 | 0 | 1½ | ·002 | 0 | 0 | 0¼ |
| 3 | 0 | 17 | 3 | ·3 | 0 | 1 | 8¾ | ·03 | 0 | 0 | 2 | ·003 | 0 | 0 | 0¼ |
| 4 | 1 | 3 | 0 | ·4 | 0 | 2 | 3½ | ·04 | 0 | 0 | 2¾ | ·004 | 0 | 0 | 0¼ |
| 5 | 1 | 8 | 9 | ·5 | 0 | 2 | 10½ | ·05 | 0 | 0 | 3½ | ·005 | 0 | 0 | 0¼ |
| 6 | 1 | 14 | 6 | ·6 | 0 | 3 | 5½ | ·06 | 0 | 0 | 4¼ | ·006 | 0 | 0 | 0½ |
| 7 | 2 | 0 | 3 | ·7 | 0 | 4 | 0¼ | ·07 | 0 | 0 | 4¾ | ·007 | 0 | 0 | 0½ |
| 8 | 2 | 6 | 0 | ·8 | 0 | 4 | 7¼ | ·08 | 0 | 0 | 5½ | ·008 | 0 | 0 | 0½ |
| 9 | 2 | 11 | 9 | ·9 | 0 | 5 | 2 | ·09 | 0 | 0 | 6¼ | ·009 | 0 | 0 | 0½ |
| 10 | 2 | 17 | 6 | | | | | | | | | | | | |
| 11 | 3 | 3 | 3 | OUNCES. | | | | OUNCES. | | | | OUNCES. | | | |
| 12 | 3 | 9 | 0 | 25 | 7 | 3 | 9 | 38 | 10 | 18 | 6 | 55 | 15 | 16 | 3 |
| 13 | 3 | 14 | 9 | 26 | 7 | 9 | 6 | 39 | 11 | 4 | 3 | 60 | 17 | 5 | 0 |
| 14 | 4 | 0 | 6 | 27 | 7 | 15 | 3 | 40 | 11 | 10 | 0 | 65 | 18 | 13 | 9 |
| 15 | 4 | 6 | 8 | 28 | 8 | 1 | 0 | 41 | 11 | 15 | 9 | 70 | 20 | 2 | 6 |
| 16 | 4 | 12 | 0 | 29 | 8 | 6 | 9 | 42 | 12 | 1 | 6 | 75 | 21 | 11 | 3 |
| 17 | 4 | 17 | 9 | 30 | 8 | 12 | 6 | 43 | 12 | 7 | 3 | 80 | 23 | 0 | 0 |
| 18 | 5 | 3 | 6 | 31 | 8 | 18 | 3 | 44 | 12 | 13 | 0 | 85 | 24 | 8 | 9 |
| 19 | 5 | 9 | 3 | 32 | 9 | 4 | 0 | 45 | 12 | 18 | 9 | 90 | 25 | 17 | 6 |
| 20 | 5 | 15 | 0 | 33 | 9 | 9 | 9 | 46 | 13 | 4 | 6 | 100 | 28 | 15 | 0 |
| 21 | 6 | 0 | 9 | 34 | 9 | 15 | 6 | 47 | 13 | 10 | 3 | 200 | 57 | 10 | 0 |
| 22 | 6 | 6 | 6 | 35 | 10 | 1 | 3 | 48 | 13 | 16 | 0 | 300 | 86 | 5 | 0 |
| 23 | 6 | 12 | 3 | 36 | 10 | 7 | 0 | 49 | 14 | 1 | 9 | 400 | 115 | 0 | 0 |
| 24 | 6 | 18 | 0 | 37 | 10 | 12 | 9 | 50 | 14 | 7 | 6 | 500 | 143 | 15 | 0 |

1 grain = two-onethousandths of oz. troy or ·002.

1 carat = 3·166 grains.

1 pennyweight = five-onehundredths of oz. troy or ·05.

# 5s. 10d. per oz.

(For Diamonds, &c., for "oz." read "grain.")

| OUNCES. | | | | TENTHS. | | | | HUNDREDTHS. | | | | THOUSANDTHS. | | | |
|---|---|---|---|---|---|---|---|---|---|---|---|---|---|---|---|
| z. | £ | s. | d. | | £ | s. | d | | £ | s. | d | | £ | s. | d. |
| 1 | 0 | 5 | 10 | ·1 | 0 | 0 | 7 | ·01 | 0 | 0 | 0¾ | ·001 | 0 | 0 | 0 |
| 2 | 0 | 11 | 8 | ·2 | 0 | 1 | 2 | ·02 | 0 | 0 | 1½ | ·002 | 0 | 0 | 0¼ |
| 3 | 0 | 17 | 6 | ·3 | 0 | 1 | 9 | ·03 | 0 | 0 | 2 | ·003 | 0 | 0 | 0¼ |
| 4 | 1 | 3 | 4 | ·4 | 0 | 2 | 4 | ·04 | 0 | 0 | 2¾ | ·004 | 0 | 0 | 0¼ |
| 5 | 1 | 9 | 2 | ·5 | 0 | 2 | 11 | ·05 | 0 | 0 | 3½ | ·005 | 0 | 0 | 0¼ |
| 6 | 1 | 15 | 0 | ·6 | 0 | 3 | 6 | ·06 | 0 | 0 | 4¼ | ·006 | 0 | 0 | 0½ |
| 7 | 2 | 0 | 10 | ·7 | 0 | 4 | 1 | ·07 | 0 | 0 | 5 | ·007 | 0 | 0 | 0½ |
| 8 | 2 | 6 | 8 | ·8 | 0 | 4 | 8 | ·08 | 0 | 0 | 5½ | ·008 | 0 | 0 | 0½ |
| 9 | 2 | 12 | 6 | ·9 | 0 | 5 | 3 | ·09 | 0 | 0 | 6¼ | ·009 | 0 | 0 | 0¾ |
| 0 | 2 | 18 | 4 | OUNCES. | | | | OUNCES. | | | | OUNCES. | | | |
| 1 | 3 | 4 | 2 | | | | | | | | | | | | |
| 2 | 3 | 10 | 0 | 25 | 7 | 5 | 10 | 38 | 11 | 1 | 8 | 55 | 16 | 0 | 10 |
| 3 | 3 | 15 | 10 | 26 | 7 | 11 | 8 | 39 | 11 | 7 | 6 | 60 | 17 | 10 | 0 |
| 4 | 4 | 1 | 8 | 27 | 7 | 17 | 6 | 40 | 11 | 13 | 4 | 65 | 18 | 19 | 2 |
| 5 | 4 | 7 | 6 | 28 | 8 | 3 | 4 | 41 | 11 | 19 | 2 | 70 | 20 | 8 | 4 |
| 6 | 4 | 13 | 4 | 29 | 8 | 9 | 2 | 42 | 12 | 5 | 0 | 75 | 21 | 17 | 6 |
| 7 | 4 | 19 | 2 | 30 | 8 | 15 | 0 | 43 | 12 | 10 | 10 | 80 | 23 | 6 | 8 |
| 8 | 5 | 5 | 0 | 31 | 9 | 0 | 10 | 44 | 12 | 16 | 8 | 85 | 24 | 15 | 10 |
| 9 | 5 | 10 | 10 | 32 | 9 | 6 | 8 | 45 | 13 | 2 | 6 | 90 | 26 | 5 | 0 |
| 0 | 5 | 16 | 8 | 33 | 9 | 12 | 6 | 46 | 13 | 8 | 4 | 100 | 29 | 3 | 4 |
| 1 | 6 | 2 | 6 | 34 | 9 | 18 | 4 | 47 | 13 | 14 | 2 | 200 | 58 | 6 | 8 |
| 2 | 6 | 8 | 4 | 35 | 10 | 4 | 2 | 48 | 14 | 0 | 0 | 300 | 87 | 10 | 0 |
| 3 | 6 | 14 | 2 | 36 | 10 | 10 | 0 | 49 | 14 | 5 | 10 | 400 | 116 | 13 | 4 |
| 4 | 7 | 0 | 0 | 37 | 10 | 15 | 10 | 50 | 14 | 11 | 8 | 500 | 145 | 16 | 8 |

1 grain = two-onethousandths of oz. troy or ·002.

1 carat = 3·166 grains.

1 pennyweight = five-onehundredths of oz. troy or ·05.

# 5s. 11d per oz.

(For Diamonds, &c., for "oz." read "grain.")

| OUNCES. | | | | TENTHS. | | | | HUNDREDTHS. | | | | THOUSANDTHS. | | | |
|---|---|---|---|---|---|---|---|---|---|---|---|---|---|---|---|
| oz. | £ | s. | d. | | £ | s. | d. | | £ | s. | d. | | £ | s. | d. |
| 1 | 0 | 5 | 11 | ·1 | 0 | 0 | 7 | ·01 | 0 | 0 | 0¾ | ·001 | 0 | 0 | 0 |
| 2 | 0 | 11 | 10 | ·2 | 0 | 1 | 2¼ | ·02 | 0 | 0 | 1½ | ·002 | 0 | 0 | 0¼ |
| 3 | 0 | 17 | 9 | ·3 | 0 | 1 | 9¼ | ·03 | 0 | 0 | 2¼ | ·003 | 0 | 0 | 0¼ |
| 4 | 1 | 3 | 8 | ·4 | 0 | 2 | 4½ | ·04 | 0 | 0 | 2¾ | ·004 | 0 | 0 | 0¼ |
| 5 | 1 | 9 | 7 | ·5 | 0 | 2 | 11½ | ·05 | 0 | 0 | 3½ | ·005 | 0 | 0 | 0¼ |
| 6 | 1 | 15 | 6 | ·6 | 0 | 3 | 6½ | ·06 | 0 | 0 | 4¼ | ·006 | 0 | 0 | 0½ |
| 7 | 2 | 1 | 5 | ·7 | 0 | 4 | 1¾ | ·07 | 0 | 0 | 5 | ·007 | 0 | 0 | 0½ |
| 8 | 2 | 7 | 4 | ·8 | 0 | 4 | 8¾ | ·08 | 0 | 0 | 5¾ | ·008 | 0 | 0 | 0½ |
| 9 | 2 | 13 | 3 | ·9 | 0 | 5 | 4 | ·09 | 0 | 0 | 6½ | ·009 | 0 | 0 | 0¾ |
| 10 | 2 | 19 | 2 | OUNCES. | | | | OUNCES. | | | | OUNCES. | | | |
| 11 | 3 | 5 | 1 | | | | | | | | | | | | |
| 12 | 3 | 11 | 0 | 25 | 7 | 7 | 11 | 38 | 11 | 4 | 10 | 55 | 16 | 5 | 5 |
| 13 | 3 | 16 | 11 | 26 | 7 | 13 | 10 | 39 | 11 | 10 | 9 | 60 | 17 | 15 | 0 |
| 14 | 4 | 2 | 10 | 27 | 7 | 19 | 9 | 40 | 11 | 16 | 8 | 65 | 19 | 4 | 7 |
| 15 | 4 | 8 | 9 | 28 | 8 | 5 | 8 | 41 | 12 | 2 | 7 | 70 | 20 | 14 | 2 |
| 16 | 4 | 14 | 8 | 29 | 8 | 11 | 7 | 42 | 12 | 8 | 6 | 75 | 22 | 3 | 9 |
| 17 | 5 | 0 | 7 | 30 | 8 | 17 | 6 | 43 | 12 | 14 | 5 | 80 | 23 | 13 | 4 |
| 18 | 5 | 6 | 6 | 31 | 9 | 3 | 5 | 44 | 13 | 0 | 4 | 85 | 25 | 2 | 11 |
| 19 | 5 | 12 | 5 | 32 | 9 | 9 | 4 | 45 | 13 | 6 | 3 | 90 | 26 | 12 | 6 |
| 20 | 5 | 18 | 4 | 33 | 9 | 15 | 3 | 46 | 13 | 12 | 2 | 100 | 29 | 11 | 8 |
| 21 | 6 | 4 | 3 | 34 | 10 | 1 | 2 | 47 | 13 | 18 | 1 | 200 | 59 | 3 | 4 |
| 22 | 6 | 10 | 2 | 35 | 10 | 7 | 1 | 48 | 14 | 4 | 0 | 300 | 88 | 15 | 0 |
| 23 | 6 | 16 | 1 | 36 | 10 | 13 | 0 | 49 | 14 | 9 | 11 | 400 | 118 | 6 | 8 |
| 24 | 7 | 2 | 0 | 37 | 10 | 18 | 11 | 50 | 14 | 15 | 10 | 500 | 147 | 18 | 4 |

1 grain = two-onethousandths of oz. troy or ·002.

1 carat = 3·166 grains.

1 pennyweight = five-onehundredths of oz. troy or ·05.

# 6s. 0d. per oz.

(For Diamonds, &c., for "oz." read "grain.")

| OUNCES. | | | | TENTHS. | | | | HUNDREDTHS. | | | | THOUSANDTHS. | | | |
|---|---|---|---|---|---|---|---|---|---|---|---|---|---|---|---|
| oz. | £ | s. | d. | | £ | s. | d. | | £ | s. | d. | | £ | s. | d. |
| 1 | 0 | 6 | 0 | ·1 | 0 | 0 | 7¼ | ·01 | 0 | 0 | 0¾ | ·001 | 0 | 0 | 0 |
| 2 | 0 | 12 | 0 | ·2 | 0 | 1 | 2½ | ·02 | 0 | 0 | 1½ | ·002 | 0 | 0 | 0¼ |
| 3 | 0 | 18 | 0 | ·3 | 0 | 1 | 9½ | ·03 | 0 | 0 | 2¼ | ·003 | 0 | 0 | 0¼ |
| 4 | 1 | 4 | 0 | ·4 | 0 | 2 | 4¾ | ·04 | 0 | 0 | 3 | ·004 | 0 | 0 | 0¼ |
| 5 | 1 | 10 | 0 | ·5 | 0 | 3 | 0 | ·05 | 0 | 0 | 3½ | ·005 | 0 | 0 | 0¼ |
| 6 | 1 | 16 | 0 | ·6 | 0 | 3 | 7¼ | ·06 | 0 | 0 | 4¼ | ·006 | 0 | 0 | 0½ |
| 7 | 2 | 2 | 0 | ·7 | 0 | 4 | 2½ | 07 | 0 | 0 | 5 | ·007 | 0 | 0 | 0½ |
| 8 | 2 | 8 | 0 | ·8 | 0 | 4 | 9½ | ·08 | 0 | 0 | 5¾ | ·008 | 0 | 0 | 0½ |
| 9 | 2 | 14 | 0 | ·9 | 0 | 5 | 4¾ | ·09 | 0 | 0 | 6½ | ·009 | 0 | 0 | 0¾ |
| 10 | 3 | 0 | 0 | OUNCES. | | | | OUNCES. | | | | OUNCES. | | | |
| 11 | 3 | 6 | 0 | | | | | | | | | | | | |
| 12 | 3 | 12 | 0 | 25 | 7 | 10 | 0 | 38 | 11 | 8 | 0 | 55 | 16 | 10 | 0 |
| 13 | 3 | 18 | 0 | 26 | 7 | 16 | 0 | 39 | 11 | 14 | 0 | 60 | 18 | 0 | 0 |
| 14 | 4 | 4 | 0 | 27 | 8 | 2 | 0 | 40 | 12 | 0 | 0 | 65 | 19 | 10 | 0 |
| 15 | 4 | 10 | 0 | 28 | 8 | 8 | 0 | 41 | 12 | 6 | 0 | 70 | 21 | 0 | 0 |
| 16 | 4 | 16 | 0 | 29 | 8 | 14 | 0 | 42 | 12 | 12 | 0 | 75 | 22 | 10 | 0 |
| 17 | 5 | 2 | 0 | 30 | 9 | 0 | 0 | 43 | 12 | 18 | 0 | 80 | 24 | 0 | 0 |
| 18 | 5 | 8 | 0 | 31 | 9 | 6 | 0 | 44 | 13 | 4 | 0 | 85 | 25 | 10 | 0 |
| 19 | 5 | 14 | 0 | 32 | 9 | 12 | 0 | 45 | 13 | 10 | 0 | 90 | 27 | 0 | 0 |
| 20 | 6 | 0 | 0 | 33 | 9 | 18 | 0 | 46 | 13 | 16 | 0 | 100 | 30 | 0 | 0 |
| 21 | 6 | 6 | 0 | 34 | 10 | 4 | 0 | 47 | 14 | 2 | 0 | 200 | 60 | 0 | 0 |
| 22 | 6 | 12 | 0 | 35 | 10 | 10 | 0 | 48 | 14 | 8 | 0 | 300 | 90 | 0 | 0 |
| 23 | 6 | 18 | 0 | 36 | 10 | 16 | 0 | 49 | 14 | 14 | 0 | 400 | 120 | 0 | 0 |
| 24 | 7 | 4 | 0 | 37 | 11 | 2 | 0 | 50 | 15 | 0 | 0 | 500 | 150 | 0 | 0 |

1 grain = two-onethousandths of oz. troy or ·002.

1 carat = 3·166 grains.

1 pennyweight = five-onehundredths of oz. troy or ·05.

# 6s. 1d. per oz.

(For Diamonds, &c., for "oz." read "grain.")

| OUNCES. | | | | TENTHS. | | | | HUNDREDTHS. | | | | THOUSANDTHS. | | | |
|---|---|---|---|---|---|---|---|---|---|---|---|---|---|---|---|
| oz. | £ | s. | d. | | £ | s. | d. | | £ | s. | d. | | £ | s. | d. |
| 1 | 0 | 6 | 1 | ·1 | 0 | 0 | 7¼ | ·01 | 0 | 0 | 0¾ | ·001 | 0 | 0 | 0 |
| 2 | 0 | 12 | 2 | ·2 | 0 | 1 | 2½ | ·02 | 0 | 0 | 1½ | ·002 | 0 | 0 | 0¼ |
| 3 | 0 | 18 | 3 | ·3 | 0 | 1 | 10 | ·03 | 0 | 0 | 2¼ | ·003 | 0 | 0 | 0¼ |
| 4 | 1 | 4 | 4 | ·4 | 0 | 2 | 5¼ | ·04 | 0 | 0 | 3 | ·004 | 0 | 0 | 0¼ |
| 5 | 1 | 10 | 5 | ·5 | 0 | 3 | 0½ | ·05 | 0 | 0 | 3¾ | ·005 | 0 | 0 | 0¼ |
| 6 | 1 | 16 | 6 | ·6 | 0 | 3 | 7¾ | ·06 | 0 | 0 | 4½ | ·006 | 0 | 0 | 0½ |
| 7 | 2 | 2 | 7 | ·7 | 0 | 4 | 3 | ·07 | 0 | 0 | 5 | ·007 | 0 | 0 | 0½ |
| 8 | 2 | 8 | 8 | ·8 | 0 | 4 | 10½ | ·08 | 0 | 0 | 5¾ | ·008 | 0 | 0 | 0½ |
| 9 | 2 | 14 | 9 | ·9 | 0 | 5 | 5¾ | ·09 | 0 | 0 | 6½ | ·009 | 0 | 0 | 0½ |
| 10 | 3 | 0 | 10 | OUNCES. | | | | OUNCES. | | | | OUNCES. | | | |
| 11 | 3 | 6 | 11 | | | | | | | | | | | | |
| 12 | 3 | 13 | 0 | 25 | 7 | 12 | 1 | 38 | 11 | 11 | 2 | 55 | 16 | 14 | 7 |
| 13 | 3 | 19 | 1 | 26 | 7 | 18 | 2 | 39 | 11 | 17 | 3 | 60 | 18 | 5 | 0 |
| 14 | 4 | 5 | 2 | 27 | 8 | 4 | 3 | 40 | 12 | 3 | 4 | 65 | 19 | 15 | 5 |
| 15 | 4 | 11 | 3 | 28 | 8 | 10 | 4 | 41 | 12 | 9 | 5 | 70 | 21 | 5 | 10 |
| 16 | 4 | 17 | 4 | 29 | 8 | 16 | 5 | 42 | 12 | 15 | 6 | 75 | 22 | 16 | 3 |
| 17 | 5 | 3 | 5 | 30 | 9 | 2 | 6 | 43 | 13 | 1 | 7 | 80 | 24 | 6 | 8 |
| 18 | 5 | 9 | 6 | 31 | 9 | 8 | 7 | 44 | 13 | 7 | 8 | 85 | 25 | 17 | 1 |
| 19 | 5 | 15 | 7 | 32 | 9 | 14 | 8 | 45 | 13 | 13 | 9 | 90 | 27 | 7 | 6 |
| 20 | 6 | 1 | 8 | 33 | 10 | 0 | 9 | 46 | 13 | 19 | 10 | 100 | 30 | 8 | 4 |
| 21 | 6 | 7 | 9 | 34 | 10 | 6 | 10 | 47 | 14 | 5 | 11 | 200 | 60 | 16 | 8 |
| 22 | 6 | 13 | 10 | 35 | 10 | 12 | 11 | 48 | 14 | 12 | 0 | 300 | 91 | 5 | 0 |
| 23 | 6 | 19 | 11 | 36 | 10 | 19 | 0 | 49 | 14 | 18 | 1 | 400 | 121 | 13 | 4 |
| 24 | 7 | 6 | 0 | 37 | 11 | 5 | 1 | 50 | 15 | 4 | 2 | 500 | 152 | 1 | 8 |

1 grain = two-onethousandths of oz. troy or ·002.

1 carat = 3·166 grains.

1 pennyweight = five-onehundredths of oz. troy or ·05.

# 6s. 2d. per oz.

**(For Diamonds, &c., for "oz." read "grain."**

| OUNCES. | | | | TENTHS. | | | | HUNDREDTHS. | | | | THOUSANDTHS. | | | |
|---|---|---|---|---|---|---|---|---|---|---|---|---|---|---|---|
| oz. | £ | s. | d. | | £ | s. | d. | | £ | s. | d. | | £ | s. | d. |
| 1 | 0 | 6 | 2 | ·1 | 0 | 0 | 7½ | ·01 | 0 | 0 | 0¾ | ·001 | 0 | 0 | 0 |
| 2 | 0 | 12 | 4 | ·2 | 0 | 1 | 2¾ | ·02 | 0 | 0 | 1½ | ·002 | 0 | 0 | 0¼ |
| 3 | 0 | 18 | 6 | ·3 | 0 | 1 | 10¼ | ·03 | 0 | 0 | 2¼ | ·003 | 0 | 0 | 0¼ |
| 4 | 1 | 4 | 8 | ·4 | 0 | 2 | 5½ | ·04 | 0 | 0 | 3 | ·004 | 0 | 0 | 0¼ |
| 5 | 1 | 10 | 10 | ·5 | 0 | 3 | 1 | ·05 | 0 | 0 | 3¾ | ·005 | 0 | 0 | 0¼ |
| 6 | 1 | 17 | 0 | ·6 | 0 | 3 | 8½ | ·06 | 0 | 0 | 4½ | ·006 | 0 | 0 | 0½ |
| 7 | 2 | 3 | 2 | ·7 | 0 | 4 | 3¾ | ·07 | 0 | 0 | 5¼ | ·007 | 0 | 0 | 0½ |
| 8 | 2 | 9 | 4 | ·8 | 0 | 4 | 11¼ | ·08 | 0 | 0 | 6 | ·008 | 0 | 0 | 0½ |
| 9 | 2 | 15 | 6 | ·9 | 0 | 5 | 6½ | ·09 | 0 | 0 | 6¾ | ·009 | 0 | 0 | 0¾ |
| 10 | 3 | 1 | 8 | OUNCES. | | | | OUNCES. | | | | OUNCES. | | | |
| 11 | 3 | 7 | 10 | | | | | | | | | | | | |
| 12 | 3 | 14 | 0 | 25 | 7 | 14 | 2 | 38 | 11 | 14 | 4 | 55 | 16 | 19 | 2 |
| 13 | 4 | 0 | 2 | 26 | 8 | 0 | 4 | 39 | 12 | 0 | 6 | 60 | 18 | 10 | 0 |
| 14 | 4 | 6 | 4 | 27 | 8 | 6 | 6 | 40 | 12 | 6 | 8 | 65 | 20 | 0 | 10 |
| 15 | 4 | 12 | 6 | 28 | 8 | 12 | 8 | 41 | 12 | 12 | 10 | 70 | 21 | 11 | 8 |
| 16 | 4 | 18 | 8 | 29 | 8 | 18 | 10 | 42 | 12 | 19 | 0 | 75 | 23 | 2 | 6 |
| 17 | 5 | 4 | 10 | 30 | 9 | 5 | 0 | 43 | 13 | 5 | 2 | 80 | 24 | 13 | 4 |
| 18 | 5 | 11 | 0 | 31 | 9 | 11 | 2 | 44 | 13 | 11 | 4 | 85 | 26 | 4 | 2 |
| 19 | 5 | 17 | 2 | 32 | 9 | 17 | 4 | 45 | 13 | 17 | 6 | 90 | 27 | 15 | 0 |
| 20 | 6 | 3 | 4 | 33 | 10 | 3 | 6 | 46 | 14 | 3 | 8 | 100 | 30 | 16 | 8 |
| 21 | 6 | 9 | 6 | 34 | 10 | 9 | 8 | 47 | 14 | 9 | 10 | 200 | 61 | 13 | 4 |
| 22 | 6 | 15 | 8 | 35 | 10 | 15 | 10 | 48 | 14 | 16 | 0 | 300 | 92 | 10 | 0 |
| 23 | 7 | 1 | 10 | 36 | 11 | 2 | 0 | 49 | 15 | 2 | 2 | 400 | 123 | 6 | 8 |
| 24 | 7 | 8 | 0 | 37 | 11 | 8 | 2 | 50 | 15 | 8 | 4 | 500 | 154 | 3 | 4 |

1 grain = two-onethousandths of oz. troy or ·002.

1 carat = 3·166 grains.

1 pennyweight = five-onehundredths of oz. troy or ·05

# 6s. 3d. per oz.

(For Diamonds, &c., for "oz." read "grain.")

| OUNCES. | | | | TENTHS. | | | | HUNDREDTHS. | | | | THOUSANDTHS. | | | |
|---|---|---|---|---|---|---|---|---|---|---|---|---|---|---|---|
| oz. | £ | s. | d. | | £ | s. | d. | | £ | s. | d. | | £ | s. | d. |
| 1 | 0 | 6 | 3 | ·1 | 0 | 0 | 7½ | ·01 | 0 | 0 | 0¾ | ·001 | 0 | 0 | 0 |
| 2 | 0 | 12 | 6 | ·2 | 0 | 1 | 3 | ·02 | 0 | 0 | 1½ | ·002 | 0 | 0 | 0¼ |
| 3 | 0 | 18 | 9 | ·3 | 0 | 1 | 10½ | ·03 | 0 | 0 | 2¼ | ·003 | 0 | 0 | 0¼ |
| 4 | 1 | 5 | 0 | ·4 | 0 | 2 | 6 | ·04 | 0 | 0 | 3 | ·004 | 0 | 0 | 0¼ |
| 5 | 1 | 11 | 3 | ·5 | 0 | 3 | 1½ | ·05 | 0 | 0 | 3¾ | ·005 | 0 | 0 | 0½ |
| 6 | 1 | 17 | 6 | ·6 | 0 | 3 | 9 | ·06 | 0 | 0 | 4½ | ·006 | 0 | 0 | 0½ |
| 7 | 2 | 3 | 9 | ·7 | 0 | 4 | 4½ | ·07 | 0 | 0 | 5¼ | ·007 | 0 | 0 | 0½ |
| 8 | 2 | 10 | 0 | ·8 | 0 | 5 | 0 | ·08 | 0 | 0 | 6 | ·008 | 0 | 0 | 0½ |
| 9 | 2 | 16 | 3 | ·9 | 0 | 5 | 7½ | ·09 | 0 | 0 | 6¾ | ·009 | 0 | 0 | 0¾ |
| 10 | 3 | 2 | 6 | OUNCES. | | | | OUNCES. | | | | OUNCES. | | | |
| 11 | 3 | 8 | 9 | | | | | | | | | | | | |
| 12 | 3 | 15 | 0 | 25 | 7 | 16 | 3 | 38 | 11 | 17 | 6 | 55 | 17 | 3 | 9 |
| 13 | 4 | 1 | 3 | 26 | 8 | 2 | 6 | 39 | 12 | 3 | 9 | 60 | 18 | 15 | 0 |
| 14 | 4 | 7 | 6 | 27 | 8 | 8 | 9 | 40 | 12 | 10 | 0 | 65 | 20 | 6 | 3 |
| 15 | 4 | 13 | 9 | 28 | 8 | 15 | 0 | 41 | 12 | 16 | 3 | 70 | 21 | 17 | 6 |
| 16 | 5 | 0 | 0 | 29 | 9 | 1 | 3 | 42 | 13 | 2 | 6 | 75 | 23 | 8 | 9 |
| 17 | 5 | 6 | 3 | 30 | 9 | 7 | 6 | 43 | 13 | 8 | 9 | 80 | 25 | 0 | 0 |
| 18 | 5 | 12 | 6 | 31 | 9 | 13 | 9 | 44 | 13 | 15 | 0 | 85 | 26 | 11 | 3 |
| 19 | 5 | 18 | 9 | 32 | 10 | 0 | 0 | 45 | 14 | 1 | 3 | 90 | 28 | 2 | 6 |
| 20 | 6 | 5 | 0 | 33 | 10 | 6 | 3 | 46 | 14 | 7 | 6 | 100 | 31 | 5 | 0 |
| 21 | 6 | 11 | 3 | 34 | 10 | 12 | 6 | 47 | 14 | 13 | 9 | 200 | 62 | 10 | 0 |
| 22 | 6 | 17 | 6 | 35 | 10 | 18 | 9 | 48 | 15 | 0 | 0 | 300 | 93 | 15 | 0 |
| 23 | 7 | 3 | 9 | 36 | 11 | 5 | 0 | 49 | 15 | 6 | 3 | 400 | 125 | 0 | 0 |
| 24 | 7 | 10 | 0 | 37 | 11 | 11 | 3 | 50 | 15 | 12 | 6 | 500 | 156 | 5 | 0 |

1 grain = two-onethousandths of oz. troy or ·002.

1 carat = 3·166 grains.

1 pennyweight = five-onehundredths of oz. troy or ·05

# 6s. 4d. per oz.

(For Diamonds, &c., for "oz." read "grain.")

| OUNCES. | | | | TENTHS. | | | | HUNDREDTHS. | | | | THOUSANDTHS. | | | |
|---|---|---|---|---|---|---|---|---|---|---|---|---|---|---|---|
| oz. | £ | s. | d. | | £ | s. | d. | | £ | s. | d. | | £ | s. | d. |
| 1 | 0 | 6 | 4 | ·1 | 0 | 0 | $7\frac{1}{2}$ | ·01 | 0 | 0 | $0\frac{3}{4}$ | ·001 | 0 | 0 | 0 |
| 2 | 0 | 12 | 8 | ·2 | 0 | 1 | $3\frac{1}{4}$ | ·02 | 0 | 0 | $1\frac{1}{2}$ | ·002 | 0 | 0 | $0\frac{1}{4}$ |
| 3 | 0 | 19 | 0 | ·3 | 0 | 1 | $10\frac{3}{4}$ | ·03 | 0 | 0 | $2\frac{1}{4}$ | ·003 | 0 | 0 | $0\frac{1}{4}$ |
| 4 | 1 | 5 | 4 | ·4 | 0 | 2 | $6\frac{1}{2}$ | ·04 | 0 | 0 | 3 | ·004 | 0 | 0 | $0\frac{1}{4}$ |
| 5 | 1 | 11 | 8 | ·5 | 0 | 3 | 2 | ·05 | 0 | 0 | $3\frac{3}{4}$ | ·005 | 0 | 0 | $0\frac{1}{2}$ |
| 6 | 1 | 18 | 0 | ·6 | 0 | 3 | $9\frac{1}{2}$ | ·06 | 0 | 0 | $4\frac{1}{2}$ | ·006 | 0 | 0 | $0\frac{1}{2}$ |
| 7 | 2 | 4 | 4 | ·7 | 0 | 4 | $5\frac{1}{4}$ | ·07 | 0 | 0 | $5\frac{1}{4}$ | ·007 | 0 | 0 | $0\frac{1}{2}$ |
| 8 | 2 | 10 | 8 | ·8 | 0 | 5 | $0\frac{3}{4}$ | ·08 | 0 | 0 | 6 | ·008 | 0 | 0 | $0\frac{1}{2}$ |
| 9 | 2 | 17 | 0 | ·9 | 0 | 5 | $8\frac{1}{2}$ | ·09 | 0 | 0 | $6\frac{3}{4}$ | ·009 | 0 | 0 | $0\frac{3}{4}$ |
| 10 | 3 | 3 | 4 | OUNCES. | | | | OUNCES. | | | | OUNCES. | | | |
| 11 | 3 | 9 | 8 | | | | | | | | | | | | |
| 12 | 3 | 16 | 0 | 25 | 7 | 18 | 4 | 38 | 12 | 0 | 8 | 55 | 17 | 8 | 4 |
| 13 | 4 | 2 | 4 | 26 | 8 | 4 | 8 | 39 | 12 | 7 | 0 | 60 | 19 | 0 | 0 |
| 14 | 4 | 8 | 8 | 27 | 8 | 11 | 0 | 40 | 12 | 13 | 4 | 65 | 20 | 11 | 8 |
| 15 | 4 | 15 | 0 | 28 | 8 | 17 | 4 | 41 | 12 | 19 | 8 | 70 | 22 | 3 | 4 |
| 16 | 5 | 1 | 4 | 29 | 9 | 3 | 8 | 42 | 13 | 6 | 0 | 75 | 23 | 15 | 0 |
| 17 | 5 | 7 | 8 | 30 | 9 | 10 | 0 | 43 | 13 | 12 | 4 | 80 | 25 | 6 | 8 |
| 18 | 5 | 14 | 0 | 31 | 9 | 16 | 4 | 44 | 13 | 18 | 8 | 85 | 26 | 18 | 4 |
| 19 | 6 | 0 | 4 | 32 | 10 | 2 | 8 | 45 | 14 | 5 | 0 | 90 | 28 | 10 | 0 |
| 20 | 6 | 6 | 8 | 33 | 10 | 9 | 0 | 46 | 14 | 11 | 4 | 100 | 31 | 13 | 4 |
| 21 | 6 | 13 | 0 | 34 | 10 | 15 | 4 | 47 | 14 | 17 | 8 | 200 | 63 | 6 | 8 |
| 22 | 6 | 19 | 4 | 35 | 11 | 1 | 8 | 48 | 15 | 4 | 0 | 300 | 95 | 0 | 0 |
| 23 | 7 | 5 | 8 | 36 | 11 | 8 | 0 | 49 | 15 | 10 | 4 | 400 | 126 | 13 | 4 |
| 24 | 7 | 12 | 0 | 37 | 11 | 14 | 4 | 50 | 15 | 16 | 8 | 500 | 158 | 6 | 8 |

1 grain = two-onethousandths of oz. troy or ·002.

1 carat = 3·166 grains.

1 pennyweight = five-onehundredths of oz. troy or ·05.

# 6s. 5d. per oz.

(For Diamonds, &c , for " oz." read "grain.")

| OUNCES. | | | | TENTHS. | | | | HUNDREDTHS. | | | | THOUSANDTHS. | | | |
|---|---|---|---|---|---|---|---|---|---|---|---|---|---|---|---|
| oz. | £ | s. | d. | | £ | s. | d. | | £ | s. | d. | | £ | s. | d. |
| 1 | 0 | 6 | 5 | ·1 | 0 | 0 | 7¾ | ·01 | 0 | 0 | 0¾ | ·001 | 0 | 0 | 0 |
| 2 | 0 | 12 | 10 | ·2 | 0 | 1 | 8½ | ·02 | 0 | 0 | 1½ | ·002 | 0 | 0 | 0¼ |
| 3 | 0 | 19 | 8 | ·3 | 0 | 1 | 11 | ·03 | 0 | 0 | 2¼ | ·003 | 0 | 0 | 0¼ |
| 4 | 1 | 5 | 8 | ·4 | 0 | 2 | 6¾ | ·04 | 0 | 0 | 3 | ·004 | 0 | 0 | 0¼ |
| 5 | 1 | 12 | 1 | ·5 | 0 | 3 | 2½ | ·05 | 0 | 0 | 3¾ | ·005 | 0 | 0 | 0½ |
| 6 | 1 | 18 | 6 | ·6 | 0 | 8 | 10¼ | ·06 | 0 | 0 | 4½ | ·006 | 0 | 0 | 0½ |
| 7 | 2 | 4 | 11 | ·7 | 0 | 4 | 6 | ·07 | 0 | 0 | 5½ | ·007 | 0 | 0 | 0½ |
| 8 | 2 | 11 | 4 | ·8 | 0 | 5 | 1½ | ·08 | 0 | 0 | 6¼ | ·008 | 0 | 0 | 0½ |
| 9 | 2 | 17 | 9 | ·9 | 0 | 5 | 9½ | ·09 | 0 | 0 | 7 | ·009 | 0 | 0 | 0¾ |
| 10 | 3 | 4 | 2 | OUNCES. | | | | OUNCES. | | | | OUNCES. | | | |
| 11 | 3 | 10 | 7 | | | | | | | | | | | | |
| 12 | 3 | 17 | 0 | 25 | 8 | 0 | 5 | 38 | 12 | 3 | 10 | 55 | 17 | 12 | 11 |
| 13 | 4 | 3 | 5 | 26 | 8 | 6 | 10 | 39 | 12 | 10 | 3 | 60 | 19 | 5 | 0 |
| 14 | 4 | 9 | 10 | 27 | 8 | 13 | 3 | 40 | 12 | 16 | 8 | 65 | 20 | 17 | 1 |
| 15 | 4 | 16 | 3 | 28 | 8 | 19 | 8 | 41 | 13 | 3 | 1 | 70 | 22 | 9 | 2 |
| 16 | 5 | 2 | 8 | 29 | 9 | 6 | 1 | 42 | 13 | 9 | 6 | 75 | 24 | 1 | 3 |
| 17 | 5 | 9 | 1 | 30 | 9 | 12 | 6 | 43 | 13 | 15 | 11 | 80 | 25 | 13 | 4 |
| 18 | 5 | 15 | 6 | 31 | 9 | 18 | 11 | 44 | 14 | 2 | 4 | 85 | 27 | 5 | 5 |
| 19 | 6 | 1 | 11 | 32 | 10 | 5 | 4 | 45 | 14 | 8 | 9 | 90 | 28 | 17 | 6 |
| 20 | 6 | 8 | 4 | 33 | 10 | 11 | 9 | 46 | 14 | 15 | 2 | 100 | 32 | 1 | 8 |
| 21 | 6 | 14 | 9 | 34 | 10 | 18 | 2 | 47 | 15 | 1 | 7 | 200 | 64 | 3 | 4 |
| 22 | 7 | 1 | 2 | 35 | 11 | 4 | 7 | 48 | 15 | 8 | 0 | 300 | 96 | 5 | 0 |
| 23 | 7 | 7 | 7 | 36 | 11 | 11 | 0 | 49 | 15 | 14 | 5 | 400 | 128 | 6 | 8 |
| 24 | 7 | 14 | 0 | 37 | 11 | 17 | 5 | 50 | 16 | 0 | 10 | 500 | 160 | 8 | 4 |

1 grain = two-onethousandths of oz. troy or ·002.

1 carat = 3·166 grains.

1 pennyweight = five-onehundredths of oz. troy or ·05.

# 6s. 6d. per oz.

(For Diamonds, &c., for "oz" read "grain.")

| OUNCES. | | | | TENTHS. | | | | HUNDREDTHS. | | | | THOUSANDTHS. | | | |
|---|---|---|---|---|---|---|---|---|---|---|---|---|---|---|---|
| *oz.* | £ | *s.* | *d.* | | £ | *s.* | *d.* | | £ | *s.* | *d.* | | £ | *s.* | *d.* |
| 1 | 0 | 6 | 6 | ·1 | 0 | 0 | 7¾ | ·01 | 0 | 0 | 0¾ | ·001 | 0 | 0 | 0 |
| 2 | 0 | 13 | 0 | ·2 | 0 | 1 | 3½ | ·02 | 0 | 0 | 1½ | ·002 | 0 | 0 | 0¼ |
| 3 | 0 | 19 | 6 | ·3 | 0 | 1 | 11½ | ·03 | 0 | 0 | 2¼ | ·003 | 0 | 0 | 0¼ |
| 4 | 1 | 6 | 0 | ·4 | 0 | 2 | 7¼ | ·04 | 0 | 0 | 3 | ·004 | 0 | 0 | 0¼ |
| 5 | 1 | 12 | 6 | ·5 | 0 | 3 | 3 | ·05 | 0 | 0 | 4 | ·005 | 0 | 0 | 0½ |
| 6 | 1 | 19 | 0 | ·6 | 0 | 3 | 10¾ | 06 | 0 | 0 | 4¾ | ·006 | 0 | 0 | 0½ |
| 7 | 2 | 5 | 6 | ·7 | 0 | 4 | 6½ | 07 | 0 | 0 | 5½ | ·007 | 0 | 0 | 0½ |
| 8 | 2 | 12 | 0 | ·8 | 0 | 5 | 2½ | ·08 | 0 | 0 | 6¼ | ·008 | 0 | 0 | 0½ |
| 9 | 2 | 18 | 6 | ·9 | 0 | 5 | 10¼ | ·09 | 0 | 0 | 7 | ·009 | 0 | 0 | 0¾ |
| 10 | 3 | 5 | 0 | OUNCES. | | | | OUNCES. | | | | OUNCES. | | | |
| 11 | 3 | 11 | 6 | | | | | | | | | | | | |
| 12 | 3 | 18 | 0 | 25 | 8 | 2 | 6 | 38 | 12 | 7 | 0 | 55 | 17 | 17 | 6 |
| 13 | 4 | 4 | 6 | 26 | 8 | 9 | 0 | 39 | 12 | 13 | 6 | 60 | 19 | 10 | 0 |
| 14 | 4 | 11 | 0 | 27 | 8 | 15 | 6 | 40 | 13 | 0 | 0 | 65 | 21 | 2 | 6 |
| 15 | 4 | 17 | 6 | 28 | 9 | 2 | 0 | 41 | 13 | 6 | 6 | 70 | 22 | 15 | 0 |
| 16 | 5 | 4 | 0 | 29 | 9 | 8 | 6 | 42 | 13 | 13 | 0 | 75 | 24 | 7 | 6 |
| 17 | 5 | 10 | 6 | 30 | 9 | 15 | 0 | 43 | 13 | 19 | 6 | 80 | 26 | 0 | 0 |
| 18 | 5 | 17 | 0 | 31 | 10 | 1 | 6 | 44 | 14 | 6 | 0 | 85 | 27 | 12 | 6 |
| 19 | 6 | 3 | 6 | 32 | 10 | 8 | 0 | 45 | 14 | 12 | 6 | 90 | 29 | 5 | 0 |
| 20 | 6 | 10 | 0 | 33 | 10 | 14 | 6 | 46 | 14 | 19 | 0 | 100 | 32 | 10 | 0 |
| 21 | 6 | 16 | 6 | 34 | 11 | 1 | 0 | 47 | 15 | 5 | 6 | 200 | 65 | 0 | 0 |
| 22 | 7 | 3 | 0 | 35 | 11 | 7 | 6 | 48 | 15 | 12 | 0 | 300 | 97 | 10 | 0 |
| 23 | 7 | 9 | 6 | 36 | 11 | 14 | 0 | 49 | 15 | 18 | 6 | 400 | 130 | 0 | 0 |
| 24 | 7 | 16 | 0 | 37 | 12 | 0 | 6 | 50 | 16 | 5 | 0 | 500 | 162 | 10 | 0 |

1 grain=two-onethousandths of oz. troy or ·002.

1 carat=3·166 grains.

1 pennyweight=five-onehundredths of oz. troy or ·05.

# 6s. 7d. per oz.

(For Diamonds, &c., for "oz." read "grain.")

| OUNCES. | | | | TENTHS. | | | | HUNDREDTHS. | | | | THOUSANDTHS. | | | |
|---|---|---|---|---|---|---|---|---|---|---|---|---|---|---|---|
| oz. | £ | s. | d. | | £ | s | d. | | £ | s. | d | | £ | s | d |
| 1 | 0 | 6 | 7 | ·1 | 0 | 0 | 8 | ·01 | 0 | 0 | 0¾ | ·001 | 0 | 0 | 0 |
| 2 | 0 | 13 | 2 | ·2 | 0 | 1 | 3¾ | ·02 | 0 | 0 | 1½ | ·002 | 0 | 0 | 0¼ |
| 3 | 0 | 19 | 9 | ·3 | 0 | 1 | 11¾ | ·03 | 0 | 0 | 2¼ | ·003 | 0 | 0 | 0¼ |
| 4 | 1 | 6 | 4 | ·4 | 0 | 2 | 7½ | ·04 | 0 | 0 | 3¼ | ·004 | 0 | 0 | 0¼ |
| 5 | 1 | 12 | 11 | ·5 | 0 | 3 | 3½ | ·05 | 0 | 0 | 4 | ·005 | 0 | 0 | 0½ |
| 6 | 1 | 19 | 6 | ·6 | 0 | 3 | 11½ | ·06 | 0 | 0 | 4¾ | ·006 | 0 | 0 | 0½ |
| 7 | 2 | 6 | 1 | ·7 | 0 | 4 | 7¼ | ·07 | 0 | 0 | 5½ | ·007 | 0 | 0 | 0½ |
| 8 | 2 | 12 | 8 | ·8 | 0 | 5 | 3¼ | ·08 | 0 | 0 | 6¼ | ·008 | 0 | 0 | 0¾ |
| 9 | 2 | 19 | 3 | ·9 | 0 | 5 | 11 | ·09 | 0 | 0 | 7 | ·009 | 0 | 0 | 0¾ |
| 10 | 3 | 5 | 10 | OUNCES. | | | | OUNCES. | | | | OUNCES. | | | |
| 11 | 3 | 12 | 5 | | | | | | | | | | | | |
| 12 | 3 | 19 | 0 | 25 | 8 | 4 | 7 | 38 | 12 | 10 | 2 | 55 | 18 | 2 | 1 |
| 13 | 4 | 5 | 7 | 26 | 8 | 11 | 2 | 39 | 12 | 16 | 9 | 60 | 19 | 15 | 0 |
| 14 | 4 | 12 | 2 | 27 | 8 | 17 | 9 | 40 | 13 | 3 | 4 | 65 | 21 | 7 | 11 |
| 15 | 4 | 18 | 9 | 28 | 9 | 4 | 4 | 41 | 13 | 9 | 11 | 70 | 23 | 0 | 10 |
| 16 | 5 | 5 | 4 | 29 | 9 | 10 | 11 | 42 | 13 | 16 | 6 | 75 | 24 | 13 | 9 |
| 17 | 5 | 11 | 11 | 30 | 9 | 17 | 6 | 43 | 14 | 3 | 1 | 80 | 26 | 6 | 8 |
| 18 | 5 | 18 | 6 | 31 | 10 | 4 | 1 | 44 | 14 | 9 | 8 | 85 | 27 | 19 | 7 |
| 19 | 6 | 5 | 1 | 32 | 10 | 10 | 8 | 45 | 14 | 16 | 3 | 90 | 29 | 12 | 6 |
| 20 | 6 | 11 | 8 | 33 | 10 | 17 | 3 | 46 | 15 | 2 | 10 | 100 | 32 | 18 | 4 |
| 21 | 6 | 18 | 3 | 34 | 11 | 3 | 10 | 47 | 15 | 9 | 5 | 200 | 65 | 16 | 8 |
| 22 | 7 | 4 | 10 | 35 | 11 | 10 | 5 | 48 | 15 | 16 | 0 | 300 | 98 | 15 | 0 |
| 23 | 7 | 11 | 5 | 36 | 11 | 17 | 0 | 49 | 16 | 2 | 7 | 400 | 131 | 13 | 4 |
| 24 | 7 | 18 | 0 | 37 | 12 | 3 | 7 | 50 | 16 | 9 | 2 | 500 | 164 | 11 | 8 |

1 grain = two-onethousandths of oz. troy or ·002.

1 carat = 3·166 grains.

1 pennyweight = five-onehundredths of oz. troy or ·05

# 6s. 8d. per oz.

(For Diamonds, &c., for "oz." read "grain.")

| OUNCES. | | | | TENTHS. | | | | HUNDREDTHS. | | | | THOUSANDTHS. | | | |
|---|---|---|---|---|---|---|---|---|---|---|---|---|---|---|---|
| | £ | s. | d. | | £ | s. | d. | | £ | s. | d. | | £ | s. | d. |
| 1 | 0 | 6 | 8 | ·1 | 0 | 0 | 8 | ·01 | 0 | 0 | 0¾ | ·001 | 0 | 0 | 0 |
| 2 | 0 | 13 | 4 | ·2 | 0 | 1 | 4 | ·02 | 0 | 0 | 1½ | ·002 | 0 | 0 | 0¼ |
| 3 | 1 | 0 | 0 | ·3 | 0 | 2 | 0 | ·03 | 0 | 0 | 2½ | ·003 | 0 | 0 | 0¼ |
| 4 | 1 | 6 | 8 | ·4 | 0 | 2 | 8 | ·04 | 0 | 0 | 3¼ | ·004 | 0 | 0 | 0¼ |
| 5 | 1 | 13 | 4 | ·5 | 0 | 3 | 4 | ·05 | 0 | 0 | 4 | ·005 | 0 | 0 | 0½ |
| 6 | 2 | 0 | 0 | ·6 | 0 | 4 | 0 | ·06 | 0 | 0 | 4¾ | ·006 | 0 | 0 | 0½ |
| 7 | 2 | 6 | 8 | ·7 | 0 | 4 | 8 | ·07 | 0 | 0 | 5½ | ·007 | 0 | 0 | 0½ |
| 8 | 2 | 13 | 4 | ·8 | 0 | 5 | 4 | ·08 | 0 | 0 | 6½ | ·008 | 0 | 0 | 0¾ |
| 9 | 3 | 0 | 0 | ·9 | 0 | 6 | 0 | ·09 | 0 | 0 | 7¼ | ·009 | 0 | 0 | 0¾ |
| 0 | 3 | 6 | 8 | OUNCES. | | | | OUNCES. | | | | OUNCES | | | |
| 1 | 3 | 13 | 4 | | | | | | | | | | | | |
| 2 | 4 | 0 | 0 | 25 | 8 | 6 | 8 | 38 | 12 | 13 | 4 | 55 | 18 | 6 | 8 |
| 3 | 4 | 6 | 8 | 26 | 8 | 13 | 4 | 39 | 13 | 0 | 0 | 60 | 20 | 0 | 0 |
| 4 | 4 | 13 | 4 | 27 | 9 | 0 | 0 | 40 | 13 | 6 | 8 | 65 | 21 | 13 | 4 |
| 5 | 5 | 0 | 0 | 28 | 9 | 6 | 8 | 41 | 13 | 13 | 4 | 70 | 23 | 6 | 8 |
| 6 | 5 | 6 | 8 | 29 | 9 | 13 | 4 | 42 | 14 | 0 | 0 | 75 | 25 | 0 | 0 |
| 7 | 5 | 13 | 4 | 30 | 10 | 0 | 0 | 43 | 14 | 6 | 8 | 80 | 26 | 13 | 4 |
| 8 | 6 | 0 | 0 | 31 | 10 | 6 | 8 | 44 | 14 | 13 | 4 | 85 | 28 | 6 | 8 |
| 9 | 6 | 6 | 8 | 32 | 10 | 13 | 4 | 45 | 15 | 0 | 0 | 90 | 30 | 0 | 0 |
| 0 | 6 | 13 | 4 | 33 | 11 | 0 | 0 | 46 | 15 | 6 | 8 | 100 | 33 | 6 | 8 |
| 1 | 7 | 0 | 0 | 34 | 11 | 6 | 8 | 47 | 15 | 13 | 4 | 200 | 66 | 13 | 4 |
| 2 | 7 | 6 | 8 | 35 | 11 | 13 | 4 | 48 | 16 | 0 | 0 | 300 | 100 | 0 | 0 |
| 3 | 7 | 13 | 4 | 36 | 12 | 0 | 0 | 49 | 16 | 6 | 8 | 400 | 133 | 6 | 8 |
| 4 | 8 | 0 | 0 | 37 | 12 | 6 | 8 | 50 | 16 | 13 | 4 | 500 | 166 | 13 | 4 |

1 grain = two-onethousandths of oz. troy or ·002.

1 carat = 3·166 grains

1 pennyweight = five onehundredths of oz troy or ·05.

# 6s. 9d. per oz.

(For Diamonds, &c., for "oz." read "grain.")

| OUNCES. | | | | TENTHS. | | | | HUNDREDTHS. | | | | THOUSANDTHS | | | |
|---|---|---|---|---|---|---|---|---|---|---|---|---|---|---|---|
| oz. | £ | s. | d. | | £ | s. | d. | | £ | s. | d. | | £ | s. | d. |
| 1 | 0 | 6 | 9 | ·1 | 0 | 0 | 8 | ·01 | 0 | 0 | 0¾ | ·001 | 0 | 0 | 0 |
| 2 | 0 | 13 | 6 | ·2 | 0 | 1 | 4¼ | ·02 | 0 | 0 | 1½ | ·002 | 0 | 0 | 0[illegible] |
| 3 | 1 | 0 | 3 | ·3 | 0 | 2 | 0¼ | ·03 | 0 | 0 | 2½ | ·003 | 0 | 0 | 0[illegible] |
| 4 | 1 | 7 | 0 | ·4 | 0 | 2 | 8½ | ·04 | 0 | 0 | 3¼ | ·004 | 0 | 0 | 0[illegible] |
| 5 | 1 | 13 | 9 | ·5 | 0 | 3 | 4½ | ·05 | 0 | 0 | 4 | ·005 | 0 | 0 | 0[illegible] |
| 6 | 2 | 0 | 6 | ·6 | 0 | 4 | 0½ | ·06 | 0 | 0 | 4¾ | ·006 | 0 | 0 | 0[illegible] |
| 7 | 2 | 7 | 3 | ·7 | 0 | 4 | 8¾ | ·07 | 0 | 0 | 5¾ | ·007 | 0 | 0 | 0[illegible] |
| 8 | 2 | 14 | 0 | ·8 | 0 | 5 | 4¾ | ·08 | 0 | 0 | 6½ | ·008 | 0 | 0 | 0[illegible] |
| 9 | 3 | 0 | 9 | ·9 | 0 | 6 | 1 | ·09 | 0 | 0 | 7¼ | ·009 | 0 | 0 | 0[illegible] |
| 10 | 3 | 7 | 6 | | | | | | | | | | | | |
| 11 | 3 | 14 | 3 | OUNCES. | | | | OUNCES. | | | | OUNCES. | | | |
| 12 | 4 | 1 | 0 | 25 | 8 | 8 | 9 | 38 | 12 | 16 | 6 | 55 | 18 | 11 | 3 |
| 13 | 4 | 7 | 9 | 26 | 8 | 15 | 6 | 39 | 13 | 3 | 3 | 60 | 20 | 5 | 0 |
| 14 | 4 | 14 | 6 | 27 | 9 | 2 | 3 | 40 | 13 | 10 | 0 | 65 | 21 | 18 | 9 |
| 15 | 5 | 1 | 3 | 28 | 9 | 9 | 0 | 41 | 13 | 16 | 9 | 70 | 23 | 12 | 6 |
| 16 | 5 | 8 | 0 | 29 | 9 | 15 | 9 | 42 | 14 | 3 | 6 | 75 | 25 | 6 | 3 |
| 17 | 5 | 14 | 9 | 30 | 10 | 2 | 6 | 43 | 14 | 10 | 3 | 80 | 27 | 0 | 0 |
| 18 | 6 | 1 | 6 | 31 | 10 | 9 | 3 | 44 | 14 | 17 | 0 | 85 | 28 | 13 | 9 |
| 19 | 6 | 8 | 3 | 32 | 10 | 16 | 0 | 45 | 15 | 3 | 9 | 90 | 30 | 7 | 6 |
| 20 | 6 | 15 | 0 | 33 | 11 | 2 | 9 | 46 | 15 | 10 | 6 | 100 | 33 | 15 | 0 |
| 21 | 7 | 1 | 9 | 34 | 11 | 9 | 6 | 47 | 15 | 17 | 3 | 200 | 67 | 10 | 0 |
| 22 | 7 | 8 | 6 | 35 | 11 | 16 | 3 | 48 | 16 | 4 | 0 | 300 | 101 | 5 | 0 |
| 23 | 7 | 15 | 3 | 36 | 12 | 3 | 0 | 49 | 16 | 10 | 9 | 400 | 135 | 0 | 0 |
| 24 | 8 | 2 | 0 | 37 | 12 | 9 | 9 | 50 | 16 | 17 | 6 | 500 | 168 | 15 | 0 |

1 grain = two-onethousandths of oz. troy or ·002.

1 carat = 3·166 grains.

1 pennyweight = five-onehundredths of oz. troy or ·05.

# 6s. 10d. per oz.

**(For Diamonds, &c., for " oz." read " grain.")**

**OUNCES.**

| Oz. | £ | s. | d. |
|---|---|---|---|
| 1 | 0 | 6 | 10 |
| 2 | 0 | 13 | 8 |
| 3 | 1 | 0 | 6 |
| 4 | 1 | 7 | 4 |
| 5 | 1 | 14 | 2 |
| 6 | 2 | 1 | 0 |
| 7 | 2 | 7 | 10 |
| 8 | 2 | 14 | 8 |
| 9 | 3 | 1 | 6 |
| [illegible] | 3 | 8 | 4 |
| [illegible] | 3 | 15 | 2 |
| [illegible] | 4 | 2 | 0 |
| [illegible] | 4 | 8 | 10 |
| [illegible] | 4 | 15 | 8 |
| [illegible] | 5 | 2 | 6 |
| [illegible] | 5 | 9 | 4 |
| [illegible] | 5 | 16 | 2 |
| [illegible] | 6 | 3 | 0 |
| [illegible] | 6 | 9 | 10 |
| [illegible] | 6 | 16 | 8 |
| [illegible] | 7 | 3 | 6 |
| [illegible] | 7 | 10 | 4 |
| [illegible] | 7 | 17 | 2 |
| [illegible] | 8 | 4 | 0 |

| TENTHS. | £ | s. | d. | HUNDREDTHS. | £ | s. | d. | THOUSANDTHS. | £ | s. | d. |
|---|---|---|---|---|---|---|---|---|---|---|---|
| ·1 | 0 | 0 | 8¼ | 01 | 0 | 0 | 0¾ | ·001 | 0 | 0 | 0 |
| ·2 | 0 | 1 | 4½ | ·02 | 0 | 0 | 1¾ | ·002 | 0 | 0 | 0¼ |
| ·3 | 0 | 2 | 0½ | ·03 | 0 | 0 | 2½ | ·003 | 0 | 0 | 0¼ |
| ·4 | 0 | 2 | 8¾ | ·04 | 0 | 0 | 3¼ | ·004 | 0 | 0 | 0¼ |
| ·5 | 0 | 3 | 5 | ·05 | 0 | 0 | 4 | ·005 | 0 | 0 | 0½ |
| ·6 | 0 | 4 | 1¼ | ·06 | 0 | 0 | 5 | ·006 | 0 | 0 | 0½ |
| ·7 | 0 | 4 | 9½ | ·07 | 0 | 0 | 5¾ | ·007 | 0 | 0 | 0½ |
| ·8 | 0 | 5 | 5½ | ·08 | 0 | 0 | 6½ | ·008 | 0 | 0 | 0¾ |
| ·9 | 0 | 6 | 1¾ | ·09 | 0 | 0 | 7½ | ·009 | 0 | 0 | 0¾ |

| OUNCES. | £ | s. | d. | OUNCES. | £ | s. | d. | OUNCES. | £ | s. | d. |
|---|---|---|---|---|---|---|---|---|---|---|---|
| 25 | 8 | 10 | 10 | 38 | 12 | 19 | 8 | 55 | 18 | 15 | 10 |
| 26 | 8 | 17 | 8 | 39 | 13 | 6 | 6 | 60 | 20 | 10 | 0 |
| 27 | 9 | 4 | 6 | 40 | 13 | 13 | 4 | 65 | 22 | 4 | 2 |
| 28 | 9 | 11 | 4 | 41 | 14 | 0 | 2 | 70 | 23 | 18 | 4 |
| 29 | 9 | 18 | 2 | 42 | 14 | 7 | 0 | 75 | 25 | 12 | 6 |
| 30 | 10 | 5 | 0 | 43 | 14 | 13 | 10 | 80 | 27 | 6 | 8 |
| 31 | 10 | 11 | 10 | 44 | 15 | 0 | 8 | 85 | 29 | 0 | 10 |
| 32 | 10 | 18 | 8 | 45 | 15 | 7 | 6 | 90 | 30 | 15 | 0 |
| 33 | 11 | 5 | 6 | 46 | 15 | 14 | 4 | 100 | 34 | 3 | 4 |
| 34 | 11 | 12 | 4 | 47 | 16 | 1 | 2 | 200 | 68 | 6 | 8 |
| 35 | 11 | 19 | 2 | 48 | 16 | 8 | 0 | 300 | 102 | 10 | 0 |
| 36 | 12 | 6 | 0 | 49 | 16 | 14 | 10 | 400 | 136 | 13 | 4 |
| 37 | 12 | 12 | 10 | 50 | 17 | 1 | 8 | 500 | 170 | 16 | 8 |

**1 grain=two-onethousandths of oz. troy or ·002.**

**1 carat=3·166 grains.**

**1 pennyweight=five onehundredths of oz. troy or ·05.**

# 6s. 11d. per oz.

(For Diamonds, &c., for "oz." read "grain.")

| OUNCES. | | | | TENTHS. | | | | HUNDREDTHS. | | | | THOUSANDTHS. | | | |
|---|---|---|---|---|---|---|---|---|---|---|---|---|---|---|---|
| *oz.* | £ | *s.* | *d.* | | £ | *s.* | *d.* | | £ | *s.* | *d.* | | £ | *s.* | *d.* |
| 1 | 0 | 6 | 11 | ·1 | 0 | 0 | 8¼ | ·01 | 0 | 0 | 0¾ | ·001 | 0 | 0 | 0 |
| 2 | 0 | 13 | 10 | ·2 | 0 | 1 | 4½ | ·02 | 0 | 0 | 1¾ | ·002 | 0 | 0 | 0¼ |
| 3 | 1 | 0 | 9 | ·3 | 0 | 2 | 1 | ·03 | 0 | 0 | 2½ | ·003 | 0 | 0 | 0¼ |
| 4 | 1 | 7 | 8 | ·4 | 0 | 2 | 9¼ | ·04 | 0 | 0 | 3¼ | ·004 | 0 | 0 | 0¼ |
| 5 | 1 | 14 | 7 | ·5 | 0 | 3 | 5½ | ·05 | 0 | 0 | 4¼ | ·005 | 0 | 0 | 0½ |
| 6 | 2 | 1 | 6 | ·6 | 0 | 4 | 1¾ | ·06 | 0 | 0 | 5 | ·006 | 0 | 0 | 0½ |
| 7 | 2 | 8 | 5 | ·7 | 0 | 4 | 10 | ·07 | 0 | 0 | 5¾ | ·007 | 0 | 0 | 0½ |
| 8 | 2 | 15 | 4 | ·8 | 0 | 5 | 6½ | ·08 | 0 | 0 | 6¾ | ·008 | 0 | 0 | 0¾ |
| 9 | 3 | 2 | 3 | ·9 | 0 | 6 | 2¾ | ·09 | 0 | 0 | 7½ | ·009 | 0 | 0 | 0¾ |
| 10 | 3 | 9 | 2 | OUNCES. | | | | OUNCES. | | | | OUNCES. | | | |
| 11 | 3 | 16 | 1 | | | | | | | | | | | | |
| 12 | 4 | 3 | 0 | 25 | 8 | 12 | 11 | 38 | 13 | 2 | 10 | 55 | 19 | 0 | 5 |
| 13 | 4 | 9 | 11 | 26 | 8 | 19 | 10 | 39 | 13 | 9 | 9 | 60 | 20 | 15 | 0 |
| 14 | 4 | 16 | 10 | 27 | 9 | 6 | 9 | 40 | 13 | 16 | 8 | 65 | 22 | 9 | 7 |
| 15 | 5 | 3 | 9 | 28 | 9 | 13 | 8 | 41 | 14 | 3 | 7 | 70 | 24 | 4 | 2 |
| 16 | 5 | 10 | 8 | 29 | 10 | 0 | 7 | 42 | 14 | 10 | 6 | 75 | 25 | 18 | 9 |
| 17 | 5 | 17 | 7 | 30 | 10 | 7 | 6 | 43 | 14 | 17 | 5 | 80 | 27 | 13 | 4 |
| 18 | 6 | 4 | 6 | 31 | 10 | 14 | 5 | 44 | 15 | 4 | 4 | 85 | 29 | 7 | 11 |
| 19 | 6 | 11 | 5 | 32 | 11 | 1 | 4 | 45 | 15 | 11 | 3 | 90 | 31 | 2 | 6 |
| 20 | 6 | 18 | 4 | 33 | 11 | 8 | 3 | 46 | 15 | 18 | 2 | 100 | 34 | 11 | 8 |
| 21 | 7 | 5 | 3 | 34 | 11 | 15 | 2 | 47 | 16 | 5 | 1 | 200 | 69 | 3 | 4 |
| 22 | 7 | 12 | 2 | 35 | 12 | 2 | 1 | 48 | 16 | 12 | 0 | 300 | 103 | 15 | 0 |
| 23 | 7 | 19 | 1 | 36 | 12 | 9 | 0 | 49 | 16 | 18 | 11 | 400 | 138 | 6 | 8 |
| 24 | 8 | 6 | 0 | 37 | 12 | 15 | 11 | 50 | 17 | 5 | 10 | 500 | 172 | 18 | 4 |

1 grain = two-onethousandths of oz. troy or ·002.

1 carat = 3·166 grains.

1 pennyweight = five-onehundredths of oz. troy or ·05.

# 7s. 0d. per oz.

(For Diamonds, &c., for "oz." read "grain.")

| OUNCES. | | | | TENTHS. | | | | HUNDREDTHS. | | | | THOUSANDTHS. | | | |
|---|---|---|---|---|---|---|---|---|---|---|---|---|---|---|---|
| | £ | s. | d | | £ | s. | d | | £ | s. | d. | | £ | s. | d. |
| 1 | 0 | 7 | 0 | ·1 | 0 | 0 | 8½ | ·01 | 0 | 0 | 0¾ | ·001 | 0 | 0 | 0 |
| 2 | 0 | 14 | 0 | ·2 | 0 | 1 | 4¾ | ·02 | 0 | 0 | 1¾ | ·002 | 0 | 0 | 0¼ |
| 3 | 1 | 1 | 0 | ·3 | 0 | 2 | 1¼ | ·03 | 0 | 0 | 2½ | ·003 | 0 | 0 | 0¼ |
| 4 | 1 | 8 | 0 | ·4 | 0 | 2 | 9½ | ·04 | 0 | 0 | 3¼ | ·004 | 0 | 0 | 0¼ |
| 5 | 1 | 15 | 0 | ·5 | 0 | 3 | 6 | ·05 | 0 | 0 | 4¼ | ·005 | 0 | 0 | 0½ |
| 6 | 2 | 2 | 0 | ·6 | 0 | 4 | 2½ | ·06 | 0 | 0 | 5 | ·006 | 0 | 0 | 0½ |
| 7 | 2 | 9 | 0 | ·7 | 0 | 4 | 10¾ | ·07 | 0 | 0 | 6 | ·007 | 0 | 0 | 0½ |
| 8 | 2 | 16 | 0 | ·8 | 0 | 5 | 7¼ | ·08 | 0 | 0 | 6¾ | ·008 | 0 | 0 | 0¾ |
| 9 | 3 | 3 | 0 | ·9 | 0 | 6 | 8½ | ·09 | 0 | 0 | 7½ | ·009 | 0 | 0 | 0¾ |
| [illegible] | 3 | 10 | 0 | OUNCES. | | | | OUNCES. | | | | OUNCES. | | | |
| [illegible] | 3 | 17 | 0 | | | | | | | | | | | | |
| [illegible] | 4 | 4 | 0 | 25 | 8 | 15 | 0 | 38 | 13 | 6 | 0 | 55 | 19 | 5 | 0 |
| [illegible] | 4 | 11 | 0 | 26 | 9 | 2 | 0 | 39 | 13 | 13 | 0 | 60 | 21 | 0 | 0 |
| [illegible] | 4 | 18 | 0 | 27 | 9 | 9 | 0 | 40 | 14 | 0 | 0 | 65 | 22 | 15 | 0 |
| [illegible] | 5 | 5 | 0 | 28 | 9 | 16 | 0 | 41 | 14 | 7 | 0 | 70 | 24 | 10 | 0 |
| [illegible] | 5 | 12 | 0 | 29 | 10 | 3 | 0 | 42 | 14 | 14 | 0 | 75 | 26 | 5 | 0 |
| [illegible] | 5 | 19 | 0 | 30 | 10 | 10 | 0 | 43 | 15 | 1 | 0 | 80 | 28 | 0 | 0 |
| [illegible] | 6 | 6 | 0 | 31 | 10 | 17 | 0 | 44 | 15 | 8 | 0 | 85 | 29 | 15 | 0 |
| [illegible] | 6 | 13 | 0 | 32 | 11 | 4 | 0 | 45 | 15 | 15 | 0 | 90 | 31 | 10 | 0 |
| [illegible] | 7 | 0 | 0 | 33 | 11 | 11 | 0 | 46 | 16 | 2 | 0 | 100 | 35 | 0 | 0 |
| [illegible] | 7 | 7 | 0 | 34 | 11 | 18 | 0 | 47 | 16 | 9 | 0 | 200 | 70 | 0 | 0 |
| [illegible] | 7 | 14 | 0 | 35 | 12 | 5 | 0 | 48 | 16 | 16 | 0 | 300 | 105 | 0 | 0 |
| [illegible] | 8 | 1 | 0 | 36 | 12 | 12 | 0 | 49 | 17 | 3 | 0 | 400 | 140 | 0 | 0 |
| [illegible] | 8 | 8 | 0 | 37 | 12 | 19 | 0 | 50 | 17 | 10 | 0 | 500 | 175 | 0 | 0 |

1 grain = two-onethousandths of oz. troy or ·002.

1 carat = 3·166 grains.

1 pennyweight = five-onehundredths of oz. troy or ·05.

# 7s. 1d. per oz.

(For Diamonds, &c., for "oz." read "grain.")

| OUNCES. | | | | TENTHS. | | | | HUNDREDTHS. | | | | THOUS. | |
|---|---|---|---|---|---|---|---|---|---|---|---|---|---|
| oz. | £ | s. | d. | | £ | s. | d. | | £ | s. | d. | | £ |
| 1 | 0 | 7 | 1 | ·1 | 0 | 0 | 8½ | ·01 | 0 | 0 | 0¾ | ·001 | 0 |
| 2 | 0 | 14 | 2 | ·2 | 0 | 1 | 5 | ·02 | 0 | 0 | 1¾ | ·002 | 0 |
| 3 | 1 | 1 | 3 | ·3 | 0 | 2 | 1½ | ·03 | 0 | 0 | 2½ | ·003 | 0 |
| 4 | 1 | 8 | 4 | ·4 | 0 | 2 | 10 | ·04 | 0 | 0 | 3½ | ·004 | 0 |
| 5 | 1 | 15 | 5 | ·5 | 0 | 3 | 6½ | ·05 | 0 | 0 | 4¼ | ·005 | 0 |
| 6 | 2 | 2 | 6 | ·6 | 0 | 4 | 3 | ·06 | 0 | 0 | 5 | ·006 | 0 |
| 7 | 2 | 9 | 7 | ·7 | 0 | 4 | 11½ | ·07 | 0 | 0 | 6 | ·007 | 0 |
| 8 | 2 | 16 | 8 | ·8 | 0 | 5 | 8 | ·08 | 0 | 0 | 6¾ | ·008 | 0 |
| 9 | 3 | 3 | 9 | ·9 | 0 | 6 | 4½ | ·09 | 0 | 0 | 7¾ | ·009 | 0 |
| 10 | 3 | 10 | 10 | OUNCES. | | | | OUNCES. | | | | OUN | |
| 11 | 3 | 17 | 11 | | | | | | | | | | |
| 12 | 4 | 5 | 0 | 25 | 8 | 17 | 1 | 38 | 13 | 9 | 2 | 55 | 1 |
| 13 | 4 | 12 | 1 | 26 | 9 | 4 | 2 | 39 | 13 | 16 | 3 | 60 | 2 |
| 14 | 4 | 19 | 2 | 27 | 9 | 11 | 3 | 40 | 14 | 3 | 4 | 65 | 2 |
| 15 | 5 | 6 | 3 | 28 | 9 | 18 | 4 | 41 | 14 | 10 | 5 | 70 | 2 |
| 16 | 5 | 13 | 4 | 29 | 10 | 5 | 5 | 42 | 14 | 17 | 6 | 75 | 2 |
| 17 | 6 | 0 | 5 | 30 | 10 | 12 | 6 | 43 | 15 | 4 | 7 | 80 | 2 |
| 18 | 6 | 7 | 6 | 31 | 10 | 19 | 7 | 44 | 15 | 11 | 8 | 85 | 3 |
| 19 | 6 | 14 | 7 | 32 | 11 | 6 | 8 | 45 | 15 | 18 | 9 | 90 | 3 |
| 20 | 7 | 1 | 8 | 33 | 11 | 13 | 9 | 46 | 16 | 5 | 10 | 100 | 3 |
| 21 | 7 | 8 | 9 | 34 | 12 | 0 | 10 | 47 | 16 | 12 | 11 | 200 | 7 |
| 22 | 7 | 15 | 10 | 35 | 12 | 7 | 11 | 48 | 17 | 0 | 0 | 300 | 10 |
| 23 | 8 | 2 | 11 | 36 | 12 | 15 | 0 | 49 | 17 | 7 | 1 | 400 | 14 |
| 24 | 8 | 10 | 0 | 37 | 13 | 2 | 1 | 50 | 17 | 14 | 2 | 500 | 17 |

1 grain = two-onethousandths of oz. troy or ·002.

1 carat = 3·166 grains.

1 pennyweight = five-onehundredths of oz. troy or ·05.

# 7s. 2d. per oz.

(For Diamonds, &c., for "oz." read "grain.")

OUNCES.

| £ | s. | d. |
|---|---|---|
| 0 | 7 | 2 |
| 0 | 14 | 4 |
| 1 | 1 | 6 |
| 1 | 8 | 8 |
| 1 | 15 | 10 |
| 2 | 3 | 0 |
| 2 | 10 | 2 |
| 2 | 17 | 4 |
| 3 | 4 | 6 |
| 3 | 11 | 8 |
| 3 | 18 | 10 |
| 4 | 6 | 0 |
| 4 | 13 | 2 |
| 5 | 0 | 4 |
| 5 | 7 | 6 |
| 5 | 14 | 8 |
| 6 | 1 | 10 |
| 6 | 9 | 0 |
| 6 | 16 | 2 |
| 7 | 3 | 4 |
| 7 | 10 | 6 |
| 7 | 17 | 8 |
| 8 | 4 | 10 |
| 8 | 12 | 0 |

| TENTHS. | £ | s. | d. | HUNDREDTHS. | £ | s. | d. | THOUSANDTHS. | £ | s. | d. |
|---|---|---|---|---|---|---|---|---|---|---|---|
| ·1 | 0 | 0 | 8½ | ·01 | 0 | 0 | 0¾ | ·001 | 0 | 0 | 0 |
| ·2 | 0 | 1 | 5¼ | ·02 | 0 | 0 | 1¾ | ·002 | 0 | 0 | 0¼ |
| ·3 | 0 | 2 | 1¾ | ·03 | 0 | 0 | 2½ | ·003 | 0 | 0 | 0¼ |
| ·4 | 0 | 2 | 10½ | ·04 | 0 | 0 | 3½ | ·004 | 0 | 0 | 0¼ |
| ·5 | 0 | 3 | 7 | ·05 | 0 | 0 | 4¼ | ·005 | 0 | 0 | 0½ |
| ·6 | 0 | 4 | 3½ | ·06 | 0 | 0 | 5¼ | ·006 | 0 | 0 | 0½ |
| ·7 | 0 | 5 | 0¼ | ·07 | 0 | 0 | 6 | ·007 | 0 | 0 | 0½ |
| ·8 | 0 | 5 | 8¾ | ·08 | 0 | 0 | 7 | ·008 | 0 | 0 | 0¾ |
| ·9 | 0 | 6 | 5½ | ·09 | 0 | 0 | 7¾ | ·009 | 0 | 0 | 0¾ |

| OUNCES. | £ | s. | d. | OUNCES. | £ | s. | d. | OUNCES. | £ | s. | d. |
|---|---|---|---|---|---|---|---|---|---|---|---|
| 25 | 8 | 19 | 2 | 38 | 13 | 12 | 4 | 55 | 19 | 14 | 2 |
| 26 | 9 | 6 | 4 | 39 | 13 | 19 | 6 | 60 | 21 | 10 | 0 |
| 27 | 9 | 13 | 6 | 40 | 14 | 6 | 8 | 65 | 23 | 5 | 10 |
| 28 | 10 | 0 | 8 | 41 | 14 | 13 | 10 | 70 | 25 | 1 | 8 |
| 29 | 10 | 7 | 10 | 42 | 15 | 1 | 0 | 75 | 26 | 17 | 6 |
| 30 | 10 | 15 | 0 | 43 | 15 | 8 | 2 | 80 | 28 | 13 | 4 |
| 31 | 11 | 2 | 2 | 44 | 15 | 15 | 4 | 85 | 30 | 9 | 2 |
| 32 | 11 | 9 | 4 | 45 | 16 | 2 | 6 | 90 | 32 | 5 | 0 |
| 33 | 11 | 16 | 6 | 46 | 16 | 9 | 8 | 100 | 35 | 16 | 8 |
| 34 | 12 | 3 | 8 | 47 | 16 | 16 | 10 | 200 | 71 | 13 | 4 |
| 35 | 12 | 10 | 10 | 48 | 17 | 4 | 0 | 300 | 107 | 10 | 0 |
| 36 | 12 | 18 | 0 | 49 | 17 | 11 | 2 | 400 | 143 | 6 | 8 |
| 37 | 13 | 5 | 2 | 50 | 17 | 18 | 4 | 500 | 179 | 3 | 4 |

1 grain = two-onethousandths of oz. troy or ·002.

1 carat = 3·166 grains.

1 pennyweight = five onehundredths of oz. troy or ·05.

# 7s. 3d. per oz.

(For Diamonds, &c., for " oz " read " grain.")

**OUNCES.**

| oz. | £ | s. | d. |
|---|---|---|---|
| 1 | 0 | 7 | 3 |
| 2 | 0 | 14 | 6 |
| 3 | 1 | 1 | 9 |
| 4 | 1 | 9 | 0 |
| 5 | 1 | 16 | 3 |
| 6 | 2 | 3 | 6 |
| 7 | 2 | 10 | 9 |
| 8 | 2 | 18 | 0 |
| 9 | 3 | 5 | 3 |
| 10 | 3 | 12 | 6 |
| 11 | 3 | 19 | 9 |
| 12 | 4 | 7 | 0 |
| 13 | 4 | 14 | 3 |
| 14 | 5 | 1 | 6 |
| 15 | 5 | 8 | 9 |
| 16 | 5 | 16 | 0 |
| 17 | 6 | 3 | 3 |
| 18 | 6 | 10 | 6 |
| 19 | 6 | 17 | 9 |
| 20 | 7 | 5 | 0 |
| 21 | 7 | 12 | 3 |
| 22 | 7 | 19 | 6 |
| 23 | 8 | 6 | 9 |
| 24 | 8 | 14 | 0 |

**TENTHS.**

| | £ | s. | d. |
|---|---|---|---|
| ·1 | 0 | 0 | 8¾ |
| ·2 | 0 | 1 | 5½ |
| ·3 | 0 | 2 | 2 |
| ·4 | 0 | 2 | 10¾ |
| ·5 | 0 | 3 | 7½ |
| ·6 | 0 | 4 | 4¼ |
| ·7 | 0 | 5 | 1 |
| ·8 | 0 | 5 | 9½ |
| ·9 | 0 | 6 | 6¼ |

**OUNCES.**

| | £ | s. | d. |
|---|---|---|---|
| 25 | 9 | 1 | 3 |
| 26 | 9 | 8 | 6 |
| 27 | 9 | 15 | 9 |
| 28 | 10 | 3 | 0 |
| 29 | 10 | 10 | 3 |
| 30 | 10 | 17 | 6 |
| 31 | 11 | 4 | 9 |
| 32 | 11 | 12 | 0 |
| 33 | 11 | 19 | 3 |
| 34 | 12 | 6 | 6 |
| 35 | 12 | 13 | 9 |
| 36 | 13 | 1 | 0 |
| 37 | 13 | 8 | 3 |

**HUNDREDTHS.**

| | £ | s. | d. |
|---|---|---|---|
| ·01 | 0 | 0 | 0¾ |
| ·02 | 0 | 0 | 1¾ |
| ·03 | 0 | 0 | 2½ |
| ·04 | 0 | 0 | 3½ |
| ·05 | 0 | 0 | 4¼ |
| ·06 | 0 | 0 | 5¼ |
| ·07 | 0 | 0 | 6 |
| ·08 | 0 | 0 | 7 |
| ·09 | 0 | 0 | 7¾ |

**OUNCES.**

| | £ | s. | d. |
|---|---|---|---|
| 38 | 13 | 15 | 6 |
| 39 | 14 | 2 | 9 |
| 40 | 14 | 10 | 0 |
| 41 | 14 | 17 | 3 |
| 42 | 15 | 4 | 6 |
| 43 | 15 | 11 | 9 |
| 44 | 15 | 19 | 0 |
| 45 | 16 | 6 | 3 |
| 46 | 16 | 13 | 6 |
| 47 | 17 | 0 | 9 |
| 48 | 17 | 8 | 0 |
| 49 | 17 | 15 | 3 |
| 50 | 18 | 2 | 6 |

**THOUSANDTH[S.]**

| | £ | s. | d |
|---|---|---|---|
| ·001 | 0 | 0 | 0 |
| ·002 | 0 | 0 | 0[illegible] |
| ·003 | 0 | 0 | 0[illegible] |
| ·004 | 0 | 0 | 0[illegible] |
| ·005 | 0 | 0 | 0[illegible] |
| ·006 | 0 | 0 | 0[illegible] |
| ·007 | 0 | 0 | 0[illegible] |
| ·008 | 0 | 0 | 0[illegible] |
| ·009 | 0 | 0 | 0[illegible] |

**OUNCES.**

| | £ | s. | d. |
|---|---|---|---|
| 55 | 19 | 18 | |
| 60 | 21 | 15 | |
| 65 | 23 | 11 | |
| 70 | 25 | 7 | |
| 75 | 27 | 3 | |
| 80 | 29 | 0 | |
| 85 | 30 | 16 | |
| 90 | 32 | 12 | |
| 100 | 36 | 5 | [illegible] |
| 200 | 72 | 10 | [illegible] |
| 300 | 108 | 15 | [illegible] |
| 400 | 145 | 0 | [illegible] |
| 500 | 181 | 5 | [illegible] |

1 grain=two-onethousandths of oz. troy or ·002.

1 carat=3·166 grains.

1 pennyweight=five-onehundredths of oz. troy or ·05.

# 7s. 4d. per oz.

(For Diamonds, &c., for "oz." read "grain.")

| OUNCES. | | | | TENTHS. | | | | HUNDREDTHS. | | | | THOUSANDTHS | | | |
|---|---|---|---|---|---|---|---|---|---|---|---|---|---|---|---|
| oz. | £ | s. | d. | | £ | s. | d. | | £ | s. | d. | | £ | s. | d. |
| 1 | 0 | 7 | 4 | ·1 | 0 | 0 | 8¾ | ·01 | 0 | 0 | 1 | ·001 | 0 | 0 | 0 |
| 2 | 0 | 14 | 8 | ·2 | 0 | 1 | 5½ | ·02 | 0 | 0 | 1¾ | ·002 | 0 | 0 | 0¼ |
| 3 | 1 | 2 | 0 | ·3 | 0 | 2 | 2½ | ·03 | 0 | 0 | 2¾ | ·003 | 0 | 0 | 0¼ |
| 4 | 1 | 9 | 4 | ·4 | 0 | 2 | 11¼ | ·04 | 0 | 0 | 3½ | ·004 | 0 | 0 | 0¼ |
| 5 | 1 | 16 | 8 | ·5 | 0 | 3 | 8 | ·05 | 0 | 0 | 4½ | ·005 | 0 | 0 | 0½ |
| 6 | 2 | 4 | 0 | ·6 | 0 | 4 | 4¾ | ·06 | 0 | 0 | 5¼ | ·006 | 0 | 0 | 0½ |
| 7 | 2 | 11 | 4 | ·7 | 0 | 5 | 1½ | ·07 | 0 | 0 | 6¼ | ·007 | 0 | 0 | 0½ |
| 8 | 2 | 18 | 8 | ·8 | 0 | 5 | 10½ | ·08 | 0 | 0 | 7 | ·008 | 0 | 0 | 0¾ |
| 9 | 3 | 6 | 0 | ·9 | 0 | 6 | 7¼ | ·09 | 0 | 0 | 8 | ·009 | 0 | 0 | 0¾ |
| 10 | 3 | 13 | 4 | OUNCES. | | | | OUNCES. | | | | OUNCES. | | | |
| 11 | 4 | 0 | 8 | | | | | | | | | | | | |
| 12 | 4 | 8 | 0 | 25 | 9 | 3 | 4 | 38 | 13 | 18 | 8 | 55 | 20 | 3 | 4 |
| 13 | 4 | 15 | 4 | 26 | 9 | 10 | 8 | 39 | 14 | 6 | 0 | 60 | 22 | 0 | 0 |
| 14 | 5 | 2 | 8 | 27 | 9 | 18 | 0 | 40 | 14 | 13 | 4 | 65 | 23 | 16 | 8 |
| 15 | 5 | 10 | 0 | 28 | 10 | 5 | 4 | 41 | 15 | 0 | 8 | 70 | 25 | 13 | 4 |
| 16 | 5 | 17 | 4 | 29 | 10 | 12 | 8 | 42 | 15 | 8 | 0 | 75 | 27 | 10 | 0 |
| 17 | 6 | 4 | 8 | 30 | 11 | 0 | 0 | 43 | 15 | 15 | 4 | 80 | 29 | 6 | 8 |
| 18 | 6 | 12 | 0 | 31 | 11 | 7 | 4 | 44 | 16 | 2 | 8 | 85 | 31 | 3 | 4 |
| 19 | 6 | 19 | 4 | 32 | 11 | 14 | 8 | 45 | 16 | 10 | 0 | 90 | 33 | 0 | 0 |
| 20 | 7 | 6 | 8 | 33 | 12 | 2 | 0 | 46 | 16 | 17 | 4 | 100 | 36 | 13 | 4 |
| 21 | 7 | 14 | 0 | 34 | 12 | 9 | 4 | 47 | 17 | 4 | 8 | 200 | 73 | 6 | 8 |
| 22 | 8 | 1 | 4 | 35 | 12 | 16 | 8 | 48 | 17 | 12 | 0 | 300 | 110 | 0 | 0 |
| 23 | 8 | 8 | 8 | 36 | 13 | 4 | 0 | 49 | 17 | 19 | 4 | 400 | 146 | 13 | 4 |
| 24 | 8 | 16 | 0 | 37 | 13 | 11 | 4 | 50 | 18 | 6 | 8 | 500 | 183 | 6 | 8 |

1 grain=two-onethousandths of oz. troy or ·002.

1 carat=3·166 grains.

1 pennyweight=five onehundredths of oz. troy or ·05.

# 7s. 5d. per oz.

(For Diamonds, &c., for "oz" read "grain.")

| OUNCES. | | | | TENTHS. | | | | HUNDREDTHS. | | | | THOUSANDTHS | | | |
|---|---|---|---|---|---|---|---|---|---|---|---|---|---|---|---|
| oz. | £ | s. | d. | | £ | s. | d. | | £ | s. | d. | | £ | s. | d. |
| 1 | 0 | 7 | 5 | ·1 | 0 | 0 | 9 | ·01 | 0 | 0 | 1 | ·001 | 0 | 0 | 0 |
| 2 | 0 | 14 | 10 | ·2 | 0 | 1 | 5¾ | ·02 | 0 | 0 | 1¾ | ·002 | 0 | 0 | 0¼ |
| 3 | 1 | 2 | 3 | ·3 | 0 | 2 | 2¾ | ·03 | 0 | 0 | 2¾ | ·003 | 0 | 0 | 0¼ |
| 4 | 1 | 9 | 8 | ·4 | 0 | 2 | 11½ | ·04 | 0 | 0 | 3½ | ·004 | 0 | 0 | 0¼ |
| 5 | 1 | 17 | 1 | ·5 | 0 | 3 | 8½ | ·05 | 0 | 0 | 4½ | ·005 | 0 | 0 | 0½ |
| 6 | 2 | 4 | 6 | ·6 | 0 | 4 | 5½ | ·06 | 0 | 0 | 5¼ | ·006 | 0 | 0 | 0½ |
| 7 | 2 | 11 | 11 | ·7 | 0 | 5 | 2¼ | ·07 | 0 | 0 | 6¼ | ·007 | 0 | 0 | 0½ |
| 8 | 2 | 19 | 4 | ·8 | 0 | 5 | 11¼ | ·08 | 0 | 0 | 7 | ·008 | 0 | 0 | 0¾ |
| 9 | 3 | 6 | 9 | ·9 | 0 | 6 | 8 | ·09 | 0 | 0 | 8 | ·009 | 0 | 0 | 0¾ |
| 10 | 3 | 14 | 2 | OUNCES. | | | | OUNCES. | | | | OUNCES. | | | |
| 11 | 4 | 1 | 7 | | | | | | | | | | | | |
| 12 | 4 | 9 | 0 | 25 | 9 | 5 | 5 | 38 | 14 | 1 | 10 | 55 | 20 | 7 | 11 |
| 13 | 4 | 16 | 5 | 26 | 9 | 12 | 10 | 39 | 14 | 9 | 3 | 60 | 22 | 5 | 0 |
| 14 | 5 | 3 | 10 | 27 | 10 | 0 | 3 | 40 | 14 | 16 | 8 | 65 | 24 | 2 | 1 |
| 15 | 5 | 11 | 3 | 28 | 10 | 7 | 8 | 41 | 15 | 4 | 1 | 70 | 25 | 19 | 2 |
| 16 | 5 | 18 | 8 | 29 | 10 | 15 | 1 | 42 | 15 | 11 | 6 | 75 | 27 | 16 | 3 |
| 17 | 6 | 6 | 1 | 30 | 11 | 2 | 6 | 43 | 15 | 18 | 11 | 80 | 29 | 13 | 4 |
| 18 | 6 | 13 | 6 | 31 | 11 | 9 | 11 | 44 | 16 | 6 | 4 | 85 | 31 | 10 | 5 |
| 19 | 7 | 0 | 11 | 32 | 11 | 17 | 4 | 45 | 16 | 13 | 9 | 90 | 33 | 7 | 6 |
| 20 | 7 | 8 | 4 | 33 | 12 | 4 | 9 | 46 | 17 | 1 | 2 | 100 | 37 | 1 | 8 |
| 21 | 7 | 15 | 9 | 34 | 12 | 12 | 2 | 47 | 17 | 8 | 7 | 200 | 74 | 3 | 4 |
| 22 | 8 | 3 | 2 | 35 | 12 | 19 | 7 | 48 | 17 | 16 | 0 | 300 | 111 | 5 | 0 |
| 23 | 8 | 10 | 7 | 36 | 13 | 7 | 0 | 49 | 18 | 3 | 5 | 400 | 148 | 6 | 8 |
| 24 | 8 | 18 | 0 | 37 | 13 | 14 | 5 | 50 | 18 | 10 | 10 | 500 | 185 | 8 | 4 |

1 grain=two-onethousandths of oz. troy or ·002.

1 carat=3·166 grains

1 pennyweight=five-onehundredths of oz. troy or ·05.

# 7s. 6d. per oz.

(For Diamonds, &c., for "oz." read "grain.")

| OUNCES. | | | | TENTHS. | | | | HUNDREDTHS. | | | | THOUSANDTHS. | | | |
|---|---|---|---|---|---|---|---|---|---|---|---|---|---|---|---|
| oz. | £ | s. | d. | | £ | s. | d. | | £ | s. | d. | | £ | s. | d. |
| 1 | 0 | 7 | 6 | ·1 | 0 | 0 | 9 | ·01 | 0 | 0 | 1 | ·001 | 0 | 0 | 0 |
| 2 | 0 | 15 | 0 | ·2 | 0 | 1 | 6 | ·02 | 0 | 0 | 1¾ | ·002 | 0 | 0 | 0¼ |
| 3 | 1 | 2 | 6 | ·3 | 0 | 2 | 3 | ·03 | 0 | 0 | 2¾ | ·003 | 0 | 0 | 0¼ |
| 4 | 1 | 10 | 0 | ·4 | 0 | 3 | 0 | ·04 | 0 | 0 | 3½ | ·004 | 0 | 0 | 0¼ |
| 5 | 1 | 17 | 6 | ·5 | 0 | 3 | 9 | ·05 | 0 | 0 | 4½ | ·005 | 0 | 0 | 0½ |
| 6 | 2 | 5 | 0 | ·6 | 0 | 4 | 6 | ·06 | 0 | 0 | 5½ | ·006 | 0 | 0 | 0½ |
| 7 | 2 | 12 | 6 | ·7 | 0 | 5 | 3 | ·07 | 0 | 0 | 6¼ | ·007 | 0 | 0 | 0¾ |
| 8 | 3 | 0 | 0 | ·8 | 0 | 6 | 0 | ·08 | 0 | 0 | 7¼ | ·008 | 0 | 0 | 0¾ |
| 9 | 3 | 7 | 6 | ·9 | 0 | 6 | 9 | ·09 | 0 | 0 | 8 | ·009 | 0 | 0 | 0¾ |
| 10 | 3 | 15 | 0 | OUNCES. | | | | OUNCES. | | | | OUNCES. | | | |
| 11 | 4 | 2 | 6 | | | | | | | | | | | | |
| 12 | 4 | 10 | 0 | 25 | 9 | 7 | 6 | 38 | 14 | 5 | 0 | 55 | 20 | 12 | 6 |
| 13 | 4 | 17 | 6 | 26 | 9 | 15 | 0 | 39 | 14 | 12 | 6 | 60 | 22 | 10 | 0 |
| 14 | 5 | 5 | 0 | 27 | 10 | 2 | 6 | 40 | 15 | 0 | 0 | 65 | 24 | 7 | 6 |
| 15 | 5 | 12 | 6 | 28 | 10 | 10 | 0 | 41 | 15 | 7 | 6 | 70 | 26 | 5 | 0 |
| 16 | 6 | 0 | 0 | 29 | 10 | 17 | 6 | 42 | 15 | 15 | 0 | 75 | 28 | 2 | 6 |
| 17 | 6 | 7 | 6 | 30 | 11 | 5 | 0 | 43 | 16 | 2 | 6 | 80 | 30 | 0 | 0 |
| 18 | 6 | 15 | 0 | 31 | 11 | 12 | 6 | 44 | 16 | 10 | 0 | 85 | 31 | 17 | 6 |
| 19 | 7 | 2 | 6 | 32 | 12 | 0 | 0 | 45 | 16 | 17 | 6 | 90 | 33 | 15 | 0 |
| 20 | 7 | 10 | 0 | 33 | 12 | 7 | 6 | 46 | 17 | 5 | 0 | 100 | 37 | 10 | 0 |
| 21 | 7 | 17 | 6 | 34 | 12 | 15 | 0 | 47 | 17 | 12 | 6 | 200 | 75 | 0 | 0 |
| 22 | 8 | 5 | 0 | 35 | 13 | 2 | 6 | 48 | 18 | 0 | 0 | 300 | 112 | 10 | 0 |
| 23 | 8 | 12 | 6 | 36 | 13 | 10 | 0 | 49 | 18 | 7 | 6 | 400 | 150 | 0 | 0 |
| 24 | 9 | 0 | 0 | 37 | 13 | 17 | 6 | 50 | 18 | 15 | 0 | 500 | 187 | 10 | 0 |

1 grain=two-onethousandths of oz. troy or ·002.

1 carat=3·166 grains.

1 pennyweight=five onehundredths of oz. troy or ·05.

# 7s. 7d. per oz.

(For Diamonds, &c., for "oz." read "grain.")

| OUNCES. | | | | TENTHS. | | | | HUNDREDTHS. | | | | THOUSANDTHS. | | | |
|---|---|---|---|---|---|---|---|---|---|---|---|---|---|---|---|
| oz. | £ | s. | d. | | £ | s. | d. | | £ | s. | d. | | £ | s. | d. |
| 1 | 0 | 7 | 7 | ·1 | 0 | 0 | 9 | ·01 | 0 | 0 | 1 | ·001 | 0 | 0 | 0 |
| 2 | 0 | 15 | 2 | ·2 | 0 | 1 | 6¼ | ·02 | 0 | 0 | 1¾ | ·002 | 0 | 0 | 0¼ |
| 3 | 1 | 2 | 9 | ·3 | 0 | 2 | 3¼ | ·03 | 0 | 0 | 2¾ | ·003 | 0 | 0 | 0¼ |
| 4 | 1 | 10 | 4 | ·4 | 0 | 3 | 0½ | ·04 | 0 | 0 | 3¾ | ·004 | 0 | 0 | 0¼ |
| 5 | 1 | 17 | 11 | ·5 | 0 | 3 | 9½ | ·05 | 0 | 0 | 4½ | ·005 | 0 | 0 | 0½ |
| 6 | 2 | 5 | 6 | ·6 | 0 | 4 | 6½ | ·06 | 0 | 0 | 5½ | ·006 | 0 | 0 | 0½ |
| 7 | 2 | 13 | 1 | ·7 | 0 | 5 | 3¾ | ·07 | 0 | 0 | 6¼ | ·007 | 0 | 0 | 0¾ |
| 8 | 3 | 0 | 8 | ·8 | 0 | 6 | 0¾ | ·08 | 0 | 0 | 7¼ | ·008 | 0 | 0 | 0¾ |
| 9 | 3 | 8 | 3 | ·9 | 0 | 6 | 10 | ·09 | 0 | 0 | 8¼ | ·009 | 0 | 0 | 0¾ |
| 10 | 3 | 15 | 10 | OUNCES. | | | | OUNCES. | | | | OUNCES. | | | |
| 11 | 4 | 3 | 5 | | | | | | | | | | | | |
| 12 | 4 | 11 | 0 | 25 | 9 | 9 | 7 | 38 | 14 | 8 | 2 | 55 | 20 | 17 | 1 |
| 13 | 4 | 18 | 7 | 26 | 9 | 17 | 2 | 39 | 14 | 15 | 9 | 60 | 22 | 15 | 0 |
| 14 | 5 | 6 | 2 | 27 | 10 | 4 | 9 | 40 | 15 | 3 | 4 | 65 | 24 | 12 | 11 |
| 15 | 5 | 13 | 9 | 28 | 10 | 12 | 4 | 41 | 15 | 10 | 11 | 70 | 26 | 10 | 10 |
| 16 | 6 | 1 | 4 | 29 | 10 | 19 | 11 | 42 | 15 | 18 | 6 | 75 | 28 | 8 | 9 |
| 17 | 6 | 8 | 11 | 30 | 11 | 7 | 6 | 43 | 16 | 6 | 1 | 80 | 30 | 6 | 8 |
| 18 | 6 | 16 | 6 | 31 | 11 | 15 | 1 | 44 | 16 | 13 | 8 | 85 | 32 | 4 | 7 |
| 19 | 7 | 4 | 1 | 32 | 12 | 2 | 8 | 45 | 17 | 1 | 3 | 90 | 34 | 2 | 6 |
| 20 | 7 | 11 | 8 | 33 | 12 | 10 | 3 | 46 | 17 | 8 | 10 | 100 | 37 | 18 | 4 |
| 21 | 7 | 19 | 3 | 34 | 12 | 17 | 10 | 47 | 17 | 16 | 5 | 200 | 75 | 16 | 8 |
| 22 | 8 | 6 | 10 | 35 | 13 | 5 | 5 | 48 | 18 | 4 | 0 | 300 | 113 | 15 | 0 |
| 23 | 8 | 14 | 5 | 36 | 13 | 13 | 0 | 49 | 18 | 11 | 7 | 400 | 151 | 13 | 4 |
| 24 | 9 | 2 | 0 | 37 | 14 | 0 | 7 | 50 | 18 | 19 | 2 | 500 | 189 | 11 | 8 |

1 grain = two-onethousandths of oz. troy or ·002.

1 carat = 3·166 grains.

1 pennyweight = five-onehundredths of oz. troy or ·05.

# 7s. 8d. per oz.

(For Diamonds, &c., for "oz." read "grain.")

| OUNCES. | | | | TENTHS. | | | | HUNDREDTHS. | | | | THOUSANDTHS | | | |
|---|---|---|---|---|---|---|---|---|---|---|---|---|---|---|---|
| oz. | £ | s. | d. | | £ | s. | d. | | £ | s. | d. | | £ | s. | d. |
| 1 | 0 | 7 | 8 | ·1 | 0 | 0 | 9¼ | ·01 | 0 | 0 | 1 | ·001 | 0 | 0 | 0 |
| 2 | 0 | 15 | 4 | ·2 | 0 | 1 | 6½ | ·02 | 0 | 0 | 1¾ | ·002 | 0 | 0 | 0¼ |
| 3 | 1 | 3 | 0 | ·3 | 0 | 2 | 3½ | ·03 | 0 | 0 | 2¾ | ·003 | 0 | 0 | 0¼ |
| 4 | 1 | 10 | 8 | ·4 | 0 | 3 | 0¾ | ·04 | 0 | 0 | 3¾ | ·004 | 0 | 0 | 0¼ |
| 5 | 1 | 18 | 4 | ·5 | 0 | 3 | 10 | ·05 | 0 | 0 | 4½ | ·005 | 0 | 0 | 0½ |
| 6 | 2 | 6 | 0 | ·6 | 0 | 4 | 7¼ | ·06 | 0 | 0 | 5½ | ·006 | 0 | 0 | 0½ |
| 7 | 2 | 13 | 8 | ·7 | 0 | 5 | 4½ | ·07 | 0 | 0 | 6½ | ·007 | 0 | 0 | 0¾ |
| 8 | 3 | 1 | 4 | ·8 | 0 | 6 | 1½ | ·08 | 0 | 0 | 7¼ | ·008 | 0 | 0 | 0¾ |
| 9 | 3 | 9 | 0 | ·9 | 0 | 6 | 10¾ | ·09 | 0 | 0 | 8¼ | ·009 | 0 | 0 | 0¾ |
| 10 | 3 | 16 | 8 | | | | | | | | | | | | |
| 11 | 4 | 4 | 4 | OUNCES. | | | | OUNCES. | | | | OUNCES. | | | |
| 12 | 4 | 12 | 0 | 25 | 9 | 11 | 8 | 38 | 14 | 11 | 4 | 55 | 21 | 1 | 8 |
| 13 | 4 | 19 | 8 | 26 | 9 | 19 | 4 | 39 | 14 | 19 | 0 | 60 | 23 | 0 | 0 |
| 14 | 5 | 7 | 4 | 27 | 10 | 7 | 0 | 40 | 15 | 6 | 8 | 65 | 24 | 18 | 4 |
| 15 | 5 | 15 | 0 | 28 | 10 | 14 | 8 | 41 | 15 | 14 | 4 | 70 | 26 | 16 | 8 |
| 16 | 6 | 2 | 8 | 29 | 11 | 2 | 4 | 42 | 16 | 2 | 0 | 75 | 28 | 15 | 0 |
| 17 | 6 | 10 | 4 | 30 | 11 | 10 | 0 | 43 | 16 | 9 | 8 | 80 | 30 | 13 | 4 |
| 18 | 6 | 18 | 0 | 31 | 11 | 17 | 8 | 44 | 16 | 17 | 4 | 85 | 32 | 11 | 8 |
| 19 | 7 | 5 | 8 | 32 | 12 | 5 | 4 | 45 | 17 | 5 | 0 | 90 | 34 | 10 | 0 |
| 20 | 7 | 13 | 4 | 33 | 12 | 13 | 0 | 46 | 17 | 12 | 8 | 100 | 38 | 6 | 8 |
| 21 | 8 | 1 | 0 | 34 | 13 | 0 | 8 | 47 | 18 | 0 | 4 | 200 | 76 | 13 | 4 |
| 22 | 8 | 8 | 8 | 35 | 13 | 8 | 4 | 48 | 18 | 8 | 0 | 300 | 115 | 0 | 0 |
| 23 | 8 | 16 | 4 | 36 | 13 | 16 | 0 | 49 | 18 | 15 | 8 | 400 | 153 | 6 | 8 |
| 24 | 9 | 4 | 0 | 37 | 14 | 3 | 8 | 50 | 19 | 3 | 4 | 500 | 191 | 13 | 4 |

1 grain=two-onethousandths of oz. troy or ·002.

1 carat=3·166 grains.

1 pennyweight=five-onehundredths of oz. troy or ·05.

# 7s. 9d. per oz.

(For Diamonds, &c., for "oz." read "grain.")

| OUNCES. | | | | TENTHS. | | | | HUNDREDTHS. | | | | THOUSANDTHS. | | | |
|---|---|---|---|---|---|---|---|---|---|---|---|---|---|---|---|
| *oz.* | £ | *s.* | *d.* | | £ | *s.* | *d.* | | £ | *s.* | *d.* | | £ | *s.* | *d.* |
| 1 | 0 | 7 | 9 | ·1 | 0 | 0 | 9¼ | ·01 | 0 | 0 | 1 | ·001 | 0 | 0 | 0 |
| 2 | 0 | 15 | 6 | ·2 | 0 | 1 | 6½ | ·02 | 0 | 0 | 1¾ | ·002 | 0 | 0 | 0¼ |
| 3 | 1 | 3 | 3 | ·3 | 0 | 2 | 4 | ·03 | 0 | 0 | 2¾ | ·003 | 0 | 0 | 0¼ |
| 4 | 1 | 11 | 0 | ·4 | 0 | 3 | 1¼ | ·04 | 0 | 0 | 3¾ | ·004 | 0 | 0 | 0¼ |
| 5 | 1 | 18 | 9 | ·5 | 0 | 3 | 10½ | ·05 | 0 | 0 | 4¾ | ·005 | 0 | 0 | 0½ |
| 6 | 2 | 6 | 6 | ·6 | 0 | 4 | 7¾ | ·06 | 0 | 0 | 5½ | ·006 | 0 | 0 | 0½ |
| 7 | 2 | 14 | 3 | ·7 | 0 | 5 | 5 | ·07 | 0 | 0 | 6½ | ·007 | 0 | 0 | 0¾ |
| 8 | 3 | 2 | 0 | ·8 | 0 | 6 | 2½ | ·08 | 0 | 0 | 7½ | ·008 | 0 | 0 | 0¾ |
| 9 | 3 | 9 | 9 | ·9 | 0 | 6 | 11¾ | ·09 | 0 | 0 | 8¼ | ·009 | 0 | 0 | 0¾ |
| 10 | 3 | 17 | 6 | OUNCES. | | | | OUNCES. | | | | OUNCES. | | | |
| 11 | 4 | 5 | 3 | | | | | | | | | | | | |
| 12 | 4 | 13 | 0 | 25 | 9 | 13 | 9 | 38 | 14 | 14 | 6 | 55 | 21 | 6 | 3 |
| 13 | 5 | 0 | 9 | 26 | 10 | 1 | 6 | 39 | 15 | 2 | 3 | 60 | 23 | 5 | 0 |
| 14 | 5 | 8 | 6 | 27 | 10 | 9 | 3 | 40 | 15 | 10 | 0 | 65 | 25 | 3 | 9 |
| 15 | 5 | 16 | 3 | 28 | 10 | 17 | 0 | 41 | 15 | 17 | 9 | 70 | 27 | 2 | 6 |
| 16 | 6 | 4 | 0 | 29 | 11 | 4 | 9 | 42 | 16 | 5 | 6 | 75 | 29 | 1 | 3 |
| 17 | 6 | 11 | 9 | 30 | 11 | 12 | 6 | 43 | 16 | 13 | 3 | 80 | 31 | 0 | 0 |
| 18 | 6 | 19 | 6 | 31 | 12 | 0 | 3 | 44 | 17 | 1 | 0 | 85 | 32 | 18 | 9 |
| 19 | 7 | 7 | 3 | 32 | 12 | 8 | 0 | 45 | 17 | 8 | 9 | 90 | 34 | 17 | 6 |
| 20 | 7 | 15 | 0 | 33 | 12 | 15 | 9 | 46 | 17 | 16 | 6 | 100 | 38 | 15 | 0 |
| 21 | 8 | 2 | 9 | 34 | 13 | 3 | 6 | 47 | 18 | 4 | 3 | 200 | 77 | 10 | 0 |
| 22 | 8 | 10 | 6 | 35 | 13 | 11 | 3 | 48 | 18 | 12 | 0 | 300 | 116 | 5 | 0 |
| 23 | 8 | 18 | 3 | 36 | 13 | 19 | 0 | 49 | 18 | 19 | 9 | 400 | 155 | 0 | 0 |
| 24 | 9 | 6 | 0 | 37 | 14 | 6 | 9 | 50 | 19 | 7 | 6 | 500 | 193 | 15 | 0 |

1 grain=two-onethousandths of oz. troy or ·002.

1 carat=3·166 grains.

1 pennyweight=five-onehundredths of oz. troy or ·05.

# 7s. 10d. per oz

(For Diamonds, &c., for "oz." read "grain.")

| OUNCES. | | | | TENTHS. | | | | HUNDREDTHS. | | | | THOUSANDTHS. | | | |
|---|---|---|---|---|---|---|---|---|---|---|---|---|---|---|---|
| oz. | £ | s. | d. | | £ | s. | d. | | £ | s. | d. | | £ | s. | d. |
| 1 | 0 | 7 | 10 | ·1 | 0 | 0 | 9½ | ·01 | 0 | 0 | 1 | ·001 | 0 | 0 | 0 |
| 2 | 0 | 15 | 8 | ·2 | 0 | 1 | 6¾ | ·02 | 0 | 0 | 2 | ·002 | 0 | 0 | 0¼ |
| 3 | 1 | 3 | 6 | ·3 | 0 | 2 | 4¼ | ·03 | 0 | 0 | 2¾ | ·003 | 0 | 0 | 0¼ |
| 4 | 1 | 11 | 4 | ·4 | 0 | 3 | 1½ | ·04 | 0 | 0 | 3¾ | ·004 | 0 | 0 | 0½ |
| 5 | 1 | 19 | 2 | ·5 | 0 | 3 | 11 | ·05 | 0 | 0 | 4¾ | ·005 | 0 | 0 | 0½ |
| 6 | 2 | 7 | 0 | ·6 | 0 | 4 | 8½ | ·06 | 0 | 0 | 5¾ | ·006 | 0 | 0 | 0½ |
| 7 | 2 | 14 | 10 | ·7 | 0 | 5 | 5¾ | 07 | 0 | 0 | 6½ | ·007 | 0 | 0 | 0¾ |
| 8 | 3 | 2 | 8 | ·8 | 0 | 6 | 3¼ | ·08 | 0 | 0 | 7½ | ·008 | 0 | 0 | 0¾ |
| 9 | 3 | 10 | 6 | ·9 | 0 | 7 | 0½ | ·09 | 0 | 0 | 8½ | ·009 | 0 | 0 | 0¾ |
| 10 | 3 | 18 | 4 | OUNCES. | | | | OUNCES. | | | | OUNCES. | | | |
| 11 | 4 | 6 | 2 | | | | | | | | | | | | |
| 12 | 4 | 14 | 0 | 25 | 9 | 15 | 10 | 38 | 14 | 17 | 8 | 55 | 21 | 10 | 10 |
| 13 | 5 | 1 | 10 | 26 | 10 | 3 | 8 | 39 | 15 | 5 | 6 | 60 | 23 | 10 | 0 |
| 14 | 5 | 9 | 8 | 27 | 10 | 11 | 6 | 40 | 15 | 13 | 4 | 65 | 25 | 9 | 2 |
| 15 | 5 | 17 | 6 | 28 | 10 | 19 | 4 | 41 | 16 | 1 | 2 | 70 | 27 | 8 | 4 |
| 16 | 6 | 5 | 4 | 29 | 11 | 7 | 2 | 42 | 16 | 9 | 0 | 75 | 29 | 7 | 6 |
| 17 | 6 | 13 | 2 | 30 | 11 | 15 | 0 | 43 | 16 | 16 | 10 | 80 | 31 | 6 | 8 |
| 18 | 7 | 1 | 0 | 31 | 12 | 2 | 10 | 44 | 17 | 4 | 8 | 85 | 33 | 5 | 10 |
| 19 | 7 | 8 | 10 | 32 | 12 | 10 | 8 | 45 | 17 | 12 | 6 | 90 | 35 | 5 | 0 |
| 20 | 7 | 16 | 8 | 33 | 12 | 18 | 6 | 46 | 18 | 0 | 4 | 100 | 39 | 3 | 4 |
| 21 | 8 | 4 | 6 | 34 | 13 | 6 | 4 | 47 | 18 | 8 | 2 | 200 | 78 | 6 | 8 |
| 22 | 8 | 12 | 4 | 35 | 13 | 14 | 2 | 48 | 18 | 16 | 0 | 300 | 117 | 10 | 0 |
| 23 | 9 | 0 | 2 | 36 | 14 | 2 | 0 | 49 | 19 | 3 | 10 | 400 | 156 | 13 | 4 |
| 24 | 9 | 8 | 0 | 37 | 14 | 9 | 10 | 50 | 19 | 11 | 8 | 500 | 195 | 16 | 8 |

1 grain = two-onethousandths of oz. troy or ·002.

1 carat = 3·166 grains.

1 pennyweight = five-onehundredths of oz. troy or ·05

# 7s. 11d. per oz.

(For Diamonds, &c., for "oz." read "grain.")

| OUNCES. | | | | TENTHS. | | | | HUNDREDTHS. | | | | THOUSANDTHS. | | | |
|---|---|---|---|---|---|---|---|---|---|---|---|---|---|---|---|
| oz. | £ | s. | d. | | £ | s. | d. | | £ | s. | d. | | £ | s. | d. |
| 1 | 0 | 7 | 11 | ·1 | 0 | 0 | 9½ | ·01 | 0 | 0 | 1 | ·001 | 0 | 0 | 0 |
| 2 | 0 | 15 | 10 | ·2 | 0 | 1 | 7 | ·02 | 0 | 0 | 2 | ·002 | 0 | 0 | 0¼ |
| 3 | 1 | 3 | 9 | ·3 | 0 | 2 | 4½ | ·03 | 0 | 0 | 2¾ | ·003 | 0 | 0 | 0¼ |
| 4 | 1 | 11 | 8 | ·4 | 0 | 3 | 2 | ·04 | 0 | 0 | 3¾ | ·004 | 0 | 0 | 0½ |
| 5 | 1 | 19 | 7 | ·5 | 0 | 3 | 11½ | ·05 | 0 | 0 | 4¾ | ·005 | 0 | 0 | 0½ |
| 6 | 2 | 7 | 6 | ·6 | 0 | 4 | 9 | ·06 | 0 | 0 | 5¾ | ·006 | 0 | 0 | 0½ |
| 7 | 2 | 15 | 5 | ·7 | 0 | 5 | 6½ | ·07 | 0 | 0 | 6¾ | ·007 | 0 | 0 | 0¾ |
| 8 | 3 | 3 | 4 | ·8 | 0 | 6 | 4 | ·08 | 0 | 0 | 7½ | ·008 | 0 | 0 | 0¾ |
| 9 | 3 | 11 | 3 | ·9 | 0 | 7 | 1½ | ·09 | 0 | 0 | 8½ | ·009 | 0 | 0 | 0¾ |
| 10 | 3 | 19 | 2 | OUNCES. | | | | OUNCES. | | | | OUNCES. | | | |
| 11 | 4 | 7 | 1 | | | | | | | | | | | | |
| 12 | 4 | 15 | 0 | 25 | 9 | 17 | 11 | 38 | 15 | 0 | 10 | 55 | 21 | 15 | 5 |
| 13 | 5 | 2 | 11 | 26 | 10 | 5 | 10 | 39 | 15 | 8 | 9 | 60 | 23 | 15 | 0 |
| 14 | 5 | 10 | 10 | 27 | 10 | 13 | 9 | 40 | 15 | 16 | 8 | 65 | 25 | 14 | 7 |
| 15 | 5 | 18 | 9 | 28 | 11 | 1 | 8 | 41 | 16 | 4 | 7 | 70 | 27 | 14 | 2 |
| 16 | 6 | 6 | 8 | 29 | 11 | 9 | 7 | 42 | 16 | 12 | 6 | 75 | 29 | 13 | 9 |
| 17 | 6 | 14 | 7 | 30 | 11 | 17 | 6 | 43 | 17 | 0 | 5 | 80 | 31 | 13 | 4 |
| 18 | 7 | 2 | 6 | 31 | 12 | 5 | 5 | 44 | 17 | 8 | 4 | 85 | 33 | 12 | 11 |
| 19 | 7 | 10 | 5 | 32 | 12 | 13 | 4 | 45 | 17 | 16 | 3 | 90 | 35 | 12 | 6 |
| 20 | 7 | 18 | 4 | 33 | 13 | 1 | 3 | 46 | 18 | 4 | 2 | 100 | 39 | 11 | 8 |
| 21 | 8 | 6 | 3 | 34 | 13 | 9 | 2 | 47 | 18 | 12 | 1 | 200 | 79 | 3 | 4 |
| 22 | 8 | 14 | 2 | 35 | 13 | 17 | 1 | 48 | 19 | 0 | 0 | 300 | 118 | 15 | 0 |
| 23 | 9 | 2 | 1 | 36 | 14 | 5 | 0 | 49 | 19 | 7 | 11 | 400 | 158 | 6 | 8 |
| 24 | 9 | 10 | 0 | 37 | 14 | 12 | 11 | 50 | 19 | 15 | 10 | 500 | 197 | 18 | 4 |

1 grain = two-onethousandths of oz. troy or ·002.

1 carat = 3·166 grains.

1 pennyweight = five-onehundredths of oz. troy or ·05.

# 8s. 0d. per oz.

(For Diamonds, &c., for "oz." read "grain.")

| OUNCES. | | | | TENTHS. | | | | HUNDREDTHS. | | | | THOUSANDTHS. | | | |
|---|---|---|---|---|---|---|---|---|---|---|---|---|---|---|---|
| oz. | £ | s. | d. | | £ | s. | d. | | £ | s. | d. | | £ | s. | d. |
| 1 | 0 | 8 | 0 | ·1 | 0 | 0 | 9½ | ·01 | 0 | 0 | 1 | ·001 | 0 | 0 | 0 |
| 2 | 0 | 16 | 0 | ·2 | 0 | 1 | 7¼ | ·02 | 0 | 0 | 2 | ·002 | 0 | 0 | 0¼ |
| 3 | 1 | 4 | 0 | ·3 | 0 | 2 | 4¾ | ·03 | 0 | 0 | 3 | ·003 | 0 | 0 | 0¼ |
| 4 | 1 | 12 | 0 | ·4 | 0 | 3 | 2½ | ·04 | 0 | 0 | 3¾ | ·004 | 0 | 0 | 0½ |
| 5 | 2 | 0 | 0 | ·5 | 0 | 4 | 0 | ·05 | 0 | 0 | 4¾ | ·005 | 0 | 0 | 0½ |
| 6 | 2 | 8 | 0 | ·6 | 0 | 4 | 9½ | ·06 | 0 | 0 | 5¾ | ·006 | 0 | 0 | 0½ |
| 7 | 2 | 16 | 0 | ·7 | 0 | 5 | 7¼ | ·07 | 0 | 0 | 6¾ | ·007 | 0 | 0 | 0¾ |
| 8 | 3 | 4 | 0 | ·8 | 0 | 6 | 4¾ | ·08 | 0 | 0 | 7¾ | ·008 | 0 | 0 | 0¾ |
| 9 | 3 | 12 | 0 | ·9 | 0 | 7 | 2½ | ·09 | 0 | 0 | 8¾ | ·009 | 0 | 0 | 0¾ |
| 0 | 4 | 0 | 0 | OUNCES. | | | | OUNCES. | | | | OUNCES. | | | |
| 1 | 4 | 8 | 0 | | | | | | | | | | | | |
| 2 | 4 | 16 | 0 | 25 | 10 | 0 | 0 | 38 | 15 | 4 | 0 | 55 | 22 | 0 | 0 |
| 3 | 5 | 4 | 0 | 26 | 10 | 8 | 0 | 39 | 15 | 12 | 0 | 60 | 24 | 0 | 0 |
| 4 | 5 | 12 | 0 | 27 | 10 | 16 | 0 | 40 | 16 | 0 | 0 | 65 | 26 | 0 | 0 |
| 5 | 6 | 0 | 0 | 28 | 11 | 4 | 0 | 41 | 16 | 8 | 0 | 70 | 28 | 0 | 0 |
| 6 | 6 | 8 | 0 | 29 | 11 | 12 | 0 | 42 | 16 | 16 | 0 | 75 | 30 | 0 | 0 |
| 7 | 6 | 16 | 0 | 30 | 12 | 0 | 0 | 43 | 17 | 4 | 0 | 80 | 32 | 0 | 0 |
| 8 | 7 | 4 | 0 | 31 | 12 | 8 | 0 | 44 | 17 | 12 | 0 | 85 | 34 | 0 | 0 |
| 9 | 7 | 12 | 0 | 32 | 12 | 16 | 0 | 45 | 18 | 0 | 0 | 90 | 36 | 0 | 0 |
| 0 | 8 | 0 | 0 | 33 | 13 | 4 | 0 | 46 | 18 | 8 | 0 | 100 | 40 | 0 | 0 |
| 1 | 8 | 8 | 0 | 34 | 13 | 12 | 0 | 47 | 18 | 16 | 0 | 200 | 80 | 0 | 0 |
| 2 | 8 | 16 | 0 | 35 | 14 | 0 | 0 | 48 | 19 | 4 | 0 | 300 | 120 | 0 | 0 |
| 3 | 9 | 4 | 0 | 36 | 14 | 8 | 0 | 49 | 19 | 12 | 0 | 400 | 160 | 0 | 0 |
| 4 | 9 | 12 | 0 | 37 | 14 | 16 | 0 | 50 | 20 | 0 | 0 | 500 | 200 | 0 | 0 |

1 grain = two-onethousandths of oz. troy or ·002

1 carat = 3·166 grains.

1 pennyweight = five-onehundredths of oz. troy or ·05

# 8s. 1d. per oz.

(For Diamonds, &c., for "oz." read "grain.")

| OUNCES. | | | | TENTHS. | | | | HUNDREDTHS. | | | | THOUSANDTHS | | | |
|---|---|---|---|---|---|---|---|---|---|---|---|---|---|---|---|
| oz. | £ | s. | d. | | £ | s. | d. | | £ | s. | d. | | £ | s. | d |
| 1 | 0 | 8 | 1 | ·1 | 0 | 0 | 9¾ | ·01 | 0 | 0 | 1 | ·001 | 0 | 0 | 0 |
| 2 | 0 | 16 | 2 | ·2 | 0 | 1 | 7½ | ·02 | 0 | 0 | 2 | ·002 | 0 | 0 | 0¼ |
| 3 | 1 | 4 | 3 | ·3 | 0 | 2 | 5 | ·03 | 0 | 0 | 3 | ·003 | 0 | 0 | 0¼ |
| 4 | 1 | 12 | 4 | ·4 | 0 | 3 | 2¾ | ·04 | 0 | 0 | 4 | ·004 | 0 | 0 | 0½ |
| 5 | 2 | 0 | 5 | ·5 | 0 | 4 | 0½ | ·05 | 0 | 0 | 4¾ | ·005 | 0 | 0 | 0½ |
| 6 | 2 | 8 | 6 | ·6 | 0 | 4 | 10¼ | ·06 | 0 | 0 | 5¾ | ·006 | 0 | 0 | 0½ |
| 7 | 2 | 16 | 7 | ·7 | 0 | 5 | 8 | ·07 | 0 | 0 | 6¾ | ·007 | 0 | 0 | 0¾ |
| 8 | 3 | 4 | 8 | ·8 | 0 | 6 | 5½ | ·08 | 0 | 0 | 7¾ | ·008 | 0 | 0 | 0¾ |
| 9 | 3 | 12 | 9 | 9 | 0 | 7 | 3¼ | ·09 | 0 | 0 | 8¾ | ·009 | 0 | 0 | 0¾ |
| 10 | 4 | 0 | 10 | OUNCES. | | | | OUNCES. | | | | OUNCES. | | | |
| 11 | 4 | 8 | 11 | | | | | | | | | | | | |
| 12 | 4 | 17 | 0 | 25 | 10 | 2 | 1 | 38 | 15 | 7 | 2 | 55 | 22 | 4 | 7 |
| 13 | 5 | 5 | 1 | 26 | 10 | 10 | 2 | 39 | 15 | 15 | 3 | 60 | 24 | 5 | 0 |
| 14 | 5 | 13 | 2 | 27 | 10 | 18 | 3 | 40 | 16 | 3 | 4 | 65 | 26 | 5 | 5 |
| 15 | 6 | 1 | 3 | 28 | 11 | 6 | 4 | 41 | 16 | 11 | 5 | 70 | 28 | 5 | 10 |
| 16 | 6 | 9 | 4 | 29 | 11 | 14 | 5 | 42 | 16 | 19 | 6 | 75 | 30 | 6 | 3 |
| 17 | 6 | 17 | 5 | 30 | 12 | 2 | 6 | 43 | 17 | 7 | 7 | 80 | 32 | 6 | 8 |
| 18 | 7 | 5 | 6 | 31 | 12 | 10 | 7 | 44 | 17 | 15 | 8 | 85 | 34 | 7 | 1 |
| 19 | 7 | 13 | 7 | 32 | 12 | 18 | 8 | 45 | 18 | 3 | 9 | 90 | 36 | 7 | 6 |
| 20 | 8 | 1 | 8 | 33 | 13 | 6 | 9 | 46 | 18 | 11 | 10 | 100 | 40 | 8 | 4 |
| 21 | 8 | 9 | 9 | 34 | 13 | 14 | 10 | 47 | 18 | 19 | 11 | 200 | 80 | 16 | 8 |
| 22 | 8 | 17 | 10 | 35 | 14 | 2 | 11 | 48 | 19 | 8 | 0 | 300 | 121 | 5 | 0 |
| 23 | 9 | 5 | 11 | 36 | 14 | 11 | 0 | 49 | 19 | 16 | 1 | 400 | 161 | 13 | 4 |
| 24 | 9 | 14 | 0 | 37 | 14 | 19 | 1 | 50 | 20 | 4 | 2 | 500 | 202 | 1 | 8 |

1 grain = two-onethousandths of oz. troy or ·002.

1 carat = 3·166 grains.

1 pennyweight = five-onehundredths of oz. troy or ·05.

# ·8s. 2d. per oz.

(For Diamonds, &c., for "oz." read "grain.")

| OUNCES. | | | TENTHS. | | | | HUNDREDTHS. | | | | THOUSANDTHS. | | | |
|---|---|---|---|---|---|---|---|---|---|---|---|---|---|---|
| £ | s. | d. | | £ | s. | d. | | £ | s. | d. | | £ | s. | d |
| 0 | 8 | 2 | ·1 | 0 | 0 | $9\frac{3}{4}$ | ·01 | 0 | 0 | 1 | ·001 | 0 | 0 | 0 |
| 0 | 16 | 4 | ·2 | 0 | 1 | $7\frac{1}{2}$ | ·02 | 0 | 0 | 2 | ·002 | 0 | 0 | $0\frac{1}{4}$ |
| 1 | 4 | 6 | ·3 | 0 | 2 | $5\frac{1}{2}$ | ·03 | 0 | 0 | 3 | ·003 | 0 | 0 | $0\frac{1}{4}$ |
| 1 | 12 | 8 | ·4 | 0 | 3 | $3\frac{1}{4}$ | ·04 | 0 | 0 | 4 | ·004 | 0 | 0 | $0\frac{1}{2}$ |
| 2 | 0 | 10 | ·5 | 0 | 4 | 1 | ·05 | 0 | 0 | 5 | ·005 | 0 | 0 | $0\frac{1}{2}$ |
| 2 | 9 | 0 | ·6 | 0 | 4 | $10\frac{3}{4}$ | ·06 | 0 | 0 | 6 | ·006 | 0 | 0 | $0\frac{1}{2}$ |
| 2 | 17 | 2 | ·7 | 0 | 5 | $8\frac{1}{2}$ | ·07 | 0 | 0 | $6\frac{3}{4}$ | ·007 | 0 | 0 | $0\frac{3}{4}$ |
| 3 | 5 | 4 | ·8 | 0 | 6 | $6\frac{1}{2}$ | ·08 | 0 | 0 | $7\frac{3}{4}$ | ·008 | 0 | 0 | $0\frac{3}{4}$ |
| 3 | 13 | 6 | ·9 | 0 | 7 | $4\frac{1}{4}$ | ·09 | 0 | 0 | $8\frac{3}{4}$ | ·009 | 0 | 0 | 1 |
| 4 | 1 | 8 | OUNCES. | | | | OUNCES. | | | | OUNCES. | | | |
| 4 | 9 | 10 | | | | | | | | | | | | |
| 4 | 18 | 0 | 25 | 10 | 4 | 2 | 38 | 15 | 10 | 4 | 55 | 22 | 9 | 2 |
| 5 | 6 | 2 | 26 | 10 | 12 | 4 | 39 | 15 | 18 | 6 | 60 | 24 | 10 | 0 |
| 5 | 14 | 4 | 27 | 11 | 0 | 6 | 40 | 16 | 6 | 8 | 65 | 26 | 10 | 10 |
| 6 | 2 | 6 | 28 | 11 | 8 | 8 | 41 | 16 | 14 | 10 | 70 | 28 | 11 | 8 |
| 6 | 10 | 8 | 29 | 11 | 16 | 10 | 42 | 17 | 3 | 0 | 75 | 30 | 12 | 6 |
| 6 | 18 | 10 | 30 | 12 | 5 | 0 | 43 | 17 | 11 | 2 | 80 | 32 | 13 | 4 |
| 7 | 7 | 0 | 31 | 12 | 13 | 2 | 44 | 17 | 19 | 4 | 85 | 34 | 14 | 2 |
| 7 | 15 | 2 | 32 | 13 | 1 | 4 | 45 | 18 | 7 | 6 | 90 | 36 | 15 | 0 |
| 8 | 3 | 4 | 33 | 13 | 9 | 6 | 46 | 18 | 15 | 8 | 100 | 40 | 16 | 8 |
| 8 | 11 | 6 | 34 | 13 | 17 | 8 | 47 | 19 | 3 | 10 | 200 | 81 | 13 | 4 |
| 8 | 19 | 8 | 35 | 14 | 5 | 10 | 48 | 19 | 12 | 0 | 300 | 122 | 10 | 0 |
| 9 | 7 | 10 | 36 | 14 | 14 | 0 | 49 | 20 | 0 | 2 | 400 | 163 | 6 | 8 |
| 9 | 16 | 0 | 37 | 15 | 2 | 2 | 50 | 20 | 8 | 4 | 500 | 204 | 3 | 4 |

1 grain = two-onethousandths of oz. troy or ·002.

1 carat = 3·166 grains.

1 pennyweight = five-onehundredths of oz. troy or ·05.

# 8s. 3d. per oz.

(For Diamonds, &c., for "oz." read "grain.")

| OUNCES. | | | | TENTHS. | | | | HUNDREDTHS. | | | | THOUSANDTHS. | | | |
|---|---|---|---|---|---|---|---|---|---|---|---|---|---|---|---|
| oz. | £ | s. | d. | | £ | s. | d. | | £ | s. | d. | | £ | s. | d. |
| 1 | 0 | 8 | 3 | ·1 | 0 | 0 | 10 | ·01 | 0 | 0 | 1 | ·001 | 0 | 0 | 0 |
| 2 | 0 | 16 | 6 | ·2 | 0 | 1 | 7¾ | ·02 | 0 | 0 | 2 | ·002 | 0 | 0 | 0¼ |
| 3 | 1 | 4 | 9 | ·3 | 0 | 2 | 5¾ | ·03 | 0 | 0 | 3 | ·003 | 0 | 0 | 0¼ |
| 4 | 1 | 13 | 0 | ·4 | 0 | 3 | 3½ | ·04 | 0 | 0 | 4 | ·004 | 0 | 0 | 0½ |
| 5 | 2 | 1 | 3 | ·5 | 0 | 4 | 1½ | ·05 | 0 | 0 | 5 | ·005 | 0 | 0 | 0½ |
| 6 | 2 | 9 | 6 | ·6 | 0 | 4 | 11½ | ·06 | 0 | 0 | 6 | ·006 | 0 | 0 | 0½ |
| 7 | 2 | 17 | 9 | ·7 | 0 | 5 | 9¼ | ·07 | 0 | 0 | 7 | ·007 | 0 | 0 | 0¾ |
| 8 | 3 | 6 | 0 | ·8 | 0 | 6 | 7¼ | ·08 | 0 | 0 | 8 | ·008 | 0 | 0 | 0¾ |
| 9 | 3 | 14 | 3 | ·9 | 0 | 7 | 5 | ·09 | 0 | 0 | 9 | ·009 | 0 | 0 | 1 |
| 10 | 4 | 2 | 6 | OUNCES. | | | | OUNCES. | | | | OUNCES. | | | |
| 11 | 4 | 10 | 9 | | | | | | | | | | | | |
| 12 | 4 | 19 | 0 | 25 | 10 | 6 | 3 | 38 | 15 | 13 | 6 | 55 | 22 | 13 | 9 |
| 13 | 5 | 7 | 3 | 26 | 10 | 14 | 6 | 39 | 16 | 1 | 9 | 60 | 24 | 15 | 0 |
| 14 | 5 | 15 | 6 | 27 | 11 | 2 | 9 | 40 | 16 | 10 | 0 | 65 | 26 | 16 | 3 |
| 15 | 6 | 3 | 9 | 28 | 11 | 11 | 0 | 41 | 16 | 18 | 3 | 70 | 28 | 17 | 6 |
| 16 | 6 | 12 | 0 | 29 | 11 | 19 | 3 | 42 | 17 | 6 | 6 | 75 | 30 | 18 | 9 |
| 17 | 7 | 0 | 3 | 30 | 12 | 7 | 6 | 43 | 17 | 14 | 9 | 80 | 33 | 0 | 0 |
| 18 | 7 | 8 | 6 | 31 | 12 | 15 | 9 | 44 | 18 | 3 | 0 | 85 | 35 | 1 | 3 |
| 19 | 7 | 16 | 9 | 32 | 13 | 4 | 0 | 45 | 18 | 11 | 3 | 90 | 37 | 2 | 6 |
| 20 | 8 | 5 | 0 | 33 | 13 | 12 | 3 | 46 | 18 | 19 | 6 | 100 | 41 | 5 | 0 |
| 21 | 8 | 13 | 3 | 34 | 14 | 0 | 6 | 47 | 19 | 7 | 9 | 200 | 82 | 10 | 0 |
| 22 | 9 | 1 | 6 | 35 | 14 | 8 | 9 | 48 | 19 | 16 | 0 | 300 | 123 | 15 | 0 |
| 23 | 9 | 9 | 9 | 36 | 14 | 17 | 0 | 49 | 20 | 4 | 3 | 400 | 165 | 0 | 0 |
| 24 | 9 | 18 | 0 | 37 | 15 | 5 | 3 | 50 | 20 | 12 | 6 | 500 | 206 | 5 | 0 |

1 grain = two-onethousandths of oz. troy or ·002.

1 carat = 3·166 grains.

1 pennyweight = five-onehundredths of oz. troy or ·05.

# 8s. 4d. per oz.

(For Diamonds, &c., for "oz." read "grain.")

| OUNCES. | | | TENTHS. | | | | HUNDREDTHS. | | | | THOUSANDTHS. | | | |
|---|---|---|---|---|---|---|---|---|---|---|---|---|---|---|
| £ | s. | d. | | £ | s. | d. | | £ | s. | d. | | £ | s. | d. |
| 0 | 8 | 4 | ·1 | 0 | 0 | 10 | ·01 | 0 | 0 | 1 | ·001 | 0 | 0 | 0 |
| 0 | 16 | 8 | ·2 | 0 | 1 | 8 | ·02 | 0 | 0 | 2 | ·002 | 0 | 0 | 0¼ |
| 1 | 5 | 0 | ·3 | 0 | 2 | 6 | ·03 | 0 | 0 | 3 | ·003 | 0 | 0 | 0¼ |
| 1 | 13 | 4 | ·4 | 0 | 3 | 4 | ·04 | 0 | 0 | 4 | ·004 | 0 | 0 | 0½ |
| 2 | 1 | 8 | ·5 | 0 | 4 | 2 | ·05 | 0 | 0 | 5 | ·005 | 0 | 0 | 0½ |
| 2 | 10 | 0 | ·6 | 0 | 5 | 0 | ·06 | 0 | 0 | 6 | ·006 | 0 | 0 | 0½ |
| 2 | 18 | 4 | ·7 | 0 | 5 | 10 | ·07 | 0 | 0 | 7 | ·007 | 0 | 0 | 0¾ |
| 3 | 6 | 8 | ·8 | 0 | 6 | 8 | ·08 | 0 | 0 | 8 | ·008 | 0 | 0 | 0¾ |
| 3 | 15 | 0 | ·9 | 0 | 7 | 6 | ·09 | 0 | 0 | 9 | ·009 | 0 | 0 | 1 |
| 4 | 3 | 4 | OUNCES. | | | | OUNCES. | | | | OUNCES. | | | |
| 4 | 11 | 8 | | | | | | | | | | | | |
| 5 | 0 | 0 | 25 | 10 | 8 | 4 | 38 | 15 | 16 | 8 | 55 | 22 | 18 | 4 |
| 5 | 8 | 4 | 26 | 10 | 16 | 8 | 39 | 16 | 5 | 0 | 60 | 25 | 0 | 0 |
| 5 | 16 | 8 | 27 | 11 | 5 | 0 | 40 | 16 | 13 | 4 | 65 | 27 | 1 | 8 |
| 6 | 5 | 0 | 28 | 11 | 13 | 4 | 41 | 17 | 1 | 8 | 70 | 29 | 3 | 4 |
| 6 | 13 | 4 | 29 | 12 | 1 | 8 | 42 | 17 | 10 | 0 | 75 | 31 | 5 | 0 |
| 7 | 1 | 8 | 30 | 12 | 10 | 0 | 43 | 17 | 18 | 4 | 80 | 33 | 6 | 8 |
| 7 | 10 | 0 | 31 | 12 | 18 | 4 | 44 | 18 | 6 | 8 | 85 | 35 | 8 | 4 |
| 7 | 18 | 4 | 32 | 13 | 6 | 8 | 45 | 18 | 15 | 0 | 90 | 37 | 10 | 0 |
| 8 | 6 | 8 | 33 | 13 | 15 | 0 | 46 | 19 | 3 | 4 | 100 | 41 | 13 | 4 |
| 8 | 15 | 0 | 34 | 14 | 3 | 4 | 47 | 19 | 11 | 8 | 200 | 83 | 6 | 8 |
| 9 | 3 | 4 | 35 | 14 | 11 | 8 | 48 | 20 | 0 | 0 | 300 | 125 | 0 | 0 |
| 9 | 11 | 8 | 36 | 15 | 0 | 0 | 49 | 20 | 8 | 4 | 400 | 166 | 13 | 4 |
| 10 | 0 | 0 | 37 | 15 | 8 | 4 | 50 | 20 | 16 | 8 | 500 | 208 | 6 | 8 |

1 grain = two-onethousandths of oz. troy or ·002.

1 carat = 3·166 grains

1 pennyweight = five-onehundredths of oz. troy or ·05

# 8s. 5d. per oz.

(For Diamonds, &c., for "oz." read "grain.")

| OUNCES. | | | | TENTHS. | | | | HUNDREDTHS. | | | | THOU | |
|---|---|---|---|---|---|---|---|---|---|---|---|---|---|
| oz. | £ | s. | d. | | £ | s. | d. | | £ | s. | d. | | £ |
| 1 | 0 | 8 | 5 | ·1 | 0 | 0 | 10 | ·01 | 0 | 0 | 1 | ·001 | [illegible] |
| 2 | 0 | 16 | 10 | ·2 | 0 | 1 | 8¼ | ·02 | 0 | 0 | 2 | ·002 | [illegible] |
| 3 | 1 | 5 | 3 | ·3 | 0 | 2 | 6¼ | ·03 | 0 | 0 | 3 | ·003 | [illegible] |
| 4 | 1 | 13 | 8 | ·4 | 0 | 3 | 4½ | ·04 | 0 | 0 | 4 | ·004 | [illegible] |
| 5 | 2 | 2 | 1 | ·5 | 0 | 4 | 2½ | ·05 | 0 | 0 | 5 | ·005 | [illegible] |
| 6 | 2 | 10 | 6 | ·6 | 0 | 5 | 0½ | ·06 | 0 | 0 | 6 | ·006 | [illegible] |
| 7 | 2 | 18 | 11 | ·7 | 0 | 5 | 10¾ | ·07 | 0 | 0 | 7 | ·007 | [illegible] |
| 8 | 3 | 7 | 4 | ·8 | 0 | 6 | 8¾ | ·08 | 0 | 0 | 8 | ·008 | [illegible] |
| 9 | 3 | 15 | 9 | ·9 | 0 | 7 | 7 | ·09 | 0 | 0 | 9 | ·009 | [illegible] |
| 10 | 4 | 4 | 2 | OUNCES. | | | | OUNCES. | | | | OU | |
| 11 | 4 | 12 | 7 | | | | | | | | | | |
| 12 | 5 | 1 | 0 | 25 | 10 | 10 | 5 | 38 | 15 | 19 | 10 | 55 | [illegible] |
| 13 | 5 | 9 | 5 | 26 | 10 | 18 | 10 | 39 | 16 | 8 | 3 | 60 | [illegible] |
| 14 | 5 | 17 | 10 | 27 | 11 | 7 | 3 | 40 | 16 | 16 | 8 | 65 | [illegible] |
| 15 | 6 | 6 | 3 | 28 | 11 | 15 | 8 | 41 | 17 | 5 | 1 | 70 | [illegible] |
| 16 | 6 | 14 | 8 | 29 | 12 | 4 | 1 | 42 | 17 | 13 | 6 | 75 | [illegible] |
| 17 | 7 | 3 | 1 | 30 | 12 | 12 | 6 | 43 | 18 | 1 | 11 | 80 | [illegible] |
| 18 | 7 | 11 | 6 | 31 | 13 | 0 | 11 | 44 | 18 | 10 | 4 | 85 | [illegible] |
| 19 | 7 | 19 | 11 | 32 | 13 | 9 | 4 | 45 | 18 | 18 | 9 | 90 | [illegible] |
| 20 | 8 | 8 | 4 | 33 | 13 | 17 | 9 | 46 | 19 | 7 | 2 | 100 | [illegible] |
| 21 | 8 | 16 | 9 | 34 | 14 | 6 | 2 | 47 | 19 | 15 | 7 | 200 | [illegible] |
| 22 | 9 | 5 | 2 | 35 | 14 | 14 | 7 | 48 | 20 | 4 | 0 | 300 | [illegible] |
| 23 | 9 | 13 | 7 | 36 | 15 | 3 | 0 | 49 | 20 | 12 | 5 | 400 | [illegible] |
| 24 | 10 | 2 | 0 | 37 | 15 | 11 | 5 | 50 | 21 | 0 | 10 | 500 | [illegible] |

1 grain = two-onethousandths of oz. troy or ·002.

1 carat = 3·166 grains.

1 pennyweight = five-onehundredths of oz. troy or ·05.

# 8s. 6d. per oz.

(For Diamonds, &c., for "oz" read "grain.")

| OUNCES. | | | TENTHS. | | | | HUNDREDTHS. | | | | THOUSANDTHS. | | | |
|---|---|---|---|---|---|---|---|---|---|---|---|---|---|---|
| £ | s. | d. | | £ | s. | d. | | £ | s. | d. | | £ | s. | d. |
| 0 | 8 | 6 | ·1 | 0 | 0 | 10¼ | ·01 | 0 | 0 | 1 | ·001 | 0 | 0 | 0 |
| 0 | 17 | 0 | ·2 | 0 | 1 | 8½ | ·02 | 0 | 0 | 2 | ·002 | 0 | 0 | 0¼ |
| 1 | 5 | 6 | ·3 | 0 | 2 | 6½ | ·03 | 0 | 0 | 3 | ·003 | 0 | 0 | 0¼ |
| 1 | 14 | 0 | ·4 | 0 | 3 | 4¾ | ·04 | 0 | 0 | 4 | ·004 | 0 | 0 | 0½ |
| 2 | 2 | 6 | ·5 | 0 | 4 | 3 | ·05 | 0 | 0 | 5 | ·005 | 0 | 0 | 0½ |
| 2 | 11 | 0 | ·6 | 0 | 5 | 1¼ | ·06 | 0 | 0 | 6 | ·006 | 0 | 0 | 0½ |
| 2 | 19 | 6 | ·7 | 0 | 5 | 11½ | ·07 | 0 | 0 | 7¼ | ·007 | 0 | 0 | 0¾ |
| 3 | 8 | 0 | ·8 | 0 | 6 | 9½ | ·08 | 0 | 0 | 8¼ | ·008 | 0 | 0 | 0¾ |
| 3 | 16 | 6 | ·9 | 0 | 7 | 7¾ | ·09 | 0 | 0 | 9¼ | ·009 | 0 | 0 | 1 |
| 4 | 5 | 0 | OUNCES. | | | | OUNCES. | | | | OUNCES. | | | |
| 4 | 13 | 6 | | | | | | | | | | | | |
| 5 | 2 | 0 | 25 | 10 | 12 | 6 | 38 | 16 | 3 | 0 | 55 | 23 | 7 | 6 |
| 5 | 10 | 6 | 26 | 11 | 1 | 0 | 39 | 16 | 11 | 6 | 60 | 25 | 10 | 0 |
| 5 | 19 | 0 | 27 | 11 | 9 | 6 | 40 | 17 | 0 | 0 | 65 | 27 | 12 | 6 |
| 6 | 7 | 6 | 28 | 11 | 18 | 0 | 41 | 17 | 8 | 6 | 70 | 29 | 15 | 0 |
| 6 | 16 | 0 | 29 | 12 | 6 | 6 | 42 | 17 | 17 | 0 | 75 | 31 | 17 | 6 |
| 7 | 4 | 6 | 30 | 12 | 15 | 0 | 43 | 18 | 5 | 6 | 80 | 34 | 0 | 0 |
| 7 | 13 | 0 | 31 | 13 | 3 | 6 | 44 | 18 | 14 | 0 | 85 | 36 | 2 | 6 |
| 8 | 1 | 6 | 32 | 13 | 12 | 0 | 45 | 19 | 2 | 6 | 90 | 38 | 5 | 0 |
| 8 | 10 | 0 | 33 | 14 | 0 | 6 | 46 | 19 | 11 | 0 | 100 | 42 | 10 | 0 |
| 8 | 18 | 6 | 34 | 14 | 9 | 0 | 47 | 19 | 19 | 6 | 200 | 85 | 0 | 0 |
| 9 | 7 | 0 | 35 | 14 | 17 | 6 | 48 | 20 | 8 | 0 | 300 | 127 | 10 | 0 |
| 9 | 15 | 6 | 36 | 15 | 6 | 0 | 49 | 20 | 16 | 6 | 400 | 170 | 0 | 0 |
| 10 | 4 | 0 | 37 | 15 | 14 | 6 | 50 | 21 | 5 | 0 | 500 | 212 | 10 | 0 |

1 grain=two-onethousandths of oz. troy or ·002.

1 carat=3·166 grains.

1 pennyweight=five-onehundredths of oz. troy or ·05.

# 8s. 7d. per oz.

(For Diamonds, &c., for "oz." read "grain")

| OUNCES. | | | | TENTHS. | | | | HUNDREDTHS. | | | | THOUSANDTHS. | | | |
|---|---|---|---|---|---|---|---|---|---|---|---|---|---|---|---|
| oz. | £ | s. | d. | | £ | s. | d. | | £ | s. | d. | · | £ | s. | d. |
| 1 | 0 | 8 | 7 | ·1 | 0 | 0 | 10¼ | ·01 | 0 | 0 | 1 | ·001 | 0 | 0 | 0 |
| 2 | 0 | 17 | 2 | ·2 | 0 | 1 | 8½ | ·02 | 0 | 0 | 2 | ·002 | 0 | 0 | 0 |
| 3 | 1 | 5 | 9 | ·3 | 0 | 2 | 7 | ·03 | 0 | 0 | 3 | ·003 | 0 | 0 | 0 |
| 4 | 1 | 14 | 4 | ·4 | 0 | 3 | 5¼ | ·04 | 0 | 0 | 4 | ·004 | 0 | 0 | 0 |
| 5 | 2 | 2 | 11 | ·5 | 0 | 4 | 3½ | ·05 | 0 | 0 | 5¼ | ·005 | 0 | 0 | 0 |
| 6 | 2 | 11 | 6 | ·6 | 0 | 5 | 1¾ | ·06 | 0 | 0 | 6¼ | ·006 | 0 | 0 | 0 |
| 7 | 3 | 0 | 1 | ·7 | 0 | 6 | 0 | ·07 | 0 | 0 | 7¼ | ·007 | 0 | 0 | 0 |
| 8 | 3 | 8 | 8 | ·8 | 0 | 6 | 10½ | ·08 | 0 | 0 | 8¼ | ·008 | 0 | 0 | 0 |
| 9 | 3 | 17 | 3 | ·9 | 0 | 7 | 8¾ | ·09 | 0 | 0 | 9¼ | ·009 | 0 | 0 | 1 |
| 10 | 4 | 5 | 10 | OUNCES. | | | | OUNCES | | | | OUNCES | | | |
| 11 | 4 | 14 | 5 | | | | | | | | | | | | |
| 12 | 5 | 3 | 0 | 25 | 10 | 14 | 7 | 38 | 16 | 6 | 2 | 55 | 23 | 12 | [illegible] |
| 13 | 5 | 11 | 7 | 26 | 11 | 3 | 2 | 39 | 16 | 14 | 9 | 60 | 25 | 15 | [illegible] |
| 14 | 6 | 0 | 2 | 27 | 11 | 11 | 9 | 40 | 17 | 3 | 4 | 65 | 27 | 17 | [illegible] |
| 15 | 6 | 8 | 9 | 28 | 12 | 0 | 4 | 41 | 17 | 11 | 11 | 70 | 30 | 0 | [illegible] |
| 16 | 6 | 17 | 4 | 29 | 12 | 8 | 11 | 42 | 18 | 0 | 6 | 75 | 32 | 3 | [illegible] |
| 17 | 7 | 5 | 11 | 30 | 12 | 17 | 6 | 43 | 18 | 9 | 1 | 80 | 34 | 6 | [illegible] |
| 18 | 7 | 14 | 6 | 31 | 13 | 6 | 1 | 44 | 18 | 17 | 8 | 85 | 36 | 9 | [illegible] |
| 19 | 8 | 3 | 1 | 32 | 13 | 14 | 8 | 45 | 19 | 6 | 3 | 90 | 38 | 12 | [illegible] |
| 20 | 8 | 11 | 8 | 33 | 14 | 3 | 3 | 46 | 19 | 14 | 10 | 100 | 42 | 18 | [illegible] |
| 21 | 9 | 0 | 3 | 34 | 14 | 11 | 10 | 47 | 20 | 3 | 5 | 200 | 85 | 16 | [illegible] |
| 22 | 9 | 8 | 10 | 35 | 15 | 0 | 5 | 48 | 20 | 12 | 0 | 300 | 128 | 15 | [illegible] |
| 23 | 9 | 17 | 5 | 36 | 15 | 9 | 0 | 49 | 21 | 0 | 7 | 400 | 171 | 13 | [illegible] |
| 24 | 10 | 6 | 0 | 37 | 15 | 17 | 7 | 50 | 21 | 9 | 2 | 500 | 214 | 11 | [illegible] |

1 grain = two-onethousandths of oz. troy or ·002.

1 carat = 3·166 grains.

1 pennyweight = five-onehundredths of oz. troy or ·05.

# 8s. 8d. per oz.

(For Diamonds, &c., for "oz." read "grain.")

| OUNCES. | | | | TENTHS. | | | | HUNDREDTHS. | | | | THOUSANDTHS. | | | |
|---|---|---|---|---|---|---|---|---|---|---|---|---|---|---|---|
| oz. | £ | s. | d. | | £ | s. | d. | | £ | s. | d. | | £ | s. | d. |
| 1 | 0 | 8 | 8 | ·1 | 0 | 0 | 10½ | ·01 | 0 | 0 | 1 | ·001 | 0 | 0 | 0 |
| 2 | 0 | 17 | 4 | ·2 | 0 | 1 | 8¾ | ·02 | 0 | 0 | 2 | ·002 | 0 | 0 | 0¼ |
| 3 | 1 | 6 | 0 | ·3 | 0 | 2 | 7¼ | ·03 | 0 | 0 | 3 | ·003 | 0 | 0 | 0¼ |
| 4 | 1 | 14 | 8 | ·4 | 0 | 3 | 5½ | ·04 | 0 | 0 | 4¼ | ·004 | 0 | 0 | 0½ |
| 5 | 2 | 3 | 4 | ·5 | 0 | 4 | 4 | ·05 | 0 | 0 | 5¼ | ·005 | 0 | 0 | 0½ |
| 6 | 2 | 12 | 0 | ·6 | 0 | 5 | 2¼ | ·06 | 0 | 0 | 6¼ | ·006 | 0 | 0 | 0½ |
| 7 | 3 | 0 | 8 | ·7 | 0 | 6 | 0¾ | ·07 | 0 | 0 | 7¼ | ·007 | 0 | 0 | 0¾ |
| 8 | 3 | 9 | 4 | ·8 | 0 | 6 | 11¼ | ·08 | 0 | 0 | 8¼ | ·008 | 0 | 0 | 0¾ |
| 9 | 3 | 18 | 0 | ·9 | 0 | 7 | 9½ | ·09 | 0 | 0 | 9¼ | ·009 | 0 | 0 | 1 |
| 0 | 4 | 6 | 8 | OUNCES. | | | | OUNCES. | | | | OUNCES. | | | |
| 1 | 4 | 15 | 4 | | | | | | | | | | | | |
| 2 | 5 | 4 | 0 | 25 | 10 | 16 | 8 | 38 | 16 | 9 | 4 | 55 | 23 | 16 | 8 |
| 3 | 5 | 12 | 8 | 26 | 11 | 5 | 4 | 39 | 16 | 18 | 0 | 60 | 26 | 0 | 0 |
| 4 | 6 | 1 | 4 | 27 | 11 | 14 | 0 | 40 | 17 | 6 | 8 | 65 | 28 | 3 | 4 |
| 5 | 6 | 10 | 0 | 28 | 12 | 2 | 8 | 41 | 17 | 15 | 4 | 70 | 30 | 6 | 8 |
| 6 | 6 | 18 | 8 | 29 | 12 | 11 | 4 | 42 | 18 | 4 | 0 | 75 | 32 | 10 | 0 |
| 7 | 7 | 7 | 4 | 30 | 13 | 0 | 0 | 43 | 18 | 12 | 8 | 80 | 34 | 13 | 4 |
| 8 | 7 | 16 | 0 | 31 | 13 | 8 | 8 | 44 | 19 | 1 | 4 | 85 | 36 | 16 | 8 |
| 9 | 8 | 4 | 8 | 32 | 13 | 17 | 4 | 45 | 19 | 10 | 0 | 90 | 39 | 0 | 0 |
| 0 | 8 | 13 | 4 | 33 | 14 | 6 | 0 | 46 | 19 | 18 | 8 | 100 | 43 | 6 | 8 |
| 1 | 9 | 2 | 0 | 34 | 14 | 14 | 8 | 47 | 20 | 7 | 4 | 200 | 86 | 13 | 4 |
| 2 | 9 | 10 | 8 | 35 | 15 | 3 | 4 | 48 | 20 | 16 | 0 | 300 | 130 | 0 | 0 |
| 3 | 9 | 19 | 4 | 36 | 15 | 12 | 0 | 49 | 21 | 4 | 8 | 400 | 173 | 6 | 8 |
| 4 | 10 | 8 | 0 | 37 | 16 | 0 | 8 | 50 | 21 | 13 | 4 | 500 | 216 | 13 | 4 |

1 grain = two-onethousandths of oz. troy or ·002.

1 carat = 3·166 grains.

pennyweight = five-onehundredths of oz. troy or ·05.

# 8s. 9d. per oz.

(For Diamonds, &c , for "oz." read "grain.")

| OUNCES. | | | | TENTHS. | | | | HUNDREDTHS. | | | | THOUSANDTHS. | | | |
|---|---|---|---|---|---|---|---|---|---|---|---|---|---|---|---|
| oz. | £ | s. | d. | | £ | s | d. | | £ | s. | d. | | £ | s. | d. |
| 1 | 0 | 8 | 9 | ·1 | 0 | 0 | 10½ | ·01 | 0 | 0 | 1 | ·001 | 0 | 0 | 0 |
| 2 | 0 | 17 | 6 | ·2 | 0 | 1 | 9 | ·02 | 0 | 0 | 2 | ·002 | 0 | 0 | 0¼ |
| 3 | 1 | 6 | 3 | ·3 | 0 | 2 | 7½ | ·03 | 0 | 0 | 3¼ | ·003 | 0 | 0 | 0¼ |
| 4 | 1 | 15 | 0 | ·4 | 0 | 3 | 6 | ·04 | 0 | 0 | 4¼ | ·004 | 0 | 0 | 0½ |
| 5 | 2 | 3 | 9 | ·5 | 0 | 4 | 4½ | ·05 | 0 | 0 | 5¼ | ·005 | 0 | 0 | 0½ |
| 6 | 2 | 12 | 6 | ·6 | 0 | 5 | 3 | ·06 | 0 | 0 | 6¼ | ·006 | 0 | 0 | 0¾ |
| 7 | 3 | 1 | 3 | ·7 | 0 | 6 | 1½ | ·07 | 0 | 0 | 7¼ | ·007 | 0 | 0 | 0¾ |
| 8 | 3 | 10 | 0 | ·8 | 0 | 7 | 0 | ·08 | 0 | 0 | 8½ | ·008 | 0 | 0 | 0¾ |
| 9 | 3 | 18 | 9 | ·9 | 0 | 7 | 10½ | ·09 | 0 | 0 | 9½ | ·009 | 0 | 0 | 1 |
| 10 | 4 | 7 | 6 | OUNCES. | | | | OUNCES. | | | | OUNCES. | | | |
| 11 | 4 | 16 | 3 | | | | | | | | | | | | |
| 12 | 5 | 5 | 0 | 25 | 10 | 18 | 9 | 38 | 16 | 12 | 6 | 55 | 24 | 1 | 3 |
| 13 | 5 | 13 | 9 | 26 | 11 | 7 | 6 | 39 | 17 | 1 | 3 | 60 | 26 | 5 | 0 |
| 14 | 6 | 2 | 6 | 27 | 11 | 16 | 3 | 40 | 17 | 10 | 0 | 65 | 28 | 8 | 9 |
| 15 | 6 | 11 | 3 | 28 | 12 | 5 | 0 | 41 | 17 | 18 | 9 | 70 | 30 | 12 | 6 |
| 16 | 7 | 0 | 0 | 29 | 12 | 13 | 9 | 42 | 18 | 7 | 6 | 75 | 32 | 16 | 3 |
| 17 | 7 | 8 | 9 | 30 | 13 | 2 | 6 | 43 | 18 | 16 | 3 | 80 | 35 | 0 | 0 |
| 18 | 7 | 17 | 6 | 31 | 13 | 11 | 3 | 44 | 19 | 5 | 0 | 85 | 37 | 3 | 9 |
| 19 | 8 | 6 | 3 | 32 | 14 | 0 | 0 | 45 | 19 | 13 | 9 | 90 | 39 | 7 | 6 |
| 20 | 8 | 15 | 0 | 33 | 14 | 8 | 9 | 46 | 20 | 2 | 6 | 100 | 43 | 15 | 0 |
| 21 | 9 | 3 | 9 | 34 | 14 | 17 | 6 | 47 | 20 | 11 | 3 | 200 | 87 | 10 | 0 |
| 22 | 9 | 12 | 6 | 35 | 15 | 6 | 3 | 48 | 21 | 0 | 0 | 300 | 131 | 5 | 0 |
| 23 | 10 | 1 | 3 | 36 | 15 | 15 | 0 | 49 | 21 | 8 | 9 | 400 | 175 | 0 | 0 |
| 24 | 10 | 10 | 0 | 37 | 16 | 3 | 9 | 50 | 21 | 17 | 6 | 500 | 218 | 15 | 0 |

1 grain = two-onethousandths of oz. troy or ·002.

1 carat = 3·166 grains.

1 pennyweight = five-onehundredths of oz. troy or ·05.

# 8s. 10d. per oz.

(For Diamonds, &c., for " oz." read " grain.")

| OUNCES. | | | | TENTHS. | | | | HUNDREDTHS. | | | | THOUSANDTHS. | | | |
|---|---|---|---|---|---|---|---|---|---|---|---|---|---|---|---|
| s. | £ | s. | d. | | £ | s. | d. | | £ | s. | d. | | £ | s. | d. |
| 1 | 0 | 8 | 10 | ·1 | 0 | 0 | 10½ | ·01 | 0 | 0 | 1 | ·001 | 0 | 0 | 0 |
| 2 | 0 | 17 | 8 | ·2 | 0 | 1 | 9¼ | ·02 | 0 | 0 | 2 | ·002 | 0 | 0 | 0¼ |
| 3 | 1 | 6 | 6 | ·3 | 0 | 2 | 7¾ | ·03 | 0 | 0 | 3¼ | ·003 | 0 | 0 | 0¼ |
| 4 | 1 | 15 | 4 | ·4 | 0 | 3 | 6½ | ·04 | 0 | 0 | 4¼ | ·004 | 0 | 0 | 0½ |
| 5 | 2 | 4 | 2 | ·5 | 0 | 4 | 5 | ·05 | 0 | 0 | 5¼ | ·005 | 0 | 0 | 0½ |
| 6 | 2 | 13 | 0 | ·6 | 0 | 5 | 3½ | ·06 | 0 | 0 | 6¼ | ·006 | 0 | 0 | 0¾ |
| 7 | 3 | 1 | 10 | ·7 | 0 | 6 | 2¼ | ·07 | 0 | 0 | 7½ | ·007 | 0 | 0 | 0¾ |
| 8 | 3 | 10 | 8 | ·8 | 0 | 7 | 0¾ | ·08 | 0 | 0 | 8½ | ·008 | 0 | 0 | 0¾ |
| 9 | 3 | 19 | 6 | ·9 | 0 | 7 | 11½ | ·09 | 0 | 0 | 9½ | ·009 | 0 | 0 | 1 |
| 0 | 4 | 8 | 4 | OUNCES. | | | | OUNCES. | | | | OUNCES. | | | |
| 1 | 4 | 17 | 2 | | | | | | | | | | | | |
| 2 | 5 | 6 | 0 | 25 | 11 | 0 | 10 | 38 | 16 | 15 | 8 | 55 | 24 | 5 | 10 |
| 3 | 5 | 14 | 10 | 26 | 11 | 9 | 8 | 39 | 17 | 4 | 6 | 60 | 26 | 10 | 0 |
| 4 | 6 | 3 | 8 | 27 | 11 | 18 | 6 | 40 | 17 | 13 | 4 | 65 | 28 | 14 | 2 |
| 5 | 6 | 12 | 6 | 28 | 12 | 7 | 4 | 41 | 18 | 2 | 2 | 70 | 30 | 18 | 4 |
| 6 | 7 | 1 | 4 | 29 | 12 | 16 | 2 | 42 | 18 | 11 | 0 | 75 | 33 | 2 | 6 |
| 7 | 7 | 10 | 2 | 30 | 13 | 5 | 0 | 43 | 18 | 19 | 10 | 80 | 35 | 6 | 8 |
| 8 | 7 | 19 | 0 | 31 | 13 | 13 | 10 | 44 | 19 | 8 | 8 | 85 | 37 | 10 | 10 |
| 9 | 8 | 7 | 10 | 32 | 14 | 2 | 8 | 45 | 19 | 17 | 6 | 90 | 39 | 15 | 0 |
| 0 | 8 | 16 | 8 | 33 | 14 | 11 | 6 | 46 | 20 | 6 | 4 | 100 | 44 | 3 | 4 |
| 1 | 9 | 5 | 6 | 34 | 15 | 0 | 4 | 47 | 20 | 15 | 2 | 200 | 88 | 6 | 8 |
| 2 | 9 | 14 | 4 | 35 | 15 | 9 | 2 | 48 | 21 | 4 | 0 | 300 | 132 | 10 | 0 |
| 3 | 10 | 3 | 2 | 36 | 15 | 18 | 0 | 49 | 21 | 12 | 10 | 400 | 176 | 13 | 4 |
| 4 | 10 | 12 | 0 | 37 | 16 | 6 | 10 | 50 | 22 | 1 | 8 | 500 | 220 | 16 | 8 |

1 grain=two-onethousandths of oz. troy or ·002.

1 carat=3·166 grains.

1 pennyweight=five-onehundredths of oz. troy or ·05.

# 8s. 11d. per oz.

(For Diamonds, &c., for "oz." read "grain.")

| OUNCES. | | | | TENTHS. | | | | HUNDREDTHS. | | | | THOUSANDTHS | | | |
|---|---|---|---|---|---|---|---|---|---|---|---|---|---|---|---|
| oz. | £ | s. | d. | | £ | s. | d. | | £ | s. | d. | | £ | s. | d. |
| 1 | 0 | 8 | 11 | ·1 | 0 | 0 | 10¾ | ·01 | 0 | 0 | 1 | ·001 | 0 | 0 | 0 |
| 2 | 0 | 17 | 10 | ·2 | 0 | 1 | 9½ | ·02 | 0 | 0 | 2¼ | ·002 | 0 | 0 | 0¼ |
| 3 | 1 | 6 | 9 | ·3 | 0 | 2 | 8 | ·03 | 0 | 0 | 3¼ | ·003 | 0 | 0 | 0¼ |
| 4 | 1 | 15 | 8 | ·4 | 0 | 3 | 6¾ | ·04 | 0 | 0 | 4¼ | ·004 | 0 | 0 | 0½ |
| 5 | 2 | 4 | 7 | ·5 | 0 | 4 | 5½ | ·05 | 0 | 0 | 5¼ | ·005 | 0 | 0 | 0½ |
| 6 | 2 | 13 | 6 | ·6 | 0 | 5 | 4¼ | ·06 | 0 | 0 | 6½ | ·006 | 0 | 0 | 0¾ |
| 7 | 3 | 2 | 5 | ·7 | 0 | 6 | 3 | ·07 | 0 | 0 | 7½ | ·007 | 0 | 0 | 0¾ |
| 8 | 3 | 11 | 4 | ·8 | 0 | 7 | 1½ | ·08 | 0 | 0 | 8½ | ·008 | 0 | 0 | 0¾ |
| 9 | 4 | 0 | 3 | ·9 | 0 | 8 | 0¼ | ·09 | 0 | 0 | 9¾ | ·009 | 0 | 0 | 1 |
| 10 | 4 | 9 | 2 | | | | | | | | | | | | |
| 11 | 4 | 18 | 1 | OUNCES. | | | | OUNCES. | | | | OUNCES. | | | |
| 12 | 5 | 7 | 0 | 25 | 11 | 2 | 11 | 38 | 16 | 18 | 10 | 55 | 24 | 10 | 5 |
| 13 | 5 | 15 | 11 | 26 | 11 | 11 | 10 | 39 | 17 | 7 | 9 | 60 | 26 | 15 | 0 |
| 14 | 6 | 4 | 10 | 27 | 12 | 0 | 9 | 40 | 17 | 16 | 8 | 65 | 28 | 19 | 7 |
| 15 | 6 | 13 | 9 | 28 | 12 | 9 | 8 | 41 | 18 | 5 | 7 | 70 | 31 | 4 | 2 |
| 16 | 7 | 2 | 8 | 29 | 12 | 18 | 7 | 42 | 18 | 14 | 6 | 75 | 33 | 8 | 9 |
| 17 | 7 | 11 | 7 | 30 | 13 | 7 | 6 | 43 | 19 | 3 | 5 | 80 | 35 | 13 | 4 |
| 18 | 8 | 0 | 6 | 31 | 13 | 16 | 5 | 44 | 19 | 12 | 4 | 85 | 37 | 17 | 11 |
| 19 | 8 | 9 | 5 | 32 | 14 | 5 | 4 | 45 | 20 | 1 | 3 | 90 | 40 | 2 | 6 |
| 20 | 8 | 18 | 4 | 33 | 14 | 14 | 3 | 46 | 20 | 10 | 2 | 100 | 44 | 11 | 8 |
| 21 | 9 | 7 | 3 | 34 | 15 | 3 | 2 | 47 | 20 | 19 | 1 | 200 | 89 | 3 | 4 |
| 22 | 9 | 16 | 2 | 35 | 15 | 12 | 1 | 48 | 21 | 8 | 0 | 300 | 133 | 15 | 0 |
| 23 | 10 | 5 | 1 | 36 | 16 | 1 | 0 | 49 | 21 | 16 | 11 | 400 | 178 | 6 | 8 |
| 24 | 10 | 14 | 0 | 37 | 16 | 9 | 11 | 50 | 22 | 5 | 10 | 500 | 222 | 18 | 4 |

1 grain = two-onethousandths of oz. troy or ·002.

1 carat = 3·166 grains.

1 pennyweight = five-onehundredths of oz. troy or ·05.

# 9s. 0d. per oz.

(For Diamonds, &c., for "oz" read "grain.")

| OUNCES. | | | | TENTHS. | | | | HUNDREDTHS. | | | | THOUSANDTHS. | | | |
|---|---|---|---|---|---|---|---|---|---|---|---|---|---|---|---|
| oz. | £ | s. | d. | | £ | s. | d. | | £ | s. | d. | | £ | s. | d. |
| 1 | 0 | 9 | 0 | ·1 | 0 | 0 | 10¾ | ·01 | 0 | 0 | 1 | ·001 | 0 | 0 | 0 |
| 2 | 0 | 18 | 0 | ·2 | 0 | 1 | 9½ | ·02 | 0 | 0 | 2¼ | ·002 | 0 | 0 | 0¼ |
| 3 | 1 | 7 | 0 | ·3 | 0 | 2 | 8½ | ·03 | 0 | 0 | 3¼ | ·003 | 0 | 0 | 0¼ |
| 4 | 1 | 16 | 0 | ·4 | 0 | 3 | 7¼ | ·04 | 0 | 0 | 4¼ | ·004 | 0 | 0 | 0½ |
| 5 | 2 | 5 | 0 | ·5 | 0 | 4 | 6 | ·05 | 0 | 0 | 5½ | ·005 | 0 | 0 | 0½ |
| 6 | 2 | 14 | 0 | ·6 | 0 | 5 | 4¾ | ·06 | 0 | 0 | 6½ | ·006 | 0 | 0 | 0¾ |
| 7 | 3 | 3 | 0 | ·7 | 0 | 6 | 3½ | ·07 | 0 | 0 | 7½ | ·007 | 0 | 0 | 0¾ |
| 8 | 3 | 12 | 0 | ·8 | 0 | 7 | 2½ | ·08 | 0 | 0 | 8¾ | ·008 | 0 | 0 | 0¾ |
| 9 | 4 | 1 | 0 | ·9 | 0 | 8 | 1¼ | ·09 | 0 | 0 | 9¾ | ·009 | 0 | 0 | 1 |
| 10 | 4 | 10 | 0 | OUNCES. | | | | OUNCES. | | | | OUNCES. | | | |
| 11 | 4 | 19 | 0 | | | | | | | | | | | | |
| 12 | 5 | 8 | 0 | 25 | 11 | 5 | 0 | 38 | 17 | 2 | 0 | 55 | 24 | 15 | 0 |
| 13 | 5 | 17 | 0 | 26 | 11 | 14 | 0 | 39 | 17 | 11 | 0 | 60 | 27 | 0 | 0 |
| 14 | 6 | 6 | 0 | 27 | 12 | 3 | 0 | 40 | 18 | 0 | 0 | 65 | 29 | 5 | 0 |
| 15 | 6 | 15 | 0 | 28 | 12 | 12 | 0 | 41 | 18 | 9 | 0 | 70 | 31 | 10 | 0 |
| 16 | 7 | 4 | 0 | 29 | 13 | 1 | 0 | 42 | 18 | 18 | 0 | 75 | 33 | 15 | 0 |
| 17 | 7 | 13 | 0 | 30 | 13 | 10 | 0 | 43 | 19 | 7 | 0 | 80 | 36 | 0 | 0 |
| 18 | 8 | 2 | 0 | 31 | 13 | 19 | 0 | 44 | 19 | 16 | 0 | 85 | 38 | 5 | 0 |
| 19 | 8 | 11 | 0 | 32 | 14 | 8 | 0 | 45 | 20 | 5 | 0 | 90 | 40 | 10 | 0 |
| 20 | 9 | 0 | 0 | 33 | 14 | 17 | 0 | 46 | 20 | 14 | 0 | 100 | 45 | 0 | 0 |
| 21 | 9 | 9 | 0 | 34 | 15 | 6 | 0 | 47 | 21 | 3 | 0 | 200 | 90 | 0 | 0 |
| 22 | 9 | 18 | 0 | 35 | 15 | 15 | 0 | 48 | 21 | 12 | 0 | 300 | 135 | 0 | 0 |
| 23 | 10 | 7 | 0 | 36 | 16 | 4 | 0 | 49 | 22 | 1 | 0 | 400 | 180 | 0 | 0 |
| 24 | 10 | 16 | 0 | 37 | 16 | 13 | 0 | 50 | 22 | 10 | 0 | 500 | 225 | 0 | 0 |

1 grain=two-onethousandths of oz. troy or ·002.

1 carat=3·166 grains.

1 pennyweight=five-onehundredths of oz. troy or ·05.

# 9s. 1d. per oz.

**(For Diamonds, &c., for "oz." read "grain.")**

| OUNCES. | | | | TENTHS. | | | | HUNDREDTHS. | | | | THOUSANDTHS | | | |
|---|---|---|---|---|---|---|---|---|---|---|---|---|---|---|---|
| *oz.* | £ | *s.* | *d.* | | £ | *s.* | *d.* | | £ | *s.* | *d.* | | £ | *s.* | *d.* |
| 1 | 0 | 9 | 1 | ·1 | 0 | 0 | 11 | ·01 | 0 | 0 | 1 | ·001 | 0 | 0 | 0 |
| 2 | 0 | 18 | 2 | ·2 | 0 | 1 | 9¾ | ·02 | 0 | 0 | 2¼ | ·002 | 0 | 0 | 0¼ |
| 3 | 1 | 7 | 3 | ·3 | 0 | 2 | 8¾ | ·03 | 0 | 0 | 3¼ | ·003 | 0 | 0 | 0¼ |
| 4 | 1 | 16 | 4 | ·4 | 0 | 3 | 7½ | ·04 | 0 | 0 | 4¼ | ·004 | 0 | 0 | 0½ |
| 5 | 2 | 5 | 5 | ·5 | 0 | 4 | 6½ | ·05 | 0 | 0 | 5½ | ·005 | 0 | 0 | 0½ |
| 6 | 2 | 14 | 6 | ·6 | 0 | 5 | 5½ | ·06 | 0 | 0 | 6½ | ·006 | 0 | 0 | 0¾ |
| 7 | 3 | 3 | 7 | ·7 | 0 | 6 | 4¼ | ·07 | 0 | 0 | 7¾ | ·007 | 0 | 0 | 0¾ |
| 8 | 3 | 12 | 8 | ·8 | 0 | 7 | 3¼ | ·08 | 0 | 0 | 8¾ | ·008 | 0 | 0 | 0¾ |
| 9 | 4 | 1 | 9 | ·9 | 0 | 8 | 2 | ·09 | 0 | 0 | 9¾ | ·009 | 0 | 0 | 1 |
| 10 | 4 | 10 | 10 | OUNCES. | | | | OUNCES. | | | | OUNCES. | | | |
| 11 | 4 | 19 | 11 | | | | | | | | | | | | |
| 12 | 5 | 9 | 0 | 25 | 11 | 7 | 1 | 38 | 17 | 5 | 2 | 55 | 24 | 19 | 7 |
| 13 | 5 | 18 | 1 | 26 | 11 | 16 | 2 | 39 | 17 | 14 | 3 | 60 | 27 | 5 | 0 |
| 14 | 6 | 7 | 2 | 27 | 12 | 5 | 3 | 40 | 18 | 3 | 4 | 65 | 29 | 10 | 5 |
| 15 | 6 | 16 | 3 | 28 | 12 | 14 | 4 | 41 | 18 | 12 | 5 | 70 | 31 | 15 | 10 |
| 16 | 7 | 5 | 4 | 29 | 13 | 3 | 5 | 42 | 19 | 1 | 6 | 75 | 34 | 1 | 3 |
| 17 | 7 | 14 | 5 | 30 | 13 | 12 | 6 | 43 | 19 | 10 | 7 | 80 | 36 | 6 | 8 |
| 18 | 8 | 3 | 6 | 31 | 14 | 1 | 7 | 44 | 19 | 19 | 8 | 85 | 38 | 12 | 1 |
| 19 | 8 | 12 | 7 | 32 | 14 | 10 | 8 | 45 | 20 | 8 | 9 | 90 | 40 | 17 | 6 |
| 20 | 9 | 1 | 8 | 33 | 14 | 19 | 9 | 46 | 20 | 17 | 10 | 100 | 45 | 8 | 4 |
| 21 | 9 | 10 | 9 | 34 | 15 | 8 | 10 | 47 | 21 | 6 | 11 | 200 | 90 | 16 | 8 |
| 22 | 9 | 19 | 10 | 35 | 15 | 17 | 11 | 48 | 21 | 16 | 0 | 300 | 136 | 5 | 0 |
| 23 | 10 | 8 | 11 | 36 | 16 | 7 | 0 | 49 | 22 | 5 | 1 | 400 | 181 | 13 | 4 |
| 24 | 10 | 18 | 0 | 37 | 16 | 16 | 1 | 50 | 22 | 14 | 2 | 500 | 227 | 1 | 8 |

1 grain = two-onethousandths of oz. troy or ·002.

1 carat = 3·166 grains.

1 pennyweight = five onehundredths of oz. troy or ·05.

# 9s. 2d. per oz.

**(For Diamonds, &c., for " oz " read "grain.")**

| ONCES. | | | TENTHS. | | | | HUNDREDTHS. | | | | THOUSANDTHS. | | | |
|---|---|---|---|---|---|---|---|---|---|---|---|---|---|---|
| £ | *s.* | *d.* | | £ | *s.* | *d.* | | £ | *s.* | *d.* | | £ | *s.* | *d.* |
| 0 | 9 | 2 | ·1 | 0 | 0 | 11 | ·01 | 0 | 0 | 1 | ·001 | 0 | 0 | 0 |
| 0 | 18 | 4 | ·2 | 0 | 1 | 10 | ·02 | 0 | 0 | 2¼ | ·002 | 0 | 0 | 0¼ |
| 1 | 7 | 6 | ·3 | 0 | 2 | 9 | ·03 | 0 | 0 | 3¼ | ·003 | 0 | 0 | 0¼ |
| 1 | 16 | 8 | ·4 | 0 | 3 | 8 | ·04 | 0 | 0 | 4½ | ·004 | 0 | 0 | 0½ |
| 2 | 5 | 10 | ·5 | 0 | 4 | 7 | ·05 | 0 | 0 | 5½ | ·005 | 0 | 0 | 0½ |
| 2 | 15 | 0 | ·6 | 0 | 5 | 6 | ·06 | 0 | 0 | 6½ | ·006 | 0 | 0 | 0¾ |
| 3 | 4 | 2 | ·7 | 0 | 6 | 5 | ·07 | 0 | 0 | 7¾ | ·007 | 0 | 0 | 0¾ |
| 3 | 13 | 4 | ·8 | 0 | 7 | 4 | ·08 | 0 | 0 | 8¾ | ·008 | 0 | 0 | 1 |
| 4 | 2 | 6 | ·9 | 0 | 8 | 3 | ·09 | 0 | 0 | 10 | ·009 | 0 | 0 | 1 |
| 4 | 11 | 8 | OUNCES. | | | | OUNCES. | | | | OUNCES. | | | |
| 5 | 0 | 10 | | | | | | | | | | | | |
| 5 | 10 | 0 | 25 | 11 | 9 | 2 | 38 | 17 | 8 | 4 | 55 | 25 | 4 | 2 |
| 5 | 19 | 2 | 26 | 11 | 18 | 4 | 39 | 17 | 17 | 6 | 60 | 27 | 10 | 0 |
| 6 | 8 | 4 | 27 | 12 | 7 | 6 | 40 | 18 | 6 | 8 | 65 | 29 | 15 | 10 |
| 6 | 17 | 6 | 28 | 12 | 16 | 8 | 41 | 18 | 15 | 10 | 70 | 32 | 1 | 8 |
| 7 | 6 | 8 | 29 | 13 | 5 | 10 | 42 | 19 | 5 | 0 | 75 | 34 | 7 | 6 |
| 7 | 15 | 10 | 30 | 13 | 15 | 0 | 43 | 19 | 14 | 2 | 80 | 36 | 13 | 4 |
| 8 | 5 | 0 | 31 | 14 | 4 | 2 | 44 | 20 | 3 | 4 | 85 | 38 | 19 | 2 |
| 8 | 14 | 2 | 32 | 14 | 13 | 4 | 45 | 20 | 12 | 6 | 90 | 41 | 5 | 0 |
| 9 | 3 | 4 | 33 | 15 | 2 | 6 | 46 | 21 | 1 | 8 | 100 | 45 | 16 | 8 |
| 9 | 12 | 6 | 34 | 15 | 11 | 8 | 47 | 21 | 10 | 10 | 200 | 91 | 13 | 4 |
| 0 | 1 | 8 | 35 | 16 | 0 | 10 | 48 | 22 | 0 | 0 | 300 | 137 | 10 | 0 |
| 0 | 10 | 10 | 36 | 16 | 10 | 0 | 49 | 22 | 9 | 2 | 400 | 183 | 6 | 8 |
| 1 | 0 | 0 | 37 | 16 | 19 | 2 | 50 | 22 | 18 | 4 | 500 | 229 | 8 | 4 |

1 grain=two-onethousandths of oz. troy or ·002.

1 carat=3·166 grains.

1 pennyweight=five-onehundredths of oz. troy or ·05.

# 9s. 3d. per oz.

(For Diamonds, &c., for " oz." read " grain.")

**OUNCES.**

| oz. | £ | s. | d. |
|---|---|---|---|
| 1 | 0 | 9 | 3 |
| 2 | 0 | 18 | 6 |
| 3 | 1 | 7 | 9 |
| 4 | 1 | 17 | 0 |
| 5 | 2 | 6 | 3 |
| 6 | 2 | 15 | 6 |
| 7 | 3 | 4 | 9 |
| 8 | 3 | 14 | 0 |
| 9 | 4 | 3 | 3 |
| 10 | 4 | 12 | 6 |
| 11 | 5 | 1 | 9 |
| 12 | 5 | 11 | 0 |
| 13 | 6 | 0 | 3 |
| 14 | 6 | 9 | 6 |
| 15 | 6 | 18 | 9 |
| 16 | 7 | 8 | 0 |
| 17 | 7 | 17 | 3 |
| 18 | 8 | 6 | 6 |
| 19 | 8 | 15 | 9 |
| 20 | 9 | 5 | 0 |
| 21 | 9 | 14 | 3 |
| 22 | 10 | 3 | 6 |
| 23 | 10 | 12 | 9 |
| 24 | 11 | 2 | 0 |

| TENTHS. | £ | s. | d. | HUNDREDTHS. | £ | s. | d. | THOUSANDTHS. | £ | s. | d. |
|---|---|---|---|---|---|---|---|---|---|---|---|
| ·1 | 0 | 0 | 11 | ·01 | 0 | 0 | 1 | ·001 | 0 | 0 | 0 |
| ·2 | 0 | 1 | 10¼ | ·02 | 0 | 0 | 2¼ | ·002 | 0 | 0 | 0¼ |
| ·3 | 0 | 2 | 9¼ | ·03 | 0 | 0 | 3¼ | ·003 | 0 | 0 | 0¼ |
| ·4 | 0 | 3 | 8½ | ·04 | 0 | 0 | 4½ | ·004 | 0 | 0 | 0½ |
| ·5 | 0 | 4 | 7½ | ·05 | 0 | 0 | 5½ | ·005 | 0 | 0 | 0½ |
| ·6 | 0 | 5 | 6½ | ·06 | 0 | 0 | 6¾ | ·006 | 0 | 0 | 0¾ |
| ·7 | 0 | 6 | 5¾ | ·07 | 0 | 0 | 7¾ | ·007 | 0 | 0 | 0¾ |
| ·8 | 0 | 7 | 4¾ | ·08 | 0 | 0 | 9 | ·008 | 0 | 0 | 1 |
| ·9 | 0 | 8 | 4 | ·09 | 0 | 0 | 10 | ·009 | 0 | 0 | 1 |

| OUNCES. | £ | s. | d. | OUNCES. | £ | s. | d. | OUNCES. | £ | s. | d. |
|---|---|---|---|---|---|---|---|---|---|---|---|
| 25 | 11 | 11 | 3 | 38 | 17 | 11 | 6 | 55 | 25 | 8 | [illegible] |
| 26 | 12 | 0 | 6 | 39 | 18 | 0 | 9 | 60 | 27 | 15 | [illegible] |
| 27 | 12 | 9 | 9 | 40 | 18 | 10 | 0 | 65 | 30 | 1 | [illegible] |
| 28 | 12 | 19 | 0 | 41 | 18 | 19 | 3 | 70 | 32 | 7 | [illegible] |
| 29 | 13 | 8 | 3 | 42 | 19 | 8 | 6 | 75 | 34 | 13 | [illegible] |
| 30 | 13 | 17 | 6 | 43 | 19 | 17 | 9 | 80 | 37 | 0 | [illegible] |
| 31 | 14 | 6 | 9 | 44 | 20 | 7 | 0 | 85 | 39 | 6 | [illegible] |
| 32 | 14 | 16 | 0 | 45 | 20 | 16 | 3 | 90 | 41 | 12 | [illegible] |
| 33 | 15 | 5 | 3 | 46 | 21 | 5 | 6 | 100 | 46 | 5 | [illegible] |
| 34 | 15 | 14 | 6 | 47 | 21 | 14 | 9 | 200 | 92 | 10 | [illegible] |
| 35 | 16 | 3 | 9 | 48 | 22 | 4 | 0 | 300 | 138 | 15 | [illegible] |
| 36 | 16 | 13 | 0 | 49 | 22 | 13 | 3 | 400 | 185 | 0 | [illegible] |
| 37 | 17 | 2 | 3 | 50 | 23 | 2 | 6 | 500 | 231 | 5 | [illegible] |

1 grain=two-onethousandths of oz. troy or ·002.

1 carat=3·166 grains.

1 pennyweight=five onehundredths of oz. troy or ·05.

# 9s. 4d. per oz.

(For Diamonds, &c., for "oz." read "grain.")

| JNCES. | | |
|---|---|---|
| £ | s. | d. |
| 0 | 9 | 4 |
| 0 | 18 | 8 |
| 1 | 8 | 0 |
| 1 | 17 | 4 |
| 2 | 6 | 8 |
| 2 | 16 | 0 |
| 3 | 5 | 4 |
| 3 | 14 | 8 |
| 4 | 4 | 0 |
| 4 | 13 | 4 |
| 5 | 2 | 8 |
| 5 | 12 | 0 |
| 6 | 1 | 4 |
| 6 | 10 | 8 |
| 7 | 0 | 0 |
| 7 | 9 | 4 |
| 7 | 18 | 8 |
| 8 | 8 | 0 |
| 8 | 17 | 4 |
| 9 | 6 | 8 |
| 9 | 16 | 0 |
| 0 | 5 | 4 |
| 0 | 14 | 8 |
| 1 | 4 | 0 |

| TENTHS. | | | | HUNDREDTHS. | | | | THOUSANDTHS. | | | |
|---|---|---|---|---|---|---|---|---|---|---|---|
| | £ | s. | d. | | £ | s. | d. | | £ | s. | d. |
| ·1 | 0 | 0 | 11¼ | ·01 | 0 | 0 | 1 | ·001 | 0 | 0 | 0 |
| ·2 | 0 | 1 | 10½ | ·02 | 0 | 0 | 2¼ | ·002 | 0 | 0 | 0¼ |
| ·3 | 0 | 2 | 9½ | ·03 | 0 | 0 | 3¼ | ·003 | 0 | 0 | 0¼ |
| ·4 | 0 | 3 | 8¾ | ·04 | 0 | 0 | 4½ | ·004 | 0 | 0 | 0½ |
| ·5 | 0 | 4 | 8 | ·05 | 0 | 0 | 5½ | ·005 | 0 | 0 | 0½ |
| ·6 | 0 | 5 | 7¼ | ·06 | 0 | 0 | 6¾ | ·006 | 0 | 0 | 0¾ |
| ·7 | 0 | 6 | 6½ | ·07 | 0 | 0 | 7¾ | ·007 | 0 | 0 | 0¾ |
| ·8 | 0 | 7 | 5½ | ·08 | 0 | 0 | 9 | ·008 | 0 | 0 | 1 |
| ·9 | 0 | 8 | 4¾ | ·09 | 0 | 0 | 10 | ·009 | 0 | 0 | 1 |

| OUNCES. | | | | OUNCES. | | | | OUNCES. | | | |
|---|---|---|---|---|---|---|---|---|---|---|---|
| 25 | 11 | 13 | 4 | 38 | 17 | 14 | 8 | 55 | 25 | 13 | 4 |
| 26 | 12 | 2 | 8 | 39 | 18 | 4 | 0 | 60 | 28 | 0 | 0 |
| 27 | 12 | 12 | 0 | 40 | 18 | 13 | 4 | 65 | 30 | 6 | 8 |
| 28 | 13 | 1 | 4 | 41 | 19 | 2 | 8 | 70 | 32 | 13 | 4 |
| 29 | 13 | 10 | 8 | 42 | 19 | 12 | 0 | 75 | 35 | 0 | 0 |
| 30 | 14 | 0 | 0 | 43 | 20 | 1 | 4 | 80 | 37 | 6 | 8 |
| 31 | 14 | 9 | 4 | 44 | 20 | 10 | 8 | 85 | 39 | 13 | 4 |
| 32 | 14 | 18 | 8 | 45 | 21 | 0 | 0 | 90 | 42 | 0 | 0 |
| 33 | 15 | 8 | 0 | 46 | 21 | 9 | 4 | 100 | 46 | 13 | 4 |
| 34 | 15 | 17 | 4 | 47 | 21 | 18 | 8 | 200 | 93 | 6 | 8 |
| 35 | 16 | 6 | 8 | 48 | 22 | 8 | 0 | 300 | 140 | 0 | 0 |
| 36 | 16 | 16 | 0 | 49 | 22 | 17 | 4 | 400 | 186 | 13 | 4 |
| 37 | 17 | 5 | 4 | 50 | 23 | 6 | 8 | 500 | 233 | 6 | 8 |

1 grain=two-onethousandths of oz. troy or ·002.

1 carat=3·166 grains.

1 pennyweight=five-onehundredths of oz. troy or ·05.

# 9s. 5d. per oz.

(For Diamonds, &c., for "oz." read "grain.")

**OUNCES.**

| oz. | £ | s. | d. |
|---|---|---|---|
| 1 | 0 | 9 | 5 |
| 2 | 0 | 18 | 10 |
| 3 | 1 | 8 | 3 |
| 4 | 1 | 17 | 8 |
| 5 | 2 | 7 | 1 |
| 6 | 2 | 16 | 6 |
| 7 | 3 | 5 | 11 |
| 8 | 3 | 15 | 4 |
| 9 | 4 | 4 | 9 |
| 10 | 4 | 14 | 2 |
| 11 | 5 | 3 | 7 |
| 12 | 5 | 13 | 0 |
| 13 | 6 | 2 | 5 |
| 14 | 6 | 11 | 10 |
| 15 | 7 | 1 | 3 |
| 16 | 7 | 10 | 8 |
| 17 | 8 | 0 | 1 |
| 18 | 8 | 9 | 6 |
| 19 | 8 | 18 | 11 |
| 20 | 9 | 8 | 4 |
| 21 | 9 | 17 | 9 |
| 22 | 10 | 7 | 2 |
| 23 | 10 | 16 | 7 |
| 24 | 11 | 6 | 0 |

**TENTHS.**

| | £ | s. | d. |
|---|---|---|---|
| ·1 | 0 | 0 | 11¼ |
| ·2 | 0 | 1 | 10½ |
| ·3 | 0 | 2 | 10 |
| ·4 | 0 | 3 | 9¼ |
| ·5 | 0 | 4 | 8½ |
| ·6 | 0 | 5 | 7¾ |
| ·7 | 0 | 6 | 7 |
| ·8 | 0 | 7 | 6½ |
| ·9 | 0 | 8 | 5¾ |

**HUNDREDTHS.**

| | £ | s. | d. |
|---|---|---|---|
| ·01 | 0 | 0 | 1¼ |
| ·02 | 0 | 0 | 2¼ |
| ·03 | 0 | 0 | 3½ |
| ·04 | 0 | 0 | 4½ |
| ·05 | 0 | 0 | 5¾ |
| ·06 | 0 | 0 | 6¾ |
| ·07 | 0 | 0 | 8 |
| ·08 | 0 | 0 | 9 |
| ·09 | 0 | 0 | 10¼ |

**THOU[illegible]**

| | |
|---|---|
| ·001 | [illegible] |
| ·002 | [illegible] |
| ·003 | [illegible] |
| ·004 | [illegible] |
| ·005 | [illegible] |
| ·006 | [illegible] |
| ·007 | [illegible] |
| ·008 | [illegible] |
| ·009 | [illegible] |

**OUNCES.**

| | £ | s. | d. |
|---|---|---|---|
| 25 | 11 | 15 | 5 |
| 26 | 12 | 4 | 10 |
| 27 | 12 | 14 | 3 |
| 28 | 13 | 3 | 8 |
| 29 | 13 | 13 | 1 |
| 30 | 14 | 2 | 6 |
| 31 | 14 | 11 | 11 |
| 32 | 15 | 1 | 4 |
| 33 | 15 | 10 | 9 |
| 34 | 16 | 0 | 2 |
| 35 | 16 | 9 | 7 |
| 36 | 16 | 19 | 0 |
| 37 | 17 | 8 | 5 |

**OUNCES.**

| | £ | s. | d. |
|---|---|---|---|
| 38 | 17 | 17 | 10 |
| 39 | 18 | 7 | 3 |
| 40 | 18 | 16 | 8 |
| 41 | 19 | 6 | 1 |
| 42 | 19 | 15 | 6 |
| 43 | 20 | 4 | 11 |
| 44 | 20 | 14 | 4 |
| 45 | 21 | 3 | 9 |
| 46 | 21 | 13 | 2 |
| 47 | 22 | 2 | 7 |
| 48 | 22 | 12 | 0 |
| 49 | 23 | 1 | 5 |
| 50 | 23 | 10 | 10 |

**OU[illegible]**

| | |
|---|---|
| 55 | [illegible] |
| 60 | [illegible] |
| 65 | [illegible] |
| 70 | [illegible] |
| 75 | [illegible] |
| 80 | [illegible] |
| 85 | [illegible] |
| 90 | [illegible] |
| 100 | [illegible] |
| 200 | [illegible] |
| 300 | [illegible] |
| 400 | [illegible] |
| 500 | [illegible] |

1 grain=two-onethousandths of oz. troy or ·002.

1 carat=3·166 grains.

1 pennyweight=five-onehundredths of oz. troy or ·05.

# 9s. 6d. per oz.

(For Diamonds, &c., for "oz." read "grain.")

| OUNCES. | | | TENTHS. | | | | HUNDREDTHS. | | | | THOUSANDTHS. | | | |
|---|---|---|---|---|---|---|---|---|---|---|---|---|---|---|
| £ | s. | d. | | £ | s. | d. | | £ | s. | d | | £ | s. | d. |
| 0 | 9 | 6 | ·1 | 0 | 0 | 11½ | ·01 | 0 | 0 | 1¼ | ·001 | 0 | 0 | 0 |
| 0 | 19 | 0 | ·2 | 0 | 1 | 10¾ | ·02 | 0 | 0 | 2¼ | ·002 | 0 | 0 | 0¼ |
| 1 | 8 | 6 | ·3 | 0 | 2 | 10¼ | ·03 | 0 | 0 | 3½ | ·003 | 0 | 0 | 0¼ |
| 1 | 18 | 0 | ·4 | 0 | 3 | 9½ | ·04 | 0 | 0 | 4½ | ·004 | 0 | 0 | 0½ |
| 2 | 7 | 6 | ·5 | 0 | 4 | 9 | ·05 | 0 | 0 | 5¾ | ·005 | 0 | 0 | 0½ |
| 2 | 17 | 0 | ·6 | 0 | 5 | 8½ | ·06 | 0 | 0 | 6¾ | ·006 | 0 | 0 | 0¾ |
| 3 | 6 | 6 | ·7 | 0 | 6 | 7¾ | ·07 | 0 | 0 | 8 | ·007 | 0 | 0 | 0¾ |
| 3 | 16 | 0 | ·8 | 0 | 7 | 7¼ | ·08 | 0 | 0 | 9 | ·008 | 0 | 0 | 1 |
| 4 | 5 | 6 | ·9 | 0 | 8 | 6½ | ·09 | 0 | 0 | 10¼ | ·009 | 0 | 0 | 1 |
| 4 | 15 | 0 | OUNCES. | | | | OUNCES. | | | | OUNCES. | | | |
| 5 | 4 | 6 | | | | | | | | | | | | |
| 5 | 14 | 0 | 25 | 11 | 17 | 6 | 38 | 18 | 1 | 0 | 55 | 26 | 2 | 6 |
| 6 | 3 | 6 | 26 | 12 | 7 | 0 | 39 | 18 | 10 | 6 | 60 | 28 | 10 | 0 |
| 6 | 13 | 0 | 27 | 12 | 16 | 6 | 40 | 19 | 0 | 0 | 65 | 30 | 17 | 6 |
| 7 | 2 | 6 | 28 | 13 | 6 | 0 | 41 | 19 | 9 | 6 | 70 | 33 | 5 | 0 |
| 7 | 12 | 0 | 29 | 13 | 15 | 6 | 42 | 19 | 19 | 0 | 75 | 35 | 12 | 6 |
| 8 | 1 | 6 | 30 | 14 | 5 | 0 | 43 | 20 | 8 | 6 | 80 | 38 | 0 | 0 |
| 8 | 11 | 0 | 31 | 14 | 14 | 6 | 44 | 20 | 18 | 0 | 85 | 40 | 7 | 6 |
| 9 | 0 | 6 | 32 | 15 | 4 | 0 | 45 | 21 | 7 | 6 | 90 | 42 | 15 | 0 |
| 9 | 10 | 0 | 33 | 15 | 13 | 6 | 46 | 21 | 17 | 0 | 100 | 47 | 10 | 0 |
| 9 | 19 | 6 | 34 | 16 | 3 | 0 | 47 | 22 | 6 | 6 | 200 | 95 | 0 | 0 |
| 10 | 9 | 0 | 35 | 16 | 12 | 6 | 48 | 22 | 16 | 0 | 300 | 142 | 10 | 0 |
| 10 | 18 | 6 | 36 | 17 | 2 | 0 | 49 | 23 | 5 | 6 | 400 | 190 | 0 | 0 |
| 11 | 8 | 0 | 37 | 17 | 11 | 6 | 50 | 23 | 15 | 0 | 500 | 237 | 10 | 0 |

1 grain=two-onethousandths of oz. troy or ·002.

1 carat=3·166 grains.

1 pennyweight=five one-hundredths of oz. troy or ·05.

# 9s. 7d. per oz.

(For Diamonds, &c.. for " oz." read " grain.")

| OUNCES. | | | | TENTHS. | | | | HUNDREDTHS | | | | THOUSANDTH | | | |
|---|---|---|---|---|---|---|---|---|---|---|---|---|---|---|---|
| oz. | £ | s. | d. | | £ | s. | d. | | £ | s. | d. | | £ | s. | d |
| 1 | 0 | 9 | 7 | ·1 | 0 | 0 | 11½ | 01 | 0 | 0 | 1¼ | ·001 | 0 | 0 | 0 |
| 2 | 0 | 19 | 2 | 2 | 0 | 1 | 11 | ·02 | 0 | 0 | 2¼ | ·002 | 0 | 0 | 0¼ |
| 3 | 1 | 8 | 9 | ·3 | 0 | 2 | 10½ | ·03 | 0 | 0 | 3½ | ·003 | 0 | 0 | 0¼ |
| 4 | 1 | 18 | 4 | ·4 | 0 | 3 | 10 | ·04 | 0 | 0 | 4½ | ·004 | 0 | 0 | 0½ |
| 5 | 2 | 7 | 11 | ·5 | 0 | 4 | 9½ | ·05 | 0 | 0 | 5¾ | ·005 | 0 | 0 | 0½ |
| 6 | 2 | 17 | 6 | ·6 | 0 | 5 | 9 | ·06 | 0 | 0 | 7 | ·006 | 0 | 0 | 0¾ |
| 7 | 3 | 7 | 1 | ·7 | 0 | 6 | 8½ | ·07 | 0 | 0 | 8 | ·007 | 0 | 0 | 0¾ |
| 8 | 3 | 16 | 8 | ·8 | 0 | 7 | 8 | ·08 | 0 | 0 | 9¼ | ·008 | 0 | 0 | 1 |
| 9 | 4 | 6 | 3 | ·9 | 0 | 8 | 7½ | ·09 | 0 | 0 | 10¼ | ·C09 | 0 | 0 | 1 |
| 10 | 4 | 15 | 10 | OUNCES | | | | OUNCES. | | | | OUNCES. | | | |
| 11 | 5 | 5 | 5 | | | | | | | | | | | | |
| 12 | 5 | 15 | 0 | 25 | 11 | 19 | 7 | 38 | 18 | 4 | 2 | 55 | 26 | 7 | 1 |
| 13 | 6 | 4 | 7 | 26 | 12 | 9 | 2 | 39 | 18 | 13 | 9 | 60 | 28 | 15 | 0 |
| 14 | 6 | 14 | 2 | 27 | 12 | 18 | 9 | 40 | 19 | 3 | 4 | 65 | 31 | 2 | 11 |
| 15 | 7 | 3 | 9 | 28 | 13 | 8 | 4 | 41 | 19 | 12 | 11 | 70 | 33 | 10 | 10 |
| 16 | 7 | 13 | 4 | 29 | 13 | 17 | 11 | 42 | 20 | 2 | 6 | 75 | 35 | 18 | 9 |
| 17 | 8 | 2 | 11 | 30 | 14 | 7 | 6 | 43 | 20 | 12 | 1 | 80 | 38 | 6 | 8 |
| 18 | 8 | 12 | 6 | 31 | 14 | 17 | 1 | 44 | 21 | 1 | 8 | 85 | 40 | 14 | 7 |
| 19 | 9 | 2 | 1 | 32 | 15 | 6 | 8 | 45 | 21 | 11 | 3 | 90 | 43 | 2 | 6 |
| 20 | 9 | 11 | 8 | 33 | 15 | 16 | 3 | 46 | 22 | 0 | 10 | 100 | 47 | 18 | 4 |
| 21 | 10 | 1 | 3 | 34 | 16 | 5 | 10 | 47 | 22 | 10 | 5 | 200 | 95 | 16 | 8 |
| 22 | 10 | 10 | 10 | 35 | 16 | 15 | 5 | 48 | 23 | 0 | 0 | 300 | 143 | 15 | 0 |
| 23 | 11 | 0 | 5 | 36 | 17 | 5 | 0 | 49 | 23 | 9 | 7 | 400 | 191 | 13 | 4 |
| 24 | 11 | 10 | 0 | 37 | 17 | 14 | 7 | 50 | 23 | 19 | 2 | 500 | 239 | 11 | 8 |

1 grain=two-onethousandths of oz. troy or ·002.

1 carat=3·166 grains.

1 pennyweight=five onehundredths of oz. troy or ·05.

# 9s. 8d. per oz.

(For Diamonds, &c., for " oz." read " grain.")

| NCES. | | | TENTHS. | | | | HUNDREDTHS. | | | | THOUSANDTHS. | | | |
|---|---|---|---|---|---|---|---|---|---|---|---|---|---|---|
| £ | s. | d. | | £ | s. | d. | | £ | s. | d. | | £ | s. | d. |
| 0 | 9 | 8 | ·1 | 0 | 0 | 11½ | ·01 | 0 | 0 | 1¼ | ·001 | 0 | 0 | 0 |
| 0 | 19 | 4 | ·2 | 0 | 1 | 11¼ | ·02 | 0 | 0 | 2¼ | ·002 | 0 | 0 | 0¼ |
| 1 | 9 | 0 | ·3 | 0 | 2 | 10¾ | ·03 | 0 | 0 | 3½ | ·003 | 0 | 0 | 0¼ |
| 1 | 18 | 8 | ·4 | 0 | 3 | 10½ | ·04 | 0 | 0 | 4¾ | ·004 | 0 | 0 | 0½ |
| 2 | 8 | 4 | ·5 | 0 | 4 | 10 | ·05 | 0 | 0 | 5¾ | ·005 | 0 | 0 | 0½ |
| 2 | 18 | 0 | ·6 | 0 | 5 | 9½ | ·06 | 0 | 0 | 7 | ·006 | 0 | 0 | 0¾ |
| 3 | 7 | 8 | ·7 | 0 | 6 | 9¼ | ·07 | 0 | 0 | 8 | ·007 | 0 | 0 | 0¾ |
| 3 | 17 | 4 | ·8 | 0 | 7 | 8¾ | ·08 | 0 | 0 | 9¼ | ·008 | 0 | 0 | 1 |
| 4 | 7 | 0 | ·9 | 0 | 8 | 8½ | ·09 | 0 | 0 | 10½ | ·009 | 0 | 0 | 1 |
| 4 | 16 | 8 | | | | | | | | | | | | |
| 5 | 6 | 4 | OUNCES. | | | | OUNCES. | | | | OUNCES. | | | |
| 5 | 16 | 0 | 25 | 12 | 1 | 8 | 38 | 18 | 7 | 4 | 55 | 26 | 11 | 8 |
| 6 | 5 | 8 | 26 | 12 | 11 | 4 | 39 | 18 | 17 | 0 | 60 | 29 | 0 | 0 |
| 6 | 15 | 4 | 27 | 13 | 1 | 0 | 40 | 19 | 6 | 8 | 65 | 31 | 8 | 4 |
| 7 | 5 | 0 | 28 | 13 | 10 | 8 | 41 | 19 | 16 | 4 | 70 | 33 | 16 | 8 |
| 7 | 14 | 8 | 29 | 14 | 0 | 4 | 42 | 20 | 6 | 0 | 75 | 36 | 5 | 0 |
| 8 | 4 | 4 | 30 | 14 | 10 | 0 | 43 | 20 | 15 | 8 | 80 | 38 | 13 | 4 |
| 8 | 14 | 0 | 31 | 14 | 19 | 8 | 44 | 21 | 5 | 4 | 85 | 41 | 1 | 8 |
| 9 | 3 | 8 | 32 | 15 | 9 | 4 | 45 | 21 | 15 | 0 | 90 | 43 | 10 | 0 |
| 9 | 13 | 4 | 33 | 15 | 19 | 0 | 46 | 22 | 4 | 8 | 100 | 48 | 6 | 8 |
| 0 | 3 | 0 | 34 | 16 | 8 | 8 | 47 | 22 | 14 | 4 | 200 | 96 | 13 | 4 |
| 0 | 12 | 8 | 35 | 16 | 18 | 4 | 48 | 23 | 4 | 0 | 300 | 145 | 0 | 0 |
| 1 | 2 | 4 | 36 | 17 | 8 | 0 | 49 | 23 | 13 | 8 | 400 | 193 | 6 | 8 |
| 1 | 12 | 0 | 37 | 17 | 17 | 8 | 50 | 24 | 3 | 4 | 500 | 241 | 13 | 4 |

1 grain=two-onethousandths of oz. troy or ·002.

1 carat=3·166 grains.

1 pennyweight=five-onehundredths of oz. troy or ·05.

# 9s. 9d. per oz.

(For Diamonds, &c., for " oz." read " grain.")

| OUNCES. | | | | TENTHS. | | | | HUNDREDTHS. | | | | THOUSAND | | |
|---|---|---|---|---|---|---|---|---|---|---|---|---|---|---|
| oz. | £ | s. | d. | | £ | s. | d. | | £ | s. | d. | | £ | s. |
| 1 | 0 | 9 | 9 | ·1 | 0 | 0 | 11¾ | ·01 | 0 | 0 | 1¼ | ·001 | 0 | 0 |
| 2 | 0 | 19 | 6 | ·2 | 0 | 1 | 11½ | ·02 | 0 | 0 | 2¼ | ·002 | 0 | 0 |
| 3 | 1 | 9 | 3 | ·3 | 0 | 2 | 11 | ·03 | 0 | 0 | 3½ | ·003 | 0 | 0 |
| 4 | 1 | 19 | 0 | ·4 | 0 | 3 | 10¾ | ·04 | 0 | 0 | 4¾ | ·004 | 0 | 0 |
| 5 | 2 | 8 | 9 | ·5 | 0 | 4 | 10½ | ·05 | 0 | 0 | 5¾ | ·005 | 0 | 0 |
| 6 | 2 | 18 | 6 | ·6 | 0 | 5 | 10¼ | ·06 | 0 | 0 | 7 | ·006 | 0 | 0 |
| 7 | 3 | 8 | 3 | ·7 | 0 | 6 | 10 | ·07 | 0 | 0 | 8¼ | ·007 | 0 | 0 |
| 8 | 3 | 18 | 0 | ·8 | 0 | 7 | 9½ | ·08 | 0 | 0 | 9¼ | ·008 | 0 | 0 |
| 9 | 4 | 7 | 9 | ·9 | 0 | 8 | 9¼ | ·09 | 0 | 0 | 10½ | ·009 | 0 | 0 |
| 10 | 4 | 17 | 6 | OUNCES. | | | | OUNCES. | | | | OUNCES | | |
| 11 | 5 | 7 | 3 | | | | | | | | | | | |
| 12 | 5 | 17 | 0 | 25 | 12 | 3 | 9 | 38 | 18 | 10 | 6 | 55 | 26 | 16 |
| 13 | 6 | 6 | 9 | 26 | 12 | 13 | 6 | 39 | 19 | 0 | 3 | 60 | 29 | 5 |
| 14 | 6 | 16 | 6 | 27 | 13 | 3 | 3 | 40 | 19 | 10 | 0 | 65 | 31 | 13 |
| 15 | 7 | 6 | 3 | 28 | 13 | 13 | 0 | 41 | 19 | 19 | 9 | 70 | 34 | 2 |
| 16 | 7 | 16 | 0 | 29 | 14 | 2 | 9 | 42 | 20 | 9 | 6 | 75 | 36 | 11 |
| 17 | 8 | 5 | 9 | 30 | 14 | 12 | 6 | 43 | 20 | 19 | 3 | 80 | 39 | 0 |
| 18 | 8 | 15 | 6 | 31 | 15 | 2 | 3 | 44 | 21 | 9 | 0 | 85 | 41 | 8 |
| 19 | 9 | 5 | 3 | 32 | 15 | 12 | 0 | 45 | 21 | 18 | 9 | 90 | 43 | 17 |
| 20 | 9 | 15 | 0 | 33 | 16 | 1 | 9 | 46 | 22 | 8 | 6 | 100 | 48 | 15 |
| 21 | 10 | 4 | 9 | 34 | 16 | 11 | 6 | 47 | 22 | 18 | 3 | 200 | 97 | 10 |
| 22 | 10 | 14 | 6 | 35 | 17 | 1 | 3 | 48 | 23 | 8 | 0 | 300 | 146 | 5 |
| 23 | 11 | 4 | 3 | 36 | 17 | 11 | 0 | 49 | 23 | 17 | 9 | 400 | 195 | 0 |
| 24 | 11 | 14 | 0 | 37 | 18 | 0 | 9 | 50 | 24 | 7 | 6 | 500 | 243 | 15 |

1 grain=two-onethousandths of oz. troy or ·002.

1 carat=3·166 grains.

1 pennyweight=five-onehundredths of oz. troy or ·05.

# 9s. 10d. per oz.

(For Diamonds, &c., for "oz." read "grain.")

| OUNCES. | | | | TENTHS. | | | | HUNDREDTHS. | | | | THOUSANDTHS. | | | |
|---|---|---|---|---|---|---|---|---|---|---|---|---|---|---|---|
| | £ | s. | d. | | £ | s. | d. | | £ | s. | d. | | £ | s. | d. |
| 1 | 0 | 9 | 10 | ·1 | 0 | 0 | 11¾ | ·01 | 0 | 0 | 1¼ | ·001 | 0 | 0 | 0 |
| 2 | 0 | 19 | 8 | ·2 | 0 | 1 | 11½ | ·02 | 0 | 0 | 2¼ | ·002 | 0 | 0 | 0¼ |
| 3 | 1 | 9 | 6 | ·3 | 0 | 2 | 11½ | ·03 | 0 | 0 | 3½ | ·003 | 0 | 0 | 0¼ |
| 4 | 1 | 19 | 4 | ·4 | 0 | 3 | 11¼ | ·04 | 0 | 0 | 4¾ | ·004 | 0 | 0 | 0½ |
| 5 | 2 | 9 | 2 | ·5 | 0 | 4 | 11 | ·05 | 0 | 0 | 6 | ·005 | 0 | 0 | 0½ |
| 6 | 2 | 19 | 0 | ·6 | 0 | 5 | 10¾ | ·06 | 0 | 0 | 7 | ·006 | 0 | 0 | 0¾ |
| 7 | 3 | 8 | 10 | ·7 | 0 | 6 | 10½ | ·07 | 0 | 0 | 8¼ | ·007 | 0 | 0 | 0¾ |
| 8 | 3 | 18 | 8 | ·8 | 0 | 7 | 10½ | ·08 | 0 | 0 | 9½ | ·008 | 0 | 0 | 1 |
| 9 | 4 | 8 | 6 | ·9 | 0 | 8 | 10¼ | ·09 | 0 | 0 | 10½ | ·009 | 0 | 0 | 1 |
| [illegible] | 4 | 18 | 4 | OUNCES. | | | | OUNCES. | | | | OUNCES. | | | |
| [illegible] | 5 | 8 | 2 | | | | | | | | | | | | |
| [illegible] | 5 | 18 | 0 | 25 | 12 | 5 | 10 | 38 | 18 | 13 | 8 | 55 | 27 | 0 | 10 |
| [illegible] | 6 | 7 | 10 | 26 | 12 | 15 | 8 | 39 | 19 | 3 | 6 | 60 | 29 | 10 | 0 |
| [illegible] | 6 | 17 | 8 | 27 | 13 | 5 | 6 | 40 | 19 | 13 | 4 | 65 | 31 | 19 | 2 |
| [illegible] | 7 | 7 | 6 | 28 | 13 | 15 | 4 | 41 | 20 | 3 | 2 | 70 | 34 | 8 | 4 |
| [illegible] | 7 | 17 | 4 | 29 | 14 | 5 | 2 | 42 | 20 | 13 | 0 | 75 | 36 | 17 | 6 |
| [illegible] | 8 | 7 | 2 | 30 | 14 | 15 | 0 | 43 | 21 | 2 | 10 | 80 | 39 | 6 | 8 |
| [illegible] | 8 | 17 | 0 | 31 | 15 | 4 | 10 | 44 | 21 | 12 | 8 | 85 | 41 | 15 | 10 |
| [illegible] | 9 | 6 | 10 | 32 | 15 | 14 | 8 | 45 | 22 | 2 | 6 | 90 | 44 | 5 | 0 |
| [illegible] | 9 | 16 | 8 | 33 | 16 | 4 | 6 | 46 | 22 | 12 | 4 | 100 | 49 | 3 | 4 |
| [illegible] | 10 | 6 | 6 | 34 | 16 | 14 | 4 | 47 | 23 | 2 | 2 | 200 | 98 | 6 | 8 |
| [illegible] | 10 | 16 | 4 | 35 | 17 | 4 | 2 | 48 | 23 | 12 | 0 | 300 | 147 | 10 | 0 |
| [illegible] | 11 | 6 | 2 | 36 | 17 | 14 | 0 | 49 | 24 | 1 | 10 | 400 | 196 | 13 | 4 |
| [illegible] | 11 | 16 | 0 | 37 | 18 | 3 | 10 | 50 | 24 | 11 | 8 | 500 | 245 | 16 | 8 |

1 grain=two-onethousandths of oz. troy or ·002.

1 carat=3·166 grains.

1 pennyweight=five-onehundredths of oz. troy or ·05.

# 9s. 11d. per oz.

(For Diamonds, &c., for " oz." read " grain."

| OUNCES. | | | | TENTHS. | | | | HUNDREDTHS. | | | | THOUSANDTHS | | | |
|---|---|---|---|---|---|---|---|---|---|---|---|---|---|---|---|
| oz. | £ | s. | d. | | £ | s. | d. | | £ | s. | d. | | £ | s. | d. |
| 1 | 0 | 9 | 11 | ·1 | 0 | 1 | 0 | ·01 | 0 | 0 | 1¼ | .001 | 0 | 0 | 0 |
| 2 | 0 | 19 | 10 | ·2 | 0 | 1 | 11¾ | ·02 | 0 | 0 | 2½ | ·002 | 0 | 0 | 0¼ |
| 3 | 1 | 9 | 9 | ·3 | 0 | 2 | 11¾ | ·03 | 0 | 0 | 3½ | ·003 | 0 | 0 | 0¼ |
| 4 | 1 | 19 | 8 | ·4 | 0 | 3 | 11½ | ·04 | 0 | 0 | 4¾ | ·004 | 0 | 0 | 0½ |
| 5 | 2 | 9 | 7 | ·5 | 0 | 4 | 11½ | ·05 | 0 | 0 | 6 | ·005 | 0 | 0 | 0½ |
| 6 | 2 | 19 | 6 | ·6 | 0 | 5 | 11½ | ·06 | 0 | 0 | 7¼ | ·006 | 0 | 0 | 0¾ |
| 7 | 3 | 9 | 5 | ·7 | 0 | 6 | 11¼ | ·07 | 0 | 0 | 8¼ | ·007 | 0 | 0 | 0¾ |
| 8 | 3 | 19 | 4 | ·8 | 0 | 7 | 11¼ | ·08 | 0 | 0 | 9½ | ·008 | 0 | 0 | 1 |
| 9 | 4 | 9 | 3 | ·9 | 0 | 8 | 11 | ·09 | 0 | 0 | 10¾ | ·009 | 0 | 0 | 1 |
| 10 | 4 | 19 | 2 | OUNCES. | | | | OUNCES. | | | | OUNCES. | | | |
| 11 | 5 | 9 | 1 | | | | | | | | | | | | |
| 12 | 5 | 19 | 0 | 25 | 12 | 7 | 11 | 38 | 18 | 16 | 10 | 55 | 27 | 5 | 5 |
| 13 | 6 | 8 | 11 | 26 | 12 | 17 | 10 | 39 | 19 | 6 | 9 | 60 | 29 | 15 | 0 |
| 14 | 6 | 18 | 10 | 27 | 13 | 7 | 9 | 40 | 19 | 16 | 8 | 65 | 32 | 4 | 7 |
| 15 | 7 | 8 | 9 | 28 | 13 | 17 | 8 | 41 | 20 | 6 | 7 | 70 | 34 | 14 | 2 |
| 16 | 7 | 18 | 8 | 29 | 14 | 7 | 7 | 42 | 20 | 16 | 6 | 75 | 37 | 3 | 9 |
| 17 | 8 | 8 | 7 | 30 | 14 | 17 | 6 | 43 | 21 | 6 | 5 | 80 | 39 | 13 | 4 |
| 18 | 8 | 18 | 6 | 31 | 15 | 7 | 5 | 44 | 21 | 16 | 4 | 85 | 42 | 2 | 11 |
| 19 | 9 | 8 | 5 | 32 | 15 | 17 | 4 | 45 | 22 | 6 | 3 | 90 | 44 | 12 | 6 |
| 20 | 9 | 18 | 4 | 33 | 16 | 7 | 3 | 46 | 22 | 16 | 2 | 100 | 49 | 11 | 8 |
| 21 | 10 | 8 | 3 | 34 | 16 | 17 | 2 | 47 | 23 | 6 | 1 | 200 | 99 | 3 | 4 |
| 22 | 10 | 18 | 2 | 35 | 17 | 7 | 1 | 48 | 23 | 16 | 0 | 300 | 148 | 15 | 0 |
| 23 | 11 | 8 | 1 | 36 | 17 | 17 | 0 | 49 | 24 | 5 | 11 | 400 | 198 | 6 | 8 |
| 24 | 11 | 18 | 0 | 37 | 18 | 6 | 11 | 50 | 24 | 15 | 10 | 500 | 247 | 18 | 4 |

1 grain=two-onethousandths of oz. troy or ·002.

1 carat=3·166 grains.

1 pennyweight=five-onehundredths of oz. troy or ·05.

# 10s. 0d. per oz.

(For Diamonds, &c., for "oz." read "grain.")

| OUNCES. | | | |
|---|---|---|---|
| oz. | £ | s. | d. |
| 1 | 0 | 10 | 0 |
| 2 | 1 | 0 | 0 |
| 3 | 1 | 10 | 0 |
| 4 | 2 | 0 | 0 |
| 5 | 2 | 10 | 0 |
| 6 | 3 | 0 | 0 |
| 7 | 3 | 10 | 0 |
| 8 | 4 | 0 | 0 |
| [illegible] | 4 | 10 | 0 |
| [illegible] | 5 | 0 | 0 |
| [illegible] | 5 | 10 | 0 |
| [illegible] | 6 | 0 | 0 |
| [illegible] | 6 | 10 | 0 |
| [illegible] | 7 | 0 | 0 |
| [illegible] | 7 | 10 | 0 |
| [illegible] | 8 | 0 | 0 |
| [illegible] | 8 | 10 | 0 |
| [illegible] | 9 | 0 | 0 |
| [illegible] | 9 | 10 | 0 |
| [illegible] | 10 | 0 | 0 |
| [illegible] | 10 | 10 | 0 |
| [illegible] | 11 | 0 | 0 |
| [illegible] | 11 | 10 | 0 |
| [illegible] | 12 | 0 | 0 |

| TENTHS. | | | | HUNDREDTHS. | | | | THOUSANDTHS. | | | |
|---|---|---|---|---|---|---|---|---|---|---|---|
| | £ | s. | d. | | £ | s. | d. | | £ | s. | d. |
| ·1 | 0 | 1 | 0 | ·01 | 0 | 0 | 1¼ | ·001 | 0 | 0 | 0 |
| ·2 | 0 | 2 | 0 | ·02 | 0 | 0 | 2½ | ·002 | 0 | 0 | 0¼ |
| ·3 | 0 | 3 | 0 | ·03 | 0 | 0 | 3½ | ·003 | 0 | 0 | 0¼ |
| ·4 | 0 | 4 | 0 | ·04 | 0 | 0 | 4¾ | ·004 | 0 | 0 | 0½ |
| ·5 | 0 | 5 | 0 | ·05 | 0 | 0 | 6 | ·005 | 0 | 0 | 0½ |
| ·6 | 0 | 6 | 0 | ·06 | 0 | 0 | 7¼ | ·006 | 0 | 0 | 0¾ |
| ·7 | 0 | 7 | 0 | ·07 | 0 | 0 | 8½ | ·007 | 0 | 0 | 0¾ |
| ·8 | 0 | 8 | 0 | ·08 | 0 | 0 | 9½ | ·008 | 0 | 0 | 1 |
| ·9 | 0 | 9 | 0 | ·09 | 0 | 0 | 10¾ | ·009 | 0 | 0 | 1 |

| OUNCES. | | | | OUNCES. | | | | OUNCES. | | | |
|---|---|---|---|---|---|---|---|---|---|---|---|
| 25 | 12 | 10 | 0 | 38 | 19 | 0 | 0 | 55 | 27 | 10 | 0 |
| 26 | 13 | 0 | 0 | 39 | 19 | 10 | 0 | 60 | 30 | 0 | 0 |
| 27 | 13 | 10 | 0 | 40 | 20 | 0 | 0 | 65 | 32 | 10 | 0 |
| 28 | 14 | 0 | 0 | 41 | 20 | 10 | 0 | 70 | 35 | 0 | 0 |
| 29 | 14 | 10 | 0 | 42 | 21 | 0 | 0 | 75 | 37 | 10 | 0 |
| 30 | 15 | 0 | 0 | 43 | 21 | 10 | 0 | 80 | 40 | 0 | 0 |
| 31 | 15 | 10 | 0 | 44 | 22 | 0 | 0 | 85 | 42 | 10 | 0 |
| 32 | 16 | 0 | 0 | 45 | 22 | 10 | 0 | 90 | 45 | 0 | 0 |
| 33 | 16 | 10 | 0 | 46 | 23 | 0 | 0 | 100 | 50 | 0 | 0 |
| 34 | 17 | 0 | 0 | 47 | 23 | 10 | 0 | 200 | 100 | 0 | 0 |
| 35 | 17 | 10 | 0 | 48 | 24 | 0 | 0 | 300 | 150 | 0 | 0 |
| 36 | 18 | 0 | 0 | 49 | 24 | 10 | 0 | 400 | 200 | 0 | 0 |
| 37 | 18 | 10 | 0 | 50 | 25 | 0 | 0 | 500 | 250 | 0 | 0 |

1 grain=two-onethousandths of oz. troy or ·002.

1 carat=3·166 grains.

1 pennyweight=five-onehundredths of oz. troy or ·05.

# 10s. 6d. per oz.

(For Diamonds, &c., for "oz." read "grain.")

| OUNCES. | | | | TENTHS. | | | | HUNDREDTHS. | | | | THOUSANDTHS | | | |
|---|---|---|---|---|---|---|---|---|---|---|---|---|---|---|---|
| oz. | £ | s. | d. | | £ | s. | d. | | £ | s. | d. | | £ | s. | d. |
| 1 | 0 | 10 | 6 | ·1 | 0 | 1 | 0½ | ·01 | 0 | 0 | 1¼ | ·001 | 0 | 0 | 0¼ |
| 2 | 1 | 1 | 0 | ·2 | 0 | 2 | 1¼ | ·02 | 0 | 0 | 2½ | ·002 | 0 | 0 | 0¼ |
| 3 | 1 | 11 | 6 | ·3 | 0 | 3 | 1¾ | ·03 | 0 | 0 | 3¾ | ·003 | 0 | 0 | 0½ |
| 4 | 2 | 2 | 0 | ·4 | 0 | 4 | 2½ | ·04 | 0 | 0 | 5 | ·004 | 0 | 0 | 0½ |
| 5 | 2 | 12 | 6 | ·5 | 0 | 5 | 3 | ·05 | 0 | 0 | 6¼ | ·005 | 0 | 0 | 0¾ |
| 6 | 3 | 3 | 0 | ·6 | 0 | 6 | 3½ | ·06 | 0 | 0 | 7½ | ·006 | 0 | 0 | 0¾ |
| 7 | 3 | 13 | 6 | ·7 | 0 | 7 | 4¼ | ·07 | 0 | 0 | 8¾ | ·007 | 0 | 0 | 1 |
| 8 | 4 | 4 | 0 | ·8 | 0 | 8 | 4¾ | ·08 | 0 | 0 | 10 | ·008 | 0 | 0 | 1 |
| 9 | 4 | 14 | 6 | ·9 | 0 | 9 | 5½ | ·09 | 0 | 0 | 11¼ | ·009 | 0 | 0 | 1¼ |
| 10 | 5 | 5 | 0 | | | | | | | | | | | | |
| 11 | 5 | 15 | 6 | OUNCES. | | | | OUNCES. | | | | OUNCES. | | | |
| 12 | 6 | 6 | 0 | 25 | 13 | 2 | 6 | 38 | 19 | 19 | 0 | 55 | 28 | 17 | 6 |
| 13 | 6 | 16 | 6 | 26 | 13 | 13 | 0 | 39 | 20 | 9 | 6 | 60 | 31 | 10 | 0 |
| 14 | 7 | 7 | 0 | 27 | 14 | 3 | 6 | 40 | 21 | 0 | 0 | 65 | 34 | 2 | 6 |
| 15 | 7 | 17 | 6 | 28 | 14 | 14 | 0 | 41 | 21 | 10 | 6 | 70 | 36 | 15 | 0 |
| 16 | 8 | 8 | 0 | 29 | 15 | 4 | 6 | 42 | 22 | 1 | 0 | 75 | 39 | 7 | 6 |
| 17 | 8 | 18 | 6 | 30 | 15 | 15 | 0 | 43 | 22 | 11 | 6 | 80 | 42 | 0 | 0 |
| 18 | 9 | 9 | 0 | 31 | 16 | 5 | 6 | 44 | 23 | 2 | 0 | 85 | 44 | 12 | 6 |
| 19 | 9 | 19 | 6 | 32 | 16 | 16 | 0 | 45 | 23 | 12 | 6 | 90 | 47 | 5 | 0 |
| 20 | 10 | 10 | 0 | 33 | 17 | 6 | 6 | 46 | 24 | 3 | 0 | 100 | 52 | 10 | 0 |
| 21 | 11 | 0 | 6 | 34 | 17 | 17 | 0 | 47 | 24 | 13 | 6 | 200 | 105 | 0 | 0 |
| 22 | 11 | 11 | 0 | 35 | 18 | 7 | 6 | 48 | 25 | 4 | 0 | 300 | 157 | 10 | 0 |
| 23 | 12 | 1 | 6 | 36 | 18 | 18 | 0 | 49 | 25 | 14 | 6 | 400 | 210 | 0 | 0 |
| 24 | 12 | 12 | 0 | 37 | 19 | 8 | 6 | 50 | 26 | 5 | 0 | 500 | 262 | 10 | 0 |

1 grain=two-onethousandths of oz. troy or ·002.

1 carat=3·166 grains.

1 pennyweight=five-onehundredths of oz. troy or ·05.

# 11s. 0d. per oz.

(For Diamonds, &c., for " oz." read " grain.")

| OUNCES. | | | | TENTHS. | | | | HUNDREDTHS. | | | | THOUSANDTHS. | | | |
|---|---|---|---|---|---|---|---|---|---|---|---|---|---|---|---|
| Oz. | £ | s. | d. | | £ | s. | d. | | £ | s. | d. | | £ | s. | d. |
| 1 | 0 | 11 | 0 | ·1 | 0 | 1 | 1¼ | ·01 | 0 | 0 | 1¼ | ·001 | 0 | 0 | 0¼ |
| 2 | 1 | 2 | 0 | ·2 | 0 | 2 | 2½ | ·02 | 0 | 0 | 2¾ | ·002 | 0 | 0 | 0¼ |
| 3 | 1 | 13 | 0 | ·3 | 0 | 3 | 3½ | ·03 | 0 | 0 | 4 | ·003 | 0 | 0 | 0½ |
| 4 | 2 | 4 | 0 | ·4 | 0 | 4 | 4¾ | ·04 | 0 | 0 | 5¼ | ·004 | 0 | 0 | 0½ |
| 5 | 2 | 15 | 0 | ·5 | 0 | 5 | 6 | ·05 | 0 | 0 | 6½ | ·005 | 0 | 0 | 0¾ |
| 6 | 3 | 6 | 0 | ·6 | 0 | 6 | 7¼ | ·06 | 0 | 0 | 8 | ·006 | 0 | 0 | 0¾ |
| 7 | 3 | 17 | 0 | ·7 | 0 | 7 | 8½ | ·07 | 0 | 0 | 9¼ | ·007 | 0 | 0 | 1 |
| 8 | 4 | 8 | 0 | ·8 | 0 | 8 | 9½ | ·08 | 0 | 0 | 10½ | ·008 | 0 | 0 | 1 |
| 9 | 4 | 19 | 0 | ·9 | 0 | 9 | 10¾ | ·09 | 0 | 1 | 0 | ·009 | 0 | 0 | 1¼ |
| 10 | 5 | 10 | 0 | OUNCES. | | | | OUNCES. | | | | OUNCES. | | | |
| 11 | 6 | 1 | 0 | | | | | | | | | | | | |
| 12 | 6 | 12 | 0 | 25 | 13 | 15 | 0 | 38 | 20 | 18 | 0 | 55 | 30 | 5 | 0 |
| 13 | 7 | 3 | 0 | 26 | 14 | 6 | 0 | 39 | 21 | 9 | 0 | 60 | 33 | 0 | 0 |
| 14 | 7 | 14 | 0 | 27 | 14 | 17 | 0 | 40 | 22 | 0 | 0 | 65 | 35 | 15 | 0 |
| 15 | 8 | 5 | 0 | 28 | 15 | 8 | 0 | 41 | 22 | 11 | 0 | 70 | 38 | 10 | 0 |
| 16 | 8 | 16 | 0 | 29 | 15 | 19 | 0 | 42 | 23 | 2 | 0 | 75 | 41 | 5 | 0 |
| 17 | 9 | 7 | 0 | 30 | 16 | 10 | 0 | 43 | 23 | 13 | 0 | 80 | 44 | 0 | 0 |
| 18 | 9 | 18 | 0 | 31 | 17 | 1 | 0 | 44 | 24 | 4 | 0 | 85 | 46 | 15 | 0 |
| 19 | 10 | 9 | 0 | 32 | 17 | 12 | 0 | 45 | 24 | 15 | 0 | 90 | 49 | 10 | 0 |
| 20 | 11 | 0 | 0 | 33 | 18 | 3 | 0 | 46 | 25 | 6 | 0 | 100 | 55 | 0 | 0 |
| 21 | 11 | 11 | 0 | 34 | 18 | 14 | 0 | 47 | 25 | 17 | 0 | 200 | 110 | 0 | 0 |
| 22 | 12 | 2 | 0 | 35 | 19 | 5 | 0 | 48 | 26 | 8 | 0 | 300 | 165 | 0 | 0 |
| 23 | 12 | 13 | 0 | 36 | 19 | 16 | 0 | 49 | 26 | 19 | 0 | 400 | 220 | 0 | 0 |
| 24 | 13 | 4 | 0 | 37 | 20 | 7 | 0 | 50 | 27 | 10 | 0 | 500 | 275 | 0 | 0 |

1 grain=two-onethousandths of oz. troy or ·002.

1 carat=3·166 grains.

1 pennyweight=five onehundredths of oz. troy or ·05.

# 11s. 6d. per oz.

(For Diamonds, &c., for "oz." read "grain.")

| OUNCES. | | | | TENTHS. | | | | HUNDREDTHS. | | | | THOUSANDT | | |
|---|---|---|---|---|---|---|---|---|---|---|---|---|---|---|
| oz. | £ | s. | d. | | £ | s. | d. | | £ | s. | d. | | £ | s. |
| 1 | 0 | 11 | 6 | ·1 | 0 | 1 | 1¾ | ·01 | 0 | 0 | 1½ | ·001 | 0 | 0 |
| 2 | 1 | 3 | 0 | ·2 | 0 | 2 | 3½ | ·02 | 0 | 0 | 2¾ | ·002 | 0 | 0 |
| 3 | 1 | 14 | 6 | ·3 | 0 | 3 | 5½ | ·03 | 0 | 0 | 4¼ | ·003 | 0 | 0 |
| 4 | 2 | 6 | 0 | ·4 | 0 | 4 | 7¼ | ·04 | 0 | 0 | 5½ | ·004 | 0 | 0 |
| 5 | 2 | 17 | 6 | ·5 | 0 | 5 | 9 | ·05 | 0 | 0 | 7 | ·005 | 0 | 0 |
| 6 | 3 | 9 | 0 | ·6 | 0 | 6 | 10¾ | ·06 | 0 | 0 | 8¼ | ·006 | 0 | 0 |
| 7 | 4 | 0 | 6 | ·7 | 0 | 8 | 0½ | ·07 | 0 | 0 | 9¾ | ·007 | 0 | 0 |
| 8 | 4 | 12 | 0 | ·8 | 0 | 9 | 2½ | ·08 | 0 | 0 | 11 | 008 | 0 | 0 |
| 9 | 5 | 3 | 6 | ·9 | 0 | 10 | 4¼ | ·09 | 0 | 1 | 0½ | ·009 | 0 | 0 |
| 10 | 5 | 15 | 0 | OUNCES. | | | | OUNCES. | | | | OUNCES | | |
| 11 | 6 | 6 | 6 | | | | | | | | | | | |
| 12 | 6 | 18 | 0 | 25 | 14 | 7 | 6 | 38 | 21 | 17 | 0 | 55 | 31 | 12 |
| 13 | 7 | 9 | 6 | 26 | 14 | 19 | 0 | 39 | 22 | 8 | 6 | 60 | 34 | 10 |
| 14 | 8 | 1 | 0 | 27 | 15 | 10 | 6 | 40 | 23 | 0 | 0 | 65 | 37 | 7 |
| 15 | 8 | 12 | 6 | 28 | 16 | 2 | 0 | 41 | 23 | 11 | 6 | 70 | 40 | 5 |
| 16 | 9 | 4 | 0 | 29 | 16 | 13 | 6 | 42 | 24 | 3 | 0 | 75 | 43 | 2 |
| 17 | 9 | 15 | 6 | 30 | 17 | 5 | 0 | 43 | 24 | 14 | 6 | 80 | 46 | 0 |
| 18 | 10 | 7 | 0 | 31 | 17 | 16 | 6 | 44 | 25 | 6 | 0 | 85 | 48 | 17 |
| 19 | 10 | 18 | 6 | 32 | 18 | 8 | 0 | 45 | 25 | 17 | 6 | 90 | 51 | 15 |
| 20 | 11 | 10 | 0 | 33 | 18 | 19 | 6 | 46 | 26 | 9 | 0 | 100 | 57 | 10 |
| 21 | 12 | 1 | 6 | 34 | 19 | 11 | 0 | 47 | 27 | 0 | 6 | 200 | 115 | 0 |
| 22 | 12 | 13 | 0 | 35 | 20 | 2 | 6 | 48 | 27 | 12 | 0 | 300 | 172 | 10 |
| 23 | 13 | 4 | 6 | 36 | 20 | 14 | 0 | 49 | 28 | 3 | 6 | 400 | 230 | 0 |
| 24 | 13 | 16 | 0 | 37 | 21 | 5 | 6 | 50 | 28 | 15 | 0 | 500 | 287 | 10 |

1 grain=two-onethousandths of oz. troy or ·002.

1 carat=3·166 grains.

1 pennyweight=five-onehundredths of oz. troy or ·05.

# 12s. 0d. per oz.

(For Diamonds, &c., for "oz." read "grain.")

| UNCES. | | |
|---|---|---|
| £ | s. | d. |
| 0 | 12 | C |
| 1 | 4 | 0 |
| 1 | 16 | 0 |
| 2 | 8 | 0 |
| 3 | 0 | 0 |
| 3 | 12 | 0 |
| 4 | 4 | 0 |
| 4 | 16 | 0 |
| 5 | 8 | 0 |
| 6 | 0 | 0 |
| 6 | 12 | 0 |
| 7 | 4 | 0 |
| 7 | 16 | 0 |
| 8 | 8 | 0 |
| 9 | 0 | 0 |
| 9 | 12 | 0 |
| .0 | 4 | 0 |
| .0 | 16 | 0 |
| .1 | 8 | 0 |
| 12 | 0 | 0 |
| 12 | 12 | 0 |
| 13 | 4 | 0 |
| 13 | 16 | 0 |
| 14 | 8 | 0 |

| TENTHS. | | | | HUNDREDTHS. | | | | THOUSANDTHS. | | | |
|---|---|---|---|---|---|---|---|---|---|---|---|
| | £ | s. | d. | | £ | s. | d. | | £ | s. | d. |
| ·1 | 0 | 1 | 2½ | ·01 | 0 | 0 | 1½ | ·001 | 0 | 0 | 0¼ |
| ·2 | 0 | 2 | 4¾ | ·02 | 0 | 0 | 3 | ·002 | 0 | 0 | 0¼ |
| ·3 | 0 | 3 | 7¼ | ·03 | 0 | 0 | 4¼ | ·003 | 0 | 0 | 0½ |
| ·4 | 0 | 4 | 9½ | ·04 | 0 | 0 | 5¾ | ·004 | 0 | 0 | 0½ |
| ·5 | 0 | 6 | 0 | ·05 | 0 | 0 | 7¼ | ·005 | 0 | 0 | 0¾ |
| ·6 | 0 | 7 | 2½ | ·06 | 0 | 0 | 8¾ | ·006 | 0 | 0 | 0¾ |
| ·7 | 0 | 8 | 4¾ | ·07 | 0 | 0 | 10 | ·007 | 0 | 0 | 1 |
| ·8 | 0 | 9 | 7¼ | ·08 | 0 | 0 | 11½ | 008 | 0 | 0 | 1¼ |
| ·9 | 0 | 10 | 9½ | ·09 | 0 | 1 | 1 | ·009 | 0 | 0 | 1¼ |
| OUNCES. | | | | OUNCES. | | | | OUNCES. | | | |
| 25 | 15 | 0 | 0 | 38 | 22 | 16 | 0 | 55 | 33 | 0 | 0 |
| 26 | 15 | 12 | 0 | 39 | 23 | 8 | 0 | 60 | 36 | 0 | 0 |
| 27 | 16 | 4 | 0 | 40 | 24 | 0 | 0 | 65 | 39 | 0 | 0 |
| 28 | 16 | 16 | 0 | 41 | [illegible] | 12 | 0 | 70 | 42 | 0 | 0 |
| 29 | 17 | 8 | 0 | 42 | 25 | 4 | 0 | 75 | 45 | 0 | 0 |
| 30 | 18 | 0 | 0 | 43 | 25 | 16 | 0 | 80 | 48 | 0 | 0 |
| 31 | 18 | 12 | 0 | 44 | 26 | 8 | 0 | 85 | 51 | 0 | 0 |
| 32 | 19 | 4 | 0 | 45 | 27 | 0 | 0 | 90 | 54 | 0 | 0 |
| 33 | 19 | 16 | 0 | 46 | 27 | 12 | 0 | 100 | 60 | 0 | 0 |
| 34 | 20 | 8 | 0 | 47 | 28 | 4 | 0 | 200 | 120 | 0 | 0 |
| 35 | 21 | 0 | 0 | 48 | 28 | 16 | 0 | 300 | 180 | 0 | 0 |
| 36 | 21 | 12 | 0 | 49 | 29 | 8 | 0 | 400 | 240 | 0 | 0 |
| 37 | 22 | 4 | 0 | 50 | 30 | 0 | 0 | 500 | 300 | 0 | 0 |

1 grain=two-onethousandths of oz. troy or ·002.

1 carat=3·166 grains.

1 pennyweight=five-onehundredths of oz. troy or ·05.

# 12s. 6d. per oz.

(For Diamonds, &c., for "oz." read "grain.")

| OUNCES. | | | | TENTHS. | | | | HUNDREDTHS. | | | | THOUSANDTH | | | |
|---|---|---|---|---|---|---|---|---|---|---|---|---|---|---|---|
| oz. | £ | s. | d. | | £ | s. | d. | | £ | s. | d. | | £ | s. | d |
| 1 | 0 | 12 | 6 | ·1 | 0 | 1 | 3 | ·01 | 0 | 0 | 1½ | ·001 | 0 | 0 | 0 |
| 2 | 1 | 5 | 0 | ·2 | 0 | 2 | 6 | ·02 | 0 | 0 | 3 | ·002 | 0 | 0 | 0 |
| 3 | 1 | 17 | 6 | ·3 | 0 | 3 | 9 | ·03 | 0 | 0 | 4½ | ·003 | 0 | 0 | 0 |
| 4 | 2 | 10 | 0 | ·4 | 0 | 5 | 0 | ·04 | 0 | 0 | 6 | ·004 | 0 | 0 | 0 |
| 5 | 3 | 2 | 6 | ·5 | 0 | 6 | 3 | ·05 | 0 | 0 | 7½ | ·005 | 0 | 0 | 0 |
| 6 | 3 | 15 | 0 | ·6 | 0 | 7 | 6 | ·06 | 0 | 0 | 9 | ·006 | 0 | 0 | 1 |
| 7 | 4 | 7 | 6 | ·7 | 0 | 8 | 9 | ·07 | 0 | 0 | 10½ | ·007 | 0 | 0 | 1 |
| 8 | 5 | 0 | 0 | ·8 | 0 | 10 | 0 | ·08 | 0 | 1 | 0 | ·008 | 0 | 0 | 1 |
| 9 | 5 | 12 | 6 | ·9 | 0 | 11 | 3 | ·09 | 0 | 1 | 1½ | ·009 | 0 | 0 | 1 |
| 10 | 6 | 5 | 0 | OUNCES. | | | | OUNCES. | | | | OUNCES. | | | |
| 11 | 6 | 17 | 6 | | | | | | | | | | | | |
| 12 | 7 | 10 | 0 | 25 | 15 | 12 | 6 | 38 | 23 | 15 | 0 | 55 | 34 | 7 | [illegible] |
| 13 | 8 | 2 | 6 | 26 | 16 | 5 | 0 | 39 | 24 | 7 | 6 | 60 | 37 | 10 | [illegible] |
| 14 | 8 | 15 | 0 | 27 | 16 | 17 | 6 | 40 | 25 | 0 | 0 | 65 | 40 | 12 | [illegible] |
| 15 | 9 | 7 | 6 | 28 | 17 | 10 | 0 | 41 | 25 | 12 | 6 | 70 | 43 | 15 | [illegible] |
| 16 | 10 | 0 | 0 | 29 | 18 | 2 | 6 | 42 | 26 | 5 | 0 | 75 | 46 | 17 | [illegible] |
| 17 | 10 | 12 | 6 | 30 | 18 | 15 | 0 | 43 | 26 | 17 | 6 | 80 | 50 | 0 | [illegible] |
| 18 | 11 | 5 | 0 | 31 | 19 | 7 | 6 | 44 | 27 | 10 | 0 | 85 | 53 | 2 | [illegible] |
| 19 | 11 | 17 | 6 | 32 | 20 | 0 | 0 | 45 | 28 | 2 | 6 | 90 | 56 | 5 | [illegible] |
| 20 | 12 | 10 | 0 | 33 | 20 | 12 | 6 | 46 | 28 | 15 | 0 | 100 | 62 | 10 | [illegible] |
| 21 | 13 | 2 | 6 | 34 | 21 | 5 | 0 | 47 | 29 | 7 | 6 | 200 | 125 | 0 | [illegible] |
| 22 | 13 | 15 | 0 | 35 | 21 | 17 | 6 | 48 | 30 | 0 | 0 | 300 | 187 | 10 | [illegible] |
| 23 | 14 | 7 | 6 | 36 | 22 | 10 | 0 | 49 | 30 | 12 | 6 | 400 | 250 | 0 | [illegible] |
| 24 | 15 | 0 | 0 | 37 | 23 | 2 | 6 | 50 | 31 | 5 | 0 | 500 | 312 | 10 | [illegible] |

1 grain=two-onethousandths of oz. troy or ·002.

1 carat=3·166 grains.

1 pennyweight=five one-hundredths of oz. troy or ·05.

# 13s. 0d. per oz.

(For Diamonds, &c., for "oz." read "grain.")

**OUNCES.**

| oz. | £ | s. | d. |
|---|---|---|---|
| 1 | 0 | 13 | 0 |
| 2 | 1 | 6 | 0 |
| 3 | 1 | 19 | 0 |
| 4 | 2 | 12 | 0 |
| 5 | 3 | 5 | 0 |
| 6 | 3 | 18 | 0 |
| 7 | 4 | 11 | 0 |
| 8 | 5 | 4 | 0 |
| 9 | 5 | 17 | 0 |
| 10 | 6 | 10 | 0 |
| 11 | 7 | 3 | 0 |
| 12 | 7 | 16 | 0 |
| 13 | 8 | 9 | 0 |
| 14 | 9 | 2 | 0 |
| 15 | 9 | 15 | 0 |
| 16 | 10 | 8 | 0 |
| 17 | 11 | 1 | 0 |
| 18 | 11 | 14 | 0 |
| 19 | 12 | 7 | 0 |
| 20 | 13 | 0 | 0 |
| 21 | 13 | 13 | 0 |
| 22 | 14 | 6 | 0 |
| 23 | 14 | 19 | 0 |
| 24 | 15 | 12 | 0 |

| TENTHS. | £ | s. | d. | HUNDREDTHS. | £ | s. | d. | THOUSANDTHS. | £ | s. | d. |
|---|---|---|---|---|---|---|---|---|---|---|---|
| ·1 | 0 | 1 | 3½ | ·01 | 0 | 0 | 1½ | ·001 | 0 | 0 | 0¼ |
| ·2 | 0 | 2 | 7¼ | ·02 | 0 | 0 | 3 | ·002 | 0 | 0 | 0¼ |
| ·3 | 0 | 3 | 10¾ | ·03 | 0 | 0 | 4¾ | ·003 | 0 | 0 | 0½ |
| ·4 | 0 | 5 | 2½ | ·04 | 0 | 0 | 6¼ | ·004 | 0 | 0 | 0½ |
| ·5 | 0 | 6 | 6 | ·05 | 0 | 0 | 7¾ | ·005 | 0 | 0 | 0¾ |
| ·6 | 0 | 7 | 9½ | ·06 | 0 | 0 | 9¼ | ·006 | 0 | 0 | 1 |
| ·7 | 0 | 9 | 1¼ | ·07 | 0 | 0 | 11 | ·007 | 0 | 0 | 1 |
| ·8 | 0 | 10 | 4¾ | ·08 | 0 | 1 | 0½ | ·008 | 0 | 0 | 1¼ |
| ·9 | 0 | 11 | 8½ | ·09 | 0 | 1 | 2 | ·009 | 0 | 0 | 1½ |

| OUNCES. | | | | OUNCES. | | | | OUNCES. | | | |
|---|---|---|---|---|---|---|---|---|---|---|---|
| 25 | 16 | 5 | 0 | 38 | 24 | 14 | 0 | 55 | 35 | 15 | 0 |
| 26 | 16 | 18 | 0 | 39 | 25 | 7 | 0 | 60 | 39 | 0 | 0 |
| 27 | 17 | 11 | 0 | 40 | 26 | 0 | 0 | 65 | 42 | 5 | 0 |
| 28 | 18 | 4 | 0 | 41 | 26 | 13 | 0 | 70 | 45 | 10 | 0 |
| 29 | 18 | 17 | 0 | 42 | 27 | 6 | 0 | 75 | 48 | 15 | 0 |
| 30 | 19 | 10 | 0 | 43 | 27 | 19 | 0 | 80 | 52 | 0 | 0 |
| 31 | 20 | 3 | 0 | 44 | 28 | 12 | 0 | 85 | 55 | 5 | 0 |
| 32 | 20 | 16 | 0 | 45 | 29 | 5 | 0 | 90 | 58 | 10 | 0 |
| 33 | 21 | 9 | 0 | 46 | 29 | 18 | 0 | 100 | 65 | 0 | 0 |
| 34 | 22 | 2 | 0 | 47 | 30 | 11 | 0 | 200 | 130 | 0 | 0 |
| 35 | 22 | 15 | 0 | 48 | 31 | 4 | 0 | 300 | 195 | 0 | 0 |
| 36 | 23 | 8 | 0 | 49 | 31 | 17 | 0 | 400 | 260 | 0 | 0 |
| 37 | 24 | 1 | 0 | 50 | 32 | 10 | 0 | 500 | 325 | 0 | 0 |

1 grain=two-onethousandths of oz. troy or ·002.

1 carat=3·166 grains.

1 pennyweight=five-onehundredths of oz. troy or ·05.

# 13s. 6d. per oz.

(For Diamonds, &c., for " oz." read "grain.")

| OUNCES. | | | | TENTHS. | | | | HUNDREDTHS. | | | | THOUSANDTHS | | | |
|---|---|---|---|---|---|---|---|---|---|---|---|---|---|---|---|
| oz. | £ | s. | d. | | £ | s. | d. | | £ | s. | d. | | £ | s. | d. |
| 1 | 0 | 13 | 6 | ·1 | 0 | 1 | 4¼ | ·01 | 0 | 0 | 1½ | ·001 | 0 | 0 | 0¼ |
| 2 | 1 | 7 | 0 | ·2 | 0 | 2 | 8½ | ·02 | 0 | 0 | 3¼ | ·002 | 0 | 0 | 0¼ |
| 3 | 2 | 0 | 6 | ·3 | 0 | 4 | 0½ | ·03 | 0 | 0 | 4¾ | ·003 | 0 | 0 | 0½ |
| 4 | 2 | 14 | 0 | ·4 | 0 | 5 | 4¾ | ·04 | 0 | 0 | 6½ | ·004 | 0 | 0 | 0¾ |
| 5 | 3 | 7 | 6 | ·5 | 0 | 6 | 9 | ·05 | 0 | 0 | 8 | ·005 | 0 | 0 | 0¾ |
| 6 | 4 | 1 | 0 | ·6 | 0 | 8 | 1¼ | ·06 | 0 | 0 | 9¾ | ·006 | 0 | 0 | 1 |
| 7 | 4 | 14 | 6 | ·7 | 0 | 9 | 5½ | ·07 | 0 | 0 | 11¼ | ·007 | 0 | 0 | 1¼ |
| 8 | 5 | 8 | 0 | ·8 | 0 | 10 | 9½ | ·08 | 0 | 1 | 1 | ·008 | 0 | 0 | 1¼ |
| 9 | 6 | 1 | 6 | ·9 | 0 | 12 | 1¾ | ·09 | 0 | 1 | 2½ | ·009 | 0 | 0 | 1½ |
| 10 | 6 | 15 | 0 | OUNCES. | | | | OUNCES. | | | | OUNCES. | | | |
| 11 | 7 | 8 | 6 | | | | | | | | | | | | |
| 12 | 8 | 2 | 0 | 25 | 16 | 17 | 6 | 38 | 25 | 13 | 0 | 55 | 37 | 2 | 6 |
| 13 | 8 | 15 | 6 | 26 | 17 | 11 | 0 | 39 | 26 | 6 | 6 | 60 | 40 | 10 | 0 |
| 14 | 9 | 9 | 0 | 27 | 18 | 4 | 6 | 40 | 27 | 0 | 0 | 65 | 43 | 17 | 6 |
| 15 | 10 | 2 | 6 | 28 | 18 | 18 | 0 | 41 | 27 | 13 | 6 | 70 | 47 | 5 | 0 |
| 16 | 10 | 16 | 0 | 29 | 19 | 11 | 6 | 42 | 28 | 7 | 0 | 75 | 50 | 12 | 6 |
| 17 | 11 | 9 | 6 | 30 | 20 | 5 | 0 | 43 | 29 | 0 | 6 | 80 | 54 | 0 | 0 |
| 18 | 12 | 3 | 0 | 31 | 20 | 18 | 6 | 44 | 29 | 14 | 0 | 85 | 57 | 7 | 6 |
| 19 | 12 | 16 | 6 | 32 | 21 | 12 | 0 | 45 | 30 | 7 | 6 | 90 | 60 | 15 | 0 |
| 20 | 13 | 10 | 0 | 33 | 22 | 5 | 6 | 46 | 31 | 1 | 0 | 100 | 67 | 10 | 0 |
| 21 | 14 | 3 | 6 | 34 | 22 | 19 | 0 | 47 | 31 | 14 | 6 | 200 | 135 | 0 | 0 |
| 22 | 14 | 17 | 0 | 35 | 23 | 12 | 6 | 48 | 32 | 8 | 0 | 300 | 202 | 10 | 0 |
| 23 | 15 | 10 | 6 | 36 | 24 | 6 | 0 | 49 | 33 | 1 | 6 | 400 | 270 | 0 | 0 |
| 24 | 16 | 4 | 0 | 37 | 24 | 19 | 6 | 50 | 33 | 15 | 0 | 500 | 337 | 10 | 0 |

1 grain=two-onethousandths of oz. troy or ·002.

1 carat=3·166 grains.

1 pennyweight=five-onehundredths of oz. troy or ·05.

# 14s. 0d. per oz.

(For Diamonds, &c., for "oz." read "grain.")

| OUNCES. | | | | TENTHS. | | | | HUNDREDTHS. | | | | THOUSANDTHS. | | | |
|---|---|---|---|---|---|---|---|---|---|---|---|---|---|---|---|
| | £ | s. | d. | | £ | s. | d. | | £ | s. | d. | | £ | s. | d. |
| 1 | 0 | 14 | 0 | ·1 | 0 | 1 | 4¾ | ·01 | 0 | 0 | 1¾ | ·001 | 0 | 0 | 0¼ |
| 2 | 1 | 8 | 0 | ·2 | 0 | 2 | 9½ | ·02 | 0 | 0 | 3¼ | ·002 | 0 | 0 | 0¼ |
| 3 | 2 | 2 | 0 | ·3 | 0 | 4 | 2½ | ·03 | 0 | 0 | 5 | ·003 | 0 | 0 | 0½ |
| 4 | 2 | 16 | 0 | ·4 | 0 | 5 | 7¼ | ·04 | 0 | 0 | 6¾ | ·004 | 0 | 0 | 0¾ |
| 5 | 3 | 10 | 0 | ·5 | 0 | 7 | 0 | ·05 | 0 | 0 | 8½ | ·005 | 0 | 0 | 0¾ |
| 6 | 4 | 4 | 0 | ·6 | 0 | 8 | 4¾ | ·06 | 0 | 0 | 10 | ·006 | 0 | 0 | 1 |
| 7 | 4 | 18 | 0 | ·7 | 0 | 9 | 9½ | ·07 | 0 | 0 | 11¾ | ·007 | 0 | 0 | 1¼ |
| 8 | 5 | 12 | 0 | ·8 | 0 | 11 | 2½ | ·08 | 0 | 1 | 1½ | ·008 | 0 | 0 | 1¼ |
| 9 | 6 | 6 | 0 | ·9 | 0 | 12 | 7¼ | ·09 | 0 | 1 | 3 | ·009 | 0 | 0 | 1½ |
| [illegible] | 7 | 0 | 0 | OUNCES. | | | | OUNCES. | | | | OUNCES. | | | |
| [illegible] | 7 | 14 | 0 | | | | | | | | | | | | |
| [illegible] | 8 | 8 | 0 | 25 | 17 | 10 | 0 | 38 | 26 | 12 | 0 | 55 | 38 | 10 | 0 |
| [illegible] | 9 | 2 | 0 | 26 | 18 | 4 | 0 | 39 | 27 | 6 | 0 | 60 | 42 | 0 | 0 |
| [illegible] | 9 | 16 | 0 | 27 | 18 | 18 | 0 | 40 | 28 | 0 | 0 | 65 | 45 | 10 | 0 |
| [illegible] | 10 | 10 | 0 | 28 | 19 | 12 | 0 | 41 | 28 | 14 | 0 | 70 | 49 | 0 | 0 |
| [illegible] | 11 | 4 | 0 | 29 | 20 | 6 | 0 | 42 | 29 | 8 | 0 | 75 | 52 | 10 | 0 |
| [illegible] | 11 | 18 | 0 | 30 | 21 | 0 | 0 | 43 | 30 | 2 | 0 | 80 | 56 | 0 | 0 |
| [illegible] | 12 | 12 | 0 | 31 | 21 | 14 | 0 | 44 | 30 | 16 | 0 | 85 | 59 | 10 | 0 |
| [illegible] | 13 | 6 | 0 | 32 | 22 | 8 | 0 | 45 | 31 | 10 | 0 | 90 | 63 | 0 | 0 |
| [illegible] | 14 | 0 | 0 | 33 | 23 | 2 | 0 | 46 | 32 | 4 | 0 | 100 | 70 | 0 | 0 |
| [illegible] | 14 | 14 | 0 | 34 | 23 | 16 | 0 | 47 | 32 | 18 | 0 | 200 | 140 | 0 | 0 |
| [illegible] | 15 | 8 | 0 | 35 | 24 | 10 | 0 | 48 | 33 | 12 | 0 | 300 | 210 | 0 | 0 |
| [illegible] | 16 | 2 | 0 | 36 | 25 | 4 | 0 | 49 | 34 | 6 | 0 | 400 | 280 | 0 | 0 |
| [illegible] | 16 | 16 | 0 | 37 | 25 | 18 | 0 | 50 | 35 | 0 | 0 | 500 | 350 | 0 | 0 |

1 grain=two-onethousandths of oz. troy or ·002.

1 carat=3·166 grains.

1 pennyweight=five onehundredths of oz. troy or ·05.

# 14s. 6d. per oz.

(For Diamonds, &c., for " oz." read " grain.")

| OUNCES. | | | | TENTHS. | | | | HUNDREDTHS. | | | | THOUSANDTH | | | |
|---|---|---|---|---|---|---|---|---|---|---|---|---|---|---|---|
| oz. | £ | s. | d. | | £ | s. | d. | | £ | s. | d. | | £ | s. | d. |
| 1 | 0 | 14 | 6 | ·1 | 0 | 1 | 5½ | ·01 | 0 | 0 | 1¾ | .001 | 0 | 0 | 0¼ |
| 2 | 1 | 9 | 0 | ·2 | 0 | 2 | 10¾ | ·02 | 0 | 0 | 3½ | ·002 | 0 | 0 | 0¼ |
| 3 | 2 | 3 | 6 | ·3 | 0 | 4 | 4¼ | ·03 | 0 | 0 | 5¼ | ·003 | 0 | 0 | 0½ |
| 4 | 2 | 18 | 0 | ·4 | 0 | 5 | 9½ | ·04 | 0 | 0 | 7 | ·004 | 0 | 0 | 0¾ |
| 5 | 3 | 12 | 6 | ·5 | 0 | 7 | 3 | ·05 | 0 | 0 | 8¾ | ·005 | 0 | 0 | 0¾ |
| 6 | 4 | 7 | 0 | ·6 | 0 | 8 | 8½ | ·06 | 0 | 0 | 10½ | ·006 | 0 | 0 | 1 |
| 7 | 5 | 1 | 6 | ·7 | 0 | 10 | 1¾ | ·07 | 0 | 1 | 0¼ | ·007 | 0 | 0 | 1¼ |
| 8 | 5 | 16 | 0 | ·8 | 0 | 11 | 7¼ | ·08 | 0 | 1 | 2 | ·008 | 0 | 0 | 1½ |
| 9 | 6 | 10 | 6 | ·9 | 0 | 13 | 0½ | ·09 | 0 | 1 | 3¾ | ·009 | 0 | 0 | 1½ |
| 10 | 7 | 5 | 0 | | | | | | | | | | | | |
| 11 | 7 | 19 | 6 | OUNCES. | | | | OUNCES. | | | | OUNCES. | | | |
| 12 | 8 | 14 | 0 | 25 | 18 | 2 | 6 | 38 | 27 | 11 | 0 | 55 | 39 | 17 | 6 |
| 13 | 9 | 8 | 6 | 26 | 18 | 17 | 0 | 39 | 28 | 5 | 6 | 60 | 43 | 10 | 0 |
| 14 | 10 | 3 | 0 | 27 | 19 | 11 | 6 | 40 | 29 | 0 | 0 | 65 | 47 | 2 | 6 |
| 15 | 10 | 17 | 6 | 28 | 20 | 6 | 0 | 41 | 29 | 14 | 6 | 70 | 50 | 15 | 0 |
| 16 | 11 | 12 | 0 | 29 | 21 | 0 | 6 | 42 | 30 | 9 | 0 | 75 | 54 | 7 | 6 |
| 17 | 12 | 6 | 6 | 30 | 21 | 15 | 0 | 43 | 31 | 3 | 6 | 80 | 58 | 0 | 0 |
| 18 | 13 | 1 | 0 | 31 | 22 | 9 | 6 | 44 | 31 | 18 | 0 | 85 | 61 | 12 | 6 |
| 19 | 13 | 15 | 6 | 32 | 23 | 4 | 0 | 45 | 32 | 12 | 6 | 90 | 65 | 5 | 0 |
| 20 | 14 | 10 | 0 | 33 | 23 | 18 | 6 | 46 | 33 | 7 | 0 | 100 | 72 | 10 | 0 |
| 21 | 15 | 4 | 6 | 34 | 24 | 13 | 0 | 47 | 34 | 1 | 6 | 200 | 145 | 0 | 0 |
| 22 | 15 | 19 | 0 | 35 | 25 | 7 | 6 | 48 | 34 | 16 | 0 | 300 | 217 | 10 | 0 |
| 23 | 16 | 13 | 6 | 36 | 26 | 2 | 0 | 49 | 35 | 10 | 6 | 400 | 290 | 0 | 0 |
| 24 | 17 | 8 | 0 | 37 | 26 | 16 | 6 | 50 | 36 | 5 | 0 | 500 | 362 | 10 | 0 |

1 grain=two-onethousandths of oz. troy or ·002.

1 carat=3·166 grains.

1 pennyweight=five-onehundredths of oz. troy or ·05.

# 15s. 0d. per oz.

(For Diamonds, &c., for "oz." read "grain.")

| OUNCES. | | | | TENTHS. | | | | HUNDREDTHS. | | | | THOUSANDTHS. | | | |
|---|---|---|---|---|---|---|---|---|---|---|---|---|---|---|---|
| z. | £ | s. | d. | | £ | s. | d. | | £ | s. | d. | | £ | s. | d. |
| 1 | 0 | 15 | 0 | ·1 | 0 | 1 | 6 | 01 | 0 | 0 | 1¾ | ·001 | 0 | 0 | 0¼ |
| 2 | 1 | 10 | 0 | ·2 | 0 | 3 | 0 | ·02 | 0 | 0 | 3½ | ·002 | 0 | 0 | 0¼ |
| 3 | 2 | 5 | 0 | ·3 | 0 | 4 | 6 | ·03 | 0 | 0 | 5½ | ·003 | 0 | 0 | 0½ |
| 4 | 3 | 0 | 0 | ·4 | 0 | 6 | 0 | ·04 | 0 | 0 | 7¼ | 004 | 0 | 0 | 0¾ |
| 5 | 3 | 15 | 0 | ·5 | 0 | 7 | 6 | ·05 | 0 | 0 | 9 | ·005 | 0 | 0 | 1 |
| 6 | 4 | 10 | 0 | ·6 | 0 | 9 | 0 | ·06 | 0 | 0 | 10¾ | ·006 | 0 | 0 | 1 |
| 7 | 5 | 5 | 0 | ·7 | 0 | 10 | 6 | ·07 | 0 | 1 | 0½ | ·007 | 0 | 0 | 1¼ |
| 8 | 6 | 0 | 0 | ·8 | 0 | 12 | 0 | ·08 | 0 | 1 | 2½ | ·008 | 0 | 0 | 1½ |
| 9 | 6 | 15 | 0 | ·9 | 0 | 13 | 6 | ·09 | 0 | 1 | 4¼ | ·009 | 0 | 0 | 1½ |
| 0 | 7 | 10 | 0 | OUNCES. | | | | OUNCES. | | | | OUNCES. | | | |
| 1 | 8 | 5 | 0 | | | | | | | | | | | | |
| 2 | 9 | 0 | 0 | 25 | 18 | 15 | 0 | 38 | 28 | 10 | 0 | 55 | 41 | 5 | 0 |
| 3 | 9 | 15 | 0 | 26 | 19 | 10 | 0 | 39 | 29 | 5 | 0 | 60 | 45 | 0 | 0 |
| 4 | 10 | 10 | 0 | 27 | 20 | 5 | 0 | 40 | 30 | 0 | 0 | 65 | 48 | 15 | 0 |
| .5 | 11 | 5 | 0 | 28 | 21 | 0 | 0 | 41 | 30 | 15 | 0 | 70 | 52 | 10 | 0 |
| .6 | 12 | 0 | 0 | 29 | 21 | 15 | 0 | 42 | 31 | 10 | 0 | 75 | 56 | 5 | 0 |
| .7 | 12 | 15 | 0 | 30 | 22 | 10 | 0 | 43 | 32 | 5 | 0 | 80 | 60 | 0 | 0 |
| .8 | 13 | 10 | 0 | 31 | 23 | 5 | 0 | 44 | 33 | 0 | 0 | 85 | 63 | 15 | 0 |
| .9 | 14 | 5 | 0 | 32 | 24 | 0 | 0 | 45 | 33 | 15 | 0 | 90 | 67 | 10 | 0 |
| 20 | 15 | 0 | 0 | 33 | 24 | 15 | 0 | 46 | 34 | 10 | 0 | 100 | 75 | 0 | 0 |
| 21 | 15 | 15 | 0 | 34 | 25 | 10 | 0 | 47 | 35 | 5 | 0 | 200 | 150 | 0 | 0 |
| 22 | 16 | 10 | 0 | 35 | 26 | 5 | 0 | 48 | 36 | 0 | 0 | 300 | 225 | 0 | 0 |
| 23 | 17 | 5 | 0 | 36 | 27 | 0 | 0 | 49 | 36 | 15 | 0 | 400 | 300 | 0 | 0 |
| 24 | 18 | 0 | 0 | 37 | 27 | 15 | 0 | 50 | 37 | 10 | 0 | 500 | 375 | 0 | 0 |

1 grain=two-onethousandths of oz. troy or ·002.

1 carat=3·166 grains.

1 pennyweight=five onehundredths of oz. troy or ·05.

# 15s. 6d. per oz.

(For Diamonds, &c., for "oz." read "grain.'

| OUNCES. | | | | TENTHS. | | | | HUNDREDTHS. | | | | THOUSANDT | | |
|---|---|---|---|---|---|---|---|---|---|---|---|---|---|---|
| *oz.* | £ | *s.* | *d.* | | £ | *s.* | *d.* | | £ | *s.* | *d.* | | £ | *s.* |
| 1 | 0 | 15 | 6 | ·1 | 0 | 1 | 6½ | ·01 | 0 | 0 | 1¾ | ·001 | 0 | 0 |
| 2 | 1 | 11 | 0 | ·2 | 0 | 3 | 1¼ | ·02 | 0 | 0 | 3¾ | ·002 | 0 | 0 |
| 3 | 2 | 6 | 6 | ·3 | 0 | 4 | 7¾ | ·03 | 0 | 0 | 5½ | ·003 | 0 | 0 |
| 4 | 3 | 2 | 0 | ·4 | 0 | 6 | 2½ | ·04 | 0 | 0 | 7½ | ·004 | 0 | 0 |
| 5 | 3 | 17 | 6 | ·5 | 0 | 7 | 9 | ·05 | 0 | 0 | 9¼ | ·005 | 0 | 0 |
| 6 | 4 | 13 | 0 | ·6 | 0 | 9 | 3½ | ·06 | 0 | 0 | 11¼ | ·006 | 0 | 0 |
| 7 | 5 | 8 | 6 | ·7 | 0 | 10 | 10¼ | ·07 | 0 | 1 | 1 | ·007 | 0 | 0 |
| 8 | 6 | 4 | 0 | ·8 | 0 | 12 | 4¾ | ·08 | 0 | 1 | 3 | ·008 | 0 | 0 |
| 9 | 6 | 19 | 6 | ·9 | 0 | 13 | 11½ | ·09 | 0 | 1 | 4¾ | ·009 | 0 | 0 |
| 10 | 7 | 15 | 0 | | | | | | | | | | | |
| 11 | 8 | 10 | 6 | OUNCES. | | | | OUNCES. | | | | OUNCES. | | |
| 12 | 9 | 6 | 0 | 25 | 19 | 7 | 6 | 38 | 29 | 9 | 0 | 55 | 42 | 12 |
| 13 | 10 | 1 | 6 | 26 | 20 | 3 | 0 | 39 | 30 | 4 | 6 | 60 | 46 | 10 |
| 14 | 10 | 17 | 0 | 27 | 20 | 18 | 6 | 40 | 31 | 0 | 0 | 65 | 50 | 7 |
| 15 | 11 | 12 | 6 | 28 | 21 | 14 | 0 | 41 | 31 | 15 | 6 | 70 | 54 | 5 |
| 16 | 12 | 8 | 0 | 29 | 22 | 9 | 6 | 42 | 32 | 11 | 0 | 75 | 58 | 2 |
| 17 | 13 | 3 | 6 | 30 | 23 | 5 | 0 | 43 | 33 | 6 | 6 | 80 | 62 | 0 |
| 18 | 13 | 19 | 0 | 31 | 24 | 0 | 6 | 44 | 34 | 2 | 0 | 85 | 65 | 17 |
| 19 | 14 | 14 | 6 | 32 | 24 | 16 | 0 | 45 | 34 | 17 | 6 | 90 | 69 | 15 |
| 20 | 15 | 10 | 0 | 33 | 25 | 11 | 6 | 46 | 35 | 13 | 0 | 100 | 77 | 10 |
| 21 | 16 | 5 | 6 | 34 | 26 | 7 | 0 | 47 | 36 | 8 | 6 | 200 | 155 | 0 |
| 22 | 17 | 1 | 0 | 35 | 27 | 2 | 6 | 48 | 37 | 4 | 0 | 300 | 232 | 10 |
| 23 | 17 | 16 | 6 | 36 | 27 | 18 | 0 | 49 | 37 | 19 | 6 | 400 | 310 | 0 |
| 24 | 18 | 12 | 0 | 37 | 28 | 13 | 6 | 50 | 38 | 15 | 0 | 500 | 387 | 10 |

1 grain=two-onethousandths of oz. troy or ·002.

1 carat=3·166 grains.

1 penny weight=five one-hundredths of oz. troy or ·05.

# 16s. 0d. per oz.

(For Diamonds, &c., for " oz." read " grain.")

| OUNCES. | | | TENTHS. | | | | HUNDREDTHS. | | | | THOUSANDTHS. | | | |
|---|---|---|---|---|---|---|---|---|---|---|---|---|---|---|
| £ | s. | d. | | £ | s. | d. | | £ | s. | d. | | £ | s. | d. |
| 0 | 16 | 0 | ·1 | 0 | 1 | 7¼ | ·01 | 0 | 0 | 2 | ·001 | 0 | 0 | 0¼ |
| 1 | 12 | 0 | ·2 | 0 | 3 | 2½ | ·02 | 0 | 0 | 3¾ | ·002 | 0 | 0 | 0½ |
| 2 | 8 | 0 | ·3 | 0 | 4 | 9½ | ·03 | 0 | 0 | 5¾ | ·003 | 0 | 0 | 0½ |
| 3 | 4 | 0 | ·4 | 0 | 6 | 4¾ | ·04 | 0 | 0 | 7¾ | ·004 | 0 | 0 | 0¾ |
| 4 | 0 | 0 | ·5 | 0 | 8 | 0 | ·05 | 0 | 0 | 9½ | ·005 | 0 | 0 | 1 |
| 4 | 16 | 0 | ·6 | 0 | 9 | 7¼ | ·06 | 0 | 0 | 11½ | ·006 | 0 | 0 | 1¼ |
| 5 | 12 | 0 | ·7 | 0 | 11 | 2½ | ·07 | 0 | 1 | 1½ | ·007 | 0 | 0 | 1¼ |
| 6 | 8 | 0 | ·8 | 0 | 12 | 9½ | ·08 | 0 | 1 | 3¼ | ·008 | 0 | 0 | 1½ |
| 7 | 4 | 0 | ·9 | 0 | 14 | 4¾ | ·09 | 0 | 1 | 5¼ | ·009 | 0 | 0 | 1¾ |
| 8 | 0 | 0 | OUNCES. | | | | OUNCES. | | | | OUNCES. | | | |
| 8 | 16 | 0 | | | | | | | | | | | | |
| 9 | 12 | 0 | 25 | 20 | 0 | 0 | 38 | 30 | 8 | 0 | 55 | 44 | 0 | 0 |
| 10 | 8 | 0 | 26 | 20 | 16 | 0 | 39 | 31 | 4 | 0 | 60 | 48 | 0 | 0 |
| 11 | 4 | 0 | 27 | 21 | 12 | 0 | 40 | 32 | 0 | 0 | 65 | 52 | 0 | 0 |
| 12 | 0 | 0 | 28 | 22 | 8 | 0 | 41 | 32 | 16 | 0 | 70 | 56 | 0 | 0 |
| 12 | 16 | 0 | 29 | 23 | 4 | 0 | 42 | 33 | 12 | 0 | 75 | 60 | 0 | 0 |
| 13 | 12 | 0 | 30 | 24 | 0 | 0 | 43 | 34 | 8 | 0 | 80 | 64 | 0 | 0 |
| 14 | 8 | 0 | 31 | 24 | 16 | 0 | 44 | 35 | 4 | 0 | 85 | 68 | 0 | 0 |
| 15 | 4 | 0 | 32 | 25 | 12 | 0 | 45 | 36 | 0 | 0 | 90 | 72 | 0 | 0 |
| 16 | 0 | 0 | 33 | 26 | 8 | 0 | 46 | 36 | 16 | 0 | 100 | 80 | 0 | 0 |
| 16 | 16 | 0 | 34 | 27 | 4 | 0 | 47 | 37 | 12 | 0 | 200 | 160 | 0 | 0 |
| 17 | 12 | 0 | 35 | 28 | 0 | 0 | 48 | 38 | 8 | 0 | 300 | 240 | 0 | 0 |
| 18 | 8 | 0 | 36 | 28 | 16 | 0 | 49 | 39 | 4 | 0 | 400 | 320 | 0 | 0 |
| 19 | 4 | 0 | 37 | 29 | 12 | 0 | 50 | 40 | 0 | 0 | 500 | 400 | 0 | 0 |

**1 grain=two-onethousandths of oz. troy or ·002.**

**1 carat=3·166 grains.**

**1 pennyweight=five-onehundredths of oz. troy or ·05**

# 16s. 6d. per oz.

(For Diamonds, &c., for "oz." read "grain.")

| OUNCES. | | | | TENTHS. | | | | HUNDREDTHS. | | | | THOUSAND… | | |
|---|---|---|---|---|---|---|---|---|---|---|---|---|---|---|
| oz. | £ | s. | d. | | £ | s. | d. | | £ | s. | d. | | £ | s. |
| 1 | 0 | 16 | 6 | ·1 | 0 | 1 | 7¾ | ·01 | 0 | 0 | 2 | ·001 | 0 | 0 |
| 2 | 1 | 13 | 0 | ·2 | 0 | 3 | 3½ | ·02 | 0 | 0 | 4 | ·002 | 0 | 0 |
| 3 | 2 | 9 | 6 | ·3 | 0 | 4 | 11½ | ·03 | 0 | 0 | 6 | ·003 | 0 | 0 |
| 4 | 3 | 6 | 0 | ·4 | 0 | 6 | 7¼ | ·04 | 0 | 0 | 8 | ·004 | 0 | 0 |
| 5 | 4 | 2 | 6 | ·5 | 0 | 8 | 3 | ·05 | 0 | 0 | 10 | ·005 | 0 | 0 |
| 6 | 4 | 19 | 0 | ·6 | 0 | 9 | 10¾ | ·06 | 0 | 1 | 0 | ·006 | 0 | 0 |
| 7 | 5 | 15 | 6 | ·7 | 0 | 11 | 6½ | ·07 | 0 | 1 | 1¾ | ·007 | 0 | 0 |
| 8 | 6 | 12 | 0 | ·8 | 0 | 13 | 2½ | ·08 | 0 | 1 | 3¾ | ·008 | 0 | 0 |
| 9 | 7 | 8 | 6 | ·9 | 0 | 14 | 10¼ | ·09 | 0 | 1 | 5¾ | ·009 | 0 | 0 |
| 10 | 8 | 5 | 0 | OUNCES. | | | | OUNCES. | | | | OUNCES | | |
| 11 | 9 | 1 | 6 | | | | | | | | | | | |
| 12 | 9 | 18 | 0 | 25 | 20 | 12 | 6 | 38 | 31 | 7 | 0 | 55 | 45 | 7 |
| 13 | 10 | 14 | 6 | 26 | 21 | 9 | 0 | 39 | 32 | 3 | 6 | 60 | 49 | 10 |
| 14 | 11 | 11 | 0 | 27 | 22 | 5 | 6 | 40 | 33 | 0 | 0 | 65 | 53 | 12 |
| 15 | 12 | 7 | 6 | 28 | 23 | 2 | 0 | 41 | 33 | 16 | 6 | 70 | 57 | 15 |
| 16 | 13 | 4 | 0 | 29 | 23 | 18 | 6 | 42 | 34 | 13 | 0 | 75 | 61 | 17 |
| 17 | 14 | 0 | 6 | 30 | 24 | 15 | 0 | 43 | 35 | 9 | 6 | 80 | 66 | 0 |
| 18 | 14 | 17 | 0 | 31 | 25 | 11 | 6 | 44 | 36 | 6 | 0 | 85 | 70 | 2 |
| 19 | 15 | 13 | 6 | 32 | 26 | 8 | 0 | 45 | 37 | 2 | 6 | 90 | 74 | 5 |
| 20 | 16 | 10 | 0 | 33 | 27 | 4 | 6 | 46 | 37 | 19 | 0 | 100 | 82 | 10 |
| 21 | 17 | 6 | 6 | 34 | 28 | 1 | 0 | 47 | 38 | 15 | 6 | 200 | 165 | 0 |
| 22 | 18 | 3 | 0 | 35 | 28 | 17 | 6 | 48 | 39 | 12 | 0 | 300 | 247 | 10 |
| 23 | 18 | 19 | 6 | 36 | 29 | 14 | 0 | 49 | 40 | 8 | 6 | 400 | 330 | 0 |
| 24 | 19 | 16 | 0 | 37 | 30 | 10 | 6 | 50 | 41 | 5 | 0 | 500 | 412 | 10 |

1 grain=two-onethousandths of oz. troy or ·002.

1 carat=3·166 grains.

1 pennyweight=five-onehundredths of oz. troy or ·05.

# 17s. 0d. per oz.

(For Diamonds, &c., for " oz." read " grain.")

**OUNCES.**

| oz. | £ | s. | d. |
|---|---|---|---|
| | 0 | 17 | 0 |
| | 1 | 14 | 0 |
| | 2 | 11 | 0 |
| | 3 | 8 | 0 |
| | 4 | 5 | 0 |
| | 5 | 2 | 0 |
| | 5 | 19 | 0 |
| | 6 | 16 | 0 |
| | 7 | 13 | 0 |
| | 8 | 10 | 0 |
| | 9 | 7 | 0 |
| | 10 | 4 | 0 |
| | 11 | 1 | 0 |
| | 11 | 18 | 0 |
| | 12 | 15 | 0 |
| | 13 | 12 | 0 |
| | 14 | 9 | 0 |
| | 15 | 6 | 0 |
| | 16 | 3 | 0 |
| | 17 | 0 | 0 |
| | 17 | 17 | 0 |
| | 18 | 14 | 0 |
| | 19 | 11 | 0 |
| | 20 | 8 | 0 |

| TENTHS. | £ | s. | d. | HUNDREDTHS. | £ | s. | d. | THOUSANDTHS. | £ | s. | d. |
|---|---|---|---|---|---|---|---|---|---|---|---|
| ·1 | 0 | 1 | 8½ | ·01 | 0 | 0 | 2 | ·001 | 0 | 0 | 0¼ |
| ·2 | 0 | 3 | 4¾ | ·02 | 0 | 0 | 4 | ·002 | 0 | 0 | 0½ |
| ·3 | 0 | 5 | 1¼ | ·03 | 0 | 0 | 6 | ·003 | 0 | 0 | 0½ |
| ·4 | 0 | 6 | 9½ | ·04 | 0 | 0 | 8¼ | ·004 | 0 | 0 | 0¾ |
| ·5 | 0 | 8 | 6 | ·05 | 0 | 0 | 10¼ | ·005 | 0 | 0 | 1 |
| ·6 | 0 | 10 | 2½ | ·06 | 0 | 1 | 0¼ | ·006 | 0 | 0 | 1¼ |
| ·7 | 0 | 11 | 10¾ | ·07 | 0 | 1 | 2¼ | ·007 | 0 | 0 | 1½ |
| ·8 | 0 | 13 | 7¼ | ·08 | 0 | 1 | 4¼ | ·008 | 0 | 0 | 1 2/4 |
| ·9 | 0 | 15 | 3½ | ·09 | 0 | 1 | 6¼ | ·009 | 0 | 0 | 1¾ |

| OUNCES. | £ | s. | d. | OUNCES. | £ | s. | d. | OUNCES. | £ | s. | d. |
|---|---|---|---|---|---|---|---|---|---|---|---|
| 25 | 21 | 5 | 0 | 38 | 32 | 6 | 0 | 55 | 46 | 15 | 0 |
| 26 | 22 | 2 | 0 | 39 | 33 | 3 | 0 | 60 | 51 | 0 | 0 |
| 27 | 22 | 19 | 0 | 40 | 34 | 0 | 0 | 65 | 55 | 5 | 0 |
| 28 | 23 | 16 | 0 | 41 | 34 | 17 | 0 | 70 | 59 | 10 | 0 |
| 29 | 24 | 13 | 0 | 42 | 35 | 14 | 0 | 75 | 63 | 15 | 0 |
| 30 | 25 | 10 | 0 | 43 | 36 | 11 | 0 | 80 | 68 | 0 | 0 |
| 31 | 26 | 7 | 0 | 44 | 37 | 8 | 0 | 85 | 72 | 5 | 0 |
| 32 | 27 | 4 | 0 | 45 | 38 | 5 | 0 | 90 | 76 | 10 | 0 |
| 33 | 28 | 1 | 0 | 46 | 39 | 2 | 0 | 100 | 85 | 0 | 0 |
| 34 | 28 | 18 | 0 | 47 | 39 | 19 | 0 | 200 | 170 | 0 | 0 |
| 35 | 29 | 15 | 0 | 48 | 40 | 16 | 0 | 300 | 255 | 0 | 0 |
| 36 | 30 | 12 | 0 | 49 | 41 | 13 | 0 | 400 | 340 | 0 | 0 |
| 37 | 31 | 9 | 0 | 50 | 42 | 10 | 0 | 500 | 425 | 0 | 0 |

1 grain=two-onethousandths of oz. troy or ·002.

1 carat=3·166 grains.

1 pennyweight=five-onehundredths of oz. troy or ·05.

# 17s. 6d. per oz.

(For Diamonds, &c., for "oz." read "grain.")

| OUNCES. | | | TENTHS. | | | | HUNDREDTHS. | | | | THOUSANDT | | |
|---|---|---|---|---|---|---|---|---|---|---|---|---|---|
| £ | s. | d. | | £ | s. | d. | | £ | s. | d. | | £ | s. |
| 0 | 17 | 6 | ·1 | 0 | 1 | 9 | ·01 | 0 | 0 | 2 | ·001 | 0 | 0 |
| 1 | 15 | 0 | ·2 | 0 | 3 | 6 | ·02 | 0 | 0 | 4¼ | ·002 | 0 | 0 |
| 2 | 12 | 6 | ·3 | 0 | 5 | 3 | ·03 | 0 | 0 | 6¼ | ·003 | 0 | 0 |
| 3 | 10 | 0 | ·4 | 0 | 7 | 0 | ·04 | 0 | 0 | 8½ | ·004 | 0 | 0 |
| 4 | 7 | 6 | ·5 | 0 | 8 | 9 | ·05 | 0 | 0 | 10½ | ·005 | 0 | 0 |
| 5 | 5 | 0 | ·6 | 0 | 10 | 6 | ·06 | 0 | 1 | 0½ | ·006 | 0 | 0 |
| 6 | 2 | 6 | ·7 | 0 | 12 | 3 | ·07 | 0 | 1 | 2¾ | ·007 | 0 | 0 |
| 7 | 0 | 0 | ·8 | 0 | 14 | 0 | ·08 | 0 | 1 | 4¾ | ·008 | 0 | 0 |
| 7 | 17 | 6 | ·9 | 0 | 15 | 9 | ·09 | 0 | 1 | 7 | ·009 | 0 | 0 |
| 8 | 15 | 0 | | | | | | | | | | | |
| 9 | 12 | 6 | OUNCES. | | | | OUNCES. | | | | OUNCES. | | |
| 10 | 10 | 0 | 25 | 21 | 17 | 6 | 38 | 33 | 5 | 0 | 55 | 48 | 2 |
| 11 | 7 | 6 | 26 | 22 | 15 | 0 | 39 | 34 | 2 | 6 | 60 | 52 | 10 |
| 12 | 5 | 0 | 27 | 23 | 12 | 6 | 40 | 35 | 0 | 0 | 65 | 56 | 17 |
| 13 | 2 | 6 | 28 | 24 | 10 | 0 | 41 | 35 | 17 | 6 | 70 | 61 | 5 |
| 14 | 0 | 0 | 29 | 25 | 7 | 6 | 42 | 36 | 15 | 0 | 75 | 65 | 12 |
| 14 | 17 | 6 | 30 | 26 | 5 | 0 | 43 | 37 | 12 | 6 | 80 | 70 | 0 |
| 15 | 15 | 0 | 31 | 27 | 2 | 6 | 44 | 38 | 10 | 0 | 85 | 74 | 7 |
| 16 | 12 | 6 | 32 | 28 | 0 | 0 | 45 | 39 | 7 | 6 | 90 | 78 | 15 |
| 17 | 10 | 0 | 33 | 28 | 17 | 6 | 46 | 40 | 5 | 0 | 100 | 87 | 10 |
| 18 | 7 | 6 | 34 | 29 | 15 | 0 | 47 | 41 | 2 | 6 | 200 | 175 | 0 |
| 19 | 5 | 0 | 35 | 30 | 12 | 6 | 48 | 42 | 0 | 0 | 300 | 262 | 10 |
| 20 | 2 | 6 | 36 | 31 | 10 | 0 | 49 | 42 | 17 | 6 | 400 | 350 | 0 |
| 21 | 0 | 0 | 37 | 32 | 7 | 6 | 50 | 43 | 15 | 0 | 500 | 437 | 10 |

1 grain=two-onethousandths of oz. troy or ·002.

1 carat=3·166 grains.

1 pennyweight=five one-hundredths of oz. troy or ·05

# 18s. 0d. per oz.

(For Diamonds, &c., for " oz." read " grain.")

| UNCES. | | | TENTHS. | | | | HUNDREDTHS. | | | | THOUSANDTHS. | | | |
|---|---|---|---|---|---|---|---|---|---|---|---|---|---|---|
| £ | s. | d. | | £ | s. | d. | | £ | s. | d. | | £ | s. | d. |
| 0 | 18 | 0 | ·1 | 0 | 1 | 9½ | 01 | 0 | 0 | 2¼ | ·001 | 0 | 0 | 0¼ |
| 1 | 16 | 0 | ·2 | 0 | 3 | 7¼ | ·02 | 0 | 0 | 4¼ | ·002 | 0 | 0 | 0½ |
| 2 | 14 | 0 | ·3 | 0 | 5 | 4¾ | ·03 | 0 | 0 | 6½ | ·003 | 0 | 0 | 0¾ |
| 3 | 12 | 0 | ·4 | 0 | 7 | 2½ | ·04 | 0 | 0 | 8¾ | 004 | 0 | 0 | 0¾ |
| 4 | 10 | 0 | ·5 | 0 | 9 | 0 | ·05 | 0 | 0 | 10¾ | ·005 | 0 | 0 | 1 |
| 5 | 8 | 0 | ·6 | 0 | 10 | 9½ | ·06 | 0 | 1 | 1 | ·006 | 0 | 0 | 1¼ |
| 6 | 6 | 0 | ·7 | 0 | 12 | 7¼ | ·07 | 0 | 1 | 3 | ·007 | 0 | 0 | 1½ |
| 7 | 4 | 0 | ·8 | 0 | 14 | 4¾ | ·08 | 0 | 1 | 5¼ | ·008 | 0 | 0 | 1¾ |
| 8 | 2 | 0 | ·9 | 0 | 16 | 2½ | ·09 | 0 | 1 | 7½ | ·009 | 0 | 0 | 2 |
| 9 | 0 | 0 | OUNCES. | | | | OUNCES. | | | | OUNCES. | | | |
| 9 | 18 | 0 | | | | | | | | | | | | |
| 10 | 16 | 0 | 25 | 22 | 10 | 0 | 38 | 34 | 4 | 0 | 55 | 49 | 10 | 0 |
| 11 | 14 | 0 | 26 | 23 | 8 | 0 | 39 | 35 | 2 | 0 | 60 | 54 | 0 | 0 |
| 12 | 12 | 0 | 27 | 24 | 6 | 0 | 40 | 36 | 0 | 0 | 65 | 58 | 10 | 0 |
| 13 | 10 | 0 | 28 | 25 | 4 | 0 | 41 | 36 | 18 | 0 | 70 | 63 | 0 | 0 |
| 14 | 8 | 0 | 29 | 26 | 2 | 0 | 42 | 37 | 16 | 0 | 75 | 67 | 10 | 0 |
| 15 | 6 | 0 | 30 | 27 | 0 | 0 | 43 | 38 | 14 | 0 | 80 | 72 | 0 | 0 |
| 16 | 4 | 0 | 31 | 27 | 18 | 0 | 44 | 39 | 12 | 0 | 85 | 76 | 10 | 0 |
| 17 | 2 | 0 | 32 | 28 | 16 | 0 | 45 | 40 | 10 | 0 | 90 | 81 | 0 | 0 |
| 18 | 0 | 0 | 33 | 29 | 14 | 0 | 46 | 41 | 8 | 0 | 100 | 90 | 0 | 0 |
| 18 | 18 | 0 | 34 | 30 | 12 | 0 | 47 | 42 | 6 | 0 | 200 | 180 | 0 | 0 |
| 19 | 16 | 0 | 35 | 31 | 10 | 0 | 48 | 43 | 4 | 0 | 300 | 270 | 0 | 0 |
| 20 | 14 | 0 | 36 | 32 | 8 | 0 | 49 | 44 | 2 | 0 | 400 | 360 | 0 | 0 |
| 21 | 12 | 0 | 37 | 33 | 6 | 0 | 50 | 45 | 0 | 0 | 500 | 450 | 0 | 0 |

1 grain=two-onethousandths of oz. troy or ·002.

1 carat=3·166 grains.

1 pennyweight=five onehundredths of oz. troy or ·05.

# 18s. 6d. per oz.

(For Diamonds, &c., for "oz." read "grain.")

| OUNCES. | | | | TENTHS. | | | | HUNDREDTHS. | | | | THOUSANDTH[S] | | | |
|---|---|---|---|---|---|---|---|---|---|---|---|---|---|---|---|
| oz. | £ | s. | d. | | £ | s. | d. | | £ | s. | d. | | £ | s. | d |
| 1 | 0 | 18 | 6 | ·1 | 0 | 1 | 10¼ | ·01 | 0 | 0 | 2¼ | ·001 | 0 | 0 | 0 |
| 2 | 1 | 17 | 0 | ·2 | 0 | 3 | 8½ | ·02 | 0 | 0 | 4½ | ·002 | 0 | 0 | 0 |
| 3 | 2 | 15 | 6 | ·3 | 0 | 5 | 6½ | ·03 | 0 | 0 | 6¾ | ·003 | 0 | 0 | 0 |
| 4 | 3 | 14 | 0 | ·4 | 0 | 7 | 4¾ | ·04 | 0 | 0 | 9 | ·004 | 0 | 0 | 1 |
| 5 | 4 | 12 | 6 | ·5 | 0 | 9 | 3 | ·05 | 0 | 0 | 11 | ·005 | 0 | 0 | 1 |
| 6 | 5 | 11 | 0 | ·6 | 0 | 11 | 1¼ | ·06 | 0 | 1 | 1¼ | ·006 | 0 | 0 | 1 |
| 7 | 6 | 9 | 6 | ·7 | 0 | 12 | 11½ | ·07 | 0 | 1 | 3½ | ·007 | 0 | 0 | 1 |
| 8 | 7 | 8 | 0 | ·8 | 0 | 14 | 9½ | ·08 | 0 | 1 | 5¾ | ·008 | 0 | 0 | 1 |
| 9 | 8 | 6 | 6 | ·9 | 0 | 16 | 7¾ | ·09 | 0 | 1 | 8 | ·009 | 0 | 0 | 2 |
| 10 | 9 | 5 | 0 | OUNCES. | | | | OUNCES. | | | | OUNCES. | | | |
| 11 | 10 | 3 | 6 | | | | | | | | | | | | |
| 12 | 11 | 2 | 0 | 25 | 23 | 2 | 6 | 38 | 35 | 3 | 0 | 55 | 50 | 17 | |
| 13 | 12 | 0 | 6 | 26 | 24 | 1 | 0 | 39 | 36 | 1 | 6 | 60 | 55 | 10 | |
| 14 | 12 | 19 | 0 | 27 | 24 | 19 | 6 | 40 | 37 | 0 | 0 | 65 | 60 | 2 | |
| 15 | 13 | 17 | 6 | 28 | 25 | 18 | 0 | 41 | 37 | 18 | 6 | 70 | 64 | 15 | |
| 16 | 14 | 16 | 0 | 29 | 26 | 16 | 6 | 42 | 38 | 17 | 0 | 75 | 69 | 7 | |
| 17 | 15 | 14 | 6 | 30 | 27 | 15 | 0 | 43 | 39 | 15 | 6 | 80 | 74 | 0 | |
| 18 | 16 | 13 | 0 | 31 | 28 | 13 | 6 | 44 | 40 | 14 | 0 | 85 | 78 | 12 | |
| 19 | 17 | 11 | 6 | 32 | 29 | 12 | 0 | 45 | 41 | 12 | 6 | 90 | 83 | 5 | |
| 20 | 18 | 10 | 0 | 33 | 30 | 10 | 6 | 46 | 42 | 11 | 0 | 100 | 92 | 10 | |
| 21 | 19 | 8 | 6 | 34 | 31 | 9 | 0 | 47 | 43 | 9 | 6 | 200 | 185 | 0 | |
| 22 | 20 | 7 | 0 | 35 | 32 | 7 | 6 | 48 | 44 | 8 | 0 | 300 | 277 | 10 | |
| 23 | 21 | 5 | 6 | 36 | 33 | 6 | 0 | 49 | 45 | 6 | 6 | 400 | 370 | 0 | |
| 24 | 22 | 4 | 0 | 37 | 34 | 4 | 6 | 50 | 46 | 5 | 0 | 500 | 462 | 10 | |

1 grain=two-onethousandths of oz. troy or ·002.

1 carat=3·166 grains.

1 pennyweight=five-onehundredths of oz. troy or ·05.

# 19s. 0d. per oz.

(For Diamonds, &c., for " oz." read " grain.")

| 'UNCES. | | | TENTHS. | | | | HUNDREDTHS. | | | | THOUSANDTHS. | | | |
|---|---|---|---|---|---|---|---|---|---|---|---|---|---|---|
| £ | s. | d. | | £ | s. | d. | | £ | s. | d. | | £ | s. | d. |
| 0 | 19 | 0 | ·1 | 0 | 1 | 10¾ | 01 | 0 | 0 | 2¼ | ·001 | 0 | 0 | 0¼ |
| 1 | 18 | 0 | ·2 | 0 | 3 | 9½ | ·02 | 0 | 0 | 4½ | ·002 | 0 | 0 | 0½ |
| 2 | 17 | 0 | ·3 | 0 | 5 | 8½ | ·03 | 0 | 0 | 6¾ | ·003 | 0 | 0 | 0¾ |
| 3 | 16 | 0 | ·4 | 0 | 7 | 7¼ | ·04 | 0 | 0 | 9 | 004 | 0 | 0 | 1 |
| 4 | 15 | 0 | ·5 | 0 | 9 | 6 | ·05 | 0 | 0 | 11½ | ·005 | 0 | 0 | 1¼ |
| 5 | 14 | 0 | ·6 | 0 | 11 | 4¾ | ·06 | 0 | 1 | 1¾ | ·006 | 0 | 0 | 1¼ |
| 6 | 13 | 0 | ·7 | 0 | 13 | 3½ | ·07 | 0 | 1 | 4 | ·007 | 0 | 0 | 1½ |
| 7 | 12 | 0 | ·8 | 0 | 15 | 2½ | ·08 | 0 | 1 | 6¼ | ·008 | 0 | 0 | 1¾ |
| 8 | 11 | 0 | ·9 | 0 | 17 | 1¼ | ·09 | 0 | 1 | 8½ | ·009 | 0 | 0 | 2 |
| 9 | 10 | 0 | OUNCES. | | | | OUNCES. | | | | OUNCES. | | | |
| 10 | 9 | 0 | | | | | | | | | | | | |
| 11 | 8 | 0 | 25 | 23 | 15 | 0 | 38 | 36 | 2 | 0 | 55 | 52 | 5 | 0 |
| 12 | 7 | 0 | 26 | 24 | 14 | 0 | 39 | 37 | 1 | 0 | 60 | 57 | 0 | 0 |
| 13 | 6 | 0 | 27 | 25 | 13 | 0 | 40 | 38 | 0 | 0 | 65 | 61 | 15 | 0 |
| 14 | 5 | 0 | 28 | 26 | 12 | 0 | 41 | 38 | 19 | 0 | 70 | 66 | 10 | 0 |
| 15 | 4 | 0 | 29 | 27 | 11 | 0 | 42 | 39 | 18 | 0 | 75 | 71 | 5 | 0 |
| 16 | 3 | 0 | 30 | 28 | 10 | 0 | 43 | 40 | 17 | 0 | 80 | 76 | 0 | 0 |
| 17 | 2 | 0 | 31 | 29 | 9 | 0 | 44 | 41 | 16 | 0 | 85 | 80 | 15 | 0 |
| 18 | 1 | 0 | 32 | 30 | 8 | 0 | 45 | 42 | 15 | 0 | 90 | 85 | 10 | 0 |
| 19 | 0 | 0 | 33 | 31 | 7 | 0 | 46 | 43 | 14 | 0 | 100 | 95 | 0 | 0 |
| 19 | 19 | 0 | 34 | 32 | 6 | 0 | 47 | 44 | 13 | 0 | 200 | 190 | 0 | 0 |
| 20 | 18 | 0 | 35 | 33 | 5 | 0 | 48 | 45 | 12 | 0 | 300 | 285 | 0 | 0 |
| 21 | 17 | 0 | 36 | 34 | 4 | 0 | 49 | 46 | 11 | 0 | 400 | 380 | 0 | 0 |
| 22 | 16 | 0 | 37 | 35 | 3 | 0 | 50 | 47 | 10 | 0 | 500 | 475 | 0 | 0 |

1 grain=two-onethousandths of oz. troy or ·002.

1 carat=3·166 grains.

1 pennyweight=five onehundredths of oz. troy or ·05.

# 19s. 6d. per oz.

(For Diamonds, &c., for "oz." read "grain.")

| OUNCES. | | | | TENTHS. | | | | HUNDREDTHS. | | | | THOUSANDT | | |
|---|---|---|---|---|---|---|---|---|---|---|---|---|---|---|
| *oz.* | £ | *s.* | *d.* | | £ | *s.* | *d.* | | £ | *s.* | *d.* | | £ | *s.* |
| 1 | 0 | 19 | 6 | ·1 | 0 | 1 | 11½ | ·01 | 0 | 0 | 2¼ | ·001 | 0 | 0 |
| 2 | 1 | 19 | 0 | ·2 | 0 | 3 | 10¾ | ·02 | 0 | 0 | 4¾ | ·002 | 0 | 0 |
| 3 | 2 | 18 | 6 | ·3 | 0 | 5 | 10¼ | ·03 | 0 | 0 | 7 | ·003 | 0 | 0 |
| 4 | 3 | 18 | 0 | ·4 | 0 | 7 | 9½ | ·04 | 0 | 0 | 9¼ | ·004 | 0 | 0 |
| 5 | 4 | 17 | 6 | ·5 | 0 | 9 | 9 | ·05 | 0 | 0 | 11¾ | ·005 | 0 | 0 |
| 6 | 5 | 17 | 0 | ·6 | 0 | 11 | 8½ | ·06 | 0 | 1 | 2 | ·006 | 0 | 0 |
| 7 | 6 | 16 | 6 | ·7 | 0 | 13 | 7¾ | ·07 | 0 | 1 | 4½ | ·007 | 0 | 0 |
| 8 | 7 | 16 | 0 | ·8 | 0 | 15 | 7¼ | ·08 | 0 | 1 | 6¾ | ·008 | 0 | 0 |
| 9 | 8 | 15 | 6 | ·9 | 0 | 17 | 6½ | ·09 | 0 | 1 | 9 | ·009 | 0 | 0 |
| 10 | 9 | 15 | 0 | OUNCES. | | | | OUNCES. | | | | OUNCES. | | |
| 11 | 10 | 14 | 6 | | | | | | | | | | | |
| 12 | 11 | 14 | 0 | 25 | 24 | 7 | 6 | 38 | 37 | 1 | 0 | 55 | 53 | 12 |
| 13 | 12 | 13 | 6 | 26 | 25 | 7 | 0 | 39 | 38 | 0 | 6 | 60 | 58 | 10 |
| 14 | 13 | 13 | 0 | 27 | 26 | 6 | 6 | 40 | 39 | 0 | 0 | 65 | 63 | 7 |
| 15 | 14 | 12 | 6 | 28 | 27 | 6 | 0 | 41 | 39 | 19 | 6 | 70 | 68 | 5 |
| 16 | 15 | 12 | 0 | 29 | 28 | 5 | 6 | 42 | 40 | 19 | 0 | 75 | 73 | 2 |
| 17 | 16 | 11 | 6 | 30 | 29 | 5 | 0 | 43 | 41 | 18 | 6 | 80 | 78 | 0 |
| 18 | 17 | 11 | 0 | 31 | 30 | 4 | 6 | 44 | 42 | 18 | 0 | 85 | 82 | 17 |
| 19 | 18 | 10 | 6 | 32 | 31 | 4 | 0 | 45 | 43 | 17 | 6 | 90 | 87 | 15 |
| 20 | 19 | 10 | 0 | 33 | 32 | 3 | 6 | 46 | 44 | 17 | 0 | 100 | 97 | 10 |
| 21 | 20 | 9 | 6 | 34 | 33 | 3 | 0 | 47 | 45 | 16 | 6 | 200 | 195 | 0 |
| 22 | 21 | 9 | 0 | 35 | 34 | 2 | 6 | 48 | 46 | 16 | 0 | 300 | 292 | 10 |
| 23 | 22 | 8 | 6 | 36 | 35 | 2 | 0 | 49 | 47 | 15 | 6 | 400 | 390 | 0 |
| 24 | 23 | 8 | 0 | 37 | 36 | 1 | 6 | 50 | 48 | 15 | 0 | 500 | 487 | 10 |

1 grain=two-onethousandths of oz. troy or ·002.

1 carat=3·166 grains.

1 pennyweight=five-onehundredths of oz. troy or ·05.

# £1 0s. 0d. per oz.

**(For Diamonds, &c., for "oz." read "grain.")**

| OUNCES. | | | TENTHS. | | | | HUNDREDTHS. | | | | THOUSANDTHS. | | | |
|---|---|---|---|---|---|---|---|---|---|---|---|---|---|---|
| £ | s. | d. | | £ | s. | d. | | £ | s. | d. | | £ | s. | d. |
| 1 | 0 | 0 | ·1 | 0 | 2 | 0 | ·01 | 0 | 0 | 2½ | ·001 | 0 | 0 | 0¼ |
| 2 | 0 | 0 | ·2 | 0 | 4 | 0 | ·02 | 0 | 0 | 4¾ | ·002 | 0 | 0 | 0½ |
| 3 | 0 | 0 | ·3 | 0 | 6 | 0 | ·03 | 0 | 0 | 7¼ | ·003 | 0 | 0 | 0¾ |
| 4 | 0 | 0 | ·4 | 0 | 8 | 0 | ·04 | 0 | 0 | 9½ | ·004 | 0 | 0 | 1 |
| 5 | 0 | 0 | ·5 | 0 | 10 | 0 | ·05 | 0 | 1 | 0 | ·005 | 0 | 0 | 1¼ |
| 6 | 0 | 0 | ·6 | 0 | 12 | 0 | ·06 | 0 | 1 | 2½ | ·006 | 0 | 0 | 1½ |
| 7 | 0 | 0 | ·7 | 0 | 14 | 0 | ·07 | 0 | 1 | 4¾ | ·007 | 0 | 0 | 1¾ |
| 8 | 0 | 0 | ·8 | 0 | 16 | 0 | ·08 | 0 | 1 | 7¼ | 008 | 0 | 0 | 2 |
| 9 | 0 | 0 | ·9 | 0 | 18 | 0 | ·09 | 0 | 1 | 9½ | ·009 | 0 | 0 | 2¼ |
| 10 | 0 | 0 | OUNCES. | | | | OUNCES. | | | | OUNCES. | | | |
| 11 | 0 | 0 | | | | | | | | | | | | |
| 12 | 0 | 0 | 25 | 25 | 0 | 0 | 38 | 38 | 0 | 0 | 55 | 55 | 0 | 0 |
| 13 | 0 | 0 | 26 | 26 | 0 | 0 | 39 | 39 | 0 | 0 | 60 | 60 | 0 | 0 |
| 14 | 0 | 0 | 27 | 27 | 0 | 0 | 40 | 40 | 0 | 0 | 65 | 65 | 0 | 0 |
| 15 | 0 | 0 | 28 | 28 | 0 | 0 | 41 | 41 | 0 | 0 | 70 | 70 | 0 | 0 |
| 16 | 0 | 0 | 29 | 29 | 0 | 0 | 42 | 42 | 0 | 0 | 75 | 75 | 0 | 0 |
| 17 | 0 | 0 | 30 | 30 | 0 | 0 | 43 | 43 | 0 | 0 | 80 | 80 | 0 | 0 |
| 18 | 0 | 0 | 31 | 31 | 0 | 0 | 44 | 44 | 0 | 0 | 85 | 85 | 0 | 0 |
| 19 | 0 | 0 | 32 | 32 | 0 | 0 | 45 | 45 | 0 | 0 | 90 | 90 | 0 | 0 |
| 20 | 0 | 0 | 33 | 33 | 0 | 0 | 46 | 46 | 0 | 0 | 100 | 100 | 0 | 0 |
| 21 | 0 | 0 | 34 | 34 | 0 | 0 | 47 | 47 | 0 | 0 | 200 | 200 | 0 | 0 |
| 22 | 0 | 0 | 35 | 35 | 0 | 0 | 48 | 48 | 0 | 0 | 300 | 300 | 0 | 0 |
| 23 | 0 | 0 | 36 | 36 | 0 | 0 | 49 | 49 | 0 | 0 | 400 | 400 | 0 | 0 |
| 24 | 0 | 0 | 37 | 37 | 0 | 0 | 50 | 50 | 0 | 0 | 500 | 500 | 0 | 0 |

1 grain=two-onethousandths of oz. troy or ·002.

1 carat=3·166 grains.

1 pennyweight=five-onehundredths of oz. troy or ·05.

# £1 0s. 6d. per oz.

(For Diamonds, &c., for "oz." read "grain.")

| OUNCES. | | | | TENTHS. | | | | HUNDREDTHS. | | | | THOUSANDT | | |
|---|---|---|---|---|---|---|---|---|---|---|---|---|---|---|
| oz. | £ | s. | d. | | £ | s. | d. | | £ | s. | d. | | £ | s. |
| 1 | 1 | 0 | 6 | ·1 | 0 | 2 | 0½ | ·01 | 0 | 0 | 2½ | ·001 | 0 | 0 |
| 2 | 2 | 1 | 0 | ·2 | 0 | 4 | 1¼ | ·02 | 0 | 0 | 5 | ·002 | 0 | 0 |
| 3 | 3 | 1 | 6 | ·3 | 0 | 6 | 1¾ | ·03 | 0 | 0 | 7½ | ·003 | 0 | 0 |
| 4 | 4 | 2 | 0 | ·4 | 0 | 8 | 2½ | ·04 | 0 | 0 | 9¾ | ·004 | 0 | 0 |
| 5 | 5 | 2 | 6 | ·5 | 0 | 10 | 3 | ·05 | 0 | 1 | 0¼ | ·005 | 0 | 0 |
| 6 | 6 | 3 | 0 | ·6 | 0 | 12 | 3½ | ·06 | 0 | 1 | 2¾ | ·006 | 0 | 0 |
| 7 | 7 | 3 | 6 | ·7 | 0 | 14 | 4¼ | ·07 | 0 | 1 | 5¼ | ·007 | 0 | 0 |
| 8 | 8 | 4 | 0 | ·8 | 0 | 16 | 4¾ | ·08 | 0 | 1 | 7¾ | ·008 | 0 | 0 |
| 9 | 9 | 4 | 6 | ·9 | 0 | 18 | 5½ | ·09 | 0 | 1 | 10¼ | ·009 | 0 | 0 |
| 10 | 10 | 5 | 0 | OUNCES. | | | | OUNCES. | | | | OUNCES. | | |
| 11 | 11 | 5 | 6 | | | | | | | | | | | |
| 12 | 12 | 6 | 0 | 25 | 25 | 12 | 6 | 38 | 38 | 19 | 0 | 55 | 56 | 7 |
| 13 | 13 | 6 | 6 | 26 | 26 | 13 | 0 | 39 | 39 | 19 | 6 | 60 | 61 | 10 |
| 14 | 14 | 7 | 0 | 27 | 27 | 13 | 6 | 40 | 41 | 0 | 0 | 65 | 66 | 12 |
| 15 | 15 | 7 | 6 | 28 | 28 | 14 | 0 | 41 | 42 | 0 | 6 | 70 | 71 | 15 |
| 16 | 16 | 8 | 0 | 29 | 29 | 14 | 6 | 42 | 43 | 1 | 0 | 75 | 76 | 17 |
| 17 | 17 | 8 | 6 | 30 | 30 | 15 | 0 | 43 | 44 | 1 | 6 | 80 | 82 | 0 |
| 18 | 18 | 9 | 0 | 31 | 31 | 15 | 6 | 44 | 45 | 2 | 0 | 85 | 87 | 2 |
| 19 | 19 | 9 | 6 | 32 | 32 | 16 | 0 | 45 | 46 | 2 | 6 | 90 | 92 | 5 |
| 20 | 20 | 10 | 0 | 33 | 33 | 16 | 6 | 46 | 47 | 3 | 0 | 100 | 102 | 10 |
| 21 | 21 | 10 | 6 | 34 | 34 | 17 | 0 | 47 | 48 | 3 | 6 | 200 | 205 | 0 |
| 22 | 22 | 11 | 0 | 35 | 35 | 17 | 6 | 48 | 49 | 4 | 0 | 300 | 307 | 10 |
| 23 | 23 | 11 | 6 | 36 | 36 | 18 | 0 | 49 | 50 | 4 | 6 | 400 | 410 | 0 |
| 24 | 24 | 12 | 0 | 37 | 37 | 18 | 6 | 50 | 51 | 5 | 0 | 500 | 512 | 10 |

1 grain=two-onethousandths of oz. troy or ·002.

1 carat=3·166 grains.

1 pennyweight=five one-hundredths of oz. troy or ·05.

# £1 1s. 0d. per oz.

(For Diamonds, &c., for " oz." read " grain.")

| OUNCES. | | | TENTHS. | | | | HUNDREDTHS. | | | | THOUSANDTHS. | | | |
|---|---|---|---|---|---|---|---|---|---|---|---|---|---|---|
| £ | s. | d. | | £ | s. | d. | | £ | s. | d. | | £ | s. | d. |
| 1 | 1 | 0 | ·1 | 0 | 2 | 1¼ | ·01 | 0 | 0 | 2½ | ·001 | 0 | 0 | 0¼ |
| 2 | 2 | 0 | ·2 | 0 | 4 | 2½ | ·02 | 0 | 0 | 5 | ·002 | 0 | 0 | 0½ |
| 3 | 3 | 0 | ·3 | 0 | 6 | 3½ | ·03 | 0 | 0 | 7½ | ·003 | 0 | 0 | 0¾ |
| 4 | 4 | 0 | ·4 | 0 | 8 | 4¾ | ·04 | 0 | 0 | 10 | ·004 | 0 | 0 | 1 |
| 5 | 5 | 0 | ·5 | 0 | 10 | 6 | ·05 | 0 | 1 | 0½ | ·005 | 0 | 0 | 1¼ |
| 6 | 6 | 0 | ·6 | 0 | 12 | 7¼ | ·06 | 0 | 1 | 3 | ·006 | 0 | 0 | 1½ |
| 7 | 7 | 0 | ·7 | 0 | 14 | 8½ | ·07 | 0 | 1 | 5¾ | ·007 | 0 | 0 | 1¾ |
| 8 | 8 | 0 | ·8 | 0 | 16 | 9½ | ·08 | 0 | 1 | 8¼ | 008 | 0 | 0 | 2 |
| 9 | 9 | 0 | ·9 | 0 | 18 | 10¾ | ·09 | 0 | 1 | 10¾ | ·009 | 0 | 0 | 2¼ |
| 10 | 10 | 0 | OUNCES. | | | | OUNCES. | | | | OUNCES. | | | |
| 11 | 11 | 0 | | | | | | | | | | | | |
| 12 | 12 | 0 | 25 | 26 | 5 | 0 | 38 | 39 | 18 | 0 | 55 | 57 | 15 | 0 |
| 13 | 13 | 0 | 26 | 27 | 6 | 0 | 39 | 40 | 19 | 0 | 60 | 63 | 0 | 0 |
| 14 | 14 | 0 | 27 | 28 | 7 | 0 | 40 | 42 | 0 | 0 | 65 | 68 | 5 | 0 |
| 15 | 15 | 0 | 28 | 29 | 8 | 0 | 41 | 43 | 1 | 0 | 70 | 73 | 10 | 0 |
| 16 | 16 | 0 | 29 | 30 | 9 | 0 | 42 | 44 | 2 | 0 | 75 | 78 | 15 | 0 |
| 17 | 17 | 0 | 30 | 31 | 10 | 0 | 43 | 45 | 3 | 0 | 80 | 84 | 0 | 0 |
| 18 | 18 | 0 | 31 | 32 | 11 | 0 | 44 | 46 | 4 | 0 | 85 | 89 | 5 | 0 |
| 19 | 19 | 0 | 32 | 33 | 12 | 0 | 45 | 47 | 5 | 0 | 90 | 94 | 10 | 0 |
| 21 | 0 | 0 | 33 | 34 | 13 | 0 | 46 | 48 | 6 | 0 | 100 | 105 | 0 | 0 |
| 22 | 1 | 0 | 34 | 35 | 14 | 0 | 47 | 49 | 7 | 0 | 200 | 210 | 0 | 0 |
| 23 | 2 | 0 | 35 | 36 | 15 | 0 | 48 | 50 | 8 | 0 | 300 | 315 | 0 | 0 |
| 24 | 3 | 0 | 36 | 37 | 16 | 0 | 49 | 51 | 9 | 0 | 400 | 420 | 0 | 0 |
| 25 | 4 | 0 | 37 | 38 | 17 | 0 | 50 | 52 | 10 | 0 | 500 | 525 | 0 | 0 |

1 grain=two-onethousandths of oz. troy or ·002.

1 carat=3·166 grains.

1 pennyweight=five-onehundredths of oz. troy or ·05.

# £1 1s. 6d. per oz.

(For Diamonds, &c., for "oz." read "grain.")

| OUNCES. | | | | TENTHS. | | | | HUNDREDTHS. | | | | THOUSANDTH | | | |
|---|---|---|---|---|---|---|---|---|---|---|---|---|---|---|---|
| oz. | £ | s. | d. | | £ | s. | d. | | £ | s. | d. | | £ | s. | d. |
| 1 | 1 | 1 | 6 | ·1 | 0 | 2 | 1¾ | ·01 | 0 | 0 | 2½ | ·001 | 0 | 0 | 0 |
| 2 | 2 | 3 | 0 | ·2 | 0 | 4 | 3½ | ·02 | 0 | 0 | 5¼ | ·002 | 0 | 0 | 0 |
| 3 | 3 | 4 | 6 | ·3 | 0 | 6 | 5½ | ·03 | 0 | 0 | 7¾ | ·003 | 0 | 0 | 0 |
| 4 | 4 | 6 | 0 | ·4 | 0 | 8 | 7¼ | ·04 | 0 | 0 | 10¼ | ·004 | 0 | 0 | 1 |
| 5 | 5 | 7 | 6 | ·5 | 0 | 10 | 9 | ·05 | 0 | 1 | 1 | ·005 | 0 | 0 | 1 |
| 6 | 6 | 9 | 0 | ·6 | 0 | 12 | 10¾ | ·06 | 0 | 1 | 3½ | ·006 | 0 | 0 | 1 |
| 7 | 7 | 10 | 6 | ·7 | 0 | 15 | 0½ | ·07 | 0 | 1 | 6 | ·007 | 0 | 0 | 1 |
| 8 | 8 | 12 | 0 | ·8 | 0 | 17 | 2½ | ·08 | 0 | 1 | 8¾ | ·008 | 0 | 0 | 2 |
| 9 | 9 | 13 | 6 | ·9 | 0 | 19 | 4¼ | ·09 | 0 | 1 | 11¼ | ·009 | 0 | 0 | 2 |
| 10 | 10 | 15 | 0 | OUNCES. | | | | OUNCES. | | | | OUNCES. | | | |
| 11 | 11 | 16 | 6 | | | | | | | | | | | | |
| 12 | 12 | 18 | 0 | 25 | 26 | 17 | 6 | 38 | 40 | 17 | 0 | 55 | 59 | 2 | 6 |
| 13 | 13 | 19 | 6 | 26 | 27 | 19 | 0 | 39 | 41 | 18 | 6 | 60 | 64 | 10 | 0 |
| 14 | 15 | 1 | 0 | 27 | 29 | 0 | 6 | 40 | 43 | 0 | 0 | 65 | 69 | 17 | 6 |
| 15 | 16 | 2 | 6 | 28 | 30 | 2 | 0 | 41 | 44 | 1 | 6 | 70 | 75 | 5 | 0 |
| 16 | 17 | 4 | 0 | 29 | 31 | 3 | 6 | 42 | 45 | 3 | 0 | 75 | 80 | 12 | 6 |
| 17 | 18 | 5 | 6 | 30 | 32 | 5 | 0 | 43 | 46 | 4 | 6 | 80 | 86 | 0 | 0 |
| 18 | 19 | 7 | 0 | 31 | 33 | 6 | 6 | 44 | 47 | 6 | 0 | 85 | 91 | 7 | 6 |
| 19 | 20 | 8 | 6 | 32 | 34 | 8 | 0 | 45 | 48 | 7 | 6 | 90 | 96 | 15 | 0 |
| 20 | 21 | 10 | 0 | 33 | 35 | 9 | 6 | 46 | 49 | 9 | 0 | 100 | 107 | 10 | 0 |
| 21 | 22 | 11 | 6 | 34 | 36 | 11 | 0 | 47 | 50 | 10 | 6 | 200 | 215 | 0 | 0 |
| 22 | 23 | 13 | 0 | 35 | 37 | 12 | 6 | 48 | 51 | 12 | 0 | 300 | 322 | 10 | 0 |
| 23 | 24 | 14 | 6 | 36 | 38 | 14 | 0 | 49 | 52 | 13 | 6 | 400 | 430 | 0 | 0 |
| 24 | 25 | 16 | 0 | 37 | 39 | 15 | 6 | 50 | 53 | 15 | 0 | 500 | 537 | 10 | 0 |

1 grain=two-onethousandths of oz. troy or ·002.

1 carat=3·166 grains.

1 pennyweight=five one-hundredths of oz. troy or ·05.

# £1 2s. 0d. per oz.

(For Diamonds, &c., for "oz." read "grain.")

| OUNCES. | | | | TENTHS. | | | | HUNDREDTHS. | | | | THOUSANDTHS. | | | |
|---|---|---|---|---|---|---|---|---|---|---|---|---|---|---|---|
| | £ | s. | d. | | £ | s. | d. | | £ | s. | d. | | £ | s. | d. |
| | 1 | 2 | 0 | ·1 | 0 | 2 | 2½ | 01 | 0 | 0 | 2¾ | ·001 | 0 | 0 | 0¼ |
| | 2 | 4 | 0 | ·2 | 0 | 4 | 4¾ | ·02 | 0 | 0 | 5¼ | ·002 | 0 | 0 | 0½ |
| | 3 | 6 | 0 | ·3 | 0 | 6 | 7¼ | ·03 | 0 | 0 | 8 | ·003 | 0 | 0 | 0¾ |
| | 4 | 8 | 0 | ·4 | 0 | 8 | 9½ | ·04 | 0 | 0 | 10½ | 004 | 0 | 0 | 1 |
| | 5 | 10 | 0 | ·5 | 0 | 11 | 0 | ·05 | 0 | 1 | 1¼ | ·005 | 0 | 0 | 1¼ |
| | 6 | 12 | 0 | ·6 | 0 | 13 | 2½ | ·06 | 0 | 1 | 3¾ | ·006 | 0 | 0 | 1½ |
| | 7 | 14 | 0 | ·7 | 0 | 15 | 4¾ | ·07 | 0 | 1 | 6½ | ·007 | 0 | 0 | 1¾ |
| | 8 | 16 | 0 | ·8 | 0 | 17 | 7¼ | ·08 | 0 | 1 | 9 | ·008 | 0 | 0 | 2 |
| | 9 | 18 | 0 | ·9 | 0 | 19 | 9½ | ·09 | 0 | 1 | 11¾ | ·009 | 0 | 0 | 2½ |
| | 11 | 0 | 0 | OUNCES. | | | | OUNCES. | | | | OUNCES. | | | |
| | 12 | 2 | 0 | | | | | | | | | | | | |
| | 13 | 4 | 0 | 25 | 27 | 10 | 0 | 38 | 41 | 16 | 0 | 55 | 60 | 10 | 0 |
| | 14 | 6 | 0 | 26 | 28 | 12 | 0 | 39 | 42 | 18 | 0 | 60 | 66 | 0 | 0 |
| | 15 | 8 | 0 | 27 | 29 | 14 | 0 | 40 | 44 | 0 | 0 | 65 | 71 | 10 | 0 |
| | 16 | 10 | 0 | 28 | 30 | 16 | 0 | 41 | 45 | 2 | 0 | 70 | 77 | 0 | 0 |
| | 17 | 12 | 0 | 29 | 31 | 18 | 0 | 42 | 46 | 4 | 0 | 75 | 82 | 10 | 0 |
| | 18 | 14 | 0 | 30 | 33 | 0 | 0 | 43 | 47 | 6 | 0 | 80 | 88 | 0 | 0 |
| | 19 | 16 | 0 | 31 | 34 | 2 | 0 | 44 | 48 | 8 | 0 | 85 | 93 | 10 | 0 |
| | 20 | 18 | 0 | 32 | 35 | 4 | 0 | 45 | 49 | 10 | 0 | 90 | 99 | 0 | 0 |
| | 22 | 0 | 0 | 33 | 36 | 6 | 0 | 46 | 50 | 12 | 0 | 100 | 110 | 0 | 0 |
| | 23 | 2 | 0 | 34 | 37 | 8 | 0 | 47 | 51 | 14 | 0 | 200 | 220 | 0 | 0 |
| | 24 | 4 | 0 | 35 | 38 | 10 | 0 | 48 | 52 | 16 | 0 | 300 | 330 | 0 | 0 |
| | 25 | 6 | 0 | 36 | 39 | 12 | 0 | 49 | 53 | 18 | 0 | 400 | 440 | 0 | 0 |
| | 26 | 8 | 0 | 37 | 40 | 14 | 0 | 50 | 55 | 0 | 0 | 500 | 550 | 0 | 0 |

1 grain=two-onethousandths of oz. troy or ·002.

1 carat=3·166 grains.

1 pennyweight=five onehundredths of oz. troy or ·05.

# £1 2s. 6d. per oz.

(For Diamonds, &c., for "oz." read "grain.")

| OUNCES. | | | | TENTHS. | | | | HUNDREDTHS. | | | | THOUSANDTH | | | |
|---|---|---|---|---|---|---|---|---|---|---|---|---|---|---|---|
| *oz.* | £ | *s.* | *d.* | | £ | *s.* | *d.* | | £ | *s.* | *d.* | | £ | *s.* | *d.* |
| 1 | 1 | 2 | 6 | ·1 | 0 | 2 | 3 | ·01 | 0 | 0 | 2¾ | ·001 | 0 | 0 | 0¼ |
| 2 | 2 | 5 | 0 | ·2 | 0 | 4 | 6 | ·02 | 0 | 0 | 5½ | ·002 | 0 | 0 | 0½ |
| 3 | 3 | 7 | 6 | ·3 | 0 | 6 | 9 | ·03 | 0 | 0 | 8 | ·003 | 0 | 0 | 0¾ |
| 4 | 4 | 10 | 0 | ·4 | 0 | 9 | 0 | ·04 | 0 | 0 | 10¾ | ·004 | 0 | 0 | 1 |
| 5 | 5 | 12 | 6 | ·5 | 0 | 11 | 3 | ·05 | 0 | 1 | 1½ | ·005 | 0 | 0 | 1½ |
| 6 | 6 | 15 | 0 | ·6 | 0 | 13 | 6 | ·06 | 0 | 1 | 4¼ | ·006 | 0 | 0 | 1½ |
| 7 | 7 | 17 | 6 | ·7 | 0 | 15 | 9 | ·07 | 0 | 1 | 7 | ·007 | 0 | 0 | 2 |
| 8 | 9 | 0 | 0 | ·8 | 0 | 18 | 0 | ·08 | 0 | 1 | 9½ | ·008 | 0 | 0 | 2¼ |
| 9 | 10 | 2 | 6 | ·9 | 1 | 0 | 3 | ·09 | 0 | 2 | 0¼ | ·009 | 0 | 0 | 2½ |
| 10 | 11 | 5 | 0 | OUNCES. | | | | OUNCES. | | | | OUNCES. | | | |
| 11 | 12 | 7 | 6 | | | | | | | | | | | | |
| 12 | 13 | 10 | 0 | 25 | 28 | 2 | 6 | 38 | 42 | 15 | 0 | 55 | 61 | 17 | 6 |
| 13 | 14 | 12 | 6 | 26 | 29 | 5 | 0 | 39 | 43 | 17 | 6 | 60 | 67 | 10 | 0 |
| 14 | 15 | 15 | 0 | 27 | 30 | 7 | 6 | 40 | 45 | 0 | 0 | 65 | 73 | 2 | 6 |
| 15 | 16 | 17 | 6 | 28 | 31 | 10 | 0 | 41 | 46 | 2 | 6 | 70 | 78 | 15 | 0 |
| 16 | 18 | 0 | 0 | 29 | 32 | 12 | 6 | 42 | 47 | 5 | 0 | 75 | 84 | 7 | 6 |
| 17 | 19 | 2 | 6 | 30 | 33 | 15 | 0 | 43 | 48 | 7 | 6 | 80 | 90 | 0 | 0 |
| 18 | 20 | 5 | 0 | 31 | 34 | 17 | 6 | 44 | 49 | 10 | 0 | 85 | 95 | 12 | 6 |
| 19 | 21 | 7 | 6 | 32 | 36 | 0 | 0 | 45 | 50 | 12 | 6 | 90 | 101 | 5 | 0 |
| 20 | 22 | 10 | 0 | 33 | 37 | 2 | 6 | 46 | 51 | 15 | 0 | 100 | 112 | 10 | 0 |
| 21 | 23 | 12 | 6 | 34 | 38 | 5 | 0 | 47 | 52 | 17 | 6 | 200 | 225 | 0 | 0 |
| 22 | 24 | 15 | 0 | 35 | 39 | 7 | 6 | 48 | 54 | 0 | 0 | 300 | 337 | 10 | 0 |
| 23 | 25 | 17 | 6 | 36 | 40 | 10 | 0 | 49 | 55 | 2 | 6 | 400 | 450 | 0 | 0 |
| 24 | 27 | 0 | 0 | 37 | 41 | 12 | 6 | 50 | 56 | 5 | 0 | 500 | 562 | 10 | 0 |

1 grain=two-onethousandths of oz. troy or ·002.

1 carat=3·166 grains.

1 pennyweight=five-onehundredths of oz. troy or ·05.

# £1 3s. 0d. per oz.

(For Diamonds, &c., for "oz." read "grain.")

| OUNCES. | | | | TENTHS. | | | | HUNDREDTHS. | | | | THOUSANDTHS | | | |
|---|---|---|---|---|---|---|---|---|---|---|---|---|---|---|---|
| z. | £ | s. | d. | | £ | s. | d. | | £ | s. | d. | | £ | s. | d. |
| 1 | 1 | 3 | 0 | ·1 | 0 | 2 | 3½ | ·01 | 0 | 0 | 2¾ | ·001 | 0 | 0 | 0¼ |
| 2 | 2 | 6 | 0 | ·2 | 0 | 4 | 7¼ | ·02 | 0 | 0 | 5½ | ·002 | 0 | 0 | 0½ |
| 3 | 3 | 9 | 0 | ·3 | 0 | 6 | 10¾ | ·03 | 0 | 0 | 8¼ | ·003 | 0 | 0 | 0¾ |
| 4 | 4 | 12 | 0 | ·4 | 0 | 9 | 2½ | ·04 | 0 | 0 | 11 | ·004 | 0 | 0 | 1 |
| 5 | 5 | 15 | 0 | ·5 | 0 | 11 | 6 | ·05 | 0 | 1 | 1¾ | ·005 | 0 | 0 | 1½ |
| 6 | 6 | 18 | 0 | ·6 | 0 | 13 | 9½ | ·06 | 0 | 1 | 4½ | ·006 | 0 | 0 | 1¾ |
| 7 | 8 | 1 | 0 | ·7 | 0 | 16 | 1¼ | ·07 | 0 | 1 | 7¼ | ·007 | 0 | 0 | 2 |
| 8 | 9 | 4 | 0 | ·8 | 0 | 18 | 4¾ | ·08 | 0 | 1 | 10 | ·008 | 0 | 0 | 2¼ |
| 9 | 10 | 7 | 0 | ·9 | 1 | 0 | 8½ | ·09 | 0 | 2 | 0¾ | ·009 | 0 | 0 | 2½ |
| 0 | 11 | 10 | 0 | OUNCES. | | | | OUNCES. | | | | OUNCES. | | | |
| 1 | 12 | 13 | 0 | | | | | | | | | | | | |
| 2 | 13 | 16 | 0 | 25 | 28 | 15 | 0 | 38 | 43 | 14 | 0 | 55 | 63 | 5 | 0 |
| 3 | 14 | 19 | 0 | 26 | 29 | 18 | 0 | 39 | 44 | 17 | 0 | 60 | 69 | 0 | 0 |
| 4 | 16 | 2 | 0 | 27 | 31 | 1 | 0 | 40 | 46 | 0 | 0 | 65 | 74 | 15 | 0 |
| 5 | 17 | 5 | 0 | 28 | 32 | 4 | 0 | 41 | 47 | 3 | 0 | 70 | 80 | 10 | 0 |
| 6 | 18 | 8 | 0 | 29 | 33 | 7 | 0 | 42 | 48 | 6 | 0 | 75 | 86 | 5 | 0 |
| 7 | 19 | 11 | 0 | 30 | 34 | 10 | 0 | 43 | 49 | 9 | 0 | 80 | 92 | 0 | 0 |
| 8 | 20 | 14 | 0 | 31 | 35 | 13 | 0 | 44 | 50 | 12 | 0 | 85 | 97 | 15 | 0 |
| 9 | 21 | 17 | 0 | 32 | 36 | 16 | 0 | 45 | 51 | 15 | 0 | 90 | 103 | 10 | 0 |
| 0 | 23 | 0 | 0 | 33 | 37 | 19 | 0 | 46 | 52 | 18 | 0 | 100 | 115 | 0 | 0 |
| 1 | 24 | 3 | 0 | 34 | 39 | 2 | 0 | 47 | 54 | 1 | 0 | 200 | 230 | 0 | 0 |
| 2 | 25 | 6 | 0 | 35 | 40 | 5 | 0 | 48 | 55 | 4 | 0 | 300 | 345 | 0 | 0 |
| 3 | 26 | 9 | 0 | 36 | 41 | 8 | 0 | 49 | 56 | 7 | 0 | 400 | 460 | 0 | 0 |
| 4 | 27 | 12 | 0 | 37 | 42 | 11 | 0 | 50 | 57 | 10 | 0 | 500 | 575 | 0 | 0 |

1 grain=two-onethousandths of oz. troy or ·002.

1 carat=3·166 grains.

1 pennyweight=five-onehnndredths of oz. troy or ·05.

# £1 3s. 6d. per oz.

(For Diamonds, &c., for "oz." read "grain.")

| OUNCES. | | | | TENTHS. | | | | HUNDREDTHS. | | | | THOUSANDTHS | | | |
|---|---|---|---|---|---|---|---|---|---|---|---|---|---|---|---|
| *oz.* | £ | *s.* | *d.* | | £ | *s.* | *d.* | | £ | *s.* | *d* | | £ | *s.* | *d.* |
| 1 | 1 | 3 | 6 | ·1 | 0 | 2 | 4¼ | ·01 | 0 | 0 | 2¾ | ·001 | 0 | 0 | 0¼ |
| 2 | 2 | 7 | 0 | ·2 | 0 | 4 | 8½ | ·02 | 0 | 0 | 5¾ | ·002 | 0 | 0 | 0½ |
| 3 | 3 | 10 | 6 | ·3 | 0 | 7 | 0½ | ·03 | 0 | 0 | 8½ | ·003 | 0 | 0 | 0¾ |
| 4 | 4 | 14 | 0 | ·4 | 0 | 9 | 4¾ | ·04 | 0 | 0 | 11¼ | ·004 | 0 | 0 | 1¼ |
| 5 | 5 | 17 | 6 | ·5 | 0 | 11 | 9 | ·05 | 0 | 1 | 2 | ·005 | 0 | 0 | 1½ |
| 6 | 7 | 1 | 0 | ·6 | 0 | 14 | 1¼ | ·06 | 0 | 1 | 5 | ·006 | 0 | 0 | 1¾ |
| 7 | 8 | 4 | 6 | ·7 | 0 | 16 | 5½ | ·07 | 0 | 1 | 7¾ | ·007 | 0 | 0 | 2 |
| 8 | 9 | 8 | 0 | ·8 | 0 | 18 | 9½ | ·08 | 0 | 1 | 10½ | ·008 | 0 | 0 | 2¼ |
| 9 | 10 | 11 | 6 | ·9 | 1 | 1 | 1¾ | ·09 | 0 | 2 | 1½ | ·009 | 0 | 0 | 2½ |
| 10 | 11 | 15 | 0 | OUNCES. | | | | OUNCES. | | | | OUNCES. | | | |
| 11 | 12 | 18 | 6 | | | | | | | | | | | | |
| 12 | 14 | 2 | 0 | 25 | 29 | 7 | 6 | 38 | 44 | 13 | 0 | 55 | 64 | 12 | 6 |
| 13 | 15 | 5 | 6 | 26 | 30 | 11 | 0 | 39 | 45 | 16 | 6 | 60 | 70 | 10 | 0 |
| 14 | 16 | 9 | 0 | 27 | 31 | 14 | 6 | 40 | 47 | 0 | 0 | 65 | 76 | 7 | 6 |
| 15 | 17 | 12 | 6 | 28 | 32 | 18 | 0 | 41 | 48 | 3 | 6 | 70 | 82 | 5 | 0 |
| 16 | 18 | 16 | 0 | 29 | 34 | 1 | 6 | 42 | 49 | 7 | 0 | 75 | 88 | 2 | 6 |
| 17 | 19 | 19 | 6 | 30 | 35 | 5 | 0 | 43 | 50 | 10 | 6 | 80 | 94 | 0 | 0 |
| 18 | 21 | 3 | 0 | 31 | 36 | 8 | 6 | 44 | 51 | 14 | 0 | 85 | 99 | 17 | 6 |
| 19 | 22 | 6 | 6 | 32 | 37 | 12 | 0 | 45 | 52 | 17 | 6 | 90 | 105 | 15 | 0 |
| 20 | 23 | 10 | 0 | 33 | 38 | 15 | 6 | 46 | 54 | 1 | 0 | 100 | 117 | 10 | 0 |
| 21 | 24 | 13 | 6 | 34 | 39 | 19 | 0 | 47 | 55 | 4 | 6 | 200 | 235 | 0 | 0 |
| 22 | 25 | 17 | 0 | 35 | 41 | 2 | 6 | 48 | 56 | 8 | 0 | 300 | 352 | 10 | 0 |
| 23 | 27 | 0 | 6 | 36 | 42 | 6 | 0 | 49 | 57 | 11 | 6 | 400 | 470 | 0 | 0 |
| 24 | 28 | 4 | 0 | 37 | 43 | 9 | 6 | 50 | 58 | 15 | 0 | 500 | 587 | 10 | 0 |

1 grain=two-onethousandths of oz. troy or ·002.

1 carat=3·166 grains.

1 pennyweight=five one-hundredths of oz. troy or ·05.

# £1 4s. 0d. per oz.

(For Diamonds, &c., for "oz." read "grain.")

| OUNCES. | | | | TENTHS. | | | | HUNDREDTHS. | | | | THOUSANDTHS. | | | |
|---|---|---|---|---|---|---|---|---|---|---|---|---|---|---|---|
| z. | £ | s. | d. | | £ | s. | d. | | £ | s. | d. | | £ | s. | d. |
| 1 | 1 | 4 | 0 | ·1 | 0 | 2 | 4¾ | 01 | 0 | 0 | 3 | ·001 | 0 | 0 | 0¼ |
| 2 | 2 | 8 | 0 | ·2 | 0 | 4 | 9½ | ·02 | 0 | 0 | 5¾ | ·002 | 0 | 0 | 0½ |
| 3 | 3 | 12 | 0 | ·3 | 0 | 7 | 2½ | ·03 | 0 | 0 | 8¾ | ·003 | 0 | 0 | 0¾ |
| 4 | 4 | 16 | 0 | ·4 | 0 | 9 | 7¼ | ·04 | 0 | 0 | 11½ | 004 | 0 | 0 | 1¼ |
| 5 | 6 | 0 | 0 | ·5 | 0 | 12 | 0 | ·05 | 0 | 1 | 2½ | ·005 | 0 | 0 | 1½ |
| 6 | 7 | 4 | 0 | ·6 | 0 | 14 | 4¾ | ·06 | 0 | 1 | 5¼ | ·006 | 0 | 0 | 1¾ |
| 7 | 8 | 8 | 0 | ·7 | 0 | 16 | 9½ | ·07 | 0 | 1 | 8¼ | ·007 | 0 | 0 | 2 |
| 8 | 9 | 12 | 0 | ·8 | 0 | 19 | 2½ | ·08 | 0 | 1 | 11 | ·008 | 0 | 0 | 2¼ |
| 9 | 10 | 16 | 0 | ·9 | 1 | 1 | 7¼ | ·09 | 0 | 2 | 2 | ·009 | 0 | 0 | 2½ |
| 0 | 12 | 0 | 0 | OUNCES. | | | | OUNCES. | | | | OUNCES. | | | |
| 1 | 13 | 4 | 0 | | | | | | | | | | | | |
| 2 | 14 | 8 | 0 | 25 | 30 | 0 | 0 | 38 | 45 | 12 | 0 | 55 | 66 | 0 | 0 |
| 3 | 15 | 12 | 0 | 26 | 31 | 4 | 0 | 39 | 46 | 16 | 0 | 60 | 72 | 0 | 0 |
| 4 | 16 | 16 | 0 | 27 | 32 | 8 | 0 | 40 | 48 | 0 | 0 | 65 | 78 | 0 | 0 |
| 5 | 18 | 0 | 0 | 28 | 33 | 12 | 0 | 41 | 49 | 4 | 0 | 70 | 84 | 0 | 0 |
| 6 | 19 | 4 | 0 | 29 | 34 | 16 | 0 | 42 | 50 | 8 | 0 | 75 | 90 | 0 | 0 |
| 7 | 20 | 8 | 0 | 30 | 36 | 0 | 0 | 43 | 51 | 12 | 0 | 80 | 96 | 0 | 0 |
| 8 | 21 | 12 | 0 | 31 | 37 | 4 | 0 | 44 | 52 | 16 | 0 | 85 | 102 | 0 | 0 |
| 9 | 22 | 16 | 0 | 32 | 38 | 8 | 0 | 45 | 54 | 0 | 0 | 90 | 108 | 0 | 0 |
| 0 | 24 | 0 | 0 | 33 | 39 | 12 | 0 | 46 | 55 | 4 | 0 | 100 | 120 | 0 | 0 |
| 1 | 25 | 4 | 0 | 34 | 40 | 16 | 0 | 47 | 56 | 8 | 0 | 200 | 240 | 0 | 0 |
| 2 | 26 | 8 | 0 | 35 | 42 | 0 | 0 | 48 | 57 | 12 | 0 | 300 | 360 | 0 | 0 |
| 3 | 27 | 12 | 0 | 36 | 43 | 4 | 0 | 49 | 58 | 16 | 0 | 400 | 480 | 0 | 0 |
| 4 | 28 | 16 | 0 | 37 | 44 | 8 | 0 | 50 | 60 | 0 | 0 | 500 | 600 | 0 | 0 |

1 grain=two-onethousandths of oz. troy or ·002.

1 carat=3·166 grains.

1 pennyweight=five onehundredths of oz. troy or ·05.

# £1 4s. 6d. per oz.

(For Diamonds, &c., for "oz." read "grain.")

| OUNCES. | | | | TENTHS. | | | | HUNDREDTHS. | | | | THOUSANDTHS | | | |
|---|---|---|---|---|---|---|---|---|---|---|---|---|---|---|---|
| oz. | £ | s. | d. | | £ | s. | d. | | £ | s. | d. | | £ | s. | d. |
| 1 | 1 | 4 | 6 | ·1 | 0 | 2 | 5½ | ·01 | 0 | 0 | 3 | ·001 | 0 | 0 | 0¼ |
| 2 | 2 | 9 | 0 | ·2 | 0 | 4 | 10¾ | ·02 | 0 | 0 | 6 | ·002 | 0 | 0 | 0½ |
| 3 | 3 | 13 | 6 | ·3 | 0 | 7 | 4¼ | ·03 | 0 | 0 | 8¾ | ·003 | 0 | 0 | 1 |
| 4 | 4 | 18 | 0 | ·4 | 0 | 9 | 9½ | ·04 | 0 | 0 | 11¾ | ·004 | 0 | 0 | 1¼ |
| 5 | 6 | 2 | 6 | ·5 | 0 | 12 | 3 | ·05 | 0 | 1 | 2¾ | ·005 | 0 | 0 | 1½ |
| 6 | 7 | 7 | 0 | ·6 | 0 | 14 | 8½ | ·06 | 0 | 1 | 5¾ | ·006 | 0 | 0 | 1¾ |
| 7 | 8 | 11 | 6 | ·7 | 0 | 17 | 1¾ | ·07 | 0 | 1 | 8½ | ·007 | 0 | 0 | 2 |
| 8 | 9 | 16 | 0 | ·8 | 0 | 19 | 7¼ | ·08 | 0 | 1 | 11½ | ·008 | 0 | 0 | 2¼ |
| 9 | 11 | 0 | 6 | ·9 | 1 | 2 | 0½ | ·09 | 0 | 2 | 2½ | ·009 | 0 | 0 | 2¾ |
| 10 | 12 | 5 | 0 | OUNCES. | | | | OUNCES. | | | | OUNCES. | | | |
| 11 | 13 | 9 | 6 | | | | | | | | | | | | |
| 12 | 14 | 14 | 0 | 25 | 30 | 12 | 6 | 38 | 46 | 11 | 0 | 55 | 67 | 7 | 6 |
| 13 | 15 | 18 | 6 | 26 | 31 | 17 | 0 | 39 | 47 | 15 | 6 | 60 | 73 | 10 | 0 |
| 14 | 17 | 3 | 0 | 27 | 33 | 1 | 6 | 40 | 49 | 0 | 0 | 65 | 79 | 12 | 6 |
| 15 | 18 | 7 | 6 | 28 | 34 | 6 | 0 | 41 | 50 | 4 | 6 | 70 | 85 | 15 | 0 |
| 16 | 19 | 12 | 0 | 29 | 35 | 10 | 6 | 42 | 51 | 9 | 0 | 75 | 91 | 17 | 6 |
| 17 | 20 | 16 | 6 | 30 | 36 | 15 | 0 | 43 | 52 | 13 | 6 | 80 | 98 | 0 | 0 |
| 18 | 22 | 1 | 0 | 31 | 37 | 19 | 6 | 44 | 53 | 18 | 0 | 85 | 104 | 2 | 6 |
| 19 | 23 | 5 | 6 | 32 | 39 | 4 | 0 | 45 | 55 | 2 | 6 | 90 | 110 | 5 | 0 |
| 20 | 24 | 10 | 0 | 33 | 40 | 8 | 6 | 46 | 56 | 7 | 0 | 100 | 122 | 10 | 0 |
| 21 | 25 | 14 | 6 | 34 | 41 | 13 | 0 | 47 | 57 | 11 | 6 | 200 | 245 | 0 | 0 |
| 22 | 26 | 19 | 0 | 35 | 42 | 17 | 6 | 48 | 58 | 16 | 0 | 300 | 367 | 10 | 0 |
| 23 | 28 | 3 | 6 | 36 | 44 | 2 | 0 | 49 | 60 | 0 | 6 | 400 | 490 | 0 | 0 |
| 24 | 29 | 8 | 0 | 37 | 45 | 6 | 6 | 50 | 61 | 5 | 0 | 500 | 612 | 10 | 0 |

1 grain=two-onethousandths of oz. troy or ·002.

1 carat=3·166 grains.

1 pennyweight=five-onehundredths of oz. troy or ·05.

# £1 5s. 0d. per oz.

(For Diamonds, &c., for "oz." read "grain.")

| OUNCES. | | | | TENTHS. | | | | HUNDREDTHS. | | | | THOUSANDTHS. | | | |
|---|---|---|---|---|---|---|---|---|---|---|---|---|---|---|---|
| | £ | s. | d. | | £ | s. | d. | | £ | s. | d. | | £ | s. | d. |
| 1 | 1 | 5 | 0 | ·1 | 0 | 2 | 6 | ·01 | 0 | 0 | 3 | ·001 | 0 | 0 | 0¼ |
| 2 | 2 | 10 | 0 | ·2 | 0 | 5 | 0 | ·02 | 0 | 0 | 6 | ·002 | 0 | 0 | 0½ |
| 3 | 3 | 15 | 0 | ·3 | 0 | 7 | 6 | ·03 | 0 | 0 | 9 | ·003 | 0 | 0 | 1 |
| 4 | 5 | 0 | 0 | ·4 | 0 | 10 | 0 | ·04 | 0 | 1 | 0 | ·004 | 0 | 0 | 1¼ |
| 5 | 6 | 5 | 0 | ·5 | 0 | 12 | 6 | ·05 | 0 | 1 | 3 | ·005 | 0 | 0 | 1½ |
| 6 | 7 | 10 | 0 | ·6 | 0 | 15 | 0 | ·06 | 0 | 1 | 6 | ·006 | 0 | 0 | 1¾ |
| 7 | 8 | 15 | 0 | ·7 | 0 | 17 | 6 | ·07 | 0 | 1 | 9 | ·007 | 0 | 0 | 2 |
| 8 | 10 | 0 | 0 | ·8 | 1 | 0 | 0 | ·08 | 0 | 2 | 0 | ·008 | 0 | 0 | 2¼ |
| 9 | 11 | 5 | 0 | ·9 | 1 | 2 | 6 | ·09 | 0 | 2 | 3 | ·009 | 0 | 0 | 2¾ |
| 0 | 12 | 10 | 0 | OUNCES. | | | | OUNCES. | | | | OUNCES. | | | |
| 1 | 13 | 15 | 0 | | | | | | | | | | | | |
| 2 | 15 | 0 | 0 | 25 | 31 | 5 | 0 | 38 | 47 | 10 | 0 | 55 | 68 | 15 | 0 |
| 3 | 16 | 5 | 0 | 26 | 32 | 10 | 0 | 39 | 48 | 15 | 0 | 60 | 75 | 0 | 0 |
| 4 | 17 | 10 | 0 | 27 | 33 | 15 | 0 | 40 | 50 | 0 | 0 | 65 | 81 | 5 | 0 |
| 5 | 18 | 15 | 0 | 28 | 35 | 0 | 0 | 41 | 51 | 5 | 0 | 70 | 87 | 10 | 0 |
| 6 | 20 | 0 | 0 | 29 | 36 | 5 | 0 | 42 | 52 | 10 | 0 | 75 | 93 | 15 | 0 |
| 7 | 21 | 5 | 0 | 30 | 37 | 10 | 0 | 43 | 53 | 15 | 0 | 80 | 100 | 0 | 0 |
| 8 | 22 | 10 | 0 | 31 | 38 | 15 | 0 | 44 | 55 | 0 | 0 | 85 | 106 | 5 | 0 |
| 9 | 23 | 15 | 0 | 32 | 40 | 0 | 0 | 45 | 56 | 5 | 0 | 90 | 112 | 10 | 0 |
| 0 | 25 | 0 | 0 | 33 | 41 | 5 | 0 | 46 | 57 | 10 | 0 | 100 | 125 | 0 | 0 |
| 1 | 26 | 5 | 0 | 34 | 42 | 10 | 0 | 47 | 58 | 15 | 0 | 200 | 250 | 0 | 0 |
| 2 | 27 | 10 | 0 | 35 | 43 | 15 | 0 | 48 | 60 | 0 | 0 | 300 | 375 | 0 | 0 |
| 3 | 28 | 15 | 0 | 36 | 45 | 0 | 0 | 49 | 61 | 5 | 0 | 400 | 500 | 0 | 0 |
| 4 | 30 | 0 | 0 | 37 | 46 | 5 | 0 | 50 | 62 | 10 | 0 | 500 | 625 | 0 | 0 |

1 grain=two-onethousandths of oz. troy or ·002.

1 carat=3·166 grains.

1 pennyweight=five-onehundredths of oz. troy or ·05.

# £1 5s. 6d. per oz.

(For Diamonds, &c., for "oz." read "grain.")

| OUNCES. | | | |
|---|---|---|---|
| oz. | £ | s. | d. |
| 1 | 1 | 5 | 6 |
| 2 | 2 | 11 | 0 |
| 3 | 3 | 16 | 6 |
| 4 | 5 | 2 | 0 |
| 5 | 6 | 7 | 6 |
| 6 | 7 | 13 | 0 |
| 7 | 8 | 18 | 6 |
| 8 | 10 | 4 | 0 |
| 9 | 11 | 9 | 6 |
| 10 | 12 | 15 | 0 |
| 11 | 14 | 0 | 6 |
| 12 | 15 | 6 | 0 |
| 13 | 16 | 11 | 6 |
| 14 | 17 | 17 | 0 |
| 15 | 19 | 2 | 6 |
| 16 | 20 | 8 | 0 |
| 17 | 21 | 13 | 6 |
| 18 | 22 | 19 | 0 |
| 19 | 24 | 4 | 6 |
| 20 | 25 | 10 | 0 |
| 21 | 26 | 15 | 6 |
| 22 | 28 | 1 | 0 |
| 23 | 29 | 6 | 6 |
| 24 | 30 | 12 | 0 |

| TENTHS. | | | | HUNDREDTHS. | | | | THOUSANDTH[S] | | | |
|---|---|---|---|---|---|---|---|---|---|---|---|
| | £ | s. | d. | | £ | s. | d. | | £ | s. | d[.] |
| ·1 | 0 | 2 | 6½ | ·01 | 0 | 0 | 3 | ·001 | 0 | 0 | 0[illegible] |
| ·2 | 0 | 5 | 1¼ | ·02 | 0 | 0 | 6 | ·002 | 0 | 0 | 0[illegible] |
| ·3 | 0 | 7 | 7¾ | ·03 | 0 | 0 | 9¼ | ·003 | 0 | 0 | 1[illegible] |
| ·4 | 0 | 10 | 2½ | ·04 | 0 | 1 | 0¼ | ·004 | 0 | 0 | 1[illegible] |
| ·5 | 0 | 12 | 9 | ·05 | 0 | 1 | 3¼ | ·005 | 0 | 0 | 1[illegible] |
| ·6 | 0 | 15 | 3½ | ·06 | 0 | 1 | 6¼ | ·006 | 0 | 0 | 1[illegible] |
| ·7 | 0 | 17 | 10¼ | ·07 | 0 | 1 | 9½ | ·007 | 0 | 0 | 2[illegible] |
| ·8 | 1 | 0 | 4¾ | ·08 | 0 | 2 | 0½ | ·008 | 0 | 0 | 2[illegible] |
| ·9 | 1 | 2 | 11½ | ·09 | 0 | 2 | 3½ | ·009 | 0 | 0 | 2[illegible] |

| OUNCES. | | | | OUNCES. | | | | OUNCES. | | | |
|---|---|---|---|---|---|---|---|---|---|---|---|
| 25 | 31 | 17 | 6 | 38 | 48 | 9 | 0 | 55 | 70 | 2 | [illegible] |
| 26 | 33 | 3 | 0 | 39 | 49 | 14 | 6 | 60 | 76 | 10 | [illegible] |
| 27 | 34 | 8 | 6 | 40 | 51 | 0 | 0 | 65 | 82 | 17 | [illegible] |
| 28 | 35 | 14 | 0 | 41 | 52 | 5 | 6 | 70 | 89 | 5 | [illegible] |
| 29 | 36 | 19 | 6 | 42 | 53 | 11 | 0 | 75 | 95 | 12 | [illegible] |
| 30 | 38 | 5 | 0 | 43 | 54 | 16 | 6 | 80 | 102 | 0 | [illegible] |
| 31 | 39 | 10 | 6 | 44 | 56 | 2 | 0 | 85 | 108 | 7 | [illegible] |
| 32 | 40 | 16 | 0 | 45 | 57 | 7 | 6 | 90 | 114 | 15 | [illegible] |
| 33 | 42 | 1 | 6 | 46 | 58 | 13 | 0 | 100 | 127 | 10 | [illegible] |
| 34 | 43 | 7 | 0 | 47 | 59 | 18 | 6 | 200 | 255 | 0 | [illegible] |
| 35 | 44 | 12 | 6 | 48 | 61 | 4 | 0 | 300 | 382 | 10 | [illegible] |
| 36 | 45 | 18 | 0 | 49 | 62 | 9 | 6 | 400 | 510 | 0 | [illegible] |
| 37 | 47 | 3 | 6 | 50 | 63 | 15 | 0 | 500 | 637 | 10 | [illegible] |

1 grain=two-onethousandths of oz. troy or ·002.

1 carat=3·166 grains.

1 pennyweight=five one-hundredths of oz. troy or ·05.

# £1 6s. 0d. per oz.

(For Diamonds, &c., for "oz." read "grain.")

| OUNCES. | | | TENTHS. | | | | HUNDREDTHS. | | | | THOUSANDTHS. | | | |
|---|---|---|---|---|---|---|---|---|---|---|---|---|---|---|
| £ | s. | d. | | £ | s. | d. | | £ | s. | d. | | £ | s. | d. |
| 1 | 6 | 0 | ·1 | 0 | 2 | 7¼ | 01 | 0 | 0 | 3 | ·001 | 0 | 0 | 0¼ |
| 2 | 12 | 0 | ·2 | 0 | 5 | 2½ | ·02 | 0 | 0 | 6¼ | ·002 | 0 | 0 | 0½ |
| 3 | 18 | 0 | ·3 | 0 | 7 | 9½ | ·03 | 0 | 0 | 9¼ | ·003 | 0 | 0 | 1 |
| 5 | 4 | 0 | ·4 | 0 | 10 | 4¾ | ·01 | 0 | 1 | 0½ | ·004 | 0 | 0 | 1¼ |
| 6 | 10 | 0 | ·5 | 0 | 13 | 0 | ·05 | 0 | 1 | 3½ | ·005 | 0 | 0 | 1½ |
| 7 | 16 | 0 | ·6 | 0 | 15 | 7¼ | ·06 | 0 | 1 | 6¾ | ·006 | 0 | 0 | 1¾ |
| 9 | 2 | 0 | ·7 | 0 | 18 | 2½ | ·07 | 0 | 1 | 9¾ | ·007 | 0 | 0 | 2¼ |
| 10 | 8 | 0 | ·8 | 1 | 0 | 9½ | ·08 | 0 | 2 | 1 | ·008 | 0 | 0 | 2[illegible] |
| 11 | 14 | 0 | ·9 | 1 | 3 | 4¾ | ·09 | 0 | 2 | 4 | ·009 | 0 | 0 | 2¼ |
| 13 | 0 | 0 | | | | | | | | | | | | |
| 14 | 6 | 0 | OUNCES. | | | | OUNCES. | | | | OUNCES. | | | |
| 15 | 12 | 0 | 25 | 32 | 10 | 0 | 38 | 49 | 8 | 0 | 55 | 71 | 10 | 0 |
| 16 | 18 | 0 | 26 | 33 | 16 | 0 | 39 | 50 | 14 | 0 | 60 | 78 | 0 | 0 |
| 18 | 4 | 0 | 27 | 35 | 2 | 0 | 40 | 52 | 0 | 0 | 65 | 84 | 10 | 0 |
| 19 | 10 | 0 | 28 | 36 | 8 | 0 | 41 | 53 | 6 | 0 | 70 | 91 | 0 | 0 |
| 20 | 16 | 0 | 29 | 37 | 14 | 0 | 42 | 54 | 12 | 0 | 75 | 97 | 10 | 0 |
| 22 | 2 | 0 | 30 | 39 | 0 | 0 | 43 | 55 | 18 | 0 | 80 | 104 | 0 | 0 |
| 23 | 8 | 0 | 31 | 40 | 6 | 0 | 44 | 57 | 4 | 0 | 85 | 110 | 10 | 0 |
| 24 | 14 | 0 | 32 | 41 | 12 | 0 | 45 | 58 | 10 | 0 | 90 | 117 | 0 | 0 |
| 26 | 0 | 0 | 33 | 42 | 18 | 0 | 46 | 59 | 16 | 0 | 100 | 130 | 0 | 0 |
| 27 | 6 | 0 | 34 | 44 | 4 | 0 | 47 | 61 | 2 | 0 | 200 | 260 | 0 | 0 |
| 28 | 12 | 0 | 35 | 45 | 10 | 0 | 48 | 62 | 8 | 0 | 300 | 390 | 0 | 0 |
| 29 | 18 | 0 | 36 | 46 | 16 | 0 | 49 | 63 | 14 | 0 | 400 | 520 | 0 | 0 |
| 31 | 4 | 0 | 37 | 48 | 2 | 0 | 50 | 65 | 0 | 0 | 500 | 650 | 0 | 0 |

**1 grain=two-onethousandths of oz. troy or ·002.**

**1 carat=3·166 grains.**

**1 pennyweight=five onehundredths of oz. troy or ·05.**

# £1 6s. 6d. per oz.

(For Diamonds, &c., for "oz." read "grain.")

| OUNCES. | | | | TENTHS. | | | | HUNDREDTHS. | | | | THOUSANDTHS. | | | |
|---|---|---|---|---|---|---|---|---|---|---|---|---|---|---|---|
| *oz.* | £ | *s.* | *d.* | | £ | *s.* | *d.* | | £ | *s.* | *d.* | | £ | *s.* | *d.* |
| 1 | 1 | 6 | 6 | ·1 | 0 | 2 | 7¾ | ·01 | 0 | 0 | 3¼ | ·001 | 0 | 0 | 0¼ |
| 2 | 2 | 13 | 0 | ·2 | 0 | 5 | 3½ | ·02 | 0 | 0 | 6¼ | ·002 | 0 | 0 | 0¾ |
| 3 | 3 | 19 | 6 | ·3 | 0 | 7 | 11½ | ·03 | 0 | 0 | 9½ | ·003 | 0 | 0 | 1 |
| 4 | 5 | 6 | 0 | ·4 | 0 | 10 | 7¼ | ·04 | 0 | 1 | 0¾ | ·004 | 0 | 0 | 1¼ |
| 5 | 6 | 12 | 6 | ·5 | 0 | 13 | 3 | ·05 | 0 | 1 | 4 | ·005 | 0 | 0 | 1½ |
| 6 | 7 | 19 | 0 | ·6 | 0 | 15 | 10¾ | ·06 | 0 | 1 | 7 | ·006 | 0 | 0 | 2 |
| 7 | 9 | 5 | 6 | ·7 | 0 | 18 | 6½ | ·07 | 0 | 1 | 10¼ | ·007 | 0 | 0 | 2¼ |
| 8 | 10 | 12 | 0 | ·8 | 1 | 1 | 2½ | ·08 | 0 | 2 | 1½ | ·008 | 0 | 0 | 2½ |
| 9 | 11 | 18 | 6 | ·9 | 1 | 3 | 10¼ | ·09 | 0 | 2 | 4½ | ·009 | 0 | 0 | 2¾ |
| 10 | 13 | 5 | 0 | OUNCES. | | | | OUNCES. | | | | OUNCES. | | | |
| 11 | 14 | 11 | 6 | | | | | | | | | | | | |
| 12 | 15 | 18 | 0 | 25 | 33 | 2 | 6 | 38 | 50 | 7 | 0 | 55 | 72 | 17 | 6 |
| 13 | 17 | 4 | 6 | 26 | 34 | 9 | 0 | 39 | 51 | 13 | 6 | 60 | 79 | 10 | 0 |
| 14 | 18 | 11 | 0 | 27 | 35 | 15 | 6 | 40 | 53 | 0 | 0 | 65 | 86 | 2 | 6 |
| 15 | 19 | 17 | 6 | 28 | 37 | 2 | 0 | 41 | 54 | 6 | 6 | 70 | 92 | 15 | 0 |
| 16 | 21 | 4 | 0 | 29 | 38 | 8 | 6 | 42 | 55 | 13 | 0 | 75 | 99 | 7 | 6 |
| 17 | 22 | 10 | 6 | 30 | 39 | 15 | 0 | 43 | 56 | 19 | 6 | 80 | 106 | 0 | 0 |
| 18 | 23 | 17 | 0 | 31 | 41 | 1 | 6 | 44 | 58 | 6 | 0 | 85 | 112 | 12 | 6 |
| 19 | 25 | 3 | 6 | 32 | 42 | 8 | 0 | 45 | 59 | 12 | 6 | 90 | 119 | 5 | 0 |
| 20 | 26 | 10 | 0 | 33 | 43 | 14 | 6 | 46 | 60 | 19 | 0 | 100 | 132 | 10 | 0 |
| 21 | 27 | 16 | 6 | 34 | 45 | 1 | 0 | 47 | 62 | 5 | 6 | 200 | 265 | 0 | 0 |
| 22 | 29 | 3 | 0 | 35 | 46 | 7 | 6 | 48 | 63 | 12 | 0 | 300 | 397 | 10 | 0 |
| 23 | 30 | 9 | 6 | 36 | 47 | 14 | 0 | 49 | 64 | 18 | 6 | 400 | 530 | 0 | 0 |
| 24 | 31 | 16 | 0 | 37 | 49 | 0 | 6 | 50 | 66 | 5 | 0 | 500 | 662 | 10 | 0 |

1 grain=two-onethousandths of oz. troy or ·002.

1 carat=3·166 grains.

1 pennyweight=five-onehundredths of oz. troy or ·05.

# £1 7s. 0d. per oz.

(For Diamonds, &c., for " oz." read " grain.")

| OUNCES. | | | TENTHS. | | | | HUNDREDTHS. | | | | THOUSANDTHS. | | | |
|---|---|---|---|---|---|---|---|---|---|---|---|---|---|---|
| £ | *s.* | *d.* | | £ | *s.* | *d.* | | £ | *s.* | *d.* | | £ | *s.* | *d.* |
| 1 | 7 | 0 | ·1 | 0 | 2 | 8½ | ·01 | 0 | 0 | 3¼ | ·001 | 0 | 0 | 0¼ |
| 2 | 14 | 0 | ·2 | 0 | 5 | 4¾ | ·02 | 0 | 0 | 6½ | ·002 | 0 | 0 | 0¾ |
| 4 | 1 | 0 | ·3 | 0 | 8 | 1¼ | ·03 | 0 | 0 | 9¾ | ·003 | 0 | 0 | 1 |
| 5 | 8 | 0 | ·4 | 0 | 10 | 9½ | ·04 | 0 | 1 | 1 | ·004 | 0 | 0 | 1¼ |
| 6 | 15 | 0 | ·5 | 0 | 13 | 6 | ·05 | 0 | 1 | 4¼ | ·005 | 0 | 0 | 1½ |
| 8 | 2 | 0 | ·6 | 0 | 16 | 2½ | ·06 | 0 | 1 | 7½ | ·006 | 0 | 0 | 2 |
| 9 | 9 | 0 | ·7 | 0 | 18 | 10¾ | ·07 | 0 | 1 | 10¾ | ·007 | 0 | 0 | 2¼ |
| 10 | 16 | 0 | ·8 | 1 | 1 | 7¼ | ·08 | 0 | 2 | 2 | 008 | 0 | 0 | 2½ |
| 12 | 3 | 0 | ·9 | 1 | 4 | 3½ | ·09 | 0 | 2 | 5¼ | ·009 | 0 | 0 | 3 |
| 13 | 10 | 0 | OUNCES. | | | | OUNCES. | | | | OUNCES. | | | |
| 14 | 17 | 0 | | | | | | | | | | | | |
| 16 | 4 | 0 | 25 | 33 | 15 | 0 | 38 | 51 | 6 | 0 | 55 | 74 | 5 | 0 |
| 17 | 11 | 0 | 26 | 35 | 2 | 0 | 39 | 52 | 13 | 0 | 60 | 81 | 0 | 0 |
| 18 | 18 | 0 | 27 | 36 | 9 | 0 | 40 | 54 | 0 | 0 | 65 | 87 | 15 | 0 |
| 20 | 5 | 0 | 28 | 37 | 16 | 0 | 41 | 55 | 7 | 0 | 70 | 94 | 10 | 0 |
| 21 | 12 | 0 | 29 | 39 | 3 | 0 | 42 | 56 | 14 | 0 | 75 | 101 | 5 | 0 |
| 22 | 19 | 0 | 30 | 40 | 10 | 0 | 43 | 58 | 1 | 0 | 80 | 108 | 0 | 0 |
| 24 | 6 | 0 | 31 | 41 | 17 | 0 | 44 | 59 | 8 | 0 | 85 | 114 | 15 | 0 |
| 25 | 13 | 0 | 32 | 43 | 4 | 0 | 45 | 60 | 15 | 0 | 90 | 121 | 10 | 0 |
| 27 | 0 | 0 | 33 | 44 | 11 | 0 | 46 | 62 | 2 | 0 | 100 | 135 | 0 | 0 |
| 28 | 7 | 0 | 34 | 45 | 18 | 0 | 47 | 63 | 9 | 0 | 200 | 270 | 0 | 0 |
| 29 | 14 | 0 | 35 | 47 | 5 | 0 | 48 | 64 | 16 | 0 | 300 | 405 | 0 | 0 |
| 31 | 1 | 0 | 36 | 48 | 12 | 0 | 49 | 66 | 3 | 0 | 400 | 540 | 0 | 0 |
| 32 | 8 | 0 | 37 | 49 | 19 | 0 | 50 | 67 | 10 | 0 | 500 | 675 | 0 | 0 |

1 grain=two-onethousandths of oz. troy or ·002.

1 carat=3·166 grains.

1 pennyweight=five-onehundredths of oz. troy or ·05.

# £1 7s. 6d. per oz.

(For Diamonds, &c., for "oz." read "grain.")

| OUNCES. | | | | TENTHS. | | | | HUNDREDTHS. | | | | THOUSANDTH | | | |
|---|---|---|---|---|---|---|---|---|---|---|---|---|---|---|---|
| *oz.* | £ | *s.* | *d.* | | £ | *s.* | *d.* | | £ | *s.* | *d.* | | £ | *s.* | |
| 1 | 1 | 7 | 6 | ·1 | 0 | 2 | 9 | ·01 | 0 | 0 | 3¼ | ·001 | 0 | 0 | ( |
| 2 | 2 | 15 | 0 | ·2 | 0 | 5 | 6 | ·02 | 0 | 0 | 6½ | ·002 | 0 | 0 | ( |
| 3 | 4 | 2 | 6 | ·3 | 0 | 8 | 3 | ·03 | 0 | 0 | 10 | ·003 | 0 | 0 | 1 |
| 4 | 5 | 10 | 0 | ·4 | 0 | 11 | 0 | ·04 | 0 | 1 | 1¼ | ·004 | 0 | 0 | 1 |
| 5 | 6 | 17 | 6 | ·5 | 0 | 13 | 9 | ·05 | 0 | 1 | 4½ | ·005 | 0 | 0 | 1 |
| 6 | 8 | 5 | 0 | ·6 | 0 | 16 | 6 | ·06 | 0 | 1 | 7¾ | ·006 | 0 | 0 | 2 |
| 7 | 9 | 12 | 6 | ·7 | 0 | 19 | 3 | ·07 | 0 | 1 | 11 | ·007 | 0 | 0 | 2 |
| 8 | 11 | 0 | 0 | ·8 | 1 | 2 | 0 | ·08 | 0 | 2 | 2½ | ·008 | 0 | 0 | 2 |
| 9 | 12 | 7 | 6 | ·9 | 1 | 4 | 9 | ·09 | 0 | 2 | 5¾ | ·009 | 0 | 0 | 3 |
| 10 | 13 | 15 | 0 | OUNCES. | | | | OUNCES. | | | | OUNCES. | | | |
| 11 | 15 | 2 | 6 | | | | | | | | | | | | |
| 12 | 16 | 10 | 0 | 25 | 34 | 7 | 6 | 38 | 52 | 5 | 0 | 55 | 75 | 12 | |
| 13 | 17 | 17 | 6 | 26 | 35 | 15 | 0 | 39 | 53 | 12 | 6 | 60 | 82 | 10 | |
| 14 | 19 | 5 | 0 | 27 | 37 | 2 | 6 | 40 | 55 | 0 | 0 | 65 | 89 | 7 | |
| 15 | 20 | 12 | 6 | 28 | 38 | 10 | 0 | 41 | 56 | 7 | 6 | 70 | 96 | 5 | |
| 16 | 22 | 0 | 0 | 29 | 39 | 17 | 6 | 42 | 57 | 15 | 0 | 75 | 103 | 2 | |
| 17 | 23 | 7 | 6 | 30 | 41 | 5 | 0 | 43 | 59 | 2 | 6 | 80 | 110 | 0 | |
| 18 | 24 | 15 | 0 | 31 | 42 | 12 | 6 | 44 | 60 | 10 | 0 | 85 | 116 | 17 | |
| 19 | 26 | 2 | 6 | 32 | 44 | 0 | 0 | 45 | 61 | 17 | 6 | 90 | 123 | 15 | |
| 20 | 27 | 10 | 0 | 33 | 45 | 7 | 6 | 46 | 63 | 5 | 0 | 100 | 137 | 10 | |
| 21 | 28 | 17 | 6 | 34 | 46 | 15 | 0 | 47 | 64 | 12 | 6 | 200 | 275 | 0 | |
| 22 | 30 | 5 | 0 | 35 | 48 | 2 | 6 | 48 | 66 | 0 | 0 | 300 | 412 | 10 | |
| 23 | 31 | 12 | 6 | 36 | 49 | 10 | 0 | 49 | 67 | 7 | 6 | 400 | 550 | 0 | |
| 24 | 33 | 0 | 0 | 37 | 50 | 17 | 6 | 50 | 68 | 15 | 0 | 500 | 687 | 10 | |

1 grain=two-onethousandths of oz. troy or ·002.

1 carat=3·166 grains.

1 pennyweight=five one-hundredths of oz. troy or ·05.

# £1 8s. 0d. per oz.

(For Diamonds, &c., for "oz." read "grain.")

| OUNCES. | | | | TENTHS. | | | | HUNDREDTHS. | | | | THOUSANDTHS. | | | |
|---|---|---|---|---|---|---|---|---|---|---|---|---|---|---|---|
| z. | £ | s. | d. | | £ | s. | d. | | £ | s. | d. | | £ | s. | d. |
| 1 | 1 | 8 | 0 | ·1 | 0 | 2 | 9½ | ·01 | 0 | 0 | 3¼ | ·001 | 0 | 0 | 0¼ |
| 2 | 2 | 16 | 0 | ·2 | 0 | 5 | 7¼ | ·02 | 0 | 0 | 6¾ | ·002 | 0 | 0 | 0¾ |
| 3 | 4 | 4 | 0 | ·3 | 0 | 8 | 4¾ | ·03 | 0 | 0 | 10 | ·003 | 0 | 0 | 1 |
| 4 | 5 | 12 | 0 | ·4 | 0 | 11 | 2½ | ·04 | 0 | 1 | 1½ | ·004 | 0 | 0 | 1¼ |
| 5 | 7 | 0 | 0 | ·5 | 0 | 14 | 0 | ·05 | 0 | 1 | 4¾ | ·005 | 0 | 0 | 1¾ |
| 6 | 8 | 8 | 0 | ·6 | 0 | 16 | 9½ | ·06 | 0 | 1 | 8¼ | ·006 | 0 | 0 | 2 |
| 7 | 9 | 16 | 0 | ·7 | 0 | 19 | 7¼ | ·07 | 0 | 1 | 11½ | ·007 | 0 | 0 | 2¼ |
| 8 | 11 | 4 | 0 | ·8 | 1 | 2 | 4¾ | ·08 | 0 | 2 | 3 | ·008 | 0 | 0 | 2¾ |
| 9 | 12 | 12 | 0 | ·9 | 1 | 5 | 2½ | ·09 | 0 | 2 | 6¼ | ·009 | 0 | 0 | 3 |
| 0 | 14 | 0 | 0 | OUNCES. | | | | OUNCES. | | | | OUNCES. | | | |
| 1 | 15 | 8 | 0 | | | | | | | | | | | | |
| 2 | 16 | 16 | 0 | 25 | 35 | 0 | 0 | 38 | 53 | 4 | 0 | 55 | 77 | 0 | 0 |
| 3 | 18 | 4 | 0 | 26 | 36 | 8 | 0 | 39 | 54 | 12 | 0 | 60 | 84 | 0 | 0 |
| 4 | 19 | 12 | 0 | 27 | 37 | 16 | 0 | 40 | 56 | 0 | 0 | 65 | 91 | 0 | 0 |
| 5 | 21 | 0 | 0 | 28 | 39 | 4 | 0 | 41 | 57 | 8 | 0 | 70 | 98 | 0 | 0 |
| 6 | 22 | 8 | 0 | 29 | 40 | 12 | 0 | 42 | 58 | 16 | 0 | 75 | 105 | 0 | 0 |
| 7 | 23 | 16 | 0 | 30 | 42 | 0 | 0 | 43 | 60 | 4 | 0 | 80 | 112 | 0 | 0 |
| 8 | 25 | 4 | 0 | 31 | 43 | 8 | 0 | 44 | 61 | 12 | 0 | 85 | 119 | 0 | 0 |
| 9 | 26 | 12 | 0 | 32 | 44 | 16 | 0 | 45 | 63 | 0 | 0 | 90 | 126 | 0 | 0 |
| 0 | 28 | 0 | 0 | 33 | 46 | 4 | 0 | 46 | 64 | 8 | 0 | 100 | 140 | 0 | 0 |
| 1 | 29 | 8 | 0 | 34 | 47 | 12 | 0 | 47 | 65 | 16 | 0 | 200 | 280 | 0 | 0 |
| 2 | 30 | 16 | 0 | 35 | 49 | 0 | 0 | 48 | 67 | 4 | 0 | 300 | 420 | 0 | 0 |
| 3 | 32 | 4 | 0 | 36 | 50 | 8 | 0 | 49 | 68 | 12 | 0 | 400 | 560 | 0 | 0 |
| 4 | 33 | 12 | 0 | 37 | 51 | 16 | 0 | 50 | 70 | 0 | 0 | 500 | 700 | 0 | 0 |

1 grain = two-onethousandths of oz. troy or ·002.

1 carat = 3·166 grains.

1 pennyweight = five onehundredths of oz. troy or ·0

# £1 8s. 6d. per oz.

**(For Diamonds, &c., for " oz." read " grain.")**

| OUNCES. | | | | TENTHS. | | | | HUNDREDTHS. | | | | THOUSANDTH[S] | | | |
|---|---|---|---|---|---|---|---|---|---|---|---|---|---|---|---|
| oz. | £ | s. | d. | | £ | s. | d. | | £ | s. | d. | | £ | s. | d. |
| 1 | 1 | 8 | 6 | ·1 | 0 | 2 | 10¼ | ·01 | 0 | 0 | 3½ | ·001 | 0 | 0 | 0[illegible] |
| 2 | 2 | 17 | 0 | ·2 | 0 | 5 | 8½ | ·02 | 0 | 0 | 6¾ | ·002 | 0 | 0 | 0[illegible] |
| 3 | 4 | 5 | 6 | ·3 | 0 | 8 | 6½ | ·03 | 0 | 0 | 10¼ | ·003 | 0 | 0 | 1 |
| 4 | 5 | 14 | 0 | ·4 | 0 | 11 | 4¾ | ·04 | 0 | 1 | 1¾ | ·004 | 0 | 0 | 1[illegible] |
| 5 | 7 | 2 | 6 | ·5 | 0 | 14 | 3 | ·05 | 0 | 1 | 5 | ·005 | 0 | 0 | 1[illegible] |
| 6 | 8 | 11 | 0 | ·6 | 0 | 17 | 1¼ | 06 | 0 | 1 | 8½ | ·006 | 0 | 0 | 2 |
| 7 | 9 | 19 | 6 | ·7 | 0 | 19 | 11½ | ·07 | 0 | 2 | 0 | ·007 | 0 | 0 | 2½ |
| 8 | 11 | 8 | 0 | ·8 | 1 | 2 | 9½ | ·08 | 0 | 2 | 3¼ | 008 | 0 | 0 | 2[illegible] |
| 9 | 12 | 16 | 6 | ·9 | 1 | 5 | 7¾ | ·09 | 0 | 2 | 6¾ | ·009 | 0 | 0 | 3 |
| 10 | 14 | 5 | 0 | OUNCES. | | | | OUNCES. | | | | OUNCES. | | | |
| 11 | 15 | 13 | 6 | | | | | | | | | | | | |
| 12 | 17 | 2 | 0 | 25 | 35 | 12 | 6 | 38 | 54 | 3 | 0 | 55 | 78 | 7 | [illegible] |
| 13 | 18 | 10 | 6 | 26 | 37 | 1 | 0 | 39 | 55 | 11 | 6 | 60 | 85 | 10 | [illegible] |
| 14 | 19 | 19 | 0 | 27 | 38 | 9 | 6 | 40 | 57 | 0 | 0 | 65 | 92 | 12 | [illegible] |
| 15 | 21 | 7 | 6 | 28 | 39 | 18 | 0 | 41 | 58 | 8 | 6 | 70 | 99 | 15 | [illegible] |
| 16 | 22 | 16 | 0 | 29 | 41 | 6 | 6 | 42 | 59 | 17 | 0 | 75 | 106 | 17 | [illegible] |
| 17 | 24 | 4 | 6 | 30 | 42 | 15 | 0 | 43 | 61 | 5 | 6 | 80 | 114 | 0 | [illegible] |
| 18 | 25 | 13 | 0 | 31 | 44 | 3 | 6 | 44 | 62 | 14 | 0 | 85 | 121 | 2 | [illegible] |
| 19 | 27 | 1 | 6 | 32 | 45 | 12 | 0 | 45 | 64 | 2 | 6 | 90 | 128 | 5 | [illegible] |
| 20 | 28 | 10 | 0 | 33 | 47 | 0 | 6 | 46 | 65 | 11 | 0 | 100 | 142 | 10 | [illegible] |
| 21 | 29 | 18 | 6 | 34 | 48 | 9 | 0 | 47 | 66 | 19 | 6 | 200 | 285 | 0 | [illegible] |
| 22 | 31 | 7 | 0 | 35 | 49 | 17 | 6 | 48 | 68 | 8 | 0 | 300 | 427 | 10 | [illegible] |
| 23 | 32 | 15 | 6 | 36 | 51 | 6 | 0 | 49 | 69 | 16 | 6 | 400 | 570 | 0 | [illegible] |
| 24 | 34 | 4 | 0 | 37 | 52 | 14 | 6 | 50 | 71 | 5 | 0 | 500 | 712 | 10 | [illegible] |

1 grain=two-onethousandths of oz. troy or ·002.

1 carat=3·166 grains.

1 pennyweight=five-onehundredths of oz. troy or ·05.

# £1 9s. 0d. per oz.

(For Diamonds, &c., for "oz." read "grain.")

| OUNCES. | | | | TENTHS. | | | | HUNDREDTHS. | | | | THOUSANDTHS. | | | |
|---|---|---|---|---|---|---|---|---|---|---|---|---|---|---|---|
| Oz. | £ | s. | d. | | £ | s. | d. | | £ | s. | d. | | £ | s. | d. |
| 1 | 1 | 9 | 0 | ·1 | 0 | 2 | 10¾ | ·01 | 0 | 0 | 3½ | ·001 | 0 | 0 | 0¼ |
| 2 | 2 | 18 | 0 | ·2 | 0 | 5 | 9½ | ·02 | 0 | 0 | 7 | ·002 | 0 | 0 | 0¾ |
| 3 | 4 | 7 | 0 | ·3 | 0 | 8 | 8½ | ·03 | 0 | 0 | 10½ | ·003 | 0 | 0 | 1 |
| 4 | 5 | 16 | 0 | ·4 | 0 | 11 | 7¼ | ·04 | 0 | 1 | 2 | ·004 | 0 | 0 | 1½ |
| 5 | 7 | 5 | 0 | ·5 | 0 | 14 | 6 | ·05 | 0 | 1 | 5½ | ·005 | 0 | 0 | 1¾ |
| 6 | 8 | 14 | 0 | ·6 | 0 | 17 | 4¾ | ·06 | 0 | 1 | 9 | ·006 | 0 | 0 | 2 |
| 7 | 10 | 3 | 0 | ·7 | 1 | 0 | 3½ | ·07 | 0 | 2 | 0¼ | ·007 | 0 | 0 | 2½ |
| 8 | 11 | 12 | 0 | ·8 | 1 | 3 | 2½ | ·08 | 0 | 2 | 3¾ | ·008 | 0 | 0 | 2¾ |
| 9 | 13 | 1 | 0 | ·9 | 1 | 6 | 1¼ | ·09 | 0 | 2 | 7¼ | ·009 | 0 | 0 | 3¼ |
| 10 | 14 | 10 | 0 | OUNCES. | | | | OUNCES. | | | | OUNCES. | | | |
| 11 | 15 | 19 | 0 | | | | | | | | | | | | |
| 12 | 17 | 8 | 0 | 25 | 36 | 5 | 0 | 38 | 55 | 2 | 0 | 55 | 79 | 15 | 0 |
| 13 | 18 | 17 | 0 | 26 | 37 | 14 | 0 | 39 | 56 | 11 | 0 | 60 | 87 | 0 | 0 |
| 14 | 20 | 6 | 0 | 27 | 39 | 3 | 0 | 40 | 58 | 0 | 0 | 65 | 94 | 5 | 0 |
| 15 | 21 | 15 | 0 | 28 | 40 | 12 | 0 | 41 | 59 | 9 | 0 | 70 | 101 | 10 | 0 |
| 16 | 23 | 4 | 0 | 29 | 42 | 1 | 0 | 42 | 60 | 18 | 0 | 75 | 108 | 15 | 0 |
| 17 | 24 | 13 | 0 | 30 | 43 | 10 | 0 | 43 | 62 | 7 | 0 | 80 | 116 | 0 | 0 |
| 18 | 26 | 2 | 0 | 31 | 44 | 19 | 0 | 44 | 63 | 16 | 0 | 85 | 123 | 5 | 0 |
| 19 | 27 | 11 | 0 | 32 | 46 | 8 | 0 | 45 | 65 | 5 | 0 | 90 | 130 | 10 | 0 |
| 20 | 29 | 0 | 0 | 33 | 47 | 17 | 0 | 46 | 66 | 14 | 0 | 100 | 145 | 0 | 0 |
| 21 | 30 | 9 | 0 | 34 | 49 | 6 | 0 | 47 | 68 | 3 | 0 | 200 | 290 | 0 | 0 |
| 22 | 31 | 18 | 0 | 35 | 50 | 15 | 0 | 48 | 69 | 12 | 0 | 300 | 435 | 0 | 0 |
| 23 | 33 | 7 | 0 | 36 | 52 | 4 | 0 | 49 | 71 | 1 | 0 | 400 | 580 | 0 | 0 |
| 24 | 34 | 16 | 0 | 37 | 53 | 13 | 0 | 50 | 72 | 10 | 0 | 500 | 725 | 0 | 0 |

1 grain = two-onethousandths of oz. troy or ·002.

1 carat = 3·166 grains.

1 pennyweight = five-onehundredths of oz. troy or ·05.

# £1 9s. 6d. per oz.

(For Diamonds, &c., for "oz." read "grain.")

| OUNCES. | | | | TENTHS. | | | | HUNDREDTHS. | | | | THOUSANDTH | | | |
|---|---|---|---|---|---|---|---|---|---|---|---|---|---|---|---|
| *oz.* | £ | *s.* | *d.* | | £ | *s.* | *d.* | | £ | *s.* | *d.* | | £ | *s.* | *d.* |
| 1 | 1 | 9 | 6 | ·1 | 0 | 2 | 11½ | ·01 | 0 | 0 | 3½ | ·001 | 0 | 0 | 0¼ |
| 2 | 2 | 19 | 0 | ·2 | 0 | 5 | 10¾ | ·02 | 0 | 0 | 7 | ·002 | 0 | 0 | 0¾ |
| 3 | 4 | 8 | 6 | ·3 | 0 | 8 | 10¼ | ·03 | 0 | 0 | 10½ | ·003 | 0 | 0 | 1 |
| 4 | 5 | 18 | 0 | ·4 | 0 | 11 | 9½ | ·04 | 0 | 1 | 2¼ | ·004 | 0 | 0 | 1½ |
| 5 | 7 | 7 | 6 | ·5 | 0 | 14 | 9 | ·05 | 0 | 1 | 5¾ | ·005 | 0 | 0 | 1¾ |
| 6 | 8 | 17 | 0 | ·6 | 0 | 17 | 8½ | ·06 | 0 | 1 | 9¼ | ·006 | 0 | 0 | 2 |
| 7 | 10 | 6 | 6 | ·7 | 1 | 0 | 7¾ | ·07 | 0 | 2 | 0¾ | ·007 | 0 | 0 | 2½ |
| 8 | 11 | 16 | 0 | ·8 | 1 | 3 | 7¼ | ·08 | 0 | 2 | 4¼ | ·008 | 0 | 0 | 2¾ |
| 9 | 13 | 5 | 6 | ·9 | 1 | 6 | 6½ | ·09 | 0 | 2 | 7¾ | ·009 | 0 | 0 | 3¼ |
| 10 | 14 | 15 | 0 | | | | | | | | | | | | |
| 11 | 16 | 4 | 6 | OUNCES. | | | | OUNCES. | | | | OUNCES. | | | |
| 12 | 17 | 14 | 0 | 25 | 36 | 17 | 6 | 38 | 56 | 1 | 0 | 55 | 81 | 2 | 6 |
| 13 | 19 | 3 | 6 | 26 | 38 | 7 | 0 | 39 | 57 | 10 | 6 | 60 | 88 | 10 | 0 |
| 14 | 20 | 13 | 0 | 27 | 39 | 16 | 6 | 40 | 59 | 0 | 0 | 65 | 95 | 17 | 6 |
| 15 | 22 | 2 | 6 | 28 | 41 | 6 | 0 | 41 | 60 | 9 | 6 | 70 | 103 | 5 | 0 |
| 16 | 23 | 12 | 0 | 29 | 42 | 15 | 6 | 42 | 61 | 19 | 0 | 75 | 110 | 12 | 6 |
| 17 | 25 | 1 | 6 | 30 | 44 | 5 | 0 | 43 | 63 | 8 | 6 | 80 | 118 | 0 | 0 |
| 18 | 26 | 11 | 0 | 31 | 45 | 14 | 6 | 44 | 64 | 18 | 0 | 85 | 125 | 7 | 6 |
| 19 | 28 | 0 | 6 | 32 | 47 | 4 | 0 | 45 | 66 | 7 | 6 | 90 | 132 | 15 | 0 |
| 20 | 29 | 10 | 0 | 33 | 48 | 13 | 6 | 46 | 67 | 17 | 0 | 100 | 147 | 10 | 0 |
| 21 | 30 | 19 | 6 | 34 | 50 | 3 | 0 | 47 | 69 | 6 | 6 | 200 | 295 | 0 | 0 |
| 22 | 32 | 9 | 0 | 35 | 51 | 12 | 6 | 48 | 70 | 16 | 0 | 300 | 442 | 10 | 0 |
| 23 | 33 | 18 | 6 | 36 | 53 | 2 | 0 | 49 | 72 | 5 | 6 | 400 | 590 | 0 | 0 |
| 24 | 35 | 8 | 0 | 37 | 54 | 11 | 6 | 50 | 73 | 15 | 0 | 500 | 737 | 10 | 0 |

1 grain=two-onethousandths of oz. troy or ·002.

1 carat=3·166 grains.

1 pennyweight=five-onehundredths of oz. troy or ·05.

# £1 10s. 0d. per oz.

(For Diamonds, &c., for "oz." read "grain.")

| OUNCES. £ | s. | d. |
|---|---|---|
| 1 | 10 | 0 |
| 3 | 0 | 0 |
| 4 | 10 | 0 |
| 6 | 0 | 0 |
| 7 | 10 | 0 |
| 9 | 0 | 0 |
| 10 | 10 | 0 |
| 12 | 0 | 0 |
| 13 | 10 | 0 |
| 15 | 0 | 0 |
| 16 | 10 | 0 |
| 18 | 0 | 0 |
| 19 | 10 | 0 |
| 21 | 0 | 0 |
| 22 | 10 | 0 |
| 24 | 0 | 0 |
| 25 | 10 | 0 |
| 27 | 0 | 0 |
| 28 | 10 | 0 |
| 30 | 0 | 0 |
| 31 | 10 | 0 |
| 33 | 0 | 0 |
| 34 | 10 | 0 |
| 36 | 0 | 0 |

| TENTHS. | £ | s. | d. | HUNDREDTHS. | £ | s. | d. | THOUSANDTHS. | £ | s. | d. |
|---|---|---|---|---|---|---|---|---|---|---|---|
| ·1 | 0 | 3 | 0 | 01 | 0 | 0 | 3½ | ·001 | 0 | 0 | 0¼ |
| 2 | 0 | 6 | 0 | ·02 | 0 | 0 | 7¼ | ·002 | 0 | 0 | 0¾ |
| ·3 | 0 | 9 | 0 | ·03 | 0 | 0 | 10¾ | ·003 | 0 | 0 | 1 |
| ·4 | 0 | 12 | 0 | ·04 | 0 | 1 | 2½ | 004 | 0 | 0 | 1½ |
| ·5 | 0 | 15 | 0 | ·05 | 0 | 1 | 6 | ·005 | 0 | 0 | 1¾ |
| 6 | 0 | 18 | 0 | ·06 | 0 | 1 | 9½ | ·006 | 0 | 0 | 2¼ |
| ·7 | 1 | 1 | 0 | ·07 | 0 | 2 | 1¼ | ·007 | 0 | 0 | 2½ |
| ·8 | 1 | 4 | 0 | ·08 | 0 | 2 | 4¾ | ·008 | 0 | 0 | 3 |
| ·9 | 1 | 7 | 0 | ·09 | 0 | 2 | 8½ | ·009 | 0 | 0 | 3¼ |

| OUNCES. | | | | OUNCES. | | | | OUNCES. | | | |
|---|---|---|---|---|---|---|---|---|---|---|---|
| 25 | 37 | 10 | 0 | 38 | 57 | 0 | 0 | 55 | 82 | 10 | 0 |
| 26 | 39 | 0 | 0 | 39 | 58 | 10 | 0 | 60 | 90 | 0 | 0 |
| 27 | 40 | 10 | 0 | 40 | 60 | 0 | 0 | 65 | 97 | 10 | 0 |
| 28 | 42 | 0 | 0 | 41 | 61 | 10 | 0 | 70 | 105 | 0 | 0 |
| 29 | 43 | 10 | 0 | 42 | 63 | 0 | 0 | 75 | 112 | 10 | 0 |
| 30 | 45 | 0 | 0 | 43 | 64 | 10 | 0 | 80 | 120 | 0 | 0 |
| 31 | 46 | 10 | 0 | 44 | 66 | 0 | 0 | 85 | 127 | 10 | 0 |
| 32 | 48 | 0 | 0 | 45 | 67 | 10 | 0 | 90 | 135 | 0 | 0 |
| 33 | 49 | 10 | 0 | 46 | 69 | 0 | 0 | 100 | 150 | 0 | 0 |
| 34 | 51 | 0 | 0 | 47 | 70 | 10 | 0 | 200 | 300 | 0 | 0 |
| 35 | 52 | 10 | 0 | 48 | 72 | 0 | 0 | 300 | 450 | 0 | 0 |
| 36 | 54 | 0 | 0 | 49 | 73 | 10 | 0 | 400 | 600 | 0 | 0 |
| 37 | 55 | 10 | 0 | 50 | 75 | 0 | 0 | 500 | 750 | 0 | 0 |

1 grain=two-onethousandths of oz. troy or ·002.

1 carat=3·166 grains.

1 pennyweight=five onehundredths of oz. troy or ·05.

# £1 10s. 6d. per oz.

(For Diamonds, &c., for "oz." read "grain.")

| OUNCES. | | | | TENTHS. | | | | HUNDREDTHS. | | | | THOUSANDTI. | | | |
|---|---|---|---|---|---|---|---|---|---|---|---|---|---|---|---|
| oz. | £ | s. | d. | | £ | s. | d. | | £ | s. | d. | | £ | s. | d. |
| 1 | 1 | 10 | 6 | ·1 | 0 | 3 | 0½ | ·01 | 0 | 0 | 3½ | ·001 | 0 | 0 | [illegible] |
| 2 | 3 | 1 | 0 | ·2 | 0 | 6 | 1¼ | ·02 | 0 | 0 | 7¼ | ·002 | 0 | 0 | [illegible] |
| 3 | 4 | 11 | 6 | ·3 | 0 | 9 | 1¾ | ·03 | 0 | 0 | 11 | ·003 | 0 | 0 | 1 |
| 4 | 6 | 2 | 0 | ·4 | 0 | 12 | 2½ | ·04 | 0 | 1 | 2¾ | ·004 | 0 | 0 | 1 |
| 5 | 7 | 12 | 6 | ·5 | 0 | 15 | 3 | ·05 | 0 | 1 | 6¼ | ·005 | 0 | 0 | 1 |
| 6 | 9 | 3 | 0 | ·6 | 0 | 18 | 3½ | 06 | 0 | 1 | 10 | ·006 | 0 | 0 | 2 |
| 7 | 10 | 13 | 6 | ·7 | 1 | 1 | 4¼ | ·07 | 0 | 2 | 1½ | ·007 | 0 | 0 | 2 |
| 8 | 12 | 4 | 0 | ·8 | 1 | 4 | 4¾ | ·08 | 0 | 2 | 5¼ | 008 | 0 | 0 | 3 |
| 9 | 13 | 14 | 6 | ·9 | 1 | 7 | 5½ | ·09 | 0 | 2 | 9 | ·009 | 0 | 0 | 3 |
| 10 | 15 | 5 | 0 | OUNCES. | | | | OUNCES. | | | | OUNCES. | | | |
| 11 | 16 | 15 | 6 | | | | | | | | | | | | |
| 12 | 18 | 6 | 0 | 25 | 38 | 2 | 6 | 38 | 57 | 19 | 0 | 55 | 83 | 17 | [illegible] |
| 13 | 19 | 16 | 6 | 26 | 39 | 13 | 0 | 39 | 59 | 9 | 6 | 60 | 91 | 10 | [illegible] |
| 14 | 21 | 7 | 0 | 27 | 41 | 3 | 6 | 40 | 61 | 0 | 0 | 65 | 99 | 2 | [illegible] |
| 15 | 22 | 17 | 6 | 28 | 42 | 14 | 0 | 41 | 62 | 10 | 6 | 70 | 106 | 15 | [illegible] |
| 16 | 24 | 8 | 0 | 29 | 44 | 4 | 6 | 42 | 64 | 1 | 0 | 75 | 114 | 7 | [illegible] |
| 17 | 25 | 18 | 6 | 30 | 45 | 15 | 0 | 43 | 65 | 11 | 6 | 80 | 122 | 0 | [illegible] |
| 18 | 27 | 9 | 0 | 31 | 47 | 5 | 6 | 44 | 67 | 2 | 0 | 85 | 129 | 12 | [illegible] |
| 19 | 28 | 19 | 6 | 32 | 48 | 16 | 0 | 45 | 68 | 12 | 6 | 90 | 137 | 5 | [illegible] |
| 20 | 30 | 10 | 0 | 33 | 50 | 6 | 6 | 46 | 70 | 3 | 0 | 100 | 152 | 10 | [illegible] |
| 21 | 32 | 0 | 6 | 34 | 51 | 17 | 0 | 47 | 71 | 13 | 6 | 200 | 305 | 0 | [illegible] |
| 22 | 33 | 11 | 0 | 35 | 53 | 7 | 6 | 48 | 73 | 4 | 0 | 300 | 457 | 10 | [illegible] |
| 23 | 35 | 1 | 6 | 36 | 54 | 18 | 0 | 49 | 74 | 14 | 6 | 400 | 610 | 0 | [illegible] |
| 24 | 36 | 12 | 0 | 37 | 56 | 8 | 6 | 50 | 76 | 5 | 0 | 500 | 762 | 10 | [illegible] |

1 grain=two-onethousandths of oz. troy or ·002.

1 carat=3·166 grains.

1 pennyweight=five-onehundredths of oz. troy or ·05.

# £1 11s. 0d. per oz.

(For Diamonds, &c., for "oz." read "grain.")

| OUNCES. | | | TENTHS. | | | | HUNDREDTHS. | | | | THOUSANDTHS. | | | |
|---|---|---|---|---|---|---|---|---|---|---|---|---|---|---|
| £ | s. | d. | | £ | s. | d. | | £ | s. | d. | | £ | s. | d. |
| 1 | 11 | 0 | ·1 | 0 | 3 | 1¼ | ·01 | 0 | 0 | 3¾ | ·001 | 0 | 0 | 0¼ |
| 3 | 2 | 0 | ·2 | 0 | 6 | 2½ | ·02 | 0 | 0 | 7½ | ·002 | 0 | 0 | 0¾ |
| 4 | 13 | 0 | ·3 | 0 | 9 | 3½ | ·03 | 0 | 0 | 11¼ | ·003 | 0 | 0 | 1 |
| 6 | 4 | 0 | ·4 | 0 | 12 | 4¾ | ·04 | 0 | 1 | 3 | ·004 | 0 | 0 | 1½ |
| 7 | 15 | 0 | ·5 | 0 | 15 | 6 | ·05 | 0 | 1 | 6½ | ·005 | 0 | 0 | 1¾ |
| 9 | 6 | 0 | ·6 | 0 | 18 | 7¼ | ·06 | 0 | 1 | 10¼ | ·006 | 0 | 0 | 2¼ |
| 10 | 17 | 0 | ·7 | 1 | 1 | 8½ | ·07 | 0 | 2 | 2 | ·007 | 0 | 0 | 2½ |
| 12 | 8 | 0 | ·8 | 1 | 4 | 9½ | ·08 | 0 | 2 | 5¾ | ·008 | 0 | 0 | 3 |
| 13 | 19 | 0 | ·9 | 1 | 7 | 10¾ | ·09 | 0 | 2 | 9½ | ·009 | 0 | 0 | 3¼ |
| 15 | 10 | 0 | OUNCES. | | | | OUNCES. | | | | OUNCES. | | | |
| 17 | 1 | 0 | | | | | | | | | | | | |
| 18 | 12 | 0 | 25 | 38 | 15 | 0 | 38 | 58 | 18 | 0 | 55 | 85 | 5 | 0 |
| 20 | 3 | 0 | 26 | 40 | 6 | 0 | 39 | 60 | 9 | 0 | 60 | 93 | 0 | 0 |
| 21 | 14 | 0 | 27 | 41 | 17 | 0 | 40 | 62 | 0 | 0 | 65 | 100 | 15 | 0 |
| 23 | 5 | 0 | 28 | 43 | 8 | 0 | 41 | 63 | 11 | 0 | 70 | 108 | 10 | 0 |
| 24 | 16 | 0 | 29 | 44 | 19 | 0 | 42 | 65 | 2 | 0 | 75 | 116 | 5 | 0 |
| 26 | 7 | 0 | 30 | 46 | 10 | 0 | 43 | 66 | 13 | 0 | 80 | 124 | 0 | 0 |
| 27 | 18 | 0 | 31 | 48 | 1 | 0 | 44 | 68 | 4 | 0 | 85 | 131 | 15 | 0 |
| 29 | 9 | 0 | 32 | 49 | 12 | 0 | 45 | 69 | 15 | 0 | 90 | 139 | 10 | 0 |
| 31 | 0 | 0 | 33 | 51 | 3 | 0 | 46 | 71 | 6 | 0 | 100 | 155 | 0 | 0 |
| 32 | 11 | 0 | 34 | 52 | 14 | 0 | 47 | 72 | 17 | 0 | 200 | 310 | 0 | 0 |
| 34 | 2 | 0 | 35 | 54 | 5 | 0 | 48 | 74 | 8 | 0 | 300 | 465 | 0 | 0 |
| 35 | 13 | 0 | 36 | 55 | 16 | 0 | 49 | 75 | 19 | 0 | 400 | 620 | 0 | 0 |
| 37 | 4 | 0 | 37 | 57 | 7 | 0 | 50 | 77 | 10 | 0 | 500 | 775 | 0 | 0 |

1 grain=two-onethousandths of oz. troy or ·002.

1 carat=3·166 grains.

1 pennyweight=five-onehundredths of oz. troy or ·05.

# £1 11s. 6d. per oz.

(For Diamonds, &c., for " oz." read " grain.")

| OUNCES. | | | | TENTHS. | | | | HUNDREDTHS. | | | | THOUSANDTH | | | |
|---|---|---|---|---|---|---|---|---|---|---|---|---|---|---|---|
| *oz.* | £ | *s.* | *d.* | | £ | *s.* | *d.* | | £ | *s.* | *d.* | | £ | *s.* | *d.* |
| 1 | 1 | 11 | 6 | ·1 | 0 | 3 | 1¾ | ·01 | 0 | 0 | 3¾ | ·001 | 0 | 0 | 0¼ |
| 2 | 3 | 3 | 0 | ·2 | 0 | 6 | 3½ | ·02 | 0 | 0 | 7½ | ·002 | 0 | 0 | 0¾ |
| 3 | 4 | 14 | 6 | ·3 | 0 | 9 | 5½ | ·03 | 0 | 0 | 11¼ | ·003 | 0 | 0 | 1¼ |
| 4 | 6 | 6 | 0 | ·4 | 0 | 12 | 7¼ | ·04 | 0 | 1 | 3 | ·004 | 0 | 0 | 1½ |
| 5 | 7 | 17 | 6 | ·5 | 0 | 15 | 9 | ·05 | 0 | 1 | 7 | ·005 | 0 | 0 | 2 |
| 6 | 9 | 9 | 0 | ·6 | 0 | 18 | 10¾ | ·06 | 0 | 1 | 10¾ | ·006 | 0 | 0 | 2¼ |
| 7 | 11 | 0 | 6 | ·7 | 1 | 2 | 0½ | ·07 | 0 | 2 | 2½ | ·007 | 0 | 0 | 2¾ |
| 8 | 12 | 12 | 0 | ·8 | 1 | 5 | 2½ | ·08 | 0 | 2 | 6¼ | ·008 | 0 | 0 | 3 |
| 9 | 14 | 3 | 6 | ·9 | 1 | 8 | 4¼ | ·09 | 0 | 2 | 10 | ·009 | 0 | 0 | 3½ |
| 10 | 15 | 15 | 0 | OUNCES. | | | | OUNCES. | | | | OUNCES. | | | |
| 11 | 17 | 6 | 6 | | | | | | | | | | | | |
| 12 | 18 | 18 | 0 | 25 | 39 | 7 | 6 | 38 | 59 | 17 | 0 | 55 | 86 | 12 | 6 |
| 13 | 20 | 9 | 6 | 26 | 40 | 19 | 0 | 39 | 61 | 8 | 6 | 60 | 94 | 10 | 0 |
| 14 | 22 | 1 | 0 | 27 | 42 | 10 | 6 | 40 | 63 | 0 | 0 | 65 | 102 | 7 | 6 |
| 15 | 23 | 12 | 6 | 28 | 44 | 2 | 0 | 41 | 64 | 11 | 6 | 70 | 110 | 5 | 0 |
| 16 | 25 | 4 | 0 | 29 | 45 | 13 | 6 | 42 | 66 | 3 | 0 | 75 | 118 | 2 | 6 |
| 17 | 26 | 15 | 6 | 30 | 47 | 5 | 0 | 43 | 67 | 14 | 6 | 80 | 126 | 0 | 0 |
| 18 | 28 | 7 | 0 | 31 | 48 | 16 | 6 | 44 | 69 | 6 | 0 | 85 | 133 | 17 | 6 |
| 19 | 29 | 18 | 6 | 32 | 50 | 8 | 0 | 45 | 70 | 17 | 6 | 90 | 141 | 15 | 0 |
| 20 | 31 | 10 | 0 | 33 | 51 | 19 | 6 | 46 | 72 | 9 | 0 | 100 | 157 | 10 | 0 |
| 21 | 33 | 1 | 6 | 34 | 53 | 11 | 0 | 47 | 74 | 0 | 6 | 200 | 315 | 0 | 0 |
| 22 | 34 | 13 | 0 | 35 | 55 | 2 | 6 | 48 | 75 | 12 | 0 | 300 | 472 | 10 | 0 |
| 23 | 36 | 4 | 6 | 36 | 56 | 14 | 0 | 49 | 77 | 3 | 6 | 400 | 630 | 0 | 0 |
| 24 | 37 | 16 | 0 | 37 | 58 | 5 | 6 | 50 | 78 | 15 | 0 | 500 | 787 | 10 | 0 |

1 grain=two-onethousandths of oz. troy or ·002.

1 carat=3·166 grains.

1 pennyweight=five-onehundredths of oz. troy or ·05.

# £1 12s. 0d. per oz.

(For Diamonds, &c., for "oz." read "grain.")

| OUNCES. | £ | s. | d. |
|---|---|---|---|
| 1 | 1 | 12 | 0 |
| 2 | 3 | 4 | 0 |
| 3 | 4 | 16 | 0 |
| 4 | 6 | 8 | 0 |
| 5 | 8 | 0 | 0 |
| 6 | 9 | 12 | 0 |
| 7 | 11 | 4 | 0 |
| [illegible] | 12 | 16 | 0 |
| [illegible] | 14 | 8 | 0 |
| [illegible] | 16 | 0 | 0 |
| [illegible] | 17 | 12 | 0 |
| [illegible] | 19 | 4 | 0 |
| [illegible] | 20 | 16 | 0 |
| [illegible] | 22 | 8 | 0 |
| [illegible] | 24 | 0 | 0 |
| [illegible] | 25 | 12 | 0 |
| [illegible] | 27 | 4 | 0 |
| [illegible] | 28 | 16 | 0 |
| [illegible] | 30 | 8 | 0 |
| [illegible] | 32 | 0 | 0 |
| [illegible] | 33 | 12 | 0 |
| [illegible] | 35 | 4 | 0 |
| [illegible] | 36 | 16 | 0 |
| [illegible] | 38 | 8 | 0 |

| TENTHS. | £ | s. | d. |
|---|---|---|---|
| ·1 | 0 | 3 | 2½ |
| ·2 | 0 | 6 | 4¾ |
| ·3 | 0 | 9 | 7¼ |
| ·4 | 0 | 12 | 9½ |
| ·5 | 0 | 16 | 0 |
| ·6 | 0 | 19 | 2½ |
| ·7 | 1 | 2 | 4¾ |
| ·8 | 1 | 5 | 7¼ |
| ·9 | 1 | 8 | 9½ |

| HUNDREDTHS. | £ | s. | d. |
|---|---|---|---|
| ·01 | 0 | 0 | 3¾ |
| ·02 | 0 | 0 | 7¾ |
| ·03 | 0 | 0 | 11½ |
| ·04 | 0 | 1 | 3¼ |
| ·05 | 0 | 1 | 7¼ |
| ·06 | 0 | 1 | 11 |
| ·07 | 0 | 2 | 3 |
| ·08 | 0 | 2 | 6¾ |
| ·09 | 0 | 2 | 10½ |

| THOUSANDTHS | £ | s. | d. |
|---|---|---|---|
| ·001 | 0 | 0 | 0½ |
| ·002 | 0 | 0 | 0¾ |
| ·003 | 0 | 0 | 1¼ |
| ·004 | 0 | 0 | 1½ |
| ·005 | 0 | 0 | 2 |
| ·006 | 0 | 0 | 2¼ |
| ·007 | 0 | 0 | 2¾ |
| ·008 | 0 | 0 | 3 |
| ·009 | 0 | 0 | 3½ |

| OUNCES. | £ | s. | d. |
|---|---|---|---|
| 25 | 40 | 0 | 0 |
| 26 | 41 | 12 | 0 |
| 27 | 43 | 4 | 0 |
| 28 | 44 | 16 | 0 |
| 29 | 46 | 8 | 0 |
| 30 | 48 | 0 | 0 |
| 31 | 49 | 12 | 0 |
| 32 | 51 | 4 | 0 |
| 33 | 52 | 16 | 0 |
| 34 | 54 | 8 | 0 |
| 35 | 56 | 0 | 0 |
| 36 | 57 | 12 | 0 |
| 37 | 59 | 4 | 0 |

| OUNCES. | £ | s. | d. |
|---|---|---|---|
| 38 | 60 | 16 | 0 |
| 39 | 62 | 8 | 0 |
| 40 | 64 | 0 | 0 |
| 41 | 65 | 12 | 0 |
| 42 | 67 | 4 | 0 |
| 43 | 68 | 16 | 0 |
| 44 | 70 | 8 | 0 |
| 45 | 72 | 0 | 0 |
| 46 | 73 | 12 | 0 |
| 47 | 75 | 4 | 0 |
| 48 | 76 | 16 | 0 |
| 49 | 78 | 8 | 0 |
| 50 | 80 | 0 | 0 |

| OUNCES. | £ | s. | d. |
|---|---|---|---|
| 55 | 88 | 0 | 0 |
| 60 | 96 | 0 | 0 |
| 65 | 104 | 0 | 0 |
| 70 | 112 | 0 | 0 |
| 75 | 120 | 0 | 0 |
| 80 | 128 | 0 | 0 |
| 85 | 136 | 0 | 0 |
| 90 | 144 | 0 | 0 |
| 100 | 160 | 0 | 0 |
| 200 | 320 | 0 | 0 |
| 300 | 480 | 0 | 0 |
| 400 | 640 | 0 | 0 |
| 500 | 800 | 0 | 0 |

1 grain=two-onethousandths of oz. troy or ·002.

1 carat=3·166 grains.

1 pennyweight=five onehundredths of oz. troy or ·05.

# £1 12s. 6d. per oz.

(For Diamonds, &c., for "oz." read "grain.")

| OUNCES. | | | | TENTHS. | | | | HUNDREDTHS. | | | | THOUSANDTHS. | | | |
|---|---|---|---|---|---|---|---|---|---|---|---|---|---|---|---|
| oz. | £ | s. | d. | | £ | s. | d. | | £ | s. | d. | | £ | s. | d. |
| 1 | 1 | 12 | 6 | ·1 | 0 | 3 | 3 | ·01 | 0 | 0 | 4 | ·001 | 0 | 0 | 0 |
| 2 | 3 | 5 | 0 | ·2 | 0 | 6 | 6 | ·02 | 0 | 0 | 7¾ | ·002 | 0 | 0 | 0 |
| 3 | 4 | 17 | 6 | ·3 | 0 | 9 | 9 | ·03 | 0 | 0 | 11¾ | ·003 | 0 | 0 | 1 |
| 4 | 6 | 10 | 0 | ·4 | 0 | 13 | 0 | ·04 | 0 | 1 | 3½ | ·004 | 0 | 0 | 1 |
| 5 | 8 | 2 | 6 | ·5 | 0 | 16 | 3 | ·05 | 0 | 1 | 7½ | ·005 | 0 | 0 | 2 |
| 6 | 9 | 15 | 0 | ·6 | 0 | 19 | 6 | ·06 | 0 | 1 | 11½ | ·006 | 0 | 0 | 2 |
| 7 | 11 | 7 | 6 | ·7 | 1 | 2 | 9 | ·07 | 0 | 2 | 3¼ | ·007 | 0 | 0 | 2 |
| 8 | 13 | 0 | 0 | ·8 | 1 | 6 | 0 | ·08 | 0 | 2 | 7¼ | ·008 | 0 | 0 | 3 |
| 9 | 14 | 12 | 6 | ·9 | 1 | 9 | 3 | ·09 | 0 | 2 | 11 | ·009 | 0 | 0 | 3 |
| 10 | 16 | 5 | 0 | OUNCES. | | | | OUNCES. | | | | OUNCES. | | | |
| 11 | 17 | 17 | 6 | | | | | | | | | | | | |
| 12 | 19 | 10 | 0 | 25 | 40 | 12 | 6 | 38 | 61 | 15 | 0 | 55 | 89 | 7 | [illegible] |
| 13 | 21 | 2 | 6 | 26 | 42 | 5 | 0 | 39 | 63 | 7 | 6 | 60 | 97 | 10 | [illegible] |
| 14 | 22 | 15 | 0 | 27 | 43 | 17 | 6 | 40 | 65 | 0 | 0 | 65 | 105 | 12 | [illegible] |
| 15 | 24 | 7 | 6 | 28 | 45 | 10 | 0 | 41 | 66 | 12 | 6 | 70 | 113 | 15 | [illegible] |
| 16 | 26 | 0 | 0 | 29 | 47 | 2 | 6 | 42 | 68 | 5 | 0 | 75 | 121 | 17 | [illegible] |
| 17 | 27 | 12 | 6 | 30 | 48 | 15 | 0 | 43 | 69 | 17 | 6 | 80 | 130 | 0 | 0 |
| 18 | 29 | 5 | 0 | 31 | 50 | 7 | 6 | 44 | 71 | 10 | 0 | 85 | 138 | 2 | 6 |
| 19 | 30 | 17 | 6 | 32 | 52 | 0 | 0 | 45 | 73 | 2 | 6 | 90 | 146 | 5 | 0 |
| 20 | 32 | 10 | 0 | 33 | 53 | 12 | 6 | 46 | 74 | 15 | 0 | 100 | 162 | 10 | 0 |
| 21 | 34 | 2 | 6 | 34 | 55 | 5 | 0 | 47 | 76 | 7 | 6 | 200 | 325 | 0 | 0 |
| 22 | 35 | 15 | 0 | 35 | 56 | 17 | 6 | 48 | 78 | 0 | 0 | 300 | 487 | 10 | 0 |
| 23 | 37 | 7 | 6 | 36 | 58 | 10 | 0 | 49 | 79 | 12 | 6 | 400 | 650 | 0 | 0 |
| 24 | 39 | 0 | 0 | 37 | 60 | 2 | 6 | 50 | 81 | 5 | 0 | 500 | 812 | 10 | 0 |

1 grain=two-onethousandths of oz. troy or ·002.

1 carat=3·166 grains.

1 pennyweight=five-onehundredths of oz. troy or ·05.

# £1 12s. 0d. per oz.

(For Diamonds, &c., for "oz." read "grain.")

| OUNCES. | | | | TENTHS. | | | | HUNDREDTHS. | | | | THOUSANDTHS | | | |
|---|---|---|---|---|---|---|---|---|---|---|---|---|---|---|---|
| [illegible] | £ | *s.* | *d.* | | £ | *s.* | *d.* | | £ | *s.* | *d.* | | £ | *s.* | *d.* |
| 1 | 1 | 12 | 0 | ·1 | 0 | 3 | 2½ | 01 | 0 | 0 | 3¾ | ·001 | 0 | 0 | 0½ |
| 2 | 3 | 4 | 0 | ·2 | 0 | 6 | 4¾ | ·02 | 0 | 0 | 7¾ | ·002 | 0 | 0 | 0¾ |
| 3 | 4 | 16 | 0 | ·3 | 0 | 9 | 7¼ | ·03 | 0 | 0 | 11½ | ·003 | 0 | 0 | 1¼ |
| 4 | 6 | 8 | 0 | ·4 | 0 | 12 | 9½ | ·04 | 0 | 1 | 3¼ | 004 | 0 | 0 | 1½ |
| 5 | 8 | 0 | 0 | ·5 | 0 | 16 | 0 | ·05 | 0 | 1 | 7¼ | ·005 | 0 | 0 | 2 |
| 6 | 9 | 12 | 0 | ·6 | 0 | 19 | 2½ | ·06 | 0 | 1 | 11 | ·006 | 0 | 0 | 2¼ |
| 7 | 11 | 4 | 0 | ·7 | 1 | 2 | 4¾ | ·07 | 0 | 2 | 3 | ·007 | 0 | 0 | 2¾ |
| 8 | 12 | 16 | 0 | ·8 | 1 | 5 | 7¼ | ·08 | 0 | 2 | 6¾ | ·008 | 0 | 0 | 3 |
| 9 | 14 | 8 | 0 | ·9 | 1 | 8 | 9½ | ·09 | 0 | 2 | 10½ | ·009 | 0 | 0 | 3½ |
| [illegible] | 16 | 0 | 0 | OUNCES. | | | | OUNCES. | | | | OUNCES. | | | |
| [illegible] | 17 | 12 | 0 | | | | | | | | | | | | |
| [illegible] | 19 | 4 | 0 | 25 | 40 | 0 | 0 | 38 | 60 | 16 | 0 | 55 | 88 | 0 | 0 |
| [illegible] | 20 | 16 | 0 | 26 | 41 | 12 | 0 | 39 | 62 | 8 | 0 | 60 | 96 | 0 | 0 |
| [illegible] | 22 | 8 | 0 | 27 | 43 | 4 | 0 | 40 | 64 | 0 | 0 | 65 | 104 | 0 | 0 |
| [illegible] | 24 | 0 | 0 | 28 | 44 | 16 | 0 | 41 | 65 | 12 | 0 | 70 | 112 | 0 | 0 |
| [illegible] | 25 | 12 | 0 | 29 | 46 | 8 | 0 | 42 | 67 | 4 | 0 | 75 | 120 | 0 | 0 |
| [illegible] | 27 | 4 | 0 | 30 | 48 | 0 | 0 | 43 | 68 | 16 | 0 | 80 | 128 | 0 | 0 |
| [illegible] | 28 | 16 | 0 | 31 | 49 | 12 | 0 | 44 | 70 | 8 | 0 | 85 | 136 | 0 | 0 |
| [illegible] | 30 | 8 | 0 | 32 | 51 | 4 | 0 | 45 | 72 | 0 | 0 | 90 | 144 | 0 | 0 |
| [illegible] | 32 | 0 | 0 | 33 | 52 | 16 | 0 | 46 | 73 | 12 | 0 | 100 | 160 | 0 | 0 |
| [illegible] | 33 | 12 | 0 | 34 | 54 | 8 | 0 | 47 | 75 | 4 | 0 | 200 | 320 | 0 | 0 |
| [illegible] | 35 | 4 | 0 | 35 | 56 | 0 | 0 | 48 | 76 | 16 | 0 | 300 | 480 | 0 | 0 |
| [illegible] | 36 | 16 | 0 | 36 | 57 | 12 | 0 | 49 | 78 | 8 | 0 | 400 | 640 | 0 | 0 |
| [illegible] | 38 | 8 | 0 | 37 | 59 | 4 | 0 | 50 | 80 | 0 | 0 | 500 | 800 | 0 | 0 |

1 grain = two-onethousandths of oz. troy or ·002.

1 carat = 3·166 grains.

1 pennyweight = five onehundredths of oz. troy or ·05.

# £1 12s. 6d. per oz.

(For Diamonds, &c., for "oz." read "grain.")

| OUNCES. | | | |
|---|---|---|---|
| oz. | £ | s. | d. |
| 1 | 1 | 12 | 6 |
| 2 | 3 | 5 | 0 |
| 3 | 4 | 17 | 6 |
| 4 | 6 | 10 | 0 |
| 5 | 8 | 2 | 6 |
| 6 | 9 | 15 | 0 |
| 7 | 11 | 7 | 6 |
| 8 | 13 | 0 | 0 |
| 9 | 14 | 12 | 6 |
| 10 | 16 | 5 | 0 |
| 11 | 17 | 17 | 6 |
| 12 | 19 | 10 | 0 |
| 13 | 21 | 2 | 6 |
| 14 | 22 | 15 | 0 |
| 15 | 24 | 7 | 6 |
| 16 | 26 | 0 | 0 |
| 17 | 27 | 12 | 6 |
| 18 | 29 | 5 | 0 |
| 19 | 30 | 17 | 6 |
| 20 | 32 | 10 | 0 |
| 21 | 34 | 2 | 6 |
| 22 | 35 | 15 | 0 |
| 23 | 37 | 7 | 6 |
| 24 | 39 | 0 | 0 |

| TENTHS. | | | | HUNDREDTHS. | | | | THOUSANDTHS. | | | |
|---|---|---|---|---|---|---|---|---|---|---|---|
| | £ | s. | d. | | £ | s. | d. | | £ | s. | d. |
| ·1 | 0 | 3 | 3 | ·01 | 0 | 0 | 4 | ·001 | 0 | 0 | 0 |
| ·2 | 0 | 6 | 6 | ·02 | 0 | 0 | 7¾ | ·002 | 0 | 0 | 0 |
| ·3 | 0 | 9 | 9 | ·03 | 0 | 0 | 11¾ | ·003 | 0 | 0 | 1 |
| ·4 | 0 | 13 | 0 | ·04 | 0 | 1 | 3½ | ·004 | 0 | 0 | 1 |
| ·5 | 0 | 16 | 3 | ·05 | 0 | 1 | 7½ | ·005 | 0 | 0 | 2 |
| ·6 | 0 | 19 | 6 | ·06 | 0 | 1 | 11½ | ·006 | 0 | 0 | 2 |
| ·7 | 1 | 2 | 9 | ·07 | 0 | 2 | 3¼ | ·007 | 0 | 0 | 2 |
| ·8 | 1 | 6 | 0 | ·08 | 0 | 2 | 7¼ | ·008 | 0 | 0 | 3 |
| ·9 | 1 | 9 | 3 | ·09 | 0 | 2 | 11 | ·009 | 0 | 0 | 3 |

| OUNCES. | | | | OUNCES. | | | | OUNCES. | | | |
|---|---|---|---|---|---|---|---|---|---|---|---|
| 25 | 40 | 12 | 6 | 38 | 61 | 15 | 0 | 55 | 89 | 7 | [illegible] |
| 26 | 42 | 5 | 0 | 39 | 63 | 7 | 6 | 60 | 97 | 10 | [illegible] |
| 27 | 43 | 17 | 6 | 40 | 65 | 0 | 0 | 65 | 105 | 12 | [illegible] |
| 28 | 45 | 10 | 0 | 41 | 66 | 12 | 6 | 70 | 113 | 15 | [illegible] |
| 29 | 47 | 2 | 6 | 42 | 68 | 5 | 0 | 75 | 121 | 17 | [illegible] |
| 30 | 48 | 15 | 0 | 43 | 69 | 17 | 6 | 80 | 130 | 0 | 0 |
| 31 | 50 | 7 | 6 | 44 | 71 | 10 | 0 | 85 | 138 | 2 | 6 |
| 32 | 52 | 0 | 0 | 45 | 73 | 2 | 6 | 90 | 146 | 5 | 0 |
| 33 | 53 | 12 | 6 | 46 | 74 | 15 | 0 | 100 | 162 | 10 | 0 |
| 34 | 55 | 5 | 0 | 47 | 76 | 7 | 6 | 200 | 325 | 0 | 0 |
| 35 | 56 | 17 | 6 | 48 | 78 | 0 | 0 | 300 | 487 | 10 | 0 |
| 36 | 58 | 10 | 0 | 49 | 79 | 12 | 6 | 400 | 650 | 0 | 0 |
| 37 | 60 | 2 | 6 | 50 | 81 | 5 | 0 | 500 | 812 | 10 | 0 |

1 grain=two-onethousandths of oz. troy or ·002.

1 carat=3·166 grains.

1 pennyweight=five-onehundredths of oz. troy or ·05.

# £1 13s. 0d. per oz.

(For Diamonds, &c., for "oz." read "grain.")

| OUNCES. | | | | TENTHS. | | | | HUNDREDTHS. | | | | THOUSANDTHS. | | | |
|---|---|---|---|---|---|---|---|---|---|---|---|---|---|---|---|
| | £ | s. | d. | | £ | s. | d. | | £ | s. | d. | | £ | s. | d. |
| 1 | 1 | 13 | 0 | ·1 | 0 | 3 | 3½ | ·01 | 0 | 0 | 4 | ·001 | 0 | 0 | 0½ |
| 2 | 3 | 6 | 0 | ·2 | 0 | 6 | 7¼ | ·02 | 0 | 0 | 8 | ·002 | 0 | 0 | 0¾ |
| 3 | 4 | 19 | 0 | ·3 | 0 | 9 | 10¾ | ·03 | 0 | 1 | 0 | ·003 | 0 | 0 | 1¼ |
| 4 | 6 | 12 | 0 | ·4 | 0 | 13 | 2½ | ·04 | 0 | 1 | 3¾ | ·004 | 0 | 0 | 1½ |
| 5 | 8 | 5 | 0 | ·5 | 0 | 16 | 6 | ·05 | 0 | 1 | 7¾ | ·005 | 0 | 0 | 2 |
| 6 | 9 | 18 | 0 | ·6 | 0 | 19 | 9½ | ·06 | 0 | 1 | 11¾ | ·006 | 0 | 0 | 2½ |
| 7 | 11 | 11 | 0 | ·7 | 1 | 3 | 1¼ | ·07 | 0 | 2 | 3¾ | ·007 | 0 | 0 | 2¾ |
| 8 | 13 | 4 | 0 | ·8 | 1 | 6 | 4¾ | ·08 | 0 | 2 | 7¾ | ·008 | 0 | 0 | 3¼ |
| 9 | 14 | 17 | 0 | ·9 | 1 | 9 | 8½ | ·09 | 0 | 2 | 11¾ | ·009 | 0 | 0 | 3½ |
| 10 | 16 | 10 | 0 | | | | | | | | | | | | |
| 11 | 18 | 3 | 0 | OUNCES. | | | | OUNCES. | | | | OUNCES. | | | |
| 12 | 19 | 16 | 0 | 25 | 41 | 5 | 0 | 38 | 62 | 14 | 0 | 55 | 90 | 15 | 0 |
| 13 | 21 | 9 | 0 | 26 | 42 | 18 | 0 | 39 | 64 | 7 | 0 | 60 | 99 | 0 | 0 |
| 14 | 23 | 2 | 0 | 27 | 44 | 11 | 0 | 40 | 66 | 0 | 0 | 65 | 107 | 5 | 0 |
| 15 | 24 | 15 | 0 | 28 | 46 | 4 | 0 | 41 | 67 | 13 | 0 | 70 | 115 | 10 | 0 |
| 16 | 26 | 8 | 0 | 29 | 47 | 17 | 0 | 42 | 69 | 6 | 0 | 75 | 123 | 15 | 0 |
| 17 | 28 | 1 | 0 | 30 | 49 | 10 | 0 | 43 | 70 | 19 | 0 | 80 | 132 | 0 | 0 |
| 18 | 29 | 14 | 0 | 31 | 51 | 3 | 0 | 44 | 72 | 12 | 0 | 85 | 140 | 5 | 0 |
| 19 | 31 | 7 | 0 | 32 | 52 | 16 | 0 | 45 | 74 | 5 | 0 | 90 | 148 | 10 | 0 |
| 20 | 33 | 0 | 0 | 33 | 54 | 9 | 0 | 46 | 75 | 18 | 0 | 100 | 165 | 0 | 0 |
| 21 | 34 | 13 | 0 | 34 | 56 | 2 | 0 | 47 | 77 | 11 | 0 | 200 | 330 | 0 | 0 |
| 22 | 36 | 6 | 0 | 35 | 57 | 15 | 0 | 48 | 79 | 4 | 0 | 300 | 495 | 0 | 0 |
| 23 | 37 | 19 | 0 | 36 | 59 | 8 | 0 | 49 | 80 | 17 | 0 | 400 | 660 | 0 | 0 |
| 24 | 39 | 12 | 0 | 37 | 61 | 1 | 0 | 50 | 82 | 10 | 0 | 500 | 825 | 0 | 0 |

1 grain=two-onethousandths of oz. troy or ·002.

1 carat=3·166 grains.

1 pennyweight=five onehundredths of oz. troy or ·05.

# £1 13s. 6d. per oz.

(For Diamonds, &c., for "oz." read "grain.")

| OUNCES. | | | | TENTHS. | | | | HUNDREDTHS. | | | | THOUSANDTH[S.] | | | |
|---|---|---|---|---|---|---|---|---|---|---|---|---|---|---|---|
| *oz.* | £ | *s.* | *d.* | | £ | *s.* | *d.* | | £ | *s.* | *d.* | | £ | *s.* | *d.* |
| 1 | 1 | 13 | 6 | ·1 | 0 | 3 | 4¼ | ·01 | 0 | 0 | 4 | ·001 | 0 | 0 | 0[illegible] |
| 2 | 3 | 7 | 0 | ·2 | 0 | 6 | 8½ | ·02 | 0 | 0 | 8 | ·002 | 0 | 0 | 0[illegible] |
| 3 | 5 | 0 | 6 | ·3 | 0 | 10 | 0½ | ·03 | 0 | 1 | 0 | ·003 | 0 | 0 | 1[illegible] |
| 4 | 6 | 14 | 0 | ·4 | 0 | 13 | 4¾ | ·04 | 0 | 1 | 4 | ·004 | 0 | 0 | 1[illegible] |
| 5 | 8 | 7 | 6 | ·5 | 0 | 16 | 9 | ·05 | 0 | 1 | 8 | ·005 | 0 | 0 | 2 |
| 6 | 10 | 1 | 0 | ·6 | 1 | 0 | 1¼ | ·06 | 0 | 2 | 0 | ·006 | 0 | 0 | 2[illegible] |
| 7 | 11 | 14 | 6 | ·7 | 1 | 3 | 5½ | ·07 | 0 | 2 | 4¼ | ·007 | 0 | 0 | 2[illegible] |
| 8 | 13 | 8 | 0 | ·8 | 1 | 6 | 9½ | ·08 | 0 | 2 | 8¼ | 008 | 0 | 0 | 3[illegible] |
| 9 | 15 | 1 | 6 | ·9 | 1 | 10 | 1¾ | ·09 | 0 | 3 | 0¼ | ·009 | 0 | 0 | 3[illegible] |
| 10 | 16 | 15 | 0 | OUNCES. | | | | OUNCES. | | | | OUNCES. | | | |
| 11 | 18 | 8 | 6 | | | | | | | | | | | | |
| 12 | 20 | 2 | 0 | 25 | 41 | 17 | 6 | 38 | 63 | 13 | 0 | 55 | 92 | 2 | [illegible] |
| 13 | 21 | 15 | 6 | 26 | 43 | 11 | 0 | 39 | 65 | 6 | 6 | 60 | 100 | 10 | [illegible] |
| 14 | 23 | 9 | 0 | 27 | 45 | 4 | 6 | 40 | 67 | 0 | 0 | 65 | 108 | 17 | [illegible] |
| 15 | 25 | 2 | 6 | 28 | 46 | 18 | 0 | 41 | 68 | 13 | 6 | 70 | 117 | 5 | [illegible] |
| 16 | 26 | 16 | 0 | 29 | 48 | 11 | 6 | 42 | 70 | 7 | 0 | 75 | 125 | 12 | [illegible] |
| 17 | 28 | 9 | 6 | 30 | 50 | 5 | 0 | 43 | 72 | 0 | 6 | 80 | 134 | 0 | [illegible] |
| 18 | 30 | 3 | 0 | 31 | 51 | 18 | 6 | 44 | 73 | 14 | 0 | 85 | 142 | 7 | [illegible] |
| 19 | 31 | 16 | 6 | 32 | 53 | 12 | 0 | 45 | 75 | 7 | 6 | 90 | 150 | 15 | [illegible] |
| 20 | 33 | 10 | 0 | 33 | 55 | 5 | 6 | 46 | 77 | 1 | 0 | 100 | 167 | 10 | [illegible] |
| 21 | 35 | 3 | 6 | 34 | 56 | 19 | 0 | 47 | 78 | 14 | 6 | 200 | 335 | 0 | [illegible] |
| 22 | 36 | 17 | 0 | 35 | 58 | 12 | 6 | 48 | 80 | 8 | 0 | 300 | 502 | 10 | [illegible] |
| 23 | 38 | 10 | 6 | 36 | 60 | 6 | 0 | 49 | 82 | 1 | 6 | 400 | 670 | 0 | [illegible] |
| 24 | 40 | 4 | 0 | 37 | 61 | 19 | 6 | 50 | 83 | 15 | 0 | 500 | 837 | 10 | [illegible] |

1 grain=two-onethousandths of oz. troy or ·002.

1 carat=3·166 grains.

1 pennyweight=five-onehundredths of oz. troy or ·05.

# £1 14s. 0d. per oz.

(For Diamonds, &c., for "oz." read "grain.")

| OUNCES. | | |
|---|---|---|
| £ | s. | d. |
| 1 | 14 | 0 |
| 3 | 8 | 0 |
| 5 | 2 | 0 |
| 6 | 16 | 0 |
| 8 | 10 | 0 |
| 10 | 4 | 0 |
| 11 | 18 | 0 |
| 13 | 12 | 0 |
| 15 | 6 | 0 |
| 17 | 0 | 0 |
| 18 | 14 | 0 |
| 20 | 8 | 0 |
| 22 | 2 | 0 |
| 23 | 16 | 0 |
| 25 | 10 | 0 |
| 27 | 4 | 0 |
| 28 | 18 | 0 |
| 30 | 12 | 0 |
| 32 | 6 | 0 |
| 34 | 0 | 0 |
| 35 | 14 | 0 |
| 37 | 8 | 0 |
| 39 | 2 | 0 |
| 40 | 16 | 0 |

| TENTHS. | | | | HUNDREDTHS. | | | | THOUSANDTHS. | | | |
|---|---|---|---|---|---|---|---|---|---|---|---|
| | £ | s. | d. | | £ | s. | d. | | £ | s. | d. |
| ·1 | 0 | 3 | 4¾ | 01 | 0 | 0 | 4 | ·001 | 0 | 0 | 0½ |
| ·2 | 0 | 6 | 9½ | ·02 | 0 | 0 | 8¼ | ·002 | 0 | 0 | 0¾ |
| ·3 | 0 | 10 | 2½ | ·03 | 0 | 1 | 0¼ | ·003 | 0 | 0 | 1¼ |
| ·4 | 0 | 13 | 7¼ | ·04 | 0 | 1 | 4¼ | 004 | 0 | 0 | 1¾ |
| ·5 | 0 | 17 | 0 | ·05 | 0 | 1 | 8½ | ·005 | 0 | 0 | 2 |
| ·6 | 1 | 0 | 4¾ | ·06 | 0 | 2 | 0½ | ·006 | 0 | 0 | 2½ |
| ·7 | 1 | 3 | 9½ | ·07 | 0 | 2 | 4½ | ·007 | 0 | 0 | 2¾ |
| ·8 | 1 | 7 | 2½ | ·08 | 0 | 2 | 8¾ | ·008 | 0 | 0 | 3¼ |
| ·9 | 1 | 10 | 7¼ | ·09 | 0 | 3 | 0¾ | ·009 | 0 | 0 | 3¾ |

| OUNCES. | | | | OUNCES. | | | | OUNCES. | | | |
|---|---|---|---|---|---|---|---|---|---|---|---|
| 25 | 42 | 10 | 0 | 38 | 64 | 12 | 0 | 55 | 93 | 10 | 0 |
| 26 | 44 | 4 | 0 | 39 | 66 | 6 | 0 | 60 | 102 | 0 | 0 |
| 27 | 45 | 18 | 0 | 40 | 68 | 0 | 0 | 65 | 110 | 10 | 0 |
| 28 | 47 | 12 | 0 | 41 | 69 | 14 | 0 | 70 | 119 | 0 | 0 |
| 29 | 49 | 6 | 0 | 42 | 71 | 8 | 0 | 75 | 127 | 10 | 0 |
| 30 | 51 | 0 | 0 | 43 | 73 | 2 | 0 | 80 | 136 | 0 | 0 |
| 31 | 52 | 14 | 0 | 44 | 74 | 16 | 0 | 85 | 144 | 10 | 0 |
| 32 | 54 | 8 | 0 | 45 | 76 | 10 | 0 | 90 | 153 | 0 | 0 |
| 33 | 56 | 2 | 0 | 46 | 78 | 4 | 0 | 100 | 170 | 0 | 0 |
| 34 | 57 | 16 | 0 | 47 | 79 | 18 | 0 | 200 | 340 | 0 | 0 |
| 35 | 59 | 10 | 0 | 48 | 81 | 12 | 0 | 300 | 510 | 0 | 0 |
| 36 | 61 | 4 | 0 | 49 | 83 | 6 | 0 | 400 | 680 | 0 | 0 |
| 37 | 62 | 18 | 0 | 50 | 85 | 0 | 0 | 500 | 850 | 0 | 0 |

1 grain=two-onethousandths of oz. troy or ·002.

1 carat=3·166 grains.

1 pennyweight=five onehundredths of oz. troy or ·05.

# £1 14s. 6d. per oz.

(For Diamonds, &c., for "oz." read "grain.")

| OUNCES. | | | | TENTHS. | | | | HUNDREDTHS. | | | | THOUSANDTHS | | | |
|---|---|---|---|---|---|---|---|---|---|---|---|---|---|---|---|
| oz. | £ | s. | d. | | £ | s. | d. | | £ | s. | d. | | £ | s. | d. |
| 1 | 1 | 14 | 6 | ·1 | 0 | 3 | 5½ | ·01 | 0 | 0 | 4¼ | ·001 | 0 | 0 | 0½ |
| 2 | 3 | 9 | 0 | ·2 | 0 | 6 | 10¾ | ·02 | 0 | 0 | 8¼ | ·002 | 0 | 0 | 0¾ |
| 3 | 5 | 3 | 6 | ·3 | 0 | 10 | 4¼ | ·03 | 0 | 1 | 0½ | ·003 | 0 | 0 | 1¼ |
| 4 | 6 | 18 | 0 | ·4 | 0 | 13 | 9½ | ·04 | 0 | 1 | 4½ | ·004 | 0 | 0 | 1¾ |
| 5 | 8 | 12 | 6 | ·5 | 0 | 17 | 3 | ·05 | 0 | 1 | 8¾ | ·005 | 0 | 0 | 2 |
| 6 | 10 | 7 | 0 | ·6 | 1 | 0 | 8½ | 06 | 0 | 2 | 0¾ | ·006 | 0 | 0 | 2½ |
| 7 | 12 | 1 | 6 | ·7 | 1 | 4 | 1¾ | 07 | 0 | 2 | 5 | ·007 | 0 | 0 | 3 |
| 8 | 13 | 16 | 0 | ·8 | 1 | 7 | 7¼ | ·08 | 0 | 2 | 9 | ·008 | 0 | 0 | 3¼ |
| 9 | 15 | 10 | 6 | ·9 | 1 | 11 | 0½ | 09 | 0 | 3 | 1¼ | 009 | 0 | 0 | 3¾ |
| 10 | 17 | 5 | 0 | | | | | | | | | | | | |
| 11 | 18 | 19 | 6 | OUNCES. | | | | OUNCES. | | | | OUNCES. | | | |
| 12 | 20 | 14 | 0 | 25 | 43 | 2 | 6 | 38 | 65 | 11 | 0 | 55 | 94 | 17 | 6 |
| 13 | 22 | 8 | 6 | 26 | 44 | 17 | 0 | 39 | 67 | 5 | 6 | 60 | 103 | 10 | 0 |
| 14 | 24 | 3 | 0 | 27 | 46 | 11 | 6 | 40 | 69 | 0 | 0 | 65 | 112 | 2 | 6 |
| 15 | 25 | 17 | 6 | 28 | 48 | 6 | 0 | 41 | 70 | 14 | 6 | 70 | 120 | 15 | 0 |
| 16 | 27 | 12 | 0 | 29 | 50 | 0 | 6 | 42 | 72 | 9 | 0 | 75 | 129 | 7 | 6 |
| 17 | 29 | 6 | 6 | 30 | 51 | 15 | 0 | 43 | 74 | 3 | 6 | 80 | 138 | 0 | 0 |
| 18 | 31 | 1 | 0 | 31 | 53 | 9 | 6 | 44 | 75 | 18 | 0 | 85 | 146 | 12 | 6 |
| 19 | 32 | 15 | 6 | 32 | 55 | 4 | 0 | 45 | 77 | 12 | 6 | 90 | 155 | 5 | 0 |
| 20 | 34 | 10 | 0 | 33 | 56 | 18 | 6 | 46 | 79 | 7 | 0 | 100 | 172 | 10 | 0 |
| 21 | 36 | 4 | 6 | 34 | 58 | 13 | 0 | 47 | 81 | 1 | 6 | 200 | 345 | 0 | 0 |
| 22 | 37 | 19 | 0 | 35 | 60 | 7 | 6 | 48 | 82 | 16 | 0 | 300 | 517 | 10 | 0 |
| 23 | 39 | 13 | 6 | 36 | 62 | 2 | 0 | 49 | 84 | 10 | 6 | 400 | 690 | 0 | 0 |
| 24 | 41 | 8 | 0 | 37 | 63 | 16 | 6 | 50 | 86 | 5 | 0 | 500 | 862 | 10 | 0 |

1 grain=two-onethousandths of oz. troy or ·002.

1 carat=3·166 grains.

1 pennyweight=five-onehundredths of oz. troy or ·05.

# £1 15s. 0d. per oz.

(For Diamonds, &c., for "oz." read "grain.")

| OUNCES. | | | | TENTHS. | | | | HUNDREDTHS. | | | | THOUSANDTHS. | | | |
|---|---|---|---|---|---|---|---|---|---|---|---|---|---|---|---|
| oz. | £ | s. | d. | | £ | s. | d. | | £ | s. | d. | | £ | s. | d. |
| 1 | 1 | 15 | 0 | ·1 | 0 | 3 | 6 | ·01 | 0 | 0 | 4¼ | ·001 | 0 | 0 | 0½ |
| 2 | 3 | 10 | 0 | ·2 | 0 | 7 | 0 | ·02 | 0 | 0 | 8½ | ·002 | 0 | 0 | 0¾ |
| 3 | 5 | 5 | 0 | ·3 | 0 | 10 | 6 | ·03 | 0 | 1 | 0½ | ·003 | 0 | 0 | 1¼ |
| 4 | 7 | 0 | 0 | ·4 | 0 | 14 | 0 | ·04 | 0 | 1 | 4¾ | ·004 | 0 | 0 | 1¾ |
| 5 | 8 | 15 | 0 | ·5 | 0 | 17 | 6 | ·05 | 0 | 1 | 9 | ·005 | 0 | 0 | 2 |
| 6 | 10 | 10 | 0 | ·6 | 1 | 1 | 0 | ·06 | 0 | 2 | 1¼ | ·006 | 0 | 0 | 2½ |
| 7 | 12 | 5 | 0 | ·7 | 1 | 4 | 6 | ·07 | 0 | 2 | 5½ | ·007 | 0 | 0 | 3 |
| 8 | 14 | 0 | 0 | ·8 | 1 | 8 | 0 | ·08 | 0 | 2 | 9½ | ·008 | 0 | 0 | 3¼ |
| 9 | 15 | 15 | 0 | ·9 | 1 | 11 | 6 | ·09 | 0 | 3 | 1¾ | ·009 | 0 | 0 | 3¾ |
| 10 | 17 | 10 | 0 | | | | | | | | | | | | |
| 11 | 19 | 5 | 0 | OUNCES. | | | | OUNCES. | | | | OUNCES. | | | |
| 12 | 21 | 0 | 0 | 25 | 43 | 15 | 0 | 38 | 66 | 10 | 0 | 55 | 96 | 5 | 0 |
| 13 | 22 | 15 | 0 | 26 | 45 | 10 | 0 | 39 | 68 | 5 | 0 | 60 | 105 | 0 | 0 |
| 14 | 24 | 10 | 0 | 27 | 47 | 5 | 0 | 40 | 70 | 0 | 0 | 65 | 113 | 15 | 0 |
| 15 | 26 | 5 | 0 | 28 | 49 | 0 | 0 | 41 | 71 | 15 | 0 | 70 | 122 | 10 | 0 |
| 16 | 28 | 0 | 0 | 29 | 50 | 15 | 0 | 42 | 73 | 10 | 0 | 75 | 131 | 5 | 0 |
| 17 | 29 | 15 | 0 | 30 | 52 | 10 | 0 | 43 | 75 | 5 | 0 | 80 | 140 | 0 | 0 |
| 18 | 31 | 10 | 0 | 31 | 54 | 5 | 0 | 44 | 77 | 0 | 0 | 85 | 148 | 15 | 0 |
| 19 | 33 | 5 | 0 | 32 | 56 | 0 | 0 | 45 | 78 | 15 | 0 | 90 | 157 | 10 | 0 |
| 20 | 35 | 0 | 0 | 33 | 57 | 15 | 0 | 46 | 80 | 10 | 0 | 100 | 175 | 0 | 0 |
| 21 | 36 | 15 | 0 | 34 | 59 | 10 | 0 | 47 | 82 | 5 | 0 | 200 | 350 | 0 | 0 |
| 22 | 38 | 10 | 0 | 35 | 61 | 5 | 0 | 48 | 84 | 0 | 0 | 300 | 525 | 0 | 0 |
| 23 | 40 | 5 | 0 | 36 | 63 | 0 | 0 | 49 | 85 | 15 | 0 | 400 | 700 | 0 | 0 |
| 24 | 42 | 0 | 0 | 37 | 64 | 15 | 0 | 50 | 87 | 10 | 0 | 500 | 875 | 0 | 0 |

1 grain = two-onethousandths of oz. troy or ·002.

1 carat = 3·166 grains.

1 pennyweight = five-onehundredths of oz. troy or ·05.

# £1 15s. 6d. per oz.

(For Diamonds, &c., for " oz." read " grain.")

| OUNCES. | | | | TENTHS. | | | | HUNDREDTHS. | | | | THOUSANDTHS. | | | |
|---|---|---|---|---|---|---|---|---|---|---|---|---|---|---|---|
| oz. | £ | s. | d. | | £ | s. | d. | | £ | s. | d. | | £ | s. | d. |
| 1 | 1 | 15 | 6 | ·1 | 0 | 3 | 6½ | ·01 | 0 | 0 | 4¼ | ·001 | 0 | 0 | 0½ |
| 2 | 3 | 11 | 0 | ·2 | 0 | 7 | 1¼ | ·02 | 0 | 0 | 8½ | ·002 | 0 | 0 | 0¾ |
| 3 | 5 | 6 | 6 | ·3 | 0 | 10 | 7¾ | ·03 | 0 | 1 | 0¾ | ·003 | 0 | 0 | 1¼ |
| 4 | 7 | 2 | 0 | ·4 | 0 | 14 | 2¼ | ·04 | 0 | 1 | 5 | ·004 | 0 | 0 | 1¾ |
| 5 | 8 | 17 | 6 | ·5 | 0 | 17 | 9 | ·05 | 0 | 1 | 9¼ | ·005 | 0 | 0 | 2¼ |
| 6 | 10 | 13 | 0 | ·6 | 1 | 1 | 3½ | ·06 | 0 | 2 | 1½ | ·006 | 0 | 0 | 2½ |
| 7 | 12 | 8 | 6 | ·7 | 1 | 4 | 10¼ | ·07 | 0 | 2 | 5¾ | ·007 | 0 | 0 | 3 |
| 8 | 14 | 4 | 0 | ·8 | 1 | 8 | 4¾ | ·08 | 0 | 2 | 10 | 008 | 0 | 0 | 3½ |
| 9 | 15 | 19 | 6 | ·9 | 1 | 11 | 11½ | ·09 | 0 | 3 | 2¼ | ·009 | 0 | 0 | 3¾ |
| 10 | 17 | 15 | 0 | | | | | | | | | | | | |
| 11 | 19 | 10 | 6 | OUNCES. | | | | OUNCES. | | | | OUNCES. | | | |
| 12 | 21 | 6 | 0 | 25 | 44 | 7 | 6 | 38 | 67 | 9 | 0 | 55 | 97 | 12 | 6 |
| 13 | 23 | 1 | 6 | 26 | 46 | 3 | 0 | 39 | 69 | 4 | 6 | 60 | 106 | 10 | 0 |
| 14 | 24 | 17 | 0 | 27 | 47 | 18 | 6 | 40 | 71 | 0 | 0 | 65 | 115 | 7 | 6 |
| 15 | 26 | 12 | 6 | 28 | 49 | 14 | 0 | 41 | 72 | 15 | 6 | 70 | 124 | 5 | 0 |
| 16 | 28 | 8 | 0 | 29 | 51 | 9 | 6 | 42 | 74 | 11 | 0 | 75 | 133 | 2 | 6 |
| 17 | 30 | 3 | 6 | 30 | 53 | 5 | 0 | 43 | 76 | 6 | 6 | 80 | 142 | 0 | 0 |
| 18 | 31 | 19 | 0 | 31 | 55 | 0 | 6 | 44 | 78 | 2 | 0 | 85 | 150 | 17 | 6 |
| 19 | 33 | 14 | 6 | 32 | 56 | 16 | 0 | 45 | 79 | 17 | 6 | 90 | 159 | 15 | 0 |
| 20 | 35 | 10 | 0 | 33 | 58 | 11 | 6 | 46 | 81 | 13 | 0 | 100 | 177 | 10 | 0 |
| 21 | 37 | 5 | 6 | 34 | 60 | 7 | 0 | 47 | 83 | 8 | 6 | 200 | 355 | 0 | 0 |
| 22 | 39 | 1 | 0 | 35 | 62 | 2 | 6 | 48 | 85 | 4 | 0 | 300 | 532 | 10 | 0 |
| 23 | 40 | 16 | 6 | 36 | 63 | 18 | 0 | 49 | 86 | 19 | 6 | 400 | 710 | 0 | 0 |
| 24 | 42 | 12 | 0 | 37 | 65 | 13 | 6 | 50 | 88 | 15 | 0 | 500 | 887 | 10 | 0 |

1 grain=two-onethousandths of oz. troy or ·002.

1 carat=3·166 grains.

1 pennyweight=five-onehundredths of oz. troy or ·05.

# £1 16s. 0d. per oz.

**(For Diamonds, &c., for "oz." read "grain.")**

| OUNCES. | | | | TENTHS. | | | | HUNDREDTHS. | | | | THOUSANDTHS. | | | |
|---|---|---|---|---|---|---|---|---|---|---|---|---|---|---|---|
| *oz.* | £ | *s.* | *d.* | | £ | *s.* | *d.* | | £ | *s.* | *d.* | | £ | *s.* | *d.* |
| 1 | 1 | 16 | 0 | ·1 | 0 | 3 | 7¼ | 01 | 0 | 0 | 4¼ | ·001 | 0 | 0 | 0½ |
| 2 | 3 | 12 | 0 | ·2 | 0 | 7 | 2½ | ·02 | 0 | 0 | 8¾ | ·002 | 0 | 0 | 0¾ |
| 3 | 5 | 8 | 0 | ·3 | 0 | 10 | 9½ | ·03 | 0 | 1 | 1 | ·003 | 0 | 0 | 1¼ |
| 4 | 7 | 4 | 0 | ·4 | 0 | 14 | 4¾ | ·04 | 0 | 1 | 5¼ | 004 | 0 | 0 | 1¾ |
| 5 | 9 | 0 | 0 | ·5 | 0 | 18 | 0 | ·05 | 0 | 1 | 9½ | ·005 | 0 | 0 | 2¼ |
| 6 | 10 | 16 | 0 | ·6 | 1 | 1 | 7¼ | ·06 | 0 | 2 | 2 | ·006 | 0 | 0 | 2½ |
| 7 | 12 | 12 | 0 | ·7 | 1 | 5 | 2½ | ·07 | 0 | 2 | 6¼ | ·007 | 0 | 0 | 3 |
| 8 | 14 | 8 | 0 | ·8 | 1 | 8 | 9½ | ·08 | 0 | 2 | 10½ | ·008 | 0 | 0 | 3½ |
| 9 | 16 | 4 | 0 | ·9 | 1 | 12 | 4¾ | ·09 | 0 | 3 | 3 | ·009 | 0 | 0 | 4 |
| 10 | 18 | 0 | 0 | OUNCES. | | | | OUNCES. | | | | OUNCES. | | | |
| 11 | 19 | 16 | 0 | | | | | | | | | | | | |
| 12 | 21 | 12 | 0 | 25 | 45 | 0 | 0 | 38 | 68 | 8 | 0 | 55 | 99 | 0 | 0 |
| 13 | 23 | 8 | 0 | 26 | 46 | 16 | 0 | 39 | 70 | 4 | 0 | 60 | 108 | 0 | 0 |
| 14 | 25 | 4 | 0 | 27 | 48 | 12 | 0 | 40 | 72 | 0 | 0 | 65 | 117 | 0 | 0 |
| 15 | 27 | 0 | 0 | 28 | 50 | 8 | 0 | 41 | 73 | 16 | 0 | 70 | 126 | 0 | 0 |
| 16 | 28 | 16 | 0 | 29 | 52 | 4 | 0 | 42 | 75 | 12 | 0 | 75 | 135 | 0 | 0 |
| 17 | 30 | 12 | 0 | 30 | 54 | 0 | 0 | 43 | 77 | 8 | 0 | 80 | 144 | 0 | 0 |
| 18 | 32 | 8 | 0 | 31 | 55 | 16 | 0 | 44 | 79 | 4 | 0 | 85 | 153 | 0 | 0 |
| 19 | 34 | 4 | 0 | 32 | 57 | 12 | 0 | 45 | 81 | 0 | 0 | 90 | 162 | 0 | 0 |
| 20 | 36 | 0 | 0 | 33 | 59 | 8 | 0 | 46 | 82 | 16 | 0 | 100 | 180 | 0 | 0 |
| 21 | 37 | 16 | 0 | 34 | 61 | 4 | 0 | 47 | 84 | 12 | 0 | 200 | 360 | 0 | 0 |
| 22 | 39 | 12 | 0 | 35 | 63 | 0 | 0 | 48 | 86 | 8 | 0 | 300 | 540 | 0 | 0 |
| 23 | 41 | 8 | 0 | 36 | 64 | 16 | 0 | 49 | 88 | 4 | 0 | 400 | 720 | 0 | 0 |
| 24 | 43 | 4 | 0 | 37 | 66 | 12 | 0 | 50 | 90 | 0 | 0 | 500 | 900 | 0 | 0 |

**1 grain = two-onethousandths of oz. troy or ·002.**

**1 carat = 3·166 grains.**

**1 pennyweight = five onehundredths of oz. troy or ·05.**

# £1 16s. 6d. per oz.

(For Diamonds, &c., for "oz." read "grain.")

| OUNCES. | | | | TENTHS. | | | | HUNDREDTHS. | | | | THOUSANDTHS. | | | |
|---|---|---|---|---|---|---|---|---|---|---|---|---|---|---|---|
| oz. | £ | s. | d. | | £ | s. | d. | | £ | s. | d. | | £ | s. | d. |
| 1 | 1 | 16 | 6 | ·1 | 0 | 3 | 7¾ | ·01 | 0 | 0 | 4½ | ·001 | 0 | 0 | 0½ |
| 2 | 3 | 13 | 0 | ·2 | 0 | 7 | 3½ | ·02 | 0 | 0 | 8¾ | ·002 | 0 | 0 | 1 |
| 3 | 5 | 9 | 6 | ·3 | 0 | 10 | 11½ | ·03 | 0 | 1 | 1¼ | ·003 | 0 | 0 | 1¼ |
| 4 | 7 | 6 | 0 | ·4 | 0 | 14 | 7¼ | ·04 | 0 | 1 | 5½ | ·004 | 0 | 0 | 1¾ |
| 5 | 9 | 2 | 6 | ·5 | 0 | 18 | 3 | ·05 | 0 | 1 | 10 | ·005 | 0 | 0 | 2¼ |
| 6 | 10 | 19 | 0 | ·6 | 1 | 1 | 10¾ | ·06 | 0 | 2 | 2¼ | ·006 | 0 | 0 | 2¾ |
| 7 | 12 | 15 | 6 | ·7 | 1 | 5 | 6½ | ·07 | 0 | 2 | 6¾ | ·007 | 0 | 0 | 3 |
| 8 | 14 | 12 | 0 | ·8 | 1 | 9 | 2½ | ·08 | 0 | 2 | 11 | ·008 | 0 | 0 | 3½ |
| 9 | 16 | 8 | 6 | ·9 | 1 | 12 | 10¼ | ·09 | 0 | 3 | 3½ | ·009 | 0 | 0 | 4 |
| 10 | 18 | 5 | 0 | OUNCES. | | | | OUNCES. | | | | OUNCES. | | | |
| 11 | 20 | 1 | 6 | | | | | | | | | | | | |
| 12 | 21 | 18 | 0 | 25 | 45 | 12 | 6 | 38 | 69 | 7 | 0 | 55 | 100 | 7 | 6 |
| 13 | 23 | 14 | 6 | 26 | 47 | 9 | 0 | 39 | 71 | 3 | 6 | 60 | 109 | 10 | 0 |
| 14 | 25 | 11 | 0 | 27 | 49 | 5 | 6 | 40 | 73 | 0 | 0 | 65 | 118 | 12 | 6 |
| 15 | 27 | 7 | 6 | 28 | 51 | 2 | 0 | 41 | 74 | 16 | 6 | 70 | 127 | 15 | 0 |
| 16 | 29 | 4 | 0 | 29 | 52 | 18 | 6 | 42 | 76 | 13 | 0 | 75 | 136 | 17 | 6 |
| 17 | 31 | 0 | 6 | 30 | 54 | 15 | 0 | 43 | 78 | 9 | 6 | 80 | 146 | 0 | 0 |
| 18 | 32 | 17 | 0 | 31 | 56 | 11 | 6 | 44 | 80 | 6 | 0 | 85 | 155 | 2 | 6 |
| 19 | 34 | 13 | 6 | 32 | 58 | 8 | 0 | 45 | 82 | 2 | 6 | 90 | 164 | 5 | 0 |
| 20 | 36 | 10 | 0 | 33 | 60 | 4 | 6 | 46 | 83 | 19 | 0 | 100 | 182 | 10 | 0 |
| 21 | 38 | 6 | 6 | 34 | 62 | 1 | 0 | 47 | 85 | 15 | 6 | 200 | 365 | 0 | 0 |
| 22 | 40 | 3 | 0 | 35 | 63 | 17 | 6 | 48 | 87 | 12 | 0 | 300 | 547 | 10 | 0 |
| 23 | 41 | 19 | 6 | 36 | 65 | 14 | 0 | 49 | 89 | 8 | 6 | 400 | 730 | 0 | 0 |
| 24 | 43 | 16 | 0 | 37 | 67 | 10 | 6 | 50 | 91 | 5 | 0 | 500 | 912 | 10 | 0 |

1 grain=two-onethousandths of oz. troy or ·002.

1 carat=3·166 grains.

1 pennyweight=five-onehundredths of oz. troy or ·05.

# £1 17s. 0d. per oz.

(For Diamonds, &c., for "oz." read "grain.")

| OUNCES. | | | | TENTHS. | | | | HUNDREDTHS. | | | | THOUSANDTHS. | | | |
|---|---|---|---|---|---|---|---|---|---|---|---|---|---|---|---|
| c. | £ | s. | d. | | £ | s. | d. | | £ | s. | d. | | £ | s. | d. |
| 1 | 1 | 17 | 0 | ·1 | 0 | 3 | 8½ | ·01 | 0 | 0 | 4½ | ·001 | 0 | 0 | 0½ |
| 2 | 3 | 14 | 0 | ·2 | 0 | 7 | 4¾ | ·02 | 0 | 0 | 9 | ·002 | 0 | 0 | 1 |
| 3 | 5 | 11 | 0 | ·3 | 0 | 11 | 1¼ | ·03 | 0 | 1 | 1¼ | ·003 | 0 | 0 | 1¼ |
| 4 | 7 | 8 | 0 | ·4 | 0 | 14 | 9½ | ·04 | 0 | 1 | 5¾ | ·004 | 0 | 0 | 1¾ |
| 5 | 9 | 5 | 0 | ·5 | 0 | 18 | 6 | ·05 | 0 | 1 | 10¼ | ·005 | 0 | 0 | 2¼ |
| 6 | 11 | 2 | 0 | ·6 | 1 | 2 | 2½ | ·06 | 0 | 2 | 2¾ | ·006 | 0 | 0 | 2¾ |
| 7 | 12 | 19 | 0 | ·7 | 1 | 5 | 10¾ | ·07 | 0 | 2 | 7 | ·007 | 0 | 0 | 3 |
| 8 | 14 | 16 | 0 | ·8 | 1 | 9 | 7¼ | ·08 | 0 | 2 | 11½ | ·008 | 0 | 0 | 3½ |
| 9 | 16 | 13 | 0 | ·9 | 1 | 13 | 3½ | ·09 | 0 | 3 | 4 | ·009 | 0 | 0 | 4 |
| 0 | 18 | 10 | 0 | | | | | | | | | | | | |
| 1 | 20 | 7 | 0 | OUNCES. | | | | OUNCES. | | | | OUNCES. | | | |
| 2 | 22 | 4 | 0 | 25 | 46 | 5 | 0 | 38 | 70 | 6 | 0 | 55 | 101 | 15 | 0 |
| 3 | 24 | 1 | 0 | 26 | 48 | 2 | 0 | 39 | 72 | 3 | 0 | 60 | 111 | 0 | 0 |
| 4 | 25 | 18 | 0 | 27 | 49 | 19 | 0 | 40 | 74 | 0 | 0 | 65 | 120 | 5 | 0 |
| 5 | 27 | 15 | 0 | 28 | 51 | 16 | 0 | 41 | 75 | 17 | 0 | 70 | 129 | 10 | 0 |
| 6 | 29 | 12 | 0 | 29 | 53 | 13 | 0 | 42 | 77 | 14 | 0 | 75 | 138 | 15 | 0 |
| 7 | 31 | 9 | 0 | 30 | 55 | 10 | 0 | 43 | 79 | 11 | 0 | 80 | 148 | 0 | 0 |
| 8 | 33 | 6 | 0 | 31 | 57 | 7 | 0 | 44 | 81 | 8 | 0 | 85 | 157 | 5 | 0 |
| 9 | 35 | 3 | 0 | 32 | 59 | 4 | 0 | 45 | 83 | 5 | 0 | 90 | 166 | 10 | 0 |
| 0 | 37 | 0 | 0 | 33 | 61 | 1 | 0 | 46 | 85 | 2 | 0 | 100 | 185 | 0 | 0 |
| 1 | 38 | 17 | 0 | 34 | 62 | 18 | 0 | 47 | 86 | 19 | 0 | 200 | 370 | 0 | 0 |
| 2 | 40 | 14 | 0 | 35 | 64 | 15 | 0 | 48 | 88 | 16 | 0 | 300 | 555 | 0 | 0 |
| 3 | 42 | 11 | 0 | 36 | 66 | 12 | 0 | 49 | 90 | 13 | 0 | 400 | 740 | 0 | 0 |
| 4 | 44 | 8 | 0 | 37 | 68 | 9 | 0 | 50 | 92 | 10 | 0 | 500 | 925 | 0 | 0 |

1 grain=two-onethousandths of oz. troy or ·002.

1 carat=3·166 grains.

1 pennyweight=five-onehundredths of oz. troy or ·05.

# £1 17s. 6d. per oz.

(For Diamonds, &c., for " oz." read " grain.")

| OUNCES. | | | | TENTHS. | | | | HUNDREDTHS. | | | | THOUSANDTHS | | | |
|---|---|---|---|---|---|---|---|---|---|---|---|---|---|---|---|
| oz. | £ | s. | d | | £ | s. | d. | | £ | s. | d. | | £ | s. | d. |
| 1 | 1 | 17 | 6 | ·1 | 0 | 3 | 9 | ·01 | 0 | 0 | 4½ | ·001 | 0 | 0 | 0½ |
| 2 | 3 | 15 | 0 | ·2 | 0 | 7 | 6 | ·02 | 0 | 0 | 9 | ·002 | 0 | 0 | 1 |
| 3 | 5 | 12 | 6 | ·3 | 0 | 11 | 3 | ·03 | 0 | 1 | 1½ | ·003 | 0 | 0 | 1¼ |
| 4 | 7 | 10 | 0 | ·4 | 0 | 15 | 0 | ·04 | 0 | 1 | 6 | ·004 | 0 | 0 | 1¾ |
| 5 | 9 | 7 | 6 | ·5 | 0 | 18 | 9 | ·05 | 0 | 1 | 10½ | ·005 | 0 | 0 | 2¼ |
| 6 | 11 | 5 | 0 | ·6 | 1 | 2 | 6 | ·06 | 0 | 2 | 3 | ·006 | 0 | 0 | 2¾ |
| 7 | 13 | 2 | 6 | ·7 | 1 | 6 | 3 | ·07 | 0 | 2 | 7½ | ·007 | 0 | 0 | 3¼ |
| 8 | 15 | 0 | 0 | ·8 | 1 | 10 | 0 | ·08 | 0 | 3 | 0 | 008 | 0 | 0 | 3½ |
| 9 | 16 | 17 | 6 | ·9 | 1 | 13 | 9 | ·09 | 0 | 3 | 4½ | ·009 | 0 | 0 | 4 |
| 10 | 18 | 15 | 0 | OUNCES. | | | | OUNCES. | | | | OUNCES. | | | |
| 11 | 20 | 12 | 6 | | | | | | | | | | | | |
| 12 | 22 | 10 | 0 | 25 | 46 | 17 | 6 | 38 | 71 | 5 | 0 | 55 | 103 | 2 | 6 |
| 13 | 24 | 7 | 6 | 26 | 48 | 15 | 0 | 39 | 73 | 2 | 6 | 60 | 112 | 10 | 0 |
| 14 | 26 | 5 | 0 | 27 | 50 | 12 | 6 | 40 | 75 | 0 | 0 | 65 | 121 | 17 | 6 |
| 15 | 28 | 2 | 6 | 28 | 52 | 10 | 0 | 41 | 76 | 17 | 6 | 70 | 131 | 5 | 0 |
| 16 | 30 | 0 | 0 | 29 | 54 | 7 | 6 | 42 | 78 | 15 | 0 | 75 | 140 | 12 | 6 |
| 17 | 31 | 17 | 6 | 30 | 56 | 5 | 0 | 43 | 80 | 12 | 6 | 80 | 150 | 0 | 0 |
| 18 | 33 | 15 | 0 | 31 | 58 | 2 | 6 | 44 | 82 | 10 | 0 | 85 | 159 | 7 | 6 |
| 19 | 35 | 12 | 6 | 32 | 60 | 0 | 0 | 45 | 84 | 7 | 6 | 90 | 168 | 15 | 0 |
| 20 | 37 | 10 | 0 | 33 | 61 | 17 | 6 | 46 | 86 | 5 | 0 | 100 | 187 | 10 | 0 |
| 21 | 39 | 7 | 6 | 34 | 63 | 15 | 0 | 47 | 88 | 2 | 6 | 200 | 375 | 0 | 0 |
| 22 | 41 | 5 | 0 | 35 | 65 | 12 | 6 | 48 | 90 | 0 | 0 | 300 | 562 | 10 | 0 |
| 23 | 43 | 2 | 6 | 36 | 67 | 10 | 0 | 49 | 91 | 17 | 6 | 400 | 750 | 0 | 0 |
| 24 | 45 | 0 | 0 | 37 | 69 | 7 | 6 | 50 | 93 | 15 | 0 | 500 | 937 | 10 | 0 |

1 grain=two-onethousandths of oz. troy or ·002.

1 carat=3·166 grains.

1 pennyweight=five-onehundredths of oz. troy or ·05.

# £1 18s. 0d. per oz.

(For Diamonds, &c., for "oz." read "grain.")

| OUNCES. | | | | TENTHS. | | | | HUNDREDTHS. | | | | THOUSANDTHS. | | | |
|---|---|---|---|---|---|---|---|---|---|---|---|---|---|---|---|
| z. | £ | s. | d. | | £ | s. | d. | | £ | s. | d. | | £ | s. | d. |
| 1 | 1 | 18 | 0 | ·1 | 0 | 3 | 9½ | ·01 | 0 | 0 | 4½ | ·001 | 0 | 0 | 0½ |
| 2 | 3 | 16 | 0 | ·2 | 0 | 7 | 7¼ | ·02 | 0 | 0 | 9 | ·002 | 0 | 0 | 1 |
| 3 | 5 | 14 | 0 | ·3 | 0 | 11 | 4¾ | ·03 | 0 | 1 | 1¾ | ·003 | 0 | 0 | 1½ |
| 4 | 7 | 12 | 0 | ·4 | 0 | 15 | 2½ | ·04 | 0 | 1 | 6¼ | ·004 | 0 | 0 | 1¾ |
| 5 | 9 | 10 | 0 | ·5 | 0 | 19 | 0 | ·05 | 0 | 1 | 10¾ | ·005 | 0 | 0 | 2¼ |
| 6 | 11 | 8 | 0 | ·6 | 1 | 2 | 9½ | ·06 | 0 | 2 | 3¼ | ·006 | 0 | 0 | 2¾ |
| 7 | 13 | 6 | 0 | ·7 | 1 | 6 | 7¼ | ·07 | 0 | 2 | 8 | ·007 | 0 | 0 | 3¼ |
| 8 | 15 | 4 | 0 | ·8 | 1 | 10 | 4¾ | ·08 | 0 | 3 | 0½ | ·008 | 0 | 0 | 3¾ |
| 9 | 17 | 2 | 0 | ·9 | 1 | 14 | 2½ | ·09 | 0 | 3 | 5 | ·009 | 0 | 0 | 4 |
| 0 | 19 | 0 | 0 | | | | | | | | | | | | |
| 1 | 20 | 18 | 0 | OUNCES. | | | | OUNCES. | | | | OUNCES. | | | |
| 2 | 22 | 16 | 0 | 25 | 47 | 10 | 0 | 38 | 72 | 4 | 0 | 55 | 104 | 10 | 0 |
| 3 | 24 | 14 | 0 | 26 | 49 | 8 | 0 | 39 | 74 | 2 | 0 | 60 | 114 | 0 | 0 |
| 4 | 26 | 12 | 0 | 27 | 51 | 6 | 0 | 40 | 76 | 0 | 0 | 65 | 123 | 10 | 0 |
| 5 | 28 | 10 | 0 | 28 | 53 | 4 | 0 | 41 | 77 | 18 | 0 | 70 | 133 | 0 | 0 |
| 6 | 30 | 8 | 0 | 29 | 55 | 2 | 0 | 42 | 79 | 16 | 0 | 75 | 142 | 10 | 0 |
| 7 | 32 | 6 | 0 | 30 | 57 | 0 | 0 | 43 | 81 | 14 | 0 | 80 | 152 | 0 | 0 |
| 8 | 34 | 4 | 0 | 31 | 58 | 18 | 0 | 44 | 83 | 12 | 0 | 85 | 161 | 10 | 0 |
| 9 | 36 | 2 | 0 | 32 | 60 | 16 | 0 | 45 | 85 | 10 | 0 | 90 | 171 | 0 | 0 |
| 0 | 38 | 0 | 0 | 33 | 62 | 14 | 0 | 46 | 87 | 8 | 0 | 100 | 190 | 0 | 0 |
| 1 | 39 | 18 | 0 | 34 | 64 | 12 | 0 | 47 | 89 | 6 | 0 | 200 | 380 | 0 | 0 |
| 2 | 41 | 16 | 0 | 35 | 66 | 10 | 0 | 48 | 91 | 4 | 0 | 300 | 570 | 0 | 0 |
| 3 | 43 | 14 | 0 | 36 | 68 | 8 | 0 | 49 | 93 | 2 | 0 | 400 | 760 | 0 | 0 |
| 4 | 45 | 12 | 0 | 37 | 70 | 6 | 0 | 50 | 95 | 0 | 0 | 500 | 950 | 0 | 0 |

1 grain = two-onethousandths of oz. troy or ·002.

1 carat = 3·166 grains.

1 pennyweight = five onehundredths of oz. troy or ·05.

# £1 18s. 6d. per oz.

(For Diamonds, &c., for " oz." read " grain.")

| OUNCES. | | | | TENTHS. | | | | HUNDREDTHS. | | | | THOUSANDTH | | | |
|---|---|---|---|---|---|---|---|---|---|---|---|---|---|---|---|
| oz. | £ | s. | d. | | £ | s. | d. | | £ | s. | d. | | £ | s. | d. |
| 1 | 1 | 18 | 6 | ·1 | 0 | 3 | 10¼ | ·01 | 0 | 0 | 4½ | ·001 | 0 | 0 | 0½ |
| 2 | 3 | 17 | 0 | ·2 | 0 | 7 | 8½ | ·02 | 0 | 0 | 9¼ | ·002 | 0 | 0 | 1 |
| 3 | 5 | 15 | 6 | ·3 | 0 | 11 | 6½ | ·03 | 0 | 1 | 1¾ | ·003 | 0 | 0 | 1½ |
| 4 | 7 | 14 | 0 | ·4 | 0 | 15 | 4¾ | ·04 | 0 | 1 | 6½ | ·004 | 0 | 0 | 1¾ |
| 5 | 9 | 12 | 6 | ·5 | 0 | 19 | 3 | ·05 | 0 | 1 | 11 | ·005 | 0 | 0 | 2¼ |
| 6 | 11 | 11 | 0 | ·6 | 1 | 3 | 1¼ | ·06 | 0 | 2 | 3¾ | ·006 | 0 | 0 | 2¾ |
| 7 | 13 | 9 | 6 | ·7 | 1 | 6 | 11½ | ·07 | 0 | 2 | 8¼ | ·007 | 0 | 0 | 3¼ |
| 8 | 15 | 8 | 0 | ·8 | 1 | 10 | 9½ | ·08 | 0 | 3 | 1 | ·008 | 0 | 0 | 3¾ |
| 9 | 17 | 6 | 6 | ·9 | 1 | 14 | 7¾ | ·09 | 0 | 3 | 5½ | ·009 | 0 | 0 | 4¼ |
| 10 | 19 | 5 | 0 | OUNCES. | | | | OUNCES. | | | | OUNCES. | | | |
| 11 | 21 | 3 | 6 | | | | | | | | | | | | |
| 12 | 23 | 2 | 0 | 25 | 48 | 2 | 6 | 38 | 73 | 3 | 0 | 55 | 105 | 17 | 6 |
| 13 | 25 | 0 | 6 | 26 | 50 | 1 | 0 | 39 | 75 | 1 | 6 | 60 | 115 | 10 | 0 |
| 14 | 26 | 19 | 0 | 27 | 51 | 19 | 6 | 40 | 77 | 0 | 0 | 65 | 125 | 2 | 6 |
| 15 | 28 | 17 | 6 | 28 | 53 | 18 | 0 | 41 | 78 | 18 | 6 | 70 | 134 | 15 | 0 |
| 16 | 30 | 16 | 0 | 29 | 55 | 16 | 6 | 42 | 80 | 17 | 0 | 75 | 144 | 7 | 6 |
| 17 | 32 | 14 | 6 | 30 | 57 | 15 | 0 | 43 | 82 | 15 | 6 | 80 | 154 | 0 | 0 |
| 18 | 34 | 13 | 0 | 31 | 59 | 13 | 6 | 44 | 84 | 14 | 0 | 85 | 163 | 12 | 6 |
| 19 | 36 | 11 | 6 | 32 | 61 | 12 | 0 | 45 | 86 | 12 | 6 | 90 | 173 | 5 | 0 |
| 20 | 38 | 10 | 0 | 33 | 63 | 10 | 6 | 46 | 88 | 11 | 0 | 100 | 192 | 10 | 0 |
| 21 | 40 | 8 | 6 | 34 | 65 | 9 | 0 | 47 | 90 | 9 | 6 | 200 | 385 | 0 | 0 |
| 22 | 42 | 7 | 0 | 35 | 67 | 7 | 6 | 48 | 92 | 8 | 0 | 300 | 577 | 10 | 0 |
| 23 | 44 | 5 | 6 | 36 | 69 | 6 | 0 | 49 | 94 | 6 | 6 | 400 | 770 | 0 | 0 |
| 24 | 46 | 4 | 0 | 37 | 71 | 4 | 6 | 50 | 96 | 5 | 0 | 500 | 962 | 10 | 0 |

1 grain=two-onethousandths of oz. troy or ·002.

1 carat=3·166 grains.

1 pennyweight=five-onehundredths of oz. troy or ·05.

# £1 19s. 0d. per oz.

(For Diamonds, &c., for "oz." read "grain.")

| OUNCES. | | | TENTHS. | | | | HUNDREDTHS. | | | | THOUSANDTHS. | | | |
|---|---|---|---|---|---|---|---|---|---|---|---|---|---|---|
| £ | *s.* | *d.* | | £ | *s.* | *d.* | | £ | *s.* | *d* | | £ | *s.* | *d.* |
| 1 | 19 | 0 | ·1 | 0 | 3 | 10¾ | ·01 | 0 | 0 | 4¾ | ·001 | 0 | 0 | 0½ |
| 3 | 18 | 0 | ·2 | 0 | 7 | 9½ | ·02 | 0 | 0 | 9¼ | ·002 | 0 | 0 | 1 |
| 5 | 17 | 0 | ·3 | 0 | 11 | 8½ | ·03 | 0 | 1 | 2 | ·003 | 0 | 0 | 1½ |
| 7 | 16 | 0 | ·4 | 0 | 15 | 7¼ | ·04 | 0 | 1 | 6¾ | ·004 | 0 | 0 | 1¾ |
| 9 | 15 | 0 | ·5 | 0 | 19 | 6 | 05 | 0 | 1 | 11½ | ·005 | 0 | 0 | 2¼ |
| 11 | 14 | 0 | ·6 | 1 | 3 | 4¾ | ·06 | 0 | 2 | 4 | ·006 | 0 | 0 | 2¾ |
| 13 | 13 | 0 | ·7 | 1 | 7 | 3½ | ·07 | 0 | 2 | 8¾ | ·007 | 0 | 0 | 3¼ |
| 15 | 12 | 0 | ·8 | 1 | 11 | 2½ | ·08 | 0 | 3 | 1½ | ·008 | 0 | 0 | 3¾ |
| 17 | 11 | 0 | ·9 | 1 | 15 | 1¼ | ·09 | 0 | 3 | 6 | ·009 | 0 | 0 | 4¼ |
| 19 | 10 | 0 | | | | | | | | | | | | |
| 21 | 9 | 0 | OUNCES. | | | | OUNCES. | | | | OUNCES. | | | |
| 23 | 8 | 0 | 25 | 48 | 15 | 0 | 38 | 74 | 2 | 0 | 55 | 107 | 5 | 0 |
| 25 | 7 | 0 | 26 | 50 | 14 | 0 | 39 | 76 | 1 | 0 | 60 | 117 | 0 | 0 |
| 27 | 6 | 0 | 27 | 52 | 13 | 0 | 40 | 78 | 0 | 0 | 65 | 126 | 15 | 0 |
| 29 | 5 | 0 | 28 | 54 | 12 | 0 | 41 | 79 | 19 | 0 | 70 | 136 | 10 | 0 |
| 31 | 4 | 0 | 29 | 56 | 11 | 0 | 42 | 81 | 18 | 0 | 75 | 146 | 5 | 0 |
| 33 | 3 | 0 | 30 | 58 | 10 | 0 | 43 | 83 | 17 | 0 | 80 | 156 | 0 | 0 |
| 35 | 2 | 0 | 31 | 60 | 9 | 0 | 44 | 85 | 16 | 0 | 85 | 165 | 15 | 0 |
| 37 | 1 | 0 | 32 | 62 | 8 | 0 | 45 | 87 | 15 | 0 | 90 | 175 | 10 | 0 |
| 39 | 0 | 0 | 33 | 64 | 7 | 0 | 46 | 89 | 14 | 0 | 100 | 195 | 0 | 0 |
| 40 | 19 | 0 | 34 | 66 | 6 | 0 | 47 | 91 | 13 | 0 | 200 | 390 | 0 | 0 |
| 42 | 18 | 0 | 35 | 68 | 5 | 0 | 48 | 93 | 12 | 0 | 300 | 585 | 0 | 0 |
| 44 | 17 | 0 | 36 | 70 | 4 | 0 | 49 | 95 | 11 | 0 | 400 | 780 | 0 | 0 |
| 46 | 16 | 0 | 37 | 72 | 3 | 0 | 50 | 97 | 10 | 0 | 500 | 975 | 0 | 0 |

1 grain=two-onethousandths of oz. troy or ·0

1 carat=3·166 grains.

1 pennyweight=five-onehundredths of oz. troy or ·05.

# £1 19s. 6d. per oz.

(For Diamonds, &c., for " oz." read " grain.")

| OUNCES. | | | | TENTHS. | | | | HUNDREDTHS. | | | | THOUSAND' | | |
|---|---|---|---|---|---|---|---|---|---|---|---|---|---|---|
| *oz.* | £ | *s.* | *d.* | | £ | *s.* | *d.* | | £ | *s.* | *d.* | | £ | *s.* |
| 1 | 1 | 19 | 6 | ·1 | 0 | 3 | 11½ | ·01 | 0 | 0 | 4¾ | ·001 | 0 | 0 |
| 2 | 3 | 19 | 0 | ·2 | 0 | 7 | 10¾ | ·02 | 0 | 0 | 9½ | ·002 | 0 | 0 |
| 3 | 5 | 18 | 6 | ·3 | 0 | 11 | 10¼ | ·03 | 0 | 1 | 2¼ | ·003 | 0 | 0 |
| 4 | 7 | 18 | 0 | ·4 | 0 | 15 | 9½ | ·04 | 0 | 1 | 7 | ·004 | 0 | 0 |
| 5 | 9 | 17 | 6 | ·5 | 0 | 19 | 9 | ·05 | 0 | 1 | 11¾ | ·005 | 0 | 0 |
| 6 | 11 | 17 | 0 | ·6 | 1 | 3 | 8½ | ·06 | 0 | 2 | 4½ | ·006 | 0 | 0 |
| 7 | 13 | 16 | 6 | ·7 | 1 | 7 | 7¾ | ·07 | 0 | 2 | 9¼ | ·007 | 0 | 0 |
| 8 | 15 | 16 | 0 | ·8 | 1 | 11 | 7¼ | ·08 | 0 | 3 | 2 | ·008 | 0 | 0 |
| 9 | 17 | 15 | 6 | ·9 | 1 | 15 | 6½ | ·09 | 0 | 3 | 6¾ | ·009 | 0 | 0 |
| 10 | 19 | 15 | 0 | | | | | | | | | | | |
| 11 | 21 | 14 | 6 | OUNCES. | | | | OUNCES. | | | | OUNCES | | |
| 12 | 23 | 14 | 0 | 25 | 49 | 7 | 6 | 38 | 75 | 1 | 0 | 55 | 108 | 12 |
| 13 | 25 | 13 | 6 | 26 | 51 | 7 | 0 | 39 | 77 | 0 | 6 | 60 | 118 | 10 |
| 14 | 27 | 13 | 0 | 27 | 53 | 6 | 6 | 40 | 79 | 0 | 0 | 65 | 128 | 7 |
| 15 | 29 | 12 | 6 | 28 | 55 | 6 | 0 | 41 | 80 | 19 | 6 | 70 | 138 | 5 |
| 16 | 31 | 12 | 0 | 29 | 57 | 5 | 6 | 42 | 82 | 19 | 0 | 75 | 148 | 2 |
| 17 | 33 | 11 | 6 | 30 | 59 | 5 | 0 | 43 | 84 | 18 | 6 | 80 | 158 | 0 |
| 18 | 35 | 11 | 0 | 31 | 61 | 4 | 6 | 44 | 86 | 18 | 0 | 85 | 167 | 17 |
| 19 | 37 | 10 | 6 | 32 | 63 | 4 | 0 | 45 | 88 | 17 | 6 | 90 | 177 | 15 |
| 20 | 39 | 10 | 0 | 33 | 65 | 3 | 6 | 46 | 90 | 17 | 0 | 100 | 197 | 10 |
| 21 | 41 | 9 | 6 | 34 | 67 | 3 | 0 | 47 | 92 | 16 | 6 | 200 | 395 | 0 |
| 22 | 43 | 9 | 0 | 35 | 69 | 2 | 6 | 48 | 94 | 16 | 0 | 300 | 592 | 10 |
| 23 | 45 | 8 | 6 | 36 | 71 | 2 | 0 | 49 | 96 | 15 | 6 | 400 | 790 | 0 |
| 24 | 47 | 8 | 0 | 37 | 73 | 1 | 6 | 50 | 98 | 15 | 0 | 500 | 987 | 10 |

1 grain=two-onethousandths of oz. troy or ·002.

1 carat=3·166 grains.

1 pennyweight=five-onehundredths of oz. troy or ·05.

# £2 0s. 0d. per oz.

(For Diamonds, &c., for " oz." read " grain.")

| OUNCES. | | | TENTHS. | | | | HUNDREDTHS. | | | | THOUSANDTHS. | | | |
|---|---|---|---|---|---|---|---|---|---|---|---|---|---|---|
| £ | s. | d. | | £ | s. | d. | | £ | s. | d. | | £ | s. | d. |
| 2 | 0 | 0 | ·1 | 0 | 4 | 0 | 01 | 0 | 0 | 4¾ | ·001 | 0 | 0 | 0½ |
| 4 | 0 | 0 | ·2 | 0 | 8 | 0 | ·02 | 0 | 0 | 9½ | ·002 | 0 | 0 | 1 |
| 6 | 0 | 0 | ·3 | 0 | 12 | 0 | ·03 | 0 | 1 | 2½ | ·003 | 0 | 0 | 1½ |
| 8 | 0 | 0 | ·4 | 0 | 16 | 0 | ·04 | 0 | 1 | 7¼ | ·004 | 0 | 0 | 2 |
| 10 | 0 | 0 | ·5 | 1 | 0 | 0 | ·05 | 0 | 2 | 0 | ·005 | 0 | 0 | 2½ |
| 12 | 0 | 0 | ·6 | 1 | 4 | 0 | ·06 | 0 | 2 | 4¾ | ·006 | 0 | 0 | 3 |
| 14 | 0 | 0 | ·7 | 1 | 8 | 0 | ·07 | 0 | 2 | 9½ | ·007 | 0 | 0 | 3¼ |
| 16 | 0 | 0 | ·8 | 1 | 12 | 0 | ·08 | 0 | 3 | 2½ | ·008 | 0 | 0 | 3¾ |
| 18 | 0 | 0 | ·9 | 1 | 16 | 0 | ·09 | 0 | 3 | 7¼ | ·009 | 0 | 0 | 4¼ |
| 20 | 0 | 0 | OUNCES. | | | | OUNCES. | | | | OUNCES. | | | |
| 22 | 0 | 0 | | | | | | | | | | | | |
| 24 | 0 | 0 | 25 | 50 | 0 | 0 | 38 | 76 | 0 | 0 | 55 | 110 | 0 | 0 |
| 26 | 0 | 0 | 26 | 52 | 0 | 0 | 39 | 78 | 0 | 0 | 60 | 120 | 0 | 0 |
| 28 | 0 | 0 | 27 | 54 | 0 | 0 | 40 | 80 | 0 | 0 | 65 | 130 | 0 | 0 |
| 30 | 0 | 0 | 28 | 56 | 0 | 0 | 41 | 82 | 0 | 0 | 70 | 140 | 0 | 0 |
| 32 | 0 | 0 | 29 | 58 | 0 | 0 | 42 | 84 | 0 | 0 | 75 | 150 | 0 | 0 |
| 34 | 0 | 0 | 30 | 60 | 0 | 0 | 43 | 86 | 0 | 0 | 80 | 160 | 0 | 0 |
| 36 | 0 | 0 | 31 | 62 | 0 | 0 | 44 | 88 | 0 | 0 | 85 | 170 | 0 | 0 |
| 38 | 0 | 0 | 32 | 64 | 0 | 0 | 45 | 90 | 0 | 0 | 90 | 180 | 0 | 0 |
| 40 | 0 | 0 | 33 | 66 | 0 | 0 | 46 | 92 | 0 | 0 | 100 | 200 | 0 | 0 |
| 42 | 0 | 0 | 34 | 68 | 0 | 0 | 47 | 94 | 0 | 0 | 200 | 400 | 0 | 0 |
| 44 | 0 | 0 | 35 | 70 | 0 | 0 | 48 | 96 | 0 | 0 | 300 | 600 | 0 | 0 |
| 46 | 0 | 0 | 36 | 72 | 0 | 0 | 49 | 98 | 0 | 0 | 400 | 800 | 0 | 0 |
| 48 | 0 | 0 | 37 | 74 | 0 | 0 | 50 | 100 | 0 | 0 | 500 | 1000 | 0 | 0 |

1 grain=two-onethousandths of oz. troy or ·002.

1 carat=3·166 grains.

1 pennyweight=five onehundredths of oz. troy or ·05.

# £2 0s. 6d. per oz.

**(For Diamonds, &c., for "oz." read "grain.")**

| OUNCES. | | | | TENTHS. | | | | HUNDREDTHS. | | | | THOUSANDTHS. | | | |
|---|---|---|---|---|---|---|---|---|---|---|---|---|---|---|---|
| oz. | £ | s. | d. | | £ | s. | d. | | £ | s. | d. | | £ | s. | |
| 1 | 2 | 0 | 6 | ·1 | 0 | 4 | 0½ | ·01 | 0 | 0 | 4¾ | ·001 | 0 | 0 | [illegible] |
| 2 | 4 | 1 | 0 | ·2 | 0 | 8 | 1¼ | ·02 | 0 | 0 | 9¾ | ·002 | 0 | 0 | [illegible] |
| 3 | 6 | 1 | 6 | ·3 | 0 | 12 | 1¾ | ·03 | 0 | 1 | 2½ | ·003 | 0 | 0 | [illegible] |
| 4 | 8 | 2 | 0 | ·4 | 0 | 16 | 2½ | ·04 | 0 | 1 | 7½ | ·004 | 0 | 0 | [illegible] |
| 5 | 10 | 2 | 6 | ·5 | 1 | 0 | 3 | ·05 | 0 | 2 | 0¼ | ·005 | 0 | 0 | [illegible] |
| 6 | 12 | 3 | 0 | ·6 | 1 | 4 | 3½ | ·06 | 0 | 2 | 5¼ | ·006 | 0 | 0 | [illegible] |
| 7 | 14 | 3 | 6 | ·7 | 1 | 8 | 4¼ | ·07 | 0 | 2 | 10 | ·007 | 0 | 0 | [illegible] |
| 8 | 16 | 4 | 0 | ·8 | 1 | 12 | 4¾ | ·08 | 0 | 3 | 3 | ·008 | 0 | 0 | [illegible] |
| 9 | 18 | 4 | 6 | ·9 | 1 | 16 | 5½ | ·09 | 0 | 3 | 7¾ | ·009 | 0 | 0 | [illegible] |
| 10 | 20 | 5 | 0 | OUNCES. | | | | OUNCES. | | | | OUNCES. | | | |
| 11 | 22 | 5 | 6 | | | | | | | | | | | | |
| 12 | 24 | 6 | 0 | 25 | 50 | 12 | 6 | 38 | 76 | 19 | 0 | 55 | 111 | 7 | [illegible] |
| 13 | 26 | 6 | 6 | 26 | 52 | 13 | 0 | 39 | 78 | 19 | 6 | 60 | 121 | 10 | [illegible] |
| 14 | 28 | 7 | 0 | 27 | 54 | 13 | 6 | 40 | 81 | 0 | 0 | 65 | 131 | 12 | [illegible] |
| 15 | 30 | 7 | 6 | 28 | 56 | 14 | 0 | 41 | 83 | 0 | 6 | 70 | 141 | 15 | [illegible] |
| 16 | 32 | 8 | 0 | 29 | 58 | 14 | 6 | 42 | 85 | 1 | 0 | 75 | 151 | 17 | [illegible] |
| 17 | 34 | 8 | 6 | 30 | 60 | 15 | 0 | 43 | 87 | 1 | 6 | 80 | 162 | 0 | [illegible] |
| 18 | 36 | 9 | 0 | 31 | 62 | 15 | 6 | 44 | 89 | 2 | 0 | 85 | 172 | 2 | [illegible] |
| 19 | 38 | 9 | 6 | 32 | 64 | 16 | 0 | 45 | 91 | 2 | 6 | 90 | 182 | 5 | [illegible] |
| 20 | 40 | 10 | 0 | 33 | 66 | 16 | 6 | 46 | 93 | 3 | 0 | 100 | 202 | 10 | [illegible] |
| 21 | 42 | 10 | 6 | 34 | 68 | 17 | 0 | 47 | 95 | 3 | 6 | 200 | 405 | 0 | [illegible] |
| 22 | 44 | 11 | 0 | 35 | 70 | 17 | 6 | 48 | 97 | 4 | 0 | 300 | 607 | 10 | [illegible] |
| 23 | 46 | 11 | 6 | 36 | 72 | 18 | 0 | 49 | 99 | 4 | 6 | 400 | 810 | 0 | [illegible] |
| 24 | 48 | 12 | 0 | 37 | 74 | 18 | 6 | 50 | 101 | 5 | 0 | 500 | 1012 | 10 | [illegible] |

**1 grain=two-onethousandths of oz. troy or ·002.**

**1 carat=3·166 grains.**

**1 pennyweight=five-onehundredths of oz. troy or ·05.**

# £2 1s. 0d. per oz.

(For Diamonds, &c., for "oz." read "grain.")

| UNCES. | | | TENTHS. | | | | HUNDREDTHS. | | | | THOUSANDTHS. | | | |
|---|---|---|---|---|---|---|---|---|---|---|---|---|---|---|
| £ | s. | d. | | £ | s. | d. | | £ | s. | d. | | £ | s. | d. |
| 2 | 1 | 0 | ·1 | 0 | 4 | 1¼ | ·01 | 0 | 0 | 5 | ·001 | 0 | 0 | 0½ |
| 4 | 2 | 0 | ·2 | 0 | 8 | 2½ | ·02 | 0 | 0 | 9¾ | ·002 | 0 | 0 | 1 |
| 6 | 3 | 0 | ·3 | 0 | 12 | 3½ | ·03 | 0 | 1 | 2¾ | ·003 | 0 | 0 | 1½ |
| 8 | 4 | 0 | ·4 | 0 | 16 | 4¾ | ·04 | 0 | 1 | 7¾ | ·004 | 0 | 0 | 2 |
| 10 | 5 | 0 | ·5 | 1 | 0 | 6 | ·05 | 0 | 2 | 0½ | ·005 | 0 | 0 | 2½ |
| 12 | 6 | 0 | ·6 | 1 | 4 | 7¼ | ·06 | 0 | 2 | 5½ | ·006 | 0 | 0 | 3 |
| 14 | 7 | 0 | ·7 | 1 | 8 | 8½ | ·07 | 0 | 2 | 10½ | ·007 | 0 | 0 | 3½ |
| 16 | 8 | 0 | ·8 | 1 | 12 | 9½ | ·08 | 0 | 3 | 3¼ | ·008 | 0 | 0 | 4 |
| 18 | 9 | 0 | ·9 | 1 | 16 | 10¾ | ·09 | 0 | 3 | 8¼ | ·009 | 0 | 0 | 4½ |
| 20 | 10 | 0 | | | | | | | | | | | | |
| 22 | 11 | 0 | OUNCES. | | | | OUNCES. | | | | OUNCES. | | | |
| 24 | 12 | 0 | 25 | 51 | 5 | 0 | 38 | 77 | 18 | 0 | 55 | 112 | 15 | 0 |
| 26 | 13 | 0 | 26 | 53 | 6 | 0 | 39 | 79 | 19 | 0 | 60 | 123 | 0 | 0 |
| 28 | 14 | 0 | 27 | 55 | 7 | 0 | 40 | 82 | 0 | 0 | 65 | 133 | 5 | 0 |
| 30 | 15 | 0 | 28 | 57 | 8 | 0 | 41 | 84 | 1 | 0 | 70 | 143 | 10 | 0 |
| 32 | 16 | 0 | 29 | 59 | 9 | 0 | 42 | 86 | 2 | 0 | 75 | 153 | 15 | 0 |
| 34 | 17 | 0 | 30 | 61 | 10 | 0 | 43 | 88 | 3 | 0 | 80 | 164 | 0 | 0 |
| 36 | 18 | 0 | 31 | 63 | 11 | 0 | 44 | 90 | 4 | 0 | 85 | 174 | 5 | 0 |
| 38 | 19 | 0 | 32 | 65 | 12 | 0 | 45 | 92 | 5 | 0 | 90 | 184 | 10 | 0 |
| 41 | 0 | 0 | 33 | 67 | 13 | 0 | 46 | 94 | 6 | 0 | 100 | 205 | 0 | 0 |
| 43 | 1 | 0 | 34 | 69 | 14 | 0 | 47 | 96 | 7 | 0 | 200 | 410 | 0 | 0 |
| 45 | 2 | 0 | 35 | 71 | 15 | 0 | 48 | 98 | 8 | 0 | 300 | 615 | 0 | 0 |
| 47 | 3 | 0 | 36 | 73 | 16 | 0 | 49 | 100 | 9 | 0 | 400 | 820 | 0 | 0 |
| 49 | 4 | 0 | 37 | 75 | 17 | 0 | 50 | 102 | 10 | 0 | 500 | 1025 | 0 | 0 |

1 grain=two-onethousandths of oz. troy or ·002.

1 carat=3·166 grains.

1 pennyweight=five-onehundredths of oz. troy or ·05.

# £2 1s. 6d. per oz.

**(For Diamonds, &c., for " oz." read " grain.")**

| OUNCES. | | | | TENTHS. | | | | HUNDREDTHS. | | | | THOUSANDT | | |
|---|---|---|---|---|---|---|---|---|---|---|---|---|---|---|
| *oz.* | £ | *s.* | *d.* | | £ | *s.* | *d.* | | £ | *s.* | *d.* | | £ | *s.* |
| 1 | 2 | 1 | 6 | ·1 | 0 | 4 | 1¾ | ·01 | 0 | 0 | 5 | ·001 | 0 | 0 |
| 2 | 4 | 3 | 0 | ·2 | 0 | 8 | 3½ | ·02 | 0 | 0 | 10 | ·002 | 0 | 0 |
| 3 | 6 | 4 | 6 | ·3 | 0 | 12 | 5½ | ·03 | 0 | 1 | 3 | ·003 | 0 | 0 |
| 4 | 8 | 6 | 0 | ·4 | 0 | 16 | 7¼ | ·04 | 0 | 1 | 8 | ·004 | 0 | 0 |
| 5 | 10 | 7 | 6 | ·5 | 1 | 0 | 9 | ·05 | 0 | 2 | 1 | ·005 | 0 | 0 |
| 6 | 12 | 9 | 0 | ·6 | 1 | 4 | 10¾ | ·06 | 0 | 2 | 6 | ·006 | 0 | 0 |
| 7 | 14 | 10 | 6 | ·7 | 1 | 9 | 0½ | ·07 | 0 | 2 | 10¾ | ·007 | 0 | 0 |
| 8 | 16 | 12 | 0 | ·8 | 1 | 13 | 2½ | ·08 | 0 | 3 | 3¾ | ·008 | 0 | 0 |
| 9 | 18 | 13 | 6 | ·9 | 1 | 17 | 4¼ | ·09 | 0 | 3 | 8¾ | ·009 | 0 | 0 |
| 10 | 20 | 15 | 0 | OUNCES. | | | | OUNCES. | | | | OUNCES. | | |
| 11 | 22 | 16 | 6 | | | | | | | | | | | |
| 12 | 24 | 18 | 0 | 25 | 51 | 17 | 6 | 38 | 78 | 17 | 0 | 55 | 114 | 2 |
| 13 | 26 | 19 | 6 | 26 | 53 | 19 | 0 | 39 | 80 | 18 | 6 | 60 | 124 | 10 |
| 14 | 29 | 1 | 0 | 27 | 56 | 0 | 6 | 40 | 83 | 0 | 0 | 65 | 134 | 17 |
| 15 | 31 | 2 | 6 | 28 | 58 | 2 | 0 | 41 | 85 | 1 | 6 | 70 | 145 | 5 |
| 16 | 33 | 4 | 0 | 29 | 60 | 3 | 6 | 42 | 87 | 3 | 0 | 75 | 155 | 12 |
| 17 | 35 | 5 | 6 | 30 | 62 | 5 | 0 | 43 | 89 | 4 | 6 | 80 | 166 | 0 |
| 18 | 37 | 7 | 0 | 31 | 64 | 6 | 6 | 44 | 91 | 6 | 0 | 85 | 176 | 7 |
| 19 | 39 | 8 | 6 | 32 | 66 | 8 | 0 | 45 | 93 | 7 | 6 | 90 | 186 | 15 |
| 20 | 41 | 10 | 0 | 33 | 68 | 9 | 6 | 46 | 95 | 9 | 0 | 100 | 207 | 10 |
| 21 | 43 | 11 | 6 | 34 | 70 | 11 | 0 | 47 | 97 | 10 | 6 | 200 | 415 | 0 |
| 22 | 45 | 13 | 0 | 35 | 72 | 12 | 6 | 48 | 99 | 12 | 0 | 300 | 622 | 10 |
| 23 | 47 | 14 | 6 | 36 | 74 | 14 | 0 | 49 | 101 | 13 | 6 | 400 | 830 | 0 |
| 24 | 49 | 16 | 0 | 37 | 76 | 15 | 6 | 50 | 103 | 15 | 0 | 500 | 1037 | 10 |

**1 grain=two-onethousandths of oz. troy or ·002.**

**1 carat=3·166 grains.**

**1 pennyweight=five-onehundredths of oz. troy or ·05.**

# £2 2s. 0d. per oz.

(For Diamonds, &c., for "oz." read "grain.")

| OUNCES. | | | | TENTHS. | | | | HUNDREDTHS. | | | | THOUSANDTHS. | | | |
|---|---|---|---|---|---|---|---|---|---|---|---|---|---|---|---|
| *oz.* | £ | *s.* | *d.* | | £ | *s.* | *d.* | | £ | *s.* | *d.* | | £ | *s.* | *d.* |
| 1 | 2 | 2 | 0 | ·1 | 0 | 4 | 2½ | ·01 | 0 | 0 | 5 | ·001 | 0 | 0 | 0½ |
| 2 | 4 | 4 | 0 | ·2 | 0 | 8 | 4¾ | ·02 | 0 | 0 | 10 | ·002 | 0 | 0 | 1 |
| 3 | 6 | 6 | 0 | ·3 | 0 | 12 | 7¼ | ·03 | 0 | 1 | 3 | ·003 | 0 | 0 | 1½ |
| 4 | 8 | 8 | 0 | ·4 | 0 | 16 | 9½ | ·04 | 0 | 1 | 8¼ | ·004 | 0 | 0 | 2 |
| 5 | 10 | 10 | 0 | ·5 | 1 | 1 | 0 | ·05 | 0 | 2 | 1¼ | ·005 | 0 | 0 | 2½ |
| 6 | 12 | 12 | 0 | ·6 | 1 | 5 | 2½ | ·06 | 0 | 2 | 6¼ | ·006 | 0 | 0 | 3 |
| 7 | 14 | 14 | 0 | ·7 | 1 | 9 | 4¾ | ·07 | 0 | 2 | 11¼ | ·007 | 0 | 0 | 3½ |
| 8 | 16 | 16 | 0 | ·8 | 1 | 13 | 7¼ | ·08 | 0 | 3 | 4¼ | ·008 | 0 | 0 | 4 |
| 9 | 18 | 18 | 0 | ·9 | 1 | 17 | 9½ | ·09 | 0 | 3 | 9¼ | ·009 | 0 | 0 | 4½ |
| 10 | 21 | 0 | 0 | OUNCES. | | | | OUNCES. | | | | OUNCES | | | |
| 11 | 23 | 2 | 0 | | | | | | | | | | | | |
| 12 | 25 | 4 | 0 | 25 | 52 | 10 | 0 | 38 | 79 | 16 | 0 | 55 | 115 | 10 | 0 |
| 13 | 27 | 6 | 0 | 26 | 54 | 12 | 0 | 39 | 81 | 18 | 0 | 60 | 126 | 0 | 0 |
| 14 | 29 | 8 | 0 | 27 | 56 | 14 | 0 | 40 | 84 | 0 | 0 | 65 | 136 | 10 | 0 |
| 15 | 31 | 10 | 0 | 28 | 58 | 16 | 0 | 41 | 86 | 2 | 0 | 70 | 147 | 0 | 0 |
| 16 | 33 | 12 | 0 | 29 | 60 | 18 | 0 | 42 | 88 | 4 | 0 | 75 | 157 | 10 | 0 |
| 17 | 35 | 14 | 0 | 30 | 63 | 0 | 0 | 43 | 90 | 6 | 0 | 80 | 168 | 0 | 0 |
| 18 | 37 | 16 | 0 | 31 | 65 | 2 | 0 | 44 | 92 | 8 | 0 | 85 | 178 | 10 | 0 |
| 19 | 39 | 18 | 0 | 32 | 67 | 4 | 0 | 45 | 94 | 10 | 0 | 90 | 189 | 0 | 0 |
| 20 | 42 | 0 | 0 | 33 | 69 | 6 | 0 | 46 | 96 | 12 | 0 | 100 | 210 | 0 | 0 |
| 21 | 44 | 2 | 0 | 34 | 71 | 8 | 0 | 47 | 98 | 14 | 0 | 200 | 420 | 0 | 0 |
| 22 | 46 | 4 | 0 | 35 | 73 | 10 | 0 | 48 | 100 | 16 | 0 | 300 | 630 | 0 | 0 |
| 23 | 48 | 6 | 0 | 36 | 75 | 12 | 0 | 49 | 102 | 18 | 0 | 400 | 840 | 0 | 0 |
| 24 | 50 | 8 | 0 | 37 | 77 | 14 | 0 | 50 | 105 | 0 | 0 | 500 | 1050 | 0 | 0 |

1 grain=two-onethousandths of oz. troy or ·002.

1 carat=3·166 grains.

1 pennyweight=five onehundredths of oz. troy or ·05.

# £2 2s. 6d. per oz.

(For Diamonds, &c., for "oz." read "grain.")

**OUNCES.**

| oz. | £ | s. | d. |
|---|---|---|---|
| 1 | 2 | 2 | 6 |
| 2 | 4 | 5 | 0 |
| 3 | 6 | 7 | 6 |
| 4 | 8 | 10 | 0 |
| 5 | 10 | 12 | 6 |
| 6 | 12 | 15 | 0 |
| 7 | 14 | 17 | 6 |
| 8 | 17 | 0 | 0 |
| 9 | 19 | 2 | 6 |
| 10 | 21 | 5 | 0 |
| 11 | 23 | 7 | 6 |
| 12 | 25 | 10 | 0 |
| 13 | 27 | 12 | 6 |
| 14 | 29 | 15 | 0 |
| 15 | 31 | 17 | 6 |
| 16 | 34 | 0 | 0 |
| 17 | 36 | 2 | 6 |
| 18 | 38 | 5 | 0 |
| 19 | 40 | 7 | 6 |
| 20 | 42 | 10 | 0 |
| 21 | 44 | 12 | 6 |
| 22 | 46 | 15 | 0 |
| 23 | 48 | 17 | 6 |
| 24 | 51 | 0 | 0 |

**TENTHS.**

| | £ | s. | d. |
|---|---|---|---|
| ·1 | 0 | 4 | 3 |
| ·2 | 0 | 8 | 6 |
| ·3 | 0 | 12 | 9 |
| ·4 | 0 | 17 | 0 |
| ·5 | 1 | 1 | 3 |
| ·6 | 1 | 5 | 6 |
| ·7 | 1 | 9 | 9 |
| ·8 | 1 | 14 | 0 |
| ·9 | 1 | 18 | 3 |

**OUNCES.**

| | | | |
|---|---|---|---|
| 25 | 53 | 2 | 6 |
| 26 | 55 | 5 | 0 |
| 27 | 57 | 7 | 6 |
| 28 | 59 | 10 | 0 |
| 29 | 61 | 12 | 6 |
| 30 | 63 | 15 | 0 |
| 31 | 65 | 17 | 6 |
| 32 | 68 | 0 | 0 |
| 33 | 70 | 2 | 6 |
| 34 | 72 | 5 | 0 |
| 35 | 74 | 7 | 6 |
| 36 | 76 | 10 | 0 |
| 37 | 78 | 12 | 6 |

**HUNDREDTHS.**

| | £ | s. | d. |
|---|---|---|---|
| ·01 | 0 | 0 | 5 |
| ·02 | 0 | 0 | 10¼ |
| ·03 | 0 | 1 | 3¼ |
| ·04 | 0 | 1 | 8½ |
| ·05 | 0 | 2 | 1½ |
| ·06 | 0 | 2 | 6½ |
| ·07 | 0 | 2 | 11¾ |
| ·08 | 0 | 3 | 4¾ |
| ·09 | 0 | 3 | 10 |

**OUNCES.**

| | | | |
|---|---|---|---|
| 38 | 80 | 15 | 0 |
| 39 | 82 | 17 | 6 |
| 40 | 85 | 0 | 0 |
| 41 | 87 | 2 | 6 |
| 42 | 89 | 5 | 0 |
| 43 | 91 | 7 | 6 |
| 44 | 93 | 10 | 0 |
| 45 | 95 | 12 | 6 |
| 46 | 97 | 15 | 0 |
| 47 | 99 | 17 | 6 |
| 48 | 102 | 0 | 0 |
| 49 | 104 | 2 | 6 |
| 50 | 106 | 5 | 0 |

**THOUSANDTH**

| | £ | s. | d. |
|---|---|---|---|
| ·001 | 0 | 0 | 0½ |
| ·002 | 0 | 0 | 1 |
| ·003 | 0 | 0 | 1½ |
| ·004 | 0 | 0 | 2 |
| ·005 | 0 | 0 | 2½ |
| ·006 | 0 | 0 | 3 |
| ·007 | 0 | 0 | 3½ |
| ·008 | 0 | 0 | 4 |
| ·009 | 0 | 0 | 4½ |

**OUNCES.**

| | | |
|---|---|---|
| 55 | 116 | 17 |
| 60 | 127 | 10 |
| 65 | 138 | 2 |
| 70 | 148 | 15 |
| 75 | 159 | 7 |
| 80 | 170 | 0 |
| 85 | 180 | 12 |
| 90 | 191 | 5 |
| 100 | 212 | 10 |
| 200 | 425 | 0 |
| 300 | 637 | 10 |
| 400 | 850 | 0 |
| 500 | 1062 | 10 |

1 grain=two-onethousandths of oz. troy or ·002.

1 carat=3·166 grains.

1 pennyweight=five-onehundredths of oz. troy or ·05.

# £2 3s. 0d. per oz.

(For Diamonds, &c., for "oz." read "grain.")

| OUNCES. | £ | s. | d. |
|---|---|---|---|
| 1 | 2 | 3 | 0 |
| 2 | 4 | 6 | 0 |
| 3 | 6 | 9 | 0 |
| 4 | 8 | 12 | 0 |
| 5 | 10 | 15 | 0 |
| 6 | 12 | 18 | 0 |
| 7 | 15 | 1 | 0 |
| 8 | 17 | 4 | 0 |
| 9 | 19 | 7 | 0 |
| | 21 | 10 | 0 |
| | 23 | 13 | 0 |
| | 25 | 16 | 0 |
| | 27 | 19 | 0 |
| | 30 | 2 | 0 |
| | 32 | 5 | 0 |
| | 34 | 8 | 0 |
| | 36 | 11 | 0 |
| | 38 | 14 | 0 |
| | 40 | 17 | 0 |
| | 43 | 0 | 0 |
| | 45 | 3 | 0 |
| | 47 | 6 | 0 |
| | 49 | 9 | 0 |
| | 51 | 12 | 0 |

| TENTHS. | £ | s. | d. | HUNDREDTHS. | £ | s. | d. | THOUSANDTHS. | £ | s. | d. |
|---|---|---|---|---|---|---|---|---|---|---|---|
| ·1 | 0 | 4 | 3½ | ·01 | 0 | 0 | 5¼ | ·001 | 0 | 0 | 0½ |
| ·2 | 0 | 8 | 7¼ | ·02 | 0 | 0 | 10¼ | ·002 | 0 | 0 | 1 |
| ·3 | 0 | 12 | 10¾ | ·03 | 0 | 1 | 3½ | ·003 | 0 | 0 | 1½ |
| ·4 | 0 | 17 | 2½ | ·04 | 0 | 1 | 8¾ | ·004 | 0 | 0 | 2 |
| ·5 | 1 | 1 | 6 | ·05 | 0 | 2 | 1¾ | ·005 | 0 | 0 | 2½ |
| ·6 | 1 | 5 | 9½ | ·06 | 0 | 2 | 7 | ·006 | 0 | 0 | 3 |
| ·7 | 1 | 10 | 1¼ | ·07 | 0 | 3 | 0 | ·007 | 0 | 0 | 3½ |
| ·8 | 1 | 14 | 4¾ | ·08 | 0 | 3 | 5¼ | ·008 | 0 | 0 | 4¼ |
| ·9 | 1 | 18 | 8½ | ·09 | 0 | 3 | 10½ | ·009 | 0 | 0 | 4¾ |

| OUNCES. | £ | s. | d. | OUNCES. | £ | s. | d. | OUNCES. | £ | s. | d. |
|---|---|---|---|---|---|---|---|---|---|---|---|
| 25 | 53 | 15 | 0 | 38 | 81 | 14 | 0 | 55 | 118 | 5 | 0 |
| 26 | 55 | 18 | 0 | 39 | 83 | 17 | 0 | 60 | 129 | 0 | 0 |
| 27 | 58 | 1 | 0 | 40 | 86 | 0 | 0 | 65 | 139 | 15 | 0 |
| 28 | 60 | 4 | 0 | 41 | 88 | 3 | 0 | 70 | 150 | 10 | 0 |
| 29 | 62 | 7 | 0 | 42 | 90 | 6 | 0 | 75 | 161 | 5 | 0 |
| 30 | 64 | 10 | 0 | 43 | 92 | 9 | 0 | 80 | 172 | 0 | 0 |
| 31 | 66 | 13 | 0 | 44 | 94 | 12 | 0 | 85 | 182 | 15 | 0 |
| 32 | 68 | 16 | 0 | 45 | 96 | 15 | 0 | 90 | 193 | 10 | 0 |
| 33 | 70 | 19 | 0 | 46 | 98 | 18 | 0 | 100 | 215 | 0 | 0 |
| 34 | 73 | 2 | 0 | 47 | 101 | 1 | 0 | 200 | 430 | 0 | 0 |
| 35 | 75 | 5 | 0 | 48 | 103 | 4 | 0 | 300 | 645 | 0 | 0 |
| 36 | 77 | 8 | 0 | 49 | 105 | 7 | 0 | 400 | 860 | 0 | 0 |
| 37 | 79 | 11 | 0 | 50 | 107 | 10 | 0 | 500 | 1075 | 0 | 0 |

1 grain = two-onethousandths of oz. troy or ·002.

1 carat = 3·166 grains.

1 pennyweight = five-onehundredths of oz. troy or ·05.

# £2 3s. 6d. per oz.

**(For Diamonds, &c., for " oz." read " grain.")**

| OUNCES. | | | | TENTHS. | | | | HUNDREDTHS. | | | | THOUSANDTH[S] | | | |
|---|---|---|---|---|---|---|---|---|---|---|---|---|---|---|---|
| *oz.* | £ | *s.* | *d.* | | £ | *s.* | *d.* | | £ | *s.* | *d.* | | £ | *s.* | *d.* |
| 1 | 2 | 3 | 6 | ·1 | 0 | 4 | 4¼ | ·01 | 0 | 0 | 5¼ | ·001 | 0 | 0 | 0¼ |
| 2 | 4 | 7 | 0 | ·2 | 0 | 8 | 8½ | ·02 | 0 | 0 | 10½ | ·002 | 0 | 0 | 1 |
| 3 | 6 | 10 | 6 | ·3 | 0 | 13 | 0½ | ·03 | 0 | 1 | 3¾ | ·003 | 0 | 0 | 1½ |
| 4 | 8 | 14 | 0 | ·4 | 0 | 17 | 4¾ | ·04 | 0 | 1 | 9 | ·004 | 0 | 0 | 2 |
| 5 | 10 | 17 | 6 | ·5 | 1 | 1 | 9 | ·05 | 0 | 2 | 2 | ·005 | 0 | 0 | 2½ |
| 6 | 13 | 1 | 0 | ·6 | 1 | 6 | 1¼ | ·06 | 0 | 2 | 7¼ | ·006 | 0 | 0 | 3¼ |
| 7 | 15 | 4 | 6 | ·7 | 1 | 10 | 5½ | ·07 | 0 | 3 | 0½ | ·007 | 0 | 0 | 3¾ |
| 8 | 17 | 8 | 0 | ·8 | 1 | 14 | 9½ | ·08 | 0 | 3 | 5¾ | 008 | 0 | 0 | 4¼ |
| 9 | 19 | 11 | 6 | ·9 | 1 | 19 | 1¾ | ·09 | 0 | 3 | 11 | ·009 | 0 | 0 | 4¾ |
| 10 | 21 | 15 | 0 | OUNCES. | | | | OUNCES. | | | | OUNCES. | | | |
| 11 | 23 | 18 | 6 | | | | | | | | | | | | |
| 12 | 26 | 2 | 0 | 25 | 54 | 7 | 6 | 38 | 82 | 13 | 0 | 55 | 119 | 12 | |
| 13 | 28 | 5 | 6 | 26 | 56 | 11 | 0 | 39 | 84 | 16 | 6 | 60 | 130 | 10 | |
| 14 | 30 | 9 | 0 | 27 | 58 | 14 | 6 | 40 | 87 | 0 | 0 | 65 | 141 | 7 | |
| 15 | 32 | 12 | 6 | 28 | 60 | 18 | 0 | 41 | 89 | 3 | 6 | 70 | 152 | 5 | |
| 16 | 34 | 16 | 0 | 29 | 63 | 1 | 6 | 42 | 91 | 7 | 0 | 75 | 163 | 2 | |
| 17 | 36 | 19 | 6 | 30 | 65 | 5 | 0 | 43 | 93 | 10 | 6 | 80 | 174 | 0 | |
| 18 | 39 | 3 | 0 | 31 | 67 | 8 | 6 | 44 | 95 | 14 | 0 | 85 | 184 | 17 | |
| 19 | 41 | 6 | 6 | 32 | 69 | 12 | 0 | 45 | 97 | 17 | 6 | 90 | 195 | 15 | |
| 20 | 43 | 10 | 0 | 33 | 71 | 15 | 6 | 46 | 100 | 1 | 0 | 100 | 217 | 10 | |
| 21 | 45 | 13 | 6 | 34 | 73 | 19 | 0 | 47 | 102 | 4 | 6 | 200 | 435 | 0 | |
| 22 | 47 | 17 | 0 | 35 | 76 | 2 | 6 | 48 | 104 | 8 | 0 | 300 | 652 | 10 | |
| 23 | 50 | 0 | 6 | 36 | 78 | 6 | 0 | 49 | 106 | 11 | 6 | 400 | 870 | 0 | |
| 24 | 52 | 4 | 0 | 37 | 80 | 9 | 6 | 50 | 108 | 15 | 0 | 500 | 1087 | 10 | |

1 grain=two-onethousandths of oz. troy or ·002.

1 carat=3·166 grains.

1 pennyweight=five-onehundredths of oz. troy or ·05.

# £2 4s. 0d. per oz.

(For Diamonds, &c., for "oz." read "grain.")

**OUNCES.**

| [illegible] | £ | s. | d. |
|---|---|---|---|
| 1 | 2 | 4 | 0 |
| 2 | 4 | 8 | 0 |
| 3 | 6 | 12 | 0 |
| 4 | 8 | 16 | 0 |
| 5 | 11 | 0 | 0 |
| 6 | 13 | 4 | 0 |
| 7 | 15 | 8 | 0 |
| 8 | 17 | 12 | 0 |
| 9 | 19 | 16 | 0 |
| [illegible] | 22 | 0 | 0 |
| [illegible] | 24 | 4 | 0 |
| [illegible] | 26 | 8 | 0 |
| [illegible] | 28 | 12 | 0 |
| [illegible] | 30 | 16 | 0 |
| [illegible] | 33 | 0 | 0 |
| [illegible] | 35 | 4 | 0 |
| [illegible] | 37 | 8 | 0 |
| [illegible] | 39 | 12 | 0 |
| [illegible] | 41 | 16 | 0 |
| [illegible] | 44 | 0 | 0 |
| [illegible] | 46 | 4 | 0 |
| [illegible] | 48 | 8 | 0 |
| [illegible] | 50 | 12 | 0 |
| [illegible] | 52 | 16 | 0 |

| TENTHS. | | | | HUNDREDTHS. | | | | THOUSANDTHS. | | | |
|---|---|---|---|---|---|---|---|---|---|---|---|
| | £ | s. | d. | | £ | s. | d. | | £ | s. | d. |
| ·1 | 0 | 4 | 4¾ | 01 | 0 | 0 | 5¼ | ·001 | 0 | 0 | 0½ |
| ·2 | 0 | 8 | 9½ | ·02 | 0 | 0 | 10½ | ·002 | 0 | 0 | 1 |
| ·3 | 0 | 13 | 2½ | ·03 | 0 | 1 | 3¾ | ·003 | 0 | 0 | 1½ |
| ·4 | 0 | 17 | 7¼ | ·04 | 0 | 1 | 9 | 004 | 0 | 0 | 2 |
| ·5 | 1 | 2 | 0 | ·05 | 0 | 2 | 2½ | ·005 | 0 | 0 | 2¾ |
| 6 | 1 | 6 | 4¾ | ·06 | 0 | 2 | 7¾ | ·006 | 0 | 0 | 3¼ |
| ·7 | 1 | 10 | 9½ | ·07 | 0 | 3 | 1 | ·007 | 0 | 0 | 3¾ |
| ·8 | 1 | 15 | 2½ | ·08 | 0 | 3 | 6¼ | ·008 | 0 | 0 | 4¼ |
| ·9 | 1 | 19 | 7¼ | ·09 | 0 | 3 | 11½ | ·009 | 0 | 0 | 4¾ |

| OUNCES. | | | | OUNCES. | | | | OUNCES. | | | |
|---|---|---|---|---|---|---|---|---|---|---|---|
| 25 | 55 | 0 | 0 | 38 | 83 | 12 | 0 | 55 | 121 | 0 | 0 |
| 26 | 57 | 4 | 0 | 39 | 85 | 16 | 0 | 60 | 132 | 0 | 0 |
| 27 | 59 | 8 | 0 | 40 | 88 | 0 | 0 | 65 | 143 | 0 | 0 |
| 28 | 61 | 12 | 0 | 41 | 90 | 4 | 0 | 70 | 154 | 0 | 0 |
| 29 | 63 | 16 | 0 | 42 | 92 | 8 | 0 | 75 | 165 | 0 | 0 |
| 30 | 66 | 0 | 0 | 43 | 94 | 12 | 0 | 80 | 176 | 0 | 0 |
| 31 | 68 | 4 | 0 | 44 | 96 | 16 | 0 | 85 | 187 | 0 | 0 |
| 32 | 70 | 8 | 0 | 45 | 99 | 0 | 0 | 90 | 198 | 0 | 0 |
| 33 | 72 | 12 | 0 | 46 | 101 | 4 | 0 | 100 | 220 | 0 | 0 |
| 34 | 74 | 16 | 0 | 47 | 103 | 8 | 0 | 200 | 440 | 0 | 0 |
| 35 | 77 | 0 | 0 | 48 | 105 | 12 | 0 | 300 | 660 | 0 | 0 |
| 36 | 79 | 4 | 0 | 49 | 107 | 16 | 0 | 400 | 880 | 0 | 0 |
| 37 | 81 | 8 | 0 | 50 | 110 | 0 | 0 | 500 | 1100 | 0 | 0 |

**1 grain=two-onethousandths of oz. troy or ·002.**

**1 carat=3·166 grains.**

**1 pennyweight=five onehundredths of oz. troy or ·05.**

# £2 4s. 6d. per oz.

(For Diamonds, &c., for "oz." read "grain.")

**OUNCES.**

| oz. | £ | s. | d. |
|---|---|---|---|
| 1 | 2 | 4 | 6 |
| 2 | 4 | 9 | 0 |
| 3 | 6 | 13 | 6 |
| 4 | 8 | 18 | 0 |
| 5 | 11 | 2 | 6 |
| 6 | 13 | 7 | 0 |
| 7 | 15 | 11 | 6 |
| 8 | 17 | 16 | 0 |
| 9 | 20 | 0 | 6 |
| 10 | 22 | 5 | 0 |
| 11 | 24 | 9 | 6 |
| 12 | 26 | 14 | 0 |
| 13 | 28 | 18 | 6 |
| 14 | 31 | 3 | 0 |
| 15 | 33 | 7 | 6 |
| 16 | 35 | 12 | 0 |
| 17 | 37 | 16 | 6 |
| 18 | 40 | 1 | 0 |
| 19 | 42 | 5 | 6 |
| 20 | 44 | 10 | 0 |
| 21 | 46 | 14 | 6 |
| 22 | 48 | 19 | 0 |
| 23 | 51 | 3 | 6 |
| 24 | 53 | 8 | 0 |

**TENTHS.**

| | £ | s. | d. |
|---|---|---|---|
| ·1 | 0 | 4 | 5½ |
| ·2 | 0 | 8 | 10¾ |
| ·3 | 0 | 13 | 4¼ |
| ·4 | 0 | 17 | 9½ |
| ·5 | 1 | 2 | 3 |
| ·6 | 1 | 6 | 8½ |
| ·7 | 1 | 11 | 1¾ |
| ·8 | 1 | 15 | 7¼ |
| ·9 | 2 | 0 | 0½ |

**HUNDREDTHS.**

| | £ | s. | d. |
|---|---|---|---|
| ·01 | 0 | 0 | 5¼ |
| ·02 | 0 | 0 | 10¾ |
| ·03 | 0 | 1 | 4 |
| ·04 | 0 | 1 | 9¼ |
| ·05 | 0 | 2 | 2¾ |
| ·06 | 0 | 2 | 8 |
| ·07 | 0 | 3 | 1½ |
| ·08 | 0 | 3 | 6¾ |
| ·09 | 0 | 4 | 0 |

**THOUSANDTH**

| | £ | s. | d. |
|---|---|---|---|
| ·001 | 0 | 0 | 0½ |
| ·002 | 0 | 0 | 1 |
| ·003 | 0 | 0 | 1½ |
| ·004 | 0 | 0 | 2¼ |
| ·005 | 0 | 0 | 2¾ |
| ·006 | 0 | 0 | 3¼ |
| ·007 | 0 | 0 | 3¾ |
| ·008 | 0 | 0 | 4¼ |
| ·009 | 0 | 0 | 4¾ |

**OUNCES.**

| oz. | £ | s. | d. |
|---|---|---|---|
| 25 | 55 | 12 | 6 |
| 26 | 57 | 17 | 0 |
| 27 | 60 | 1 | 6 |
| 28 | 62 | 6 | 0 |
| 29 | 64 | 10 | 6 |
| 30 | 66 | 15 | 0 |
| 31 | 68 | 19 | 6 |
| 32 | 71 | 4 | 0 |
| 33 | 73 | 8 | 6 |
| 34 | 75 | 13 | 0 |
| 35 | 77 | 17 | 6 |
| 36 | 80 | 2 | 0 |
| 37 | 82 | 6 | 6 |

**OUNCES.**

| oz. | £ | s. | d. |
|---|---|---|---|
| 38 | 84 | 11 | 0 |
| 39 | 86 | 15 | 6 |
| 40 | 89 | 0 | 0 |
| 41 | 91 | 4 | 6 |
| 42 | 93 | 9 | 0 |
| 43 | 95 | 13 | 6 |
| 44 | 97 | 18 | 0 |
| 45 | 100 | 2 | 6 |
| 46 | 102 | 7 | 0 |
| 47 | 104 | 11 | 6 |
| 48 | 106 | 16 | 0 |
| 49 | 109 | 0 | 6 |
| 50 | 111 | 5 | 0 |

**OUNCES.**

| oz. | £ | s. |
|---|---|---|
| 55 | 122 | 7 |
| 60 | 133 | 10 |
| 65 | 144 | 12 |
| 70 | 155 | 15 |
| 75 | 166 | 17 |
| 80 | 178 | 0 |
| 85 | 189 | 2 |
| 90 | 200 | 5 |
| 100 | 222 | 10 |
| 200 | 445 | 0 |
| 300 | 667 | 10 |
| 400 | 890 | 0 |
| 500 | 1112 | 10 |

1 grain=two-onethousandths of oz. troy or ·002.

1 carat=3·166 grains.

1 pennyweight=five-onehundredths of oz. troy or ·05.

# £2 5s. 0d. per oz.

(For Diamonds, &c., for "oz." read "grain.")

| OUNCES. | | | | TENTHS. | | | | HUNDREDTHS. | | | | THOUSANDTHS. | | | |
|---|---|---|---|---|---|---|---|---|---|---|---|---|---|---|---|
| *oz.* | £ | *s.* | *d.* | | £ | *s.* | *d.* | | £ | *s.* | *d.* | | £ | *s.* | *d.* |
| 1 | 2 | 5 | 0 | ·1 | 0 | 4 | 6 | ·01 | 0 | 0 | 5½ | ·001 | 0 | 0 | 0½ |
| 2 | 4 | 10 | 0 | ·2 | 0 | 9 | 0 | ·02 | 0 | 0 | 10¾ | ·002 | 0 | 0 | 1 |
| 3 | 6 | 15 | 0 | ·3 | 0 | 13 | 6 | ·03 | 0 | 1 | 4¼ | ·003 | 0 | 0 | 1½ |
| 4 | 9 | 0 | 0 | ·4 | 0 | 18 | 0 | ·04 | 0 | 1 | 9½ | ·004 | 0 | 0 | 2¼ |
| 5 | 11 | 5 | 0 | ·5 | 1 | 2 | 6 | ·05 | 0 | 2 | 3 | ·005 | 0 | 0 | 2¾ |
| 6 | 13 | 10 | 0 | ·6 | 1 | 7 | 0 | ·06 | 0 | 2 | 8½ | ·006 | 0 | 0 | 3¼ |
| 7 | 15 | 15 | 0 | ·7 | 1 | 11 | 6 | ·07 | 0 | 3 | 1¾ | ·007 | 0 | 0 | 3¾ |
| 8 | 18 | 0 | 0 | ·8 | 1 | 16 | 0 | ·08 | 0 | 3 | 7¼ | ·008 | 0 | 0 | 4¼ |
| 9 | 20 | 5 | 0 | ·9 | 2 | 0 | 6 | ·09 | 0 | 4 | 0½ | ·009 | 0 | 0 | 4¾ |
| 10 | 22 | 10 | 0 | | | | | | | | | | | | |
| 11 | 24 | 15 | 0 | OUNCES. | | | | OUNCES. | | | | OUNCES. | | | |
| 12 | 27 | 0 | 0 | 25 | 56 | 5 | 0 | 38 | 85 | 10 | 0 | 55 | 123 | 15 | 0 |
| 13 | 29 | 5 | 0 | 26 | 58 | 10 | 0 | 39 | 87 | 15 | 0 | 60 | 135 | 0 | 0 |
| 14 | 31 | 10 | 0 | 27 | 60 | 15 | 0 | 40 | 90 | 0 | 0 | 65 | 146 | 5 | 0 |
| 15 | 33 | 15 | 0 | 28 | 63 | 0 | 0 | 41 | 92 | 5 | 0 | 70 | 157 | 10 | 0 |
| 16 | 36 | 0 | 0 | 29 | 65 | 5 | 0 | 42 | 94 | 10 | 0 | 75 | 168 | 15 | 0 |
| 17 | 38 | 5 | 0 | 30 | 67 | 10 | 0 | 43 | 96 | 15 | 0 | 80 | 180 | 0 | 0 |
| 18 | 40 | 10 | 0 | 31 | 69 | 15 | 0 | 44 | 99 | 0 | 0 | 85 | 191 | 5 | 0 |
| 19 | 42 | 15 | 0 | 32 | 72 | 0 | 0 | 45 | 101 | 5 | 0 | 90 | 202 | 10 | 0 |
| 20 | 45 | 0 | 0 | 33 | 74 | 5 | 0 | 46 | 103 | 10 | 0 | 100 | 225 | 0 | 0 |
| 21 | 47 | 5 | 0 | 34 | 76 | 10 | 0 | 47 | 105 | 15 | 0 | 200 | 450 | 0 | 0 |
| 22 | 49 | 10 | 0 | 35 | 78 | 15 | 0 | 48 | 108 | 0 | 0 | 300 | 675 | 0 | 0 |
| 23 | 51 | 15 | 0 | 36 | 81 | 0 | 0 | 49 | 110 | 5 | 0 | 400 | 900 | 0 | 0 |
| 24 | 54 | 0 | 0 | 37 | 83 | 5 | 0 | 50 | 112 | 10 | 0 | 500 | 1125 | 0 | 0 |

1 grain=two-onethousandths of oz. troy or ·002.

1 carat=3·166 grains.

1 pennyweight=five-onehundredths of oz. troy or ·05.

# £2 5s. 6d. per oz.

(For Diamonds, &c., for " oz." read " grain.")

| OUNCES. | | | | TENTHS. | | | | HUNDREDTHS. | | | | THOUSANDTHS. | | | |
|---|---|---|---|---|---|---|---|---|---|---|---|---|---|---|---|
| *oz.* | £ | *s.* | *d.* | | £ | *s.* | *d.* | | £ | *s.* | *d.* | | £ | *s.* | *d.* |
| 1 | 2 | 5 | 6 | ·1 | 0 | 4 | 6½ | ·01 | 0 | 0 | 5½ | ·001 | 0 | 0 | 0½ |
| 2 | 4 | 11 | 0 | ·2 | 0 | 9 | 1¼ | ·02 | 0 | 0 | 11 | ·002 | 0 | 0 | 1 |
| 3 | 6 | 16 | 6 | ·3 | 0 | 13 | 7¾ | ·03 | 0 | 1 | 4½ | ·003 | 0 | 0 | 1¾ |
| 4 | 9 | 2 | 0 | ·4 | 0 | 18 | 2½ | ·04 | 0 | 1 | 9¾ | ·004 | 0 | 0 | 2¼ |
| 5 | 11 | 7 | 6 | ·5 | 1 | 2 | 9 | ·05 | 0 | 2 | 3¼ | ·005 | 0 | 0 | 2¾ |
| 6 | 13 | 13 | 0 | ·6 | 1 | 7 | 3½ | ·06 | 0 | 2 | 8¾ | ·006 | 0 | 0 | 3¼ |
| 7 | 15 | 18 | 6 | ·7 | 1 | 11 | 10¼ | ·07 | 0 | 3 | 2¼ | ·007 | 0 | 0 | 3¾ |
| 8 | 18 | 4 | 0 | ·8 | 1 | 16 | 4¾ | ·08 | 0 | 3 | 7¾ | ·008 | 0 | 0 | 4¼ |
| 9 | 20 | 9 | 6 | ·9 | 2 | 0 | 11½ | ·09 | 0 | 4 | 1¼ | ·009 | 0 | 0 | 5 |
| 10 | 22 | 15 | 0 | OUNCES. | | | | OUNCES. | | | | OUNCES. | | | |
| 11 | 25 | 0 | 6 | | | | | | | | | | | | |
| 12 | 27 | 6 | 0 | 25 | 56 | 17 | 6 | 38 | 86 | 9 | 0 | 55 | 125 | 2 | 6 |
| 13 | 29 | 11 | 6 | 26 | 59 | 3 | 0 | 39 | 88 | 14 | 6 | 60 | 136 | 10 | 0 |
| 14 | 31 | 17 | 0 | 27 | 61 | 8 | 6 | 40 | 91 | 0 | 0 | 65 | 147 | 17 | 6 |
| 15 | 34 | 2 | 6 | 28 | 63 | 14 | 0 | 41 | 93 | 5 | 6 | 70 | 159 | 5 | 0 |
| 16 | 36 | 8 | 0 | 29 | 65 | 19 | 6 | 42 | 95 | 11 | 0 | 75 | 170 | 12 | 6 |
| 17 | 38 | 13 | 6 | 30 | 68 | 5 | 0 | 43 | 97 | 16 | 6 | 80 | 182 | 0 | 0 |
| 18 | 40 | 19 | 0 | 31 | 70 | 10 | 6 | 44 | 100 | 2 | 0 | 85 | 193 | 7 | 6 |
| 19 | 43 | 4 | 6 | 32 | 72 | 16 | 0 | 45 | 102 | 7 | 6 | 90 | 204 | 15 | 0 |
| 20 | 45 | 10 | 0 | 33 | 75 | 1 | 6 | 46 | 104 | 13 | 0 | 100 | 227 | 10 | 0 |
| 21 | 47 | 15 | 6 | 34 | 77 | 7 | 0 | 47 | 106 | 18 | 6 | 200 | 455 | 0 | 0 |
| 22 | 50 | 1 | 0 | 35 | 79 | 12 | 6 | 48 | 109 | 4 | 0 | 300 | 682 | 10 | 0 |
| 23 | 52 | 6 | 6 | 36 | 81 | 18 | 0 | 49 | 111 | 9 | 6 | 400 | 910 | 0 | 0 |
| 24 | 54 | 12 | 0 | 37 | 84 | 3 | 6 | 50 | 113 | 15 | 0 | 500 | 1137 | 10 | 0 |

1 grain=two-onethousandths of oz. troy or ·002.

1 carat=3·166 grains.

1 pennyweight=five-onehundredths of oz. troy or ·05.

# £2 6s. 0d. per oz.

(For Diamonds, &c., for "oz." read "grain.")

| OUNCES. | | | TENTHS. | | | | HUNDREDTHS. | | | | THOUSANDTHS. | | | |
|---|---|---|---|---|---|---|---|---|---|---|---|---|---|---|
| £ | s. | d. | | £ | s. | d. | | £ | s. | d. | | £ | s. | d. |
| 2 | 6 | 0 | ·1 | 0 | 4 | 7¼ | 01 | 0 | 0 | 5½ | ·001 | 0 | 0 | 0½ |
| 4 | 12 | 0 | ·2 | 0 | 9 | 2½ | ·02 | 0 | 0 | 11 | ·002 | 0 | 0 | 1 |
| 6 | 18 | 0 | ·3 | 0 | 13 | 9½ | ·03 | 0 | 1 | 4½ | ·003 | 0 | 0 | 1¾ |
| 9 | 4 | 0 | ·4 | 0 | 18 | 4¾ | ·04 | 0 | 1 | 10 | ·004 | 0 | 0 | 2¼ |
| 11 | 10 | 0 | ·5 | 1 | 3 | 0 | ·05 | 0 | 2 | 3½ | ·005 | 0 | 0 | 2¾ |
| 13 | 16 | 0 | ·6 | 1 | 7 | 7¼ | ·06 | 0 | 2 | 9 | ·006 | 0 | 0 | 3¼ |
| 16 | 2 | 0 | ·7 | 1 | 12 | 2½ | ·07 | 0 | 3 | 2¾ | ·007 | 0 | 0 | 3¾ |
| 18 | 8 | 0 | ·8 | 1 | 16 | 9½ | ·08 | 0 | 3 | 8¼ | ·008 | 0 | 0 | 4½ |
| 20 | 14 | 0 | ·9 | 2 | 1 | 4¾ | ·09 | 0 | 4 | 1¾ | ·009 | 0 | 0 | 5 |
| 23 | 0 | 0 | OUNCES. | | | | OUNCES. | | | | OUNCES. | | | |
| 25 | 6 | 0 | | | | | | | | | | | | |
| 27 | 12 | 0 | 25 | 57 | 10 | 0 | 38 | 87 | 8 | 0 | 55 | 126 | 10 | 0 |
| 29 | 18 | 0 | 26 | 59 | 16 | 0 | 39 | 89 | 14 | 0 | 60 | 138 | 0 | 0 |
| 32 | 4 | 0 | 27 | 62 | 2 | 0 | 40 | 92 | 0 | 0 | 65 | 149 | 10 | 0 |
| 34 | 10 | 0 | 28 | 64 | 8 | 0 | 41 | 94 | 6 | 0 | 70 | 161 | 0 | 0 |
| 36 | 16 | 0 | 29 | 66 | 14 | 0 | 42 | 96 | 12 | 0 | 75 | 172 | 10 | 0 |
| 39 | 2 | 0 | 30 | 69 | 0 | 0 | 43 | 98 | 18 | 0 | 80 | 184 | 0 | 0 |
| 41 | 8 | 0 | 31 | 71 | 6 | 0 | 44 | 101 | 4 | 0 | 85 | 195 | 10 | 0 |
| 43 | 14 | 0 | 32 | 73 | 12 | 0 | 45 | 103 | 10 | 0 | 90 | 207 | 0 | 0 |
| 46 | 0 | 0 | 33 | 75 | 18 | 0 | 46 | 105 | 16 | 0 | 100 | 230 | 0 | 0 |
| 48 | 6 | 0 | 34 | 78 | 4 | 0 | 47 | 108 | 2 | 0 | 200 | 460 | 0 | 0 |
| 50 | 12 | 0 | 35 | 80 | 10 | 0 | 48 | 110 | 8 | 0 | 300 | 690 | 0 | 0 |
| 52 | 18 | 0 | 36 | 82 | 16 | 0 | 49 | 112 | 14 | 0 | 400 | 920 | 0 | 0 |
| 55 | 4 | 0 | 37 | 85 | 2 | 0 | 50 | 115 | 0 | 0 | 500 | 1150 | 0 | 0 |

1 grain=two-onethousandths of oz. troy or ·002.

1 carat=3·166 grains.

1 pennyweight=five onehundredths of oz. troy or ·05.

# £2 6s. 6d. per oz.

(For Diamonds, &c., for "oz." read "grain.")

| OUNCES. | | | | TENTHS. | | | | HUNDREDTHS. | | | | THOUSANDTHS. | | | |
|---|---|---|---|---|---|---|---|---|---|---|---|---|---|---|---|
| oz. | £ | s. | d. | | £ | s. | d. | | £ | s. | d. | | £ | s. | d. |
| 1 | 2 | 6 | 6 | ·1 | 0 | 4 | 7¾ | 01 | 0 | 0 | 5½ | ·001 | 0 | 0 | 0½ |
| 2 | 4 | 13 | 0 | ·2 | 0 | 9 | 3½ | ·02 | 0 | 0 | 11¼ | ·002 | 0 | 0 | 1 |
| 3 | 6 | 19 | 6 | ·3 | 0 | 13 | 11½ | ·03 | 0 | 1 | 4¾ | 003 | 0 | 0 | 1¾ |
| 4 | 9 | 6 | 0 | ·4 | 0 | 18 | 7¼ | ·04 | 0 | 1 | 10¼ | ·004 | 0 | 0 | 2¼ |
| 5 | 11 | 12 | 6 | ·5 | 1 | 3 | 3 | ·05 | 0 | 2 | 4 | ·005 | 0 | 0 | 2¾ |
| 6 | 13 | 19 | 0 | ·6 | 1 | 7 | 10¾ | 06 | 0 | 2 | 9½ | ·006 | 0 | 0 | 3¼ |
| 7 | 16 | 5 | 6 | ·7 | 1 | 12 | 6½ | ·07 | 0 | 3 | 3 | ·007 | 0 | 0 | 4 |
| 8 | 18 | 12 | 0 | ·8 | 1 | 17 | 2½ | ·08 | 0 | 3 | 8¾ | 008 | 0 | 0 | 4½ |
| 9 | 20 | 18 | 6 | ·9 | 2 | 1 | 10¼ | ·09 | 0 | 4 | 2¼ | ·009 | 0 | 0 | 5 |
| 10 | 23 | 5 | 0 | OUNCES. | | | | OUNCES. | | | | OUNCES. | | | |
| 11 | 25 | 11 | 6 | | | | | | | | | | | | |
| 12 | 27 | 18 | 0 | 25 | 58 | 2 | 6 | 38 | 88 | 7 | 0 | 55 | 127 | 17 | [illegible] |
| 13 | 30 | 4 | 6 | 26 | 60 | 9 | 0 | 39 | 90 | 13 | 6 | 60 | 139 | 10 | [illegible] |
| 14 | 32 | 11 | 0 | 27 | 62 | 15 | 6 | 40 | 93 | 0 | 0 | 65 | 151 | 2 | [illegible] |
| 15 | 34 | 17 | 6 | 28 | 65 | 2 | 0 | 41 | 95 | 6 | 6 | 70 | 162 | 15 | [illegible] |
| 16 | 37 | 4 | 0 | 29 | 67 | 8 | 6 | 42 | 97 | 13 | 0 | 75 | 174 | 7 | [illegible] |
| 17 | 39 | 10 | 6 | 30 | 69 | 15 | 0 | 43 | 99 | 19 | 6 | 80 | 186 | 0 | [illegible] |
| 18 | 41 | 17 | 0 | 31 | 72 | 1 | 6 | 44 | 102 | 6 | 0 | 85 | 197 | 12 | [illegible] |
| 19 | 44 | 3 | 6 | 32 | 74 | 8 | 0 | 45 | 104 | 12 | 6 | 90 | 209 | 5 | [illegible] |
| 20 | 46 | 10 | 0 | 33 | 76 | 14 | 6 | 46 | 106 | 19 | 0 | 100 | 232 | 10 | [illegible] |
| 21 | 48 | 16 | 6 | 34 | 79 | 1 | 0 | 47 | 109 | 5 | 6 | 200 | 465 | 0 | [illegible] |
| 22 | 51 | 3 | 0 | 35 | 81 | 7 | 6 | 48 | 111 | 12 | 0 | 300 | 697 | 10 | [illegible] |
| 23 | 53 | 9 | 6 | 36 | 83 | 14 | 0 | 49 | 113 | 18 | 6 | 400 | 930 | 0 | [illegible] |
| 24 | 55 | 16 | 0 | 37 | 86 | 0 | 6 | 50 | 116 | 5 | 0 | 500 | 1162 | 10 | [illegible] |

1 grain=two-onethousandths of oz. troy or ·002.

1 carat=3·166 grains.

1 pennyweight=five-onehundredths of oz. troy or ·05.

# £2 7s. 0d. per oz.

(For Diamonds, &c., for "oz." read "grain.")

| OUNCES. | | | | TENTHS. | | | | HUNDREDTHS. | | | | THOUSANDTHS. | | | |
|---|---|---|---|---|---|---|---|---|---|---|---|---|---|---|---|
| *oz.* | £ | *s.* | *d.* | | £ | *s.* | *d.* | | £ | *s.* | *d.* | | £ | *s.* | *d.* |
| 1 | 2 | 7 | 0 | ·1 | 0 | 4 | 8½ | ·01 | 0 | 0 | 5¾ | ·001 | 0 | 0 | 0½ |
| 2 | 4 | 14 | 0 | ·2 | 0 | 9 | 4¾ | ·02 | 0 | 0 | 11¼ | ·002 | 0 | 0 | 1¼ |
| 3 | 7 | 1 | 0 | ·3 | 0 | 14 | 1¼ | ·03 | 0 | 1 | 5 | ·003 | 0 | 0 | 1¾ |
| 4 | 9 | 8 | 0 | ·4 | 0 | 18 | 9½ | ·04 | 0 | 1 | 10½ | ·004 | 0 | 0 | 2¼ |
| 5 | 11 | 15 | 0 | ·5 | 1 | 3 | 6 | ·05 | 0 | 2 | 4¼ | ·005 | 0 | 0 | 2¾ |
| 6 | 14 | 2 | 0 | ·6 | 1 | 8 | 2½ | ·06 | 0 | 2 | 9¾ | ·006 | 0 | 0 | 3½ |
| 7 | 16 | 9 | 0 | ·7 | 1 | 12 | 10¾ | ·07 | 0 | 3 | 3½ | ·007 | 0 | 0 | 4 |
| 8 | 18 | 16 | 0 | ·8 | 1 | 17 | 7¼ | ·08 | 0 | 3 | 9 | ·008 | 0 | 0 | 4½ |
| 9 | 21 | 3 | 0 | ·9 | 2 | 2 | 3½ | ·09 | 0 | 4 | 2¾ | ·009 | 0 | 0 | 5 |
| 10 | 23 | 10 | 0 | OUNCES. | | | | OUNCES. | | | | OUNCES. | | | |
| 11 | 25 | 17 | 0 | | | | | | | | | | | | |
| 12 | 28 | 4 | 0 | 25 | 58 | 15 | 0 | 38 | 89 | 6 | 0 | 55 | 129 | 5 | 0 |
| 13 | 30 | 11 | 0 | 26 | 61 | 2 | 0 | 39 | 91 | 13 | 0 | 60 | 141 | 0 | 0 |
| 14 | 32 | 18 | 0 | 27 | 63 | 9 | 0 | 40 | 94 | 0 | 0 | 65 | 152 | 15 | 0 |
| 15 | 35 | 5 | 0 | 28 | 65 | 16 | 0 | 41 | 96 | 7 | 0 | 70 | 164 | 10 | 0 |
| 16 | 37 | 12 | 0 | 29 | 68 | 3 | 0 | 42 | 98 | 14 | 0 | 75 | 176 | 5 | 0 |
| 17 | 39 | 19 | 0 | 30 | 70 | 10 | 0 | 43 | 101 | 1 | 0 | 80 | 188 | 0 | 0 |
| 18 | 42 | 6 | 0 | 31 | 72 | 17 | 0 | 44 | 103 | 8 | 0 | 85 | 199 | 15 | 0 |
| 19 | 44 | 13 | 0 | 32 | 75 | 4 | 0 | 45 | 105 | 15 | 0 | 90 | 211 | 10 | 0 |
| 20 | 47 | 0 | 0 | 33 | 77 | 11 | 0 | 46 | 108 | 2 | 0 | 100 | 235 | 0 | 0 |
| 21 | 49 | 7 | 0 | 34 | 79 | 18 | 0 | 47 | 110 | 9 | 0 | 200 | 470 | 0 | 0 |
| 22 | 51 | 14 | 0 | 35 | 82 | 5 | 0 | 48 | 112 | 16 | 0 | 300 | 705 | 0 | 0 |
| 23 | 54 | 1 | 0 | 36 | 84 | 12 | 0 | 49 | 115 | 3 | 0 | 400 | 940 | 0 | 0 |
| 24 | 56 | 8 | 0 | 37 | 86 | 19 | 0 | 50 | 117 | 10 | 0 | 500 | 1175 | 0 | 0 |

1 grain=two-onethousandths of oz. troy or ·002.

1 carat=3·166 grains.

1 pennyweight=five-onehundredths of oz. troy or ·05.

# £2 7s. 6d. per oz.

(For Diamonds, &c., for "oz." read "grain.")

| OUNCES. | | | | TENTHS. | | | | HUNDREDTHS. | | | | THOUSANDTHS. | | | |
|---|---|---|---|---|---|---|---|---|---|---|---|---|---|---|---|
| oz. | £ | s. | d. | | £ | s. | d. | | £ | s. | d. | | £ | s. | d. |
| 1 | 2 | 7 | 6 | ·1 | 0 | 4 | 9 | ·01 | 0 | 0 | 5¾ | ·001 | 0 | 0 | 0½ |
| 2 | 4 | 15 | 0 | ·2 | 0 | 9 | 6 | ·02 | 0 | 0 | 11½ | ·002 | 0 | 0 | 1¼ |
| 3 | 7 | 2 | 6 | ·3 | 0 | 14 | 3 | ·03 | 0 | 1 | 5 | ·003 | 0 | 0 | 1¾ |
| 4 | 9 | 10 | 0 | ·4 | 0 | 19 | 0 | ·04 | 0 | 1 | 10¾ | ·004 | 0 | 0 | 2¼ |
| 5 | 11 | 17 | 6 | ·5 | 1 | 3 | 9 | ·05 | 0 | 2 | 4½ | ·005 | 0 | 0 | 2¾ |
| 6 | 14 | 5 | 0 | ·6 | 1 | 8 | 6 | ·06 | 0 | 2 | 10¼ | ·006 | 0 | 0 | 3½ |
| 7 | 16 | 12 | 6 | ·7 | 1 | 13 | 3 | ·07 | 0 | 3 | 4 | ·007 | 0 | 0 | 4 |
| 8 | 19 | 0 | 0 | ·8 | 1 | 18 | 0 | ·08 | 0 | 3 | 9½ | ·008 | 0 | 0 | 4½ |
| 9 | 21 | 7 | 6 | ·9 | 2 | 2 | 9 | ·09 | 0 | 4 | 3¼ | ·009 | 0 | 0 | 5¼ |
| 10 | 23 | 15 | 0 | OUNCES. | | | | OUNCES. | | | | OUNCES. | | | |
| 11 | 26 | 2 | 6 | | | | | | | | | | | | |
| 12 | 28 | 10 | 0 | 25 | 59 | 7 | 6 | 38 | 90 | 5 | 0 | 55 | 130 | 12 | 6 |
| 13 | 30 | 17 | 6 | 26 | 61 | 15 | 0 | 39 | 92 | 12 | 6 | 60 | 142 | 10 | 0 |
| 14 | 33 | 5 | 0 | 27 | 64 | 2 | 6 | 40 | 95 | 0 | 0 | 65 | 154 | 7 | 6 |
| 15 | 35 | 12 | 6 | 28 | 66 | 10 | 0 | 41 | 97 | 7 | 6 | 70 | 166 | 5 | 0 |
| 16 | 38 | 0 | 0 | 29 | 68 | 17 | 6 | 42 | 99 | 15 | 0 | 75 | 178 | 2 | 6 |
| 17 | 40 | 7 | 6 | 30 | 71 | 5 | 0 | 43 | 102 | 2 | 6 | 80 | 190 | 0 | 0 |
| 18 | 42 | 15 | 0 | 31 | 73 | 12 | 6 | 44 | 104 | 10 | 0 | 85 | 201 | 17 | 6 |
| 19 | 45 | 2 | 6 | 32 | 76 | 0 | 0 | 45 | 106 | 17 | 6 | 90 | 213 | 15 | 0 |
| 20 | 47 | 10 | 0 | 33 | 78 | 7 | 6 | 46 | 109 | 5 | 0 | 100 | 237 | 10 | 0 |
| 21 | 49 | 17 | 6 | 34 | 80 | 15 | 0 | 47 | 111 | 12 | 6 | 200 | 475 | 0 | 0 |
| 22 | 52 | 5 | 0 | 35 | 83 | 2 | 6 | 48 | 114 | 0 | 0 | 300 | 712 | 10 | 0 |
| 23 | 54 | 12 | 6 | 36 | 85 | 10 | 0 | 49 | 116 | 7 | 6 | 400 | 950 | 0 | 0 |
| 24 | 57 | 0 | 0 | 37 | 87 | 17 | 6 | 50 | 118 | 15 | 0 | 500 | 1187 | 10 | 0 |

1 grain=two-onethousandths of oz. troy or ·002.

1 carat=3·166 grains.

1 pennyweight=five-onehundredths of oz. troy or ·05.

# £2 8s. 0d. per oz.

(For Diamonds, &c., for "oz." read "grain.")

| OUNCES. | | | | TENTHS. | | | | HUNDREDTHS. | | | | THOUSANDTHS. | | | |
|---|---|---|---|---|---|---|---|---|---|---|---|---|---|---|---|
| oz. | £ | s. | d. | | £ | s. | d. | | £ | s. | d. | | £ | s. | d. |
| 1 | 2 | 8 | 0 | ·1 | 0 | 4 | 9½ | ·01 | 0 | 0 | 5¾ | ·001 | 0 | 0 | 0½ |
| 2 | 4 | 16 | 0 | ·2 | 0 | 9 | 7¼ | ·02 | 0 | 0 | 11½ | ·002 | 0 | 0 | 1¼ |
| 3 | 7 | 4 | 0 | ·3 | 0 | 14 | 4¾ | ·03 | 0 | 1 | 5¼ | ·003 | 0 | 0 | 1¾ |
| 4 | 9 | 12 | 0 | ·4 | 0 | 19 | 2½ | ·04 | 0 | 1 | 11 | 004 | 0 | 0 | 2¼ |
| 5 | 12 | 0 | 0 | ·5 | 1 | 4 | 0 | ·05 | 0 | 2 | 4¾ | ·005 | 0 | 0 | 3 |
| 6 | 14 | 8 | 0 | ·6 | 1 | 8 | 9½ | ·06 | 0 | 2 | 10½ | ·006 | 0 | 0 | 3½ |
| 7 | 16 | 16 | 0 | ·7 | 1 | 13 | 7¼ | ·07 | 0 | 3 | 4¼ | ·007 | 0 | 0 | 4 |
| 8 | 19 | 4 | 0 | ·8 | 1 | 18 | 4¾ | ·08 | 0 | 3 | 10 | ·008 | 0 | 0 | 4½ |
| 9 | 21 | 12 | 0 | ·9 | 2 | 3 | 2½ | ·09 | 0 | 4 | 3¾ | ·009 | 0 | 0 | 5¼ |
| 10 | 24 | 0 | 0 | | | | | | | | | | | | |
| 11 | 26 | 8 | 0 | OUNCES. | | | | OUNCES. | | | | OUNCES. | | | |
| 12 | 28 | 16 | 0 | 25 | 60 | 0 | 0 | 38 | 91 | 4 | 0 | 55 | 132 | 0 | 0 |
| 13 | 31 | 4 | 0 | 26 | 62 | 8 | 0 | 39 | 93 | 12 | 0 | 60 | 144 | 0 | 0 |
| 14 | 33 | 12 | 0 | 27 | 64 | 16 | 0 | 40 | 96 | 0 | 0 | 65 | 156 | 0 | 0 |
| 15 | 36 | 0 | 0 | 28 | 67 | 4 | 0 | 41 | 98 | 8 | 0 | 70 | 168 | 0 | 0 |
| 16 | 38 | 8 | 0 | 29 | 69 | 12 | 0 | 42 | 100 | 16 | 0 | 75 | 180 | 0 | 0 |
| 17 | 40 | 16 | 0 | 30 | 72 | 0 | 0 | 43 | 103 | 4 | 0 | 80 | 192 | 0 | 0 |
| 18 | 43 | 4 | 0 | 31 | 74 | 8 | 0 | 44 | 105 | 12 | 0 | 85 | 204 | 0 | 0 |
| 19 | 45 | 12 | 0 | 32 | 76 | 16 | 0 | 45 | 108 | 0 | 0 | 90 | 216 | 0 | 0 |
| 20 | 48 | 0 | 0 | 33 | 79 | 4 | 0 | 46 | 110 | 8 | 0 | 100 | 240 | 0 | 0 |
| 21 | 50 | 8 | 0 | 34 | 81 | 12 | 0 | 47 | 112 | 16 | 0 | 200 | 480 | 0 | 0 |
| 22 | 52 | 16 | 0 | 35 | 84 | 0 | 0 | 48 | 115 | 4 | 0 | 300 | 720 | 0 | 0 |
| 23 | 55 | 4 | 0 | 36 | 86 | 8 | 0 | 49 | 117 | 12 | 0 | 400 | 960 | 0 | 0 |
| 24 | 57 | 12 | 0 | 37 | 88 | 16 | 0 | 50 | 120 | 0 | 0 | 500 | 1200 | 0 | 0 |

1 grain=two-onethousandths of oz. troy or ·002.

1 carat=3·166 grains.

1 pennyweight=five onehundredths of oz. troy or ·05.

# £2 8s. 6d. per oz.

(For Diamonds, &c., for "oz." read "grain.")

| OUNCES. | | | | TENTHS. | | | | HUNDREDTHS. | | | | THOUSANDTHS. | | | |
|---|---|---|---|---|---|---|---|---|---|---|---|---|---|---|---|
| *oz.* | £ | *s.* | *d.* | | £ | *s.* | *d.* | | £ | *s.* | *d.* | | £ | *s.* | *d.* |
| 1 | 2 | 8 | 6 | ·1 | 0 | 4 | 10¼ | ·01 | 0 | 0 | 5¾ | ·001 | 0 | 0 | 0½ |
| 2 | 4 | 17 | 0 | ·2 | 0 | 9 | 8½ | ·02 | 0 | 0 | 11¾ | ·002 | 0 | 0 | 1¼ |
| 3 | 7 | 5 | 6 | ·3 | 0 | 14 | 6½ | ·03 | 0 | 1 | 5½ | 003 | 0 | 0 | 1¾ |
| 4 | 9 | 14 | 0 | ·4 | 0 | 19 | 4¾ | ·04 | 0 | 1 | 11¼ | 004 | 0 | 0 | 2¼ |
| 5 | 12 | 2 | 6 | ·5 | 1 | 4 | 3 | ·05 | 0 | 2 | 5 | ·005 | 0 | 0 | 3 |
| 6 | 14 | 11 | 0 | ·6 | 1 | 9 | 1¼ | 06 | 0 | 2 | 11 | ·006 | 0 | 0 | 3½ |
| 7 | 16 | 19 | 6 | ·7 | 1 | 13 | 11½ | ·07 | 0 | 3 | 4¾ | ·007 | 0 | 0 | 4 |
| 8 | 19 | 8 | 0 | ·8 | 1 | 18 | 9½ | ·08 | 0 | 3 | 10½ | 008 | 0 | 0 | 4¾ |
| 9 | 21 | 16 | 6 | ·9 | 2 | 3 | 7¾ | ·09 | 0 | 4 | 4½ | ·009 | 0 | 0 | 5¼ |
| 10 | 24 | 5 | 0 | OUNCES. | | | | OUNCES. | | | | OUNCES. | | | |
| 11 | 26 | 13 | 6 | | | | | | | | | | | | |
| 12 | 29 | 2 | 0 | 25 | 60 | 12 | 6 | 38 | 92 | 3 | 0 | 55 | 133 | 7 | 6 |
| 13 | 31 | 10 | 6 | 26 | 63 | 1 | 0 | 39 | 94 | 11 | 6 | 60 | 145 | 10 | 0 |
| 14 | 33 | 19 | 0 | 27 | 65 | 9 | 6 | 40 | 97 | 0 | 0 | 65 | 157 | 12 | 6 |
| 15 | 36 | 7 | 6 | 28 | 67 | 18 | 0 | 41 | 99 | 8 | 6 | 70 | 169 | 15 | 0 |
| 16 | 38 | 16 | 0 | 29 | 70 | 6 | 6 | 42 | 101 | 17 | 0 | 75 | 181 | 17 | 6 |
| 17 | 41 | 4 | 6 | 30 | 72 | 15 | 0 | 43 | 104 | 5 | 6 | 80 | 194 | 0 | 0 |
| 18 | 43 | 13 | 0 | 31 | 75 | 3 | 6 | 44 | 106 | 14 | 0 | 85 | 206 | 2 | 6 |
| 19 | 46 | 1 | 6 | 32 | 77 | 12 | 0 | 45 | 109 | 2 | 6 | 90 | 218 | 5 | 0 |
| 20 | 48 | 10 | 0 | 33 | 80 | 0 | 6 | 46 | 111 | 11 | 0 | 100 | 242 | 10 | 0 |
| 21 | 50 | 18 | 6 | 34 | 82 | 9 | 0 | 47 | 113 | 19 | 6 | 200 | 485 | 0 | 0 |
| 22 | 53 | 7 | 0 | 35 | 84 | 17 | 6 | 48 | 116 | 8 | 0 | 300 | 727 | 10 | 0 |
| 23 | 55 | 15 | 6 | 36 | 87 | 6 | 0 | 49 | 118 | 16 | 6 | 400 | 970 | 0 | 0 |
| 24 | 58 | 4 | 0 | 37 | 89 | 14 | 6 | 50 | 121 | 5 | 0 | 500 | 1212 | 10 | 0 |

**1 grain=two-onethousandths of oz. troy or ·002.**

**1 carat=3·166 grains.**

**1 pennyweight=five-onehundredths of oz. troy or ·05.**

# £2 9s. 0d. per oz.

(For Diamonds, &c., for "oz." read "grain.")

| ES. | | TENTHS. | | | | HUNDREDTHS. | | | | THOUSANDTHS. | | | |
|---|---|---|---|---|---|---|---|---|---|---|---|---|---|
| . | d. | | £ | s. | d. | | £ | s. | d. | | £ | s. | d. |
| 9 | 0 | ·1 | 0 | 4 | 10¾ | ·01 | 0 | 0 | 6 | ·001 | 0 | 0 | 0½ |
| 8 | 0 | ·2 | 0 | 9 | 9½ | ·02 | 0 | 0 | 11¾ | ·002 | 0 | 0 | 1¼ |
| 7 | 0 | ·3 | 0 | 14 | 8½ | ·03 | 0 | 1 | 5¾ | ·003 | 0 | 0 | 1¾ |
| 6 | 0 | ·4 | 0 | 19 | 7¼ | ·04 | 0 | 1 | 11½ | ·004 | 0 | 0 | 2¼ |
| 5 | 0 | ·5 | 1 | 4 | 6 | ·05 | 0 | 2 | 5½ | ·005 | 0 | 0 | 3 |
| 4 | 0 | ·6 | 1 | 9 | 4¾ | ·06 | 0 | 2 | 11¼ | ·006 | 0 | 0 | 3½ |
| 3 | 0 | ·7 | 1 | 14 | 3½ | ·07 | 0 | 3 | 5¼ | ·007 | 0 | 0 | 4 |
| 2 | 0 | ·8 | 1 | 19 | 2½ | ·08 | 0 | 3 | 11 | ·008 | 0 | 0 | 4¾ |
| 1 | 0 | ·9 | 2 | 4 | 1¼ | ·09 | 0 | 4 | 5 | ·009 | 0 | 0 | 5¼ |
| 0 | 0 | | | | | | | | | | | | |
| 9 | 0 | OUNCES. | | | | OUNCES. | | | | OUNCES. | | | |
| 8 | 0 | 25 | 61 | 5 | 0 | 38 | 93 | 2 | 0 | 55 | 134 | 15 | 0 |
| 7 | 0 | 26 | 63 | 14 | 0 | 39 | 95 | 11 | 0 | 60 | 147 | 0 | 0 |
| 6 | 0 | 27 | 66 | 3 | 0 | 40 | 98 | 0 | 0 | 65 | 159 | 5 | 0 |
| 5 | 0 | 28 | 68 | 12 | 0 | 41 | 100 | 9 | 0 | 70 | 171 | 10 | 0 |
| 4 | 0 | 29 | 71 | 1 | 0 | 42 | 102 | 18 | 0 | 75 | 183 | 15 | 0 |
| 3 | 0 | 30 | 73 | 10 | 0 | 43 | 105 | 7 | 0 | 80 | 196 | 0 | 0 |
| 2 | 0 | 31 | 75 | 19 | 0 | 44 | 107 | 16 | 0 | 85 | 208 | 5 | 0 |
| 1 | 0 | 32 | 78 | 8 | 0 | 45 | 110 | 5 | 0 | 90 | 220 | 10 | 0 |
| 0 | 0 | 33 | 80 | 17 | 0 | 46 | 112 | 14 | 0 | 100 | 245 | 0 | 0 |
| 9 | 0 | 34 | 83 | 6 | 0 | 47 | 115 | 3 | 0 | 200 | 490 | 0 | 0 |
| 8 | 0 | 35 | 85 | 15 | 0 | 48 | 117 | 12 | 0 | 300 | 735 | 0 | 0 |
| 7 | 0 | 36 | 88 | 4 | 0 | 49 | 120 | 1 | 0 | 400 | 980 | 0 | 0 |
| 6 | 0 | 37 | 90 | 13 | 0 | 50 | 122 | 10 | 0 | 500 | 1225 | 0 | 0 |

1 grain=two-onethousandths of oz. troy or ·002.

1 carat=3·166 grains.

pennyweight=five-onehundredths of oz. troy or ·05.

# £2 9s. 6d. per oz.

(For Diamonds, &c., for "oz." read "grain.")

| OUNCES. | | | | TENTHS. | | | | HUNDREDTHS. | | | | THOUSANDTHS | | | |
|---|---|---|---|---|---|---|---|---|---|---|---|---|---|---|---|
| oz. | £ | s. | d. | | £ | s. | d. | | £ | s. | d. | | £ | s. | d. |
| 1 | 2 | 9 | 6 | ·1 | 0 | 4 | 11½ | ·01 | 0 | 0 | 6 | ·001 | 0 | 0 | 0½ |
| 2 | 4 | 19 | 0 | ·2 | 0 | 9 | 10¾ | ·02 | 0 | 1 | 0 | ·002 | 0 | 0 | 1¼ |
| 3 | 7 | 8 | 6 | ·3 | 0 | 14 | 10¼ | ·03 | 0 | 1 | 5¾ | ·003 | 0 | 0 | 1¾ |
| 4 | 9 | 18 | 0 | ·4 | 0 | 19 | 9½ | ·04 | 0 | 1 | 11¾ | ·004 | 0 | 0 | 2½ |
| 5 | 12 | 7 | 6 | ·5 | 1 | 4 | 9 | ·05 | 0 | 2 | 5¾ | ·005 | 0 | 0 | 3 |
| 6 | 14 | 17 | 0 | ·6 | 1 | 9 | 8½ | ·06 | 0 | 2 | 11¾ | ·006 | 0 | 0 | 3½ |
| 7 | 17 | 6 | 6 | ·7 | 1 | 14 | 7¾ | ·07 | 0 | 3 | 5½ | ·007 | 0 | 0 | 4¼ |
| 8 | 19 | 16 | 0 | ·8 | 1 | 19 | 7¼ | ·08 | 0 | 3 | 11½ | ·008 | 0 | 0 | 4¾ |
| 9 | 22 | 5 | 6 | ·9 | 2 | 4 | 6½ | ·09 | 0 | 4 | 5½ | ·009 | 0 | 0 | 5¼ |
| 10 | 24 | 15 | 0 | OUNCES. | | | | OUNCES. | | | | OUNCES. | | | |
| 11 | 27 | 4 | 6 | | | | | | | | | | | | |
| 12 | 29 | 14 | 0 | 25 | 61 | 17 | 6 | 38 | 94 | 1 | 0 | 55 | 136 | 2 | |
| 13 | 32 | 3 | 6 | 26 | 64 | 7 | 0 | 39 | 96 | 10 | 6 | 60 | 148 | 10 | |
| 14 | 34 | 13 | 0 | 27 | 66 | 16 | 6 | 40 | 99 | 0 | 0 | 65 | 160 | 17 | |
| 15 | 37 | 2 | 6 | 28 | 69 | 6 | 0 | 41 | 101 | 9 | 6 | 70 | 173 | 5 | |
| 16 | 39 | 12 | 0 | 29 | 71 | 15 | 6 | 42 | 103 | 19 | 0 | 75 | 185 | 12 | |
| 17 | 42 | 1 | 6 | 30 | 74 | 5 | 0 | 43 | 106 | 8 | 6 | 80 | 198 | 0 | |
| 18 | 44 | 11 | 0 | 31 | 76 | 14 | 6 | 44 | 108 | 18 | 0 | 85 | 210 | 7 | |
| 19 | 47 | 0 | 6 | 32 | 79 | 4 | 0 | 45 | 111 | 7 | 6 | 90 | 222 | 15 | |
| 20 | 49 | 10 | 0 | 33 | 81 | 13 | 6 | 46 | 113 | 17 | 0 | 100 | 247 | 10 | |
| 21 | 51 | 19 | 6 | 34 | 84 | 3 | 0 | 47 | 116 | 6 | 6 | 200 | 495 | 0 | |
| 22 | 54 | 9 | 0 | 35 | 86 | 12 | 6 | 48 | 118 | 16 | 0 | 300 | 742 | 10 | |
| 23 | 56 | 18 | 6 | 36 | 89 | 2 | 0 | 49 | 121 | 5 | 6 | 400 | 990 | 0 | |
| 24 | 59 | 8 | 0 | 37 | 91 | 11 | 6 | 50 | 123 | 15 | 0 | 500 | 1237 | 10 | |

1 grain=two-onethousandths of oz. troy or ·002.

1 carat=3·166 grains.

1 pennyweight=five-onehundredths of oz. troy or ·05.

# £2 10s. 0d. per oz.

(For Diamonds, &c., for "oz." read "grain.")

| OUNCES. | | | | TENTHS. | | | | HUNDREDTHS. | | | | THOUSANDTHS. | | | |
|---|---|---|---|---|---|---|---|---|---|---|---|---|---|---|---|
| oz. | £ | s. | d. | | £ | s. | d. | | £ | s. | d. | | £ | s. | d. |
| 1 | 2 | 10 | 0 | ·1 | 0 | 5 | 0 | 01 | 0 | 0 | 6 | ·001 | 0 | 0 | 0½ |
| 2 | 5 | 0 | 0 | ·2 | 0 | 10 | 0 | ·02 | 0 | 1 | 0 | ·002 | 0 | 0 | 1¼ |
| 3 | 7 | 10 | 0 | ·3 | 0 | 15 | 0 | ·03 | 0 | 1 | 6 | ·003 | 0 | 0 | 1¾ |
| 4 | 10 | 0 | 0 | ·4 | 1 | 0 | 0 | ·04 | 0 | 2 | 0 | 004 | 0 | 0 | 2½ |
| 5 | 12 | 10 | 0 | ·5 | 1 | 5 | 0 | ·05 | 0 | 2 | 6 | ·005 | 0 | 0 | 3 |
| 6 | 15 | 0 | 0 | ·6 | 1 | 10 | 0 | ·06 | 0 | 3 | 0 | ·006 | 0 | 0 | 3½ |
| 7 | 17 | 10 | 0 | ·7 | 1 | 15 | 0 | ·07 | 0 | 3 | 6 | ·007 | 0 | 0 | 4¼ |
| 8 | 20 | 0 | 0 | ·8 | 2 | 0 | 0 | ·08 | 0 | 4 | 0 | ·008 | 0 | 0 | 4¾ |
| 9 | 22 | 10 | 0 | ·9 | 2 | 5 | 0 | ·09 | 0 | 4 | 6 | ·009 | 0 | 0 | 5½ |
| 10 | 25 | 0 | 0 | OUNCES. | | | | OUNCES. | | | | OUNCES. | | | |
| 11 | 27 | 10 | 0 | | | | | | | | | | | | |
| 12 | 30 | 0 | 0 | 25 | 62 | 10 | 0 | 38 | 95 | 0 | 0 | 55 | 137 | 10 | 0 |
| 13 | 32 | 10 | 0 | 26 | 65 | 0 | 0 | 39 | 97 | 10 | 0 | 60 | 150 | 0 | 0 |
| 14 | 35 | 0 | 0 | 27 | 67 | 10 | 0 | 40 | 100 | 0 | 0 | 65 | 162 | 10 | 0 |
| 15 | 37 | 10 | 0 | 28 | 70 | 0 | 0 | 41 | 102 | 10 | 0 | 70 | 175 | 0 | 0 |
| 16 | 40 | 0 | 0 | 29 | 72 | 10 | 0 | 42 | 105 | 0 | 0 | 75 | 187 | 10 | 0 |
| 17 | 42 | 10 | 0 | 30 | 75 | 0 | 0 | 43 | 107 | 10 | 0 | 80 | 200 | 0 | 0 |
| 18 | 45 | 0 | 0 | 31 | 77 | 10 | 0 | 44 | 110 | 0 | 0 | 85 | 212 | 10 | 0 |
| 19 | 47 | 10 | 0 | 32 | 80 | 0 | 0 | 45 | 112 | 10 | 0 | 90 | 225 | 0 | 0 |
| 20 | 50 | 0 | 0 | 33 | 82 | 10 | 0 | 46 | 115 | 0 | 0 | 100 | 250 | 0 | 0 |
| 21 | 52 | 10 | 0 | 34 | 85 | 0 | 0 | 47 | 117 | 10 | 0 | 200 | 500 | 0 | 0 |
| 22 | 55 | 0 | 0 | 35 | 87 | 10 | 0 | 48 | 120 | 0 | 0 | 300 | 750 | 0 | 0 |
| 23 | 57 | 10 | 0 | 36 | 90 | 0 | 0 | 49 | 122 | 10 | 0 | 400 | 1000 | 0 | 0 |
| 24 | 60 | 0 | 0 | 37 | 92 | 10 | 0 | 50 | 125 | 0 | 0 | 500 | 1250 | 0 | 0 |

1 grain = two-onethousandths of oz. troy or ·002.

1 carat = 3·166 grains.

1 pennyweight = five onehundredths of oz. troy or ·05.

# £2 10s. 6d. per oz.

(For Diamonds, &c., for " oz." read "grain.")

| OUNCES. | | | | TENTHS. | | | | HUNDREDTHS. | | | | THOUSANDTHS. | | | |
|---|---|---|---|---|---|---|---|---|---|---|---|---|---|---|---|
| *oz.* | £ | *s.* | *d.* | | £ | *s.* | *d.* | | £ | *s.* | *d.* | | £ | *s.* | *d.* |
| 1 | 2 | 10 | 6 | ·1 | 0 | 5 | 0½ | ·01 | 0 | 0 | 6 | ·001 | 0 | 0 | 0½ |
| 2 | 5 | 1 | 0 | ·2 | 0 | 10 | 1¼ | ·02 | 0 | 1 | 0 | ·002 | 0 | 0 | 1¼ |
| 3 | 7 | 11 | 6 | ·3 | 0 | 15 | 1¾ | ·03 | 0 | 1 | 6¼ | ·003 | 0 | 0 | 1¾ |
| 4 | 10 | 2 | 0 | ·4 | 1 | 0 | 2½ | ·04 | 0 | 2 | 0¼ | ·004 | 0 | 0 | 2½ |
| 5 | 12 | 12 | 6 | ·5 | 1 | 5 | 3 | ·05 | 0 | 2 | 6¼ | ·005 | 0 | 0 | 3 |
| 6 | 15 | 3 | 0 | ·6 | 1 | 10 | 3½ | ·06 | 0 | 3 | 0¼ | ·006 | 0 | 0 | 3¾ |
| 7 | 17 | 13 | 6 | ·7 | 1 | 15 | 4¼ | ·07 | 0 | 3 | 6½ | ·007 | 0 | 0 | 4¼ |
| 8 | 20 | 4 | 0 | ·8 | 2 | 0 | 4¾ | ·08 | 0 | 4 | 0½ | ·008 | 0 | 0 | 4¾ |
| 9 | 22 | 14 | 6 | ·9 | 2 | 5 | 5½ | ·09 | 0 | 4 | 6½ | ·009 | 0 | 0 | 5½ |
| 10 | 25 | 5 | 0 | OUNCES. | | | | OUNCES. | | | | OUNCES. | | | |
| 11 | 27 | 15 | 6 | | | | | | | | | | | | |
| 12 | 30 | 6 | 0 | 25 | 63 | 2 | 6 | 38 | 95 | 19 | 0 | 55 | 138 | 17 | [illegible] |
| 13 | 32 | 16 | 6 | 26 | 65 | 13 | 0 | 39 | 98 | 9 | 6 | 60 | 151 | 10 | [illegible] |
| 14 | 35 | 7 | 0 | 27 | 68 | 3 | 6 | 40 | 101 | 0 | 0 | 65 | 164 | 2 | [illegible] |
| 15 | 37 | 17 | 6 | 28 | 70 | 14 | 0 | 41 | 103 | 10 | 6 | 70 | 176 | 15 | [illegible] |
| 16 | 40 | 8 | 0 | 29 | 73 | 4 | 6 | 42 | 106 | 1 | 0 | 75 | 189 | 7 | [illegible] |
| 17 | 42 | 18 | 6 | 30 | 75 | 15 | 0 | 43 | 108 | 11 | 6 | 80 | 202 | 0 | [illegible] |
| 18 | 45 | 9 | 0 | 31 | 78 | 5 | 6 | 44 | 111 | 2 | 0 | 85 | 214 | 12 | [illegible] |
| 19 | 47 | 19 | 6 | 32 | 80 | 16 | 0 | 45 | 113 | 12 | 6 | 90 | 227 | 5 | [illegible] |
| 20 | 50 | 10 | 0 | 33 | 83 | 6 | 6 | 46 | 116 | 3 | 0 | 100 | 252 | 10 | [illegible] |
| 21 | 53 | 0 | 6 | 34 | 85 | 17 | 0 | 47 | 118 | 13 | 6 | 200 | 505 | 0 | [illegible] |
| 22 | 55 | 11 | 0 | 35 | 88 | 7 | 6 | 48 | 121 | 4 | 0 | 300 | 757 | 10 | [illegible] |
| 23 | 58 | 1 | 6 | 36 | 90 | 18 | 0 | 49 | 123 | 14 | 6 | 400 | 1010 | 0 | [illegible] |
| 24 | 60 | 12 | 0 | 37 | 93 | 8 | 6 | 50 | 126 | 5 | 0 | 500 | 1262 | 10 | [illegible] |

1 grain=two-onethousandths of oz. troy or ·002.

1 carat=3·166 grains.

1 pennyweight=five-onehundredths of oz. troy or ·05.

# £2 11s. 0d. per oz.

(For Diamonds, &c., for "oz." read "grain.")

| OUNCES. | | | | TENTHS. | | | | HUNDREDTHS. | | | | THOUSANDTHS. | | | |
|---|---|---|---|---|---|---|---|---|---|---|---|---|---|---|---|
| oz. | £ | s. | d. | | £ | s. | d. | | £ | s. | d. | | £ | s. | d. |
| 1 | 2 | 11 | 0 | ·1 | 0 | 5 | 1¼ | ·01 | 0 | 0 | 6 | ·001 | 0 | 0 | 0½ |
| 2 | 5 | 2 | 0 | ·2 | 0 | 10 | 2½ | ·02 | 0 | 1 | 0¼ | ·002 | 0 | 0 | 1¼ |
| 3 | 7 | 13 | 0 | ·3 | 0 | 15 | 3½ | ·03 | 0 | 1 | 6¼ | ·003 | 0 | 0 | 1¾ |
| 4 | 10 | 4 | 0 | ·4 | 1 | 0 | 4¾ | ·04 | 0 | 2 | 0½ | ·004 | 0 | 0 | 2½ |
| 5 | 12 | 15 | 0 | ·5 | 1 | 5 | 6 | ·05 | 0 | 2 | 6½ | ·005 | 0 | 0 | 3 |
| 6 | 15 | 6 | 0 | ·6 | 1 | 10 | 7¼ | ·06 | 0 | 3 | 0¾ | ·006 | 0 | 0 | 3¾ |
| 7 | 17 | 17 | 0 | ·7 | 1 | 15 | 8½ | ·07 | 0 | 3 | 6¾ | ·007 | 0 | 0 | 4¼ |
| 8 | 20 | 8 | 0 | ·8 | 2 | 0 | 9½ | ·08 | 0 | 4 | 1 | ·008 | 0 | 0 | 5 |
| 9 | 22 | 19 | 0 | ·9 | 2 | 5 | 10¾ | ·09 | 0 | 4 | 7 | ·009 | 0 | 0 | 5½ |
| 10 | 25 | 10 | 0 | OUNCES. | | | | OUNCES. | | | | OUNCES. | | | |
| 11 | 28 | 1 | 0 | | | | | | | | | | | | |
| 12 | 30 | 12 | 0 | 25 | 63 | 15 | 0 | 38 | 96 | 18 | 0 | 55 | 140 | 5 | 0 |
| 13 | 33 | 3 | 0 | 26 | 66 | 6 | 0 | 39 | 99 | 9 | 0 | 60 | 153 | 0 | 0 |
| 14 | 35 | 14 | 0 | 27 | 68 | 17 | 0 | 40 | 102 | 0 | 0 | 65 | 165 | 15 | 0 |
| 15 | 38 | 5 | 0 | 28 | 71 | 8 | 0 | 41 | 104 | 11 | 0 | 70 | 178 | 10 | 0 |
| 16 | 40 | 16 | 0 | 29 | 73 | 19 | 0 | 42 | 107 | 2 | 0 | 75 | 191 | 5 | 0 |
| 17 | 43 | 7 | 0 | 30 | 76 | 10 | 0 | 43 | 109 | 13 | 0 | 80 | 204 | 0 | 0 |
| 18 | 45 | 18 | 0 | 31 | 79 | 1 | 0 | 44 | 112 | 4 | 0 | 85 | 216 | 15 | 0 |
| 19 | 48 | 9 | 0 | 32 | 81 | 12 | 0 | 45 | 114 | 15 | 0 | 90 | 229 | 10 | 0 |
| 20 | 51 | 0 | 0 | 33 | 84 | 3 | 0 | 46 | 117 | 6 | 0 | 100 | 255 | 0 | 0 |
| 21 | 53 | 11 | 0 | 34 | 86 | 14 | 0 | 47 | 119 | 17 | 0 | 200 | 510 | 0 | 0 |
| 22 | 56 | 2 | 0 | 35 | 89 | 5 | 0 | 48 | 122 | 8 | 0 | 300 | 765 | 0 | 0 |
| 23 | 58 | 13 | 0 | 36 | 91 | 16 | 0 | 49 | 124 | 19 | 0 | 400 | 1020 | 0 | 0 |
| 24 | 61 | 4 | 0 | 37 | 94 | 7 | 0 | 50 | 127 | 10 | 0 | 500 | 1275 | 0 | 0 |

1 grain=two-onethousandths of oz. troy or ·002.

1 carat=3·166 grains.

1 pennyweight=five-onehundredths of oz. troy or ·05.

# £2 11s. 6d. per oz.

(For Diamonds, &c., for "oz." read "grain.")

| OUNCES. | | | |
|---|---|---|---|
| oz. | £ | s. | d. |
| 1 | 2 | 11 | 6 |
| 2 | 5 | 3 | 0 |
| 3 | 7 | 14 | 6 |
| 4 | 10 | 6 | 0 |
| 5 | 12 | 17 | 6 |
| 6 | 15 | 9 | 0 |
| 7 | 18 | 0 | 6 |
| 8 | 20 | 12 | 0 |
| 9 | 23 | 3 | 6 |
| 10 | 25 | 15 | 0 |
| 11 | 28 | 6 | 6 |
| 12 | 30 | 18 | 0 |
| 13 | 33 | 9 | 6 |
| 14 | 36 | 1 | 0 |
| 15 | 38 | 12 | 6 |
| 16 | 41 | 4 | 0 |
| 17 | 43 | 15 | 6 |
| 18 | 46 | 7 | 0 |
| 19 | 48 | 18 | 6 |
| 20 | 51 | 10 | 0 |
| 21 | 54 | 1 | 6 |
| 22 | 56 | 13 | 0 |
| 23 | 59 | 4 | 6 |
| 24 | 61 | 16 | 0 |

| TENTHS. | | | | HUNDREDTHS. | | | | THOUSANDTH… | | | |
|---|---|---|---|---|---|---|---|---|---|---|---|
| • | £ | s. | d. | | £ | s. | d. | | £ | s. | d. |
| ·1 | 0 | 5 | 1¾ | ·01 | 0 | 0 | 6¼ | ·001 | 0 | 0 | 0½ |
| ·2 | 0 | 10 | 3½ | ·02 | 0 | 1 | 0¼ | ·002 | 0 | 0 | 1¼ |
| ·3 | 0 | 15 | 5½ | ·03 | 0 | 1 | 6½ | ·003 | 0 | 0 | 1¾ |
| ·4 | 1 | 0 | 7¼ | ·04 | 0 | 2 | 0¾ | ·004 | 0 | 0 | 2½ |
| ·5 | 1 | 5 | 9 | ·05 | 0 | 2 | 7 | ·005 | 0 | 0 | 3 |
| ·6 | 1 | 10 | 10¾ | ·06 | 0 | 3 | 1 | ·006 | 0 | 0 | 3¾ |
| ·7 | 1 | 16 | 0½ | ·07 | 0 | 3 | 7¼ | ·007 | 0 | 0 | 4¼ |
| ·8 | 2 | 1 | 2½ | ·08 | 0 | 4 | 1½ | ·008 | 0 | 0 | 5 |
| ·9 | 2 | 6 | 4¼ | ·09 | 0 | 4 | 7½ | ·009 | 0 | 0 | 5½ |

| OUNCES. | | | | OUNCES. | | | | OUNCES. | | | |
|---|---|---|---|---|---|---|---|---|---|---|---|
| 25 | 64 | 7 | 6 | 38 | 97 | 17 | 0 | 55 | 141 | 12 | [illegible] |
| 26 | 66 | 19 | 0 | 39 | 100 | 8 | 6 | 60 | 154 | 10 | [illegible] |
| 27 | 69 | 10 | 6 | 40 | 103 | 0 | 0 | 65 | 167 | 7 | [illegible] |
| 28 | 72 | 2 | 0 | 41 | 105 | 11 | 6 | 70 | 180 | 5 | [illegible] |
| 29 | 74 | 13 | 6 | 42 | 108 | 3 | 0 | 75 | 193 | 2 | [illegible] |
| 30 | 77 | 5 | 0 | 43 | 110 | 14 | 6 | 80 | 206 | 0 | [illegible] |
| 31 | 79 | 16 | 6 | 44 | 113 | 6 | 0 | 85 | 218 | 17 | [illegible] |
| 32 | 82 | 8 | 0 | 45 | 115 | 17 | 6 | 90 | 231 | 15 | [illegible] |
| 33 | 84 | 19 | 6 | 46 | 118 | 9 | 0 | 100 | 257 | 10 | [illegible] |
| 34 | 87 | 11 | 0 | 47 | 121 | 0 | 6 | 200 | 515 | 0 | [illegible] |
| 35 | 90 | 2 | 6 | 48 | 123 | 12 | 0 | 300 | 772 | 10 | [illegible] |
| 36 | 92 | 14 | 0 | 49 | 126 | 3 | 6 | 400 | 1030 | 0 | [illegible] |
| 37 | 95 | 5 | 6 | 50 | 128 | 15 | 0 | 500 | 1287 | 10 | [illegible] |

1 grain=two-onethousandths of oz. troy or ·002.

1 carat=3·166 grains.

1 pennyweight=five-onehundredths of oz. troy or ·05.

# £2 12s. 0d. per oz.

(For Diamonds, &c., for "oz." read "grain.")

| OUNCES. | | | | TENTHS. | | | | HUNDREDTHS. | | | | THOUSANDTHS. | | | |
|---|---|---|---|---|---|---|---|---|---|---|---|---|---|---|---|
| [illegible] | £ | s. | d. | | £ | s. | d. | | £ | s. | d. | | £ | s. | d. |
| 1 | 2 | 12 | 0 | ·1 | 0 | 5 | 2½ | ·01 | 0 | 0 | 6¼ | ·001 | 0 | 0 | 0½ |
| 2 | 5 | 4 | 0 | ·2 | 0 | 10 | 4¾ | ·02 | 0 | 1 | 0½ | ·002 | 0 | 0 | 1¼ |
| 3 | 7 | 16 | 0 | ·3 | 0 | 15 | 7¼ | ·03 | 0 | 1 | 6¾ | ·003 | 0 | 0 | 1¾ |
| 4 | 10 | 8 | 0 | ·4 | 1 | 0 | 9½ | ·04 | 0 | 2 | 1 | 004 | 0 | 0 | 2½ |
| 5 | 13 | 0 | 0 | ·5 | 1 | 6 | 0 | ·05 | 0 | 2 | 7¼ | ·005 | 0 | 0 | 3 |
| 6 | 15 | 12 | 0 | ·6 | 1 | 11 | 2½ | ·06 | 0 | 3 | 1½ | ·006 | 0 | 0 | 3¾ |
| 7 | 18 | 4 | 0 | ·7 | 1 | 16 | 4¾ | ·07 | 0 | 3 | 7¾ | ·007 | 0 | 0 | 4¼ |
| 8 | 20 | 16 | 0 | ·8 | 2 | 1 | 7¼ | ·08 | 0 | 4 | 2 | ·008 | 0 | 0 | 5 |
| 9 | 23 | 8 | 0 | ·9 | 2 | 6 | 9½ | ·09 | 0 | 4 | 8¼ | ·009 | 0 | 0 | 5½ |
| 0 | 26 | 0 | 0 | OUNCES. | | | | OUNCES. | | | | OUNCES. | | | |
| 1 | 28 | 12 | 0 | | | | | | | | | | | | |
| 2 | 31 | 4 | 0 | 25 | 65 | 0 | 0 | 38 | 98 | 16 | 0 | 55 | 143 | 0 | 0 |
| 3 | 33 | 16 | 0 | 26 | 67 | 12 | 0 | 39 | 101 | 8 | 0 | 60 | 156 | 0 | 0 |
| 4 | 36 | 8 | 0 | 27 | 70 | 4 | 0 | 40 | 104 | 0 | 0 | 65 | 169 | 0 | 0 |
| 5 | 39 | 0 | 0 | 28 | 72 | 16 | 0 | 41 | 106 | 12 | 0 | 70 | 182 | 0 | 0 |
| 6 | 41 | 12 | 0 | 29 | 75 | 8 | 0 | 42 | 109 | 4 | 0 | 75 | 195 | 0 | 0 |
| 7 | 44 | 4 | 0 | 30 | 78 | 0 | 0 | 43 | 111 | 16 | 0 | 80 | 208 | 0 | 0 |
| 8 | 46 | 16 | 0 | 31 | 80 | 12 | 0 | 44 | 114 | 8 | 0 | 85 | 221 | 0 | 0 |
| 9 | 49 | 8 | 0 | 32 | 83 | 4 | 0 | 45 | 117 | 0 | 0 | 90 | 234 | 0 | 0 |
| 0 | 52 | 0 | 0 | 33 | 85 | 16 | 0 | 46 | 119 | 12 | 0 | 100 | 260 | 0 | 0 |
| 1 | 54 | 12 | 0 | 34 | 88 | 8 | 0 | 47 | 122 | 4 | 0 | 200 | 520 | 0 | 0 |
| 2 | 57 | 4 | 0 | 35 | 91 | 0 | 0 | 48 | 124 | 16 | 0 | 300 | 780 | 0 | 0 |
| 3 | 59 | 16 | 0 | 36 | 93 | 12 | 0 | 49 | 127 | 8 | 0 | 400 | 1040 | 0 | 0 |
| 4 | 62 | 8 | 0 | 37 | 96 | 4 | 0 | 50 | 130 | 0 | 0 | 500 | 1300 | 0 | 0 |

1 grain = two-onethousandths of oz. troy or ·002.

1 carat = 3·166 grains.

1 pennyweight = five onehundredths of oz. troy or ·05.

# £2 12s. 6d. per oz.

(For Diamonds, &c., for " oz." read " grain.")

| OUNCES. | | | | TENTHS. | | | | HUNDREDTHS. | | | | THOUSANDTHS. | | | |
|---|---|---|---|---|---|---|---|---|---|---|---|---|---|---|---|
| *oz.* | £ | *s.* | *d.* | | £ | *s.* | *d.* | | £ | *s.* | *d.* | | £ | *s.* | *d.* |
| 1 | 2 | 12 | 6 | ·1 | 0 | 5 | 3 | ·01 | 0 | 0 | 6¼ | ·001 | 0 | 0 | 0¾ |
| 2 | 5 | 5 | 0 | ·2 | 0 | 10 | 6 | ·02 | 0 | 1 | 0½ | ·002 | 0 | 0 | 1¼ |
| 3 | 7 | 17 | 6 | ·3 | 0 | 15 | 9 | ·03 | 0 | 1 | 7 | ·003 | 0 | 0 | 2 |
| 4 | 10 | 10 | 0 | ·4 | 1 | 1 | 0 | ·04 | 0 | 2 | 1¼ | ·004 | 0 | 0 | 2½ |
| 5 | 13 | 2 | 6 | ·5 | 1 | 6 | 3 | ·05 | 0 | 2 | 7½ | ·005 | 0 | 0 | 3¼ |
| 6 | 15 | 15 | 0 | ·6 | 1 | 11 | 6 | ·06 | 0 | 3 | 1¾ | ·006 | 0 | 0 | 3¾ |
| 7 | 18 | 7 | 6 | ·7 | 1 | 16 | 9 | ·07 | 0 | 3 | 8 | ·007 | 0 | 0 | 4½ |
| 8 | 21 | 0 | 0 | ·8 | 2 | 2 | 0 | ·08 | 0 | 4 | 2½ | ·008 | 0 | 0 | 5 |
| 9 | 23 | 12 | 6 | ·9 | 2 | 7 | 3 | ·09 | 0 | 4 | 8¾ | ·009 | 0 | 0 | 5¾ |
| 10 | 26 | 5 | 0 | | | | | | | | | | | | |
| 11 | 28 | 17 | 6 | OUNCES. | | | | OUNCES. | | | | OUNCES. | | | |
| 12 | 31 | 10 | 0 | 25 | 65 | 12 | 6 | 38 | 99 | 15 | 0 | 55 | 144 | 7 | 6 |
| 13 | 34 | 2 | 6 | 26 | 68 | 5 | 0 | 39 | 102 | 7 | 6 | 60 | 157 | 10 | 0 |
| 14 | 36 | 15 | 0 | 27 | 70 | 17 | 6 | 40 | 105 | 0 | 0 | 65 | 170 | 12 | 6 |
| 15 | 39 | 7 | 6 | 28 | 73 | 10 | 0 | 41 | 107 | 12 | 6 | 70 | 183 | 15 | 0 |
| 16 | 42 | 0 | 0 | 29 | 76 | 2 | 6 | 42 | 110 | 5 | 0 | 75 | 196 | 17 | 6 |
| 17 | 44 | 12 | 6 | 30 | 78 | 15 | 0 | 43 | 112 | 17 | 6 | 80 | 210 | 0 | 0 |
| 18 | 47 | 5 | 0 | 31 | 81 | 7 | 6 | 44 | 115 | 10 | 0 | 85 | 223 | 2 | 6 |
| 19 | 49 | 17 | 6 | 32 | 84 | 0 | 0 | 45 | 118 | 2 | 6 | 90 | 236 | 5 | 0 |
| 20 | 52 | 10 | 0 | 33 | 86 | 12 | 6 | 46 | 120 | 15 | 0 | 100 | 262 | 10 | 0 |
| 21 | 55 | 2 | 6 | 34 | 89 | 5 | 0 | 47 | 123 | 7 | 6 | 200 | 525 | 0 | 0 |
| 22 | 57 | 15 | 0 | 35 | 91 | 17 | 6 | 48 | 126 | 0 | 0 | 300 | 787 | 10 | 0 |
| 23 | 60 | 7 | 6 | 36 | 94 | 10 | 0 | 49 | 128 | 12 | 6 | 400 | 1050 | 0 | 0 |
| 24 | 63 | 0 | 0 | 37 | 97 | 2 | 6 | 50 | 131 | 5 | 0 | 500 | 1312 | 10 | 0 |

1 grain=two-onethousandths of oz. troy or ·002.

1 carat=3·166 grains.

1 pennyweight=five-onehundredths of oz. troy or ·05.

# £2 13s. 0d. per oz.

(For Diamonds, &c., for "oz." read "grain.")

| OUNCES. | | | | TENTHS. | | | | HUNDREDTHS. | | | | THOUSANDTHS. | | | |
|---|---|---|---|---|---|---|---|---|---|---|---|---|---|---|---|
| oz. | £ | s. | d. | | £ | s. | d. | | £ | s. | d. | | £ | s. | d. |
| 1 | 2 | 13 | 0 | ·1 | 0 | 5 | 3½ | ·01 | 0 | 0 | 6¼ | ·001 | 0 | 0 | 0¾ |
| 2 | 5 | 6 | 0 | ·2 | 0 | 10 | 7¼ | ·02 | 0 | 1 | 0¾ | ·002 | 0 | 0 | 1¼ |
| 3 | 7 | 19 | 0 | ·3 | 0 | 15 | 10¾ | ·03 | 0 | 1 | 7 | ·003 | 0 | 0 | 2 |
| 4 | 10 | 12 | 0 | ·4 | 1 | 1 | 2½ | ·04 | 0 | 2 | 1½ | ·004 | 0 | 0 | 2½ |
| 5 | 13 | 5 | 0 | ·5 | 1 | 6 | 6 | ·05 | 0 | 2 | 7¾ | ·005 | 0 | 0 | 3¼ |
| 6 | 15 | 18 | 0 | ·6 | 1 | 11 | 9½ | ·06 | 0 | 3 | 2¼ | ·006 | 0 | 0 | 3¾ |
| 7 | 18 | 11 | 0 | ·7 | 1 | 17 | 1¼ | ·07 | 0 | 3 | 8½ | ·007 | 0 | 0 | 4½ |
| 8 | 21 | 4 | 0 | ·8 | 2 | 2 | 4¾ | ·08 | 0 | 4 | 3 | ·008 | 0 | 0 | 5 |
| 9 | 23 | 17 | 0 | ·9 | 2 | 7 | 8½ | ·09 | 0 | 4 | 9¼ | ·009 | 0 | 0 | 5¾ |
| 10 | 26 | 10 | 0 | | | | | | | | | | | | |
| 11 | 29 | 3 | 0 | OUNCES. | | | | OUNCES. | | | | OUNCES. | | | |
| 12 | 31 | 16 | 0 | 25 | 66 | 5 | 0 | 38 | 100 | 14 | 0 | 55 | 145 | 15 | 0 |
| 13 | 34 | 9 | 0 | 26 | 68 | 18 | 0 | 39 | 103 | 7 | 0 | 60 | 159 | 0 | 0 |
| 14 | 37 | 2 | 0 | 27 | 71 | 11 | 0 | 40 | 106 | 0 | 0 | 65 | 172 | 5 | 0 |
| 15 | 39 | 15 | 0 | 28 | 74 | 4 | 0 | 41 | 108 | 13 | 0 | 70 | 185 | 10 | 0 |
| 16 | 42 | 8 | 0 | 29 | 76 | 17 | 0 | 42 | 111 | 6 | 0 | 75 | 198 | 15 | 0 |
| 17 | 45 | 1 | 0 | 30 | 79 | 10 | 0 | 43 | 113 | 19 | 0 | 80 | 212 | 0 | 0 |
| 18 | 47 | 14 | 0 | 31 | 82 | 3 | 0 | 44 | 116 | 12 | 0 | 85 | 225 | 5 | 0 |
| 19 | 50 | 7 | 0 | 32 | 84 | 16 | 0 | 45 | 119 | 5 | 0 | 90 | 238 | 10 | 0 |
| 20 | 53 | 0 | 0 | 33 | 87 | 9 | 0 | 46 | 121 | 18 | 0 | 100 | 265 | 0 | 0 |
| 21 | 55 | 13 | 0 | 34 | 90 | 2 | 0 | 47 | 124 | 11 | 0 | 200 | 530 | 0 | 0 |
| 22 | 58 | 6 | 0 | 35 | 92 | 15 | 0 | 48 | 127 | 4 | 0 | 300 | 795 | 0 | 0 |
| 23 | 60 | 19 | 0 | 36 | 95 | 8 | 0 | 49 | 129 | 17 | 0 | 400 | 1060 | 0 | 0 |
| 24 | 63 | 12 | 0 | 37 | 98 | 1 | 0 | 50 | 132 | 10 | 0 | 500 | 1325 | 0 | 0 |

1 grain=two-onethousandths of oz. troy or ·002.

1 carat=3·166 grains.

1 pennyweight=five-onehundredths of oz. troy or ·05.

# £2 13s. 6d. per oz.

**(For Diamonds, &c., for " oz." read " grain.")**

| OUNCES. | | | | TENTHS. | | | | HUNDREDTHS. | | | | THOUSANDTHS. | | | |
|---|---|---|---|---|---|---|---|---|---|---|---|---|---|---|---|
| *oz.* | £ | *s.* | *d.* | | £ | *s.* | *d.* | | £ | *s.* | *d.* | | £ | *s.* | *d.* |
| 1 | 2 | 13 | 6 | ·1 | 0 | 5 | 4¼ | ·01 | 0 | 0 | 6½ | ·001 | 0 | 0 | 0¾ |
| 2 | 5 | 7 | 0 | ·2 | 0 | 10 | 8½ | ·02 | 0 | 1 | 0¾ | ·002 | 0 | 0 | 1¼ |
| 3 | 8 | 0 | 6 | ·3 | 0 | 16 | 0½ | ·03 | 0 | 1 | 7¼ | ·003 | 0 | 0 | 2 |
| 4 | 10 | 14 | 0 | ·4 | 1 | 1 | 4¾ | ·04 | 0 | 2 | 1¾ | ·004 | 0 | 0 | 2½ |
| 5 | 13 | 7 | 6 | ·5 | 1 | 6 | 9 | ·05 | 0 | 2 | 8 | ·005 | 0 | 0 | 3¼ |
| 6 | 16 | 1 | 0 | ·6 | 1 | 12 | 1¼ | ·06 | 0 | 3 | 2½ | ·006 | 0 | 0 | 3¾ |
| 7 | 18 | 14 | 6 | ·7 | 1 | 17 | 5½ | ·07 | 0 | 3 | 9 | ·007 | 0 | 0 | 4½ |
| 8 | 21 | 8 | 0 | ·8 | 2 | 2 | 9½ | ·08 | 0 | 4 | 3¼ | ·008 | 0 | 0 | 5¼ |
| 9 | 24 | 1 | 6 | ·9 | 2 | 8 | 1¾ | ·09 | 0 | 4 | 9¾ | ·009 | 0 | 0 | 5¾ |
| 10 | 26 | 15 | 0 | OUNCES. | | | | OUNCES. | | | | OUNCES. | | | |
| 11 | 29 | 8 | 6 | | | | | | | | | | | | |
| 12 | 32 | 2 | 0 | 25 | 66 | 17 | 6 | 38 | 101 | 13 | 0 | 55 | 147 | 2 | 6 |
| 13 | 34 | 15 | 6 | 26 | 69 | 11 | 0 | 39 | 104 | 6 | 6 | 60 | 160 | 10 | 0 |
| 14 | 37 | 9 | 0 | 27 | 72 | 4 | 6 | 40 | 107 | 0 | 0 | 65 | 173 | 17 | 6 |
| 15 | 40 | 2 | 6 | 28 | 74 | 18 | 0 | 41 | 109 | 13 | 6 | 70 | 187 | 5 | 0 |
| 16 | 42 | 16 | 0 | 29 | 77 | 11 | 6 | 42 | 112 | 7 | 0 | 75 | 200 | 12 | 6 |
| 17 | 45 | 9 | 6 | 30 | 80 | 5 | 0 | 43 | 115 | 0 | 6 | 80 | 214 | 0 | 0 |
| 18 | 48 | 3 | 0 | 31 | 82 | 18 | 6 | 44 | 117 | 14 | 0 | 85 | 227 | 7 | 6 |
| 19 | 50 | 16 | 6 | 32 | 85 | 12 | 0 | 45 | 120 | 7 | 6 | 90 | 240 | 15 | 0 |
| 20 | 53 | 10 | 0 | 33 | 88 | 5 | 6 | 46 | 123 | 1 | 0 | 100 | 267 | 10 | 0 |
| 21 | 56 | 3 | 6 | 34 | 90 | 19 | 0 | 47 | 125 | 14 | 6 | 200 | 535 | 0 | 0 |
| 22 | 58 | 17 | 0 | 35 | 93 | 12 | 6 | 48 | 128 | 8 | 0 | 300 | 802 | 10 | 0 |
| 23 | 61 | 10 | 6 | 36 | 96 | 6 | 0 | 49 | 131 | 1 | 6 | 400 | 1070 | 0 | 0 |
| 24 | 64 | 4 | 0 | 37 | 98 | 19 | 6 | 50 | 133 | 15 | 0 | 500 | 1337 | 10 | 0 |

1 grain=two-onethousandths of oz. troy or ·002.

1 carat=3·166 grains.

1 pennyweight=five-onehundredths of oz. troy or ·05.

# £2 14s. 0d. per oz.

(For Diamonds, &c., for "oz." read "grain.")

| OUNCES. | | | | TENTHS. | | | | HUNDREDTHS. | | | | THOUSANDTHS. | | | |
|---|---|---|---|---|---|---|---|---|---|---|---|---|---|---|---|
| oz. | £ | s. | d. | | £ | s. | d. | | £ | s. | d. | | £ | s. | d. |
| 1 | 2 | 14 | 0 | ·1 | 0 | 5 | 4¾ | ·01 | 0 | 0 | 6½ | ·001 | 0 | 0 | 0¾ |
| 2 | 5 | 8 | 0 | ·2 | 0 | 10 | 9½ | ·02 | 0 | 1 | 1 | ·002 | 0 | 0 | 1¼ |
| 3 | 8 | 2 | 0 | ·3 | 0 | 16 | 2½ | ·03 | 0 | 1 | 7½ | ·003 | 0 | 0 | 2 |
| 4 | 10 | 16 | 0 | ·4 | 1 | 1 | 7¼ | ·04 | 0 | 2 | 2 | ·004 | 0 | 0 | 2½ |
| 5 | 13 | 10 | 0 | ·5 | 1 | 7 | 0 | ·05 | 0 | 2 | 8½ | ·005 | 0 | 0 | 3¼ |
| 6 | 16 | 4 | 0 | ·6 | 1 | 12 | 4¾ | ·06 | 0 | 3 | 3 | ·006 | 0 | 0 | 4 |
| 7 | 18 | 18 | 0 | ·7 | 1 | 17 | 9½ | ·07 | 0 | 3 | 9¼ | ·007 | 0 | 0 | 4½ |
| 8 | 21 | 12 | 0 | ·8 | 2 | 3 | 2½ | ·08 | 0 | 4 | 3¾ | ·008 | 0 | 0 | 5¼ |
| 9 | 24 | 6 | 0 | ·9 | 2 | 8 | 7¼ | ·09 | 0 | 4 | 10¼ | ·009 | 0 | 0 | 5¾ |
| 10 | 27 | 0 | 0 | OUNCES. | | | | OUNCES. | | | | OUNCES. | | | |
| 11 | 29 | 14 | 0 | | | | | | | | | | | | |
| 12 | 32 | 8 | 0 | 25 | 67 | 10 | 0 | 38 | 102 | 12 | 0 | 55 | 148 | 10 | 0 |
| 13 | 35 | 2 | 0 | 26 | 70 | 4 | 0 | 39 | 105 | 6 | 0 | 60 | 162 | 0 | 0 |
| 14 | 37 | 16 | 0 | 27 | 72 | 18 | 0 | 40 | 108 | 0 | 0 | 65 | 175 | 10 | 0 |
| 15 | 40 | 10 | 0 | 28 | 75 | 12 | 0 | 41 | 110 | 14 | 0 | 70 | 189 | 0 | 0 |
| 16 | 43 | 4 | 0 | 29 | 78 | 6 | 0 | 42 | 113 | 8 | 0 | 75 | 202 | 10 | 0 |
| 17 | 45 | 18 | 0 | 30 | 81 | 0 | 0 | 43 | 116 | 2 | 0 | 80 | 216 | 0 | 0 |
| 18 | 48 | 12 | 0 | 31 | 83 | 14 | 0 | 44 | 118 | 16 | 0 | 85 | 229 | 10 | 0 |
| 19 | 51 | 6 | 0 | 32 | 86 | 8 | 0 | 45 | 121 | 10 | 0 | 90 | 243 | 0 | 0 |
| 20 | 54 | 0 | 0 | 33 | 89 | 2 | 0 | 46 | 124 | 4 | 0 | 100 | 270 | 0 | 0 |
| 21 | 56 | 14 | 0 | 34 | 91 | 16 | 0 | 47 | 126 | 18 | 0 | 200 | 540 | 0 | 0 |
| 22 | 59 | 8 | 0 | 35 | 94 | 10 | 0 | 48 | 129 | 12 | 0 | 300 | 810 | 0 | 0 |
| 23 | 62 | 2 | 0 | 36 | 97 | 4 | 0 | 49 | 132 | 6 | 0 | 400 | 1080 | 0 | 0 |
| 24 | 64 | 16 | 0 | 37 | 99 | 18 | 0 | 50 | 135 | 0 | 0 | 500 | 1350 | 0 | 0 |

1 grain=two-onethousandths of oz. troy or ·002.

1 carat=3·166 grains.

1 pennyweight=five onehundredths of oz. troy or ·05.

# £2 14s. 6d. per oz.

(For Diamonds, &c., for "oz." read "grain.")

| OUNCES. | | | | TENTHS. | | | | HUNDREDTHS. | | | | THOUSANDTHS. | | | |
|---|---|---|---|---|---|---|---|---|---|---|---|---|---|---|---|
| *oz.* | £ | *s.* | *d.* | | £ | *s.* | *d.* | | £ | *s.* | *d.* | | £ | *s.* | *d.* |
| 1 | 2 | 14 | 6 | ·1 | 0 | 5 | 5½ | ·01 | 0 | 0 | 6½ | ·001 | 0 | 0 | 0¾ |
| 2 | 5 | 9 | 0 | ·2 | 0 | 10 | 10¾ | ·02 | 0 | 1 | 1 | ·002 | 0 | 0 | 1¼ |
| 3 | 8 | 3 | 6 | ·3 | 0 | 16 | 4¼ | ·03 | 0 | 1 | 7½ | ·003 | 0 | 0 | 2 |
| 4 | 10 | 18 | 0 | ·4 | 1 | 1 | 9½ | ·04 | 0 | 2 | 2¼ | ·004 | 0 | 0 | 2½ |
| 5 | 13 | 12 | 6 | ·5 | 1 | 7 | 3 | ·05 | 0 | 2 | 8¾ | ·005 | 0 | 0 | 3¼ |
| 6 | 16 | 7 | 0 | ·6 | 1 | 12 | 8½ | ·06 | 0 | 3 | 3¼ | ·006 | 0 | 0 | 4 |
| 7 | 19 | 1 | 6 | ·7 | 1 | 18 | 1¾ | ·07 | 0 | 3 | 9¾ | ·007 | 0 | 0 | 4½ |
| 8 | 21 | 16 | 0 | ·8 | 2 | 3 | 7¼ | ·08 | 0 | 4 | 4¼ | ·008 | 0 | 0 | 5¼ |
| 9 | 24 | 10 | 6 | ·9 | 2 | 9 | 0½ | ·09 | 0 | 4 | 10¾ | ·009 | 0 | 0 | 6 |
| 10 | 27 | 5 | 0 | OUNCES. | | | | OUNCES. | | | | OUNCES. | | | |
| 11 | 29 | 19 | 6 | | | | | | | | | | | | |
| 12 | 32 | 14 | 0 | 25 | 68 | 2 | 6 | 38 | 103 | 11 | 0 | 55 | 149 | 17 | 6 |
| 13 | 35 | 8 | 6 | 26 | 70 | 17 | 0 | 39 | 106 | 5 | 6 | 60 | 163 | 10 | 0 |
| 14 | 38 | 3 | 0 | 27 | 73 | 11 | 6 | 40 | 109 | 0 | 0 | 65 | 177 | 2 | 6 |
| 15 | 40 | 17 | 6 | 28 | 76 | 6 | 0 | 41 | 111 | 14 | 6 | 70 | 190 | 15 | 0 |
| 16 | 43 | 12 | 0 | 29 | 79 | 0 | 6 | 42 | 114 | 9 | 0 | 75 | 204 | 7 | 6 |
| 17 | 46 | 6 | 6 | 30 | 81 | 15 | 0 | 43 | 117 | 3 | 6 | 80 | 218 | 0 | 0 |
| 18 | 49 | 1 | 0 | 31 | 84 | 9 | 6 | 44 | 119 | 18 | 0 | 85 | 231 | 12 | 6 |
| 19 | 51 | 15 | 6 | 32 | 87 | 4 | 0 | 45 | 122 | 12 | 6 | 90 | 245 | 5 | 0 |
| 20 | 54 | 10 | 0 | 33 | 89 | 18 | 6 | 46 | 125 | 7 | 0 | 100 | 272 | 10 | 0 |
| 21 | 57 | 4 | 6 | 34 | 92 | 13 | 0 | 47 | 128 | 1 | 6 | 200 | 545 | 0 | 0 |
| 22 | 59 | 19 | 0 | 35 | 95 | 7 | 6 | 48 | 130 | 16 | 0 | 300 | 817 | 10 | 0 |
| 23 | 62 | 13 | 6 | 36 | 98 | 2 | 0 | 49 | 133 | 10 | 6 | 400 | 1090 | 0 | 0 |
| 24 | 65 | 8 | 0 | 37 | 100 | 16 | 6 | 50 | 136 | 5 | 0 | 500 | 1362 | 10 | 0 |

1 grain=two-onethousandths of oz. troy or ·002.

1 carat=3·166 grains.

1 pennyweight=five-onehundredths of oz. troy or ·05.

# £2 15s. 0d. per oz.

(For Diamonds, &c., for "oz." read "grain.")

| OUNCES. | | | | TENTHS. | | | | HUNDREDTHS. | | | | THOUSANDTHS. | | | |
|---|---|---|---|---|---|---|---|---|---|---|---|---|---|---|---|
| oz. | £ | s. | d. | | £ | s. | d. | | £ | s. | d. | | £ | s. | d. |
| 1 | 2 | 15 | 0 | ·1 | 0 | 5 | 6 | ·01 | 0 | 0 | 6½ | ·001 | 0 | 0 | 0¾ |
| 2 | 5 | 10 | 0 | ·2 | 0 | 11 | 0 | ·02 | 0 | 1 | 1¼ | ·002 | 0 | 0 | 1¼ |
| 3 | 8 | 5 | 0 | ·3 | 0 | 16 | 6 | ·03 | 0 | 1 | 7¾ | ·003 | 0 | 0 | 2 |
| 4 | 11 | 0 | 0 | ·4 | 1 | 2 | 0 | ·04 | 0 | 2 | 2½ | ·004 | 0 | 0 | 2¾ |
| 5 | 13 | 15 | 0 | ·5 | 1 | 7 | 6 | ·05 | 0 | 2 | 9 | ·005 | 0 | 0 | 3¼ |
| 6 | 16 | 10 | 0 | ·6 | 1 | 13 | 0 | ·06 | 0 | 3 | 3½ | ·006 | 0 | 0 | 4 |
| 7 | 19 | 5 | 0 | ·7 | 1 | 18 | 6 | ·07 | 0 | 3 | 10¼ | ·007 | 0 | 0 | 4½ |
| 8 | 22 | 0 | 0 | ·8 | 2 | 4 | 0 | ·08 | 0 | 4 | 4¾ | ·008 | 0 | 0 | 5¼ |
| 9 | 24 | 15 | 0 | ·9 | 2 | 9 | 6 | ·09 | 0 | 4 | 11½ | ·009 | 0 | 0 | 6 |
| 10 | 27 | 10 | 0 | OUNCES. | | | | OUNCES. | | | | OUNCES. | | | |
| 11 | 30 | 5 | 0 | | | | | | | | | | | | |
| 12 | 33 | 0 | 0 | 25 | 68 | 15 | 0 | 38 | 104 | 10 | 0 | 55 | 151 | 5 | 0 |
| 13 | 35 | 15 | 0 | 26 | 71 | 10 | 0 | 39 | 107 | 5 | 0 | 60 | 165 | 0 | 0 |
| 14 | 38 | 10 | 0 | 27 | 74 | 5 | 0 | 40 | 110 | 0 | 0 | 65 | 178 | 15 | 0 |
| 15 | 41 | 5 | 0 | 28 | 77 | 0 | 0 | 41 | 112 | 15 | 0 | 70 | 192 | 10 | 0 |
| 16 | 44 | 0 | 0 | 29 | 79 | 15 | 0 | 42 | 115 | 10 | 0 | 75 | 206 | 5 | 0 |
| 17 | 46 | 15 | 0 | 30 | 82 | 10 | 0 | 43 | 118 | 5 | 0 | 80 | 220 | 0 | 0 |
| 18 | 49 | 10 | 0 | 31 | 85 | 5 | 0 | 44 | 121 | 0 | 0 | 85 | 233 | 15 | 0 |
| 19 | 52 | 5 | 0 | 32 | 88 | 0 | 0 | 45 | 123 | 15 | 0 | 90 | 247 | 10 | 0 |
| 20 | 55 | 0 | 0 | 33 | 90 | 15 | 0 | 46 | 126 | 10 | 0 | 100 | 275 | 0 | 0 |
| 21 | 57 | 15 | 0 | 34 | 93 | 10 | 0 | 47 | 129 | 5 | 0 | 200 | 550 | 0 | 0 |
| 22 | 60 | 10 | 0 | 35 | 96 | 5 | 0 | 48 | 132 | 0 | 0 | 300 | 825 | 0 | 0 |
| 23 | 63 | 5 | 0 | 36 | 99 | 0 | 0 | 49 | 134 | 15 | 0 | 400 | 1100 | 0 | 0 |
| 24 | 66 | 0 | 0 | 37 | 101 | 15 | 0 | 50 | 137 | 10 | 0 | 500 | 1375 | 0 | 0 |

1 grain=two-onethousandths of oz. troy or ·002.

1 carat=3·166 grains.

1 pennyweight=five-onehundredths of oz. troy or ·05.

# £2 15s. 6d. per oz.

(For Diamonds, &c., for "oz." read "grain.")

| OUNCES. | | | | TENTHS. | | | | HUNDREDTHS. | | | | THOUSANDTHS. | | | |
|---|---|---|---|---|---|---|---|---|---|---|---|---|---|---|---|
| *oz.* | £ | *s.* | *d.* | | £ | *s.* | *d.* | | £ | *s.* | *d.* | | £ | *s.* | *d.* |
| 1 | 2 | 15 | 6 | ·1 | 0 | 5 | 6½ | ·01 | 0 | 0 | 6¾ | ·001 | 0 | 0 | 0¾ |
| 2 | 5 | 11 | 0 | ·2 | 0 | 11 | 1¼ | ·02 | 0 | 1 | 1¼ | ·002 | 0 | 0 | 1¼ |
| 3 | 8 | 6 | 6 | ·3 | 0 | 16 | 7¾ | ·03 | 0 | 1 | 8 | ·003 | 0 | 0 | 2 |
| 4 | 11 | 2 | 0 | ·4 | 1 | 2 | 2½ | ·04 | 0 | 2 | 2¾ | ·004 | 0 | 0 | 2¾ |
| 5 | 13 | 17 | 6 | ·5 | 1 | 7 | 9 | ·05 | 0 | 2 | 9¼ | ·005 | 0 | 0 | 3¼ |
| 6 | 16 | 13 | 0 | ·6 | 1 | 13 | 3½ | ·06 | 0 | 3 | 4 | ·006 | 0 | 0 | 4 |
| 7 | 19 | 8 | 6 | ·7 | 1 | 18 | 10¼ | ·07 | 0 | 3 | 10½ | ·007 | 0 | 0 | 4¾ |
| 8 | 22 | 4 | 0 | ·8 | 2 | 4 | 4¾ | ·08 | 0 | 4 | 5¼ | ·008 | 0 | 0 | 5¼ |
| 9 | 24 | 19 | 6 | ·9 | 2 | 9 | 11½ | ·09 | 0 | 5 | 0 | ·009 | 0 | 0 | 6 |
| 10 | 27 | 15 | 0 | | | | | | | | | | | | |
| 11 | 30 | 10 | 6 | OUNCES. | | | | OUNCES. | | | | OUNCES. | | | |
| 12 | 33 | 6 | 0 | 25 | 69 | 7 | 6 | 38 | 105 | 9 | 0 | 55 | 152 | 12 | 6 |
| 13 | 36 | 1 | 6 | 26 | 72 | 3 | 0 | 39 | 108 | 4 | 6 | 60 | 166 | 10 | 0 |
| 14 | 38 | 17 | 0 | 27 | 74 | 18 | 6 | 40 | 111 | 0 | 0 | 65 | 180 | 7 | 6 |
| 15 | 41 | 12 | 6 | 28 | 77 | 14 | 0 | 41 | 113 | 15 | 6 | 70 | 194 | 5 | 0 |
| 16 | 44 | 8 | 0 | 29 | 80 | 9 | 6 | 42 | 116 | 11 | 0 | 75 | 208 | 2 | 6 |
| 17 | 47 | 3 | 6 | 30 | 83 | 5 | 0 | 43 | 119 | 6 | 6 | 80 | 222 | 0 | 0 |
| 18 | 49 | 19 | 0 | 31 | 86 | 0 | 6 | 44 | 122 | 2 | 0 | 85 | 235 | 17 | 6 |
| 19 | 52 | 14 | 6 | 32 | 88 | 16 | 0 | 45 | 124 | 17 | 6 | 90 | 249 | 15 | 0 |
| 20 | 55 | 10 | 0 | 33 | 91 | 11 | 6 | 46 | 127 | 13 | 0 | 100 | 277 | 10 | 0 |
| 21 | 58 | 5 | 6 | 34 | 94 | 7 | 0 | 47 | 130 | 8 | 6 | 200 | 555 | 0 | 0 |
| 22 | 61 | 1 | 0 | 35 | 97 | 2 | 6 | 48 | 133 | 4 | 0 | 300 | 832 | 10 | 0 |
| 23 | 63 | 16 | 6 | 36 | 99 | 18 | 0 | 49 | 135 | 19 | 6 | 400 | 1110 | 0 | 0 |
| 24 | 66 | 12 | 0 | 37 | 102 | 13 | 6 | 50 | 138 | 15 | 0 | 500 | 1387 | 10 | 0 |

**1 grain=two-onethousandths of oz. troy or ·002.**

**1 carat=3·166 grains.**

**1 pennyweight=five-onehundredths of oz. troy or ·05.**

# £2 16s. 0d. per oz.

(For Diamonds, &c., for "oz." read "grain.")

| OUNCES. | | | | TENTHS. | | | | HUNDREDTHS. | | | | THOUSANDTHS. | | | |
|---|---|---|---|---|---|---|---|---|---|---|---|---|---|---|---|
| *oz.* | £ | *s.* | *d.* | | £ | *s.* | *d.* | | £ | *s.* | *d.* | | £ | *s.* | *d.* |
| 1 | 2 | 16 | 0 | ·1 | 0 | 5 | 7¼ | ·01 | 0 | 0 | 6¾ | ·001 | 0 | 0 | 0¾ |
| 2 | 5 | 12 | 0 | ·2 | 0 | 11 | 2½ | ·02 | 0 | 1 | 1½ | ·002 | 0 | 0 | 1¼ |
| 3 | 8 | 8 | 0 | ·3 | 0 | 16 | 9½ | ·03 | 0 | 1 | 8¼ | ·003 | 0 | 0 | 2 |
| 4 | 11 | 4 | 0 | ·4 | 1 | 2 | 4¾ | ·04 | 0 | 2 | 3 | ·004 | 0 | 0 | 2¾ |
| 5 | 14 | 0 | 0 | ·5 | 1 | 8 | 0 | ·05 | 0 | 2 | 9½ | ·005 | 0 | 0 | 3¼ |
| 6 | 16 | 16 | 0 | ·6 | 1 | 13 | 7¼ | ·06 | 0 | 3 | 4¼ | ·006 | 0 | 0 | 4 |
| 7 | 19 | 12 | 0 | ·7 | 1 | 19 | 2½ | ·07 | 0 | 3 | 11 | ·007 | 0 | 0 | 4¾ |
| 8 | 22 | 8 | 0 | ·8 | 2 | 4 | 9½ | ·08 | 0 | 4 | 5¾ | ·008 | 0 | 0 | 5½ |
| 9 | 25 | 4 | 0 | ·9 | 2 | 10 | 4¾ | ·09 | 0 | 5 | 0½ | ·009 | 0 | 0 | 6 |
| 10 | 28 | 0 | 0 | OUNCES. | | | | OUNCES. | | | | OUNCES. | | | |
| 11 | 30 | 16 | 0 | | | | | | | | | | | | |
| 12 | 33 | 12 | 0 | 25 | 70 | 0 | 0 | 38 | 106 | 8 | 0 | 55 | 154 | 0 | 0 |
| 13 | 36 | 8 | 0 | 26 | 72 | 16 | 0 | 39 | 109 | 4 | 0 | 60 | 168 | 0 | 0 |
| 14 | 39 | 4 | 0 | 27 | 75 | 12 | 0 | 40 | 112 | 0 | 0 | 65 | 182 | 0 | 0 |
| 15 | 42 | 0 | 0 | 28 | 78 | 8 | 0 | 41 | 114 | 16 | 0 | 70 | 196 | 0 | 0 |
| 16 | 44 | 16 | 0 | 29 | 81 | 4 | 0 | 42 | 117 | 12 | 0 | 75 | 210 | 0 | 0 |
| 17 | 47 | 12 | 0 | 30 | 84 | 0 | 0 | 43 | 120 | 8 | 0 | 80 | 224 | 0 | 0 |
| 18 | 50 | 8 | 0 | 31 | 86 | 16 | 0 | 44 | 123 | 4 | 0 | 85 | 238 | 0 | 0 |
| 19 | 53 | 4 | 0 | 32 | 89 | 12 | 0 | 45 | 126 | 0 | 0 | 90 | 252 | 0 | 0 |
| 20 | 56 | 0 | 0 | 33 | 92 | 8 | 0 | 46 | 128 | 16 | 0 | 100 | 280 | 0 | 0 |
| 21 | 58 | 16 | 0 | 34 | 95 | 4 | 0 | 47 | 131 | 12 | 0 | 200 | 560 | 0 | 0 |
| 22 | 61 | 12 | 0 | 35 | 98 | 0 | 0 | 48 | 134 | 8 | 0 | 300 | 840 | 0 | 0 |
| 23 | 64 | 8 | 0 | 36 | 100 | 16 | 0 | 49 | 137 | 4 | 0 | 400 | 1120 | 0 | 0 |
| 24 | 67 | 4 | 0 | 37 | 103 | 12 | 0 | 50 | 140 | 0 | 0 | 500 | 1400 | 0 | 0 |

1 grain=two-onethousandths of oz. troy or ·002.

1 carat=3·166 grains.

1 pennyweight=five-onehundredths of oz. troy or ·05.

# £2 16s. 6d. per oz.

(For Diamonds, &c., for " oz." read " grain.")

| OUNCES. | | | | TENTHS. | | | | HUNDREDTHS. | | | | THOUSANDTHS. | | | |
|---|---|---|---|---|---|---|---|---|---|---|---|---|---|---|---|
| *oz.* | £ | *s.* | *d.* | | £ | *s.* | *d.* | | £ | *s.* | *d.* | | £ | *s.* | *d.* |
| 1 | 2 | 16 | 6 | ·1 | 0 | 5 | 7¾ | ·01 | 0 | 0 | 6¾ | ·001 | 0 | 0 | 0¾ |
| 2 | 5 | 13 | 0 | ·2 | 0 | 11 | 3½ | ·02 | 0 | 1 | 1½ | ·002 | 0 | 0 | 1¼ |
| 3 | 8 | 9 | 6 | ·3 | 0 | 16 | 11½ | ·03 | 0 | 1 | 8¼ | ·003 | 0 | 0 | 2 |
| 4 | 11 | 6 | 0 | ·4 | 1 | 2 | 7¼ | ·04 | 0 | 2 | 3 | ·004 | 0 | 0 | 2¾ |
| 5 | 14 | 2 | 6 | ·5 | 1 | 8 | 3 | ·05 | 0 | 2 | 10 | ·005 | 0 | 0 | 3½ |
| 6 | 16 | 19 | 0 | ·6 | 1 | 13 | 10¾ | ·06 | 0 | 3 | 4¾ | ·006 | 0 | 0 | 4 |
| 7 | 19 | 15 | 6 | ·7 | 1 | 19 | 6½ | ·07 | 0 | 3 | 11½ | ·007 | 0 | 0 | 4¾ |
| 8 | 22 | 12 | 0 | ·8 | 2 | 5 | 2½ | ·08 | 0 | 4 | 6¼ | ·008 | 0 | 0 | 5½ |
| 9 | 25 | 8 | 6 | ·9 | 2 | 10 | 10¼ | ·09 | 0 | 5 | 1 | ·009 | 0 | 0 | 6 |
| 10 | 28 | 5 | 0 | | | | | | | | | | | | |
| 11 | 31 | 1 | 6 | OUNCES. | | | | OUNCES. | | | | OUNCES. | | | |
| 12 | 33 | 18 | 0 | 25 | 70 | 12 | 6 | 38 | 107 | 7 | 0 | 55 | 155 | 7 | 6 |
| 13 | 36 | 14 | 6 | 26 | 73 | 9 | 0 | 39 | 110 | 3 | 6 | 60 | 169 | 10 | 0 |
| 14 | 39 | 11 | 0 | 27 | 76 | 5 | 6 | 40 | 113 | 0 | 0 | 65 | 183 | 12 | 6 |
| 15 | 42 | 7 | 6 | 28 | 79 | 2 | 0 | 41 | 115 | 16 | 6 | 70 | 197 | 15 | 0 |
| 16 | 45 | 4 | 0 | 29 | 81 | 18 | 6 | 42 | 118 | 13 | 0 | 75 | 211 | 17 | 6 |
| 17 | 48 | 0 | 6 | 30 | 84 | 15 | 0 | 43 | 121 | 9 | 6 | 80 | 226 | 0 | 0 |
| 18 | 50 | 17 | 0 | 31 | 87 | 11 | 6 | 44 | 124 | 6 | 0 | 85 | 240 | 2 | 6 |
| 19 | 53 | 13 | 6 | 32 | 90 | 8 | 0 | 45 | 127 | 2 | 6 | 90 | 254 | 5 | 0 |
| 20 | 56 | 10 | 0 | 33 | 93 | 4 | 6 | 46 | 129 | 19 | 0 | 100 | 282 | 10 | 0 |
| 21 | 59 | 6 | 6 | 34 | 96 | 1 | 0 | 47 | 132 | 15 | 6 | 200 | 565 | 0 | 0 |
| 22 | 62 | 3 | 0 | 35 | 98 | 17 | 6 | 48 | 135 | 12 | 0 | 300 | 847 | 10 | 0 |
| 23 | 64 | 19 | 6 | 36 | 101 | 14 | 0 | 49 | 138 | 8 | 6 | 400 | 1130 | 0 | 0 |
| 24 | 67 | 16 | 0 | 37 | 104 | 10 | 6 | 50 | 141 | 5 | 0 | 500 | 1412 | 10 | 0 |

1 grain=two-onethousandths of oz. troy or ·002.

1 carat=3·166 grains.

1 pennyweight=five-onehundredths of oz. troy or ·05.

# £2 17s. 0d. per oz.

(For Diamonds, &c., for "oz." read "grain.")

| OUNCES. | | | | TENTHS. | | | | HUNDREDTHS. | | | | THOUSANDTHS. | | | |
|---|---|---|---|---|---|---|---|---|---|---|---|---|---|---|---|
| oz. | £ | s. | d. | | £ | s. | d. | | £ | s. | d. | | £ | s. | d. |
| 1 | 2 | 17 | 0 | ·1 | 0 | 5 | 8½ | ·01 | 0 | 0 | 6¾ | ·001 | 0 | 0 | 0¾ |
| 2 | 5 | 14 | 0 | ·2 | 0 | 11 | 4¾ | ·02 | 0 | 1 | 1¾ | ·002 | 0 | 0 | 1½ |
| 3 | 8 | 11 | 0 | ·3 | 0 | 17 | 1¼ | ·03 | 0 | 1 | 8½ | ·003 | 0 | 0 | 2 |
| 4 | 11 | 8 | 0 | ·4 | 1 | 2 | 9½ | ·04 | 0 | 2 | 3¼ | ·004 | 0 | 0 | 2¾ |
| 5 | 14 | 5 | 0 | ·5 | 1 | 8 | 6 | ·05 | 0 | 2 | 10¼ | ·005 | 0 | 0 | 3½ |
| 6 | 17 | 2 | 0 | ·6 | 1 | 14 | 2½ | ·06 | 0 | 3 | 5 | ·006 | 0 | 0 | 4 |
| 7 | 19 | 19 | 0 | ·7 | 1 | 19 | 10¾ | ·07 | 0 | 4 | 0 | ·007 | 0 | 0 | 4¾ |
| 8 | 22 | 16 | 0 | ·8 | 2 | 5 | 7¼ | ·08 | 0 | 4 | 6¾ | ·008 | 0 | 0 | 5½ |
| 9 | 25 | 13 | 0 | ·9 | 2 | 11 | 3½ | ·09 | 0 | 5 | 1½ | ·009 | 0 | 0 | 6¼ |
| 10 | 28 | 10 | 0 | | | | | | | | | | | | |
| 11 | 31 | 7 | 0 | OUNCES. | | | | OUNCES. | | | | OUNCES. | | | |
| 12 | 34 | 4 | 0 | 25 | 71 | 5 | 0 | 38 | 108 | 6 | 0 | 55 | 156 | 15 | 0 |
| 13 | 37 | 1 | 0 | 26 | 74 | 2 | 0 | 39 | 111 | 3 | 0 | 60 | 171 | 0 | 0 |
| 14 | 39 | 18 | 0 | 27 | 76 | 19 | 0 | 40 | 114 | 0 | 0 | 65 | 185 | 5 | 0 |
| 15 | 42 | 15 | 0 | 28 | 79 | 16 | 0 | 41 | 116 | 17 | 0 | 70 | 199 | 10 | 0 |
| 16 | 45 | 12 | 0 | 29 | 82 | 13 | 0 | 42 | 119 | 14 | 0 | 75 | 213 | 15 | 0 |
| 17 | 48 | 9 | 0 | 30 | 85 | 10 | 0 | 43 | 122 | 11 | 0 | 80 | 228 | 0 | 0 |
| 18 | 51 | 6 | 0 | 31 | 88 | 7 | 0 | 44 | 125 | 8 | 0 | 85 | 242 | 5 | 0 |
| 19 | 54 | 3 | 0 | 32 | 91 | 4 | 0 | 45 | 128 | 5 | 0 | 90 | 256 | 10 | 0 |
| 20 | 57 | 0 | 0 | 33 | 94 | 1 | 0 | 46 | 131 | 2 | 0 | 100 | 285 | 0 | 0 |
| 21 | 59 | 17 | 0 | 34 | 96 | 18 | 0 | 47 | 133 | 19 | 0 | 200 | 570 | 0 | 0 |
| 22 | 62 | 14 | 0 | 35 | 99 | 15 | 0 | 48 | 136 | 16 | 0 | 300 | 855 | 0 | 0 |
| 23 | 65 | 11 | 0 | 36 | 102 | 12 | 0 | 49 | 139 | 13 | 0 | 400 | 1140 | 0 | 0 |
| 24 | 68 | 8 | 0 | 37 | 105 | 9 | 0 | 50 | 142 | 10 | 0 | 500 | 1425 | 0 | 0 |

1 grain = two-onethousandths of oz. troy or ·002.

1 carat = 3·166 grains.

1 pennyweight = five onehundredths of oz. troy or ·05.

# £2 17s. 6d. per oz.

(For Diamonds, &c., for "oz." read "grain.")

| OUNCES. | | | | TENTHS. | | | | HUNDREDTHS. | | | | THOUSANDTHS. | | | |
|---|---|---|---|---|---|---|---|---|---|---|---|---|---|---|---|
| oz. | £ | s. | d. | | £ | s. | d. | | £ | s. | d. | | £ | s. | d. |
| 1 | 2 | 17 | 6 | ·1 | 0 | 5 | 9 | ·01 | 0 | 0 | 7 | ·001 | 0 | 0 | 0¾ |
| 2 | 5 | 15 | 0 | ·2 | 0 | 11 | 6 | ·02 | 0 | 1 | 1¾ | ·002 | 0 | 0 | 1½ |
| 3 | 8 | 12 | 6 | ·3 | 0 | 17 | 3 | ·03 | 0 | 1 | 8¾ | ·003 | 0 | 0 | 2 |
| 4 | 11 | 10 | 0 | ·4 | 1 | 3 | 0 | ·04 | 0 | 2 | 3½ | ·004 | 0 | 0 | 2¾ |
| 5 | 14 | 7 | 6 | ·5 | 1 | 8 | 9 | ·05 | 0 | 2 | 10½ | ·005 | 0 | 0 | 3½ |
| 6 | 17 | 5 | 0 | ·6 | 1 | 14 | 6 | 06 | 0 | 3 | 5½ | ·006 | 0 | 0 | 4¼ |
| 7 | 20 | 2 | 6 | ·7 | 2 | 0 | 3 | 07 | 0 | 4 | 0¼ | ·007 | 0 | 0 | 4¾ |
| 8 | 23 | 0 | 0 | ·8 | 2 | 6 | 0 | ·08 | 0 | 4 | 7¼ | ·008 | 0 | 0 | 5½ |
| 9 | 25 | 17 | 6 | ·9 | 2 | 11 | 9 | ·09 | 0 | 5 | 2 | ·009 | 0 | 0 | 6¼ |
| 10 | 28 | 15 | 0 | OUNCES. | | | | OUNCES. | | | | OUNCES. | | | |
| 11 | 31 | 12 | 6 | | | | | | | | | | | | |
| 12 | 34 | 10 | 0 | 25 | 71 | 17 | 6 | 38 | 109 | 5 | 0 | 55 | 158 | 2 | 6 |
| 13 | 37 | 7 | 6 | 26 | 74 | 15 | 0 | 39 | 112 | 2 | 6 | 60 | 172 | 10 | 0 |
| 14 | 40 | 5 | 0 | 27 | 77 | 12 | 6 | 40 | 115 | 0 | 0 | 65 | 186 | 17 | 6 |
| 15 | 43 | 2 | 6 | 28 | 80 | 10 | 0 | 41 | 117 | 17 | 6 | 70 | 201 | 5 | 0 |
| 16 | 46 | 0 | 0 | 29 | 83 | 7 | 6 | 42 | 120 | 15 | 0 | 75 | 215 | 12 | 6 |
| 17 | 48 | 17 | 6 | 30 | 86 | 5 | 0 | 43 | 123 | 12 | 6 | 80 | 230 | 0 | 0 |
| 18 | 51 | 15 | 0 | 31 | 89 | 2 | 6 | 44 | 126 | 10 | 0 | 85 | 244 | 7 | 6 |
| 19 | 54 | 12 | 6 | 32 | 92 | 0 | 0 | 45 | 129 | 7 | 6 | 90 | 258 | 15 | 0 |
| 20 | 57 | 10 | 0 | 33 | 94 | 17 | 6 | 46 | 132 | 5 | 0 | 100 | 287 | 10 | 0 |
| 21 | 60 | 7 | 6 | 34 | 97 | 15 | 0 | 47 | 135 | 2 | 6 | 200 | 575 | 0 | 0 |
| 22 | 63 | 5 | 0 | 35 | 100 | 12 | 6 | 48 | 138 | 0 | 0 | 300 | 862 | 10 | 0 |
| 23 | 66 | 2 | 6 | 36 | 103 | 10 | 0 | 49 | 140 | 17 | 6 | 400 | 1150 | 0 | 0 |
| 24 | 69 | 0 | 0 | 37 | 106 | 7 | 6 | 50 | 143 | 15 | 0 | 500 | 1437 | 10 | 0 |

1 grain=two-onethousandths of oz. troy or ·002.

1 carat=3·166 grains.

1 pennyweight=five-onehundredths of oz. troy or ·05.

# £2 18s. 0d. per oz.

(For Diamonds, &c., for "oz." read "grain.")

| OUNCES. | | | | TENTHS. | | | | HUNDREDTHS. | | | | THOUSANDTHS. | | | |
|---|---|---|---|---|---|---|---|---|---|---|---|---|---|---|---|
| *oz.* | £ | *s.* | *d.* | | £ | *s.* | *d.* | | £ | *s.* | *d.* | | £ | *s.* | *d.* |
| 1 | 2 | 18 | 0 | ·1 | 0 | 5 | 9½ | 01 | 0 | 0 | 7 | ·001 | 0 | 0 | 0¾ |
| 2 | 5 | 16 | 0 | ·2 | 0 | 11 | 7¼ | ·02 | 0 | 1 | 2 | ·002 | 0 | 0 | 1½ |
| 3 | 8 | 14 | 0 | ·3 | 0 | 17 | 4¾ | ·03 | 0 | 1 | 9 | ·003 | 0 | 0 | 2 |
| 4 | 11 | 12 | 0 | ·4 | 1 | 3 | 2½ | ·04 | 0 | 2 | 3¾ | 004 | 0 | 0 | 2¾ |
| 5 | 14 | 10 | 0 | ·5 | 1 | 9 | 0 | ·05 | 0 | 2 | 10¾ | ·005 | 0 | 0 | 3½ |
| 6 | 17 | 8 | 0 | ·6 | 1 | 14 | 9½ | ·06 | 0 | 3 | 5¾ | ·006 | 0 | 0 | 4¼ |
| 7 | 20 | 6 | 0 | ·7 | 2 | 0 | 7¼ | ·07 | 0 | 4 | 0¾ | ·007 | 0 | 0 | 4¾ |
| 8 | 23 | 4 | 0 | ·8 | 2 | 6 | 4¾ | ·08 | 0 | 4 | 7¾ | 008 | 0 | 0 | 5½ |
| 9 | 26 | 2 | 0 | ·9 | 2 | 12 | 2½ | ·09 | 0 | 5 | 2¾ | ·009 | 0 | 0 | 6¼ |
| 10 | 29 | 0 | 0 | | | | | | | | | | | | |
| 11 | 31 | 18 | 0 | OUNCES. | | | | OUNCES. | | | | OUNCES. | | | |
| 12 | 34 | 16 | 0 | 25 | 72 | 10 | 0 | 38 | 110 | 4 | 0 | 55 | 159 | 10 | 0 |
| 13 | 37 | 14 | 0 | 26 | 75 | 8 | 0 | 39 | 113 | 2 | 0 | 60 | 174 | 0 | 0 |
| 14 | 40 | 12 | 0 | 27 | 78 | 6 | 0 | 40 | 116 | 0 | 0 | 65 | 188 | 10 | 0 |
| 15 | 43 | 10 | 0 | 28 | 81 | 4 | 0 | 41 | 118 | 18 | 0 | 70 | 203 | 0 | 0 |
| 16 | 46 | 8 | 0 | 29 | 84 | 2 | 0 | 42 | 121 | 16 | 0 | 75 | 217 | 10 | 0 |
| 17 | 49 | 6 | 0 | 30 | 87 | 0 | 0 | 43 | 124 | 14 | 0 | 80 | 232 | 0 | 0 |
| 18 | 52 | 4 | 0 | 31 | 89 | 18 | 0 | 44 | 127 | 12 | 0 | 85 | 246 | 10 | 0 |
| 19 | 55 | 2 | 0 | 32 | 92 | 16 | 0 | 45 | 130 | 10 | 0 | 90 | 261 | 0 | 0 |
| 20 | 58 | 0 | 0 | 33 | 95 | 14 | 0 | 46 | 133 | 8 | 0 | 100 | 290 | 0 | 0 |
| 21 | 60 | 18 | 0 | 34 | 98 | 12 | 0 | 47 | 136 | 6 | 0 | 200 | 580 | 0 | 0 |
| 22 | 63 | 16 | 0 | 35 | 101 | 10 | 0 | 48 | 139 | 4 | 0 | 300 | 870 | 0 | 0 |
| 23 | 66 | 14 | 0 | 36 | 104 | 8 | 0 | 49 | 142 | 2 | 0 | 400 | 1160 | 0 | 0 |
| 24 | 69 | 12 | 0 | 37 | 107 | 6 | 0 | 50 | 145 | 0 | 0 | 500 | 1450 | 0 | 0 |

1 grain = two-onethousandths of oz. troy or ·002.

1 carat = 3·166 grains.

1 pennyweight = five onehundredths of oz. troy or ·05.

# £2 18s. 6d. per oz.

(For Diamonds, &c., for " oz." read " grain.")

| OUNCES. | | | | TENTHS. | | | | HUNDREDTHS. | | | | THOUSANDTHS. | | | |
|---|---|---|---|---|---|---|---|---|---|---|---|---|---|---|---|
| oz. | £ | *s.* | *d.* | | £ | *s.* | *d.* | | £ | *s.* | *d.* | | £ | *s.* | *d.* |
| 1 | 2 | 18 | 6 | ·1 | 0 | 5 | 10¼ | ·01 | 0 | 0 | 7 | ·001 | 0 | 0 | 0¾ |
| 2 | 5 | 17 | 0 | ·2 | 0 | 11 | 8½ | ·02 | 0 | 1 | 2 | ·002 | 0 | 0 | 1½ |
| 3 | 8 | 15 | 6 | ·3 | 0 | 17 | 6½ | ·03 | 0 | 1 | 9 | ·003 | 0 | 0 | 2 |
| 4 | 11 | 14 | 0 | ·4 | 1 | 3 | 4¾ | ·04 | 0 | 2 | 4 | ·004 | 0 | 0 | 2¾ |
| 5 | 14 | 12 | 6 | ·5 | 1 | 9 | 3 | ·05 | 0 | 2 | 11 | ·005 | 0 | 0 | 3½ |
| 6 | 17 | 11 | 0 | ·6 | 1 | 15 | 1¼ | ·06 | 0 | 3 | 6 | ·006 | 0 | 0 | 4¼ |
| 7 | 20 | 9 | 6 | ·7 | 2 | 0 | 11½ | ·07 | 0 | 4 | 1¼ | ·007 | 0 | 0 | 5 |
| 8 | 23 | 8 | 0 | ·8 | 2 | 6 | 9½ | ·08 | 0 | 4 | 8¼ | ·008 | 0 | 0 | 5½ |
| 9 | 26 | 6 | 6 | ·9 | 2 | 12 | 7¾ | ·09 | 0 | 5 | 3¼ | ·009 | 0 | 0 | 6¼ |
| 10 | 29 | 5 | 0 | OUNCES. | | | | OUNCES. | | | | OUNCES. | | | |
| 11 | 32 | 3 | 6 | | | | | | | | | | | | |
| 12 | 35 | 2 | 0 | 25 | 73 | 2 | 6 | 38 | 111 | 3 | 0 | 55 | 160 | 17 | 6 |
| 13 | 38 | 0 | 6 | 26 | 76 | 1 | 0 | 39 | 114 | 1 | 6 | 60 | 175 | 10 | 0 |
| 14 | 40 | 19 | 0 | 27 | 78 | 19 | 6 | 40 | 117 | 0 | 0 | 65 | 190 | 2 | 6 |
| 15 | 43 | 17 | 6 | 28 | 81 | 18 | 0 | 41 | 119 | 18 | 6 | 70 | 204 | 15 | 0 |
| 16 | 46 | 16 | 0 | 29 | 84 | 16 | 6 | 42 | 122 | 17 | 0 | 75 | 219 | 7 | 6 |
| 17 | 49 | 14 | 6 | 30 | 87 | 15 | 0 | 43 | 125 | 15 | 6 | 80 | 234 | 0 | 0 |
| 18 | 52 | 13 | 0 | 31 | 90 | 13 | 6 | 44 | 128 | 14 | 0 | 85 | 248 | 12 | 6 |
| 19 | 55 | 11 | 6 | 32 | 93 | 12 | 0 | 45 | 131 | 12 | 6 | 90 | 263 | 5 | 0 |
| 20 | 58 | 10 | 0 | 33 | 96 | 10 | 6 | 46 | 134 | 11 | 0 | 100 | 292 | 10 | 0 |
| 21 | 61 | 8 | 6 | 34 | 99 | 9 | 0 | 47 | 137 | 9 | 6 | 200 | 585 | 0 | 0 |
| 22 | 64 | 7 | 0 | 35 | 102 | 7 | 6 | 48 | 140 | 8 | 0 | 300 | 877 | 10 | 0 |
| 23 | 67 | 5 | 6 | 36 | 105 | 6 | 0 | 49 | 143 | 6 | 6 | 400 | 1170 | 0 | 0 |
| 24 | 70 | 4 | 0 | 37 | 108 | 4 | 6 | 50 | 146 | 5 | 0 | 500 | 1462 | 10 | 0 |

1 grain=two-onethousandths of oz. troy or ·002.

1 carat=3·166 grains.

1 pennyweight=five-onehundredths of oz. troy or ·05.

# £2 19s. 0d. per oz.

(For Diamonds, &c., for "oz." read "grain.")

| OUNCES. | | | | TENTHS. | | | | HUNDREDTHS. | | | | THOUSANDTHS. | | | |
|---|---|---|---|---|---|---|---|---|---|---|---|---|---|---|---|
| *oz.* | *£* | *s.* | *d.* | | *£* | *s.* | *d.* | | *£* | *s.* | *d.* | | *£* | *s.* | *d.* |
| 1 | 2 | 19 | 0 | ·1 | 0 | 5 | 10¾ | ·01 | 0 | 0 | 7 | ·001 | 0 | 0 | 0¾ |
| 2 | 5 | 18 | 0 | ·2 | 0 | 11 | 9½ | ·02 | 0 | 1 | 2¼ | ·002 | 0 | 0 | 1½ |
| 3 | 8 | 17 | 0 | ·3 | 0 | 17 | 8½ | ·03 | 0 | 1 | 9¼ | ·003 | 0 | 0 | 2 |
| 4 | 11 | 16 | 0 | ·4 | 1 | 3 | 7¼ | ·04 | 0 | 2 | 4¼ | ·004 | 0 | 0 | 2¾ |
| 5 | 14 | 15 | 0 | ·5 | 1 | 9 | 6 | ·05 | 0 | 2 | 11½ | ·005 | 0 | 0 | 3½ |
| 6 | 17 | 14 | 0 | ·6 | 1 | 15 | 4¾ | ·06 | 0 | 3 | 6½ | ·006 | 0 | 0 | 4¼ |
| 7 | 20 | 13 | 0 | ·7 | 2 | 1 | 3½ | ·07 | 0 | 4 | 1½ | ·007 | 0 | 0 | 5 |
| 8 | 23 | 12 | 0 | ·8 | 2 | 7 | 2½ | ·08 | 0 | 4 | 8¾ | ·008 | 0 | 0 | 5¾ |
| 9 | 26 | 11 | 0 | ·9 | 2 | 13 | 1¼ | ·09 | 0 | 5 | 3¾ | ·009 | 0 | 0 | 6¼ |
| 10 | 29 | 10 | 0 | | | | | | | | | | | | |
| 11 | 32 | 9 | 0 | OUNCES. | | | | OUNCES. | | | | OUNCES. | | | |
| 12 | 35 | 8 | 0 | 25 | 73 | 15 | 0 | 38 | 112 | 2 | 0 | 55 | 162 | 5 | 0 |
| 13 | 38 | 7 | 0 | 26 | 76 | 14 | 0 | 39 | 115 | 1 | 0 | 60 | 177 | 0 | 0 |
| 14 | 41 | 6 | 0 | 27 | 79 | 13 | 0 | 40 | 118 | 0 | 0 | 65 | 191 | 15 | 0 |
| 15 | 44 | 5 | 0 | 28 | 82 | 12 | 0 | 41 | 120 | 19 | 0 | 70 | 206 | 10 | 0 |
| 16 | 47 | 4 | 0 | 29 | 85 | 11 | 0 | 42 | 123 | 18 | 0 | 75 | 221 | 5 | 0 |
| 17 | 50 | 3 | 0 | 30 | 88 | 10 | 0 | 43 | 126 | 17 | 0 | 80 | 236 | 0 | 0 |
| 18 | 53 | 2 | 0 | 31 | 91 | 9 | 0 | 44 | 129 | 16 | 0 | 85 | 250 | 15 | 0 |
| 19 | 56 | 1 | 0 | 32 | 94 | 8 | 0 | 45 | 132 | 15 | 0 | 90 | 265 | 10 | 0 |
| 20 | 59 | 0 | 0 | 33 | 97 | 7 | 0 | 46 | 135 | 14 | 0 | 100 | 295 | 0 | 0 |
| 21 | 61 | 19 | 0 | 34 | 100 | 6 | 0 | 47 | 138 | 13 | 0 | 200 | 590 | 0 | 0 |
| 22 | 64 | 18 | 0 | 35 | 103 | 5 | 0 | 48 | 141 | 12 | 0 | 300 | 885 | 0 | 0 |
| 23 | 67 | 17 | 0 | 36 | 106 | 4 | 0 | 49 | 144 | 11 | 0 | 400 | 1180 | 0 | 0 |
| 24 | 70 | 16 | 0 | 37 | 109 | 3 | 0 | 50 | 147 | 10 | 0 | 500 | 1475 | 0 | 0 |

1 grain=two-onethousandths of oz. troy or ·002.

1 carat=3·166 grains.

1 pennyweight=five-onehundredths of oz. troy or ·05.

# £2 19s. 6d. per oz.

(For Diamonds, &c., for " oz." read " grain.")

| OUNCES. | | | | TENTHS. | | | | HUNDREDTHS. | | | | THOUSANDTHS. | | | |
|---|---|---|---|---|---|---|---|---|---|---|---|---|---|---|---|
| oz. | £ | s. | d. | | £ | s. | d. | | £ | s. | d. | | £ | s. | d. |
| 1 | 2 | 19 | 6 | ·1 | 0 | 5 | 11½ | ·01 | 0 | 0 | 7¼ | ·001 | 0 | 0 | 0¾ |
| 2 | 5 | 19 | 0 | ·2 | 0 | 11 | 10¾ | ·02 | 0 | 1 | 2¼ | ·002 | 0 | 0 | 1½ |
| 3 | 8 | 18 | 6 | ·3 | 0 | 17 | 10¼ | ·03 | 0 | 1 | 9½ | ·003 | 0 | 0 | 2¼ |
| 4 | 11 | 18 | 0 | ·4 | 1 | 3 | 9½ | ·04 | 0 | 2 | 4½ | ·004 | 0 | 0 | 2¾ |
| 5 | 14 | 17 | 6 | ·5 | 1 | 9 | 9 | ·05 | 0 | 2 | 11¾ | ·005 | 0 | 0 | 3½ |
| 6 | 17 | 17 | 0 | ·6 | 1 | 15 | 8½ | ·06 | 0 | 3 | 6¾ | ·006 | 0 | 0 | 4¼ |
| 7 | 20 | 16 | 6 | ·7 | 2 | 1 | 7¾ | ·07 | 0 | 4 | 2 | ·007 | 0 | 0 | 5 |
| 8 | 23 | 16 | 0 | ·8 | 2 | 7 | 7¼ | ·08 | 0 | 4 | 9 | ·008 | 0 | 0 | 5¾ |
| 9 | 26 | 15 | 6 | ·9 | 2 | 13 | 6½ | ·09 | 0 | 5 | 4¼ | ·009 | 0 | 0 | 6½ |
| 10 | 29 | 15 | 0 | OUNCES. | | | | OUNCES. | | | | OUNCES. | | | |
| 11 | 32 | 14 | 6 | | | | | | | | | | | | |
| 12 | 35 | 14 | 0 | 25 | 74 | 7 | 6 | 38 | 113 | 1 | 0 | 55 | 163 | 12 | 6 |
| 13 | 38 | 13 | 6 | 26 | 77 | 7 | 0 | 39 | 116 | 0 | 6 | 60 | 178 | 10 | 0 |
| 14 | 41 | 13 | 0 | 27 | 80 | 6 | 6 | 40 | 119 | 0 | 0 | 65 | 193 | 7 | 6 |
| 15 | 44 | 12 | 6 | 28 | 83 | 6 | 0 | 41 | 121 | 19 | 6 | 70 | 208 | 5 | 0 |
| 16 | 47 | 12 | 0 | 29 | 86 | 5 | 6 | 42 | 124 | 19 | 0 | 75 | 223 | 2 | 6 |
| 17 | 50 | 11 | 6 | 30 | 89 | 5 | 0 | 43 | 127 | 18 | 6 | 80 | 238 | 0 | 0 |
| 18 | 53 | 11 | 0 | 31 | 92 | 4 | 6 | 44 | 130 | 18 | 0 | 85 | 252 | 17 | 6 |
| 19 | 56 | 10 | 6 | 32 | 95 | 4 | 0 | 45 | 133 | 17 | 6 | 90 | 267 | 15 | 0 |
| 20 | 59 | 10 | 0 | 33 | 98 | 3 | 6 | 46 | 136 | 17 | 0 | 100 | 297 | 10 | 0 |
| 21 | 62 | 9 | 6 | 34 | 101 | 3 | 0 | 47 | 139 | 16 | 6 | 200 | 595 | 0 | 0 |
| 22 | 65 | 9 | 0 | 35 | 104 | 2 | 6 | 48 | 142 | 16 | 0 | 300 | 892 | 10 | 0 |
| 23 | 68 | 8 | 6 | 36 | 107 | 2 | 0 | 49 | 145 | 15 | 6 | 400 | 1190 | 0 | 0 |
| 24 | 71 | 8 | 0 | 37 | 110 | 1 | 6 | 50 | 148 | 15 | 0 | 500 | 1487 | 10 | 0 |

1 grain=two-onethousandths of oz. troy or ·002.

1 carat=3·166 grains.

1 pennyweight=five-onehundredths of oz. troy or ·05.

# £3 0s. 0d. per oz.

(For Diamonds, &c., for "oz." read "grain.")

| OUNCES. | | | | TENTHS. | | | | HUNDREDTHS. | | | | THOUSANDTHS. | | | |
|---|---|---|---|---|---|---|---|---|---|---|---|---|---|---|---|
| oz. | £ | s. | d. | | £ | s. | d. | | £ | s. | d. | | £ | s. | d. |
| 1 | 3 | 0 | 0 | ·1 | 0 | 6 | 0 | 01 | 0 | 0 | 7¼ | ·001 | 0 | 0 | 0¾ |
| 2 | 6 | 0 | 0 | ·2 | 0 | 12 | 0 | ·02 | 0 | 1 | 2½ | ·002 | 0 | 0 | 1½ |
| 3 | 9 | 0 | 0 | ·3 | 0 | 18 | 0 | ·03 | 0 | 1 | 9½ | ·003 | 0 | 0 | 2¼ |
| 4 | 12 | 0 | 0 | ·4 | 1 | 4 | 0 | ·04 | 0 | 2 | 4¾ | ·004 | 0 | 0 | 3 |
| 5 | 15 | 0 | 0 | ·5 | 1 | 10 | 0 | ·05 | 0 | 3 | 0 | ·005 | 0 | 0 | 3½ |
| 6 | 18 | 0 | 0 | ·6 | 1 | 16 | 0 | ·06 | 0 | 3 | 7¼ | ·006 | 0 | 0 | 4¼ |
| 7 | 21 | 0 | 0 | ·7 | 2 | 2 | 0 | ·07 | 0 | 4 | 2½ | ·007 | 0 | 0 | 5 |
| 8 | 24 | 0 | 0 | ·8 | 2 | 8 | 0 | ·08 | 0 | 4 | 9½ | ·008 | 0 | 0 | 5¾ |
| 9 | 27 | 0 | 0 | ·9 | 2 | 14 | 0 | ·09 | 0 | 5 | 4¾ | ·009 | 0 | 0 | 6½ |
| 10 | 30 | 0 | 0 | | | | | | | | | | | | |
| 11 | 33 | 0 | 0 | OUNCES. | | | | OUNCES. | | | | OUNCES. | | | |
| 12 | 36 | 0 | 0 | 25 | 75 | 0 | 0 | 38 | 114 | 0 | 0 | 55 | 165 | 0 | 0 |
| 13 | 39 | 0 | 0 | 26 | 78 | 0 | 0 | 39 | 117 | 0 | 0 | 60 | 180 | 0 | 0 |
| 14 | 42 | 0 | 0 | 27 | 81 | 0 | 0 | 40 | 120 | 0 | 0 | 65 | 195 | 0 | 0 |
| 15 | 45 | 0 | 0 | 28 | 84 | 0 | 0 | 41 | 123 | 0 | 0 | 70 | 210 | 0 | 0 |
| 16 | 48 | 0 | 0 | 29 | 87 | 0 | 0 | 42 | 126 | 0 | 0 | 75 | 225 | 0 | 0 |
| 17 | 51 | 0 | 0 | 30 | 90 | 0 | 0 | 43 | 129 | 0 | 0 | 80 | 240 | 0 | 0 |
| 18 | 54 | 0 | 0 | 31 | 93 | 0 | 0 | 44 | 132 | 0 | 0 | 85 | 255 | 0 | 0 |
| 19 | 57 | 0 | 0 | 32 | 96 | 0 | 0 | 45 | 135 | 0 | 0 | 90 | 270 | 0 | 0 |
| 20 | 60 | 0 | 0 | 33 | 99 | 0 | 0 | 46 | 138 | 0 | 0 | 100 | 300 | 0 | 0 |
| 21 | 63 | 0 | 0 | 34 | 102 | 0 | 0 | 47 | 141 | 0 | 0 | 200 | 600 | 0 | 0 |
| 22 | 66 | 0 | 0 | 35 | 105 | 0 | 0 | 48 | 144 | 0 | 0 | 300 | 900 | 0 | 0 |
| 23 | 69 | 0 | 0 | 36 | 108 | 0 | 0 | 49 | 147 | 0 | 0 | 400 | 1200 | 0 | 0 |
| 24 | 72 | 0 | 0 | 37 | 111 | 0 | 0 | 50 | 150 | 0 | 0 | 500 | 1500 | 0 | 0 |

1 grain = two-onethousandths of oz. troy or ·002.

1 carat = 3·166 grains.

1 pennyweight = five onehundredths of oz. troy or ·05.

# £3 0s. 6d. per oz.

(For Diamonds, &c., for "oz." read "grain.")

| OUNCES. | | | | TENTHS. | | | | HUNDREDTHS. | | | | THOUSANDTHS. | | | |
|---|---|---|---|---|---|---|---|---|---|---|---|---|---|---|---|
| oz. | £ | s. | d. | | £ | s. | d. | | £ | s. | d. | | £ | s. | d. |
| 1 | 3 | 0 | 6 | ·1 | 0 | 6 | 0½ | ·01 | 0 | 0 | 7¼ | ·001 | 0 | 0 | 0¾ |
| 2 | 6 | 1 | 0 | ·2 | 0 | 12 | 1¼ | ·02 | 0 | 1 | 2½ | ·002 | 0 | 0 | 1½ |
| 3 | 9 | 1 | 6 | ·3 | 0 | 18 | 1¾ | ·03 | 0 | 1 | 9¾ | ·003 | 0 | 0 | 2¼ |
| 4 | 12 | 2 | 0 | ·4 | 1 | 4 | 2½ | ·04 | 0 | 2 | 5 | ·004 | 0 | 0 | 3 |
| 5 | 15 | 2 | 6 | ·5 | 1 | 10 | 3 | ·05 | 0 | 3 | 0¼ | ·005 | 0 | 0 | 3¾ |
| 6 | 18 | 3 | 0 | ·6 | 1 | 16 | 3½ | ·06 | 0 | 3 | 7½ | ·006 | 0 | 0 | 4¼ |
| 7 | 21 | 3 | 6 | ·7 | 2 | 2 | 4¼ | ·07 | 0 | 4 | 2¾ | ·007 | 0 | 0 | 5 |
| 8 | 24 | 4 | 0 | ·8 | 2 | 8 | 4¾ | ·08 | 0 | 4 | 10 | ·008 | 0 | 0 | 5¾ |
| 9 | 27 | 4 | 6 | ·9 | 2 | 14 | 5½ | ·09 | 0 | 5 | 5¼ | ·009 | 0 | 0 | 6½ |
| 10 | 30 | 5 | 0 | OUNCES. | | | | OUNCES. | | | | OUNCES. | | | |
| 11 | 33 | 5 | 6 | | | | | | | | | | | | |
| 12 | 36 | 6 | 0 | 25 | 75 | 12 | 6 | 38 | 114 | 19 | 0 | 55 | 166 | 7 | 6 |
| 13 | 39 | 6 | 6 | 26 | 78 | 13 | 0 | 39 | 117 | 19 | 6 | 60 | 181 | 10 | 0 |
| 14 | 42 | 7 | 0 | 27 | 81 | 13 | 6 | 40 | 121 | 0 | 0 | 65 | 196 | 12 | 6 |
| 15 | 45 | 7 | 6 | 28 | 84 | 14 | 0 | 41 | 124 | 0 | 6 | 70 | 211 | 15 | 0 |
| 16 | 48 | 8 | 0 | 29 | 87 | 14 | 6 | 42 | 127 | 1 | 0 | 75 | 226 | 17 | 6 |
| 17 | 51 | 8 | 6 | 30 | 90 | 15 | 0 | 43 | 130 | 1 | 6 | 80 | 242 | 0 | 0 |
| 18 | 54 | 9 | 0 | 31 | 93 | 15 | 6 | 44 | 133 | 2 | 0 | 85 | 257 | 2 | 6 |
| 19 | 57 | 9 | 6 | 32 | 96 | 16 | 0 | 45 | 136 | 2 | 6 | 90 | 272 | 5 | 0 |
| 20 | 60 | 10 | 0 | 33 | 99 | 16 | 6 | 46 | 139 | 3 | 0 | 100 | 302 | 10 | 0 |
| 21 | 63 | 10 | 6 | 34 | 102 | 17 | 0 | 47 | 142 | 3 | 6 | 200 | 605 | 0 | 0 |
| 22 | 66 | 11 | 0 | 35 | 105 | 17 | 6 | 48 | 145 | 4 | 0 | 300 | 907 | 10 | 0 |
| 23 | 69 | 11 | 6 | 36 | 108 | 18 | 0 | 49 | 148 | 4 | 6 | 400 | 1210 | 0 | 0 |
| 24 | 72 | 12 | 0 | 37 | 111 | 18 | 6 | 50 | 151 | 5 | 0 | 500 | 1512 | 10 | 0 |

1 grain=two-onethousandths of oz. troy or ·002.

1 carat=3·166 grains.

1 pennyweight=five-onehundredths of oz. troy or ·05.

# £3 1s. 0d. per oz.

(For Diamonds, &c., for "oz." read "grain.")

| OUNCES. | | | | TENTHS. | | | | HUNDREDTHS. | | | | THOUSANDTHS. | | | |
|---|---|---|---|---|---|---|---|---|---|---|---|---|---|---|---|
| oz. | £ | s. | d. | | £ | s. | d. | | £ | s. | d. | | £ | s. | d. |
| 1 | 3 | 1 | 0 | ·1 | 0 | 6 | 1¼ | ·01 | 0 | 0 | 7¼ | ·001 | 0 | 0 | 0¾ |
| 2 | 6 | 2 | 0 | ·2 | 0 | 12 | 2½ | ·02 | 0 | 1 | 2¾ | ·002 | 0 | 0 | 1½ |
| 3 | 9 | 3 | 0 | ·3 | 0 | 18 | 3½ | ·03 | 0 | 1 | 10 | ·003 | 0 | 0 | 2¼ |
| 4 | 12 | 4 | 0 | ·4 | 1 | 4 | 4¾ | ·04 | 0 | 2 | 5¼ | ·004 | 0 | 0 | 3 |
| 5 | 15 | 5 | 0 | ·5 | 1 | 10 | 6 | ·05 | 0 | 3 | 0½ | ·005 | 0 | 0 | 3¾ |
| 6 | 18 | 6 | 0 | ·6 | 1 | 16 | 7¼ | ·06 | 0 | 3 | 8 | ·006 | 0 | 0 | 4½ |
| 7 | 21 | 7 | 0 | ·7 | 2 | 2 | 8½ | ·07 | 0 | 4 | 3¼ | ·007 | 0 | 0 | 5 |
| 8 | 24 | 8 | 0 | ·8 | 2 | 8 | 9½ | ·08 | 0 | 4 | 10½ | ·008 | 0 | 0 | 5¾ |
| 9 | 27 | 9 | 0 | ·9 | 2 | 14 | 10¾ | ·09 | 0 | 5 | 6 | ·009 | 0 | 0 | 6½ |
| 10 | 30 | 10 | 0 | | | | | | | | | | | | |
| 11 | 33 | 11 | 0 | OUNCES. | | | | OUNCES. | | | | OUNCES. | | | |
| 12 | 36 | 12 | 0 | 25 | 76 | 5 | 0 | 38 | 115 | 18 | 0 | 55 | 167 | 15 | 0 |
| 13 | 39 | 13 | 0 | 26 | 79 | 6 | 0 | 39 | 118 | 19 | 0 | 60 | 183 | 0 | 0 |
| 14 | 42 | 14 | 0 | 27 | 82 | 7 | 0 | 40 | 122 | 0 | 0 | 65 | 198 | 5 | 0 |
| 15 | 45 | 15 | 0 | 28 | 85 | 8 | 0 | 41 | 125 | 1 | 0 | 70 | 213 | 10 | 0 |
| 16 | 48 | 16 | 0 | 29 | 88 | 9 | 0 | 42 | 128 | 2 | 0 | 75 | 228 | 15 | 0 |
| 17 | 51 | 17 | 0 | 30 | 91 | 10 | 0 | 43 | 131 | 3 | 0 | 80 | 244 | 0 | 0 |
| 18 | 54 | 18 | 0 | 31 | 94 | 11 | 0 | 44 | 134 | 4 | 0 | 85 | 259 | 5 | 0 |
| 19 | 57 | 19 | 0 | 32 | 97 | 12 | 0 | 45 | 137 | 5 | 0 | 90 | 274 | 10 | 0 |
| 20 | 61 | 0 | 0 | 33 | 100 | 13 | 0 | 46 | 140 | 6 | 0 | 100 | 305 | 0 | 0 |
| 21 | 64 | 1 | 0 | 34 | 103 | 14 | 0 | 47 | 143 | 7 | 0 | 200 | 610 | 0 | 0 |
| 22 | 67 | 2 | 0 | 35 | 106 | 15 | 0 | 48 | 146 | 8 | 0 | 300 | 915 | 0 | 0 |
| 23 | 70 | 3 | 0 | 36 | 109 | 16 | 0 | 49 | 149 | 9 | 0 | 400 | 1220 | 0 | 0 |
| 24 | 73 | 4 | 0 | 37 | 112 | 17 | 0 | 50 | 152 | 10 | 0 | 500 | 1525 | 0 | 0 |

1 grain=two-onethousandths of oz. troy or ·002.

1 carat=3·166 grains.

1 pennyweight=five-onehundredths of oz. troy or ·05.

# £3 1s. 6d. per oz.

**(For Diamonds, &c., for " oz." read " grain.")**

| OUNCES. | | | | TENTHS. | | | | HUNDREDTHS. | | | | THOUSANDTHS. | | | |
|---|---|---|---|---|---|---|---|---|---|---|---|---|---|---|---|
| oz. | £ | s. | d. | | £ | s. | d. | | £ | s. | d. | | £ | s. | d. |
| 1 | 3 | 1 | 6 | ·1 | 0 | 6 | $1\frac{3}{4}$ | ·01 | 0 | 0 | $7\frac{1}{2}$ | ·001 | 0 | 0 | $0\frac{3}{4}$ |
| 2 | 6 | 3 | 0 | ·2 | 0 | 12 | $3\frac{1}{2}$ | ·02 | 0 | 1 | $2\frac{3}{4}$ | ·002 | 0 | 0 | $1\frac{1}{2}$ |
| 3 | 9 | 4 | 6 | ·3 | 0 | 18 | $5\frac{1}{2}$ | ·03 | 0 | 1 | $10\frac{1}{4}$ | ·003 | 0 | 0 | $2\frac{1}{4}$ |
| 4 | 12 | 6 | 0 | ·4 | 1 | 4 | $7\frac{1}{4}$ | ·04 | 0 | 2 | $5\frac{1}{2}$ | ·004 | 0 | 0 | 3 |
| 5 | 15 | 7 | 6 | ·5 | 1 | 10 | 9 | ·05 | 0 | 3 | 1 | ·005 | 0 | 0 | $3\frac{3}{4}$ |
| 6 | 18 | 9 | 0 | ·6 | 1 | 16 | $10\frac{3}{4}$ | ·06 | 0 | 3 | $8\frac{1}{4}$ | ·006 | 0 | 0 | $4\frac{1}{2}$ |
| 7 | 21 | 10 | 6 | ·7 | 2 | 3 | $0\frac{1}{2}$ | ·07 | 0 | 4 | $3\frac{3}{4}$ | ·007 | 0 | 0 | $5\frac{1}{4}$ |
| 8 | 24 | 12 | 0 | ·8 | 2 | 9 | $2\frac{1}{2}$ | ·08 | 0 | 4 | 11 | ·008 | 0 | 0 | 6 |
| 9 | 27 | 13 | 6 | ·9 | 2 | 15 | $4\frac{1}{4}$ | ·09 | 0 | 5 | $6\frac{1}{2}$ | ·009 | 0 | 0 | $6\frac{3}{4}$ |
| 10 | 30 | 15 | 0 | OUNCES. | | | | OUNCES. | | | | OUNCES. | | | |
| 11 | 33 | 16 | 6 | | | | | | | | | | | | |
| 12 | 36 | 18 | 0 | 25 | 76 | 17 | 6 | 38 | 116 | 17 | 0 | 55 | 169 | 2 | 6 |
| 13 | 39 | 19 | 6 | 26 | 79 | 19 | 0 | 39 | 119 | 18 | 6 | 60 | 184 | 10 | 0 |
| 14 | 43 | 1 | 0 | 27 | 83 | 0 | 6 | 40 | 123 | 0 | 0 | 65 | 199 | 17 | 6 |
| 15 | 46 | 2 | 6 | 28 | 86 | 2 | 0 | 41 | 126 | 1 | 6 | 70 | 215 | 5 | 0 |
| 16 | 49 | 4 | 0 | 29 | 89 | 3 | 6 | 42 | 129 | 3 | 0 | 75 | 230 | 12 | 6 |
| 17 | 52 | 5 | 6 | 30 | 92 | 5 | 0 | 43 | 132 | 4 | 6 | 80 | 246 | 0 | 0 |
| 18 | 55 | 7 | 0 | 31 | 95 | 6 | 6 | 44 | 135 | 6 | 0 | 85 | 261 | 7 | 6 |
| 19 | 58 | 8 | 6 | 32 | 98 | 8 | 0 | 45 | 138 | 7 | 6 | 90 | 276 | 15 | 0 |
| 20 | 61 | 10 | 0 | 33 | 101 | 9 | 6 | 46 | 141 | 9 | 0 | 100 | 307 | 10 | 0 |
| 21 | 64 | 11 | 6 | 34 | 104 | 11 | 0 | 47 | 144 | 10 | 6 | 200 | 615 | 0 | 0 |
| 22 | 67 | 13 | 0 | 35 | 107 | 12 | 6 | 48 | 147 | 12 | 0 | 300 | 922 | 10 | 0 |
| 23 | 70 | 14 | 6 | 36 | 110 | 14 | 0 | 49 | 150 | 13 | 6 | 400 | 1230 | 0 | 0 |
| 24 | 73 | 16 | 0 | 37 | 113 | 15 | 6 | 50 | 153 | 15 | 0 | 500 | 1537 | 10 | 0 |

1 grain=two-onethousandths of oz. troy or ·002.

1 carat=3·166 grains.

1 pennyweight=five-onehundredths of oz. troy or ·05.

# £3 2s. 0d. per oz.

(For Diamonds, &c., for "oz." read "grain.")

| OUNCES. | | | | TENTHS. | | | | HUNDREDTHS. | | | | THOUSANDTHS. | | | |
|---|---|---|---|---|---|---|---|---|---|---|---|---|---|---|---|
| *oz.* | £ | *s.* | *d.* | | £ | *s.* | *d.* | | £ | *s.* | *d.* | | £ | *s.* | *d.* |
| 1 | 3 | 2 | 0 | ·1 | 0 | 6 | 2½ | ·01 | 0 | 0 | 7½ | ·001 | 0 | 0 | 0¾ |
| 2 | 6 | 4 | 0 | ·2 | 0 | 12 | 4¾ | ·02 | 0 | 1 | 3 | ·002 | 0 | 0 | 1½ |
| 3 | 9 | 6 | 0 | ·3 | 0 | 18 | 7¼ | ·03 | 0 | 1 | 10¼ | ·003 | 0 | 0 | 2¼ |
| 4 | 12 | 8 | 0 | ·4 | 1 | 4 | 9½ | ·04 | 0 | 2 | 5¾ | ·004 | 0 | 0 | 3 |
| 5 | 15 | 10 | 0 | ·5 | 1 | 11 | 0 | ·05 | 0 | 3 | 1¼ | ·005 | 0 | 0 | 3¾ |
| 6 | 18 | 12 | 0 | ·6 | 1 | 17 | 2½ | ·06 | 0 | 3 | 8¾ | ·006 | 0 | 0 | 4½ |
| 7 | 21 | 14 | 0 | ·7 | 2 | 3 | 4¾ | ·07 | 0 | 4 | 4 | ·007 | 0 | 0 | 5¼ |
| 8 | 24 | 16 | 0 | ·8 | 2 | 9 | 7¼ | ·08 | 0 | 4 | 11½ | ·008 | 0 | 0 | 6 |
| 9 | 27 | 18 | 0 | ·9 | 2 | 15 | 9½ | ·09 | 0 | 5 | 7 | ·009 | 0 | 0 | 6¾ |
| 10 | 31 | 0 | 0 | OUNCES. | | | | OUNCES. | | | | OUNCES. | | | |
| 11 | 34 | 2 | 0 | | | | | | | | | | | | |
| 12 | 37 | 4 | 0 | 25 | 77 | 10 | 0 | 38 | 117 | 16 | 0 | 55 | 170 | 10 | 0 |
| 13 | 40 | 6 | 0 | 26 | 80 | 12 | 0 | 39 | 120 | 18 | 0 | 60 | 186 | 0 | 0 |
| 14 | 43 | 8 | 0 | 27 | 83 | 14 | 0 | 40 | 124 | 0 | 0 | 65 | 201 | 10 | 0 |
| 15 | 46 | 10 | 0 | 28 | 86 | 16 | 0 | 41 | 127 | 2 | 0 | 70 | 217 | 0 | 0 |
| 16 | 49 | 12 | 0 | 29 | 89 | 18 | 0 | 42 | 130 | 4 | 0 | 75 | 232 | 10 | 0 |
| 17 | 52 | 14 | 0 | 30 | 93 | 0 | 0 | 43 | 133 | 6 | 0 | 80 | 248 | 0 | 0 |
| 18 | 55 | 16 | 0 | 31 | 96 | 2 | 0 | 44 | 136 | 8 | 0 | 85 | 263 | 10 | 0 |
| 19 | 58 | 18 | 0 | 32 | 99 | 4 | 0 | 45 | 139 | 10 | 0 | 90 | 279 | 0 | 0 |
| 20 | 62 | 0 | 0 | 33 | 102 | 6 | 0 | 46 | 142 | 12 | 0 | 100 | 310 | 0 | 0 |
| 21 | 65 | 2 | 0 | 34 | 105 | 8 | 0 | 47 | 145 | 14 | 0 | 200 | 620 | 0 | 0 |
| 22 | 68 | 4 | 0 | 35 | 108 | 10 | 0 | 48 | 148 | 16 | 0 | 300 | 930 | 0 | 0 |
| 23 | 71 | 6 | 0 | 36 | 111 | 12 | 0 | 49 | 151 | 18 | 0 | 400 | 1240 | 0 | 0 |
| 24 | 74 | 8 | 0 | 37 | 114 | 14 | 0 | 50 | 155 | 0 | 0 | 500 | 1550 | 0 | 0 |

1 grain=two-onethousandths of oz. troy or ·002.

1 carat=3·166 grains.

1 pennyweight=five onehundredths of oz. troy or ·05.

# £3 2s. 6d. per oz.

(For Diamonds, &c., for "oz." read "grain.")

| OUNCES. | | | | TENTHS. | | | | HUNDREDTHS. | | | | THOUSANDTHS. | | | |
|---|---|---|---|---|---|---|---|---|---|---|---|---|---|---|---|
| *oz.* | £ | *s.* | *d.* | | £ | *s.* | *d.* | | £ | *s.* | *d.* | | £ | *s.* | *d.* |
| 1 | 3 | 2 | 6 | ·1 | 0 | 6 | 3 | ·01 | 0 | 0 | 7½ | ·001 | 0 | 0 | 0¾ |
| 2 | 6 | 5 | 0 | ·2 | 0 | 12 | 6 | ·02 | 0 | 1 | 3 | ·002 | 0 | 0 | 1½ |
| 3 | 9 | 7 | 6 | ·3 | 0 | 18 | 9 | ·03 | 0 | 1 | 10½ | 003 | 0 | 0 | 2¼ |
| 4 | 12 | 10 | 0 | ·4 | 1 | 5 | 0 | ·04 | 0 | 2 | 6 | 004 | 0 | 0 | 3 |
| 5 | 15 | 12 | 6 | ·5 | 1 | 11 | 3 | ·05 | 0 | 3 | 1½ | ·005 | 0 | 0 | 3¾ |
| 6 | 18 | 15 | 0 | ·6 | 1 | 17 | 6 | 06 | 0 | 3 | 9 | ·006 | 0 | 0 | 4½ |
| 7 | 21 | 17 | 6 | ·7 | 2 | 3 | 9 | ·07 | 0 | 4 | 4½ | ·007 | 0 | 0 | 5¼ |
| 8 | 25 | 0 | 0 | ·8 | 2 | 10 | 0 | ·08 | 0 | 5 | 0 | 008 | 0 | 0 | 6 |
| 9 | 28 | 2 | 6 | ·9 | 2 | 16 | 3 | ·09 | 0 | 5 | 7½ | ·009 | 0 | 0 | 6¾ |
| 10 | 31 | 5 | 0 | OUNCES. | | | | OUNCES. | | | | OUNCES. | | | |
| 11 | 34 | 7 | 6 | | | | | | | | | | | | |
| 12 | 37 | 10 | 0 | 25 | 78 | 2 | 6 | 38 | 118 | 15 | 0 | 55 | 171 | 17 | 6 |
| 13 | 40 | 12 | 6 | 26 | 81 | 5 | 0 | 39 | 121 | 17 | 6 | 60 | 187 | 10 | 0 |
| 14 | 43 | 15 | 0 | 27 | 84 | 7 | 6 | 40 | 125 | 0 | 0 | 65 | 203 | 2 | 6 |
| 15 | 46 | 17 | 6 | 28 | 87 | 10 | 0 | 41 | 128 | 2 | 6 | 70 | 218 | 15 | 0 |
| 16 | 50 | 0 | 0 | 29 | 90 | 12 | 6 | 42 | 131 | 5 | 0 | 75 | 234 | 7 | 6 |
| 17 | 53 | 2 | 6 | 30 | 93 | 15 | 0 | 43 | 134 | 7 | 6 | 80 | 250 | 0 | 0 |
| 18 | 56 | 5 | 0 | 31 | 96 | 17 | 6 | 44 | 137 | 10 | 0 | 85 | 265 | 12 | 6 |
| 19 | 59 | 7 | 6 | 32 | 100 | 0 | 0 | 45 | 140 | 12 | 6 | 90 | 281 | 5 | 0 |
| 20 | 62 | 10 | 0 | 33 | 103 | 2 | 6 | 46 | 143 | 15 | 0 | 100 | 312 | 10 | 0 |
| 21 | 65 | 12 | 6 | 34 | 106 | 5 | 0 | 47 | 146 | 17 | 6 | 200 | 625 | 0 | 0 |
| 22 | 68 | 15 | 0 | 35 | 109 | 7 | 6 | 48 | 150 | 0 | 0 | 300 | 937 | 10 | 0 |
| 23 | 71 | 17 | 6 | 36 | 112 | 10 | 0 | 49 | 153 | 2 | 6 | 400 | 1250 | 0 | 0 |
| 24 | 75 | 0 | 0 | 37 | 115 | 12 | 6 | 50 | 156 | 5 | 0 | 500 | 1562 | 10 | 0 |

1 grain=two-onethousandths of oz. troy or ·002.

1 carat=3·166 grains.

1 pennyweight=five-onehundredths of oz. troy or ·05.

# £3 3s. 0d. per oz.

(For Diamonds, &c., for "oz." read "grain.")

| OUNCES. | | | | TENTHS. | | | | HUNDREDTHS. | | | | THOUSANDTHS. | | | |
|---|---|---|---|---|---|---|---|---|---|---|---|---|---|---|---|
| *oz.* | £ | *s.* | *d.* | | £ | *s.* | *d.* | | £ | *s.* | *d.* | | £ | *s.* | *d.* |
| 1 | 3 | 3 | 0 | ·1 | 0 | 6 | 3½ | ·01 | 0 | 0 | 7½ | ·001 | 0 | 0 | 0¾ |
| 2 | 6 | 6 | 0 | ·2 | 0 | 12 | 7¼ | ·02 | 0 | 1 | 3 | ·002 | 0 | 0 | 1½ |
| 3 | 9 | 9 | 0 | ·3 | 0 | 18 | 10¾ | ·03 | 0 | 1 | 10¾ | ·003 | 0 | 0 | 2¼ |
| 4 | 12 | 12 | 0 | ·4 | 1 | 5 | 2½ | ·04 | 0 | 2 | 6¼ | ·004 | 0 | 0 | 3 |
| 5 | 15 | 15 | 0 | ·5 | 1 | 11 | 6 | ·05 | 0 | 3 | 1¾ | ·005 | 0 | 0 | 3¾ |
| 6 | 18 | 18 | 0 | ·6 | 1 | 17 | 9½ | ·06 | 0 | 3 | 9¼ | ·006 | 0 | 0 | 4½ |
| 7 | 22 | 1 | 0 | ·7 | 2 | 4 | 1¼ | ·07 | 0 | 4 | 5 | ·007 | 0 | 0 | 5¼ |
| 8 | 25 | 4 | 0 | ·8 | 2 | 10 | 4¾ | ·08 | 0 | 5 | 0½ | ·008 | 0 | 0 | 6 |
| 9 | 28 | 7 | 0 | ·9 | 2 | 16 | 8½ | ·09 | 0 | 5 | 8 | ·009 | 0 | 0 | 6¾ |
| 10 | 31 | 10 | 0 | OUNCES. | | | | OUNCES. | | | | OUNCES. | | | |
| 11 | 34 | 13 | 0 | | | | | | | | | | | | |
| 12 | 37 | 16 | 0 | 25 | 78 | 15 | 0 | 38 | 119 | 14 | 0 | 55 | 173 | 5 | 0 |
| 13 | 40 | 19 | 0 | 26 | 81 | 18 | 0 | 39 | 122 | 17 | 0 | 60 | 189 | 0 | 0 |
| 14 | 44 | 2 | 0 | 27 | 85 | 1 | 0 | 40 | 126 | 0 | 0 | 65 | 204 | 15 | 0 |
| 15 | 47 | 5 | 0 | 28 | 88 | 4 | 0 | 41 | 129 | 3 | 0 | 70 | 220 | 10 | 0 |
| 16 | 50 | 8 | 0 | 29 | 91 | 7 | 0 | 42 | 132 | 6 | 0 | 75 | 236 | 5 | 0 |
| 17 | 53 | 11 | 0 | 30 | 94 | 10 | 0 | 43 | 135 | 9 | 0 | 80 | 252 | 0 | 0 |
| 18 | 56 | 14 | 0 | 31 | 97 | 13 | 0 | 44 | 138 | 12 | 0 | 85 | 267 | 15 | 0 |
| 19 | 59 | 17 | 0 | 32 | 100 | 16 | 0 | 45 | 141 | 15 | 0 | 90 | 283 | 10 | 0 |
| 20 | 63 | 0 | 0 | 33 | 103 | 19 | 0 | 46 | 144 | 18 | 0 | 100 | 315 | 0 | 0 |
| 21 | 66 | 3 | 0 | 34 | 107 | 2 | 0 | 47 | 148 | 1 | 0 | 200 | 630 | 0 | 0 |
| 22 | 69 | 6 | 0 | 35 | 110 | 5 | 0 | 48 | 151 | 4 | 0 | 300 | 945 | 0 | 0 |
| 23 | 72 | 9 | 0 | 36 | 113 | 8 | 0 | 49 | 154 | 7 | 0 | 400 | 1260 | 0 | 0 |
| 24 | 75 | 12 | 0 | 37 | 116 | 11 | 0 | 50 | 157 | 10 | 0 | 500 | 1575 | 0 | 0 |

1 grain = two-onethousandths of oz. troy or ·002.

1 carat = 3·166 grains.

1 pennyweight = five-onehundredths of oz. troy or ·05.

# £3 3s. 6d. per oz.

(For Diamonds, &c., for "oz." read "grain.")

| OUNCES. | | | | TENTHS. | | | | HUNDREDTHS. | | | | THOUSANDTHS. | | | |
|---|---|---|---|---|---|---|---|---|---|---|---|---|---|---|---|
| oz. | £ | s. | d. | | £ | s. | d. | | £ | s. | d. | | £ | s. | d. |
| 1 | 3 | 3 | 6 | ·1 | 0 | 6 | 4¼ | ·01 | 0 | 0 | 7½ | ·001 | 0 | 0 | 0¾ |
| 2 | 6 | 7 | 0 | ·2 | 0 | 12 | 8½ | ·02 | 0 | 1 | 3¼ | ·002 | 0 | 0 | 1½ |
| 3 | 9 | 10 | 6 | ·3 | 0 | 19 | 0½ | ·03 | 0 | 1 | 10¾ | ·003 | 0 | 0 | 2¼ |
| 4 | 12 | 14 | 0 | ·4 | 1 | 5 | 4¾ | ·04 | 0 | 2 | 6½ | ·004 | 0 | 0 | 3 |
| 5 | 15 | 17 | 6 | ·5 | 1 | 11 | 9 | ·05 | 0 | 3 | 2 | ·005 | 0 | 0 | 3¾ |
| 6 | 19 | 1 | 0 | ·6 | 1 | 18 | 1¼ | ·06 | 0 | 3 | 9¾ | ·006 | 0 | 0 | 4½ |
| 7 | 22 | 4 | 6 | ·7 | 2 | 4 | 5½ | ·07 | 0 | 4 | 5¼ | ·007 | 0 | 0 | 5¼ |
| 8 | 25 | 8 | 0 | ·8 | 2 | 10 | 9½ | ·08 | 0 | 5 | 1 | ·008 | 0 | 0 | 6 |
| 9 | 28 | 11 | 6 | ·9 | 2 | 17 | 1¾ | ·09 | 0 | 5 | 8½ | ·009 | 0 | 0 | 6¾ |
| 10 | 31 | 15 | 0 | | | | | | | | | | | | |
| 11 | 34 | 18 | 6 | OUNCES. | | | | OUNCES. | | | | OUNCES. | | | |
| 12 | 38 | 2 | 0 | 25 | 79 | 7 | 6 | 38 | 120 | 13 | 0 | 55 | 174 | 12 | 6 |
| 13 | 41 | 5 | 6 | 26 | 82 | 11 | 0 | 39 | 123 | 16 | 6 | 60 | 190 | 10 | 0 |
| 14 | 44 | 9 | 0 | 27 | 85 | 14 | 6 | 40 | 127 | 0 | 0 | 65 | 206 | 7 | 6 |
| 15 | 47 | 12 | 6 | 28 | 88 | 18 | 0 | 41 | 130 | 3 | 6 | 70 | 222 | 5 | 0 |
| 16 | 50 | 16 | 0 | 29 | 92 | 1 | 6 | 42 | 133 | 7 | 0 | 75 | 238 | 2 | 6 |
| 17 | 53 | 19 | 6 | 30 | 95 | 5 | 0 | 43 | 136 | 10 | 6 | 80 | 254 | 0 | 0 |
| 18 | 57 | 3 | 0 | 31 | 98 | 8 | 6 | 44 | 139 | 14 | 0 | 85 | 269 | 17 | 6 |
| 19 | 60 | 6 | 6 | 32 | 101 | 12 | 0 | 45 | 142 | 17 | 6 | 90 | 285 | 15 | 0 |
| 20 | 63 | 10 | 0 | 33 | 104 | 15 | 6 | 46 | 146 | 1 | 0 | 100 | 317 | 10 | 0 |
| 21 | 66 | 13 | 6 | 34 | 107 | 19 | 0 | 47 | 149 | 4 | 6 | 200 | 635 | 0 | 0 |
| 22 | 69 | 17 | 0 | 35 | 111 | 2 | 6 | 48 | 152 | 8 | 0 | 300 | 952 | 10 | 0 |
| 23 | 73 | 0 | 6 | 36 | 114 | 6 | 0 | 49 | 155 | 11 | 6 | 400 | 1270 | 0 | 0 |
| 24 | 76 | 4 | 0 | 37 | 117 | 9 | 6 | 50 | 158 | 15 | 0 | 500 | 1587 | 10 | 0 |

1 grain=two-onethousandths of oz. troy or ·002.

1 carat=3·166 grains.

1 pennyweight=five-onehundredths of oz. troy or ·05.

# £3 4s. 0d. per oz.

(For Diamonds, &c., for "oz." read "grain.")

| OUNCES. | | | | TENTHS. | | | | HUNDREDTHS. | | | | THOUSANDTHS. | | | |
|---|---|---|---|---|---|---|---|---|---|---|---|---|---|---|---|
| *oz.* | £ | *s.* | *d.* | | £ | *s.* | *d.* | | £ | *s.* | *d.* | | £ | *s.* | *d.* |
| 1 | 3 | 4 | 0 | ·1 | 0 | 6 | 4¾ | ·01 | 0 | 0 | 7¾ | ·001 | 0 | 0 | 0¾ |
| 2 | 6 | 8 | 0 | ·2 | 0 | 12 | 9½ | ·02 | 0 | 1 | 3¼ | ·002 | 0 | 0 | 1½ |
| 3 | 9 | 12 | 0 | ·3 | 0 | 19 | 2½ | ·03 | 0 | 1 | 11 | ·003 | 0 | 0 | 2¼ |
| 4 | 12 | 16 | 0 | ·4 | 1 | 5 | 7¼ | ·04 | 0 | 2 | 6¾ | ·004 | 0 | 0 | 3 |
| 5 | 16 | 0 | 0 | ·5 | 1 | 12 | 0 | ·05 | 0 | 3 | 2½ | ·005 | 0 | 0 | 3¾ |
| 6 | 19 | 4 | 0 | ·6 | 1 | 18 | 4¾ | ·06 | 0 | 3 | 10 | ·006 | 0 | 0 | 4½ |
| 7 | 22 | 8 | 0 | ·7 | 2 | 4 | 9½ | ·07 | 0 | 4 | 5¾ | ·007 | 0 | 0 | 5½ |
| 8 | 25 | 12 | 0 | ·8 | 2 | 11 | 2½ | ·08 | 0 | 5 | 1½ | ·008 | 0 | 0 | 6¼ |
| 9 | 28 | 16 | 0 | ·9 | 2 | 17 | 7¼ | ·09 | 0 | 5 | 9 | ·009 | 0 | 0 | 7 |
| 10 | 32 | 0 | 0 | | | | | | | | | | | | |
| 11 | 35 | 4 | 0 | OUNCES. | | | | OUNCES. | | | | OUNCES. | | | |
| 12 | 38 | 8 | 0 | 25 | 80 | 0 | 0 | 38 | 121 | 12 | 0 | 55 | 176 | 0 | 0 |
| 13 | 41 | 12 | 0 | 26 | 83 | 4 | 0 | 39 | 124 | 16 | 0 | 60 | 192 | 0 | 0 |
| 14 | 44 | 16 | 0 | 27 | 86 | 8 | 0 | 40 | 128 | 0 | 0 | 65 | 208 | 0 | 0 |
| 15 | 48 | 0 | 0 | 28 | 89 | 12 | 0 | 41 | 131 | 4 | 0 | 70 | 224 | 0 | 0 |
| 16 | 51 | 4 | 0 | 29 | 92 | 16 | 0 | 42 | 134 | 8 | 0 | 75 | 240 | 0 | 0 |
| 17 | 54 | 8 | 0 | 30 | 96 | 0 | 0 | 43 | 137 | 12 | 0 | 80 | 256 | 0 | 0 |
| 18 | 57 | 12 | 0 | 31 | 99 | 4 | 0 | 44 | 140 | 16 | 0 | 85 | 272 | 0 | 0 |
| 19 | 60 | 16 | 0 | 32 | 102 | 8 | 0 | 45 | 144 | 0 | 0 | 90 | 288 | 0 | 0 |
| 20 | 64 | 0 | 0 | 33 | 105 | 12 | 0 | 46 | 147 | 4 | 0 | 100 | 320 | 0 | 0 |
| 21 | 67 | 4 | 0 | 34 | 108 | 16 | 0 | 47 | 150 | 8 | 0 | 200 | 640 | 0 | 0 |
| 22 | 70 | 8 | 0 | 35 | 112 | 0 | 0 | 48 | 153 | 12 | 0 | 300 | 960 | 0 | 0 |
| 23 | 73 | 12 | 0 | 36 | 115 | 4 | 0 | 49 | 156 | 16 | 0 | 400 | 1280 | 0 | 0 |
| 24 | 76 | 16 | 0 | 37 | 118 | 8 | 0 | 50 | 160 | 0 | 0 | 500 | 1600 | 0 | 0 |

1 grain = two-onethousandths of oz. troy or ·002.

1 carat = 3·166 grains.

1 pennyweight = five onehundredths of oz. troy or ·05.

# £3 4s. 6d. per oz.

(For Diamonds, &c., for " oz." read " grain.")

| OUNCES. | | | | TENTHS. | | | | HUNDREDTHS. | | | | THOUSANDTHS. | | | |
|---|---|---|---|---|---|---|---|---|---|---|---|---|---|---|---|
| *oz.* | £ | *s.* | *d.* | | £ | *s.* | *d.* | | £ | *s.* | *d.* | | £ | *s.* | *d.* |
| 1 | 3 | 4 | 6 | ·1 | 0 | 6 | 5½ | ·01 | 0 | 0 | 7¾ | ·001 | 0 | 0 | 0¾ |
| 2 | 6 | 9 | 0 | ·2 | 0 | 12 | 10¾ | ·02 | 0 | 1 | 3½ | ·002 | 0 | 0 | 1½ |
| 3 | 9 | 13 | 6 | ·3 | 0 | 19 | 4¼ | ·03 | 0 | 1 | 11¼ | ·003 | 0 | 0 | 2¼ |
| 4 | 12 | 18 | 0 | ·4 | 1 | 5 | 9½ | ·04 | 0 | 2 | 7 | ·004 | 0 | 0 | 3 |
| 5 | 16 | 2 | 6 | ·5 | 1 | 12 | 3 | ·05 | 0 | 3 | 2¾ | ·005 | 0 | 0 | 3¾ |
| 6 | 19 | 7 | 0 | ·6 | 1 | 18 | 8½ | ·06 | 0 | 3 | 10½ | ·006 | 0 | 0 | 4¾ |
| 7 | 22 | 11 | 6 | ·7 | 2 | 5 | 1¾ | ·07 | 0 | 4 | 6¼ | ·007 | 0 | 0 | 5½ |
| 8 | 25 | 16 | 0 | ·8 | 2 | 11 | 7¼ | ·08 | 0 | 5 | 2 | ·008 | 0 | 0 | 6¼ |
| 9 | 29 | 0 | 6 | ·9 | 2 | 18 | 0½ | ·09 | 0 | 5 | 9¾ | ·009 | 0 | 0 | 7 |
| 10 | 32 | 5 | 0 | OUNCES. | | | | OUNCES. | | | | OUNCES. | | | |
| 11 | 35 | 9 | 6 | | | | | | | | | | | | |
| 12 | 38 | 14 | 0 | 25 | 80 | 12 | 6 | 38 | 122 | 11 | 0 | 55 | 177 | 7 | 6 |
| 13 | 41 | 18 | 6 | 26 | 83 | 17 | 0 | 39 | 125 | 15 | 6 | 60 | 193 | 10 | 0 |
| 14 | 45 | 3 | 0 | 27 | 87 | 1 | 6 | 40 | 129 | 0 | 0 | 65 | 209 | 12 | 6 |
| 15 | 48 | 7 | 6 | 28 | 90 | 6 | 0 | 41 | 132 | 4 | 6 | 70 | 225 | 15 | 0 |
| 16 | 51 | 12 | 0 | 29 | 93 | 10 | 6 | 42 | 135 | 9 | 0 | 75 | 241 | 17 | 6 |
| 17 | 54 | 16 | 6 | 30 | 96 | 15 | 0 | 43 | 138 | 13 | 6 | 80 | 258 | 0 | 0 |
| 18 | 58 | 1 | 0 | 31 | 99 | 19 | 6 | 44 | 141 | 18 | 0 | 85 | 274 | 2 | 6 |
| 19 | 61 | 5 | 6 | 32 | 103 | 4 | 0 | 45 | 145 | 2 | 6 | 90 | 290 | 5 | 0 |
| 20 | 64 | 10 | 0 | 33 | 106 | 8 | 6 | 46 | 148 | 7 | 0 | 100 | 322 | 10 | 0 |
| 21 | 67 | 14 | 6 | 34 | 109 | 13 | 0 | 47 | 151 | 11 | 6 | 200 | 645 | 0 | 0 |
| 22 | 70 | 19 | 0 | 35 | 112 | 17 | 6 | 48 | 154 | 16 | 0 | 300 | 967 | 10 | 0 |
| 23 | 74 | 3 | 6 | 36 | 116 | 2 | 0 | 49 | 158 | 0 | 6 | 400 | 1290 | 0 | 0 |
| 24 | 77 | 8 | 0 | 37 | 119 | 6 | 6 | 50 | 161 | 5 | 0 | 500 | 1612 | 10 | 0 |

1 grain=two-onethousandths of oz. troy or ·002.

1 carat=3·166 grains.

1 pennyweight=five-onehundredths of oz. troy or ·05.

# £3 5s. 0d. per oz.

(For Diamonds, &c., for "oz." read "grain.")

| OUNCES. | | | | TENTHS. | | | | HUNDREDTHS. | | | | THOUSANDTHS. | | | |
|---|---|---|---|---|---|---|---|---|---|---|---|---|---|---|---|
| *oz.* | £ | *s.* | *d.* | | £ | *s.* | *d.* | | £ | *s.* | *d.* | | £ | *s.* | *d.* |
| 1 | 3 | 5 | 0 | ·1 | 0 | 6 | 6 | ·01 | 0 | 0 | 7¾ | ·001 | 0 | 0 | 0¾ |
| 2 | 6 | 10 | 0 | ·2 | 0 | 13 | 0 | ·02 | 0 | 1 | 3½ | ·002 | 0 | 0 | 1½ |
| 3 | 9 | 15 | 0 | ·3 | 0 | 19 | 6 | ·03 | 0 | 1 | 11½ | ·003 | 0 | 0 | 2¼ |
| 4 | 13 | 0 | 0 | ·4 | 1 | 6 | 0 | ·04 | 0 | 2 | 7¼ | ·004 | 0 | 0 | 3 |
| 5 | 16 | 5 | 0 | ·5 | 1 | 12 | 6 | ·05 | 0 | 3 | 3 | ·005 | 0 | 0 | 4 |
| 6 | 19 | 10 | 0 | ·6 | 1 | 19 | 0 | ·06 | 0 | 3 | 10¾ | ·006 | 0 | 0 | 4¾ |
| 7 | 22 | 15 | 0 | ·7 | 2 | 5 | 6 | ·07 | 0 | 4 | 6½ | ·007 | 0 | 0 | 5½ |
| 8 | 26 | 0 | 0 | ·8 | 2 | 12 | 0 | ·08 | 0 | 5 | 2½ | ·008 | 0 | 0 | 6¼ |
| 9 | 29 | 5 | 0 | ·9 | 2 | 18 | 6 | ·09 | 0 | 5 | 10¼ | ·009 | 0 | 0 | 7 |
| 10 | 32 | 10 | 0 | | | | | | | | | | | | |
| 11 | 35 | 15 | 0 | OUNCES. | | | | OUNCES. | | | | OUNCES. | | | |
| 12 | 39 | 0 | 0 | 25 | 81 | 5 | 0 | 38 | 123 | 10 | 0 | 55 | 178 | 15 | 0 |
| 13 | 42 | 5 | 0 | 26 | 84 | 10 | 0 | 39 | 126 | 15 | 0 | 60 | 195 | 0 | 0 |
| 14 | 45 | 10 | 0 | 27 | 87 | 15 | 0 | 40 | 130 | 0 | 0 | 65 | 211 | 5 | 0 |
| 15 | 48 | 15 | 0 | 28 | 91 | 0 | 0 | 41 | 133 | 5 | 0 | 70 | 227 | 10 | 0 |
| 16 | 52 | 0 | 0 | 29 | 94 | 5 | 0 | 42 | 136 | 10 | 0 | 75 | 243 | 15 | 0 |
| 17 | 55 | 5 | 0 | 30 | 97 | 10 | 0 | 43 | 139 | 15 | 0 | 80 | 260 | 0 | 0 |
| 18 | 58 | 10 | 0 | 31 | 100 | 15 | 0 | 44 | 143 | 0 | 0 | 85 | 276 | 5 | 0 |
| 19 | 61 | 15 | 0 | 32 | 104 | 0 | 0 | 45 | 146 | 5 | 0 | 90 | 292 | 10 | 0 |
| 20 | 65 | 0 | 0 | 33 | 107 | 5 | 0 | 46 | 149 | 10 | 0 | 100 | 325 | 0 | 0 |
| 21 | 68 | 5 | 0 | 34 | 110 | 10 | 0 | 47 | 152 | 15 | 0 | 200 | 650 | 0 | 0 |
| 22 | 71 | 10 | 0 | 35 | 113 | 15 | 0 | 48 | 156 | 0 | 0 | 300 | 975 | 0 | 0 |
| 23 | 74 | 15 | 0 | 36 | 117 | 0 | 0 | 49 | 159 | 5 | 0 | 400 | 1300 | 0 | 0 |
| 24 | 78 | 0 | 0 | 37 | 120 | 5 | 0 | 50 | 162 | 10 | 0 | 500 | 1625 | 0 | 0 |

1 grain=two-onethousandths of oz. troy or ·002.

1 carat=3·166 grains.

1 pennyweight=five-onehundredths of oz. troy or ·05.

# £3 5s. 6d. per oz.

(For Diamonds, &c., for " oz." read " grain.")

| OUNCES. | | | | TENTHS. | | | | HUNDREDTHS. | | | | THOUSANDTHS. | | | |
|---|---|---|---|---|---|---|---|---|---|---|---|---|---|---|---|
| oz. | £ | s. | d. | | £ | s. | d. | | £ | s. | d. | | £ | s. | d. |
| 1 | 3 | 5 | 6 | ·1 | 0 | 6 | 6½ | ·01 | 0 | 0 | 7¾ | ·001 | 0 | 0 | 0¾ |
| 2 | 6 | 11 | 0 | ·2 | 0 | 13 | 1¼ | ·02 | 0 | 1 | 3¾ | ·002 | 0 | 0 | 1½ |
| 3 | 9 | 16 | 6 | ·3 | 0 | 19 | 7¾ | ·03 | 0 | 1 | 11½ | ·003 | 0 | 0 | 2¼ |
| 4 | 13 | 2 | 0 | ·4 | 1 | 6 | 2½ | ·04 | 0 | 2 | 7½ | ·004 | 0 | 0 | 3¼ |
| 5 | 16 | 7 | 6 | ·5 | 1 | 12 | 9 | ·05 | 0 | 3 | 3¼ | ·005 | 0 | 0 | 4 |
| 6 | 19 | 13 | 0 | ·6 | 1 | 19 | 3½ | ·06 | 0 | 3 | 11¼ | ·006 | 0 | 0 | 4¾ |
| 7 | 22 | 18 | 6 | ·7 | 2 | 5 | 10¼ | ·07 | 0 | 4 | 7 | ·007 | 0 | 0 | 5½ |
| 8 | 26 | 4 | 0 | ·8 | 2 | 12 | 4¾ | ·08 | 0 | 5 | 3 | ·008 | 0 | 0 | 6¼ |
| 9 | 29 | 9 | 6 | ·9 | 2 | 18 | 11½ | ·09 | 0 | 5 | 10¾ | ·009 | 0 | 0 | 7 |
| 10 | 32 | 15 | 0 | OUNCES. | | | | OUNCES. | | | | OUNCES. | | | |
| 11 | 36 | 0 | 6 | | | | | | | | | | | | |
| 12 | 39 | 6 | 0 | 25 | 81 | 17 | 6 | 38 | 124 | 9 | 0 | 55 | 180 | 2 | 6 |
| 13 | 42 | 11 | 6 | 26 | 85 | 3 | 0 | 39 | 127 | 14 | 6 | 60 | 196 | 10 | 0 |
| 14 | 45 | 17 | 0 | 27 | 88 | 8 | 6 | 40 | 131 | 0 | 0 | 65 | 212 | 17 | 6 |
| 15 | 49 | 2 | 6 | 28 | 91 | 14 | 0 | 41 | 134 | 5 | 6 | 70 | 229 | 5 | 0 |
| 16 | 52 | 8 | 0 | 29 | 94 | 19 | 6 | 42 | 137 | 11 | 0 | 75 | 245 | 12 | 6 |
| 17 | 55 | 13 | 6 | 30 | 98 | 5 | 0 | 43 | 140 | 16 | 6 | 80 | 262 | 0 | 0 |
| 18 | 58 | 19 | 0 | 31 | 101 | 10 | 6 | 44 | 144 | 2 | 0 | 85 | 278 | 7 | 6 |
| 19 | 62 | 4 | 6 | 32 | 104 | 16 | 0 | 45 | 147 | 7 | 6 | 90 | 294 | 15 | 0 |
| 20 | 65 | 10 | 0 | 33 | 108 | 1 | 6 | 46 | 150 | 13 | 0 | 100 | 327 | 10 | 0 |
| 21 | 68 | 15 | 6 | 34 | 111 | 7 | 0 | 47 | 153 | 18 | 6 | 200 | 655 | 0 | 0 |
| 22 | 72 | 1 | 0 | 35 | 114 | 12 | 6 | 48 | 157 | 4 | 0 | 300 | 982 | 10 | 0 |
| 23 | 75 | 6 | 6 | 36 | 117 | 18 | 0 | 49 | 160 | 9 | 6 | 400 | 1310 | 0 | 0 |
| 24 | 78 | 12 | 0 | 37 | 121 | 3 | 6 | 50 | 163 | 15 | 0 | 500 | 1637 | 10 | 0 |

1 grain=two-onethousandths of oz. troy or ·002.

1 carat=3·166 grains.

1 pennyweight=five-onehundredths of oz. troy or ·05.

# £3 6s. 0d. per oz.

(For Diamonds, &c., for "oz." read "grain.")

**OUNCES.**

| oz. | £ | s. | d. |
|---|---|---|---|
| 1 | 3 | 6 | 0 |
| 2 | 6 | 12 | 0 |
| 3 | 9 | 18 | 0 |
| 4 | 13 | 4 | 0 |
| 5 | 16 | 10 | 0 |
| 6 | 19 | 16 | 0 |
| 7 | 23 | 2 | 0 |
| 8 | 26 | 8 | 0 |
| 9 | 29 | 14 | 0 |
| 10 | 33 | 0 | 0 |
| 11 | 36 | 6 | 0 |
| 12 | 39 | 12 | 0 |
| 13 | 42 | 18 | 0 |
| 14 | 46 | 4 | 0 |
| 15 | 49 | 10 | 0 |
| 16 | 52 | 16 | 0 |
| 17 | 56 | 2 | 0 |
| 18 | 59 | 8 | 0 |
| 19 | 62 | 14 | 0 |
| 20 | 66 | 0 | 0 |
| 21 | 69 | 6 | 0 |
| 22 | 72 | 12 | 0 |
| 23 | 75 | 18 | 0 |
| 24 | 79 | 4 | 0 |

| TENTHS. | £ | s. | d. | HUNDREDTHS. | £ | s. | d. | THOUSANDTHS. | £ | s. | d. |
|---|---|---|---|---|---|---|---|---|---|---|---|
| ·1 | 0 | 6 | 7¼ | ·01 | 0 | 0 | 8 | ·001 | 0 | 0 | 0¾ |
| ·2 | 0 | 13 | 2½ | ·02 | 0 | 1 | 3¾ | ·002 | 0 | 0 | 1½ |
| ·3 | 0 | 19 | 9½ | ·03 | 0 | 1 | 11¾ | ·003 | 0 | 0 | 2½ |
| ·4 | 1 | 6 | 4¾ | ·04 | 0 | 2 | 7¾ | ·004 | 0 | 0 | 3¼ |
| ·5 | 1 | 13 | 0 | ·05 | 0 | 3 | 3½ | ·005 | 0 | 0 | 4 |
| ·6 | 1 | 19 | 7¼ | ·06 | 0 | 3 | 11½ | ·006 | 0 | 0 | 4¾ |
| ·7 | 2 | 6 | 2½ | ·07 | 0 | 4 | 7½ | ·007 | 0 | 0 | 5½ |
| ·8 | 2 | 12 | 9½ | ·08 | 0 | 5 | 3¼ | ·008 | 0 | 0 | 6½ |
| ·9 | 2 | 19 | 4¾ | ·09 | 0 | 5 | 11¼ | ·009 | 0 | 0 | 7¼ |

| OUNCES. | £ | s. | d. | OUNCES. | £ | s. | d. | OUNCES. | £ | s. | d. |
|---|---|---|---|---|---|---|---|---|---|---|---|
| 25 | 82 | 10 | 0 | 38 | 125 | 8 | 0 | 55 | 181 | 10 | 0 |
| 26 | 85 | 16 | 0 | 39 | 128 | 14 | 0 | 60 | 198 | 0 | 0 |
| 27 | 89 | 2 | 0 | 40 | 132 | 0 | 0 | 65 | 214 | 10 | 0 |
| 28 | 92 | 8 | 0 | 41 | 135 | 6 | 0 | 70 | 231 | 0 | 0 |
| 29 | 95 | 14 | 0 | 42 | 138 | 12 | 0 | 75 | 247 | 10 | 0 |
| 30 | 99 | 0 | 0 | 43 | 141 | 18 | 0 | 80 | 264 | 0 | 0 |
| 31 | 102 | 6 | 0 | 44 | 145 | 4 | 0 | 85 | 280 | 10 | 0 |
| 32 | 105 | 12 | 0 | 45 | 148 | 10 | 0 | 90 | 297 | 0 | 0 |
| 33 | 108 | 18 | 0 | 46 | 151 | 16 | 0 | 100 | 330 | 0 | 0 |
| 34 | 112 | 4 | 0 | 47 | 155 | 2 | 0 | 200 | 660 | 0 | 0 |
| 35 | 115 | 10 | 0 | 48 | 158 | 8 | 0 | 300 | 990 | 0 | 0 |
| 36 | 118 | 16 | 0 | 49 | 161 | 14 | 0 | 400 | 1320 | 0 | 0 |
| 37 | 122 | 2 | 0 | 50 | 165 | 0 | 0 | 500 | 1650 | 0 | 0 |

1 grain=two-onethousandths of oz. troy or ·002.

1 carat=3·166 grains.

1 pennyweight=five onehundredths of oz. troy or ·05.

# £3 6s. 6d. per oz.

(For Diamonds, &c., for " oz." read " grain.")

| OUNCES. | | | | TENTHS. | | | | HUNDREDTHS. | | | | THOUSANDTHS. | | | |
|---|---|---|---|---|---|---|---|---|---|---|---|---|---|---|---|
| oz. | £ | s. | d. | | £ | s. | d. | | £ | s. | d. | | £ | s. | d. |
| 1 | 3 | 6 | 6 | ·1 | 0 | 6 | 7¾ | ·01 | 0 | 0 | 8 | ·001 | 0 | 0 | 0¾ |
| 2 | 6 | 13 | 0 | ·2 | 0 | 13 | 3½ | ·02 | 0 | 1 | 4 | ·002 | 0 | 0 | 1½ |
| 3 | 9 | 19 | 6 | ·3 | 0 | 19 | 11½ | ·03 | 0 | 2 | 0 | ·003 | 0 | 0 | 2½ |
| 4 | 13 | 6 | 0 | ·4 | 1 | 6 | 7¼ | ·04 | 0 | 2 | 8 | ·004 | 0 | 0 | 3¼ |
| 5 | 16 | 12 | 6 | ·5 | 1 | 13 | 3 | ·05 | 0 | 3 | 4 | ·005 | 0 | 0 | 4 |
| 6 | 19 | 19 | 0 | ·6 | 1 | 19 | 10¾ | ·06 | 0 | 4 | 0 | ·006 | 0 | 0 | 4¾ |
| 7 | 23 | 5 | 6 | ·7 | 2 | 6 | 6½ | ·07 | 0 | 4 | 7¾ | ·007 | 0 | 0 | 5½ |
| 8 | 26 | 12 | 0 | ·8 | 2 | 13 | 2½ | ·08 | 0 | 5 | 3¾ | ·008 | 0 | 0 | 6½ |
| 9 | 29 | 18 | 6 | ·9 | 2 | 19 | 10¼ | ·09 | 0 | 5 | 11¾ | ·009 | 0 | 0 | 7¼ |
| 10 | 33 | 5 | 0 | OUNCES. | | | | OUNCES. | | | | OUNCES. | | | |
| 11 | 36 | 11 | 6 | | | | | | | | | | | | |
| 12 | 39 | 18 | 0 | 25 | 83 | 2 | 6 | 38 | 126 | 7 | 0 | 55 | 182 | 17 | 6 |
| 13 | 43 | 4 | 6 | 26 | 86 | 9 | 0 | 39 | 129 | 13 | 6 | 60 | 199 | 10 | 0 |
| 14 | 46 | 11 | 0 | 27 | 89 | 15 | 6 | 40 | 133 | 0 | 0 | 65 | 216 | 2 | 6 |
| 15 | 49 | 17 | 6 | 28 | 93 | 2 | 0 | 41 | 136 | 6 | 6 | 70 | 232 | 15 | 0 |
| 16 | 53 | 4 | 0 | 29 | 96 | 8 | 6 | 42 | 139 | 13 | 0 | 75 | 249 | 7 | 6 |
| 17 | 56 | 10 | 6 | 30 | 99 | 15 | 0 | 43 | 142 | 19 | 6 | 80 | 266 | 0 | 0 |
| 18 | 59 | 17 | 0 | 31 | 103 | 1 | 6 | 44 | 146 | 6 | 0 | 85 | 282 | 12 | 6 |
| 19 | 63 | 3 | 6 | 32 | 106 | 8 | 0 | 45 | 149 | 12 | 6 | 90 | 299 | 5 | 0 |
| 20 | 66 | 10 | 0 | 33 | 109 | 14 | 6 | 46 | 152 | 19 | 0 | 100 | 332 | 10 | 0 |
| 21 | 69 | 16 | 6 | 34 | 113 | 1 | 0 | 47 | 156 | 5 | 6 | 200 | 665 | 0 | 0 |
| 22 | 73 | 3 | 0 | 35 | 116 | 7 | 6 | 48 | 159 | 12 | 0 | 300 | 997 | 10 | 0 |
| 23 | 76 | 9 | 6 | 36 | 119 | 14 | 0 | 49 | 162 | 18 | 6 | 400 | 1330 | 0 | 0 |
| 24 | 79 | 16 | 0 | 37 | 123 | 0 | 6 | 50 | 166 | 5 | 0 | 500 | 1662 | 10 | 0 |

1 grain=two-onethousandths of oz. troy or ·002.

1 carat=3·166 grains.

1 pennyweight=five-onehundredths of oz. troy or ·05.

# £3 7s. 0d. per oz.

(For Diamonds, &c., for "oz." read "grain.")

| OUNCES. | | | | TENTHS. | | | | HUNDREDTHS. | | | | THOUSANDTHS. | | | |
|---|---|---|---|---|---|---|---|---|---|---|---|---|---|---|---|
| *oz.* | £ | *s.* | *d.* | | £ | *s.* | *d.* | | £ | *s.* | *d.* | | £ | *s.* | *d.* |
| 1 | 3 | 7 | 0 | ·1 | 0 | 6 | 8½ | ·01 | 0 | 0 | 8 | ·001 | 0 | 0 | 0¾ |
| 2 | 6 | 14 | 0 | ·2 | 0 | 13 | 4¾ | ·02 | 0 | 1 | 4 | ·002 | 0 | 0 | 1½ |
| 3 | 10 | 1 | 0 | ·3 | 1 | 0 | 1¼ | ·03 | 0 | 2 | 0 | ·003 | 0 | 0 | 2½ |
| 4 | 13 | 8 | 0 | ·4 | 1 | 6 | 9½ | ·04 | 0 | 2 | 8¼ | ·004 | 0 | 0 | 3¼ |
| 5 | 16 | 15 | 0 | ·5 | 1 | 13 | 6 | ·05 | 0 | 3 | 4¼ | ·005 | 0 | 0 | 4 |
| 6 | 20 | 2 | 0 | ·6 | 2 | 0 | 2½ | ·06 | 0 | 4 | 0¼ | ·006 | 0 | 0 | 4¾ |
| 7 | 23 | 9 | 0 | ·7 | 2 | 6 | 10¾ | ·07 | 0 | 4 | 8¼ | ·007 | 0 | 0 | 5¾ |
| 8 | 26 | 16 | 0 | ·8 | 2 | 13 | 7¼ | ·08 | 0 | 5 | 4¼ | ·008 | 0 | 0 | 6½ |
| 9 | 30 | 3 | 0 | ·9 | 3 | 0 | 3½ | ·09 | 0 | 6 | 0¼ | ·009 | 0 | 0 | 7¼ |
| 10 | 33 | 10 | 0 | | | | | | | | | | | | |
| 11 | 36 | 17 | 0 | OUNCES. | | | | OUNCES. | | | | OUNCES. | | | |
| 12 | 40 | 4 | 0 | 25 | 83 | 15 | 0 | 38 | 127 | 6 | 0 | 55 | 184 | 5 | 0 |
| 13 | 43 | 11 | 0 | 26 | 87 | 2 | 0 | 39 | 130 | 13 | 0 | 60 | 201 | 0 | 0 |
| 14 | 46 | 18 | 0 | 27 | 90 | 9 | 0 | 40 | 134 | 0 | 0 | 65 | 217 | 15 | 0 |
| 15 | 50 | 5 | 0 | 28 | 93 | 16 | 0 | 41 | 137 | 7 | 0 | 70 | 234 | 10 | 0 |
| 16 | 53 | 12 | 0 | 29 | 97 | 3 | 0 | 42 | 140 | 14 | 0 | 75 | 251 | 5 | 0 |
| 17 | 56 | 19 | 0 | 30 | 100 | 10 | 0 | 43 | 144 | 1 | 0 | 80 | 268 | 0 | 0 |
| 18 | 60 | 6 | 0 | 31 | 103 | 17 | 0 | 44 | 147 | 8 | 0 | 85 | 284 | 15 | 0 |
| 19 | 63 | 13 | 0 | 32 | 107 | 4 | 0 | 45 | 150 | 15 | 0 | 90 | 301 | 10 | 0 |
| 20 | 67 | 0 | 0 | 33 | 110 | 11 | 0 | 46 | 154 | 2 | 0 | 100 | 335 | 0 | 0 |
| 21 | 70 | 7 | 0 | 34 | 113 | 18 | 0 | 47 | 157 | 9 | 0 | 200 | 670 | 0 | 0 |
| 22 | 73 | 14 | 0 | 35 | 117 | 5 | 0 | 48 | 160 | 16 | 0 | 300 | 1005 | 0 | 0 |
| 23 | 77 | 1 | 0 | 36 | 120 | 12 | 0 | 49 | 164 | 3 | 0 | 400 | 1340 | 0 | 0 |
| 24 | 80 | 8 | 0 | 37 | 123 | 19 | 0 | 50 | 167 | 10 | 0 | 500 | 1675 | 0 | 0 |

1 grain=two-onethousandths of oz. troy or ·002.

1 carat=3·166 grains.

1 pennyweight=five-onehundredths of oz. troy or ·05.

# £3 7s. 6d. per oz.

(For Diamonds, &c., for "oz." read "grain.")

| OUNCES. | | | | TENTHS. | | | | HUNDREDTHS. | | | | THOUSANDTHS | | | |
|---|---|---|---|---|---|---|---|---|---|---|---|---|---|---|---|
| *oz.* | £ | *s.* | *d.* | | £ | *s.* | *d.* | | £ | *s.* | *d.* | | £ | *s.* | *d.* |
| 1 | 3 | 7 | 6 | ·1 | 0 | 6 | 9 | ·01 | 0 | 0 | 8 | ·001 | 0 | 0 | 0¾ |
| 2 | 6 | 15 | 0 | ·2 | 0 | 13 | 6 | ·02 | 0 | 1 | 4¼ | ·002 | 0 | 0 | 1½ |
| 3 | 10 | 2 | 6 | ·3 | 1 | 0 | 3 | ·03 | 0 | 2 | 0¼ | ·003 | 0 | 0 | 2½ |
| 4 | 13 | 10 | 0 | ·4 | 1 | 7 | 0 | ·04 | 0 | 2 | 8½ | ·004 | 0 | 0 | 3¼ |
| 5 | 16 | 17 | 6 | ·5 | 1 | 13 | 9 | ·05 | 0 | 3 | 4½ | ·005 | 0 | 0 | 4 |
| 6 | 20 | 5 | 0 | ·6 | 2 | 0 | 6 | ·06 | 0 | 4 | 0½ | ·006 | 0 | 0 | 4¾ |
| 7 | 23 | 12 | 6 | ·7 | 2 | 7 | 3 | ·07 | 0 | 4 | 8¾ | ·007 | 0 | 0 | 5¾ |
| 8 | 27 | 0 | 0 | ·8 | 2 | 14 | 0 | ·08 | 0 | 5 | 4¾ | ·008 | 0 | 0 | 6½ |
| 9 | 30 | 7 | 6 | ·9 | 3 | 0 | 9 | ·09 | 0 | 6 | 1 | ·009 | 0 | 0 | 7¼ |
| 10 | 33 | 15 | 0 | OUNCES. | | | | OUNCES. | | | | OUNCES. | | | |
| 11 | 37 | 2 | 6 | | | | | | | | | | | | |
| 12 | 40 | 10 | 0 | 25 | 84 | 7 | 6 | 38 | 128 | 5 | 0 | 55 | 185 | 12 | [illegible] |
| 13 | 43 | 17 | 6 | 26 | 87 | 15 | 0 | 39 | 131 | 12 | 6 | 60 | 202 | 10 | [illegible] |
| 14 | 47 | 5 | 0 | 27 | 91 | 2 | 6 | 40 | 135 | 0 | 0 | 65 | 219 | 7 | [illegible] |
| 15 | 50 | 12 | 6 | 28 | 94 | 10 | 0 | 41 | 138 | 7 | 6 | 70 | 236 | 5 | [illegible] |
| 16 | 54 | 0 | 0 | 29 | 97 | 17 | 6 | 42 | 141 | 15 | 0 | 75 | 253 | 2 | [illegible] |
| 17 | 57 | 7 | 6 | 30 | 101 | 5 | 0 | 43 | 145 | 2 | 6 | 80 | 270 | 0 | [illegible] |
| 18 | 60 | 15 | 0 | 31 | 104 | 12 | 6 | 44 | 148 | 10 | 0 | 85 | 286 | 17 | [illegible] |
| 19 | 64 | 2 | 6 | 32 | 108 | 0 | 0 | 45 | 151 | 17 | 6 | 90 | 303 | 15 | [illegible] |
| 20 | 67 | 10 | 0 | 33 | 111 | 7 | 6 | 46 | 155 | 5 | 0 | 100 | 337 | 10 | [illegible] |
| 21 | 70 | 17 | 6 | 34 | 114 | 15 | 0 | 47 | 158 | 12 | 6 | 200 | 675 | 0 | [illegible] |
| 22 | 74 | 5 | 0 | 35 | 118 | 2 | 6 | 48 | 162 | 0 | 0 | 300 | 1012 | 10 | [illegible] |
| 23 | 77 | 12 | 6 | 36 | 121 | 10 | 0 | 49 | 165 | 7 | 6 | 400 | 1350 | 0 | [illegible] |
| 24 | 81 | 0 | 0 | 37 | 124 | 17 | 6 | 50 | 168 | 15 | 0 | 500 | 1687 | 10 | [illegible] |

1 grain=two-onethousandths of oz. troy or ·002.

1 carat=3·166 grains.

1 pennyweight=five-onehundredths of oz. troy or ·05.

# £3 8s. 0d. per oz.

(For Diamonds, &c., for "oz." read "grain.")

| OUNCES. | | | | TENTHS. | | | | HUNDREDTHS. | | | | THOUSANDTHS. | | | |
|---|---|---|---|---|---|---|---|---|---|---|---|---|---|---|---|
| oz. | £ | s. | d. | | £ | s. | d. | | £ | s. | d. | | £ | s. | d. |
| 1 | 3 | 8 | 0 | ·1 | 0 | 6 | 9½ | ·01 | 0 | 0 | 8¼ | ·001 | 0 | 0 | 0¾ |
| 2 | 6 | 16 | 0 | ·2 | 0 | 13 | 7¼ | ·02 | 0 | 1 | 4¼ | ·002 | 0 | 0 | 1¼ |
| 3 | 10 | 4 | 0 | ·3 | 1 | 0 | 4¾ | ·03 | 0 | 2 | 0½ | ·003 | 0 | 0 | 2½ |
| 4 | 13 | 12 | 0 | ·4 | 1 | 7 | 2½ | ·04 | 0 | 2 | 8¾ | ·004 | 0 | 0 | 3¼ |
| 5 | 17 | 0 | 0 | ·5 | 1 | 14 | 0 | ·05 | 0 | 3 | 4¾ | ·005 | 0 | 0 | 4 |
| 6 | 20 | 8 | 0 | ·6 | 2 | 0 | 9½ | ·06 | 0 | 4 | 1 | ·006 | 0 | 0 | 5 |
| 7 | 23 | 16 | 0 | ·7 | 2 | 7 | 7¼ | ·07 | 0 | 4 | 9 | ·007 | 0 | 0 | 5¾ |
| 8 | 27 | 4 | 0 | ·8 | 2 | 14 | 4¾ | ·08 | 0 | 5 | 5¼ | ·008 | 0 | 0 | 6½ |
| 9 | 30 | 12 | 0 | ·9 | 3 | 1 | 2½ | ·09 | 0 | 6 | 1½ | ·009 | 0 | 0 | 7¼ |
| 10 | 34 | 0 | 0 | OUNCES. | | | | OUNCES. | | | | OUNCES. | | | |
| 11 | 37 | 8 | 0 | | | | | | | | | | | | |
| 12 | 40 | 16 | 0 | 25 | 85 | 0 | 0 | 38 | 129 | 4 | 0 | 55 | 187 | 0 | 0 |
| 13 | 44 | 4 | 0 | 26 | 88 | 8 | 0 | 39 | 132 | 12 | 0 | 60 | 204 | 0 | 0 |
| 14 | 47 | 12 | 0 | 27 | 91 | 16 | 0 | 40 | 136 | 0 | 0 | 65 | 221 | 0 | 0 |
| 15 | 51 | 0 | 0 | 28 | 95 | 4 | 0 | 41 | 139 | 8 | 0 | 70 | 238 | 0 | 0 |
| 16 | 54 | 8 | 0 | 29 | 98 | 12 | 0 | 42 | 142 | 16 | 0 | 75 | 255 | 0 | 0 |
| 17 | 57 | 16 | 0 | 30 | 102 | 0 | 0 | 43 | 146 | 4 | 0 | 80 | 272 | 0 | 0 |
| 18 | 61 | 4 | 0 | 31 | 105 | 8 | 0 | 44 | 149 | 12 | 0 | 85 | 289 | 0 | 0 |
| 19 | 64 | 12 | 0 | 32 | 108 | 16 | 0 | 45 | 153 | 0 | 0 | 90 | 306 | 0 | 0 |
| 20 | 68 | 0 | 0 | 33 | 112 | 4 | 0 | 46 | 156 | 8 | 0 | 100 | 340 | 0 | 0 |
| 21 | 71 | 8 | 0 | 34 | 115 | 12 | 0 | 47 | 159 | 16 | 0 | 200 | 680 | 0 | 0 |
| 22 | 74 | 16 | 0 | 35 | 119 | 0 | 0 | 48 | 163 | 4 | 0 | 300 | 1020 | 0 | 0 |
| 23 | 78 | 4 | 0 | 36 | 122 | 8 | 0 | 49 | 166 | 12 | 0 | 400 | 1360 | 0 | 0 |
| 24 | 81 | 12 | 0 | 37 | 125 | 16 | 0 | 50 | 170 | 0 | 0 | 500 | 1700 | 0 | 0 |

**1 grain=two-onethousandths of oz. troy or ·002.**

**1 carat=3·166 grains.**

**1 pennyweight=five onehundredths of oz. troy or ·05.**

# £3 8s. 6d. per oz.

(For Diamonds, &c., for "oz." read "grain.")

**OUNCES.**

| oz. | £ | s. | d. |
|---|---|---|---|
| 1 | 3 | 8 | 6 |
| 2 | 6 | 17 | 0 |
| 3 | 10 | 5 | 6 |
| 4 | 13 | 14 | 0 |
| 5 | 17 | 2 | 6 |
| 6 | 20 | 11 | 0 |
| 7 | 23 | 19 | 6 |
| 8 | 27 | 8 | 0 |
| 9 | 30 | 16 | 6 |
| 10 | 34 | 5 | 0 |
| 11 | 37 | 13 | 6 |
| 12 | 41 | 2 | 0 |
| 13 | 44 | 10 | 6 |
| 14 | 47 | 19 | 0 |
| 15 | 51 | 7 | 6 |
| 16 | 54 | 16 | 0 |
| 17 | 58 | 4 | 6 |
| 18 | 61 | 13 | 0 |
| 19 | 65 | 1 | 6 |
| 20 | 68 | 10 | 0 |
| 21 | 71 | 18 | 6 |
| 22 | 75 | 7 | 0 |
| 23 | 78 | 15 | 6 |
| 24 | 82 | 4 | 0 |

**TENTHS.**

| | £ | s. | d. |
|---|---|---|---|
| ·1 | 0 | 6 | 10¼ |
| ·2 | 0 | 13 | 8½ |
| ·3 | 1 | 0 | 6½ |
| ·4 | 1 | 7 | 4¾ |
| ·5 | 1 | 14 | 3 |
| ·6 | 2 | 1 | 1¼ |
| ·7 | 2 | 7 | 11½ |
| ·8 | 2 | 14 | 9½ |
| ·9 | 3 | 1 | 7¾ |

**HUNDREDTHS.**

| | £ | s. | d. |
|---|---|---|---|
| ·01 | 0 | 0 | 8¼ |
| ·02 | 0 | 1 | 4½ |
| ·03 | 0 | 2 | 0¾ |
| ·04 | 0 | 2 | 9 |
| ·05 | 0 | 3 | 5 |
| ·06 | 0 | 4 | 1¼ |
| ·07 | 0 | 4 | 9½ |
| ·08 | 0 | 5 | 5¾ |
| ·09 | 0 | 6 | 2 |

**THOUSANDTHS.**

| | £ | s. | d. |
|---|---|---|---|
| ·001 | 0 | 0 | 0¾ |
| ·002 | 0 | 0 | 1¾ |
| ·003 | 0 | 0 | 2½ |
| ·004 | 0 | 0 | 3¼ |
| ·005 | 0 | 0 | 4 |
| ·006 | 0 | 0 | 5 |
| ·007 | 0 | 0 | 5¾ |
| ·008 | 0 | 0 | 6½ |
| ·009 | 0 | 0 | 7½ |

**OUNCES.**

| oz. | £ | s. | d. |
|---|---|---|---|
| 25 | 85 | 12 | 6 |
| 26 | 89 | 1 | 0 |
| 27 | 92 | 9 | 6 |
| 28 | 95 | 18 | 0 |
| 29 | 99 | 6 | 6 |
| 30 | 102 | 15 | 0 |
| 31 | 106 | 3 | 6 |
| 32 | 109 | 12 | 0 |
| 33 | 113 | 0 | 6 |
| 34 | 116 | 9 | 0 |
| 35 | 119 | 17 | 6 |
| 36 | 123 | 6 | 0 |
| 37 | 126 | 14 | 6 |

**OUNCES.**

| oz. | £ | s. | d. |
|---|---|---|---|
| 38 | 130 | 3 | 0 |
| 39 | 133 | 11 | 6 |
| 40 | 137 | 0 | 0 |
| 41 | 140 | 8 | 6 |
| 42 | 143 | 17 | 0 |
| 43 | 147 | 5 | 6 |
| 44 | 150 | 14 | 0 |
| 45 | 154 | 2 | 6 |
| 46 | 157 | 11 | 0 |
| 47 | 160 | 19 | 6 |
| 48 | 164 | 8 | 0 |
| 49 | 167 | 16 | 6 |
| 50 | 171 | 5 | 0 |

**OUNCES.**

| oz. | £ | s. | d. |
|---|---|---|---|
| 55 | 188 | 7 | 6 |
| 60 | 205 | 10 | 0 |
| 65 | 222 | 12 | 6 |
| 70 | 239 | 15 | 0 |
| 75 | 256 | 17 | 6 |
| 80 | 274 | 0 | 0 |
| 85 | 291 | 2 | 6 |
| 90 | 308 | 5 | 0 |
| 100 | 342 | 10 | 0 |
| 200 | 685 | 0 | 0 |
| 300 | 1027 | 10 | 0 |
| 400 | 1370 | 0 | 0 |
| 500 | 1712 | 10 | 0 |

1 grain=two-onethousandths of oz. troy or ·002.

1 carat=3·166 grains.

1 pennyweight=five-onehundredths of oz. troy or ·05.

# £3 9s. 0d. per oz.

(For Diamonds, &c., for "oz." read "grain.")

| OUNCES. | | | | TENTHS. | | | | HUNDREDTHS. | | | | THOUSANDTHS. | | | |
|---|---|---|---|---|---|---|---|---|---|---|---|---|---|---|---|
| oz. | £ | s. | d. | | £ | s. | d. | | £ | s. | d. | | £ | s. | d. |
| 1 | 3 | 9 | 0 | ·1 | 0 | 6 | 10¾ | ·01 | 0 | 0 | 8¼ | ·001 | 0 | 0 | 0¾ |
| 2 | 6 | 18 | 0 | ·2 | 0 | 13 | 9½ | ·02 | 0 | 1 | 4½ | ·002 | 0 | 0 | 1¾ |
| 3 | 10 | 7 | 0 | ·3 | 1 | 0 | 8½ | ·03 | 0 | 2 | 0¾ | ·003 | 0 | 0 | 2½ |
| 4 | 13 | 16 | 0 | ·4 | 1 | 7 | 7¼ | ·04 | 0 | 2 | 9 | ·004 | 0 | 0 | 3¼ |
| 5 | 17 | 5 | 0 | ·5 | 1 | 14 | 6 | ·05 | 0 | 3 | 5½ | ·005 | 0 | 0 | 4¼ |
| 6 | 20 | 14 | 0 | ·6 | 2 | 1 | 4¾ | ·06 | 0 | 4 | 1¾ | ·006 | 0 | 0 | 5 |
| 7 | 24 | 3 | 0 | ·7 | 2 | 8 | 3½ | ·07 | 0 | 4 | 10 | ·007 | 0 | 0 | 5¾ |
| 8 | 27 | 12 | 0 | ·8 | 2 | 15 | 2½ | ·08 | 0 | 5 | 6¼ | ·008 | 0 | 0 | 6½ |
| 9 | 31 | 1 | 0 | ·9 | 3 | 2 | 1¼ | ·09 | 0 | 6 | 2½ | ·009 | 0 | 0 | 7½ |
| 10 | 34 | 10 | 0 | OUNCES. | | | | OUNCES. | | | | OUNCES. | | | |
| 11 | 37 | 19 | 0 | | | | | | | | | | | | |
| 12 | 41 | 8 | 0 | 25 | 86 | 5 | 0 | 38 | 131 | 2 | 0 | 55 | 189 | 15 | 0 |
| 13 | 44 | 17 | 0 | 26 | 89 | 14 | 0 | 39 | 134 | 11 | 0 | 60 | 207 | 0 | 0 |
| 14 | 48 | 6 | 0 | 27 | 93 | 3 | 0 | 40 | 138 | 0 | 0 | 65 | 224 | 5 | 0 |
| 15 | 51 | 15 | 0 | 28 | 96 | 12 | 0 | 41 | 141 | 9 | 0 | 70 | 241 | 10 | 0 |
| 16 | 55 | 4 | 0 | 29 | 100 | 1 | 0 | 42 | 144 | 18 | 0 | 75 | 258 | 15 | 0 |
| 17 | 58 | 13 | 0 | 30 | 103 | 10 | 0 | 43 | 148 | 7 | 0 | 80 | 276 | 0 | 0 |
| 18 | 62 | 2 | 0 | 31 | 106 | 19 | 0 | 44 | 151 | 16 | 0 | 85 | 293 | 5 | 0 |
| 19 | 65 | 11 | 0 | 32 | 110 | 8 | 0 | 45 | 155 | 5 | 0 | 90 | 310 | 10 | 0 |
| 20 | 69 | 0 | 0 | 33 | 113 | 17 | 0 | 46 | 158 | 14 | 0 | 100 | 345 | 0 | 0 |
| 21 | 72 | 9 | 0 | 34 | 117 | 6 | 0 | 47 | 162 | 8 | 0 | 200 | 690 | 0 | 0 |
| 22 | 75 | 18 | 0 | 35 | 120 | 15 | 0 | 48 | 165 | 12 | 0 | 300 | 1035 | 0 | 0 |
| 23 | 79 | 7 | 0 | 36 | 124 | 4 | 0 | 49 | 169 | 1 | 0 | 400 | 1380 | 0 | 0 |
| 24 | 82 | 16 | 0 | 37 | 127 | 13 | 0 | 50 | 172 | 10 | 0 | 500 | 1725 | 0 | 0 |

1 grain=two-onethousandths of oz. troy or ·002.

1 carat=3·166 grains.

1 pennyweight=five-onehundredths of oz. troy or ·05.

# £3 9s. 6d. per oz.

**(For Diamonds, &c., for " oz." read " grain.")**

| OUNCES. | | | | TENTHS. | | | | HUNDREDTHS. | | | | THOUSANDTHS. | | | |
|---|---|---|---|---|---|---|---|---|---|---|---|---|---|---|---|
| oz. | £ | s. | d. | | £ | s. | d. | | £ | s. | d. | | £ | s. | d. |
| 1 | 3 | 9 | 6 | ·1 | 0 | 6 | 11½ | ·01 | 0 | 0 | 8¼ | ·001 | 0 | 0 | 0¾ |
| 2 | 6 | 19 | 0 | ·2 | 0 | 13 | 10¾ | ·02 | 0 | 1 | 4¾ | ·002 | 0 | 0 | 1¾ |
| 3 | 10 | 8 | 6 | ·3 | 1 | 0 | 10¼ | ·03 | 0 | 2 | 1 | ·003 | 0 | 0 | 2½ |
| 4 | 13 | 18 | 0 | ·4 | 1 | 7 | 9½ | ·04 | 0 | 2 | 9¼ | ·004 | 0 | 0 | 3¼ |
| 5 | 17 | 7 | 6 | ·5 | 1 | 14 | 9 | ·05 | 0 | 3 | 5¾ | ·005 | 0 | 0 | 4¼ |
| 6 | 20 | 17 | 0 | ·6 | 2 | 1 | 8½ | ·06 | 0 | 4 | 2 | ·006 | 0 | 0 | 5 |
| 7 | 24 | 6 | 6 | ·7 | 2 | 8 | 7¾ | ·07 | 0 | 4 | 10½ | ·007 | 0 | 0 | 5¾ |
| 8 | 27 | 16 | 0 | ·8 | 2 | 15 | 7¼ | ·08 | 0 | 5 | 6¾ | ·008 | 0 | 0 | 6¾ |
| 9 | 31 | 5 | 6 | ·9 | 3 | 2 | 6½ | ·09 | 0 | 6 | 3 | ·009 | 0 | 0 | 7½ |
| 10 | 34 | 15 | 0 | OUNCES. | | | | OUNCES. | | | | OUNCES. | | | |
| 11 | 38 | 4 | 6 | | | | | | | | | | | | |
| 12 | 41 | 14 | 0 | 25 | 86 | 17 | 6 | 38 | 132 | 1 | 0 | 55 | 191 | 2 | 6 |
| 13 | 45 | 3 | 6 | 26 | 90 | 7 | 0 | 39 | 135 | 10 | 6 | 60 | 208 | 10 | 0 |
| 14 | 48 | 13 | 0 | 27 | 93 | 16 | 6 | 40 | 139 | 0 | 0 | 65 | 225 | 17 | 6 |
| 15 | 52 | 2 | 6 | 28 | 97 | 6 | 0 | 41 | 142 | 9 | 6 | 70 | 243 | 5 | 0 |
| 16 | 55 | 12 | 0 | 29 | 100 | 15 | 6 | 42 | 145 | 19 | 0 | 75 | 260 | 12 | 6 |
| 17 | 59 | 1 | 6 | 30 | 104 | 5 | 0 | 43 | 149 | 8 | 6 | 80 | 278 | 0 | 0 |
| 18 | 62 | 11 | 0 | 31 | 107 | 14 | 6 | 44 | 152 | 18 | 0 | 85 | 295 | 7 | 6 |
| 19 | 66 | 0 | 6 | 32 | 111 | 4 | 0 | 45 | 156 | 7 | 6 | 90 | 312 | 15 | 0 |
| 20 | 69 | 10 | 0 | 33 | 114 | 13 | 6 | 46 | 159 | 17 | 0 | 100 | 347 | 10 | 0 |
| 21 | 72 | 19 | 6 | 34 | 118 | 3 | 0 | 47 | 163 | 6 | 6 | 200 | 695 | 0 | 0 |
| 22 | 76 | 9 | 0 | 35 | 121 | 12 | 6 | 48 | 166 | 16 | 0 | 300 | 1042 | 10 | 0 |
| 23 | 79 | 18 | 6 | 36 | 125 | 2 | 0 | 49 | 170 | 5 | 6 | 400 | 1390 | 0 | 0 |
| 24 | 83 | 8 | 0 | 37 | 128 | 11 | 6 | 50 | 173 | 15 | 0 | 500 | 1737 | 10 | 0 |

1 grain=two-onethousandths of oz. troy or ·002.

1 carat=3·166 grains.

1 pennyweight=five-onehundredths of oz. troy or ·05.

# £3 10s. 0d. per oz.

(For Diamonds, &c., for "oz." read "grain.")

| OUNCES. | | | | TENTHS. | | | | HUNDREDTHS. | | | | THOUSANDTHS. | | | |
|---|---|---|---|---|---|---|---|---|---|---|---|---|---|---|---|
| *oz.* | £ | *s.* | *d.* | | £ | *s.* | *d.* | | £ | *s.* | *d.* | | £ | *s.* | *d.* |
| 1 | 3 | 10 | 0 | ·1 | 0 | 7 | 0 | ·01 | 0 | 0 | 8½ | ·001 | 0 | 0 | 0¾ |
| 2 | 7 | 0 | 0 | ·2 | 0 | 14 | 0 | ·02 | 0 | 1 | 4¾ | ·002 | 0 | 0 | 1¾ |
| 3 | 10 | 10 | 0 | ·3 | 1 | 1 | 0 | ·03 | 0 | 2 | 1¼ | ·003 | 0 | 0 | 2½ |
| 4 | 14 | 0 | 0 | ·4 | 1 | 8 | 0 | ·04 | 0 | 2 | 9½ | ·004 | 0 | 0 | 3¼ |
| 5 | 17 | 10 | 0 | ·5 | 1 | 15 | 0 | ·05 | 0 | 3 | 6 | ·005 | 0 | 0 | 4¼ |
| 6 | 21 | 0 | 0 | ·6 | 2 | 2 | 0 | ·06 | 0 | 4 | 2½ | ·006 | 0 | 0 | 5 |
| 7 | 24 | 10 | 0 | ·7 | 2 | 9 | 0 | ·07 | 0 | 4 | 10¾ | ·007 | 0 | 0 | 6 |
| 8 | 28 | 0 | 0 | ·8 | 2 | 16 | 0 | ·08 | 0 | 5 | 7¼ | ·008 | 0 | 0 | 6¾ |
| 9 | 31 | 10 | 0 | ·9 | 3 | 3 | 0 | ·09 | 0 | 6 | 3½ | ·009 | 0 | 0 | 7½ |
| 10 | 35 | 0 | 0 | | | | | | | | | | | | |
| 11 | 38 | 10 | 0 | OUNCES. | | | | OUNCES. | | | | OUNCES. | | | |
| 12 | 42 | 0 | 0 | 25 | 87 | 10 | 0 | 38 | 133 | 0 | 0 | 55 | 192 | 10 | 0 |
| 13 | 45 | 10 | 0 | 26 | 91 | 0 | 0 | 39 | 136 | 10 | 0 | 60 | 210 | 0 | 0 |
| 14 | 49 | 0 | 0 | 27 | 94 | 10 | 0 | 40 | 140 | 0 | 0 | 65 | 227 | 10 | 0 |
| 15 | 52 | 10 | 0 | 28 | 98 | 0 | 0 | 41 | 143 | 10 | 0 | 70 | 245 | 0 | 0 |
| 16 | 56 | 0 | 0 | 29 | 101 | 10 | 0 | 42 | 147 | 0 | 0 | 75 | 262 | 10 | 0 |
| 17 | 59 | 10 | 0 | 30 | 105 | 0 | 0 | 43 | 150 | 10 | 0 | 80 | 280 | 0 | 0 |
| 18 | 63 | 0 | 0 | 31 | 108 | 10 | 0 | 44 | 154 | 0 | 0 | 85 | 297 | 10 | 0 |
| 19 | 66 | 10 | 0 | 32 | 112 | 0 | 0 | 45 | 157 | 10 | 0 | 90 | 315 | 0 | 0 |
| 20 | 70 | 0 | 0 | 33 | 115 | 10 | 0 | 46 | 161 | 0 | 0 | 100 | 350 | 0 | 0 |
| 21 | 73 | 10 | 0 | 34 | 119 | 0 | 0 | 47 | 164 | 10 | 0 | 200 | 700 | 0 | 0 |
| 22 | 77 | 0 | 0 | 35 | 122 | 10 | 0 | 48 | 168 | 0 | 0 | 300 | 1050 | 0 | 0 |
| 23 | 80 | 10 | 0 | 36 | 126 | 0 | 0 | 49 | 171 | 10 | 0 | 400 | 1400 | 0 | 0 |
| 24 | 84 | 0 | 0 | 37 | 129 | 10 | 0 | 50 | 175 | 0 | 0 | 500 | 1750 | 0 | 0 |

1 grain = two-onethousandths of oz. troy or ·002.

1 carat = 3·166 grains.

1 pennyweight = five onehundredths of oz. troy or ·05.

# £3 10s. 6d. per oz.

(For Diamonds, &c., for "oz." read "grain.")

| OUNCES. | | | | TENTHS. | | | | HUNDREDTHS. | | | | THOUSANDTHS. | | | |
|---|---|---|---|---|---|---|---|---|---|---|---|---|---|---|---|
| *oz.* | £ | *s.* | *d.* | | £ | *s.* | *d.* | | £ | *s.* | *d.* | | £ | *s.* | *d.* |
| 1 | 3 | 10 | 6 | ·1 | 0 | 7 | 0½ | ·01 | 0 | 0 | 8½ | ·001 | 0 | 0 | 0¾ |
| 2 | 7 | 1 | 0 | ·2 | 0 | 14 | 1¼ | ·02 | 0 | 1 | 5 | ·002 | 0 | 0 | 1¾ |
| 3 | 10 | 11 | 6 | ·3 | 1 | 1 | 1¾ | ·03 | 0 | 2 | 1½ | ·003 | 0 | 0 | 2½ |
| 4 | 14 | 2 | 0 | ·4 | 1 | 8 | 2½ | ·04 | 0 | 2 | 9¾ | ·004 | 0 | 0 | 3½ |
| 5 | 17 | 12 | 6 | ·5 | 1 | 15 | 3 | ·05 | 0 | 3 | 6¼ | ·005 | 0 | 0 | 4¼ |
| 6 | 21 | 3 | 0 | ·6 | 2 | 2 | 3½ | ·06 | 0 | 4 | 2¾ | ·006 | 0 | 0 | 5 |
| 7 | 24 | 13 | 6 | ·7 | 2 | 9 | 4¼ | ·07 | 0 | 4 | 11¼ | ·007 | 0 | 0 | 6 |
| 8 | 28 | 4 | 0 | ·8 | 2 | 16 | 4¾ | ·08 | 0 | 5 | 7¾ | ·008 | 0 | 0 | 6¾ |
| 9 | 31 | 14 | 6 | ·9 | 3 | 3 | 5½ | ·09 | 0 | 6 | 4¼ | ·009 | 0 | 0 | 7½ |
| 10 | 35 | 5 | 0 | OUNCES. | | | | OUNCES. | | | | OUNCES. | | | |
| 11 | 38 | 15 | 6 | | | | | | | | | | | | |
| 12 | 42 | 6 | 0 | 25 | 88 | 2 | 6 | 38 | 133 | 19 | 0 | 55 | 193 | 17 | 6 |
| 13 | 45 | 16 | 6 | 26 | 91 | 13 | 0 | 39 | 137 | 9 | 6 | 60 | 211 | 10 | 0 |
| 14 | 49 | 7 | 0 | 27 | 95 | 3 | 6 | 40 | 141 | 0 | 0 | 65 | 229 | 2 | 6 |
| 15 | 52 | 17 | 6 | 28 | 98 | 14 | 0 | 41 | 144 | 10 | 6 | 70 | 246 | 15 | 0 |
| 16 | 56 | 8 | 0 | 29 | 102 | 4 | 6 | 42 | 148 | 1 | 0 | 75 | 264 | 7 | 6 |
| 17 | 59 | 18 | 6 | 30 | 105 | 15 | 0 | 43 | 151 | 11 | 6 | 80 | 282 | 0 | 0 |
| 18 | 63 | 9 | 0 | 31 | 109 | 5 | 6 | 44 | 155 | 2 | 0 | 85 | 299 | 12 | 6 |
| 19 | 66 | 19 | 6 | 32 | 112 | 16 | 0 | 45 | 158 | 12 | 6 | 90 | 317 | 5 | 0 |
| 20 | 70 | 10 | 0 | 33 | 116 | 6 | 6 | 46 | 162 | 3 | 0 | 100 | 352 | 10 | 0 |
| 21 | 74 | 0 | 6 | 34 | 119 | 17 | 0 | 47 | 165 | 13 | 6 | 200 | 705 | 0 | 0 |
| 22 | 77 | 11 | 0 | 35 | 123 | 7 | 6 | 48 | 169 | 4 | 0 | 300 | 1057 | 10 | 0 |
| 23 | 81 | 1 | 6 | 36 | 126 | 18 | 0 | 49 | 172 | 14 | 6 | 400 | 1410 | 0 | 0 |
| 24 | 84 | 12 | 0 | 37 | 130 | 8 | 6 | 50 | 176 | 5 | 0 | 500 | 1762 | 10 | 0 |

**1 grain=two-onethousandths of oz. troy or ·002.**

**1 carat=3·166 grains.**

**1 pennyweight=five-onehundredths of oz. troy or ·05.**

# £3 11s. 0d. per oz.

(For Diamonds, &c., for "oz." read "grain.")

| OUNCES. | | | | TENTHS. | | | | HUNDREDTHS. | | | | THOUSANDTHS. | | | |
|---|---|---|---|---|---|---|---|---|---|---|---|---|---|---|---|
| oz. | £ | s. | d. | | £ | s. | d. | | £ | s. | d | | £ | s. | d. |
| 1 | 3 | 11 | 0 | ·1 | 0 | 7 | 1¼ | ·01 | 0 | 0 | 8½ | ·001 | 0 | 0 | 0¾ |
| 2 | 7 | 2 | 0 | ·2 | 0 | 14 | 2½ | ·02 | 0 | 1 | 5 | ·002 | 0 | 0 | 1¾ |
| 3 | 10 | 13 | 0 | ·3 | 1 | 1 | 3½ | ·03 | 0 | 2 | 1½ | ·003 | 0 | 0 | 2½ |
| 4 | 14 | 4 | 0 | ·4 | 1 | 8 | 4¾ | ·04 | 0 | 2 | 10 | ·004 | 0 | 0 | 3½ |
| 5 | 17 | 15 | 0 | ·5 | 1 | 15 | 6 | ·05 | 0 | 3 | 6½ | ·005 | 0 | 0 | 4¼ |
| 6 | 21 | 6 | 0 | ·6 | 2 | 2 | 7¼ | ·06 | 0 | 4 | 3 | ·006 | 0 | 0 | 5 |
| 7 | 24 | 17 | 0 | ·7 | 2 | 9 | 8½ | ·07 | 0 | 4 | 11¾ | ·007 | 0 | 0 | 6 |
| 8 | 28 | 8 | 0 | ·8 | 2 | 16 | 9½ | ·08 | 0 | 5 | 8¼ | ·008 | 0 | 0 | 6¾ |
| 9 | 31 | 19 | 0 | ·9 | 3 | 3 | 10¾ | ·09 | 0 | 6 | 4¾ | ·009 | 0 | 0 | 7¾ |
| 10 | 35 | 10 | 0 | | | | | | | | | | | | |
| 11 | 39 | 1 | 0 | OUNCES. | | | | OUNCES. | | | | OUNCES. | | | |
| 12 | 42 | 12 | 0 | 25 | 88 | 15 | 0 | 38 | 134 | 18 | 0 | 55 | 195 | 5 | 0 |
| 13 | 46 | 3 | 0 | 26 | 92 | 6 | 0 | 39 | 138 | 9 | 0 | 60 | 213 | 0 | 0 |
| 14 | 49 | 14 | 0 | 27 | 95 | 17 | 0 | 40 | 142 | 0 | 0 | 65 | 230 | 15 | 0 |
| 15 | 53 | 5 | 0 | 28 | 99 | 8 | 0 | 41 | 145 | 11 | 0 | 70 | 248 | 10 | 0 |
| 16 | 56 | 16 | 0 | 29 | 102 | 19 | 0 | 42 | 149 | 2 | 0 | 75 | 266 | 5 | 0 |
| 17 | 60 | 7 | 0 | 30 | 106 | 10 | 0 | 43 | 152 | 13 | 0 | 80 | 284 | 0 | 0 |
| 18 | 63 | 18 | 0 | 31 | 110 | 1 | 0 | 44 | 156 | 4 | 0 | 85 | 301 | 15 | 0 |
| 19 | 67 | 9 | 0 | 32 | 113 | 12 | 0 | 45 | 159 | 15 | 0 | 90 | 319 | 10 | 0 |
| 20 | 71 | 0 | 0 | 33 | 117 | 3 | 0 | 46 | 163 | 6 | 0 | 100 | 355 | 0 | 0 |
| 21 | 74 | 11 | 0 | 34 | 120 | 14 | 0 | 47 | 166 | 17 | 0 | 200 | 710 | 0 | 0 |
| 22 | 78 | 2 | 0 | 35 | 124 | 5 | 0 | 48 | 170 | 8 | 0 | 300 | 1065 | 0 | 0 |
| 23 | 81 | 13 | 0 | 36 | 127 | 16 | 0 | 49 | 173 | 19 | 0 | 400 | 1420 | 0 | 0 |
| 24 | 85 | 4 | 0 | 37 | 131 | 7 | 0 | 50 | 177 | 10 | 0 | 500 | 1775 | 0 | 0 |

1 grain=two-onethousandths of oz. troy or ·002.

1 carat=3·166 grains.

1 pennyweight=five-onehundredths of oz. troy or ·05.

# £3 11s. 6d. per oz.

(For Diamonds, &c., for " oz." read " grain.")

| OUNCES. | | | | TENTHS. | | | | HUNDREDTHS. | | | | THOUSANDTHS. | | | |
|---|---|---|---|---|---|---|---|---|---|---|---|---|---|---|---|
| oz. | £ | s. | d. | | £ | s. | d. | | £ | s. | d. | | £ | s. | d. |
| 1 | 3 | 11 | 6 | ·1 | 0 | 7 | 1¾ | ·01 | 0 | 0 | 8½ | ·001 | 0 | 0 | 0¾ |
| 2 | 7 | 3 | 0 | ·2 | 0 | 14 | 3½ | ·02 | 0 | 1 | 5¼ | ·002 | 0 | 0 | 1¾ |
| 3 | 10 | 14 | 6 | ·3 | 1 | 1 | 5½ | ·03 | 0 | 2 | 1¾ | ·003 | 0 | 0 | 2½ |
| 4 | 14 | 6 | 0 | ·4 | 1 | 8 | 7¼ | ·04 | 0 | 2 | 10¼ | ·004 | 0 | 0 | 3½ |
| 5 | 17 | 17 | 6 | ·5 | 1 | 15 | 9 | ·05 | 0 | 3 | 7 | ·005 | 0 | 0 | 4¼ |
| 6 | 21 | 9 | 0 | ·6 | 2 | 2 | 10¾ | ·06 | 0 | 4 | 3½ | ·006 | 0 | 0 | 5¼ |
| 7 | 25 | 0 | 6 | ·7 | 2 | 10 | 0½ | ·07 | 0 | 5 | 0 | ·007 | 0 | 0 | 6 |
| 8 | 28 | 12 | 0 | ·8 | 2 | 17 | 2½ | ·08 | 0 | 5 | 8¾ | ·008 | 0 | 0 | 6¾ |
| 9 | 32 | 3 | 6 | ·9 | 3 | 4 | 4¼ | ·09 | 0 | 6 | 5¼ | ·009 | 0 | 0 | 7¾ |
| 10 | 35 | 15 | 0 | OUNCES. | | | | OUNCES. | | | | OUNCES. | | | |
| 11 | 39 | 6 | 6 | | | | | | | | | | | | |
| 12 | 42 | 18 | 0 | 25 | 89 | 7 | 6 | 38 | 135 | 17 | 0 | 55 | 196 | 12 | 6 |
| 13 | 46 | 9 | 6 | 26 | 92 | 19 | 0 | 39 | 139 | 8 | 6 | 60 | 214 | 10 | 0 |
| 14 | 50 | 1 | 0 | 27 | 96 | 10 | 6 | 40 | 143 | 0 | 0 | 65 | 232 | 7 | 6 |
| 15 | 53 | 12 | 6 | 28 | 100 | 2 | 0 | 41 | 146 | 11 | 6 | 70 | 250 | 5 | 0 |
| 16 | 57 | 4 | 0 | 29 | 103 | 13 | 6 | 42 | 150 | 3 | 0 | 75 | 268 | 2 | 6 |
| 17 | 60 | 15 | 6 | 30 | 107 | 5 | 0 | 43 | 153 | 14 | 6 | 80 | 286 | 0 | 0 |
| 18 | 64 | 7 | 0 | 31 | 110 | 16 | 6 | 44 | 157 | 6 | 0 | 85 | 303 | 17 | 6 |
| 19 | 67 | 18 | 6 | 32 | 114 | 8 | 0 | 45 | 160 | 17 | 6 | 90 | 321 | 15 | 0 |
| 20 | 71 | 10 | 0 | 33 | 117 | 19 | 6 | 46 | 164 | 9 | 0 | 100 | 357 | 10 | 0 |
| 21 | 75 | 1 | 6 | 34 | 121 | 11 | 0 | 47 | 168 | 0 | 6 | 200 | 715 | 0 | 0 |
| 22 | 78 | 13 | 0 | 35 | 125 | 2 | 6 | 48 | 171 | 12 | 0 | 300 | 1072 | 10 | 0 |
| 23 | 82 | 4 | 6 | 36 | 128 | 14 | 0 | 49 | 175 | 3 | 6 | 400 | 1430 | 0 | 0 |
| 24 | 85 | 16 | 0 | 37 | 132 | 5 | 6 | 50 | 178 | 15 | 0 | 500 | 1787 | 10 | 0 |

1 grain=two-onethousandths of oz. troy or ·002.

1 carat=3·166 grains.

1 pennyweight=five-onehundredths of oz. troy or ·05.

# £3 12s. 0d. per oz.

(For Diamonds, &c., for "oz." read "grain.")

| OUNCES. | | | | TENTHS. | | | | HUNDREDTHS. | | | | THOUSANDTHS. | | | |
|---|---|---|---|---|---|---|---|---|---|---|---|---|---|---|---|
| *oz.* | £ | *s.* | *d.* | | £ | *s.* | *d.* | | £ | *s.* | *d.* | | £ | *s.* | *d.* |
| 1 | 3 | 12 | 0 | ·1 | 0 | 7 | 2½ | ·01 | 0 | 0 | 8¾ | ·001 | 0 | 0 | 0¾ |
| 2 | 7 | 4 | 0 | ·2 | 0 | 14 | 4¾ | ·02 | 0 | 1 | 5¼ | ·002 | 0 | 0 | 1¾ |
| 3 | 10 | 16 | 0 | ·3 | 1 | 1 | 7¼ | ·03 | 0 | 2 | 2 | ·003 | 0 | 0 | 2½ |
| 4 | 14 | 8 | 0 | ·4 | 1 | 8 | 9½ | ·04 | 0 | 2 | 10½ | ·004 | 0 | 0 | 3½ |
| 5 | 18 | 0 | 0 | ·5 | 1 | 16 | 0 | ·05 | 0 | 3 | 7¼ | ·005 | 0 | 0 | 4¼ |
| 6 | 21 | 12 | 0 | ·6 | 2 | 3 | 2½ | ·06 | 0 | 4 | 3¾ | ·006 | 0 | 0 | 5¼ |
| 7 | 25 | 4 | 0 | ·7 | 2 | 10 | 4¾ | ·07 | 0 | 5 | 0½ | ·007 | 0 | 0 | 6 |
| 8 | 28 | 16 | 0 | ·8 | 2 | 17 | 7¼ | ·08 | 0 | 5 | 9 | ·008 | 0 | 0 | 7 |
| 9 | 32 | 8 | 0 | ·9 | 3 | 4 | 9½ | ·09 | 0 | 6 | 5¾ | ·009 | 0 | 0 | 7¾ |
| 10 | 36 | 0 | 0 | | | | | | | | | | | | |
| 11 | 39 | 12 | 0 | OUNCES. | | | | OUNCES. | | | | OUNCES. | | | |
| 12 | 43 | 4 | 0 | 25 | 90 | 0 | 0 | 38 | 136 | 16 | 0 | 55 | 198 | 0 | 0 |
| 13 | 46 | 16 | 0 | 26 | 93 | 12 | 0 | 39 | 140 | 8 | 0 | 60 | 216 | 0 | 0 |
| 14 | 50 | 8 | 0 | 27 | 97 | 4 | 0 | 40 | 144 | 0 | 0 | 65 | 234 | 0 | 0 |
| 15 | 54 | 0 | 0 | 28 | 100 | 16 | 0 | 41 | 147 | 12 | 0 | 70 | 252 | 0 | 0 |
| 16 | 57 | 12 | 0 | 29 | 104 | 8 | 0 | 42 | 151 | 4 | 0 | 75 | 270 | 0 | 0 |
| 17 | 61 | 4 | 0 | 30 | 108 | 0 | 0 | 43 | 154 | 16 | 0 | 80 | 288 | 0 | 0 |
| 18 | 64 | 16 | 0 | 31 | 111 | 12 | 0 | 44 | 158 | 8 | 0 | 85 | 306 | 0 | 0 |
| 19 | 68 | 8 | 0 | 32 | 115 | 4 | 0 | 45 | 162 | 0 | 0 | 90 | 324 | 0 | 0 |
| 20 | 72 | 0 | 0 | 33 | 118 | 16 | 0 | 46 | 165 | 12 | 0 | 100 | 360 | 0 | 0 |
| 21 | 75 | 12 | 0 | 34 | 122 | 8 | 0 | 47 | 169 | 4 | 0 | 200 | 720 | 0 | 0 |
| 22 | 79 | 4 | 0 | 35 | 126 | 0 | 0 | 48 | 172 | 16 | 0 | 300 | 1080 | 0 | 0 |
| 23 | 82 | 16 | 0 | 36 | 129 | 12 | 0 | 49 | 176 | 8 | 0 | 400 | 1440 | 0 | 0 |
| 24 | 86 | 8 | 0 | 37 | 133 | 4 | 0 | 50 | 180 | 0 | 0 | 500 | 1800 | 0 | 0 |

1 grain = two-onethousandths of oz. troy or ·002.

1 carat = 3·166 grains.

1 pennyweight = five onehundredths of oz. troy or ·05.

# £3 12s. 6d. per oz.

(For Diamonds, &c., for "oz." read "grain.")

| OUNCES. | | | | TENTHS. | | | | HUNDREDTHS. | | | | THOUSANDTHS. | | | |
|---|---|---|---|---|---|---|---|---|---|---|---|---|---|---|---|
| oz. | £ | s. | d. | | £ | s. | d. | | £ | s. | d. | | £ | s. | d. |
| 1 | 3 | 12 | 6 | ·1 | 0 | 7 | 3 | ·01 | 0 | 0 | 8¾ | ·001 | 0 | 0 | 0¾ |
| 2 | 7 | 5 | 0 | ·2 | 0 | 14 | 6 | ·02 | 0 | 1 | 5½ | ·002 | 0 | 0 | 1¾ |
| 3 | 10 | 17 | 6 | ·3 | 1 | 1 | 9 | ·03 | 0 | 2 | 2 | ·003 | 0 | 0 | 2½ |
| 4 | 14 | 10 | 0 | ·4 | 1 | 9 | 0 | ·04 | 0 | 2 | 10¾ | ·004 | 0 | 0 | 3½ |
| 5 | 18 | 2 | 6 | ·5 | 1 | 16 | 3 | ·05 | 0 | 3 | 7½ | ·005 | 0 | 0 | 4¼ |
| 6 | 21 | 15 | 0 | ·6 | 2 | 3 | 6 | ·06 | 0 | 4 | 4¼ | ·006 | 0 | 0 | 5¼ |
| 7 | 25 | 7 | 6 | ·7 | 2 | 10 | 9 | ·07 | 0 | 5 | 1 | ·007 | 0 | 0 | 6 |
| 8 | 29 | 0 | 0 | ·8 | 2 | 18 | 0 | ·08 | 0 | 5 | 9½ | ·008 | 0 | 0 | 7 |
| 9 | 32 | 12 | 6 | ·9 | 3 | 5 | 3 | ·09 | 0 | 6 | 6¼ | ·009 | 0 | 0 | 7¾ |
| 10 | 36 | 5 | 0 | OUNCES. | | | | OUNCES. | | | | OUNCES. | | | |
| 11 | 39 | 17 | 6 | | | | | | | | | | | | |
| 12 | 43 | 10 | 0 | 25 | 90 | 12 | 6 | 38 | 137 | 15 | 0 | 55 | 199 | 7 | 6 |
| 13 | 47 | 2 | 6 | 26 | 94 | 5 | 0 | 39 | 141 | 7 | 6 | 60 | 217 | 10 | 0 |
| 14 | 50 | 15 | 0 | 27 | 97 | 17 | 6 | 40 | 145 | 0 | 0 | 65 | 235 | 12 | 6 |
| 15 | 54 | 7 | 6 | 28 | 101 | 10 | 0 | 41 | 148 | 12 | 6 | 70 | 253 | 15 | 0 |
| 16 | 58 | 0 | 0 | 29 | 105 | 2 | 6 | 42 | 152 | 5 | 0 | 75 | 271 | 17 | 6 |
| 17 | 61 | 12 | 6 | 30 | 108 | 15 | 0 | 43 | 155 | 17 | 6 | 80 | 290 | 0 | 0 |
| 18 | 65 | 5 | 0 | 31 | 112 | 7 | 6 | 44 | 159 | 10 | 0 | 85 | 308 | 2 | 6 |
| 19 | 68 | 17 | 6 | 32 | 116 | 0 | 0 | 45 | 163 | 2 | 6 | 90 | 326 | 5 | 0 |
| 20 | 72 | 10 | 0 | 33 | 119 | 12 | 6 | 46 | 166 | 15 | 0 | 100 | 362 | 10 | 0 |
| 21 | 76 | 2 | 6 | 34 | 123 | 5 | 0 | 47 | 170 | 7 | 6 | 200 | 725 | 0 | 0 |
| 22 | 79 | 15 | 0 | 35 | 126 | 17 | 6 | 48 | 174 | 0 | 0 | 300 | 1087 | 10 | 0 |
| 23 | 83 | 7 | 6 | 36 | 130 | 10 | 0 | 49 | 177 | 12 | 6 | 400 | 1450 | 0 | 0 |
| 24 | 87 | 0 | 0 | 37 | 134 | 2 | 6 | 50 | 181 | 5 | 0 | 500 | 1812 | 10 | 0 |

1 grain=two-onethousandths of oz. troy or ·002.

1 carat=3·166 grains.

1 pennyweight=five-onehundredths of oz. troy or ·05.

# £3 13s. 0d. per oz.

(For Diamonds, &c., for "oz." read "grain.")

| OUNCES. | | | | TENTHS. | | | | HUNDREDTHS. | | | | THOUSANDTHS. | | | |
|---|---|---|---|---|---|---|---|---|---|---|---|---|---|---|---|
| *oz.* | £ | *s.* | *d.* | | £ | *s.* | *d.* | | £ | *s.* | *d.* | | £ | *s.* | *d.* |
| 1 | 3 | 13 | 0 | ·1 | 0 | 7 | 3½ | ·01 | 0 | 0 | 8¾ | ·001 | 0 | 0 | 1 |
| 2 | 7 | 6 | 0 | ·2 | 0 | 14 | 7¼ | ·02 | 0 | 1 | 5½ | ·002 | 0 | 0 | 1¾ |
| 3 | 10 | 19 | 0 | ·3 | 1 | 1 | 10¾ | ·03 | 0 | 2 | 2¼ | ·003 | 0 | 0 | 2¾ |
| 4 | 14 | 12 | 0 | ·4 | 1 | 9 | 2½ | ·04 | 0 | 2 | 11 | ·004 | 0 | 0 | 3½ |
| 5 | 18 | 5 | 0 | ·5 | 1 | 16 | 6 | ·05 | 0 | 3 | 7¾ | ·005 | 0 | 0 | 4½ |
| 6 | 21 | 18 | 0 | ·6 | 2 | 3 | 9½ | ·06 | 0 | 4 | 4½ | ·006 | 0 | 0 | 5¼ |
| 7 | 25 | 11 | 0 | ·7 | 2 | 11 | 1¼ | ·07 | 0 | 5 | 1¼ | ·007 | 0 | 0 | 6¼ |
| 8 | 29 | 4 | 0 | ·8 | 2 | 18 | 4¾ | ·08 | 0 | 5 | 10 | ·008 | 0 | 0 | 7 |
| 9 | 32 | 17 | 0 | ·9 | 3 | 5 | 8½ | ·09 | 0 | 6 | 6¾ | ·009 | 0 | 0 | 8 |
| 10 | 36 | 10 | 0 | | | | | | | | | | | | |
| 11 | 40 | 3 | 0 | OUNCES. | | | | OUNCES. | | | | OUNCES. | | | |
| 12 | 43 | 16 | 0 | 25 | 91 | 5 | 0 | 38 | 138 | 14 | 0 | 55 | 200 | 15 | 0 |
| 13 | 47 | 9 | 0 | 26 | 94 | 18 | 0 | 39 | 142 | 7 | 0 | 60 | 219 | 0 | 0 |
| 14 | 51 | 2 | 0 | 27 | 98 | 11 | 0 | 40 | 146 | 0 | 0 | 65 | 237 | 5 | 0 |
| 15 | 54 | 15 | 0 | 28 | 102 | 4 | 0 | 41 | 149 | 13 | 0 | 70 | 255 | 10 | 0 |
| 16 | 58 | 8 | 0 | 29 | 105 | 17 | 0 | 42 | 153 | 6 | 0 | 75 | 273 | 15 | 0 |
| 17 | 62 | 1 | 0 | 30 | 109 | 10 | 0 | 43 | 156 | 19 | 0 | 80 | 292 | 0 | 0 |
| 18 | 65 | 14 | 0 | 31 | 113 | 3 | 0 | 44 | 160 | 12 | 0 | 85 | 310 | 5 | 0 |
| 19 | 69 | 7 | 0 | 32 | 116 | 16 | 0 | 45 | 164 | 5 | 0 | 90 | 328 | 10 | 0 |
| 20 | 73 | 0 | 0 | 33 | 120 | 9 | 0 | 46 | 167 | 18 | 0 | 100 | 365 | 0 | 0 |
| 21 | 76 | 13 | 0 | 34 | 124 | 2 | 0 | 47 | 171 | 11 | 0 | 200 | 730 | 0 | 0 |
| 22 | 80 | 6 | 0 | 35 | 127 | 15 | 0 | 48 | 175 | 4 | 0 | 300 | 1095 | 0 | 0 |
| 23 | 83 | 19 | 0 | 36 | 131 | 8 | 0 | 49 | 178 | 17 | 0 | 400 | 1460 | 0 | 0 |
| 24 | 87 | 12 | 0 | 37 | 135 | 1 | 0 | 50 | 182 | 10 | 0 | 500 | 1825 | 0 | 0 |

**1 grain=two-onethousandths of oz. troy or ·002.**

**1 carat=3·166 grains.**

**1 pennyweight=five-onehundredths of oz. troy or ·05.**

# £3 13s. 6d. per oz.

(For Diamonds, &c., for "oz." read "grain.")

| OUNCES. | | | | TENTHS. | | | | HUNDREDTHS. | | | | THOUSANDTHS. | | | |
|---|---|---|---|---|---|---|---|---|---|---|---|---|---|---|---|
| oz. | £ | s. | d. | | £ | s. | d. | | £ | s. | d. | | £ | s. | d. |
| 1 | 3 | 13 | 6 | ·1 | 0 | 7 | 4¼ | ·01 | 0 | 0 | 8¾ | ·001 | 0 | 0 | 1 |
| 2 | 7 | 7 | 0 | ·2 | 0 | 14 | 8½ | ·02 | 0 | 1 | 5¾ | ·002 | 0 | 0 | 1¾ |
| 3 | 11 | 0 | 6 | ·3 | 1 | 2 | 0½ | ·03 | 0 | 2 | 2½ | ·003 | 0 | 0 | 2¾ |
| 4 | 14 | 14 | 0 | ·4 | 1 | 9 | 4¾ | ·04 | 0 | 2 | 11¼ | ·004 | 0 | 0 | 3½ |
| 5 | 18 | 7 | 6 | ·5 | 1 | 16 | 9 | ·05 | 0 | 3 | 8 | ·005 | 0 | 0 | 4½ |
| 6 | 22 | 1 | 0 | ·6 | 2 | 4 | 1¼ | ·06 | 0 | 4 | 5 | ·006 | 0 | 0 | 5¼ |
| 7 | 25 | 14 | 6 | ·7 | 2 | 11 | 5½ | ·07 | 0 | 5 | 1¾ | ·007 | 0 | 0 | 6¼ |
| 8 | 29 | 8 | 0 | ·8 | 2 | 18 | 9½ | ·08 | 0 | 5 | 10½ | ·008 | 0 | 0 | 7 |
| 9 | 33 | 1 | 6 | ·9 | 3 | 6 | 1¾ | ·09 | 0 | 6 | 7½ | ·009 | 0 | 0 | 8 |
| 10 | 36 | 15 | 0 | | | | | | | | | | | | |
| 11 | 40 | 8 | 6 | OUNCES. | | | | OUNCES. | | | | OUNCES. | | | |
| 12 | 44 | 2 | 0 | 25 | 91 | 17 | 6 | 38 | 139 | 13 | 0 | 55 | 202 | 2 | 6 |
| 13 | 47 | 15 | 6 | 26 | 95 | 11 | 0 | 39 | 143 | 6 | 6 | 60 | 220 | 10 | 0 |
| 14 | 51 | 9 | 0 | 27 | 99 | 4 | 6 | 40 | 147 | 0 | 0 | 65 | 238 | 17 | 6 |
| 15 | 55 | 2 | 6 | 28 | 102 | 18 | 0 | 41 | 150 | 13 | 6 | 70 | 257 | 5 | 0 |
| 16 | 58 | 16 | 0 | 29 | 106 | 11 | 6 | 42 | 154 | 7 | 0 | 75 | 275 | 12 | 6 |
| 17 | 62 | 9 | 6 | 30 | 110 | 5 | 0 | 43 | 158 | 0 | 6 | 80 | 294 | 0 | 0 |
| 18 | 66 | 3 | 0 | 31 | 113 | 18 | 6 | 44 | 161 | 14 | 0 | 85 | 312 | 7 | 6 |
| 19 | 69 | 16 | 6 | 32 | 117 | 12 | 0 | 45 | 165 | 7 | 6 | 90 | 330 | 15 | 0 |
| 20 | 73 | 10 | 0 | 33 | 121 | 5 | 6 | 46 | 169 | 1 | 0 | 100 | 367 | 10 | 0 |
| 21 | 77 | 3 | 6 | 34 | 124 | 19 | 0 | 47 | 172 | 14 | 6 | 200 | 735 | 0 | 0 |
| 22 | 80 | 17 | 0 | 35 | 128 | 12 | 6 | 48 | 176 | 8 | 0 | 300 | 1102 | 10 | 0 |
| 23 | 84 | 10 | 6 | 36 | 132 | 6 | 0 | 49 | 180 | 1 | 6 | 400 | 1470 | 0 | 0 |
| 24 | 88 | 4 | 0 | 37 | 135 | 19 | 6 | 50 | 183 | 15 | 0 | 500 | 1837 | 10 | 0 |

1 grain=two-onethousandths of oz. troy or ·002.

1 carat=3·166 grains.

1 pennyweight=five-onehundredths of oz. troy or ·05.

# £3 14s. 0d. per oz.

(For Diamonds, &c., for "oz." read "grain.")

| OUNCES. | | | | TENTHS. | | | | HUNDREDTHS. | | | | THOUSANDTHS. | | | |
|---|---|---|---|---|---|---|---|---|---|---|---|---|---|---|---|
| *oz.* | £ | *s.* | *d.* | | £ | *s.* | *d.* | | £ | *s.* | *d.* | | £ | *s.* | *d.* |
| 1 | 3 | 14 | 0 | ·1 | 0 | 7 | $4\frac{3}{4}$ | ·01 | 0 | 0 | 9 | ·001 | 0 | 0 | 1 |
| 2 | 7 | 8 | 0 | ·2 | 0 | 14 | $9\frac{1}{2}$ | ·02 | 0 | 1 | $5\frac{3}{4}$ | ·002 | 0 | 0 | $1\frac{3}{4}$ |
| 3 | 11 | 2 | 0 | ·3 | 1 | 2 | $2\frac{1}{2}$ | ·03 | 0 | 2 | $2\frac{3}{4}$ | ·003 | 0 | 0 | $2\frac{3}{4}$ |
| 4 | 14 | 16 | 0 | ·4 | 1 | 9 | $7\frac{1}{4}$ | ·04 | 0 | 2 | $11\frac{1}{2}$ | ·004 | 0 | 0 | $3\frac{1}{2}$ |
| 5 | 18 | 10 | 0 | ·5 | 1 | 17 | 0 | ·05 | 0 | 3 | $8\frac{1}{2}$ | ·005 | 0 | 0 | $4\frac{1}{2}$ |
| 6 | 22 | 4 | 0 | ·6 | 2 | 4 | $4\frac{3}{4}$ | ·06 | 0 | 4 | $5\frac{1}{4}$ | ·006 | 0 | 0 | $5\frac{1}{4}$ |
| 7 | 25 | 18 | 0 | ·7 | 2 | 11 | $9\frac{1}{2}$ | ·07 | 0 | 5 | $2\frac{1}{4}$ | ·007 | 0 | 0 | $6\frac{1}{4}$ |
| 8 | 29 | 12 | 0 | ·8 | 2 | 19 | $2\frac{1}{2}$ | ·08 | 0 | 5 | 11 | ·008 | 0 | 0 | 7 |
| 9 | 33 | 6 | 0 | ·9 | 3 | 6 | $7\frac{1}{4}$ | ·09 | 0 | 6 | 8 | ·009 | 0 | 0 | 8 |
| 10 | 37 | 0 | 0 | | | | | | | | | | | | |
| 11 | 40 | 14 | 0 | OUNCES. | | | | OUNCES. | | | | OUNCES. | | | |
| 12 | 44 | 8 | 0 | 25 | 92 | 10 | 0 | 38 | 140 | 12 | 0 | 55 | 203 | 10 | 0 |
| 13 | 48 | 2 | 0 | 26 | 96 | 4 | 0 | 39 | 144 | 6 | 0 | 60 | 222 | 0 | 0 |
| 14 | 51 | 16 | 0 | 27 | 99 | 18 | 0 | 40 | 148 | 0 | 0 | 65 | 240 | 10 | 0 |
| 15 | 55 | 10 | 0 | 28 | 103 | 12 | 0 | 41 | 151 | 14 | 0 | 70 | 259 | 0 | 0 |
| 16 | 59 | 4 | 0 | 29 | 107 | 6 | 0 | 42 | 155 | 8 | 0 | 75 | 277 | 10 | 0 |
| 17 | 62 | 18 | 0 | 30 | 111 | 0 | 0 | 43 | 159 | 2 | 0 | 80 | 296 | 0 | 0 |
| 18 | 66 | 12 | 0 | 31 | 114 | 14 | 0 | 44 | 162 | 16 | 0 | 85 | 314 | 10 | 0 |
| 19 | 70 | 6 | 0 | 32 | 118 | 8 | 0 | 45 | 166 | 10 | 0 | 90 | 333 | 0 | 0 |
| 20 | 74 | 0 | 0 | 33 | 122 | 2 | 0 | 46 | 170 | 4 | 0 | 100 | 370 | 0 | 0 |
| 21 | 77 | 14 | 0 | 34 | 125 | 16 | 0 | 47 | 173 | 18 | 0 | 200 | 740 | 0 | 0 |
| 22 | 81 | 8 | 0 | 35 | 129 | 10 | 0 | 48 | 177 | 12 | 0 | 300 | 1110 | 0 | 0 |
| 23 | 85 | 2 | 0 | 36 | 133 | 4 | 0 | 49 | 181 | 6 | 0 | 400 | 1480 | 0 | 0 |
| 24 | 88 | 16 | 0 | 37 | 136 | 18 | 0 | 50 | 185 | 0 | 0 | 500 | 1850 | 0 | 0 |

1 grain = two-onethousandths of oz. troy or ·002.

1 carat = 3·166 grains.

1 pennyweight = five onehundredths of oz. troy or ·05.

# £3 14s. 6d. per oz.

(For Diamonds, &c., for "oz." read "grain.")

| OUNCES. | | | | TENTHS. | | | | HUNDREDTHS. | | | | THOUSANDTHS. | | | |
|---|---|---|---|---|---|---|---|---|---|---|---|---|---|---|---|
| oz. | £ | s. | d. | | £ | s. | d. | | £ | s. | d. | | £ | s. | d. |
| 1 | 3 | 14 | 6 | ·1 | 0 | 7 | 5½ | ·01 | 0 | 0 | 9 | ·001 | 0 | 0 | 1 |
| 2 | 7 | 9 | 0 | ·2 | 0 | 14 | 10¾ | ·02 | 0 | 1 | 6 | ·002 | 0 | 0 | 1¾ |
| 3 | 11 | 3 | 6 | ·3 | 1 | 2 | 4¼ | ·03 | 0 | 2 | 2¾ | ·003 | 0 | 0 | 2¾ |
| 4 | 14 | 18 | 0 | ·4 | 1 | 9 | 9½ | ·04 | 0 | 2 | 11¾ | ·004 | 0 | 0 | 3½ |
| 5 | 18 | 12 | 6 | ·5 | 1 | 17 | 3 | ·05 | 0 | 3 | 8¾ | ·005 | 0 | 0 | 4½ |
| 6 | 22 | 7 | 0 | ·6 | 2 | 4 | 8½ | ·06 | 0 | 4 | 5¾ | ·006 | 0 | 0 | 5¼ |
| 7 | 26 | 1 | 6 | ·7 | 2 | 12 | 1¾ | ·07 | 0 | 5 | 2½ | ·007 | 0 | 0 | 6¼ |
| 8 | 29 | 16 | 0 | ·8 | 2 | 19 | 7¼ | ·08 | 0 | 5 | 11½ | ·008 | 0 | 0 | 7¼ |
| 9 | 33 | 10 | 6 | ·9 | 3 | 7 | 0½ | ·09 | 0 | 6 | 8½ | ·009 | 0 | 0 | 8 |
| 10 | 37 | 5 | 0 | OUNCES. | | | | OUNCES. | | | | OUNCES. | | | |
| 11 | 40 | 19 | 6 | | | | | | | | | | | | |
| 12 | 44 | 14 | 0 | 25 | 93 | 2 | 6 | 38 | 141 | 11 | 0 | 55 | 204 | 17 | 6 |
| 13 | 48 | 8 | 6 | 26 | 96 | 17 | 0 | 39 | 145 | 5 | 6 | 60 | 223 | 10 | 0 |
| 14 | 52 | 3 | 0 | 27 | 100 | 11 | 6 | 40 | 149 | 0 | 0 | 65 | 242 | 2 | 6 |
| 15 | 55 | 17 | 6 | 28 | 104 | 6 | 0 | 41 | 152 | 14 | 6 | 70 | 260 | 15 | 0 |
| 16 | 59 | 12 | 0 | 29 | 108 | 0 | 6 | 42 | 156 | 9 | 0 | 75 | 279 | 7 | 6 |
| 17 | 63 | 6 | 6 | 30 | 111 | 15 | 0 | 43 | 160 | 3 | 6 | 80 | 298 | 0 | 0 |
| 18 | 67 | 1 | 0 | 31 | 115 | 9 | 6 | 44 | 163 | 18 | 0 | 85 | 316 | 12 | 6 |
| 19 | 70 | 15 | 6 | 32 | 119 | 4 | 0 | 45 | 167 | 12 | 6 | 90 | 335 | 5 | 0 |
| 20 | 74 | 10 | 0 | 33 | 122 | 18 | 6 | 46 | 171 | 7 | 0 | 100 | 372 | 10 | 0 |
| 21 | 78 | 4 | 6 | 34 | 126 | 13 | 0 | 47 | 175 | 1 | 6 | 200 | 745 | 0 | 0 |
| 22 | 81 | 19 | 0 | 35 | 130 | 7 | 6 | 48 | 178 | 16 | 0 | 300 | 1117 | 10 | 0 |
| 23 | 85 | 13 | 6 | 36 | 134 | 2 | 0 | 49 | 182 | 10 | 6 | 400 | 1490 | 0 | 0 |
| 24 | 89 | 8 | 0 | 37 | 137 | 16 | 6 | 50 | 186 | 5 | 0 | 500 | 1862 | 10 | 0 |

1 grain=two-onethousandths of oz. troy or ·002.

1 carat=3·166 grains.

1 pennyweight=five-onehundredths of oz. troy or ·05.

# £3 15s. 0d. per oz.

(For Diamonds, &c., for "oz." read "grain.")

| UNCES. | | | TENTHS | | | | HUNDREDTHS. | | | | THOUSANDTHS. | | | |
|---|---|---|---|---|---|---|---|---|---|---|---|---|---|---|
| £ | s. | d. | | £ | s. | d. | | £ | s. | d. | | £ | s. | d. |
| 3 | 15 | 0 | ·1 | 0 | 7 | 6 | ·01 | 0 | 0 | 9 | ·001 | 0 | 0 | 1 |
| 7 | 10 | 0 | ·2 | 0 | 15 | 0 | ·02 | 0 | 1 | 6 | ·002 | 0 | 0 | 1¾ |
| 11 | 5 | 0 | ·3 | 1 | 2 | 6 | ·03 | 0 | 2 | 3 | ·003 | 0 | 0 | 2¾ |
| 15 | 0 | 0 | ·4 | 1 | 10 | 0 | ·04 | 0 | 3 | 0 | ·004 | 0 | 0 | 3½ |
| 18 | 15 | 0 | ·5 | 1 | 17 | 6 | ·05 | 0 | 3 | 9 | ·005 | 0 | 0 | 4½ |
| 22 | 10 | 0 | ·6 | 2 | 5 | 0 | ·06 | 0 | 4 | 6 | ·006 | 0 | 0 | 5½ |
| 26 | 5 | 0 | ·7 | 2 | 12 | 6 | ·07 | 0 | 5 | 3 | ·007 | 0 | 0 | 6¼ |
| 30 | 0 | 0 | ·8 | 3 | 0 | 0 | ·08 | 0 | 6 | 0 | ·008 | 0 | 0 | 7¼ |
| 33 | 15 | 0 | ·9 | 3 | 7 | 6 | ·09 | 0 | 6 | 9 | ·009 | 0 | 0 | 8 |
| 37 | 10 | 0 | | | | | | | | | | | | |
| 41 | 5 | 0 | OUNCES. | | | | OUNCES. | | | | OUNCES. | | | |
| 45 | 0 | 0 | 25 | 93 | 15 | 0 | 38 | 142 | 10 | 0 | 55 | 206 | 5 | 0 |
| 48 | 15 | 0 | 26 | 97 | 10 | 0 | 39 | 146 | 5 | 0 | 60 | 225 | 0 | 0 |
| 52 | 10 | 0 | 27 | 101 | 5 | 0 | 40 | 150 | 0 | 0 | 65 | 243 | 15 | 0 |
| 56 | 5 | 0 | 28 | 105 | 0 | 0 | 41 | 153 | 15 | 0 | 70 | 262 | 10 | 0 |
| 60 | 0 | 0 | 29 | 108 | 15 | 0 | 42 | 157 | 10 | 0 | 75 | 281 | 5 | 0 |
| 63 | 15 | 0 | 30 | 112 | 10 | 0 | 43 | 161 | 5 | 0 | 80 | 300 | 0 | 0 |
| 67 | 10 | 0 | 31 | 116 | 5 | 0 | 44 | 165 | 0 | 0 | 85 | 318 | 15 | 0 |
| 71 | 5 | 0 | 32 | 120 | 0 | 0 | 45 | 168 | 15 | 0 | 90 | 337 | 10 | 0 |
| 75 | 0 | 0 | 33 | 123 | 15 | 0 | 46 | 172 | 10 | 0 | 100 | 375 | 0 | 0 |
| 78 | 15 | 0 | 34 | 127 | 10 | 0 | 47 | 176 | 5 | 0 | 200 | 750 | 0 | 0 |
| 82 | 10 | 0 | 35 | 131 | 5 | 0 | 48 | 180 | 0 | 0 | 300 | 1125 | 0 | 0 |
| 86 | 5 | 0 | 36 | 135 | 0 | 0 | 49 | 183 | 15 | 0 | 400 | 1500 | 0 | 0 |
| 90 | 0 | 0 | 37 | 138 | 15 | 0 | 50 | 187 | 10 | 0 | 500 | 1875 | 0 | 0 |

1 grain=two-onethousandths of oz. troy or ·002.

1 carat=3·166 grains.

1 pennyweight=five-onehundredths of oz. troy or ·05.

# £3 15s. 6d. per oz.

(For Diamonds, &c., for " oz." read " grain.")

| OUNCES. | | | | TENTHS. | | | | HUNDREDTHS. | | | | THOUSANDTHS | | | |
|---|---|---|---|---|---|---|---|---|---|---|---|---|---|---|---|
| oz. | £ | s. | d. | | £ | s. | d. | | £ | s. | d. | | £ | s. | d. |
| 1 | 3 | 15 | 6 | ·1 | 0 | 7 | 6½ | ·01 | 0 | 0 | 9 | ·001 | 0 | 0 | 1 |
| 2 | 7 | 11 | 0 | ·2 | 0 | 15 | 1¼ | ·02 | 0 | 1 | 6 | ·002 | 0 | 0 | 1¾ |
| 3 | 11 | 6 | 6 | ·3 | 1 | 2 | 7¾ | ·03 | 0 | 2 | 3¼ | ·003 | 0 | 0 | 2¾ |
| 4 | 15 | 2 | 0 | ·4 | 1 | 10 | 2½ | ·04 | 0 | 3 | 0¼ | ·004 | 0 | 0 | 3½ |
| 5 | 18 | 17 | 6 | ·5 | 1 | 17 | 9 | ·05 | 0 | 3 | 9¼ | ·005 | 0 | 0 | 4½ |
| 6 | 22 | 13 | 0 | ·6 | 2 | 5 | 3½ | ·06 | 0 | 4 | 6¼ | ·006 | 0 | 0 | 5½ |
| 7 | 26 | 8 | 6 | ·7 | 2 | 12 | 10¼ | ·07 | 0 | 5 | 3½ | ·007 | 0 | 0 | 6¼ |
| 8 | 30 | 4 | 0 | ·8 | 3 | 0 | 4¾ | ·08 | 0 | 6 | 0½ | ·008 | 0 | 0 | 7¼ |
| 9 | 33 | 19 | 6 | ·9 | 3 | 7 | 11½ | ·09 | 0 | 6 | 9½ | ·009 | 0 | 0 | 8¼ |
| 10 | 37 | 15 | 0 | OUNCES. | | | | OUNCES. | | | | OUNCES. | | | |
| 11 | 41 | 10 | 6 | | | | | | | | | | | | |
| 12 | 45 | 6 | 0 | 25 | 94 | 7 | 6 | 38 | 143 | 9 | 0 | 55 | 207 | 12 | [illegible] |
| 13 | 49 | 1 | 6 | 26 | 98 | 3 | 0 | 39 | 147 | 4 | 6 | 60 | 226 | 10 | [illegible] |
| 14 | 52 | 17 | 0 | 27 | 101 | 18 | 6 | 40 | 151 | 0 | 0 | 65 | 245 | 7 | [illegible] |
| 15 | 56 | 12 | 6 | 28 | 105 | 14 | 0 | 41 | 154 | 15 | 6 | 70 | 264 | 5 | [illegible] |
| 16 | 60 | 8 | 0 | 29 | 109 | 9 | 6 | 42 | 158 | 11 | 0 | 75 | 283 | 2 | [illegible] |
| 17 | 64 | 3 | 6 | 30 | 113 | 5 | 0 | 43 | 162 | 6 | 6 | 80 | 302 | 0 | [illegible] |
| 18 | 67 | 19 | 0 | 31 | 117 | 0 | 6 | 44 | 166 | 2 | 0 | 85 | 320 | 17 | [illegible] |
| 19 | 71 | 14 | 6 | 32 | 120 | 16 | 0 | 45 | 169 | 17 | 6 | 90 | 339 | 15 | [illegible] |
| 20 | 75 | 10 | 0 | 33 | 124 | 11 | 6 | 46 | 173 | 13 | 0 | 100 | 377 | 10 | [illegible] |
| 21 | 79 | 5 | 6 | 34 | 128 | 7 | 0 | 47 | 177 | 8 | 6 | 200 | 755 | 0 | [illegible] |
| 22 | 83 | 1 | 0 | 35 | 132 | 2 | 6 | 48 | 181 | 4 | 0 | 300 | 1132 | 10 | [illegible] |
| 23 | 86 | 16 | 6 | 36 | 135 | 18 | 0 | 49 | 184 | 19 | 6 | 400 | 1510 | 0 | [illegible] |
| 24 | 90 | 12 | 0 | 37 | 139 | 13 | 6 | 50 | 188 | 15 | 0 | 500 | 1887 | 10 | [illegible] |

1 grain=two-onethousandths of oz. troy or ·002.

1 carat=3·166 grains

1 pennyweight=five-onehundredths of oz. troy or ·05.

# £3 16s. 0d. per oz.

(For Diamonds, &c., for "oz." read "grain.")

| OUNCES. | | | | TENTHS. | | | | HUNDREDTHS. | | | | THOUSANDTHS. | | | |
|---|---|---|---|---|---|---|---|---|---|---|---|---|---|---|---|
| oz. | £ | s. | d. | | £ | s. | d. | | £ | s. | d. | | £ | s. | d. |
| 1 | 3 | 16 | 0 | ·1 | 0 | 7 | 7¼ | ·01 | 0 | 0 | 9 | ·001 | 0 | 0 | 1 |
| 2 | 7 | 12 | 0 | ·2 | 0 | 15 | 2½ | ·02 | 0 | 1 | 6¼ | ·002 | 0 | 0 | 1¾ |
| 3 | 11 | 8 | 0 | ·3 | 1 | 2 | 9½ | ·03 | 0 | 2 | 3¼ | ·003 | 0 | 0 | 2¾ |
| 4 | 15 | 4 | 0 | ·4 | 1 | 10 | 4¾ | ·04 | 0 | 3 | 0½ | 004 | 0 | 0 | 3¾ |
| 5 | 19 | 0 | 0 | ·5 | 1 | 18 | 0 | ·05 | 0 | 3 | 9½ | ·005 | 0 | 0 | 4½ |
| 6 | 22 | 16 | 0 | ·6 | 2 | 5 | 7¼ | ·06 | 0 | 4 | 6¾ | ·006 | 0 | 0 | 5½ |
| 7 | 26 | 12 | 0 | ·7 | 2 | 13 | 2½ | ·07 | 0 | 5 | 3¾ | ·007 | 0 | 0 | 6½ |
| 8 | 30 | 8 | 0 | ·8 | 3 | 0 | 9½ | ·08 | 0 | 6 | 1 | ·008 | 0 | 0 | 7¼ |
| 9 | 34 | 4 | 0 | ·9 | 3 | 8 | 4¾ | ·09 | 0 | 6 | 10 | ·009 | 0 | 0 | 8¼ |
| 10 | 38 | 0 | 0 | | | | | | | | | | | | |
| 11 | 41 | 16 | 0 | OUNCES. | | | | OUNCES. | | | | OUNCES. | | | |
| 12 | 45 | 12 | 0 | 25 | 95 | 0 | 0 | 38 | 144 | 8 | 0 | 55 | 209 | 0 | 0 |
| 13 | 49 | 8 | 0 | 26 | 98 | 16 | 0 | 39 | 148 | 4 | 0 | 60 | 228 | 0 | 0 |
| 14 | 53 | 4 | 0 | 27 | 102 | 12 | 0 | 40 | 152 | 0 | 0 | 65 | 247 | 0 | 0 |
| 15 | 57 | 0 | 0 | 28 | 106 | 8 | 0 | 41 | 155 | 16 | 0 | 70 | 266 | 0 | 0 |
| 16 | 60 | 16 | 0 | 29 | 110 | 4 | 0 | 42 | 159 | 12 | 0 | 75 | 285 | 0 | 0 |
| 17 | 64 | 12 | 0 | 30 | 114 | 0 | 0 | 43 | 163 | 8 | 0 | 80 | 304 | 0 | 0 |
| 18 | 68 | 8 | 0 | 31 | 117 | 16 | 0 | 44 | 167 | 4 | 0 | 85 | 323 | 0 | 0 |
| 19 | 72 | 4 | 0 | 32 | 121 | 12 | 0 | 45 | 171 | 0 | 0 | 90 | 342 | 0 | 0 |
| 20 | 76 | 0 | 0 | 33 | 125 | 8 | 0 | 46 | 174 | 16 | 0 | 100 | 380 | 0 | 0 |
| 21 | 79 | 16 | 0 | 34 | 129 | 4 | 0 | 47 | 178 | 12 | 0 | 200 | 760 | 0 | 0 |
| 22 | 83 | 12 | 0 | 35 | 133 | 0 | 0 | 48 | 182 | 8 | 0 | 300 | 1140 | 0 | 0 |
| 23 | 87 | 8 | 0 | 36 | 136 | 16 | 0 | 49 | 186 | 4 | 0 | 400 | 1520 | 0 | 0 |
| 24 | 91 | 4 | 0 | 37 | 140 | 12 | 0 | 50 | 190 | 0 | 0 | 500 | 1900 | 0 | 0 |

1 grain = two-onethousandths of oz. troy or ·002.

1 carat = 3·166 grains.

1 pennyweight = five onehundredths of oz. troy or ·05.

# £3 16s. 6d. per oz.

(For Diamonds, &c., for " oz." read "grain.")

**OUNCES.**

| oz. | £ | s. | d. |
|---|---|---|---|
| 1 | 3 | 16 | 6 |
| 2 | 7 | 13 | 0 |
| 3 | 11 | 9 | 6 |
| 4 | 15 | 6 | 0 |
| 5 | 19 | 2 | 6 |
| 6 | 22 | 19 | 0 |
| 7 | 26 | 15 | 6 |
| 8 | 30 | 12 | 0 |
| 9 | 34 | 8 | 6 |
| 10 | 38 | 5 | 0 |
| 11 | 42 | 1 | 6 |
| 12 | 45 | 18 | 0 |
| 13 | 49 | 14 | 6 |
| 14 | 53 | 11 | 0 |
| 15 | 57 | 7 | 6 |
| 16 | 61 | 4 | 0 |
| 17 | 65 | 0 | 6 |
| 18 | 68 | 17 | 0 |
| 19 | 72 | 13 | 6 |
| 20 | 76 | 10 | 0 |
| 21 | 80 | 6 | 6 |
| 22 | 84 | 3 | 0 |
| 23 | 87 | 19 | 6 |
| 24 | 91 | 16 | 0 |

**TENTHS.**

| | £ | s. | d. |
|---|---|---|---|
| ·1 | 0 | 7 | 7¾ |
| ·2 | 0 | 15 | 3½ |
| ·3 | 1 | 2 | 11½ |
| ·4 | 1 | 10 | 7¼ |
| ·5 | 1 | 18 | 3 |
| ·6 | 2 | 5 | 10¾ |
| ·7 | 2 | 13 | 6½ |
| ·8 | 3 | 1 | 2½ |
| ·9 | 3 | 8 | 10¼ |

**OUNCES.**

| | £ | s. | d. |
|---|---|---|---|
| 25 | 95 | 12 | 6 |
| 26 | 99 | 9 | 0 |
| 27 | 103 | 5 | 6 |
| 28 | 107 | 2 | 0 |
| 29 | 110 | 18 | 6 |
| 30 | 114 | 15 | 0 |
| 31 | 118 | 11 | 6 |
| 32 | 122 | 8 | 0 |
| 33 | 126 | 4 | 6 |
| 34 | 130 | 1 | 0 |
| 35 | 133 | 17 | 6 |
| 36 | 137 | 14 | 0 |
| 37 | 141 | 10 | 6 |

**HUNDREDTHS.**

| | £ | s. | d. |
|---|---|---|---|
| ·01 | 0 | 0 | 9¼ |
| ·02 | 0 | 1 | 6¼ |
| ·03 | 0 | 2 | 3½ |
| ·04 | 0 | 3 | 0¾ |
| ·05 | 0 | 3 | 10 |
| ·06 | 0 | 4 | 7 |
| ·07 | 0 | 5 | 4¼ |
| ·08 | 0 | 6 | 1½ |
| ·09 | 0 | 6 | 10½ |

**OUNCES.**

| | £ | s. | d. |
|---|---|---|---|
| 38 | 145 | 7 | 0 |
| 39 | 149 | 3 | 6 |
| 40 | 153 | 0 | 0 |
| 41 | 156 | 16 | 6 |
| 42 | 160 | 13 | 0 |
| 43 | 164 | 9 | 6 |
| 44 | 168 | 6 | 0 |
| 45 | 172 | 2 | 6 |
| 46 | 175 | 19 | 0 |
| 47 | 179 | 15 | 6 |
| 48 | 183 | 12 | 0 |
| 49 | 187 | 8 | 6 |
| 50 | 191 | 5 | 0 |

**THOUSANDTH**

| | £ | s. | d. |
|---|---|---|---|
| ·001 | 0 | 0 | 1 |
| ·002 | 0 | 0 | 1¾ |
| ·003 | 0 | 0 | 2¾ |
| ·004 | 0 | 0 | 3¾ |
| ·005 | 0 | 0 | 4½ |
| ·006 | 0 | 0 | 5½ |
| ·007 | 0 | 0 | 6½ |
| ·008 | 0 | 0 | 7¼ |
| ·009 | 0 | 0 | 8¼ |

**OUNCES.**

| | £ | s. |
|---|---|---|
| 55 | 210 | 7 |
| 60 | 229 | 10 |
| 65 | 248 | 12 |
| 70 | 267 | 15 |
| 75 | 286 | 17 |
| 80 | 306 | 0 |
| 85 | 325 | 2 |
| 90 | 344 | 5 |
| 100 | 382 | 10 |
| 200 | 765 | 0 |
| 300 | 1147 | 10 |
| 400 | 1530 | 0 |
| 500 | 1912 | 10 |

1 grain=two-onethousandths of oz. troy or ·002.

1 carat=3·166 grains.

1 pennyweight=five-onehundredths of oz. troy or ·05.

# £3 17s. 0d. per oz.

(For Diamonds, &c., for "oz." read "grain.")

| OUNCES. | | | | TENTHS. | | | | HUNDREDTHS. | | | | THOUSANDTHS. | | | |
|---|---|---|---|---|---|---|---|---|---|---|---|---|---|---|---|
| *oz.* | £ | *s.* | *d.* | | £ | *s.* | *d.* | | £ | *s.* | *d* | | £ | *s.* | *d.* |
| 1 | 3 | 17 | 0 | ·1 | 0 | 7 | 8½ | ·01 | 0 | 0 | 9¼ | ·001 | 0 | 0 | 1 |
| 2 | 7 | 14 | 0 | ·2 | 0 | 15 | 4¾ | ·02 | 0 | 1 | 6½ | ·002 | 0 | 0 | 1¾ |
| 3 | 11 | 11 | 0 | ·3 | 1 | 3 | 1¼ | ·03 | 0 | 2 | 3¾ | ·003 | 0 | 0 | 2¾ |
| 4 | 15 | 8 | 0 | ·4 | 1 | 10 | 9½ | ·04 | 0 | 3 | 1 | ·004 | 0 | 0 | 3¾ |
| 5 | 19 | 5 | 0 | ·5 | 1 | 18 | 6 | 05 | 0 | 3 | 10¼ | ·005 | 0 | 0 | 4½ |
| 6 | 23 | 2 | 0 | ·6 | 2 | 6 | 2½ | ·06 | 0 | 4 | 7½ | ·006 | 0 | 0 | 5½ |
| 7 | 26 | 19 | 0 | ·7 | 2 | 13 | 10¾ | ·07 | 0 | 5 | 4¾ | ·007 | 0 | 0 | 6½ |
| 8 | 30 | 16 | 0 | ·8 | 3 | 1 | 7¼ | ·08 | 0 | 6 | 2 | ·008 | 0 | 0 | 7½ |
| 9 | 34 | 13 | 0 | ·9 | 3 | 9 | 3½ | ·09 | 0 | 6 | 11¼ | ·009 | 0 | 0 | 8¼ |
| 10 | 38 | 10 | 0 | | | | | | | | | | | | |
| 11 | 42 | 7 | 0 | OUNCES. | | | | OUNCES. | | | | OUNCES. | | | |
| 12 | 46 | 4 | 0 | 25 | 96 | 5 | 0 | 38 | 146 | 6 | 0 | 55 | 211 | 15 | 0 |
| 13 | 50 | 1 | 0 | 26 | 100 | 2 | 0 | 39 | 150 | 3 | 0 | 60 | 231 | 0 | 0 |
| 14 | 53 | 18 | 0 | 27 | 103 | 19 | 0 | 40 | 154 | 0 | 0 | 65 | 250 | 5 | 0 |
| 15 | 57 | 15 | 0 | 28 | 107 | 16 | 0 | 41 | 157 | 17 | 0 | 70 | 269 | 10 | 0 |
| 16 | 61 | 12 | 0 | 29 | 111 | 13 | 0 | 42 | 161 | 14 | 0 | 75 | 288 | 15 | 0 |
| 17 | 65 | 9 | 0 | 30 | 115 | 10 | 0 | 43 | 165 | 11 | 0 | 80 | 308 | 0 | 0 |
| 18 | 69 | 6 | 0 | 31 | 119 | 7 | 0 | 44 | 169 | 8 | 0 | 85 | 327 | 5 | 0 |
| 19 | 73 | 3 | 0 | 32 | 123 | 4 | 0 | 45 | 173 | 5 | 0 | 90 | 346 | 10 | 0 |
| 20 | 77 | 0 | 0 | 33 | 127 | 1 | 0 | 46 | 177 | 2 | 0 | 100 | 385 | 0 | 0 |
| 21 | 80 | 17 | 0 | 34 | 130 | 18 | 0 | 47 | 180 | 19 | 0 | 200 | 770 | 0 | 0 |
| 22 | 84 | 14 | 0 | 35 | 134 | 15 | 0 | 48 | 184 | 16 | 0 | 300 | 1155 | 0 | 0 |
| 23 | 88 | 11 | 0 | 36 | 138 | 12 | 0 | 49 | 188 | 13 | 0 | 400 | 1540 | 0 | 0 |
| 24 | 92 | 8 | 0 | 37 | 142 | 9 | 0 | 50 | 192 | 10 | 0 | 500 | 1925 | 0 | 0 |

1 grain=two-onethousandths of oz. troy or ·002.

1 carat=3·166 grains.

1 pennyweight=five-onehundredths of oz. troy or ·05.

# £3 17s. 6d. per oz.

(For Diamonds, &c., for "oz." read "grain.")

| OUNCES. | | | | TENTHS. | | | | HUNDREDTHS. | | | | THOUSANDTHS. | | | |
|---|---|---|---|---|---|---|---|---|---|---|---|---|---|---|---|
| *oz.* | £ | *s.* | *d.* | | £ | *s.* | *d.* | | £ | *s.* | *d.* | | £ | *s.* | *d.* |
| 1 | 3 | 17 | 6 | ·1 | 0 | 7 | 9 | ·01 | 0 | 0 | 9¼ | ·001 | 0 | 0 | 1 |
| 2 | 7 | 15 | 0 | ·2 | 0 | 15 | 6 | ·02 | 0 | 1 | 6½ | ·002 | 0 | 0 | 1¾ |
| 3 | 11 | 12 | 6 | ·3 | 1 | 3 | 3 | ·03 | 0 | 2 | 4 | ·003 | 0 | 0 | 2¾ |
| 4 | 15 | 10 | 0 | ·4 | 1 | 11 | 0 | ·04 | 0 | 3 | 1¼ | ·004 | 0 | 0 | 3¾ |
| 5 | 19 | 7 | 6 | ·5 | 1 | 18 | 9 | ·05 | 0 | 3 | 10½ | ·005 | 0 | 0 | 4¾ |
| 6 | 23 | 5 | 0 | ·6 | 2 | 6 | 6 | ·06 | 0 | 4 | 7¾ | ·006 | 0 | 0 | 5½ |
| 7 | 27 | 2 | 6 | ·7 | 2 | 14 | 3 | ·07 | 0 | 5 | 5 | ·007 | 0 | 0 | 6½ |
| 8 | 31 | 0 | 0 | ·8 | 3 | 2 | 0 | ·08 | 0 | 6 | 2½ | ·008 | 0 | 0 | 7½ |
| 9 | 34 | 17 | 6 | ·9 | 3 | 9 | 9 | ·09 | 0 | 6 | 11¾ | ·009 | 0 | 0 | 8¼ |
| 10 | 38 | 15 | 0 | OUNCES. | | | | OUNCES. | | | | OUNCES. | | | |
| 11 | 42 | 12 | 6 | | | | | | | | | | | | |
| 12 | 46 | 10 | 0 | 25 | 96 | 17 | 6 | 38 | 147 | 5 | 0 | 55 | 213 | 2 | 6 |
| 13 | 50 | 7 | 6 | 26 | 100 | 15 | 0 | 39 | 151 | 2 | 6 | 60 | 232 | 10 | 0 |
| 14 | 54 | 5 | 0 | 27 | 104 | 12 | 6 | 40 | 155 | 0 | 0 | 65 | 251 | 17 | 6 |
| 15 | 58 | 2 | 6 | 28 | 108 | 10 | 0 | 41 | 158 | 17 | 6 | 70 | 271 | 5 | 0 |
| 16 | 62 | 0 | 0 | 29 | 112 | 7 | 6 | 42 | 162 | 15 | 0 | 75 | 290 | 12 | 6 |
| 17 | 65 | 17 | 6 | 30 | 116 | 5 | 0 | 43 | 166 | 12 | 6 | 80 | 310 | 0 | 0 |
| 18 | 69 | 15 | 0 | 31 | 120 | 2 | 6 | 44 | 170 | 10 | 0 | 85 | 329 | 7 | 6 |
| 19 | 73 | 12 | 6 | 32 | 124 | 0 | 0 | 45 | 174 | 7 | 6 | 90 | 348 | 15 | 0 |
| 20 | 77 | 10 | 0 | 33 | 127 | 17 | 6 | 46 | 178 | 5 | 0 | 100 | 387 | 10 | 0 |
| 21 | 81 | 7 | 6 | 34 | 131 | 15 | 0 | 47 | 182 | 2 | 6 | 200 | 775 | 0 | 0 |
| 22 | 85 | 5 | 0 | 35 | 135 | 12 | 6 | 48 | 186 | 0 | 0 | 300 | 1162 | 10 | 0 |
| 23 | 89 | 2 | 6 | 36 | 139 | 10 | 0 | 49 | 189 | 17 | 6 | 400 | 1550 | 0 | 0 |
| 24 | 93 | 0 | 0 | 37 | 143 | 7 | 6 | 50 | 193 | 15 | 0 | 500 | 1937 | 10 | 0 |

1 grain=two-onethousandths of oz. troy or ·002.

1 carat=3·166 grains.

1 pennyweight=five-onehundredths of oz. troy or ·05.

# £3 17s. 10½d. per oz.

(For Diamonds, &c., for "oz." read "grain.")

| OUNCES. | | | | TENTHS. | | | | HUNDREDTHS. | | | | THOUSANDTHS. | | | |
|---|---|---|---|---|---|---|---|---|---|---|---|---|---|---|---|
| *oz.* | £ | *s.* | *d.* | | £ | *s.* | *d.* | | £ | *s.* | *d.* | | £ | *s.* | *d.* |
| 1 | 3 | 17 | 10½ | ·1 | 0 | 7 | 9½ | ·01 | 0 | 0 | 9¼ | ·001 | 0 | 0 | 1 |
| 2 | 7 | 15 | 9 | ·2 | 0 | 15 | 7 | ·02 | 0 | 1 | 6¾ | ·002 | 0 | 0 | 1¾ |
| 3 | 11 | 13 | 7½ | ·3 | 1 | 3 | 4¼ | ·03 | 0 | 2 | 4 | ·003 | 0 | 0 | 2¾ |
| 4 | 15 | 11 | 6 | ·4 | 1 | 11 | 1¾ | ·04 | 0 | 3 | 1½ | ·004 | 0 | 0 | 3¾ |
| 5 | 19 | 9 | 4½ | ·5 | 1 | 18 | 11¼ | ·05 | 0 | 3 | 10¾ | ·005 | 0 | 0 | 4¾ |
| 6 | 23 | 7 | 3 | ·6 | 2 | 6 | 8¾ | 06 | 0 | 4 | 8 | ·006 | 0 | 0 | 5½ |
| 7 | 27 | 5 | 1½ | ·7 | 2 | 14 | 6¼ | 07 | 0 | 5 | 5½ | ·007 | 0 | 0 | 6½ |
| 8 | 31 | 3 | 0 | ·8 | 3 | 2 | 3½ | ·08 | 0 | 6 | 2¾ | ·008 | 0 | 0 | 7½ |
| 9 | 35 | 0 | 10½ | ·9 | 3 | 10 | 1 | ·09 | 0 | 7 | 0 | ·009 | 0 | 0 | 8½ |
| 10 | 38 | 18 | 9 | | | | | | | | | | | | |
| 11 | 42 | 16 | 7½ | OUNCES. | | | | OUNCES. | | | | OUNCES. | | | |
| 12 | 46 | 14 | 6 | 25 | 97 | 6 | 10½ | 38 | 147 | 19 | 3 | 55 | 214 | 3 | 1½ |
| 13 | 50 | 12 | 4½ | 26 | 101 | 4 | 9 | 39 | 151 | 17 | 1½ | 60 | 233 | 12 | 6 |
| 14 | 54 | 10 | 3 | 27 | 105 | 2 | 7½ | 40 | 155 | 15 | 0 | 65 | 253 | 1 | 10½ |
| 15 | 58 | 8 | 1½ | 28 | 109 | 0 | 6 | 41 | 159 | 12 | 10½ | 70 | 272 | 11 | 3 |
| 16 | 62 | 6 | 0 | 29 | 112 | 18 | 4½ | 42 | 163 | 10 | 9 | 75 | 292 | 0 | 7½ |
| 17 | 66 | 3 | 10½ | 30 | 116 | 16 | 3 | 43 | 167 | 8 | 7½ | 80 | 311 | 10 | 0 |
| 18 | 70 | 1 | 9 | 31 | 120 | 14 | 1½ | 44 | 171 | 6 | 6 | 85 | 330 | 19 | 4½ |
| 19 | 73 | 19 | 7½ | 32 | 124 | 12 | 0 | 45 | 175 | 4 | 4½ | 90 | 350 | 8 | 9 |
| 20 | 77 | 17 | 6 | 33 | 128 | 9 | 10½ | 46 | 179 | 2 | 3 | 100 | 389 | 7 | 6 |
| 21 | 81 | 15 | 4½ | 34 | 132 | 7 | 9 | 47 | 183 | 0 | 1½ | 200 | 778 | 15 | 0 |
| 22 | 85 | 13 | 3 | 35 | 136 | 5 | 7½ | 48 | 186 | 18 | 0 | 300 | 1168 | 2 | 6 |
| 23 | 89 | 11 | 1½ | 36 | 140 | 3 | 6 | 49 | 190 | 15 | 10½ | 400 | 1557 | 10 | 0 |
| 24 | 93 | 9 | 0 | 37 | 144 | 1 | 4½ | 50 | 194 | 13 | 9 | 500 | 1946 | 17 | 6 |

1 grain=two-onethousandths of oz. troy or ·002.

1 carat=3·166 grains.

1 pennyweight=five-onehundredths of oz. troy or ·05.

# £3 18s. 0d. per oz.

(For Diamonds, &c., for "oz." read "grain.")

| OUNCES. | | | | TENTHS. | | | | HUNDREDTHS. | | | | THOUSANDTHS. | | | |
|---|---|---|---|---|---|---|---|---|---|---|---|---|---|---|---|
| oz. | £ | s. | d. | | £ | s. | d. | | £ | s. | d. | | £ | s. | d. |
| 1 | 3 | 18 | 0 | ·1 | 0 | 7 | 9½ | ·01 | 0 | 0 | 9¼ | ·001 | 0 | 0 | 1 |
| 2 | 7 | 16 | 0 | ·2 | 0 | 15 | 7¼ | ·02 | 0 | 1 | 6¾ | ·002 | 0 | 0 | 1¾ |
| 3 | 11 | 14 | 0 | ·3 | 1 | 3 | 4¾ | ·03 | 0 | 2 | 4 | ·003 | 0 | 0 | 2¾ |
| 4 | 15 | 12 | 0 | ·4 | 1 | 11 | 2½ | ·04 | 0 | 3 | 1½ | ·004 | 0 | 0 | 3¾ |
| 5 | 19 | 10 | 0 | ·5 | 1 | 19 | 0 | ·05 | 0 | 3 | 10¾ | ·005 | 0 | 0 | 4¾ |
| 6 | 23 | 8 | 0 | ·6 | 2 | 6 | 9½ | ·06 | 0 | 4 | 8¼ | ·006 | 0 | 0 | 5½ |
| 7 | 27 | 6 | 0 | ·7 | 2 | 14 | 7¼ | ·07 | 0 | 5 | 5½ | ·007 | 0 | 0 | 6½ |
| 8 | 31 | 4 | 0 | ·8 | 3 | 2 | 4¾ | ·08 | 0 | 6 | 3 | ·008 | 0 | 0 | 7½ |
| 9 | 35 | 2 | 0 | ·9 | 3 | 10 | 2½ | ·09 | 0 | 7 | 0¼ | ·009 | 0 | 0 | 8½ |
| 10 | 39 | 0 | 0 | OUNCES. | | | | OUNCES. | | | | OUNCES. | | | |
| 11 | 42 | 18 | 0 | | | | | | | | | | | | |
| 12 | 46 | 16 | 0 | 25 | 97 | 10 | 0 | 38 | 148 | 4 | 0 | 55 | 214 | 10 | 0 |
| 13 | 50 | 14 | 0 | 26 | 101 | 8 | 0 | 39 | 152 | 2 | 0 | 60 | 234 | 0 | 0 |
| 14 | 54 | 12 | 0 | 27 | 105 | 6 | 0 | 40 | 156 | 0 | 0 | 65 | 253 | 10 | 0 |
| 15 | 58 | 10 | 0 | 28 | 109 | 4 | 0 | 41 | 159 | 18 | 0 | 70 | 273 | 0 | 0 |
| 16 | 62 | 8 | 0 | 29 | 113 | 2 | 0 | 42 | 163 | 16 | 0 | 75 | 292 | 10 | 0 |
| 17 | 66 | 6 | 0 | 30 | 117 | 0 | 0 | 43 | 167 | 14 | 0 | 80 | 312 | 0 | 0 |
| 18 | 70 | 4 | 0 | 31 | 120 | 18 | 0 | 44 | 171 | 12 | 0 | 85 | 331 | 10 | 0 |
| 19 | 74 | 2 | 0 | 32 | 124 | 16 | 0 | 45 | 175 | 10 | 0 | 90 | 351 | 0 | 0 |
| 20 | 78 | 0 | 0 | 33 | 128 | 14 | 0 | 46 | 179 | 8 | 0 | 100 | 390 | 0 | 0 |
| 21 | 81 | 18 | 0 | 34 | 132 | 12 | 0 | 47 | 183 | 6 | 0 | 200 | 780 | 0 | 0 |
| 22 | 85 | 16 | 0 | 35 | 136 | 10 | 0 | 48 | 187 | 4 | 0 | 300 | 1170 | 0 | 0 |
| 23 | 89 | 14 | 0 | 36 | 140 | 8 | 0 | 49 | 191 | 2 | 0 | 400 | 1560 | 0 | 0 |
| 24 | 93 | 12 | 0 | 37 | 144 | 6 | 0 | 50 | 195 | 0 | 0 | 500 | 1950 | 0 | 0 |

1 grain=two-onethousandths of oz. troy or ·002.

1 carat=3·166 grains.

1 pennyweight=five onehundredths of oz. troy or ·05.

# £3 18s. 6d. per oz.

(For Diamonds, &c., for "oz." read "grain.")

| OUNCES. | | | | TENTHS. | | | | HUNDREDTHS. | | | | THOUSANDTHS. | | | |
|---|---|---|---|---|---|---|---|---|---|---|---|---|---|---|---|
| oz. | £ | s. | d. | | £ | s. | d. | | £ | s. | d. | | £ | s. | d. |
| 1 | 3 | 18 | 6 | ·1 | 0 | 7 | 10¼ | ·01 | 0 | 0 | 9½ | ·001 | 0 | 0 | 1 |
| 2 | 7 | 17 | 0 | ·2 | 0 | 15 | 8½ | ·02 | 0 | 1 | 6¾ | ·002 | 0 | 0 | 2 |
| 3 | 11 | 15 | 6 | ·3 | 1 | 3 | 6½ | ·03 | 0 | 2 | 4¼ | ·003 | 0 | 0 | 2¾ |
| 4 | 15 | 14 | 0 | ·4 | 1 | 11 | 4¾ | ·04 | 0 | 3 | 1¾ | ·004 | 0 | 0 | 3¾ |
| 5 | 19 | 12 | 6 | ·5 | 1 | 19 | 3 | ·05 | 0 | 3 | 11 | ·005 | 0 | 0 | 4¾ |
| 6 | 23 | 11 | 0 | ·6 | 2 | 7 | 1¼ | ·06 | 0 | 4 | 8½ | ·006 | 0 | 0 | 5¾ |
| 7 | 27 | 9 | 6 | ·7 | 2 | 14 | 11½ | ·07 | 0 | 5 | 6 | ·007 | 0 | 0 | 6½ |
| 8 | 31 | 8 | 0 | ·8 | 3 | 2 | 9½ | ·08 | 0 | 6 | 3¼ | ·008 | 0 | 0 | 7½ |
| 9 | 35 | 6 | 6 | ·9 | 3 | 10 | 7¾ | ·09 | 0 | 7 | 0¾ | ·009 | 0 | 0 | 8½ |
| 10 | 39 | 5 | 0 | | | | | | | | | | | | |
| 11 | 43 | 3 | 6 | OUNCES. | | | | OUNCES. | | | | OUNCES. | | | |
| 12 | 47 | 2 | 0 | 25 | 98 | 2 | 6 | 38 | 149 | 3 | 0 | 55 | 215 | 17 | 6 |
| 13 | 51 | 0 | 6 | 26 | 102 | 1 | 0 | 39 | 153 | 1 | 6 | 60 | 235 | 10 | 0 |
| 14 | 54 | 19 | 0 | 27 | 105 | 19 | 6 | 40 | 157 | 0 | 0 | 65 | 255 | 2 | 6 |
| 15 | 58 | 17 | 6 | 28 | 109 | 18 | 0 | 41 | 160 | 18 | 6 | 70 | 274 | 15 | 0 |
| 16 | 62 | 16 | 0 | 29 | 113 | 16 | 6 | 42 | 164 | 17 | 0 | 75 | 294 | 7 | 6 |
| 17 | 66 | 14 | 6 | 30 | 117 | 15 | 0 | 43 | 168 | 15 | 6 | 80 | 314 | 0 | 0 |
| 18 | 70 | 13 | 0 | 31 | 121 | 13 | 6 | 44 | 172 | 14 | 0 | 85 | 333 | 12 | 6 |
| 19 | 74 | 11 | 6 | 32 | 125 | 12 | 0 | 45 | 176 | 12 | 6 | 90 | 353 | 5 | 0 |
| 20 | 78 | 10 | 0 | 33 | 129 | 10 | 6 | 46 | 180 | 11 | 0 | 100 | 392 | 10 | 0 |
| 21 | 82 | 8 | 6 | 34 | 133 | 9 | 0 | 47 | 184 | 9 | 6 | 200 | 785 | 0 | 0 |
| 22 | 86 | 7 | 0 | 35 | 137 | 7 | 6 | 48 | 188 | 8 | 0 | 300 | 1177 | 10 | 0 |
| 23 | 90 | 5 | 6 | 36 | 141 | 6 | 0 | 49 | 192 | 6 | 6 | 400 | 1570 | 0 | 0 |
| 24 | 94 | 4 | 0 | 37 | 145 | 4 | 6 | 50 | 196 | 5 | 0 | 500 | 1962 | 10 | 0 |

1 grain=two-onethousandths of oz. troy or ·002.

1 carat=3·166 grains.

1 pennyweight=five-onehundredths of oz. troy or ·05.

# £3 19s. 0d. per oz.

(For Diamonds, &c., for "oz." read "grain.")

| OUNCES. | | | | TENTHS. | | | | HUNDREDTHS. | | | | THOUSANDTHS. | | | |
|---|---|---|---|---|---|---|---|---|---|---|---|---|---|---|---|
| *oz.* | £ | *s.* | *d.* | | £ | *s.* | *d.* | | £ | *s.* | *d.* | | £ | *s.* | *d.* |
| 1 | 3 | 19 | 0 | ·1 | 0 | 7 | 10¾ | ·01 | 0 | 0 | 9½ | ·001 | 0 | 0 | 1 |
| 2 | 7 | 18 | 0 | ·2 | 0 | 15 | 9½ | ·02 | 0 | 1 | 7 | ·002 | 0 | 0 | 2 |
| 3 | 11 | 17 | 0 | ·3 | 1 | 3 | 8½ | ·03 | 0 | 2 | 4½ | ·003 | 0 | 0 | 2¾ |
| 4 | 15 | 16 | 0 | ·4 | 1 | 11 | 7¼ | ·04 | 0 | 3 | 2 | ·004 | 0 | 0 | 3¾ |
| 5 | 19 | 15 | 0 | ·5 | 1 | 19 | 6 | ·05 | 0 | 3 | 11½ | ·005 | 0 | 0 | 4¾ |
| 6 | 23 | 14 | 0 | ·6 | 2 | 7 | 4¾ | ·06 | 0 | 4 | 9 | ·006 | 0 | 0 | 5¾ |
| 7 | 27 | 13 | 0 | ·7 | 2 | 15 | 3½ | ·07 | 0 | 5 | 6¼ | ·007 | 0 | 0 | 6¾ |
| 8 | 31 | 12 | 0 | ·8 | 3 | 3 | 2½ | ·08 | 0 | 6 | 3¾ | ·008 | 0 | 0 | 7½ |
| 9 | 35 | 11 | 0 | ·9 | 3 | 11 | 1¼ | ·09 | 0 | 7 | 1¼ | ·009 | 0 | 0 | 8½ |
| 10 | 39 | 10 | 0 | | | | | | | | | | | | |
| 11 | 43 | 9 | 0 | OUNCES. | | | | OUNCES. | | | | OUNCES. | | | |
| 12 | 47 | 8 | 0 | 25 | 98 | 15 | 0 | 38 | 150 | 2 | 0 | 55 | 217 | 5 | 0 |
| 13 | 51 | 7 | 0 | 26 | 102 | 14 | 0 | 39 | 154 | 1 | 0 | 60 | 237 | 0 | 0 |
| 14 | 55 | 6 | 0 | 27 | 106 | 13 | 0 | 40 | 158 | 0 | 0 | 65 | 256 | 15 | 0 |
| 15 | 59 | 5 | 0 | 28 | 110 | 12 | 0 | 41 | 161 | 19 | 0 | 70 | 276 | 10 | 0 |
| 16 | 63 | 4 | 0 | 29 | 114 | 11 | 0 | 42 | 165 | 18 | 0 | 75 | 296 | 5 | 0 |
| 17 | 67 | 3 | 0 | 30 | 118 | 10 | 0 | 43 | 169 | 17 | 0 | 80 | 316 | 0 | 0 |
| 18 | 71 | 2 | 0 | 31 | 122 | 9 | 0 | 44 | 173 | 16 | 0 | 85 | 335 | 15 | 0 |
| 19 | 75 | 1 | 0 | 32 | 126 | 8 | 0 | 45 | 177 | 15 | 0 | 90 | 355 | 10 | 0 |
| 20 | 79 | 0 | 0 | 33 | 130 | 7 | 0 | 46 | 181 | 14 | 0 | 100 | 395 | 0 | 0 |
| 21 | 82 | 19 | 0 | 34 | 134 | 6 | 0 | 47 | 185 | 13 | 0 | 200 | 790 | 0 | 0 |
| 22 | 86 | 18 | 0 | 35 | 138 | 5 | 0 | 48 | 189 | 12 | 0 | 300 | 1185 | 0 | 0 |
| 23 | 90 | 17 | 0 | 36 | 142 | 4 | 0 | 49 | 193 | 11 | 0 | 400 | 1580 | 0 | 0 |
| 24 | 94 | 16 | 0 | 37 | 146 | 3 | 0 | 50 | 197 | 10 | 0 | 500 | 1975 | 0 | 0 |

1 grain=two-onethousandths of oz. troy or ·002.

1 carat=3·166 grains.

1 pennyweight=five-onehundredths of oz. troy or ·05.

# £3 19s. 6d. per oz.

(For Diamonds, &c., for "oz" read "grain.")

**OUNCES.**

| oz. | £ | s. | d. |
|---|---|---|---|
| 1 | 3 | 19 | 6 |
| 2 | 7 | 19 | 0 |
| 3 | 11 | 18 | 6 |
| 4 | 15 | 18 | 0 |
| 5 | 19 | 17 | 6 |
| 6 | 23 | 17 | 0 |
| 7 | 27 | 16 | 6 |
| 8 | 31 | 16 | 0 |
| 9 | 35 | 15 | 6 |
| 10 | 39 | 15 | 0 |
| 11 | 43 | 14 | 6 |
| 12 | 47 | 14 | 0 |
| 13 | 51 | 13 | 6 |
| 14 | 55 | 13 | 0 |
| 15 | 59 | 12 | 6 |
| 16 | 63 | 12 | 0 |
| 17 | 67 | 11 | 6 |
| 18 | 71 | 11 | 0 |
| 19 | 75 | 10 | 6 |
| 20 | 79 | 10 | 0 |
| 21 | 83 | 9 | 6 |
| 22 | 87 | 9 | 0 |
| 23 | 91 | 8 | 6 |
| 24 | 95 | 8 | 0 |

**TENTHS.**

| | £ | s. | d. |
|---|---|---|---|
| ·1 | 0 | 7 | 11½ |
| ·2 | 0 | 15 | 10¾ |
| ·3 | 1 | 3 | 10¼ |
| ·4 | 1 | 11 | 9½ |
| ·5 | 1 | 19 | 9 |
| ·6 | 2 | 7 | 8½ |
| ·7 | 2 | 15 | 7¾ |
| ·8 | 3 | 3 | 7¼ |
| ·9 | 3 | 11 | 6½ |

**HUNDREDTHS.**

| | £ | s. | d. |
|---|---|---|---|
| ·01 | 0 | 0 | 9½ |
| ·02 | 0 | 1 | 7 |
| ·03 | 0 | 2 | 4½ |
| ·04 | 0 | 3 | 2¼ |
| ·05 | 0 | 3 | 11¾ |
| ·06 | 0 | 4 | 9¼ |
| ·07 | 0 | 5 | 6¾ |
| ·08 | 0 | 6 | 4¼ |
| ·09 | 0 | 7 | 1¾ |

**THOUSANDTHS.**

| | £ | s. | d. |
|---|---|---|---|
| ·001 | 0 | 0 | 1 |
| ·002 | 0 | 0 | 2 |
| ·003 | 0 | 0 | 2¾ |
| ·004 | 0 | 0 | 3¾ |
| ·005 | 0 | 0 | 4¾ |
| ·006 | 0 | 0 | 5¾ |
| ·007 | 0 | 0 | 6¾ |
| ·008 | 0 | 0 | 7½ |
| ·009 | 0 | 0 | 8½ |

**OUNCES.**

| oz. | £ | s. | d. |
|---|---|---|---|
| 25 | 99 | 7 | 6 |
| 26 | 103 | 7 | 0 |
| 27 | 107 | 6 | 6 |
| 28 | 111 | 6 | 0 |
| 29 | 115 | 5 | 6 |
| 30 | 119 | 5 | 0 |
| 31 | 123 | 4 | 6 |
| 32 | 127 | 4 | 0 |
| 33 | 131 | 3 | 6 |
| 34 | 135 | 3 | 0 |
| 35 | 139 | 2 | 6 |
| 36 | 143 | 2 | 0 |
| 37 | 147 | 1 | 6 |

**OUNCES.**

| oz. | £ | s. | d. |
|---|---|---|---|
| 38 | 151 | 1 | 0 |
| 39 | 155 | 0 | 6 |
| 40 | 159 | 0 | 0 |
| 41 | 162 | 19 | 6 |
| 42 | 166 | 19 | 0 |
| 43 | 170 | 18 | 6 |
| 44 | 174 | 18 | 0 |
| 45 | 178 | 17 | 6 |
| 46 | 182 | 17 | 0 |
| 47 | 186 | 16 | 6 |
| 48 | 190 | 16 | 0 |
| 49 | 194 | 15 | 6 |
| 50 | 198 | 15 | 0 |

**OUNCES.**

| oz. | £ | s. | d. |
|---|---|---|---|
| 55 | 218 | 12 | 6 |
| 60 | 238 | 10 | 0 |
| 65 | 258 | 7 | 6 |
| 70 | 278 | 5 | 0 |
| 75 | 298 | 2 | 6 |
| 80 | 318 | 0 | 0 |
| 85 | 337 | 17 | 6 |
| 90 | 357 | 15 | 0 |
| 100 | 397 | 10 | 0 |
| 200 | 795 | 0 | 0 |
| 300 | 1192 | 10 | 0 |
| 400 | 1590 | 0 | 0 |
| 500 | 1987 | 10 | 0 |

1 grain = two-onethousandths of oz. troy or ·002.

1 carat = 3·166 grains.

1 pennyweight = five-onehundredths of oz. troy or ·05.

# £4 0s. 0d. per oz.

(For Diamonds, &c., for "oz." read "grain.")

| OUNCES. | | | | TENTHS. | | | | HUNDREDTHS. | | | | THOUSANDTHS. | | | |
|---|---|---|---|---|---|---|---|---|---|---|---|---|---|---|---|
| oz. | £ | s. | d. | | £ | s. | d. | | £ | s. | d. | | £ | s. | d. |
| 1 | 4 | 0 | 0 | ·1 | 0 | 8 | 0 | ·01 | 0 | 0 | 9½ | ·001 | 0 | 0 | 1 |
| 2 | 8 | 0 | 0 | ·2 | 0 | 16 | 0 | ·02 | 0 | 1 | 7¼ | ·002 | 0 | 0 | 2 |
| 3 | 12 | 0 | 0 | ·3 | 1 | 4 | 0 | ·03 | 0 | 2 | 4¾ | ·003 | 0 | 0 | 3 |
| 4 | 16 | 0 | 0 | ·4 | 1 | 12 | 0 | ·04 | 0 | 3 | 2½ | ·004 | 0 | 0 | 3¾ |
| 5 | 20 | 0 | 0 | ·5 | 2 | 0 | 0 | ·05 | 0 | 4 | 0 | ·005 | 0 | 0 | 4¾ |
| 6 | 24 | 0 | 0 | ·6 | 2 | 8 | 0 | ·06 | 0 | 4 | 9½ | ·006 | 0 | 0 | 5¾ |
| 7 | 28 | 0 | 0 | ·7 | 2 | 16 | 0 | ·07 | 0 | 5 | 7¼ | ·007 | 0 | 0 | 6¾ |
| 8 | 32 | 0 | 0 | ·8 | 3 | 4 | 0 | ·08 | 0 | 6 | 4¾ | ·008 | 0 | 0 | 7¾ |
| 9 | 36 | 0 | 0 | ·9 | 3 | 12 | 0 | ·09 | 0 | 7 | 2½ | ·009 | 0 | 0 | 8¾ |
| 10 | 40 | 0 | 0 | OUNCES. | | | | OUNCES. | | | | OUNCES. | | | |
| 11 | 44 | 0 | 0 | | | | | | | | | | | | |
| 12 | 48 | 0 | 0 | 25 | 100 | 0 | 0 | 38 | 152 | 0 | 0 | 55 | 220 | 0 | 0 |
| 13 | 52 | 0 | 0 | 26 | 104 | 0 | 0 | 39 | 156 | 0 | 0 | 60 | 240 | 0 | 0 |
| 14 | 56 | 0 | 0 | 27 | 108 | 0 | 0 | 40 | 160 | 0 | 0 | 65 | 260 | 0 | 0 |
| 15 | 60 | 0 | 0 | 28 | 112 | 0 | 0 | 41 | 164 | 0 | 0 | 70 | 280 | 0 | 0 |
| 16 | 64 | 0 | 0 | 29 | 116 | 0 | 0 | 42 | 168 | 0 | 0 | 75 | 300 | 0 | 0 |
| 17 | 68 | 0 | 0 | 30 | 120 | 0 | 0 | 43 | 172 | 0 | 0 | 80 | 320 | 0 | 0 |
| 18 | 72 | 0 | 0 | 31 | 124 | 0 | 0 | 44 | 176 | 0 | 0 | 85 | 340 | 0 | 0 |
| 19 | 76 | 0 | 0 | 32 | 128 | 0 | 0 | 45 | 180 | 0 | 0 | 90 | 360 | 0 | 0 |
| 20 | 80 | 0 | 0 | 33 | 132 | 0 | 0 | 46 | 184 | 0 | 0 | 100 | 400 | 0 | 0 |
| 21 | 84 | 0 | 0 | 34 | 136 | 0 | 0 | 47 | 188 | 0 | 0 | 200 | 800 | 0 | 0 |
| 22 | 88 | 0 | 0 | 35 | 140 | 0 | 0 | 48 | 192 | 0 | 0 | 300 | 1200 | 0 | 0 |
| 23 | 92 | 0 | 0 | 36 | 144 | 0 | 0 | 49 | 196 | 0 | 0 | 400 | 1600 | 0 | 0 |
| 24 | 96 | 0 | 0 | 37 | 148 | 0 | 0 | 50 | 200 | 0 | 0 | 500 | 2000 | 0 | 0 |

1 grain=two-onethousandths of oz. troy or ·002.

1 carat=3·166 grains.

1 pennyweight=five onehundredths of oz. troy or ·05.

# £4 0s. 6d. per oz.

(For Diamonds, &c., for " oz." read " grain.")

| OUNCES. | | | | TENTHS. | | | | HUNDREDTHS. | | | | THOUSANDTHS. | | | |
|---|---|---|---|---|---|---|---|---|---|---|---|---|---|---|---|
| *oz.* | £ | *s.* | *d.* | | £ | *s.* | *d.* | | £ | *s.* | *d.* | | £ | *s.* | *d.* |
| 1 | 4 | 0 | 6 | ·1 | 0 | 8 | 0½ | ·01 | 0 | 0 | 9¾ | ·001 | 0 | 0 | 1 |
| 2 | 8 | 1 | 0 | ·2 | 0 | 16 | 1¼ | ·02 | 0 | 1 | 7¼ | ·002 | 0 | 0 | 2 |
| 3 | 12 | 1 | 6 | ·3 | 1 | 4 | 1¾ | ·03 | 0 | 2 | 5 | ·003 | 0 | 0 | 3 |
| 4 | 16 | 2 | 0 | ·4 | 1 | 12 | 2½ | ·04 | 0 | 3 | 2¾ | ·004 | 0 | 0 | 3¾ |
| 5 | 20 | 2 | 6 | ·5 | 2 | 0 | 3 | ·05 | 0 | 4 | 0¼ | ·005 | 0 | 0 | 4¾ |
| 6 | 24 | 3 | 0 | ·6 | 2 | 8 | 3½ | ·06 | 0 | 4 | 10 | ·006 | 0 | 0 | 5¾ |
| 7 | 28 | 3 | 6 | ·7 | 2 | 16 | 4¼ | ·07 | 0 | 5 | 7½ | ·007 | 0 | 0 | 6¾ |
| 8 | 32 | 4 | 0 | ·8 | 3 | 4 | 4¾ | ·08 | 0 | 6 | 5¼ | ·008 | 0 | 0 | 7¾ |
| 9 | 36 | 4 | 6 | ·9 | 3 | 12 | 5½ | ·09 | 0 | 7 | 3 | ·009 | 0 | 0 | 8¾ |
| 10 | 40 | 5 | 0 | OUNCES. | | | | OUNCES. | | | | OUNCES. | | | |
| 11 | 44 | 5 | 6 | | | | | | | | | | | | |
| 12 | 48 | 6 | 0 | 25 | 100 | 12 | 6 | 38 | 152 | 19 | 0 | 55 | 221 | 7 | 6 |
| 13 | 52 | 6 | 6 | 26 | 104 | 13 | 0 | 39 | 156 | 19 | 6 | 60 | 241 | 10 | 0 |
| 14 | 56 | 7 | 0 | 27 | 108 | 13 | 6 | 40 | 161 | 0 | 0 | 65 | 261 | 12 | 6 |
| 15 | 60 | 7 | 6 | 28 | 112 | 14 | 0 | 41 | 165 | 0 | 6 | 70 | 281 | 15 | 0 |
| 16 | 64 | 8 | 0 | 29 | 116 | 14 | 6 | 42 | 169 | 1 | 0 | 75 | 301 | 17 | 6 |
| 17 | 68 | 8 | 6 | 30 | 120 | 15 | 0 | 43 | 173 | 1 | 6 | 80 | 322 | 0 | 0 |
| 18 | 72 | 9 | 0 | 31 | 124 | 15 | 6 | 44 | 177 | 2 | 0 | 85 | 342 | 2 | 6 |
| 19 | 76 | 9 | 6 | 32 | 128 | 16 | 0 | 45 | 181 | 2 | 6 | 90 | 362 | 5 | 0 |
| 20 | 80 | 10 | 0 | 33 | 132 | 16 | 6 | 46 | 185 | 3 | 0 | 100 | 402 | 10 | 0 |
| 21 | 84 | 10 | 6 | 34 | 136 | 17 | 0 | 47 | 189 | 3 | 6 | 200 | 805 | 0 | 0 |
| 22 | 88 | 11 | 0 | 35 | 140 | 17 | 6 | 48 | 193 | 4 | 0 | 300 | 1207 | 10 | 0 |
| 23 | 92 | 11 | 6 | 36 | 144 | 18 | 0 | 49 | 197 | 4 | 6 | 400 | 1610 | 0 | 0 |
| 24 | 96 | 12 | 0 | 37 | 148 | 18 | 6 | 50 | 201 | 5 | 0 | 500 | 2012 | 10 | 0 |

1 grain=two-onethousandths of oz. troy or ·002.

1 carat=3·166 grains.

1 pennyweight=five-onehundredths of oz. troy or ·05.

# £4 1s. 0d. per oz.

(For Diamonds, &c., for "oz." read "grain.")

| OUNCES. | | | | TENTHS. | | | | HUNDREDTHS. | | | | THOUSANDTHS. | | | |
|---|---|---|---|---|---|---|---|---|---|---|---|---|---|---|---|
| oz. | £ | s. | d. | | £ | s. | d. | | £ | s. | d. | | £ | s. | d. |
| 1 | 4 | 1 | 0 | ·1 | 0 | 8 | 1¼ | ·01 | 0 | 0 | 9¾ | ·001 | 0 | 0 | 1 |
| 2 | 8 | 2 | 0 | ·2 | 0 | 16 | 2½ | ·02 | 0 | 1 | 7½ | ·002 | 0 | 0 | 2 |
| 3 | 12 | 3 | 0 | ·3 | 1 | 4 | 3½ | ·03 | 0 | 2 | 5¼ | ·003 | 0 | 0 | 3 |
| 4 | 16 | 4 | 0 | ·4 | 1 | 12 | 4¾ | ·04 | 0 | 3 | 3 | ·004 | 0 | 0 | 4 |
| 5 | 20 | 5 | 0 | ·5 | 2 | 0 | 6 | ·05 | 0 | 4 | 0½ | ·005 | 0 | 0 | 4¾ |
| 6 | 24 | 6 | 0 | ·6 | 2 | 8 | 7¼ | ·06 | 0 | 4 | 10¼ | ·006 | 0 | 0 | 5¾ |
| 7 | 28 | 7 | 0 | ·7 | 2 | 16 | 8½ | ·07 | 0 | 5 | 8 | ·007 | 0 | 0 | 6¾ |
| 8 | 32 | 8 | 0 | ·8 | 3 | 4 | 9½ | ·08 | 0 | 6 | 5¾ | ·008 | 0 | 0 | 7¾ |
| 9 | 36 | 9 | 0 | ·9 | 3 | 12 | 10¾ | ·09 | 0 | 7 | 3½ | ·009 | 0 | 0 | 8¾ |
| 10 | 40 | 10 | 0 | | | | | | | | | | | | |
| 11 | 44 | 11 | 0 | OUNCES. | | | | OUNCES. | | | | OUNCES. | | | |
| 12 | 48 | 12 | 0 | 25 | 101 | 5 | 0 | 38 | 153 | 18 | 0 | 55 | 222 | 15 | 0 |
| 13 | 52 | 13 | 0 | 26 | 105 | 6 | 0 | 39 | 157 | 19 | 0 | 60 | 243 | 0 | 0 |
| 14 | 56 | 14 | 0 | 27 | 109 | 7 | 0 | 40 | 162 | 0 | 0 | 65 | 263 | 5 | 0 |
| 15 | 60 | 15 | 0 | 28 | 113 | 8 | 0 | 41 | 166 | 1 | 0 | 70 | 283 | 10 | 0 |
| 16 | 64 | 16 | 0 | 29 | 117 | 9 | 0 | 42 | 170 | 2 | 0 | 75 | 303 | 15 | 0 |
| 17 | 68 | 17 | 0 | 30 | 121 | 10 | 0 | 43 | 174 | 3 | 0 | 80 | 324 | 0 | 0 |
| 18 | 72 | 18 | 0 | 31 | 125 | 11 | 0 | 44 | 178 | 4 | 0 | 85 | 344 | 5 | 0 |
| 19 | 76 | 19 | 0 | 32 | 129 | 12 | 0 | 45 | 182 | 5 | 0 | 90 | 364 | 10 | 0 |
| 20 | 81 | 0 | 0 | 33 | 133 | 13 | 0 | 46 | 186 | 6 | 0 | 100 | 405 | 0 | 0 |
| 21 | 85 | 1 | 0 | 34 | 137 | 14 | 0 | 47 | 190 | 7 | 0 | 200 | 810 | 0 | 0 |
| 22 | 89 | 2 | 0 | 35 | 141 | 15 | 0 | 48 | 194 | 8 | 0 | 300 | 1215 | 0 | 0 |
| 23 | 93 | 3 | 0 | 36 | 145 | 16 | 0 | 49 | 198 | 9 | 0 | 400 | 1620 | 0 | 0 |
| 24 | 97 | 4 | 0 | 37 | 149 | 17 | 0 | 50 | 202 | 10 | 0 | 500 | 2025 | 0 | 0 |

1 grain=two-onethousandths of oz. troy or ·002.

1 carat=3·166 grains.

1 pennyweight=five-onehundredths of oz. troy or ·05.

# £4 1s. 6d. per oz.

(For Diamonds, &c., for "oz" read "grain.")

**OUNCES.**

| oz. | £ | s. | d. |
|---|---|---|---|
| 1 | 4 | 1 | 6 |
| 2 | 8 | 3 | 0 |
| 3 | 12 | 4 | 6 |
| 4 | 16 | 6 | 0 |
| 5 | 20 | 7 | 6 |
| 6 | 24 | 9 | 0 |
| 7 | 28 | 10 | 6 |
| 8 | 32 | 12 | 0 |
| 9 | 36 | 13 | 6 |
| 10 | 40 | 15 | 0 |
| 11 | 44 | 16 | 6 |
| 12 | 48 | 18 | 0 |
| 13 | 52 | 19 | 6 |
| 14 | 57 | 1 | 0 |
| 15 | 61 | 2 | 6 |
| 16 | 65 | 4 | 0 |
| 17 | 69 | 5 | 6 |
| 18 | 73 | 7 | 0 |
| 19 | 77 | 8 | 6 |
| 20 | 81 | 10 | 0 |
| 21 | 85 | 11 | 6 |
| 22 | 89 | 13 | 0 |
| 23 | 93 | 14 | 6 |
| 24 | 97 | 16 | 0 |

**TENTHS.**

| | £ | s. | d. |
|---|---|---|---|
| ·1 | 0 | 8 | 1¾ |
| ·2 | 0 | 16 | 3½ |
| ·3 | 1 | 4 | 5½ |
| ·4 | 1 | 12 | 7¼ |
| ·5 | 2 | 0 | 9 |
| ·6 | 2 | 8 | 10¾ |
| ·7 | 2 | 17 | 0½ |
| ·8 | 3 | 5 | 2½ |
| ·9 | 3 | 13 | 4¼ |

**HUNDREDTHS.**

| | £ | s. | d. |
|---|---|---|---|
| ·01 | 0 | 0 | 9¾ |
| ·02 | 0 | 1 | 7½ |
| ·03 | 0 | 2 | 5¼ |
| ·04 | 0 | 3 | 3 |
| ·05 | 0 | 4 | 1 |
| ·06 | 0 | 4 | 10¾ |
| ·07 | 0 | 5 | 8½ |
| ·08 | 0 | 6 | 6¼ |
| ·09 | 0 | 7 | 4 |

**THOUSANDTHS.**

| | £ | s. | d. |
|---|---|---|---|
| ·001 | 0 | 0 | 1 |
| ·002 | 0 | 0 | 2 |
| ·003 | 0 | 0 | 3 |
| ·004 | 0 | 0 | 4 |
| ·005 | 0 | 0 | 5 |
| ·006 | 0 | 0 | 5¾ |
| ·007 | 0 | 0 | 6¾ |
| ·008 | 0 | 0 | 7¾ |
| ·009 | 0 | 0 | 8¾ |

**OUNCES.**

| oz. | £ | s. | d. |
|---|---|---|---|
| 25 | 101 | 17 | 6 |
| 26 | 105 | 19 | 0 |
| 27 | 110 | 0 | 6 |
| 28 | 114 | 2 | 0 |
| 29 | 118 | 3 | 6 |
| 30 | 122 | 5 | 0 |
| 31 | 126 | 6 | 6 |
| 32 | 130 | 8 | 0 |
| 33 | 134 | 9 | 6 |
| 34 | 138 | 11 | 0 |
| 35 | 142 | 12 | 6 |
| 36 | 146 | 14 | 0 |
| 37 | 150 | 15 | 6 |

**OUNCES.**

| oz. | £ | s. | d. |
|---|---|---|---|
| 38 | 154 | 17 | 0 |
| 39 | 158 | 18 | 6 |
| 40 | 163 | 0 | 0 |
| 41 | 167 | 1 | 6 |
| 42 | 171 | 3 | 0 |
| 43 | 175 | 4 | 6 |
| 44 | 179 | 6 | 0 |
| 45 | 183 | 7 | 6 |
| 46 | 187 | 9 | 0 |
| 47 | 191 | 10 | 6 |
| 48 | 195 | 12 | 0 |
| 49 | 199 | 13 | 6 |
| 50 | 203 | 15 | 0 |

**OUNCES.**

| oz. | £ | s. | d. |
|---|---|---|---|
| 55 | 224 | 2 | 6 |
| 60 | 244 | 10 | 0 |
| 65 | 264 | 17 | 6 |
| 70 | 285 | 5 | 0 |
| 75 | 305 | 12 | 6 |
| 80 | 326 | 0 | 0 |
| 85 | 346 | 7 | 6 |
| 90 | 366 | 15 | 0 |
| 100 | 407 | 10 | 0 |
| 200 | 815 | 0 | 0 |
| 300 | 1222 | 10 | 0 |
| 400 | 1630 | 0 | 0 |
| 500 | 2037 | 10 | 0 |

1 grain=two-onethousandths of oz. troy or ·002.

1 carat=3·166 grains.

1 pennyweight=five-onehundredths of oz. troy or ·05.

# £4 2s. 0d. per oz.

**(For Diamonds, &c., for "oz." read "grain.")**

| OUNCES. | | | | TENTHS. | | | | HUNDREDTHS. | | | | THOUSANDTHS. | | | |
|---|---|---|---|---|---|---|---|---|---|---|---|---|---|---|---|
| oz. | £ | s. | d. | | £ | s. | d. | | £ | s. | d. | | £ | s. | d. |
| 1 | 4 | 2 | 0 | ·1 | 0 | 8 | 2½ | ·01 | 0 | 0 | 9¾ | ·001 | 0 | 0 | 1 |
| 2 | 8 | 4 | 0 | ·2 | 0 | 16 | 4¾ | ·02 | 0 | 1 | 7¾ | ·002 | 0 | 0 | 2 |
| 3 | 12 | 6 | 0 | ·3 | 1 | 4 | 7¼ | ·03 | 0 | 2 | 5½ | ·003 | 0 | 0 | 3 |
| 4 | 16 | 8 | 0 | ·4 | 1 | 12 | 9½ | ·04 | 0 | 3 | 3¼ | ·004 | 0 | 0 | 4 |
| 5 | 20 | 10 | 0 | ·5 | 2 | 1 | 0 | ·05 | 0 | 4 | 1¼ | ·005 | 0 | 0 | 5 |
| 6 | 24 | 12 | 0 | ·6 | 2 | 9 | 2½ | ·06 | 0 | 4 | 11 | ·006 | 0 | 0 | 6 |
| 7 | 28 | 14 | 0 | ·7 | 2 | 17 | 4¾ | ·07 | 0 | 5 | 9 | ·007 | 0 | 0 | 7 |
| 8 | 32 | 16 | 0 | ·8 | 3 | 5 | 7¼ | ·08 | 0 | 6 | 6¾ | ·008 | 0 | 0 | 7¾ |
| 9 | 36 | 18 | 0 | ·9 | 3 | 13 | 9½ | ·09 | 0 | 7 | 4½ | ·009 | 0 | 0 | 8¾ |
| 10 | 41 | 0 | 0 | OUNCES. | | | | OUNCES. | | | | OUNCES. | | | |
| 11 | 45 | 2 | 0 | | | | | | | | | | | | |
| 12 | 49 | 4 | 0 | 25 | 102 | 10 | 0 | 38 | 155 | 16 | 0 | 55 | 225 | 10 | 0 |
| 13 | 53 | 6 | 0 | 26 | 106 | 12 | 0 | 39 | 159 | 18 | 0 | 60 | 246 | 0 | 0 |
| 14 | 57 | 8 | 0 | 27 | 110 | 14 | 0 | 40 | 164 | 0 | 0 | 65 | 266 | 10 | 0 |
| 15 | 61 | 10 | 0 | 28 | 114 | 16 | 0 | 41 | 168 | 2 | 0 | 70 | 287 | 0 | 0 |
| 16 | 65 | 12 | 0 | 29 | 118 | 18 | 0 | 42 | 172 | 4 | 0 | 75 | 307 | 10 | 0 |
| 17 | 69 | 14 | 0 | 30 | 123 | 0 | 0 | 43 | 176 | 6 | 0 | 80 | 328 | 0 | 0 |
| 18 | 73 | 16 | 0 | 31 | 127 | 2 | 0 | 44 | 180 | 8 | 0 | 85 | 348 | 10 | 0 |
| 19 | 77 | 18 | 0 | 32 | 131 | 4 | 0 | 45 | 184 | 10 | 0 | 90 | 369 | 0 | 0 |
| 20 | 82 | 0 | 0 | 33 | 135 | 6 | 0 | 46 | 188 | 12 | 0 | 100 | 410 | 0 | 0 |
| 21 | 86 | 2 | 0 | 34 | 139 | 8 | 0 | 47 | 192 | 14 | 0 | 200 | 820 | 0 | 0 |
| 22 | 90 | 4 | 0 | 35 | 143 | 10 | 0 | 48 | 196 | 16 | 0 | 300 | 1230 | 0 | 0 |
| 23 | 94 | 6 | 0 | 36 | 147 | 12 | 0 | 49 | 200 | 18 | 0 | 400 | 1640 | 0 | 0 |
| 24 | 98 | 8 | 0 | 37 | 151 | 14 | 0 | 50 | 205 | 0 | 0 | 500 | 2050 | 0 | 0 |

**1 grain=two-onethousandths of oz. troy or ·002.**

**1 carat=3·166 grains.**

**1 pennyweight=five onehundredths of oz. troy or ·05.**

# £4 2s. 6d. per oz.

(For Diamonds, &c., for " oz." read " grain.")

| OUNCES. | | | | TENTHS. | | | | HUNDREDTHS. | | | | THOUSANDTHS. | | | |
|---|---|---|---|---|---|---|---|---|---|---|---|---|---|---|---|
| *oz.* | £ | *s.* | *d.* | | £ | *s.* | *d.* | | £ | *s.* | *d.* | | £ | *s.* | *d.* |
| 1 | 4 | 2 | 6 | ·1 | 0 | 8 | 3 | ·01 | 0 | 0 | 10 | ·001 | 0 | 0 | 1 |
| 2 | 8 | 5 | 0 | ·2 | 0 | 16 | 6 | ·02 | 0 | 1 | 7¾ | ·002 | 0 | 0 | 2 |
| 3 | 12 | 7 | 6 | ·3 | 1 | 4 | 9 | ·03 | 0 | 2 | 5¾ | ·003 | 0 | 0 | 3 |
| 4 | 16 | 10 | 0 | ·4 | 1 | 13 | 0 | ·04 | 0 | 3 | 3½ | ·004 | 0 | 0 | 4 |
| 5 | 20 | 12 | 6 | ·5 | 2 | 1 | 3 | ·05 | 0 | 4 | 1½ | ·005 | 0 | 0 | 5 |
| 6 | 24 | 15 | 0 | ·6 | 2 | 9 | 6 | ·06 | 0 | 4 | 11½ | ·006 | 0 | 0 | 6 |
| 7 | 28 | 17 | 6 | ·7 | 2 | 17 | 9 | ·07 | 0 | 5 | 9¼ | ·007 | 0 | 0 | 7 |
| 8 | 33 | 0 | 0 | ·8 | 3 | 6 | 0 | ·08 | 0 | 6 | 7¼ | ·008 | 0 | 0 | 8 |
| 9 | 37 | 2 | 6 | ·9 | 3 | 14 | 3 | ·09 | 0 | 7 | 5 | ·009 | 0 | 0 | 9 |
| 10 | 41 | 5 | 0 | OUNCES. | | | | OUNCES. | | | | OUNCES. | | | |
| 11 | 45 | 7 | 6 | | | | | | | | | | | | |
| 12 | 49 | 10 | 0 | 25 | 103 | 2 | 6 | 38 | 156 | 15 | 0 | 55 | 226 | 17 | 6 |
| 13 | 53 | 12 | 6 | 26 | 107 | 5 | 0 | 39 | 160 | 17 | 6 | 60 | 247 | 10 | 0 |
| 14 | 57 | 15 | 0 | 27 | 111 | 7 | 6 | 40 | 165 | 0 | 0 | 65 | 268 | 2 | 6 |
| 15 | 61 | 17 | 6 | 28 | 115 | 10 | 0 | 41 | 169 | 2 | 6 | 70 | 288 | 15 | 0 |
| 16 | 66 | 0 | 0 | 29 | 119 | 12 | 6 | 42 | 173 | 5 | 0 | 75 | 309 | 7 | 6 |
| 17 | 70 | 2 | 6 | 30 | 123 | 15 | 0 | 43 | 177 | 7 | 6 | 80 | 330 | 0 | 0 |
| 18 | 74 | 5 | 0 | 31 | 127 | 17 | 6 | 44 | 181 | 10 | 0 | 85 | 350 | 12 | 6 |
| 19 | 78 | 7 | 6 | 32 | 132 | 0 | 0 | 45 | 185 | 12 | 6 | 90 | 371 | 5 | 0 |
| 20 | 82 | 10 | 0 | 33 | 136 | 2 | 6 | 46 | 189 | 15 | 0 | 100 | 412 | 10 | 0 |
| 21 | 86 | 12 | 6 | 34 | 140 | 5 | 0 | 47 | 193 | 17 | 6 | 200 | 825 | 0 | 0 |
| 22 | 90 | 15 | 0 | 35 | 144 | 7 | 6 | 48 | 198 | 0 | 0 | 300 | 1237 | 10 | 0 |
| 23 | 94 | 17 | 6 | 36 | 148 | 10 | 0 | 49 | 202 | 2 | 6 | 400 | 1650 | 0 | 0 |
| 24 | 99 | 0 | 0 | 37 | 152 | 12 | 6 | 50 | 206 | 5 | 0 | 500 | 2062 | 10 | 0 |

1 grain=two-onethousandths of oz. troy or ·002.

1 carat=3·166 grains.

1 pennyweight=five-onehundredths of oz. troy or ·05.

# £4 3s. 0d. per oz.

(For Diamonds, &c., for "oz." read "grain.")

| OUNCES. | | | | TENTHS. | | | | HUNDREDTHS. | | | | THOUSANDTHS. | | | |
|---|---|---|---|---|---|---|---|---|---|---|---|---|---|---|---|
| oz. | £ | s. | d. | | £ | s. | d. | | £ | s. | d. | | £ | s. | d. |
| 1 | 4 | 3 | 0 | ·1 | 0 | 8 | 3½ | ·01 | 0 | 0 | 10 | ·001 | 0 | 0 | 1 |
| 2 | 8 | 6 | 0 | ·2 | 0 | 16 | 7¼ | ·02 | 0 | 1 | 8 | ·002 | 0 | 0 | 2 |
| 3 | 12 | 9 | 0 | ·3 | 1 | 4 | 10¾ | ·03 | 0 | 2 | 6 | ·003 | 0 | 0 | 3 |
| 4 | 16 | 12 | 0 | ·4 | 1 | 13 | 2½ | ·04 | 0 | 3 | 3¾ | ·004 | 0 | 0 | 4 |
| 5 | 20 | 15 | 0 | ·5 | 2 | 1 | 6 | 05 | 0 | 4 | 1¾ | ·005 | 0 | 0 | 5 |
| 6 | 24 | 18 | 0 | ·6 | 2 | 9 | 9½ | ·06 | 0 | 4 | 11¾ | ·006 | 0 | 0 | 6 |
| 7 | 29 | 1 | 0 | ·7 | 2 | 18 | 1¼ | ·07 | 0 | 5 | 9¾ | ·007 | 0 | 0 | 7 |
| 8 | 33 | 4 | 0 | ·8 | 3 | 6 | 4¾ | ·08 | 0 | 6 | 7¾ | ·008 | 0 | 0 | 8 |
| 9 | 37 | 7 | C | ·9 | 3 | 14 | 8½ | ·09 | 0 | 7 | 5¾ | ·009 | 0 | 0 | 9 |
| 10 | 41 | 10 | 0 | OUNCES. | | | | OUNCES. | | | | OUNCES. | | | |
| 11 | 45 | 13 | 0 | | | | | | | | | | | | |
| 12 | 49 | 16 | 0 | 25 | 103 | 15 | 0 | 38 | 157 | 14 | 0 | 55 | 228 | 5 | 0 |
| 13 | 53 | 19 | 0 | 26 | 107 | 18 | 0 | 39 | 161 | 17 | 0 | 60 | 249 | 0 | 0 |
| 14 | 58 | 2 | 0 | 27 | 112 | 1 | 0 | 40 | 166 | 0 | 0 | 65 | 269 | 15 | 0 |
| 15 | 62 | 5 | 0 | 28 | 116 | 4 | 0 | 41 | 170 | 3 | 0 | 70 | 290 | 10 | 0 |
| 16 | 66 | 8 | 0 | 29 | 120 | 7 | 0 | 42 | 174 | 6 | 0 | 75 | 311 | 5 | 0 |
| 17 | 70 | 11 | 0 | 30 | 124 | 10 | 0 | 43 | 178 | 9 | 0 | 80 | 332 | 0 | 0 |
| 18 | 74 | 14 | 0 | 31 | 128 | 13 | 0 | 44 | 182 | 12 | 0 | 85 | 352 | 15 | 0 |
| 19 | 78 | 17 | 0 | 32 | 132 | 16 | 0 | 45 | 186 | 15 | 0 | 90 | 373 | 10 | 0 |
| 20 | 83 | 0 | 0 | 33 | 136 | 19 | 0 | 46 | 190 | 18 | 0 | 100 | 415 | 0 | 0 |
| 21 | 87 | 3 | 0 | 34 | 141 | 2 | 0 | 47 | 195 | 1 | 0 | 200 | 830 | 0 | 0 |
| 22 | 91 | 6 | 0 | 35 | 145 | 5 | 0 | 48 | 199 | 4 | 0 | 300 | 1245 | 0 | 0 |
| 23 | 95 | 9 | 0 | 36 | 149 | 8 | 0 | 49 | 203 | 7 | 0 | 400 | 1660 | 0 | 0 |
| 24 | 99 | 12 | 0 | 37 | 153 | 11 | 0 | 50 | 207 | 10 | 0 | 500 | 2075 | 0 | 0 |

1 grain=two-onethousandths of oz. troy or ·002.

1 carat=3·166 grains.

1 pennyweight=five-onehundredths of oz. troy or ·05.

# £4 3s. 6d. per oz.

**(For Diamonds, &c., for " oz " read "grain.")**

| OUNCES. | | | | TENTHS. | | | | HUNDREDTHS. | | | | THOUSANDTHS. | | | |
|---|---|---|---|---|---|---|---|---|---|---|---|---|---|---|---|
| oz. | £ | s. | d. | | £ | s. | d. | | £ | s. | d. | | £ | s. | d. |
| 1 | 4 | 3 | 6 | ·1 | 0 | 8 | 4¼ | ·01 | 0 | 0 | 10 | ·001 | 0 | 0 | 1 |
| 2 | 8 | 7 | 0 | ·2 | 0 | 16 | 8½ | ·02 | 0 | 1 | 8 | ·002 | 0 | 0 | 2 |
| 3 | 12 | 10 | 6 | ·3 | 1 | 5 | 0½ | ·03 | 0 | 2 | 6 | ·003 | 0 | 0 | 3 |
| 4 | 16 | 14 | 0 | ·4 | 1 | 13 | 4¾ | ·04 | 0 | 3 | 4 | ·004 | 0 | 0 | 4 |
| 5 | 20 | 17 | 6 | ·5 | 2 | 1 | 9 | ·05 | 0 | 4 | 2 | ·005 | 0 | 0 | 5 |
| 6 | 25 | 1 | 0 | ·6 | 2 | 10 | 1¼ | 06 | 0 | 5 | 0 | ·006 | 0 | 0 | 6 |
| 7 | 29 | 4 | 6 | ·7 | 2 | 18 | 5½ | ·07 | 0 | 5 | 10¼ | ·007 | 0 | 0 | 7 |
| 8 | 33 | 8 | 0 | ·8 | 3 | 6 | 9½ | ·08 | 0 | 6 | 8¼ | ·008 | 0 | 0 | 8 |
| 9 | 37 | 11 | 6 | ·9 | 3 | 15 | 1¾ | ·09 | 0 | 7 | 6¼ | ·009 | 0 | 0 | 9 |
| 10 | 41 | 15 | 0 | | | | | | | | | | | | |
| 11 | 45 | 18 | 6 | OUNCES. | | | | OUNCES. | | | | OUNCES. | | | |
| 12 | 50 | 2 | 0 | 25 | 104 | 7 | 6 | 38 | 158 | 13 | 0 | 55 | 229 | 12 | 6 |
| 13 | 54 | 5 | 6 | 26 | 108 | 11 | 0 | 39 | 162 | 16 | 6 | 60 | 250 | 10 | 0 |
| 14 | 58 | 9 | 0 | 27 | 112 | 14 | 6 | 40 | 167 | 0 | 0 | 65 | 271 | 7 | 6 |
| 15 | 62 | 12 | 6 | 28 | 116 | 18 | 0 | 41 | 171 | 3 | 6 | 70 | 292 | 5 | 0 |
| 16 | 66 | 16 | 0 | 29 | 121 | 1 | 6 | 42 | 175 | 7 | 0 | 75 | 313 | 2 | 6 |
| 17 | 70 | 19 | 6 | 30 | 125 | 5 | 0 | 43 | 179 | 10 | 6 | 80 | 334 | 0 | 0 |
| 18 | 75 | 3 | 0 | 31 | 129 | 8 | 6 | 44 | 183 | 14 | 0 | 85 | 354 | 17 | 6 |
| 19 | 79 | 6 | 6 | 32 | 133 | 12 | 0 | 45 | 187 | 17 | 6 | 90 | 375 | 15 | 0 |
| 20 | 83 | 10 | 0 | 33 | 137 | 15 | 6 | 46 | 192 | 1 | 0 | 100 | 417 | 10 | 0 |
| 21 | 87 | 13 | 6 | 34 | 141 | 19 | 0 | 47 | 196 | 4 | 6 | 200 | 835 | 0 | 0 |
| 22 | 91 | 17 | 0 | 35 | 146 | 2 | 6 | 48 | 200 | 8 | 0 | 300 | 1252 | 10 | 0 |
| 23 | 96 | 0 | 6 | 36 | 150 | 6 | 0 | 49 | 204 | 11 | 6 | 400 | 1670 | 0 | 0 |
| 24 | 100 | 4 | 0 | 37 | 154 | 9 | 6 | 50 | 208 | 15 | 0 | 500 | 2087 | 10 | 0 |

1 grain=two-onethousandths of oz. troy or ·002.

1 carat=3·166 grains.

1 pennyweight=five-onehundredths of oz. troy or ·05.

# £4 4s. 0d. per oz.

(For Diamonds, &c., for "oz." read "grain.")

| | | | | | | | | | | | | | | | |
|---|---|---|---|---|---|---|---|---|---|---|---|---|---|---|---|
| OUNCES. | | | | TENTHS. | | | | HUNDREDTHS. | | | | THOUSANDTHS. | | | |
| *oz.* | £ | *s.* | *d.* | | £ | *s.* | *d.* | | £ | *s.* | *d.* | | £ | *s.* | *d.* |
| 1 | 4 | 4 | 0 | ·1 | 0 | 8 | 4¾ | 01 | 0 | 0 | 10 | ·001 | 0 | 0 | 1 |
| 2 | 8 | 8 | 0 | ·2 | 0 | 16 | 9½ | 02 | 0 | 1 | 8¼ | ·002 | 0 | 0 | 2 |
| 3 | 12 | 12 | 0 | ·3 | 1 | 5 | 2½ | ·03 | 0 | 2 | 6¼ | ·003 | 0 | 0 | 3 |
| 4 | 16 | 16 | 0 | ·4 | 1 | 13 | 7¼ | ·04 | 0 | 3 | 4¼ | ·004 | 0 | 0 | 4 |
| 5 | 21 | 0 | 0 | ·5 | 2 | 2 | 0 | ·05 | 0 | 4 | 2½ | ·005 | 0 | 0 | 5 |
| 6 | 25 | 4 | 0 | ·6 | 2 | 10 | 4¾ | ·06 | 0 | 5 | 0½ | ·006 | 0 | 0 | 6 |
| 7 | 29 | 8 | 0 | ·7 | 2 | 18 | 9½ | ·07 | 0 | 5 | 10½ | ·007 | 0 | 0 | 7 |
| 8 | 33 | 12 | 0 | ·8 | 3 | 7 | 2½ | ·08 | 0 | 6 | 8¾ | ·008 | 0 | 0 | 8 |
| 9 | 37 | 16 | 0 | ·9 | 3 | 15 | 7¼ | ·09 | 0 | 7 | 6¾ | ·009 | 0 | 0 | 9 |
| 10 | 42 | 0 | 0 | | | | | | | | | | | | |
| 11 | 46 | 4 | 0 | OUNCES. | | | | OUNCES. | | | | OUNCES. | | | |
| 12 | 50 | 8 | 0 | 25 | 105 | 0 | 0 | 38 | 159 | 12 | 0 | 55 | 231 | 0 | 0 |
| 13 | 54 | 12 | 0 | 26 | 109 | 4 | 0 | 39 | 163 | 16 | 0 | 60 | 252 | 0 | 0 |
| 14 | 58 | 16 | 0 | 27 | 113 | 8 | 0 | 40 | 168 | 0 | 0 | 65 | 273 | 0 | 0 |
| 15 | 63 | 0 | 0 | 28 | 117 | 12 | 0 | 41 | 172 | 4 | 0 | 70 | 294 | 0 | 0 |
| 16 | 67 | 4 | 0 | 29 | 121 | 16 | 0 | 42 | 176 | 8 | 0 | 75 | 315 | 0 | 0 |
| 17 | 71 | 8 | 0 | 30 | 126 | 0 | 0 | 43 | 180 | 12 | 0 | 80 | 336 | 0 | 0 |
| 18 | 75 | 12 | 0 | 31 | 130 | 4 | 0 | 44 | 184 | 16 | 0 | 85 | 357 | 0 | 0 |
| 19 | 79 | 16 | 0 | 32 | 134 | 8 | 0 | 45 | 189 | 0 | 0 | 90 | 378 | 0 | 0 |
| 20 | 84 | 0 | 0 | 33 | 138 | 12 | 0 | 46 | 193 | 4 | 0 | 100 | 420 | 0 | 0 |
| 21 | 88 | 4 | 0 | 34 | 142 | 16 | 0 | 47 | 197 | 8 | 0 | 200 | 840 | 0 | 0 |
| 22 | 92 | 8 | 0 | 35 | 147 | 0 | 0 | 48 | 201 | 12 | 0 | 300 | 1260 | 0 | 0 |
| 23 | 96 | 12 | 0 | 36 | 151 | 4 | 0 | 49 | 205 | 16 | 0 | 400 | 1680 | 0 | 0 |
| 24 | 100 | 16 | 0 | 37 | 155 | 8 | 0 | 50 | 210 | 0 | 0 | 500 | 2100 | 0 | 0 |

1 grain = two-onethousandths of oz. troy or ·002.

1 carat = 3·166 grains.

1 pennyweight = five onehundredths of oz. troy or ·05.

# £4 4s. 6d. per oz.

(For Diamonds, &c., for " oz." read " grain.")

| OUNCES. | | | | TENTHS | | | | HUNDREDTHS. | | | | THOUSANDTHS. | | | |
|---|---|---|---|---|---|---|---|---|---|---|---|---|---|---|---|
| *oz.* | £ | *s.* | *d.* | | £ | *s.* | *d.* | | £ | *s.* | *d.* | | £ | *s.* | *d.* |
| 1 | 4 | 4 | 6 | ·1 | 0 | 8 | 5½ | ·01 | 0 | 0 | 10¼ | ·001 | 0 | 0 | 1 |
| 2 | 8 | 9 | 0 | ·2 | 0 | 16 | 10¾ | ·02 | 0 | 1 | 8¼ | ·002 | 0 | 0 | 2 |
| 3 | 12 | 13 | 6 | ·3 | 1 | 5 | 4¼ | ·03 | 0 | 2 | 6½ | ·003 | 0 | 0 | 3 |
| 4 | 16 | 18 | 0 | ·4 | 1 | 13 | 9½ | ·04 | 0 | 3 | 4½ | ·004 | 0 | 0 | 4 |
| 5 | 21 | 2 | 6 | ·5 | 2 | 2 | 3 | ·05 | 0 | 4 | 2¾ | ·005 | 0 | 0 | 5 |
| 6 | 25 | 7 | 0 | ·6 | 2 | 10 | 8½ | ·06 | 0 | 5 | 0¾ | ·006 | 0 | 0 | 6 |
| 7 | 29 | 11 | 6 | ·7 | 2 | 19 | 1¾ | ·07 | 0 | 5 | 11 | ·007 | 0 | 0 | 7 |
| 8 | 33 | 16 | 0 | ·8 | 3 | 7 | 7¼ | ·08 | 0 | 6 | 9 | ·008 | 0 | 0 | 8 |
| 9 | 38 | 0 | 6 | ·9 | 3 | 16 | 0½ | ·09 | 0 | 7 | 7¼ | ·009 | 0 | 0 | 9¼ |
| 10 | 42 | 5 | 0 | OUNCES. | | | | OUNCES. | | | | OUNCES. | | | |
| 11 | 46 | 9 | 6 | | | | | | | | | | | | |
| 12 | 50 | 14 | 0 | 25 | 105 | 12 | 6 | 38 | 160 | 11 | 0 | 55 | 232 | 7 | 6 |
| 13 | 54 | 18 | 6 | 26 | 109 | 17 | 0 | 39 | 164 | 15 | 6 | 60 | 253 | 10 | 0 |
| 14 | 59 | 3 | 0 | 27 | 114 | 1 | 6 | 40 | 169 | 0 | 0 | 65 | 274 | 12 | 6 |
| 15 | 63 | 7 | 6 | 28 | 118 | 6 | 0 | 41 | 173 | 4 | 6 | 70 | 295 | 15 | 0 |
| 16 | 67 | 12 | 0 | 29 | 122 | 10 | 6 | 42 | 177 | 9 | 0 | 75 | 316 | 17 | 6 |
| 17 | 71 | 16 | 6 | 30 | 126 | 15 | 0 | 43 | 181 | 13 | 6 | 80 | 338 | 0 | 0 |
| 18 | 76 | 1 | 0 | 31 | 130 | 19 | 6 | 44 | 185 | 18 | 0 | 85 | 359 | 2 | 6 |
| 19 | 80 | 5 | 6 | 32 | 135 | 4 | 0 | 45 | 190 | 2 | 6 | 90 | 380 | 5 | 0 |
| 20 | 84 | 10 | 0 | 33 | 139 | 8 | 6 | 46 | 194 | 7 | 0 | 100 | 422 | 10 | 0 |
| 21 | 88 | 14 | 6 | 34 | 143 | 13 | 0 | 47 | 198 | 11 | 6 | 200 | 845 | 0 | 0 |
| 22 | 92 | 19 | 0 | 35 | 147 | 17 | 6 | 48 | 202 | 16 | 0 | 300 | 1267 | 10 | 0 |
| 23 | 97 | 3 | 6 | 36 | 152 | 2 | 0 | 49 | 207 | 0 | 6 | 400 | 1690 | 0 | 0 |
| 24 | 101 | 8 | 0 | 37 | 156 | 6 | 6 | 50 | 211 | 5 | 0 | 500 | 2112 | 10 | 0 |

1 grain=two-onethousandths of oz. troy or ·002.

1 carat=3·166 grains.

1 pennyweight=five-onehundredths of oz. troy or ·05.

# £4 5s. 0d. per oz.

(For Diamonds, &c., for "oz." read "grain.")

**OUNCES.**

| oz. | £ | s. | d. |
|---|---|---|---|
| 1 | 4 | 5 | 0 |
| 2 | 8 | 10 | 0 |
| 3 | 12 | 15 | 0 |
| 4 | 17 | 0 | 0 |
| 5 | 21 | 5 | 0 |
| 6 | 25 | 10 | 0 |
| 7 | 29 | 15 | 0 |
| 8 | 34 | 0 | 0 |
| 9 | 38 | 5 | 0 |
| 10 | 42 | 10 | 0 |
| 11 | 46 | 15 | 0 |
| 12 | 51 | 0 | 0 |
| 13 | 55 | 5 | 0 |
| 14 | 59 | 10 | 0 |
| 15 | 63 | 15 | 0 |
| 16 | 68 | 0 | 0 |
| 17 | 72 | 5 | 0 |
| 18 | 76 | 10 | 0 |
| 19 | 80 | 15 | 0 |
| 20 | 85 | 0 | 0 |
| 21 | 89 | 5 | 0 |
| 22 | 93 | 10 | 0 |
| 23 | 97 | 15 | 0 |
| 24 | 102 | 0 | 0 |

| TENTHS. | £ | s. | d. | HUNDREDTHS. | £ | s. | d. | THOUSANDTHS. | £ | s. | d. |
|---|---|---|---|---|---|---|---|---|---|---|---|
| ·1 | 0 | 8 | 6 | ·01 | 0 | 0 | 10¼ | ·001 | 0 | 0 | 1 |
| ·2 | 0 | 17 | 0 | ·02 | 0 | 1 | 8½ | ·002 | 0 | 0 | 2 |
| ·3 | 1 | 5 | 6 | ·03 | 0 | 2 | 6½ | ·003 | 0 | 0 | 3 |
| ·4 | 1 | 14 | 0 | ·04 | 0 | 3 | 4¾ | ·004 | 0 | 0 | 4 |
| ·5 | 2 | 2 | 6 | ·05 | 0 | 4 | 3 | ·005 | 0 | 0 | 5 |
| ·6 | 2 | 11 | 0 | ·06 | 0 | 5 | 1¼ | ·006 | 0 | 0 | 6 |
| ·7 | 2 | 19 | 6 | ·07 | 0 | 5 | 11½ | ·007 | 0 | 0 | 7¼ |
| ·8 | 3 | 8 | 0 | ·08 | 0 | 6 | 9½ | ·008 | 0 | 0 | 8¼ |
| ·9 | 3 | 16 | 6 | ·09 | 0 | 7 | 7¾ | ·009 | 0 | 0 | 9¼ |

| OUNCES. | £ | s. | d. | OUNCES. | £ | s. | d. | OUNCES. | £ | s. | d. |
|---|---|---|---|---|---|---|---|---|---|---|---|
| 25 | 106 | 5 | 0 | 38 | 161 | 10 | 0 | 55 | 233 | 15 | 0 |
| 26 | 110 | 10 | 0 | 39 | 165 | 15 | 0 | 60 | 255 | 0 | 0 |
| 27 | 114 | 15 | 0 | 40 | 170 | 0 | 0 | 65 | 276 | 5 | 0 |
| 28 | 119 | 0 | 0 | 41 | 174 | 5 | 0 | 70 | 297 | 10 | 0 |
| 29 | 123 | 5 | 0 | 42 | 178 | 10 | 0 | 75 | 318 | 15 | 0 |
| 30 | 127 | 10 | 0 | 43 | 182 | 15 | 0 | 80 | 340 | 0 | 0 |
| 31 | 131 | 15 | 0 | 44 | 187 | 0 | 0 | 85 | 361 | 5 | 0 |
| 32 | 136 | 0 | 0 | 45 | 191 | 5 | 0 | 90 | 382 | 10 | 0 |
| 33 | 140 | 5 | 0 | 46 | 195 | 10 | 0 | 100 | 425 | 0 | 0 |
| 34 | 144 | 10 | 0 | 47 | 199 | 15 | 0 | 200 | 850 | 0 | 0 |
| 35 | 148 | 15 | 0 | 48 | 204 | 0 | 0 | 300 | 1275 | 0 | 0 |
| 36 | 153 | 0 | 0 | 49 | 208 | 5 | 0 | 400 | 1700 | 0 | 0 |
| 37 | 157 | 5 | 0 | 50 | 212 | 10 | 0 | 500 | 2125 | 0 | 0 |

1 grain=two-onethousandths of oz. troy or ·002.

1 carat=3·166 grains.

1 pennyweight=five-onehundredths of oz. troy or ·05.

# £4 5s. 6d. per oz.

(For Diamonds, &c., for "oz" read "grain.")

| OUNCES. | | | | TENTHS. | | | | HUNDREDTHS. | | | | THOUSANDTHS. | | | |
|---|---|---|---|---|---|---|---|---|---|---|---|---|---|---|---|
| oz. | £ | s. | d. | | £ | s. | d. | | £ | s. | d. | | £ | s. | d. |
| 1 | 4 | 5 | 6 | ·1 | 0 | 8 | 6½ | ·01 | 0 | 0 | 10¼ | ·001 | 0 | 0 | 1 |
| 2 | 8 | 11 | 0 | ·2 | 0 | 17 | 1¼ | ·02 | 0 | 1 | 8½ | ·002 | 0 | 0 | 2 |
| 3 | 12 | 16 | 6 | ·3 | 1 | 5 | 7¾ | ·03 | 0 | 2 | 6¾ | ·003 | 0 | 0 | 3 |
| 4 | 17 | 2 | 0 | ·4 | 1 | 14 | 2½ | ·04 | 0 | 3 | 5 | ·004 | 0 | 0 | 4 |
| 5 | 21 | 7 | 6 | ·5 | 2 | 2 | 9 | ·05 | 0 | 4 | 3¼ | ·005 | 0 | 0 | 5¼ |
| 6 | 25 | 13 | 0 | ·6 | 2 | 11 | 3½ | ·06 | 0 | 5 | 1½ | ·006 | 0 | 0 | 6¼ |
| 7 | 29 | 18 | 6 | ·7 | 2 | 19 | 10¼ | ·07 | 0 | 5 | 11¾ | ·007 | 0 | 0 | 7¼ |
| 8 | 34 | 4 | 0 | ·8 | 3 | 8 | 4¾ | ·08 | 0 | 6 | 10 | ·008 | 0 | 0 | 8¼ |
| 9 | 38 | 9 | 6 | ·9 | 3 | 16 | 11½ | ·09 | 0 | 7 | 8¼ | ·009 | 0 | 0 | 9¼ |
| 10 | 42 | 15 | 0 | | | | | | | | | | | | |
| 11 | 47 | 0 | 6 | OUNCES. | | | | OUNCES. | | | | OUNCES. | | | |
| 12 | 51 | 6 | 0 | 25 | 106 | 17 | 6 | 38 | 162 | 9 | 0 | 55 | 235 | 2 | 6 |
| 13 | 55 | 11 | 6 | 26 | 111 | 3 | 0 | 39 | 166 | 14 | 6 | 60 | 256 | 10 | 0 |
| 14 | 59 | 17 | 0 | 27 | 115 | 8 | 6 | 40 | 171 | 0 | 0 | 65 | 277 | 17 | 6 |
| 15 | 64 | 2 | 6 | 28 | 119 | 14 | 0 | 41 | 175 | 5 | 6 | 70 | 299 | 5 | 0 |
| 16 | 68 | 8 | 0 | 29 | 123 | 19 | 6 | 42 | 179 | 11 | 0 | 75 | 320 | 12 | 6 |
| 17 | 72 | 13 | 6 | 30 | 128 | 5 | 0 | 43 | 183 | 16 | 6 | 80 | 342 | 0 | 0 |
| 18 | 76 | 19 | 0 | 31 | 132 | 10 | 6 | 44 | 188 | 2 | 0 | 85 | 363 | 7 | 6 |
| 19 | 81 | 4 | 6 | 32 | 136 | 16 | 0 | 45 | 192 | 7 | 6 | 90 | 384 | 15 | 0 |
| 20 | 85 | 10 | 0 | 33 | 141 | 1 | 6 | 46 | 196 | 13 | 0 | 100 | 427 | 10 | 0 |
| 21 | 89 | 15 | 6 | 34 | 145 | 7 | 0 | 47 | 200 | 18 | 6 | 200 | 855 | 0 | 0 |
| 22 | 94 | 1 | 0 | 35 | 149 | 12 | 6 | 48 | 205 | 4 | 0 | 300 | 1282 | 10 | 0 |
| 23 | 98 | 6 | 6 | 36 | 153 | 18 | 0 | 49 | 209 | 9 | 6 | 400 | 1710 | 0 | 0 |
| 24 | 102 | 12 | 0 | 37 | 158 | 3 | 6 | 50 | 213 | 15 | 0 | 500 | 2137 | 10 | 0 |

**1 grain=two-onethousandths of oz. troy or ·002.**

**1 carat=3·166 grains.**

**1 pennyweight=five-onehundredths of oz. troy or ·05.**

# £4 6s. 0d. per oz.

(For Diamonds, &c., for "oz." read "grain.")

| OUNCES. | | | | TENTHS. | | | | HUNDREDTHS. | | | | THOUSANDTHS. | | | |
|---|---|---|---|---|---|---|---|---|---|---|---|---|---|---|---|
| oz. | £ | s. | d. | | £ | s. | d. | | £ | s. | d. | | £ | s. | d. |
| 1 | 4 | 6 | 0 | ·1 | 0 | 8 | 7¼ | ·01 | 0 | 0 | 10¼ | ·001 | 0 | 0 | 1 |
| 2 | 8 | 12 | 0 | ·2 | 0 | 17 | 2½ | ·02 | 0 | 1 | 8¾ | ·002 | 0 | 0 | 2 |
| 3 | 12 | 18 | 0 | ·3 | 1 | 5 | 9½ | ·03 | 0 | 2 | 7 | ·003 | 0 | 0 | 3 |
| 4 | 17 | 4 | 0 | ·4 | 1 | 14 | 4¾ | ·04 | 0 | 3 | 5¼ | ·004 | 0 | 0 | 4¼ |
| 5 | 21 | 10 | 0 | ·5 | 2 | 3 | 0 | ·05 | 0 | 4 | 3½ | ·005 | 0 | 0 | 5¼ |
| 6 | 25 | 16 | 0 | ·6 | 2 | 11 | 7¼ | ·06 | 0 | 5 | 2 | ·006 | 0 | 0 | 6¼ |
| 7 | 30 | 2 | 0 | ·7 | 3 | 0 | 2½ | ·07 | 0 | 6 | 0¼ | ·007 | 0 | 0 | 7¼ |
| 8 | 34 | 8 | 0 | ·8 | 3 | 8 | 9½ | ·08 | 0 | 6 | 10½ | ·008 | 0 | 0 | 8¼ |
| 9 | 38 | 14 | 0 | ·9 | 3 | 17 | 4¾ | ·09 | 0 | 7 | 9 | ·009 | 0 | 0 | 9¼ |
| 10 | 43 | 0 | 0 | OUNCES. | | | | OUNCES. | | | | OUNCES. | | | |
| 11 | 47 | 6 | 0 | | | | | | | | | | | | |
| 12 | 51 | 12 | 0 | 25 | 107 | 10 | 0 | 38 | 163 | 8 | 0 | 55 | 236 | 10 | 0 |
| 13 | 55 | 18 | 0 | 26 | 111 | 16 | 0 | 39 | 167 | 14 | 0 | 60 | 258 | 0 | 0 |
| 14 | 60 | 4 | 0 | 27 | 116 | 2 | 0 | 40 | 172 | 0 | 0 | 65 | 279 | 10 | 0 |
| 15 | 64 | 10 | 0 | 28 | 120 | 8 | 0 | 41 | 176 | 6 | 0 | 70 | 301 | 0 | 0 |
| 16 | 68 | 16 | 0 | 29 | 124 | 14 | 0 | 42 | 180 | 12 | 0 | 75 | 322 | 10 | 0 |
| 17 | 73 | 2 | 0 | 30 | 129 | 0 | 0 | 43 | 184 | 18 | 0 | 80 | 344 | 0 | 0 |
| 18 | 77 | 8 | 0 | 31 | 133 | 6 | 0 | 44 | 189 | 4 | 0 | 85 | 365 | 10 | 0 |
| 19 | 81 | 14 | 0 | 32 | 137 | 12 | 0 | 45 | 193 | 10 | 0 | 90 | 387 | 0 | 0 |
| 20 | 86 | 0 | 0 | 33 | 141 | 18 | 0 | 46 | 197 | 16 | 0 | 100 | 430 | 0 | 0 |
| 21 | 90 | 6 | 0 | 34 | 146 | 4 | 0 | 47 | 202 | 2 | 0 | 200 | 860 | 0 | 0 |
| 22 | 94 | 12 | 0 | 35 | 150 | 10 | 0 | 48 | 206 | 8 | 0 | 300 | 1290 | 0 | 0 |
| 23 | 98 | 18 | 0 | 36 | 154 | 16 | 0 | 49 | 210 | 14 | 0 | 400 | 1720 | 0 | 0 |
| 24 | 103 | 4 | 0 | 37 | 159 | 2 | 0 | 50 | 215 | 0 | 0 | 500 | 2150 | 0 | 0 |

1 grain = two-onethousandths of oz. troy or ·002.

1 carat = 3·166 grains.

1 pennyweight = five onehundredths of oz. troy or ·05.

# £4 6s. 6d. per oz.

(For Diamonds, &c., for "oz." read "grain.")

| OUNCES. | | | | TENTHS. | | | | HUNDREDTHS. | | | | THOUSANDTHS. | | | |
|---|---|---|---|---|---|---|---|---|---|---|---|---|---|---|---|
| oz. | £ | s. | d. | | £ | s. | d. | | £ | s. | d. | | £ | s. | d. |
| 1 | 4 | 6 | 6 | ·1 | 0 | 8 | 7¾ | ·01 | 0 | 0 | 10½ | ·001 | 0 | 0 | 1 |
| 2 | 8 | 13 | 0 | ·2 | 0 | 17 | 3½ | ·02 | 0 | 1 | 8¾ | ·002 | 0 | 0 | 2 |
| 3 | 12 | 19 | 6 | ·3 | 1 | 5 | 11½ | ·03 | 0 | 2 | 7¼ | ·003 | 0 | 0 | 3 |
| 4 | 17 | 6 | 0 | ·4 | 1 | 14 | 7¼ | ·04 | 0 | 3 | 5½ | ·004 | 0 | 0 | 4¼ |
| 5 | 21 | 12 | 6 | ·5 | 2 | 3 | 3 | ·05 | 0 | 4 | 4 | ·005 | 0 | 0 | 5¼ |
| 6 | 25 | 19 | 0 | ·6 | 2 | 11 | 10¾ | ·06 | 0 | 5 | 2¼ | ·006 | 0 | 0 | 6¼ |
| 7 | 30 | 5 | 6 | ·7 | 3 | 0 | 6½ | ·07 | 0 | 6 | 0¾ | ·007 | 0 | 0 | 7¼ |
| 8 | 34 | 12 | 0 | ·8 | 3 | 9 | 2½ | ·08 | 0 | 6 | 11 | ·008 | 0 | 0 | 8¼ |
| 9 | 38 | 18 | 6 | ·9 | 3 | 17 | 10¼ | ·09 | 0 | 7 | 9½ | ·009 | 0 | 0 | 9¼ |
| 10 | 43 | 5 | 0 | | | | | | | | | | | | |
| 11 | 47 | 11 | 6 | OUNCES. | | | | OUNCES. | | | | OUNCES. | | | |
| 12 | 51 | 18 | 0 | 25 | 108 | 2 | 6 | 38 | 164 | 7 | 0 | 55 | 237 | 17 | 6 |
| 13 | 56 | 4 | 6 | 26 | 112 | 9 | 0 | 39 | 168 | 13 | 6 | 60 | 259 | 10 | 0 |
| 14 | 60 | 11 | 0 | 27 | 116 | 15 | 6 | 40 | 173 | 0 | 0 | 65 | 281 | 2 | 6 |
| 15 | 64 | 17 | 6 | 28 | 121 | 2 | 0 | 41 | 177 | 6 | 6 | 70 | 302 | 15 | 0 |
| 16 | 69 | 4 | 0 | 29 | 125 | 8 | 6 | 42 | 181 | 13 | 0 | 75 | 324 | 7 | 6 |
| 17 | 73 | 10 | 6 | 30 | 129 | 15 | 0 | 43 | 185 | 19 | 6 | 80 | 346 | 0 | 0 |
| 18 | 77 | 17 | 0 | 31 | 134 | 1 | 6 | 44 | 190 | 6 | 0 | 85 | 367 | 12 | 6 |
| 19 | 82 | 3 | 6 | 32 | 138 | 8 | 0 | 45 | 194 | 12 | 6 | 90 | 389 | 5 | 0 |
| 20 | 86 | 10 | 0 | 33 | 142 | 14 | 6 | 46 | 198 | 19 | 0 | 100 | 432 | 10 | 0 |
| 21 | 90 | 16 | 6 | 34 | 147 | 1 | 0 | 47 | 203 | 5 | 6 | 200 | 865 | 0 | 0 |
| 22 | 95 | 3 | 0 | 35 | 151 | 7 | 6 | 48 | 207 | 12 | 0 | 300 | 1297 | 10 | 0 |
| 23 | 99 | 9 | 6 | 36 | 155 | 14 | 0 | 49 | 211 | 18 | 6 | 400 | 1730 | 0 | 0 |
| 24 | 103 | 16 | 0 | 37 | 160 | 0 | 6 | 50 | 216 | 5 | 0 | 500 | 2162 | 10 | 0 |

1 grain=two-onethousandths of oz. troy or ·002.

1 carat=3·166 grains.

1 pennyweight=five-onehundredths of oz. troy or ·05.

# £4 7s. 0d. per oz.

(For Diamonds, &c., for "oz." read "grain.")

| OUNCES. | | | | TENTHS. | | | | HUNDREDTHS. | | | | THOUSANDTHS. | | | |
|---|---|---|---|---|---|---|---|---|---|---|---|---|---|---|---|
| oz. | £ | s. | d. | | £ | s. | d. | | £ | s. | d | | £ | s. | d. |
| 1 | 4 | 7 | 0 | ·1 | 0 | 8 | 8½ | ·01 | 0 | 0 | 10½ | ·001 | 0 | 0 | 1 |
| 2 | 8 | 14 | 0 | ·2 | 0 | 17 | 4¾ | ·02 | 0 | 1 | 9 | ·002 | 0 | 0 | 2 |
| 3 | 13 | 1 | 0 | ·3 | 1 | 6 | 1¼ | ·03 | 0 | 2 | 7¼ | ·003 | 0 | 0 | 3¼ |
| 4 | 17 | 8 | 0 | ·4 | 1 | 14 | 9½ | ·04 | 0 | 3 | 5¾ | ·004 | 0 | 0 | 4¼ |
| 5 | 21 | 15 | 0 | ·5 | 2 | 3 | 6 | 05 | 0 | 4 | 4¼ | ·005 | 0 | 0 | 5¼ |
| 6 | 26 | 2 | 0 | ·6 | 2 | 12 | 2½ | 06 | 0 | 5 | 2¾ | ·006 | 0 | 0 | 6¼ |
| 7 | 30 | 9 | 0 | ·7 | 3 | 0 | 10¾ | ·07 | 0 | 6 | 1 | ·007 | 0 | 0 | 7¼ |
| 8 | 34 | 16 | 0 | ·8 | 3 | 9 | 7¼ | ·08 | 0 | 6 | 11½ | ·008 | 0 | 0 | 8¼ |
| 9 | 39 | 3 | 0 | ·9 | 3 | 18 | 3½ | ·09 | 0 | 7 | 10 | ·009 | 0 | 0 | 9½ |
| 10 | 43 | 10 | 0 | OUNCES. | | | | OUNCES. | | | | OUNCES. | | | |
| 11 | 47 | 17 | 0 | | | | | | | | | | | | |
| 12 | 52 | 4 | 0 | 25 | 108 | 15 | 0 | 38 | 165 | 6 | 0 | 55 | 239 | 5 | 0 |
| 13 | 56 | 11 | 0 | 26 | 113 | 2 | 0 | 39 | 169 | 13 | 0 | 60 | 261 | 0 | 0 |
| 14 | 60 | 18 | 0 | 27 | 117 | 9 | 0 | 40 | 174 | 0 | 0 | 65 | 282 | 15 | 0 |
| 15 | 65 | 5 | 0 | 28 | 121 | 16 | 0 | 41 | 178 | 7 | 0 | 70 | 304 | 10 | 0 |
| 16 | 69 | 12 | 0 | 29 | 126 | 3 | 0 | 42 | 182 | 14 | 0 | 75 | 326 | 5 | 0 |
| 17 | 73 | 19 | 0 | 30 | 130 | 10 | 0 | 43 | 187 | 1 | 0 | 80 | 348 | 0 | 0 |
| 18 | 78 | 6 | 0 | 31 | 134 | 17 | 0 | 44 | 191 | 8 | 0 | 85 | 369 | 15 | 0 |
| 19 | 82 | 13 | 0 | 32 | 139 | 4 | 0 | 45 | 195 | 15 | 0 | 90 | 391 | 10 | 0 |
| 20 | 87 | 0 | 0 | 33 | 143 | 11 | 0 | 46 | 200 | 2 | 0 | 100 | 435 | 0 | 0 |
| 21 | 91 | 7 | 0 | 34 | 147 | 18 | 0 | 47 | 204 | 9 | 0 | 200 | 870 | 0 | 0 |
| 22 | 95 | 14 | 0 | 35 | 152 | 5 | 0 | 48 | 208 | 16 | 0 | 300 | 1305 | 0 | 0 |
| 23 | 100 | 1 | 0 | 36 | 156 | 12 | 0 | 49 | 213 | 3 | 0 | 400 | 1740 | 0 | 0 |
| 24 | 104 | 8 | 0 | 37 | 160 | 19 | 0 | 50 | 217 | 10 | 0 | 500 | 2175 | 0 | 0 |

1 grain = two-onethousandths of oz. troy or ·002.

1 carat = 3·166 grains.

1 pennyweight = five-onehundredths of oz. troy or ·05.

# £4 7s. 6d. per oz.

(For Diamonds, &c., for " oz " read " grain.")

| OUNCES. | | | |
|---|---|---|---|
| oz. | £ | s. | d. |
| 1 | 4 | 7 | 6 |
| 2 | 8 | 15 | 0 |
| 3 | 13 | 2 | 6 |
| 4 | 17 | 10 | 0 |
| 5 | 21 | 17 | 6 |
| 6 | 26 | 5 | 0 |
| 7 | 30 | 12 | 6 |
| 8 | 35 | 0 | 0 |
| 9 | 39 | 7 | 6 |
| 10 | 43 | 15 | 0 |
| 11 | 48 | 2 | 6 |
| 12 | 52 | 10 | 0 |
| 13 | 56 | 17 | 6 |
| 14 | 61 | 5 | 0 |
| 15 | 65 | 12 | 6 |
| 16 | 70 | 0 | 0 |
| 17 | 74 | 7 | 6 |
| 18 | 78 | 15 | 0 |
| 19 | 83 | 2 | 6 |
| 20 | 87 | 10 | 0 |
| 21 | 91 | 17 | 6 |
| 22 | 96 | 5 | 0 |
| 23 | 100 | 12 | 6 |
| 24 | 105 | 0 | 0 |

| TENTHS. | | | | HUNDREDTHS. | | | | THOUSANDTHS. | | | |
|---|---|---|---|---|---|---|---|---|---|---|---|
| | £ | s. | d. | | £ | s. | d. | | £ | s. | d. |
| ·1 | 0 | 8 | 9 | ·01 | 0 | 0 | 10½ | ·001 | 0 | 0 | 1 |
| ·2 | 0 | 17 | 6 | ·02 | 0 | 1 | 9 | ·002 | 0 | 0 | 2 |
| ·3 | 1 | 6 | 3 | ·03 | 0 | 2 | 7½ | ·003 | 0 | 0 | 3¼ |
| ·4 | 1 | 15 | 0 | ·04 | 0 | 3 | 6 | ·004 | 0 | 0 | 4¼ |
| ·5 | 2 | 3 | 9 | ·05 | 0 | 4 | 4½ | ·005 | 0 | 0 | 5¼ |
| ·6 | 2 | 12 | 6 | ·06 | 0 | 5 | 3 | ·006 | 0 | 0 | 6¼ |
| ·7 | 3 | 1 | 3 | ·07 | 0 | 6 | 1½ | ·007 | 0 | 0 | 7¼ |
| ·8 | 3 | 10 | 0 | ·08 | 0 | 7 | 0 | ·008 | 0 | 0 | 8½ |
| ·9 | 3 | 18 | 9 | ·09 | 0 | 7 | 10½ | ·009 | 0 | 0 | 9½ |

| OUNCES. | | | | OUNCES. | | | | OUNCES. | | | |
|---|---|---|---|---|---|---|---|---|---|---|---|
| 25 | 109 | 7 | 6 | 38 | 166 | 5 | 0 | 55 | 240 | 12 | 6 |
| 26 | 113 | 15 | 0 | 39 | 170 | 12 | 6 | 60 | 262 | 10 | 0 |
| 27 | 118 | 2 | 6 | 40 | 175 | 0 | 0 | 65 | 284 | 7 | 6 |
| 28 | 122 | 10 | 0 | 41 | 179 | 7 | 6 | 70 | 306 | 5 | 0 |
| 29 | 126 | 17 | 6 | 42 | 183 | 15 | 0 | 75 | 328 | 2 | 6 |
| 30 | 131 | 5 | 0 | 43 | 188 | 2 | 6 | 80 | 350 | 0 | 0 |
| 31 | 135 | 12 | 6 | 44 | 192 | 10 | 0 | 85 | 371 | 17 | 6 |
| 32 | 140 | 0 | 0 | 45 | 196 | 17 | 6 | 90 | 393 | 15 | 0 |
| 33 | 144 | 7 | 6 | 46 | 201 | 5 | 0 | 100 | 437 | 10 | 0 |
| 34 | 148 | 15 | 0 | 47 | 205 | 12 | 6 | 200 | 875 | 0 | 0 |
| 35 | 153 | 2 | 6 | 48 | 210 | 0 | 0 | 300 | 1312 | 10 | 0 |
| 36 | 157 | 10 | 0 | 49 | 214 | 7 | 6 | 400 | 1750 | 0 | 0 |
| 37 | 161 | 17 | 6 | 50 | 218 | 15 | 0 | 500 | 2187 | 10 | 0 |

1 grain=two-onethousandths of oz. troy or ·002.

1 carat=3·166 grains.

1 pennyweight=five-onehundredths of oz. troy or ·05.

# £4 8s. 0d. per oz.

(For Diamonds, &c., for "oz." read "grain.")

| OUNCES. | | | | TENTHS. | | | | HUNDREDTHS. | | | | THOUSANDTHS. | | | |
|---|---|---|---|---|---|---|---|---|---|---|---|---|---|---|---|
| oz. | £ | s. | d. | | £ | s. | d. | | £ | s. | d. | | £ | s. | d. |
| 1 | 4 | 8 | 0 | ·1 | 0 | 8 | 9½ | ·01 | 0 | 0 | 10½ | ·001 | 0 | 0 | 1 |
| 2 | 8 | 16 | 0 | ·2 | 0 | 17 | 7¼ | ·02 | 0 | 1 | 9 | ·002 | 0 | 0 | 2 |
| 3 | 13 | 4 | 0 | ·3 | 1 | 6 | 4¾ | ·03 | 0 | 2 | 7¾ | ·003 | 0 | 0 | 3¼ |
| 4 | 17 | 12 | 0 | ·4 | 1 | 15 | 2½ | ·04 | 0 | 3 | 6¼ | ·004 | 0 | 0 | 4¼ |
| 5 | 22 | 0 | 0 | ·5 | 2 | 4 | 0 | ·05 | 0 | 4 | 4¾ | ·005 | 0 | 0 | 5¼ |
| 6 | 26 | 8 | 0 | ·6 | 2 | 12 | 9½ | ·06 | 0 | 5 | 3¼ | ·006 | 0 | 0 | 6¼ |
| 7 | 30 | 16 | 0 | ·7 | 3 | 1 | 7¼ | ·07 | 0 | 6 | 2 | ·007 | 0 | 0 | 7½ |
| 8 | 35 | 4 | 0 | ·8 | 3 | 10 | 4¾ | ·08 | 0 | 7 | 0½ | ·008 | 0 | 0 | 8½ |
| 9 | 39 | 12 | 0 | ·9 | 3 | 19 | 2½ | ·09 | 0 | 7 | 11 | ·009 | 0 | 0 | 9½ |
| 10 | 44 | 0 | 0 | OUNCES. | | | | OUNCES. | | | | OUNCES. | | | |
| 11 | 48 | 8 | 0 | | | | | | | | | | | | |
| 12 | 52 | 16 | 0 | 25 | 110 | 0 | 0 | 38 | 167 | 4 | 0 | 55 | 242 | 0 | 0 |
| 13 | 57 | 4 | 0 | 26 | 114 | 8 | 0 | 39 | 171 | 12 | 0 | 60 | 264 | 0 | 0 |
| 14 | 61 | 12 | 0 | 27 | 118 | 16 | 0 | 40 | 176 | 0 | 0 | 65 | 286 | 0 | 0 |
| 15 | 66 | 0 | 0 | 28 | 123 | 4 | 0 | 41 | 180 | 8 | 0 | 70 | 308 | 0 | 0 |
| 16 | 70 | 8 | 0 | 29 | 127 | 12 | 0 | 42 | 184 | 16 | 0 | 75 | 330 | 0 | 0 |
| 17 | 74 | 16 | 0 | 30 | 132 | 0 | 0 | 43 | 189 | 4 | 0 | 80 | 352 | 0 | 0 |
| 18 | 79 | 4 | 0 | 31 | 136 | 8 | 0 | 44 | 193 | 12 | 0 | 85 | 374 | 0 | 0 |
| 19 | 83 | 12 | 0 | 32 | 140 | 16 | 0 | 45 | 198 | 0 | 0 | 90 | 396 | 0 | 0 |
| 20 | 88 | 0 | 0 | 33 | 145 | 4 | 0 | 46 | 202 | 8 | 0 | 100 | 440 | 0 | 0 |
| 21 | 92 | 8 | 0 | 34 | 149 | 12 | 0 | 47 | 206 | 16 | 0 | 200 | 880 | 0 | 0 |
| 22 | 96 | 16 | 0 | 35 | 154 | 0 | 0 | 48 | 211 | 4 | 0 | 300 | 1320 | 0 | 0 |
| 23 | 101 | 4 | 0 | 36 | 158 | 8 | 0 | 49 | 215 | 12 | 0 | 400 | 1760 | 0 | 0 |
| 24 | 105 | 12 | 0 | 37 | 162 | 16 | 0 | 50 | 220 | 0 | 0 | 500 | 2200 | 0 | 0 |

1 grain = two-onethousandths of oz. troy or ·002.

1 carat = 3·166 grains.

1 pennyweight = five onehundredths of oz. troy or ·05.

# £4 8s. 6d. per oz.

(For Diamonds, &c., for "oz." read "grain.")

**OUNCES.**

| oz. | £ | s. | d. |
|---|---|---|---|
| 1 | 4 | 8 | 6 |
| 2 | 8 | 17 | 0 |
| 3 | 13 | 5 | 6 |
| 4 | 17 | 14 | 0 |
| 5 | 22 | 2 | 6 |
| 6 | 26 | 11 | 0 |
| 7 | 30 | 19 | 6 |
| 8 | 35 | 8 | 0 |
| 9 | 39 | 16 | 6 |
| 10 | 44 | 5 | 0 |
| 11 | 48 | 13 | 6 |
| 12 | 53 | 2 | 0 |
| 13 | 57 | 10 | 6 |
| 14 | 61 | 19 | 0 |
| 15 | 66 | 7 | 6 |
| 16 | 70 | 16 | 0 |
| 17 | 75 | 4 | 6 |
| 18 | 79 | 13 | 0 |
| 19 | 84 | 1 | 6 |
| 20 | 88 | 10 | 0 |
| 21 | 92 | 18 | 6 |
| 22 | 97 | 7 | 0 |
| 23 | 101 | 15 | 6 |
| 24 | 106 | 4 | 0 |

**TENTHS.**

| | £ | s. | d. |
|---|---|---|---|
| ·1 | 0 | 8 | 10¼ |
| ·2 | 0 | 17 | 8½ |
| ·3 | 1 | 6 | 6½ |
| ·4 | 1 | 15 | 4¾ |
| ·5 | 2 | 4 | 3 |
| ·6 | 2 | 13 | 1¼ |
| ·7 | 3 | 1 | 11½ |
| ·8 | 3 | 10 | 9½ |
| ·9 | 3 | 19 | 7¾ |

**HUNDREDTHS.**

| | £ | s. | d. |
|---|---|---|---|
| ·01 | 0 | 0 | 10½ |
| ·02 | 0 | 1 | 9¼ |
| ·03 | 0 | 2 | 7¾ |
| ·04 | 0 | 3 | 6½ |
| ·05 | 0 | 4 | 5 |
| ·06 | 0 | 5 | 3¾ |
| ·07 | 0 | 6 | 2¼ |
| ·08 | 0 | 7 | 1 |
| ·09 | 0 | 7 | 11½ |

**THOUSANDTHS.**

| | £ | s. | d. |
|---|---|---|---|
| ·001 | 0 | 0 | 1 |
| ·002 | 0 | 0 | 2 |
| ·003 | 0 | 0 | 3¼ |
| ·004 | 0 | 0 | 4¼ |
| ·005 | 0 | 0 | 5¼ |
| ·006 | 0 | 0 | 6¼ |
| ·007 | 0 | 0 | 7½ |
| ·008 | 0 | 0 | 8½ |
| ·009 | 0 | 0 | 9½ |

**OUNCES.**

| | | | |
|---|---|---|---|
| 25 | 110 | 12 | 6 |
| 26 | 115 | 1 | 0 |
| 27 | 119 | 9 | 6 |
| 28 | 123 | 18 | 0 |
| 29 | 128 | 6 | 6 |
| 30 | 132 | 15 | 0 |
| 31 | 137 | 3 | 6 |
| 32 | 141 | 12 | 0 |
| 33 | 146 | 0 | 6 |
| 34 | 150 | 9 | 0 |
| 35 | 154 | 17 | 6 |
| 36 | 159 | 6 | 0 |
| 37 | 163 | 14 | 6 |

**OUNCES.**

| | | | |
|---|---|---|---|
| 38 | 168 | 3 | 0 |
| 39 | 172 | 11 | 6 |
| 40 | 177 | 0 | 0 |
| 41 | 181 | 8 | 6 |
| 42 | 185 | 17 | 0 |
| 43 | 190 | 5 | 6 |
| 44 | 194 | 14 | 0 |
| 45 | 199 | 2 | 6 |
| 46 | 203 | 11 | 0 |
| 47 | 207 | 19 | 6 |
| 48 | 212 | 8 | 0 |
| 49 | 216 | 16 | 6 |
| 50 | 221 | 5 | 0 |

**OUNCES.**

| | | | |
|---|---|---|---|
| 55 | 243 | 7 | 6 |
| 60 | 265 | 10 | 0 |
| 65 | 287 | 12 | 6 |
| 70 | 309 | 15 | 0 |
| 75 | 331 | 17 | 6 |
| 80 | 354 | 0 | 0 |
| 85 | 376 | 2 | 6 |
| 90 | 398 | 5 | 0 |
| 100 | 442 | 10 | 0 |
| 200 | 885 | 0 | 0 |
| 300 | 1327 | 10 | 0 |
| 400 | 1770 | 0 | 0 |
| 500 | 2212 | 10 | 0 |

1 grain=two-onethousandths of oz. troy or ·002.

1 carat=3·166 grains.

1 pennyweight=five-onehundredths of oz. troy or ·05.

# £4 9s. 0d. per oz.

(For Diamonds, &c., for "oz." read "grain.")

| OUNCES. | | | | TENTHS. | | | | HUNDREDTHS. | | | | THOUSANDTHS. | | | |
|---|---|---|---|---|---|---|---|---|---|---|---|---|---|---|---|
| oz. | £ | s. | d. | | £ | s. | d. | | £ | s. | d | | £ | s. | d. |
| 1 | 4 | 9 | 0 | ·1 | 0 | 8 | 10¾ | ·01 | 0 | 0 | 10¾ | ·001 | 0 | 0 | 1 |
| 2 | 8 | 18 | 0 | ·2 | 0 | 17 | 9½ | ·02 | 0 | 1 | 9¼ | ·002 | 0 | 0 | 2¼ |
| 3 | 13 | 7 | 0 | ·3 | 1 | 6 | 8½ | ·03 | 0 | 2 | 8 | ·003 | 0 | 0 | 3¼ |
| 4 | 17 | 16 | 0 | ·4 | 1 | 15 | 7¼ | ·04 | 0 | 3 | 6¾ | ·004 | 0 | 0 | 4¼ |
| 5 | 22 | 5 | 0 | ·5 | 2 | 4 | 6 | ·05 | 0 | 4 | 5½ | ·005 | 0 | 0 | 5¼ |
| 6 | 26 | 14 | 0 | ·6 | 2 | 13 | 4¾ | ·06 | 0 | 5 | 4 | ·006 | 0 | 0 | 6½ |
| 7 | 31 | 3 | 0 | ·7 | 3 | 2 | 3½ | ·07 | 0 | 6 | 2¾ | ·007 | 0 | 0 | 7½ |
| 8 | 35 | 12 | 0 | ·8 | 3 | 11 | 2½ | ·08 | 0 | 7 | 1½ | ·008 | 0 | 0 | 8½ |
| 9 | 40 | 1 | 0 | ·9 | 4 | 0 | 1¼ | ·09 | 0 | 8 | 0 | ·009 | 0 | 0 | 9½ |
| 10 | 44 | 10 | 0 | OUNCES. | | | | OUNCES. | | | | OUNCES. | | | |
| 11 | 48 | 19 | 0 | | | | | | | | | | | | |
| 12 | 53 | 8 | 0 | 25 | 111 | 5 | 0 | 38 | 169 | 2 | 0 | 55 | 244 | 15 | 0 |
| 13 | 57 | 17 | 0 | 26 | 115 | 14 | 0 | 39 | 173 | 11 | 0 | 60 | 267 | 0 | 0 |
| 14 | 62 | 6 | 0 | 27 | 120 | 3 | 0 | 40 | 178 | 0 | 0 | 65 | 289 | 5 | 0 |
| 15 | 66 | 15 | 0 | 28 | 124 | 12 | 0 | 41 | 182 | 9 | 0 | 70 | 311 | 10 | 0 |
| 16 | 71 | 4 | 0 | 29 | 129 | 1 | 0 | 42 | 186 | 18 | 0 | 75 | 333 | 15 | 0 |
| 17 | 75 | 13 | 0 | 30 | 133 | 10 | 0 | 43 | 191 | 7 | 0 | 80 | 356 | 0 | 0 |
| 18 | 80 | 2 | 0 | 31 | 137 | 19 | 0 | 44 | 195 | 16 | 0 | 85 | 378 | 5 | 0 |
| 19 | 84 | 11 | 0 | 32 | 142 | 8 | 0 | 45 | 200 | 5 | 0 | 90 | 400 | 10 | 0 |
| 20 | 89 | 0 | 0 | 33 | 146 | 17 | 0 | 46 | 204 | 14 | 0 | 100 | 445 | 0 | 0 |
| 21 | 93 | 9 | 0 | 34 | 151 | 6 | 0 | 47 | 209 | 3 | 0 | 200 | 890 | 0 | 0 |
| 22 | 97 | 18 | 0 | 35 | 155 | 15 | 0 | 48 | 213 | 12 | 0 | 300 | 1335 | 0 | 0 |
| 23 | 102 | 7 | 0 | 36 | 160 | 4 | 0 | 49 | 218 | 1 | 0 | 400 | 1780 | 0 | 0 |
| 24 | 106 | 16 | 0 | 37 | 164 | 13 | 0 | 50 | 222 | 10 | 0 | 500 | 2225 | 0 | 0 |

1 grain = two-onethousandths of oz. troy or ·002.

1 carat = 3·166 grains.

1 pennyweight = five-onehundredths of oz. troy or ·05.

# £4 9s. 6d. per oz.

(For Diamonds, &c., for " oz " read "grain.")

**OUNCES.**

| oz. | £ | s. | d. |
|---|---|---|---|
| 1 | 4 | 9 | 6 |
| 2 | 8 | 19 | 0 |
| 3 | 13 | 8 | 6 |
| 4 | 17 | 18 | 0 |
| 5 | 22 | 7 | 6 |
| 6 | 26 | 17 | 0 |
| 7 | 31 | 6 | 6 |
| 8 | 35 | 16 | 0 |
| 9 | 40 | 5 | 6 |
| 10 | 44 | 15 | 0 |
| 11 | 49 | 4 | 6 |
| 12 | 53 | 14 | 0 |
| 13 | 58 | 3 | 6 |
| 14 | 62 | 13 | 0 |
| 15 | 67 | 2 | 6 |
| 16 | 71 | 12 | 0 |
| 17 | 76 | 1 | 6 |
| 18 | 80 | 11 | 0 |
| 19 | 85 | 0 | 6 |
| 20 | 89 | 10 | 0 |
| 21 | 93 | 19 | 6 |
| 22 | 98 | 9 | 0 |
| 23 | 102 | 18 | 6 |
| 24 | 107 | 8 | 0 |

**TENTHS.**

| | £ | s. | d. |
|---|---|---|---|
| ·1 | 0 | 8 | 11½ |
| ·2 | 0 | 17 | 10¾ |
| ·3 | 1 | 6 | 10¼ |
| ·4 | 1 | 15 | 9½ |
| ·5 | 2 | 4 | 9 |
| ·6 | 2 | 13 | 8½ |
| ·7 | 3 | 2 | 7¾ |
| ·8 | 3 | 11 | 7¼ |
| ·9 | 4 | 0 | 6½ |

**HUNDREDTHS.**

| | £ | s. | d. |
|---|---|---|---|
| ·01 | 0 | 0 | 10¾ |
| ·02 | 0 | 1 | 9½ |
| ·03 | 0 | 2 | 8¼ |
| ·04 | 0 | 3 | 7 |
| ·05 | 0 | 4 | 5¾ |
| ·06 | 0 | 5 | 4½ |
| ·07 | 0 | 6 | 3¼ |
| ·08 | 0 | 7 | 2 |
| ·09 | 0 | 8 | 0¾ |

**THOUSANDTHS.**

| | £ | s. | d. |
|---|---|---|---|
| ·001 | 0 | 0 | 1 |
| ·002 | 0 | 0 | 2¼ |
| ·003 | 0 | 0 | 3¼ |
| ·004 | 0 | 0 | 4¼ |
| ·005 | 0 | 0 | 5¼ |
| ·006 | 0 | 0 | 6½ |
| ·007 | 0 | 0 | 7½ |
| ·008 | 0 | 0 | 8½ |
| ·009 | 0 | 0 | 9¾ |

**OUNCES.**

| oz. | £ | s. | d. |
|---|---|---|---|
| 25 | 111 | 17 | 6 |
| 26 | 116 | 7 | 0 |
| 27 | 120 | 16 | 6 |
| 28 | 125 | 6 | 0 |
| 29 | 129 | 15 | 6 |
| 30 | 134 | 5 | 0 |
| 31 | 138 | 14 | 6 |
| 32 | 143 | 4 | 0 |
| 33 | 147 | 13 | 6 |
| 34 | 152 | 3 | 0 |
| 35 | 156 | 12 | 6 |
| 36 | 161 | 2 | 0 |
| 37 | 165 | 11 | 6 |

**OUNCES.**

| oz. | £ | s. | d. |
|---|---|---|---|
| 38 | 170 | 1 | 0 |
| 39 | 174 | 10 | 6 |
| 40 | 179 | 0 | 0 |
| 41 | 183 | 9 | 6 |
| 42 | 187 | 19 | 0 |
| 43 | 192 | 8 | 6 |
| 44 | 196 | 18 | 0 |
| 45 | 201 | 7 | 6 |
| 46 | 205 | 17 | 0 |
| 47 | 210 | 6 | 6 |
| 48 | 214 | 16 | 0 |
| 49 | 219 | 5 | 6 |
| 50 | 223 | 15 | 0 |

**OUNCES.**

| oz. | £ | s. | d. |
|---|---|---|---|
| 55 | 246 | 2 | 6 |
| 60 | 268 | 10 | 0 |
| 65 | 290 | 17 | 6 |
| 70 | 313 | 5 | 0 |
| 75 | 335 | 12 | 6 |
| 80 | 358 | 0 | 0 |
| 85 | 380 | 7 | 6 |
| 90 | 402 | 15 | 0 |
| 100 | 447 | 10 | 0 |
| 200 | 895 | 0 | 0 |
| 300 | 1342 | 10 | 0 |
| 400 | 1790 | 0 | 0 |
| 500 | 2237 | 10 | 0 |

1 grain=two-onethousandths of oz. troy or ·002.

1 carat=3·166 grains.

1 pennyweight=five-onehundredths of oz. troy or ·05.

# £4 10s. 0d. per oz.

(For Diamonds, &c., for "oz." read "grain.")

**OUNCES.**

| oz. | £ | s. | d. |
|---|---|---|---|
| 1 | 4 | 10 | 0 |
| 2 | 9 | 0 | 0 |
| 3 | 13 | 10 | 0 |
| 4 | 18 | 0 | 0 |
| 5 | 22 | 10 | 0 |
| 6 | 27 | 0 | 0 |
| 7 | 31 | 10 | 0 |
| 8 | 36 | 0 | 0 |
| 9 | 40 | 10 | 0 |
| 10 | 45 | 0 | 0 |
| 11 | 49 | 10 | 0 |
| 12 | 54 | 0 | 0 |
| 13 | 58 | 10 | 0 |
| 14 | 63 | 0 | 0 |
| 15 | 67 | 10 | 0 |
| 16 | 72 | 0 | 0 |
| 17 | 76 | 10 | 0 |
| 18 | 81 | 0 | 0 |
| 19 | 85 | 10 | 0 |
| 20 | 90 | 0 | 0 |
| 21 | 94 | 10 | 0 |
| 22 | 99 | 0 | 0 |
| 23 | 103 | 10 | 0 |
| 24 | 108 | 0 | 0 |

| TENTHS. | £ | s. | d. | HUNDREDTHS. | £ | s. | d. | THOUSANDTHS. | £ | s. | d. |
|---|---|---|---|---|---|---|---|---|---|---|---|
| ·1 | 0 | 9 | 0 | ·01 | 0 | 0 | 10¾ | ·001 | 0 | 0 | 1 |
| ·2 | 0 | 18 | 0 | ·02 | 0 | 1 | 9½ | ·002 | 0 | 0 | 2¼ |
| ·3 | 1 | 7 | 0 | ·03 | 0 | 2 | 8½ | ·003 | 0 | 0 | 3¼ |
| ·4 | 1 | 16 | 0 | ·04 | 0 | 3 | 7¼ | ·004 | 0 | 0 | 4¼ |
| ·5 | 2 | 5 | 0 | ·05 | 0 | 4 | 6 | ·005 | 0 | 0 | 5½ |
| ·6 | 2 | 14 | 0 | ·06 | 0 | 5 | 4¾ | ·006 | 0 | 0 | 6½ |
| ·7 | 3 | 3 | 0 | ·07 | 0 | 6 | 3½ | ·007 | 0 | 0 | 7½ |
| ·8 | 3 | 12 | 0 | ·08 | 0 | 7 | 2½ | ·008 | 0 | 0 | 8¾ |
| ·9 | 4 | 1 | 0 | ·09 | 0 | 8 | 1¼ | ·009 | 0 | 0 | 9¾ |

| OUNCES. | £ | s. | d. | OUNCES. | £ | s. | d. | OUNCES. | £ | s. | d. |
|---|---|---|---|---|---|---|---|---|---|---|---|
| 25 | 112 | 10 | 0 | 38 | 171 | 0 | 0 | 55 | 247 | 10 | 0 |
| 26 | 117 | 0 | 0 | 39 | 175 | 10 | 0 | 60 | 270 | 0 | 0 |
| 27 | 121 | 10 | 0 | 40 | 180 | 0 | 0 | 65 | 292 | 10 | 0 |
| 28 | 126 | 0 | 0 | 41 | 184 | 10 | 0 | 70 | 315 | 0 | 0 |
| 29 | 130 | 10 | 0 | 42 | 189 | 0 | 0 | 75 | 337 | 10 | 0 |
| 30 | 135 | 0 | 0 | 43 | 193 | 10 | 0 | 80 | 360 | 0 | 0 |
| 31 | 139 | 10 | 0 | 44 | 198 | 0 | 0 | 85 | 382 | 10 | 0 |
| 32 | 144 | 0 | 0 | 45 | 202 | 10 | 0 | 90 | 405 | 0 | 0 |
| 33 | 148 | 10 | 0 | 46 | 207 | 0 | 0 | 100 | 450 | 0 | 0 |
| 34 | 153 | 0 | 0 | 47 | 211 | 10 | 0 | 200 | 900 | 0 | 0 |
| 35 | 157 | 10 | 0 | 48 | 216 | 0 | 0 | 300 | 1350 | 0 | 0 |
| 36 | 162 | 0 | 0 | 49 | 220 | 10 | 0 | 400 | 1800 | 0 | 0 |
| 37 | 166 | 10 | 0 | 50 | 225 | 0 | 0 | 500 | 2250 | 0 | 0 |

**1 grain=two-onethousandths of oz. troy or ·002.**

**1 carat=3·166 grains.**

**1 pennyweight=five onehundredths of oz. troy or ·05.**

# TABLE OF EQUIVALENTS.

Shewing equivalents of Old Weights in Decimals of oz. Troy from one grain to one ounce.

| Old Weights. | Decimal Equivalents. | Old Weights. | | Decimal Equivalents. | Old Weights. | | Decimal Equivalents. | Old Weights. | | Decimal Equivalents. | Old Weights. | | Decimal Equivalents. |
|---|---|---|---|---|---|---|---|---|---|---|---|---|---|
| Gr. | Oz. | Dwt. | Gr. | Oz. | Dwt. | Gr. | Oz. | Dwt. | Gr. | Oz. | Dwt. | Gr. | Oz. |
| | | 1 | 0 | ·05 | 2 | 0 | ·1 | 3 | 0 | ·15 | 4 | 0 | ·2 |
| 1 | ·002 | 1 | 1 | ·052 | 2 | 1 | ·102 | 3 | 1 | ·152 | 4 | 1 | ·202 |
| 2 | ·004 | 1 | 2 | ·054 | 2 | 2 | ·104 | 3 | 2 | ·154 | 4 | 2 | ·204 |
| 3 | ·006 | 1 | 3 | ·056 | 2 | 3 | ·106 | 3 | 3 | ·156 | 4 | 3 | ·206 |
| 4 | ·008 | 1 | 4 | ·058 | 2 | 4 | ·108 | 3 | 4 | ·158 | 4 | 4 | ·208 |
| 5 | ·01 | 1 | 5 | ·06 | 2 | 5 | ·11 | 3 | 5 | ·16 | 4 | 5 | ·21 |
| 6 | ·013 | 1 | 6 | ·063 | 2 | 6 | ·113 | 3 | 6 | ·163 | 4 | 6 | ·213 |
| 7 | ·015 | 1 | 7 | ·065 | 2 | 7 | ·115 | 3 | 7 | ·165 | 4 | 7 | ·215 |
| 8 | ·017 | 1 | 8 | ·067 | 2 | 8 | ·117 | 3 | 8 | ·167 | 4 | 8 | ·217 |
| 9 | ·019 | 1 | 9 | ·069 | 2 | 9 | ·119 | 3 | 9 | ·169 | 4 | 9 | ·219 |
| 10 | ·021 | 1 | 10 | ·071 | 2 | 10 | ·121 | 3 | 10 | ·171 | 4 | 10 | ·221 |
| 11 | ·023 | 1 | 11 | ·073 | 2 | 11 | ·123 | 3 | 11 | ·173 | 4 | 11 | ·223 |
| 12 | ·025 | 1 | 12 | ·075 | 2 | 12 | ·125 | 3 | 12 | ·175 | 4 | 12 | ·225 |
| 13 | ·027 | 1 | 13 | ·077 | 2 | 13 | ·127 | 3 | 13 | ·177 | 4 | 13 | ·227 |
| 14 | ·029 | 1 | 14 | ·079 | 2 | 14 | ·129 | 3 | 14 | ·179 | 4 | 14 | ·229 |
| 15 | ·031 | 1 | 15 | ·081 | 2 | 15 | ·131 | 3 | 15 | ·181 | 4 | 15 | ·231 |
| 16 | ·033 | 1 | 16 | ·083 | 2 | 16 | ·133 | 3 | 16 | ·183 | 4 | 16 | ·233 |
| 17 | ·035 | 1 | 17 | ·085 | 2 | 17 | ·135 | 3 | 17 | ·185 | 4 | 17 | ·235 |
| 18 | ·038 | 1 | 18 | ·088 | 2 | 18 | ·138 | 3 | 18 | ·188 | 4 | 18 | ·238 |
| 19 | ·04 | 1 | 19 | ·09 | 2 | 19 | ·14 | 3 | 19 | ·19 | 4 | 19 | ·24 |
| 20 | ·042 | 1 | 20 | ·092 | 2 | 20 | ·142 | 3 | 20 | ·192 | 4 | 20 | ·242 |
| 21 | ·044 | 1 | 21 | ·094 | 2 | 21 | ·144 | 3 | 21 | ·194 | 4 | 21 | ·244 |
| 22 | ·046 | 1 | 22 | ·096 | 2 | 22 | ·146 | 3 | 22 | ·196 | 4 | 22 | ·246 |
| 23 | ·048 | 1 | 23 | ·098 | 2 | 23 | ·148 | 3 | 23 | ·198 | 4 | 23 | ·248 |

## TABLE OF EQUIVALENTS.—*continued.*

Shewing equivalents of Old Weights in Decimals of oz. Troy from one grain to one ounce.

| Old Weights. | | Decimal Equivalents. | Old Weights. | | Decimal Equivalents. | Old Weights. | | Decimal Equivalents. | Old Weights. | | Decimal Equivalents. | Old Weights. | | Decimal Equivalents. |
|---|---|---|---|---|---|---|---|---|---|---|---|---|---|---|
| Dwt. | Gr. | Oz. | Dwt. | Gr. | Oz. | Dwt. | Gr. | Oz. | Dwt. | Gr. | Oz. | Dwt. | Gr. | Oz. |
| 5 | 0 | ·25 | 6 | 0 | ·3 | 7 | 0 | ·35 | 8 | 0 | ·4 | 9 | 0 | ·45 |
| 5 | 1 | ·252 | 6 | 1 | ·302 | 7 | 1 | ·352 | 8 | 1 | ·402 | 9 | 1 | ·452 |
| 5 | 2 | ·254 | 6 | 2 | ·304 | 7 | 2 | ·354 | 8 | 2 | ·404 | 9 | 2 | ·454 |
| 5 | 3 | ·256 | 6 | 3 | ·306 | 7 | 3 | ·356 | 8 | 3 | ·406 | 9 | 3 | ·456 |
| 5 | 4 | ·258 | 6 | 4 | ·308 | 7 | 4 | ·358 | 8 | 4 | ·408 | 9 | 4 | ·458 |
| 5 | 5 | ·26 | 6 | 5 | ·31 | 7 | 5 | ·36 | 8 | 5 | ·41 | 9 | 5 | ·46 |
| 5 | 6 | ·263 | 6 | 6 | ·313 | 7 | 6 | ·363 | 8 | 6 | ·413 | 9 | 6 | ·463 |
| 5 | 7 | ·265 | 6 | 7 | ·315 | 7 | 7 | ·365 | 8 | 7 | ·415 | 9 | 7 | ·465 |
| 5 | 8 | ·267 | 6 | 8 | ·317 | 7 | 8 | ·367 | 8 | 8 | ·417 | 9 | 8 | ·467 |
| 5 | 9 | ·269 | 6 | 9 | ·319 | 7 | 9 | ·369 | 8 | 9 | ·419 | 9 | 9 | ·469 |
| 5 | 10 | ·271 | 6 | 10 | ·321 | 7 | 10 | ·371 | 8 | 10 | ·421 | 9 | 10 | ·471 |
| 5 | 11 | ·273 | 6 | 11 | ·323 | 7 | 11 | ·373 | 8 | 11 | ·423 | 9 | 11 | ·473 |
| 5 | 12 | ·275 | 6 | 12 | ·325 | 7 | 12 | ·375 | 8 | 12 | ·425 | 9 | 12 | ·475 |
| 5 | 13 | ·277 | 6 | 13 | ·327 | 7 | 13 | ·377 | 8 | 13 | ·427 | 9 | 13 | ·477 |
| 5 | 14 | ·279 | 6 | 14 | ·329 | 7 | 14 | ·379 | 8 | 14 | ·429 | 9 | 14 | ·479 |
| 5 | 15 | ·281 | 6 | 15 | ·331 | 7 | 15 | ·381 | 8 | 15 | ·431 | 9 | 15 | ·481 |
| 5 | 16 | ·283 | 6 | 16 | ·333 | 7 | 16 | ·383 | 8 | 16 | ·433 | 9 | 16 | ·483 |
| 5 | 17 | ·285 | 6 | 17 | ·335 | 7 | 17 | ·385 | 8 | 17 | ·435 | 9 | 17 | ·485 |
| 5 | 18 | ·288 | 6 | 18 | ·338 | 7 | 18 | ·388 | 8 | 18 | ·438 | 9 | 18 | ·488 |
| 5 | 19 | ·29 | 6 | 19 | ·34 | 7 | 19 | ·39 | 8 | 19 | ·44 | 9 | 19 | ·49 |
| 5 | 20 | ·292 | 6 | 20 | ·342 | 7 | 20 | ·392 | 8 | 20 | ·442 | 9 | 20 | ·492 |
| 5 | 21 | ·294 | 6 | 21 | ·344 | 7 | 21 | ·394 | 8 | 21 | ·444 | 9 | 21 | ·494 |
| 5 | 22 | ·296 | 6 | 22 | ·346 | 7 | 22 | ·396 | 8 | 22 | ·446 | 9 | 22 | ·496 |
| 5 | 23 | ·298 | 6 | 23 | ·348 | 7 | 23 | ·398 | 8 | 23 | ·448 | 9 | 23 | ·498 |

## TABLE OF EQUIVALENTS.—*continued.*

Shewing equivalents of Old Weights in Decimals of oz. Troy from one grain to one ounce.

| Old Weights Dwt. | Old Weights Gr. | Decimal Equivalents Oz. | Old Weights Dwt. | Old Weights Gr. | Decimal Equivalents Oz. | Old Weights Dwt. | Old Weights Gr. | Decimal Equivalents Oz. | Old Weights Dwt. | Old Weights Gr. | Decimal Equivalents Oz. | Old Weights Dwt. | Old Weights Gr. | Decimal Equivalents Oz. |
|---|---|---|---|---|---|---|---|---|---|---|---|---|---|---|
| 10 | 0 | ·5 | 11 | 0 | ·55 | 12 | 0 | ·6 | 13 | 0 | ·65 | 14 | 0 | ·7 |
| 10 | 1 | ·502 | 11 | 1 | ·552 | 12 | 1 | ·602 | 13 | 1 | ·652 | 14 | 1 | ·702 |
| 10 | 2 | ·504 | 11 | 2 | ·554 | 12 | 2 | ·604 | 13 | 2 | ·654 | 14 | 2 | ·704 |
| 10 | 3 | ·506 | 11 | 3 | ·556 | 12 | 3 | ·606 | 13 | 3 | ·656 | 14 | 3 | ·706 |
| 10 | 4 | ·508 | 11 | 4 | ·558 | 12 | 4 | ·608 | 13 | 4 | ·658 | 14 | 4 | ·708 |
| 10 | 5 | ·51 | 11 | 5 | ·56 | 12 | 5 | ·61 | 13 | 5 | ·66 | 14 | 5 | ·71 |
| 10 | 6 | ·513 | 11 | 6 | ·563 | 12 | 6 | ·613 | 13 | 6 | ·663 | 14 | 6 | ·713 |
| 10 | 7 | ·515 | 11 | 7 | ·565 | 12 | 7 | ·615 | 13 | 7 | ·665 | 14 | 7 | ·715 |
| 10 | 8 | ·517 | 11 | 8 | ·567 | 12 | 8 | ·617 | 13 | 8 | ·667 | 14 | 8 | ·717 |
| 10 | 9 | ·519 | 11 | 9 | ·569 | 12 | 9 | ·619 | 13 | 9 | ·669 | 14 | 9 | ·719 |
| 10 | 10 | ·521 | 11 | 10 | ·571 | 12 | 10 | ·621 | 13 | 10 | ·671 | 14 | 10 | ·721 |
| 10 | 11 | ·523 | 11 | 11 | ·573 | 12 | 11 | ·623 | 13 | 11 | ·673 | 14 | 11 | ·723 |
| 10 | 12 | ·525 | 11 | 12 | ·575 | 12 | 12 | ·625 | 13 | 12 | ·675 | 14 | 12 | ·725 |
| 10 | 13 | ·527 | 11 | 13 | ·577 | 12 | 13 | ·627 | 13 | 13 | ·677 | 14 | 13 | ·727 |
| 10 | 14 | ·529 | 11 | 14 | ·579 | 12 | 14 | ·629 | 13 | 14 | ·679 | 14 | 14 | ·729 |
| 10 | 15 | ·531 | 11 | 15 | ·581 | 12 | 15 | ·631 | 13 | 15 | ·681 | 14 | 15 | ·731 |
| 10 | 16 | ·533 | 11 | 16 | ·583 | 12 | 16 | ·633 | 13 | 16 | ·683 | 14 | 16 | ·733 |
| 10 | 17 | ·535 | 11 | 17 | ·585 | 12 | 17 | ·635 | 13 | 17 | ·685 | 14 | 17 | ·735 |
| 10 | 18 | ·538 | 11 | 18 | ·588 | 12 | 18 | ·638 | 13 | 18 | ·688 | 14 | 18 | ·738 |
| 10 | 19 | ·54 | 11 | 19 | ·59 | 12 | 19 | ·64 | 13 | 19 | ·69 | 14 | 19 | ·74 |
| 10 | 20 | ·542 | 11 | 20 | ·592 | 12 | 20 | ·642 | 13 | 20 | ·692 | 14 | 20 | ·742 |
| 10 | 21 | ·544 | 11 | 21 | ·594 | 12 | 21 | ·644 | 13 | 21 | ·694 | 14 | 21 | ·744 |
| 10 | 22 | ·546 | 11 | 22 | ·596 | 12 | 22 | ·646 | 13 | 22 | ·696 | 14 | 22 | ·746 |
| 10 | 23 | ·548 | 11 | 23 | ·598 | 12 | 23 | ·648 | 13 | 23 | ·698 | 14 | 23 | ·748 |

## TABLE OF EQUIVALENTS.—*continued.*

Shewing equivalents of Old Weights in Decimals of oz. Troy from one grain to one cunce.

| Old Weights. | | Decimal Equivalents. | Old Weights. | | Decimal Equivalents. | Old Weights. | | Decimal Equivalents. | Old Weights, | | Decimal Equivalents. | Old Weights. | | Decimal Equivalents. |
|---|---|---|---|---|---|---|---|---|---|---|---|---|---|---|
| Dwt. | Gr. | Oz. | Dwt. | Gr. | Oz. | Dwt. | Gr. | Oz. | Dwt. | Gr. | Oz. | Dwt. | Gr. | Oz. |
| 15 | 0 | .75 | 16 | 0 | .8 | 17 | 0 | .85 | 18 | 0 | .9 | 19 | 0 | .95 |
| 15 | 1 | .752 | 16 | 1 | .802 | 17 | 1 | .852 | 18 | 1 | .902 | 19 | 1 | .952 |
| 15 | 2 | .754 | 16 | 2 | .804 | 17 | 2 | .854 | 18 | 2 | .904 | 19 | 2 | .954 |
| 15 | 3 | .756 | 16 | 3 | .806 | 17 | 3 | .856 | 18 | 3 | .906 | 19 | 3 | .956 |
| 15 | 4 | .758 | 16 | 4 | .808 | 17 | 4 | .858 | 18 | 4 | .908 | 19 | 4 | .958 |
| 15 | 5 | .76 | 16 | 5 | .81 | 17 | 5 | .86 | 18 | 5 | .91 | 19 | 5 | .96 |
| 15 | 6 | .763 | 16 | 6 | .813 | 17 | 6 | .863 | 18 | 6 | .913 | 19 | 6 | .963 |
| 15 | 7 | .765 | 16 | 7 | .815 | 17 | 7 | .865 | 18 | 7 | .915 | 19 | 7 | .965 |
| 15 | 8 | .767 | 16 | 8 | .817 | 17 | 8 | .867 | 18 | 8 | .917 | 19 | 8 | .967 |
| 15 | 9 | .769 | 16 | 9 | .819 | 17 | 9 | .869 | 18 | 9 | .919 | 19 | 9 | .969 |
| 15 | 10 | .771 | 16 | 10 | .821 | 17 | 10 | .871 | 18 | 10 | .921 | 19 | 10 | .971 |
| 15 | 11 | .773 | 16 | 11 | .823 | 17 | 11 | .873 | 18 | 11 | .923 | 19 | 11 | .973 |
| 15 | 12 | .775 | 16 | 12 | .825 | 17 | 12 | .875 | 18 | 12 | .925 | 19 | 12 | .975 |
| 15 | 13 | .777 | 16 | 13 | .827 | 17 | 13 | .877 | 18 | 13 | .927 | 19 | 13 | 977 |
| 15 | 14 | .779 | 16 | 14 | .829 | 17 | 14 | .879 | 18 | 14 | .929 | 19 | 14 | .979 |
| 15 | 15 | .781 | 16 | 15 | .831 | 17 | 15 | .881 | 18 | 15 | .931 | 19 | 15 | .981 |
| 15 | 16 | .783 | 16 | 16 | .833 | 17 | 16 | .883 | 18 | 16 | .933 | 19 | 16 | .983 |
| 15 | 17 | .785 | 16 | 17 | .835 | 17 | 17 | .885 | 18 | 17 | .935 | 19 | 17 | .985 |
| 15 | 18 | .788 | 16 | 18 | .838 | 17 | 18 | .888 | 18 | 18 | .938 | 19 | 18 | .988 |
| 15 | 19 | .79 | 16 | 19 | .84 | 17 | 19 | .89 | 18 | 19 | .94 | 19 | 19 | .99 |
| 15 | 20 | .792 | 16 | 20 | .842 | 17 | 20 | .892 | 18 | 20 | .942 | 19 | 20 | .992 |
| 15 | 21 | .794 | 16 | 21 | .844 | 17 | 21 | .894 | 18 | 21 | .944 | 19 | 21 | .994 |
| 15 | 22 | .796 | 16 | 22 | .846 | 17 | 22 | .896 | 18 | 22 | .946 | 19 | 22 | .996 |
| 15 | 23 | .798 | 16 | 23 | .848 | 17 | 23 | .898 | 18 | 23 | .948 | 19 | 23 | .998 |

www.ingramcontent.com/pod-product-compliance
Lightning Source LLC
Chambersburg PA
CBHW030342270326
41926CB00009B/928
* 9 7 8 3 7 4 3 4 2 3 6 6 4 *